U0623817

红 / 色 / 淮 / 海

HONG SE HUAI HAI

淮海历史文化丛书

红色淮海

上

淮海历史文化丛书编委会 编

中国文史出版社

图书在版编目(CIP)数据

红色淮海：上下册 / 淮海历史文化丛书编委会编.
-- 北京：中国文史出版社，2023.12
（淮海历史文化丛书）
ISBN 978-7-5205-4479-5

Ⅰ. ①红… Ⅱ. ①淮… Ⅲ. ①革命史-江苏 Ⅳ.
①K295.3

中国国家版本馆 CIP 数据核字（2023）第 228970 号

特约编审：曾小丹
责任编辑：牟国煜
封面设计：张合涛

出版发行：中国文史出版社
社　　址：北京市海淀区西八里庄路 69 号院　邮编：100142
电　　话：010-81136606　81136602　81136603（发行部）
传　　真：010-81136655
印　　装：北京新华印刷有限公司
经　　销：全国新华书店
开　　本：720×1020　1/16
印　　张：54　　　　字数：630 千字
版　　次：2023 年 12 月第 1 版
印　　次：2023 年 12 月第 1 次印刷
定　　价：198.00 元

淮海历史文化丛书编委会

（按姓氏笔画排序）

淮海历史文化丛书
《红色淮海》编委会

（按姓氏笔画排序）

淮海历史文化丛书

《红色淮海》编辑部

（按姓氏笔画排序）

目录

上 册

革命风云

英烈千秋

下 册

红歌唱响

精神永续

红色丰碑

前言

《尚书·禹贡》载“海岱及淮惟徐州”。淮海地区北起泰山、南至淮河、东抵黄海、西接中原，区域内人缘相亲、文脉相连、生态相依、风俗相近，历经沧桑变化、盛衰更迭、隶属变迁，淮海人民始终出入相友、守望相助，在这片广袤沃土上耕耘劳作、生生不息。

淮海地区是中华文明的重要发源地之一，区域内的东夷文化传承绵延，中原文化、齐鲁文化、楚汉文化等在这里交融激荡，孕育出包容开放的淮海人文特质，构成了独具特色的淮海地域文化。六千年的历史长河中，在这里曾燃起四百多次战火；九百年前黄河夺淮入海，在这里曾卷起八百里波涛。淮海大地罹遭水灾兵燹，家园一次次被摧毁，又在废墟上一次次重建，锻造出淮海人民不屈不挠、敢于斗争的顽强意志。

近代以来，特别是中国共产党成立后，淮海人民坚定不移听党话、跟党走，积极投身到党领导的革命、建设、改革伟大事业中，筚路蓝缕、披荆斩棘，敢于斗争、善于斗争的内在气质得到充分激发，在苦难辉煌中浇铸了红色淮海的底蕴，绘就了红色中国的重要拼图。

在这片红色沃土上，进行了一系列“倒海翻江卷巨澜”的英勇斗争，书写了气壮山河的壮丽诗篇。淮海大地是全国最早传播马克思主义的地区之一，早在1920年初就产生了全国最早研究宣传马克思主义的组织之一——徐州马克思学说研究小组。1921年11月8日，以徐州铜山站“八号门事件”为导火索，引发陇海铁路机务工人大罢工。在中国共产党的领导下，罢工斗争胜利催生了陇海铁路沿线洛阳、开封、商丘、徐州各站党组织的创建，成为全国较早建立中共党组织的地区之一，拉开了淮海地区大革命斗争的序幕。土地革命战争时期，受国民党当局血腥镇压，淮海地区各级党组织相继遭到破坏，富有革命斗争经验的郭子化创建的苏鲁豫皖边区特委，使党的活动范围遍及苏鲁豫皖四省边区20多个县，成为“白色斗争的一面旗帜”。全民族抗战时期，新四军、八路军挺进淮海地区，开辟敌后抗日战场，《沂蒙山小调》《湖西军歌》《游击队歌》等抗战红歌口口相传，极大鼓舞了淮海军民同仇敌忾、浴血奋战，谱写了一曲曲嘹亮的抗日凯歌。解放战争时期，刘邓大军千里跃进大别山和陈粟大军挺进豫皖苏，为决战淮海和渡江南下、夺取全国胜利做出了突出贡献。特别是在事关中国前途和命运的淮海战役中，歼灭国民党军队55.5万人，解放了长江以北华东、中原广大地区，人民解放军秣马长江，大大加速了解放战争的胜利进程。一百多年来，淮海儿女在中国共产党领导下，用信仰、热血和行动在淮海大地上刻画出一道闪耀苍穹的“红色历史弧线”，红色基因融入血脉，形成了永不褪色的红色文化。

在这片红色沃土上，涌现出一大批“为有牺牲多壮志”的英雄人物，留下了永载史册的感人故事。他们之中有坚守初心、传播火种的革命先驱，王尽美、邓恩铭出席了中国共产党第一次全国代表大会，在生命最后时刻仍在为无产阶级和全人类的解放、共产主义的彻底实现而呐喊；徐州地区革命运动引路人吴亚鲁，在“平江惨案”中面对敌人枪口依然高呼“中国共产党万岁”；长淮地区革命斗争擎旗人朱务平，用生命践行了为革命“颈可折、肢可裂”的铿锵誓言。他们之中有铁骨铮铮、视死如归的革命先烈，“共产党人的好榜样”彭雪枫在淮河两岸坚持斗争、屡破顽敌，不幸在河南夏邑八里庄指挥作战时牺牲，是抗战中为国捐躯的新四军最高将领之一；芒砀山区抗日领导人鲁雨亭，面对敌人围困竟日血战、反复冲杀，高喊“我们要与阵地共存亡”，最终壮烈殉国。他们之中有顽强不屈、坚韧不挠的英雄儿女，“沂蒙红嫂”舍小家顾大家，体现了“最后一口粮当军粮，最后一块布做军装，最后一个儿子送战场”的大爱情怀，奏响了“蒙山高，沂水长，军民心向共产党”的动人乐章；出生于邳县贫苦农家的宋绮云，在被捕入狱后宁死不屈、坚持斗争，在解放前夕和妻子徐林侠、幼子宋振中惨遭杀害，新中国成立后被追认为“一门三烈”。这些为民族独立、人民幸福、国家富强而付出鲜血和生命的英烈，是淮海人民的骄傲，是中华民族的脊梁，他们的英名和事迹铭刻在中国革命史册上，永远被人民敬仰和纪念。

在这片红色沃土上，凝铸成一座座“人间正道是沧桑”的精神丰碑，充满了历久弥新的奋进力量。淮海地区是革命老区，一代又一代淮海儿女砥砺前行、不懈奋斗，用满腔热血染红了党旗，用牺牲奉献铸就了伟业，形成了伟大的革命精神。沂蒙精神是红色淮海的瑰宝。在革命战争年代，420万沂蒙人民在中国共产党领导下，不畏艰难困苦，不怕流血牺牲，120多万人拥军支前，20多万人参军参战，10多万将士血染疆场，人民军队和沂蒙人民结下了深厚的革命感情，形成坚不可摧的革命力量，共同铸就了“党群同心、军民情深、水乳交融、生死与共”的沂蒙精神。淮海战役革命精神是红色淮海的标识。在历时66天的淮海战役中，淮海人民掀起了车轮滚滚的支前洪流，支前民工达543万人，是参战部队人数的9倍，军民同心创造了现代战争史上以少胜多的经典案例，被誉为“人民的胜利”“小推车推出来的胜利”，形成了“听党指挥、依靠人民、团结协同、决战决胜”的淮海战役革命精神。王杰精神是红色淮海的强音。王杰在组织民兵开展地雷实爆训练时突遇意外，在危急关头毅然扑向炸点，舍己救人的伟大壮举永远定格在淮海大地。他用“一不怕苦、二不怕死”的血性胆魄，“在荣誉上不伸手、在待遇上不伸手、在物质上不伸手”的无私奉献，诠释了自己对党和人民的忠诚，诞生了影响深远的王杰精神。这些宝贵精神财富，是淮海人民在长期的革命和建设实践中形成的先进群体意识，是中华民族优秀文化的重要组成部分，是淮海人民乃至全国人民宝贵的精神财富，必将跨越时空、永放光芒。

时光流转，不变的是红色初心，不朽的是奋斗精神。进入新时代，淮海人民高举习近平新时代中国特色社会主义思想伟大旗帜，在新的起点上把革命先辈开创的伟大事业不断推向前进，区域合作发展的共识度、聚合力不断增强，各领域交流合作迈向更大范围、更宽领域、更深层次，区域协调发展取得了丰硕成果。

2023 年 12 月 3 日，习近平总书记在盐城市参观新四军纪念馆时强调，新四军的历史充分说明，民心向背决定着历史的选择，江山就是人民，人民就是江山。这是开展革命传统教育、爱国主义教育的生动教材，要用好这一教材，教育引导党员干部传承发扬不怕困难、不畏艰险，勇于斗争、敢于胜利的精神，紧紧依靠人民，把强国建设、民族复兴伟业不断推向前进。迈上强国建设、民族复兴新征程，淮海人民将牢记嘱托、感恩奋进，传承红色基因、赓续红色血脉，继续讲好党的故事、讲好革命故事、讲好英雄故事，团结奋斗、制胜未来，续写红色淮海荣光。坚持从红色基因中汲取信仰力量，牢记红色政权是从哪里来的、新中国是怎么建立起来的、今天的幸福生活是怎么来的，以强烈的道路自信、理论自信、制度自信、文化自信，走好新时代的长征路。坚持从红色基因中汲取斗争力量，敢于斗争、善于斗争，昂扬奋发、百折不挠，敢为人先、勇争一流，依靠顽强斗争打开事业发展新天地。坚持从红色基因中汲取前行力量，始终保持永不懈怠的精神状态和一往无前的奋斗姿态，携手谋合作促发展，并肩抓机遇求共赢，画出最大同心圆，合力谱写淮海经济区高质量协同发展崭新篇章。

革命风云

敢教日月换新天

近代以来，在中国共产党领导下，淮海地区人民为争取民族独立、人民解放和实现国家富强、人民幸福，用热血和生命书写了一曲曲可歌可泣、气势恢宏的壮丽诗篇。

十月革命一声炮响，给我们送来了马克思列宁主义。五四风潮推动了马克思主义在淮海大地的迅速传播，淮海地区成为全国较早研究宣传马克思主义、建立中共组织的地区之一，先后建立了徐州马克思学说研究小组和赤潮社、商丘车站党组织、徐州（铜山）站支部。土地革命战争时期，淮海大地革命志士英勇开展武装斗争，革命低潮时期中共苏鲁豫皖边区特委带领广大群众积极开展革命斗争，成为“白区斗争的一面旗帜”。全民族抗战时期，八路军、新四军挺进淮海地区，创建了淮北、湖西、沂蒙等抗日根据地，进行了如火如荼的敌后抗日斗争。解放战争时期，淮海地区成为决定中国革命命运的重要战场，人民解放军在人民群众大力支援下，取得了淮海战役的伟大胜利，为解放全中国做出了不可磨灭的贡献。

本篇收录了30余篇史料文章，重点记述从马克思主义在淮海地区传播至新中国成立前，党领导广大人民群众在淮海大地上开展的重大革命活动、发生的重要历史事件，以及在不同历史时期形成的在全国和各省具有广泛影响力的革命组织，旨在展现淮海儿女前仆后继、英勇斗争的英雄气概，传承红色基因，赓续红色血脉，凝心聚力谱写红土地新的时代华章。

陇海铁路工人大罢工

——中国共产党初显身手的重大事件

1921年11月，陇海铁路工人为“反虐待”“争人格”“光国体”举行了轰轰烈烈的全路机务工人大罢工。罢工胜利后，在陇海铁路的洛阳、开封、商丘、徐州等站相继建立起领导工人的中共党组织。

“八号门事件”

陇海铁路是光绪三十一年（1905年）清朝政府与法国、比利时借款修筑的，东起海州（连云港），西至观音堂，横跨江苏、河南、陕西等省。法、比帝国主义借此掌握了铁路的行政大权，与北洋政府相互勾结，不仅通过铁路攫取巨额利润，而且对中国铁路工人实行政治压迫和经济剥削，肉体上残酷虐待，任意打骂侮辱工人，在广大工人心中埋下反抗的种子。

陇海铁路徐州（铜山）站洋人资本家用磨盘做成象棋棋子，指使工人搬运用于娱乐

陇海铁路徐州站（即铜山站）机务处设有担负修理机车任务的大厂，共有工人400余人。徐州站的洋人为了严格限制

工人自由，在大厂设置唯一的出入口——八号门。工人进出必须经过此门。工人进了八号门，就被关起来，如同进了牢狱，只能受其奴役而不得外出，工人们私下将八号门称为“鬼门关”。

1921 年 11 月 8 日下午，徐州站大厂到了下班时间，劳累一天的工人急待出厂。八号门把门者“奉洋人之命”，突然将门锁闭，不许工人出去。工人要求开门，把门者不但不开，反以洋人势力相恫吓。这样相持了两个小时，工人越聚越多，大家腹中饥饿等着回家，不禁怒火中烧，猛力挤开栅门而去。把门者立即报告洋人。洋人串通大厂副场首高长利，企图借此一面压制工人的反抗，一面破坏该厂工人组织——老君会，遂诬称老君会两位负责人柴凤祥、王辅“砸门而出”，对其进行拘押，接着宣布开除。这就是徐州站“八号门事件”。该事件点燃了徐州站工人长期被压迫奴役的怒火，成为陇海铁路工人大罢工的导火索。

陇海铁路工人全线罢工

“八号门事件”后，40 余名徐州站大厂工人集会，公举刁玉祥等前往开封、郑州、洛阳等地联系，商议陇海铁路工人一起举行罢工。徐州“八号门事件”发生不久，同月 17 日，陇海铁路洛阳机务西厂副厂长狄孟无故殴打前来上工的工人，并开除 20 余人，造成“洛阳西厂事件”。洋人任意欺压工人的行径激起陇海路工人的强烈愤慨，遂约定同时

陇海铁路大罢工时归德（今商丘）机务段修理车间旧貌

举行全路大罢工。

20日上午，徐州站全体机工首先罢工，并电告商丘、开封、郑州、洛阳各站。到12时，接开封、洛阳等处来电，业已全路罢工。午后，陇海铁路各站工人分别举行罢工誓师大会，宣布陇海铁路全线大罢工。帝国主义在中国的东西经济大动脉，一日间被罢工工人切断了。正如当时新闻报道所说的那样："千里陇海铁路，像断了脊骨的长蛇，僵死在中州大地上。"

20世纪20年代的陇海铁路铜山站

陇海铁路罢工的消息传开后，各地工人和社会各界纷纷表示声援。京汉铁路长辛店工人召开会议，决定：写信给陇海路工人，要他们坚持到底，并许以经济和实力上的援助；写信给陇海铁路驻京办事处，表示陇海路罢工问题如不能圆满解决，京汉路当与陇海路工人采取一致行动。京汉路、津浦路工人联合会声明表示，捐助8个月的钱粮，支援陇海路工人的斗争。上海劳工会也声明捐款支援陇海路工人。

中共北方区委和全国劳动组合书记部北方分部高度重视陇海铁路工人大罢工。李大钊派中国劳动组合书记部北方分部主任罗章龙11月21日抵达洛阳，召集各站工人代表商讨对策，指导陇海路工人迅速建立起统一的工会组织——陇海铁路总工会，拟定《坚持罢工，争取胜利》的斗争方案。在北方劳动组合书记部的领导下，陇海铁路各站成立"赤色工会"。商丘站工人公推程圣贤为领导罢工的负责人，指定工人王连陛负责联络罢工。王连陛参加了在洛阳举行的罢工委员会紧急会议。徐州站工会推举姚佐唐为会长，代表徐州铁路工人与军阀政府和洋人谈判。

陇海铁路罢工持续一周，铁路当局业已损失30余万元。军阀政府和外国资本家施以威胁利诱、挑拨离间等种种阴谋伎俩，但全路工人在罢工委员会的领导下，众志成城，声势益张，罢工阵容坚强如铁，无懈可击。洋人与军阀政府怕旷日持久，损失益重，又恐事态扩大，罢工风潮蔓延各路，被迫改变强硬态度，提出和罢工委员会谈判。双方对原复工条件进行重新修订，将15条改为10条，于11月26日正式签订复工条件。至此，持续7天的罢工斗争取得胜利。

中共中央局书记陈独秀写信评价这次罢工胜利的意义："陇海罢工，捷报先传，东起连云，西达陕西，横亘中州，震动畿辅，远及南方，这是我党初显身手的重大事件。"

陇海铁路罢工催生沿线的中共党组织

中国共产党自成立起，就非常重视工人运动。1921年8月，成立中国劳动组合书记部。北方劳动组合书记部在北京成立后，派出代表先后到陇海铁路的郑州、洛阳、开封、徐州四大站开展活动，建立《劳动周刊》（中国劳动组合书记部机关刊物）、《工人周刊》（北方劳动组合书记部机关刊物）分销处。北方劳动组合书记部派北京大学马克思学说研究会成员、陇海铁路洛阳站工人领袖游天洋指导工人运动，调查了解工人劳动生活状况，宣传革命思想。

陇海铁路罢工胜利后，中国劳动组合书记部北方分部主任罗章龙，受中共北京地方执行委员会委派，在罢工领导人游天洋等陪同下，巡视指导陇海路工运工作，筹建党团组织。在商丘发展程圣贤、王连陛、姚鼎三等3人加入中国共产党，成立商丘第一个党组织——商丘车站党组织，负责人程圣贤。商丘车站党组织建立不久，程圣贤即调往徐州车站。

1922年2月，中共中央局根据中共北方劳动组合书记部建议，派全国劳动组合书记部干事、共产党员李震瀛到陇海铁路指导工人运动。在徐州站建立了江苏境内第一个中共组织——陇海铁路徐州（铜山）站支部，姚佐唐为书记。陇海铁路徐州（铜山）站支部隶属中共北京党组织，与地方没有发生关系。1923年“二七惨案”后，徐州地方军阀大肆逮捕工人领袖，封闭铁路工会，姚佐唐等同志被迫离开徐州，党的活动暂时停止。

姚佐唐，1898年出生，安徽省桐城人。1921年11月20日，领导铜山站路工参加陇海铁路全路工人大罢工，取得罢工斗争的胜利。1922年初，加入中国共产党，创建陇海铁路徐州（铜山）站党支部，担任支部书记。1924年夏，姚佐唐赴莫斯科参加共产国际第五次代表大会和赤色职工国际第三次代表大会，并代表中国工人阶级发言。1926年春，他奉党的指示带铁路工人组成的铁道队去广州，参加北伐军。在攻打武昌的战斗中，英勇作战，身负重伤，被截去一条腿。伤愈后回到铁道队。1928年夏，因叛徒出卖被捕，壮烈牺牲于南京雨花台。

（本文由编者根据徐州市、商丘市中共地方史等史料编写）

淮海地区中共党团组织的创建

1919 年爆发的五四运动，揭开了中国人民反帝反封建历史新的一页。在五四风潮影响下，淮海地区进步人士和青年学生积极推动马克思主义传播，陆续建立了马克思学说研究小组等先进组织。在上级党组织的帮助指导下，接受马克思主义的进步人士积极入党，发展党、团组织。高扬马列旗帜、开风气之先的党、团组织带领广大群众开展反帝反封建斗争，如燎原星火，在淮海大地掀起了大革命的浪潮。

淮北地区第一个党组织——中共濉溪支部

1923 年，安徽省淮北市濉溪进步青年郑子瑜在济南求学时，结识了王尽美等共产党人，后经王尽美介绍加入中国共产党。1925 年初，郑子瑜从济南回到家乡濉溪，介绍梁宗尧、文天情、刘景春加入中国共产党，成立中共濉溪临时小组。这是淮北地区建立的第一个党小组。郑子瑜返回济南后，把组建中共濉溪小组的情况向王尽美做了汇报。经王尽美同

中共濉溪支部成立地旧址——濉溪老石板街

意，中共濉溪小组划归中共山东地方执行委员会领导。濉溪小组又发展张灿五、苏少立、王友石、余亚仙、丁茂修、张协五、萧亚珍等人加入中国共产党。同年8月，在濉溪老城石板街成立中共濉溪支部，有党员12人，苏少立任书记。支部下辖中共濉溪组、刁山小组、濉溪通讯组。同时，支部利用《皖郎之光》开展宣传工作。随后，郑子瑜赴上海，向中共中央汇报了中共濉溪支部的组建情况，希望把中共濉溪支部置于中共中央的直接领导之下，得到中共中央的批准。中共濉溪支部是淮北地区建立的第一个党支部。

萧亚珍（1904—1930），安徽省濉溪县濉溪镇人。1925年夏，加入中国共产党，任中共濉溪支部干事兼中共濉溪小组组长。1927年，先后任中共濉溪支部书记、濉溪工人联合会委员长、中共濉溪区委委员。1929年初，萧亚珍任中共萧县县委委员、共青团萧县县委书记。1930年6月，任萧县土地革命行动委员会委员，负责永堌地区的暴动工作。同年11月23日，在萧县北关英勇就义。

菏泽地区第一个党组织——中共曹州支部

在五四运动浪潮影响下，菏泽地区先进的知识分子和进步青年开始接受马克思主义。1922年，南华中学的“书刊介绍社”成为菏泽地区传播新思想、研究马克思主义的坚强阵地。1924年2

中共曹州支部成员合影

月，省立六中（现菏泽一中）毕业的菏泽籍学生徐鹏翥在上海大学加入社会主义青年团；1927年2月，加入中国共产党。

1927年7月初，在黄埔军校武汉分校学习的徐鹏翥和黄埔四期毕业生刘仰月受党组织派遣，回曹州（菏泽）工作。山东省委组织部长丁君羊向他们介绍了全国的革命形势，交代了回山东的主要任务是发展党团组织，开展农运工作。他们联系了在黄埔军校武汉分校宣传队工作的共青团员郑尔拙、李道一、丁培之、刘子举，组成曹州农运工作组，冲破敌人重重封锁，于7月下旬到达曹州。因冯玉祥的西北军与山东军阀张宗昌在这一地区混战，学校停课，他们住在省立六中前院。约在七八月间，经徐鹏翥、刘仰月介绍，郑尔拙、田位东、丁培之、李道一由共青团员转为中共党员，并分别在菏泽城内的省立六中和田位东、刘仰月、宋宝贞等人家里建立了秘密联络点。1927年10月初，中共曹州支部成立，徐鹏翥任支部书记，刘仰月、郑尔拙任支部委员。支部直属中共山东省委领导。

济宁地区第一个党组织——中共曲阜二师支部

1926年4月，中共山东省地方执行委员会特派共青团山东执行委员会委员马守愚到曲阜发展中共组织，进行革命活动。不

中共曲阜二师支部成立旧址——曲阜师范礼堂

久，共产党员王伯阳也以共青团山东省委特派员的身份，从济南专程到曲阜二师开展革命活动。王伯阳向进步学生宣讲马列主义、共产主义，号召大家参加“CP（英文‘共产党’的缩写）”。蒋连萼成为王伯阳发展的第一个曲阜籍共产党员。

1926年夏，马守愚到曲阜二师后，与该校学生共产党员杨荫鸿、张观成和另一名共产党员——图书管理员辛成智接上组织关系，发展了一批党员，建立了中共曲阜二师支部，直属中共山东地方执行委员会，马守愚任书记。这是济宁地区第一个中共组织。曲阜二师成为中共在曲阜早期的活动中心，党员很快发展到20人。中共曲阜二师支部建立后，中国共产主义青年团曲阜二师支部随之建立。

临沂地区第一个党组织——中共沂水支部

中共沂水支部成立旧址——沂水城西巷子

1926年11月，中共山东地方执行委员会选派在淄川大荒地煤矿做工的沂水籍共产党员王敬斋回家乡开展建党工作。王敬斋回到沂水后，一面宣传马克思主义，一面发展鞠百实、邵德孚加入共产党。同时，中共山东地方执行委员会李清漪在沂水西北乡开始建党工作。1927年2月，他发展李鸿宝加入共产党，并与王敬斋取得联系。4月，王敬斋发展张希周加入共产党。1927年4月，中共山东地方执行委员会决定建立中共沂水支部，王敬斋为负责人。中共沂水支部是临沂地区的第一个党组织。4月底，李清漪重返上海工作前，将李鸿宝的党员关系转到沂水支部。沂水支部成立后，先后发展朱寿年、孙固斋、张敬诺、徐子厚等入党，在临沂地区北部播撒革命的种子。

李清漪（1902—1927），沂水县下胡同峪村人。1924年加入中国共产党。1925年秋，党组织派遣他随于右任北上天津、保定，联络孙岳、邓宝珊部，策应北伐。1926年秋，他出资在村内办起一所平民夜校，吸收30余名青少年入校学习；还办起农民小报，宣传进步思想，介绍李鸿宝加入中国共产党。1927年4月任中共山东区执委机关技术书记；5月23日，在济南南圩门外被军阀张宗昌杀害。

连云港地区早期党组织的创建

在党的创建和大革命时期，连云港地区就有中共党员的活动，韩森青、萧学文、吴苓生、张竞同、吕国英、杨光銮、张淦清等，是活动在连云港地区最早的一批共产党人。他们积极开展马克思主义宣传和团结革命青年的工作。但由于党组织尚未建立，党的政治影响还不大。

八七会议后，中共江苏省委遵照中央指示，派人到各地恢复、建立党的组织。1927年秋，顾浚泉、陈秀夫、李静山在海州建立第一个党组织，顾浚泉为书记，陈秀夫、李静山为委员，李成章为联络员。顾浚泉、陈秀夫主要在海州一带活动，李静山主要在灌云县的板浦、南城、太平埝一带活动。1928年1月，李静山担任国民党灌云县党部农工部干事，后为总工会委员。他以此

中国共产党海属地区早期组织活动纪念地

身份为掩护，开展工农运动。

1928 年 2 月，赣榆县第一个中共组织在青口义成小学建立，张竞同任书记，成员有侯文峰、郭若水、徐秉琦、王少卿等。他们在革命实践中培养和发展了孟乐天、张竞平、张绍九、纪宗玉等进步青年加入中国共产党。

1928 年 7 月 14 日，中共涟水县委派县委委员万金培打进国民党灌云县党部的党员登记机关。万金培于 7 月下旬与住在新安镇的淮阴农校毕业生、中共党员宋沛然取得联系，秘密发展惠浴宇（惠美琬）、周勤珍、周鎏、相国祥、惠美琯（献璞）、惠美绪、惠厚彭等人加入共产党，在葛家小楼上举行了入党宣誓仪式，宣布成立中共新安特别支部，宋沛然任特支书记（8 月管作霖接任），隶属于中共涟水县委领导。中共涟水县委为加强对新安镇一带党组织的领导，于 1928 年 12 月决定建立中共新安特支干事会，管作霖任干事会书记，管海萍任组织干事，赵启生任宣传干事。特支干事会下辖管庄支部（书记管海萍）、惠庄支部（书记惠美乔）、窑湾支部（书记周勤珍）、新安镇党小组。

商丘地区农村第一个党支部——中共睢县郭河村支部

1925 年 10 月，中共豫陕区委建立。11 月，中共豫陕区委派农运负责人萧人鹄，以广州国民政府河南特派员的名义开展豫东农民运动。他到睢县前，在杞县甲种农校认识郭景尧。这时，已加入中国共产党的郭景尧，毅然放弃自己的学业，作为向导，把萧人鹄领到睢县，帮助萧人鹄先后在郭河、张奶奶庙、姬房李、杜土楼、罗庄等村开办了平民夜校，后又帮助萧人鹄结识了辛亥

中共郭河村支部成立旧址——睢县郭河村

革命时期的老同盟会员苗铁峰。在苗铁峰的家乡苗楼组织了读书会，启发贫雇农和一些青年知识分子的觉悟，传播革命思想。郭河村青年农民先前已受过郭景尧宣传的革命思想熏陶，又通过平民夜校的学习，一部分青年思想进步很快，郭景尧、萧人鹄先后介绍郭庭襄、郭庭相、郭永祥、郭桂卿、秦克信、秦广礼、秦广元、秦广道、秦广林、朱才焕、朱才龙、孟昭轩等12名青年加入了中国共产党。

1926年春，经上级批准，建立了睢县第一个党支部——中共睢县郭河村支部，支部书记郭庭襄。该支部是党在商丘农村建立的第一个支部，从此拉开党在商丘地区农村开展农民运动的序幕。

宿迁地区早期的中共党组织

第一个党小组——江西党小组 1927年3月，在江西加入中国共产党的胡安帮回到家乡泗阳洋河镇。洋河镇商业较发达，酿酒业有悠久历史，教育、文化也较有基础。胡安帮以洋河镇为基点，发展了沈长和、苏海龙、夏书勇、龚寿甫4人加入中国共产党，在洋河镇成立一个党小组，取名为“中共江西党小组”，胡安帮任组长。同年9月，胡安帮回江西后失去音信，其他成员脱离组织，党小组自动解散。江西党小组是宿迁地区第一个中共地方组织。

第一个党支部——中共泗阳县党支部 1927年7月，黄埔军校学员、共产党员孙耀宗回到家乡泗阳，在县城积极开展建党活动。10月中旬，孙耀宗、陈建平等成立中共泗阳县党支部，并介绍袁恒升、祝名山等人入党。这是宿迁境内建立的第一个党支部。同年12月，宿迁县第一个党支部——马庄支部在大兴建立，马良之任党支部书记。

第一个县委——中共泗阳县委 1928年1月中旬，江苏省委特派员何孟雄专程到泗阳党支部书记孙耀宗家，了解泗阳党、团发展情况，指导泗阳建党工作。1月28日，在城厢孙耀宗家中成立中共泗阳县委员会，孙耀宗为书记，严震寰为组织委员，魏其楚为宣传委员。这是宿迁境内建立的第一个县委。

1928年3月，中共宿迁县委在大兴马庄成立，马仑任书记。到1928年底，宿迁全县有大兴、洋河、耿车、埠子4个区委，36个党支部，604名党员，为当时徐海蚌地区党员最多的县。

宿州地区早期的党团组织

中国社会主义青年团宿县小组 1922年8月，宿县爱国进步青年江常师（江善夫）受团组织委托，利用暑假回乡探亲之机，宣传马列主义。1924年8月，中国社会主义青年团宿县小组成立，组长江常师，成员有刘道行、孔禾青、李启耕、李一庄、江汉伯等。1925年8月，中国共产主义青年团宿城特别支部建立，支部书记为杨梓宜，共有党、团员22人。支部初由共青团中央领导，后隶属共青团徐州地委。在共青团宿城特别支部的组织领导下，濉溪、童亭、百善、古饶、夹沟等地共青团支部先后建立起来。

中共宿县独立支部 1924年夏，在北京农业大学求学的李启耕回到家乡，发展10多名进步青年入党，并建立宿县第一个党小组，成员有刘道行、江善夫、孔禾青、李宜春（李启耕）、李一庄、江汉伯。1925年夏，在徐州求学的宿县籍学生朱务平返回临涣，成立中共临涣党小组，后改组成中共临涣支部，书记徐风笑。1926 年 5 月，由 12 名党员组成中共临涣独立支部，又称中共宿县独立支部，朱务平任独立支部主任。1926 年 10 月底，经中共江浙区委批准，中共宿县独立支部在宿县城孔庙奉祀宫（今宿州市第一小学大成殿）选举产生了中共宿县地方执行委员会，朱务平任书记，徐风笑、杨梓宜、邵葵、李一庄等任委员，辖 6 个支部，共有党员 33 人。1926 年冬，在泗县城文昌宫小学成立中共泗县支部，王子玉任书记，共有党员 8 人，先后隶属中共徐州特支、徐州地委。

徐州马克思学说研究小组与中共徐州地方党团组织的建立

马克思学说研究小组 1920 年春，北京大学马克思学说研究会成员陈德荣等人来到徐州，在江苏省立第七师范秘密成立了马克思学说研究小组，成员有陈家安、郭邦清、解慕唐、徐怀云、苏鸿鉴、张继超、冷启英等 10 余人。1920 年 10 月，北京以李大钊为首，在马克思学说研究会的基础上，组成北京共产主义小组。不久，该小组派小组成员陈德荣等人来徐帮助徐州马克思学说研究小组开展活动。1921 年初，徐州马克思学说研究小组刘传鼎、何维振、戴蔚霞、刘荣芹、梁以植、苗汝椿、刘志锐、周锡麟、石民宗等成员发起成立了公开组织“赤潮

赤潮社活动中心省立第七师范学校旧址（今徐州市公园巷小学）

社”。“赤潮社”创办石印刊物《赤潮》旬刊，宣传马克思主义和反帝反封建思想。刊物虽然仅发行4期即被反动军阀、徐州镇守使陈调元查封，但在徐州青年和群众中产生很大影响。

徐州社会主义青年团 1923年8月，毕业于南京高等师范（南京大学前身）的吴亚鲁受党组织派遣来到徐州，以江苏省立第三女子师范学校教员身份开展革命活动。1924年初，吴亚鲁联合省立第七师范、省立第三女子师范、培心中学等7所学校成立“青年读书会”，鼓励青年追求知识、追求真理。1924年上半年，吴亚鲁在徐州各校进步学生中发展第一批社会主义青年团员。1924年6月1日，在户部山戏马台铜山县民俗教育馆阅览室召开徐州社会主义青年团成立大会，大会通过团的宗旨、纲领和章程，选举吴亚鲁、卢印泉、马汝良、苏同仁、孙业荣、马青云等6人为委员，吴亚鲁、卢印泉任书记部主任、副主任。会后，吴亚鲁写信给团中央，报告徐州建团的有关事宜。

徐州社会主义青年团活动旧址——徐州市戏马台

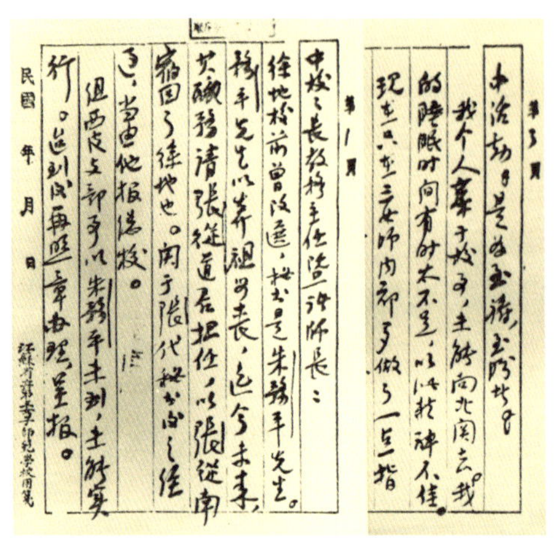

1925年6月，吴亚鲁关于中共徐州支部创建情况给团江浙皖区委的报告

中共徐州支部 吴亚鲁在发展团组织的同时，十分注意党的发展。1924年秋，吴亚鲁已在团骨干中发展朱务平、王子玉为中共党员，在此基础上，建立了中共徐州党小组，吴亚鲁为组长。1925年，五卅运动后，又将斗争中的积极分子吴印、苏同仁、梁昭光等发展为中共党员，并根据四大党章规定，于同年6月将党小组改为中共徐州支部，吴亚鲁为书记。

枣庄地区第一个党组织——中共枣庄矿区支部

1926年4月，中共山东地方执行委员会派纪子瑞到枣庄中兴

中共枣庄矿区支部活动旧址——中兴煤矿公司

煤矿，开展枣庄党组织的创建和工运工作。纪子瑞到枣庄矿区后，以木匠职业为掩护进入中兴煤矿公司，在工人积极分子中进行党的知识教育，着手发展党员和建立党组织。纪子瑞先后介绍了张福林、郭长清、蒋福义、王文彬、杜宝财等10余名青年矿工加入中国共产党。1926年7月，正式建立了枣庄地区第一个党组织——中共枣庄矿区支部，纪子瑞任书记。从此，支部开始有组织地领导工人运动，在工人中间播下了革命的种子，培养了一批革命骨干，为党的工作开展奠定了坚实的基础。

纪子瑞（1895—1931），山东省胶州市里岔村人，1924年加入中国共产党。1926年春，纪子瑞到枣庄中兴煤矿开展工人运动，从事建党工作。1929年6月，纪子瑞在青岛四方机车车辆厂被捕。同年7月21日下午，纪子瑞和其他同志组织越狱，不幸又被捕。1931年4月5日，纪子瑞和中共一大代表邓恩铭、中共山东省委书记刘谦初等22位中共山东党组织的领导干部在济南纬八路侯家大院惨遭国民党反动派杀害。

（本文由编者根据淮海经济区各市中共地方史等史料编写）

中共徐海蚌特委与红十五军筹建

1928年6月18日至7月11日，中国共产党第六次代表大会在莫斯科召开。大会指出中国革命的性质仍然是资产阶级民主革命，党在当前的策略是争取群众，迎接新的革命高潮的到来。大会批判了右倾机会主义和“左”倾盲动错误。但中共六大也存在着一些缺点，对中国革命的长期性估计不足，认为实行全面武装起义的高潮很快就可以到来。这对江苏党组织以后的工作产生了很大的影响。

中共徐海蚌特委的建立

为了贯彻落实党的六大精神，1928年7月，中共江苏省委制定了《江苏农民秋收斗争决议案》，把徐海蚌地区作为全省掀起秋收斗争的重要区域之一。为此，省委做出筹建徐海蚌特委的决定，并派董畏民、李超时、朱务平分别赶赴徐州、海州、蚌埠开展筹备工作。

1928年9月，中共江苏省委再次派罗世藩到徐州，领导筹建徐海蚌特委。20日，罗世藩在徐州市区召开徐海12县（丰、沛、萧、砀山、铜山、邳、睢宁、宿迁、海州、沭阳、赣榆、灌云）党的负责人会议，会议宣布成立中共徐海特委，罗世藩、董畏民、李超时3人为特委常委，罗世藩为主要负责人。会前因未能与在蚌埠开展工作的朱务平取得联系，蚌属各县没有派人参加。

徐海蚌地区党员代表大会会议旧址——邳州碾庄

10月，中共徐海特委与蚌属各县取得联系，遂改组为中共徐海蚌特委。不久，省委派六大代表蒋云到徐州任徐海蚌特委书记。年底，徐海蚌特委下辖9个县委、4个特支、145个支部、1601名党员，领导徐属8县、海属4县、蚌属7县以及河南的永城、夏邑等县广大地区的革命工作。后来还扩大到山东临沂、郯城、枣庄等地。

在中共徐海蚌特委领导下，徐海蚌地区的革命斗争此起彼伏。在农村，发动各种抗捐税、抗债租斗争达30余次，遍及10余县、50多个村镇，参加的贫苦农民达5万余人；在城市，发动工人、教职员工和城市贫民要求加薪、反对苛捐杂税的斗争29起，14种行业数万人参加。

中共徐海蚌特委影响的不断扩大，引起了当地反动势力的恐慌。1929年上半年，国民党江苏省党部监察委员段木贞坐镇徐州，大肆对各县共产党组织进行破坏，仅邳县、睢宁县、铜山县、萧县、宿县就有20多名共产党员被捕。5月，团徐海蚌特委在徐州召开各县团委书记会议，又遭到国民党军警的破坏，多人被捕。鉴于徐海蚌地区的革命斗争形势，中共江苏省委于6月17日做出撤销中共徐海蚌特委的决定，中共徐海蚌特委主要负责人调回上海。9月，省委正式批准建立中共徐州县委，负责指导徐海各县的工作。

中共徐海蚌特委的恢复重建

1930年初，党内“左”倾思想抬头。中共江苏省委认为全省广大农村持续不断的斗争是江苏地方暴动条件成熟的表现。为了把徐海蚌广大农村的斗争尽快引导到暴动的道路上，3月，省委决定恢复中共徐海蚌特委，特委机关设在徐州。

6月11日，中共中央政治局召开会议，李立三“左”倾冒险错误路线在中央取得统治地位。会议制订了组织全国工农群众举行武装起义和集中全国红军进攻中心城市的计划，并把江苏省列为争取首先胜利的重要省份，徐海蚌地区又作为江苏省委组织全省暴动、举行武装起义的一个重要区域。根据徐海巡视员阮啸仙关于徐海蚌地区有可能发动10万民众、集中1500支枪等情况的报告，7月15日，江苏省土地革命总行动委员会在上海专门召开“徐海问题讨论会”，决定将中共徐海蚌特委改组为徐海蚌土地革命总行动委员会，阮啸仙任书记。要求群众起来进行总同盟罢工和举行武装暴动，在各地暴动的基础上组建红十五军，建立工农兵的徐海蚌政权。按照江苏总行委的决定，阮啸仙带领

中共徐海蚌特委告群众书

江苏总行委配备的一批干部返回徐州，将徐海蚌党团组织合并，成立徐海蚌总行动委员会。在徐海蚌总行委的直接指导下，所属各县先后将党、团组织合并，一律改为县行委。

红十五军的筹建

1930年7月，徐海蚌总行委根据江苏省委精神，决定将各地农民暴动武装组建成中国工农红军第十五军，由陈资平任军长，下辖3个师。以萧县黄口、王寨、永堌等中心地区的暴动队伍编为第一师；以铜山东部黄集、大湖、贺村等中心地区的暴动队伍编为第二师；以宿县百善、水池铺、东三铺等中心地区的暴动队伍编为第三师；以睢宁、泗县、宿迁等地区的暴动队伍编为红十五军独立师。在策略上，首先夺取津浦、陇海两条铁路线上各县城，继而合围占领徐州，最后向南京会合。党中央机关报《红旗》1930年7月19日以“红色震荡中的徐海蚌”为

1930年7月，黄口暴动旧址

题，报道了这一情况。徐海蚌地区在各级行委的领导下，组织大小暴动有20起。

1930年7月8日，徐海蚌特委下属的安徽宿县百善地区的百余名农民，在党组织的领导下，攻打该地团防局。因久攻不下，向西南方向撤退。9日拂晓，约300名暴动农民在叶柳湖遭团防队包围，力战不支，于次日凌晨被打散。原拟暴动后队伍编为红十五军第三师的计划未能实现。9日，中共邳县县委发动旧州（古邳）地区农民攻占国民党区公所，毙敌2名，缴枪10多支。县委原计划让暴动队伍参加红军，但反动区长逃跑后，纠集区队和大批地主武装进行反扑，暴动队伍在受包围十几个小时后被打散，县委书记王树璜等10多人牺牲。10日，中共萧县县委委员李祥龄等率近千农民分三路进攻陇海铁路重镇黄口，歼当地驻军和商团、民团各一部，缴获长短枪近200支，使陇海线中断数日。黄口暴动队伍按计划转向王寨、永堌，打算与两地暴动队伍会合后，编为红十五军第一师。但王寨、永堌两地未能发动起来。黄口暴动队伍面对强敌，孤军作战，骨干多人牺牲，暴动失败。

徐海蚌特委曾设想将铜山及其以东地区的农民暴动武装组织起来，成立红十五军第二师。旧州暴动失败后，中共铜山县委于7月23日组织了吴窑暴动。百余名暴动农民突袭吴窑乡公所，占领了保卫团的碉堡，缴枪10余支。24日，攻占石蒋圩和小南庄。在反动军队和地主武装的残酷镇压下，暴动队伍分散隐蔽，暴动总指挥鹿世昭后遭地主武装偷袭而牺牲。

此起彼伏的暴动声势一时震动整个徐海蚌地区，波及苏鲁豫皖四省边区20余县。国民党反动派十分恐慌，调遣大批兵力前来围追堵截。各支暴动队伍因寡不敌众，纷纷被敌人打散。徐海蚌总行委组建红十五军的计划未能实现。革命形势严峻，党组织暴露，大批党员和革命群众被捕或牺牲。1930 年 10 月，根据中共江南省委（1930 年 10 月—1931 年 1 月，管辖江苏、浙江、安徽三省党的工作）指示，徐海蚌总行委和各县行委仍改为中共徐海蚌特委和县委。10 月 29 日，中共江南省委决定成立长淮（蚌埠）特委。年底，江南省委指示，徐海蚌特委分为徐州特委和海州（特）中心县委。

（本文由编者根据徐州市、宿迁市、宿州市、商丘市中共地方史等史料编写）

中共苏鲁豫皖边区特委

——白区斗争的一面旗帜

第二次国内革命战争时期，由于李立三、王明两次“左”倾冒险路线的危害，中共党组织遭到严重破坏，苏区损失90%，白区损失几乎100%。1933年夏，中共徐州特委负责人冷启英、周斌、孔子寿和省委巡视员孙叔平先后被捕，党团特委机关均遭破坏。徐州特委所属各县党团组织也先后遭到破坏（邳县1933年8月，睢宁县1933年10月，萧县1933年底，沛县1934年1月，丰县1934年6月）。到1934年上半年，除郭子化领导的枣庄矿区区委和铜山县东南乡的殷阳庄支部、西北乡的和畅庄支部以及萧铜边路套支部外，其余悉遭破坏。党领导的土地革命斗争处于低潮。

郭子化临危受命重建枣庄矿区党组织

1930年8月，中共山东省委向党中央报告，要求苏鲁两省分别派干部到鲁南开展党组织恢复重建工作。10月，徐海蚌特委派唐东华到临沂、郯城一带开展工作，由于斗争环境恶劣，没有站住脚。1931年春，山东省委派田位东、郑乃序到枣庄矿区，因领导煤矿工人罢工斗争被捕牺牲。枣庄罢工斗争失败后，白色恐怖更加严重，群众不准集会，住旅店盘查甚严，没有保人不得超过3日。1932年10月，徐州特委决定派郭子化到枣庄开展党组织的恢复工作。

同春堂药铺旧址

郭子化，1926年参加北伐战争，同年加入中国共产党。大革命失败后，参与领导过1930年泗县农民暴动和1932年永城农民暴动，拥有丰富的革命斗争经验。郭子化化名庞沛霖，以行医做掩护，肩挑药箱来到枣庄，当晚住在宋二（在枣庄街上颇有势力的江湖头子）开的客店（又名相窑）。老板娘患妇科病痛不欲生。郭子化为老板娘治好病，由此得到宋二的保护，站住了脚。18天后，郭子化在枣庄老街西门外鸡市口租了两间用秫秸做墙四面透风的草屋，开设了一间中药铺——“同春堂”药店。郭子化利用看病的机会，了解矿工的思想和生活情况，宣传革命道理。生活困难的工人生了病，他常免费医治，很受工人欢迎。不到两个月，他便在工人中发展李长庚、陈二友、梁允才、王明增等6人为党员，于1932年底重建枣庄矿区党支部。

矿区党支部建立后，工人斗争有了可靠组织保证。1933年春，郭子化发现煤矿工人普遍关心分“花红”（相当于奖金）。经过调查，郭子化了解到中兴煤炭公司工人分里工、外工，二者待遇不同，里工除每月工资外，还可以分到一点“花红”，而外工没有“花红”。郭子化决心领导这一斗争，他纠正过去动不动就罢工的“左”的做法，从教育入手，讲清“花红”是里工、外工用劳动共同创造的，都应分到。通过教育，在争“花红”的斗争中，里工与外工团结起来，共同战斗。5 月 1 日，郭子化和党组织骨干召开矿工大会，选出 53 名代表与中兴公司交涉。资本家先是设宴收买工人代表，遭到工人代表拒绝，便勾结国民党驻军将谈判代表诱骗到俱乐部，说是商谈条件，却把工人代表逮捕，准备押送济南。郭子化得此消息，立即组织很多工人，包围火车站。资本家害怕事态扩大，不得不释放工人代表，并答应工人们提出的条件，外工和里工一起分得“花红”。这次斗争，不仅使工人在经济上得到利益，更重要的是打破了枣庄矿区的沉闷空气，恢复了煤矿工人的斗志，同时锻炼了新成立的地下党组织，学会了在严重白色恐怖条件下正确领导群众开展斗争的策略和本领。

建立苏鲁豫皖边区临时特委

1933 年 4 月初，中共徐州特委书记冷启英到枣庄巡视工作，与郭子化共同分析当前斗争形势，要求郭子化与冷启英保持单线联系，搞好隐蔽斗争，日后一旦徐州特委被破坏，要担负起恢复

1935 年，枣庄医药公会成员合影（图中左第九人后戴礼帽者为郭子化）

徐州特委及所辖地区党组织的工作。冷启英回徐不久即被捕，特委机关被破坏，枣庄党组织与上级组织失掉联系。

在与上级组织失掉联系的情况下，郭子化以对党的执着信念一直独立坚持工作，积极恢复发展枣庄矿区和周围农村党组织。1933年6月，建立中共枣庄矿区区委，郭子化任书记。在恢复发展党组织工作中，由于敌人采取密捕密放政策，情况复杂，真假难分，郭子化始终采取积极又慎重的方针，对每一个恢复和发展对象做全面、认真的考察。1934年秋，郭子化派在身边工作的丛林同志数次回沛县家乡一带了解情况，联系失散的党员。丛林先与拒绝自首跑到江西寻找党组织未果转回沛县的丛衍瑞取得联系，经过审查没有问题，方安排郭子化与其见面，恢复了丛衍瑞的组织关系。而后采取同样方法恢复了张光中、王润生等同志的组织关系。

郭子化在恢复发展党组织过程中，纠正了过去排斥知识分子的极左做法，积极慎重地把发展工作渗透到各行各业，在煤矿、农村、教育界、医药界、政界、军界、商界等全面渗透，发展党员。在枣庄联中发展张洪仪等为党员，在农村小学教员中发展鹿广廉等为党员，还恢复了知识分子李兴斌的党籍。甚至在山东军阀韩复榘的枣庄驻军杨团中发展了党的组织，该团机枪连6挺重机枪有4挺掌握在共产党员手里。在敌方警察局里，也有党员不断为党组织传递情报，掩护同志。到1935

郭子化在费县高桥镇居住的旧址

年2月上旬，他们不仅建立了峄县县委、枣庄矿区区委，而且向周围的费县、临沂等地发展，沛县、萧县等地的党组织也得到恢复。根据党组织不断恢复扩大的形势，为统一领导这一地区的党组织，郭子化与丛衍瑞、张光中、陶洪瀛、丛林、梁允才、李韶九、邱焕文等共同商定，建立中共苏鲁边区临时特委，郭子化为书记，丛衍瑞为组织委员，张光中为宣传委员，丛林为秘书。

1936年6月下旬，临时特委机关由枣庄迁到费县高桥镇。他们一面积极寻找上级党组织，一面与泗县、宿县、砀山、邳县、萧铜边、永城等县大破坏后隐蔽下来的党员取得联系，重建各地党组织，先后在山东临沂、费县、郯城、滕县等地发展党员并建立支部、区委或中心县委。1936年底，他们将苏鲁边区临时特委改为苏鲁豫皖边区临时特委，郭子化为书记，丛衍瑞为组织委员，张光中为宣传委员，陶洪瀛为委员，丛林为秘书。

以职业为掩护开展隐蔽斗争

郭子化在长期的革命斗争中深深认识到，在白区斗争中，没有职业掩护，难以开展工作，很容易被敌人发现。在敌人力量强大、革命力量弱小的情况下，斗争是长期的，没有职业，地下党员吃穿住用难以解决，党的活动经费无着，不利于革命活动的开展。因此，郭子化到枣庄不久，就办起了“同春堂”药店，以此为掩护，从事党的工作。继“同春堂”之后，郭子化派李韶久和郭致远在费县高桥镇和大北庄分别开设了“广德堂”“天德堂”药店，派丛林和陶洪瀛到滕县分别开设“元德堂”“乾德堂”药店。另外，在枣庄开设“广仁医院”（后改名雅青医院），由共产党员褚雅青担任院长。后来，又联合枣庄周围 70 余家药店、医院成立枣庄药业公会，推举党员李韶久为会长；还组织了中西药品运销合作社，党员李微冬担任理事长。这样，鲁南医药界基本为我党控制，这些药店成了党的活动点。郭子化不仅自己钻研医术，而且要求共产党员对从事的职业要精益求精。丛林、郭致远为提高医术，专门读了上海医科大学函授班。他们每到一地工作，先从替人看病开始，逐步打开局面。

为了打击叛徒、特务的破坏活动，保护党的组织，特委建立了自己的武装力量，自称“打狗队”。这支武装初建时虽然较小，但发挥了重要作用。1936 年夏，沛县党的联络员姜友吉叛变，对沛县党组织和特委威胁很大。特委决定由特委委员张光中和武装队长萧平负责除掉叛徒姜友吉。旧历四月十八日夏镇庙会，在夏镇党组织配合下，萧平带人跟踪姜友吉，一举处决了这个叛徒，消除了一大隐患。

积极寻找上级党组织

徐州特委被破坏后，郭子化等与上级党组织失去联系。他们在努力恢复发展党组织的同时，千方百计寻找上级党组织。郭子化曾派人去上海等地联系，没有结果。后来得知同乡、邳县党员宋绮云在西北军杨虎城部做地下工作，于是派党员郭日高去西安联系。由于经费困难，郭日高沿途讨饭到达西安，与宋绮云取得联系。1935 年 10 月，中共西北特别支部（简称西北特支）在西安成立。宋绮云与西北特支负责人谢华、徐彬如商议，决定让郭子化来特支汇报工作。郭子化于年底到西安做了汇报，特委自此归西北特支领导。

“西安事变”后，西北特支撤销，特支负责人通知郭子化去延安汇报工作。郭子化历经千辛万苦到达延安，受到中央组织委员会委员王观澜和齐华同志的接待。朱理治同志专门听取郭子化的详细汇报，对特委的工作予以充分肯定，认为特委的工作方针和工作方法都是对的，正式批准中共苏鲁豫皖特委，决定划归即将成立的河南省委领导。郭子化汇报工作后留在延安参加了苏区代表会议和白区代表会议。

在国民党制造的白色恐怖下，徐州周围的山东、河南以及江苏省委均遭破坏，郭子化等人坚守初心、艰险求生，党的组织从枣庄起步，星火燎原，发展建立了鲁南的峄县、费县县委，恢复了沛县县委，进而扩大到苏鲁豫皖四省边区 20 多个县。到 1937 年 5 月，党中央将苏鲁豫皖边区特委划归中共河南省委领导时，移交给河南省委负责人朱理治同志党员关系共 460 人，其中苏鲁豫皖边区特委 300 人，河南工委 70 人，鄂豫边区省委 60 人，皖西北特委 30 人，郭子化领导的苏鲁豫皖特委党员人数约占河南省委党员总数的三分之二。到 1938 年初，苏鲁豫皖特委拥有党员 1232 人。

苏鲁豫皖边区特委让淮海地区党的发展没有断线，革命斗争没有断档，为即将到来的抗日战争做了思想上、组织上和干部上的准备。1940 年 8 月 14 日，刘少奇在皖东北半塔集对华中地区出席党的“七大”代表做报告时，评价郭子化领导的特委是华中和华东地区白区斗争的一面旗帜。

（本文由编者根据徐州市、枣庄市、宿州市、商丘市中共地方史等史料编写）

苏鲁人民抗日义勇总队

1937年11月，中共苏鲁豫皖边区特委在萧县黄口召开扩大会议，传达了洛川会议精神，决定以津浦、陇海铁路十字交叉线为界，划分4个区域，分工领导，发动群众，创建抗日武装，开展游击战争。根据黄口会议精神，各县积极进行抗日武装的筹建工作。1938年3月初，郭子化通过统战关系，从国民党徐州专员兼第五战区游击总指挥李明扬处争取到人民抗日义勇队的番号，李明扬委任张光中为队长。

苏鲁人民抗日义勇队第一总队

早在1935年，中共苏鲁边区临时特委（苏鲁豫皖边区特委的前身）就在沛县建立了一支十几人的地下武装。以此为基础，特委吸收了部分投身抗日的青年学生和农民，于1937年11月在沛县组织了一支五六十人的地下武装。同月，夏镇（原属沛县）的共产党员郑安良（又名郑一鸣）、张运海（张新华）利用国民党区长组织夏镇保家自卫团的机会，打入其内部，使自卫团成为共产党掌握的抗日群众武装。同时，王志成在夏镇南庄一带组织微山湖渔民抗日自卫团。1938年2月，日军炮击夏镇，形势危急，张运海、郑安良和王志成分别带领夏镇和南庄的抗日武装转移到湖西沛县宋庄，与张光中领导的沛县武装会合，队伍扩充到100多人。

苏鲁人民抗日义勇队第一总队成立旧址（今枣庄市山亭区西集村）

在滕县，1938年1月，山东省委巡视员王见新和滕县党组织负责人李乐平、王佑池等在善堌办起了农民训练班。3月，日军侵占滕州城，王见新等人在善堌农民抗日训练班的基础上，组建了农民抗日救国军，共40余人，于公任指挥，王见新任政治指导员。4月，郭子化到善堌检阅部队，协助建立了中共滕县特别支部，将农民抗日救国军改称滕县人民抗日义勇队。

在峄县，1937年8月，朱道南等在邹坞、张范一带举行邹坞乡农学校暴动，建立了一支100余人的人民武装，命名为鲁南抗日自卫团。1938年3月，郭致远、邱焕文等在峄北山区大北庄一带建立了一支五六十人的抗日武装。1938年2月，共产党员李浩然和四川旅沪同乡会战时服务团负责人率团员三四十人来枣庄矿区进行抗日宣传活动。3月18日枣庄失守后，战时服务团在枣庄北部山区与朱道南等率领的峄县抗日武装会合，合编后暂用战时服务团义勇队番号。3月底，战时服务团义勇队与郭致远等领导的抗日武装在墓山村会合，合编为1个大队，朱玉相任大队长，下辖4个中队。

5月19日，徐州沦陷。中共苏鲁豫皖边区特委立即调集沛县、滕县、临城、峄县等地的抗日武装，在滕县、峄县边界的南塘、凤凰庄、善堌一带会师。21日，边区特委在老古泉召开扩大会议，决定成立第五战区苏鲁人民抗日义勇总队，张光中任总队长，何一萍任政治委员，韩文一任参谋长，王见新任政治部主任（不久，李浩然接任）。总队下辖3个大队和1个直属宣传队，共600余人。6月，湖西地区成立人民抗日义勇队第二总队时，该部改称人民抗日义勇队第一总队。

苏鲁人民抗日义勇队第一总队进入滕（县）峄（县）边以后，积极发动群众进行抗日宣传，不断对临（城）枣（庄）铁路、津浦铁路进行破袭，赢得人民的拥护和支持，也引起鲁南国民党顽固派的不安。1938年6月下旬，驻滕县东部的国民党第七游击纵队申从周部3000多人，企图围歼驻滕县南塘的义勇队第一总队。中共苏鲁豫皖边区特委获悉这一情报后立即召开紧急会议，组成讨申指挥部，集结第一总队，并联合其他抗日武装，反击顽军的围攻。各路部队密切配合，经过两天激战，将申部击溃，取得反顽作战的初步胜利。

在这次反顽战斗中，一总队也付出代价，政治委员何一萍及10余名干部战士在战斗中牺牲。申从周率残部退回老巢冯卯、东江一带，不甘心失败，图谋反扑。第一总队请求苏鲁豫皖边区省委予以支援。苏鲁豫皖边区省委书记郭洪涛率领省委机关和第四支队第二团、第三团的3个连南下，支援抗日义勇队第一总队，同时探索开辟抱犊崮山区抗日根据地的途径。7月中旬，南下部队与第一总队会师后，对申从周部发起攻击。经过7昼夜激战，先后攻克冯卯、高庄、万村等村寨。8月，郭洪涛率领第四支队返回沂蒙山区，第一总队也被迫转移到抱犊崮山区东部。

抗日义勇队第一总队几经辗转，进入抱犊崮山区临沂县的大炉一带。在这一带活动的人民武装有丁梦孙、刘剑领导的临郯青年抗日义勇队和万春圃领导的临郯费峄四县边区联庄会办事处常备队。为加强统一领导，临郯青年抗日义勇队并入第一总队，万春圃部编为义勇队第一总队第二大队。9 月，由于大炉地处贫瘠山区，人民群众生活艰苦，部队的供给发生困难，苏鲁豫皖边区省委决定，同意国民党山东省第三区专员兼保安司令张里元为扩大自己势力提出的要求，在不改变部队建制、不干涉部队人事安排、保持部队独立活动的前提下，将义勇队第一总队改称为山东省第三区保安司令部直辖第四团，张光中任团长，李乐平任政治委员。9 月上旬，直辖四团联合张里元部进行了胭脂山（又称燕柱山）伏击战，毙伤日军六七十人。12 月，直辖四团又对日军新设的车辋据点进行历时 40 余天的围困战，最终迫敌撤退，稳定了鲁南山区抗日根据地。

1939 年 9 月 1 日，八路军一一五师师部及所属六八六团、新编特务营和随营学校到达大炉。10 月 1 日，将第一总队改编为八路军一一五师苏鲁支队，张光中任支队长，李乐平任政委，胡云生任参谋长，阎超任副参谋长，李荆山任政治部主任。

苏鲁（湖西）人民抗日义勇队第二总队

在金乡，1938 年 2 月 15 日，中共金乡县工委的王鉴览、翟子超、耿荆山、秦和珍等组建一支抗日游击队。在单县，3 月间，单县县委在张寨举办抗日骨干训练班，并以此为基础建立抗日自卫团；5 月，又联合各村自卫团组建了抗日自卫团联防队。在鱼台，4 月，马霄鹏、郭耕夫等动员民主人士聂峨亭，成立第五战区鱼台抗日游击司令部；7 月，建立抗敌自卫团。在郓城，5 月，郓城中心县委以抗日救国训练班为基础，组成了郓城抗日自卫团。

1938 年 5 月初，中共徐西北区委在丰县召开丰、沛、萧、砀（山）、铜（山）五县党的负责人会议，布置组织抗日武装、开展游击战争的任务。5 月 19 日，徐州沦陷前后，李贞乾在丰县，郝中士、苗宗藩在沛县，尹夷僧、孟宪琛在砀山，何光友、孟昭林在萧县，郭影秋在铜山，李广德在宿县，李忠道、冯家平在萧南，王卓然、鲁雨亭在永城，纷纷建立了抗日人民武装。

6 月 10 日，日军撤离丰县城，李贞乾、王文彬等率领丰县、单县、砀山部分抗日武装共 250 余人，进驻丰县城南渠楼，于 11 日召开大会，宣布成立人民抗日义勇队第二总队。当晚，第二总队转移到丰县西北徐老家。

第二总队的首次战斗，是消灭土匪武装于振江、于北海部，缴获长短枪 60 余支。6 月底，第二总队转移到丰县华山镇尹小楼，中共徐西北区委和鲁西南特委调集沛县、铜山、金乡、萧县等地的抗日武装前来会合，共有 1000 余人，李贞乾任总队长，王文彬任政治委员（7 月，由郭影秋接任），祝良银任副总队长，张如任参谋长，孙叔平任政治部主任。第二总队延续一总队序列，将各县武装从第五大队编起，陆续编成 20 多个大队。第二总队成立后，采取机动灵活的游击战，先后在马良、黄庙、华山、河口、旧城、解集等地袭击日、伪军。其中战绩显著、影响较大的是马良、华山、黄庙战斗。年底，队伍发展到约 5000 人，成为抗战初期坚持湖西抗战的一支主要武装力量。

苏鲁人民抗日义勇队二总队成立旧址——丰县城南渠楼

正当湖西地区抗日武装斗争广泛开展之际，盘踞在丰县北部的土匪武装王献臣部暗中勾结日军，不断向第二总队挑衅。8 月间，义勇队第二总队联合丰县、沛县国民党地方部队及鱼台县抗日自卫总团共 4000 余人，组成讨逆联军。讨逆联军在总队长李贞乾统一指挥下，于 9 月 8 日发起讨王战斗。初期，进展顺利。但在关键时刻，沛县、丰县的国民党地方部队坐观形势，按兵不动。王献臣见此情况，凭借深沟高垒，负隅顽抗。

12 月 27 日，八路军第一一五师三四三旅六八五团到达湖西地区，改称苏鲁豫支队，彭明治任支队长，梁兴初任副支队长，吴法宪任政治委员。29 日，苏鲁豫支队向伪军王献臣部发起攻击，击伤王献臣，毙伤俘敌 800 余人。战斗即将结束时，驻丰县、砀山日军 300 余人出动支援，被义勇队第二总队击退，毙伤敌数十人。此次战斗的胜利，使苏鲁豫支队在湖西地区声威大震，群众颂扬苏鲁豫支队是“天上掉下来的八路军”。尔后，苏鲁豫支队又在沛县北歼灭伪军金啸虎部主力 1000 余人。

年底，中共山东分局电令人民抗日义勇队改编为八路军山东纵队第十三支队（次年 1 月改称挺进支队），李贞乾任支队长，郭影秋任政治委员。1939 年 2 月，奉山东分局和一一五师电令，以其大部改编为一一五师苏鲁豫支队第四大队，李贞乾任大队长，郭影秋任政治委员，所余一部仍用苏鲁人民抗日义勇队第二总队的番号在陇海路以南活动，后来也编入苏鲁豫支队。

（本文由编者根据徐州市、枣庄市、济宁市、宿州市中共地方史等史料编写）

微山湖畔“飞虎队”

——记鲁南铁道大队

鲁南铁道大队诞生地——枣庄城郊小陈庄

1938年春，日军占领枣庄后，为长期掠夺枣庄的煤炭，派重兵驻守枣庄，强化对枣庄的统治。为扭转被动局面，苏鲁人民抗日义勇总队于1938年10月派洪振海和王志胜打入枣庄，建立秘密情报站。他们利用卖煤为掩护，搜集枣庄日军的情报，并于1939年11月秘密组织了一支11人的抗日武装，自称枣庄铁道队。1940年2月，杜季伟受八路军苏鲁支队委派到铁道队任政委，队伍正式称为鲁南铁道队。鲁南铁道队的活动范围由临枣线延伸到津浦线，苏鲁支队报请鲁南区党委批准，将鲁南铁道队与滕沛边县委领导的临南铁道队和临北铁道队合并，于1940年7月成立鲁南铁道大队，洪振海、王志胜分任正、副大队长，杜季伟任大队政委，队伍活动在台枣支线、临枣支线及津浦铁路韩庄至界河段。

袭击票车和洋行

1940年秋，日军对鲁南山区进行“扫荡”，上级指示铁道大队积极活动，拖住敌人，配合山区部队反“扫荡”。洪振海等铁道大队领导经过研究，决定打击敌军的票车（北方地区对客车的俗称）。经过预先侦察得知，每星期六临枣路及徐州以北津浦路沿途各站都向济南日军交税款，月底一般较多。7 月底，铁道队预先派人跟车到临城侦察，摸清了押车的日伪军的数目、生活规律及军事技术状况等，拟定了劫票车的行动计划。

星期六这一天，连云港驶向济南的票车经过枣庄。傍晚，12 名队员化装成工人、农民、商人等，分别从泥沟、峄城、枣庄站上了车。等到晚饭时间，他们拿出事先准备好的烟、酒、烧鸡、点心等，主动凑到押车的日军士兵身旁，请他们“共进晚餐”。日本兵以为这些乘客热情“慰劳太君”，毫无戒备，与铁道队员一起大吃大喝起来。

列车行至枣庄站西，隐蔽在道旁树丛中的洪振海和曹德清分别从两侧敏捷地跃上车头。洪振海用短枪打死日军司机，捆了司炉。曹德清驾驶列车，加快速度向前开进。快到四孔桥时，车速放慢。埋伏在这里的 12 名队员在王志胜指挥下，熟练地跃上列车。洪振海看到王志胜带领的队员都上来了，令曹德清猛然拉响汽笛。潜伏在各车厢的队员听到信号，亮出武器，扑向敌人。经过一阵短兵相接的战斗，车上 20 多个日军官兵全被消灭。这次战斗，缴获 8 万多块钱，短枪 8 支，长枪 12 支，手炮 1 门，机枪 1 挺。

打完票车之后，洪振海与杜季伟、王志胜商量，决定乘胜奇袭“国际洋行”。在枣庄火车站南侧，有一个日军开设的“国际洋行”。这个洋行名义上是经营日货的商行，实际上是搞情报的特务机关。一年前，洪振海与王志胜为了搞枪，曾经偷袭过一次洋行，打死、打伤洋行的 3 个日本“掌柜”。此后，日军增兵加哨，并在洋行四周院墙上架了电网。

1940 年 8 月的一天夜间，王志胜奉命化装回枣庄，混入“国际洋行”做了一番细致的侦察，回来后介绍了洋行的情况。大家经过分析，又拟定了周密的行动计划：洪振海带领 32 名队员，分为 5 组，1 组担任警戒，其余 4 组分别负责消灭 4 间屋子里的敌人。行动这天，铁道队乘夜间潜入洋行院内，三四分钟便结束战斗，击毙日军和日伪翻译 13 人，缴获长短枪 6 支，手表、怀表 200 多块。

击毙日军特务队队长

位于津浦线与临枣线连接点的临城火车站，是日军的铁甲列车大队和铁道警备大队活动的重要据点。伪军阎成田团的 2 个营和特务队也驻在临城附近的古井村。日伪军对铁道大队活动地区接连进行“扫荡”和“清剿”。铁道大队决定给敌人点儿厉害尝尝，教训他们一下。

1941 年 10 月的一个夜晚，大队长洪振海、政委杜季伟带领化装成伪军巡逻队的 20 多名队员，大摇大摆地来到临城火车站。在内线接应下，他们顺利地越过封锁沟，进入站内。站台上的伪军哨兵以为是自己的巡逻队来了，向走在前头的“长官”敬礼。洪振海用匕首捅死敌哨兵，指挥队员迅速封锁道口。王志胜、刘金山摸进站房，击毙日本特务队长高岗。这时，车站东侧的日本兵营内，响起了手榴弹的爆炸声。这是洪振海为策应车站杀敌而采取的迷惑敌人的行动。王志胜、刘金山等干掉站房内的敌人，扛起室内的两挺机枪和20多支步枪，安全撤出站外。在撤出车站的途中，队员曹德清按照队长的吩咐，把一顶印有伪军阎成田团番号的帽子丢在路旁。

日本特务队长高岗被除掉，让日军大为震惊。翌日，临城日军从济南请来侦破高手，对车站及周围的可疑人员进行了大逮捕，均未查清袭击临城车站是哪部分所为。当发现现场有伪军阎成田部的军帽和其他物品，加之高岗和阎成田部早已存在矛盾，敌人便断定杀死高岗的是阎部所为，遂立即抓捕阎成田等人，并解除其武装。

飞车截获日军布匹

1941年11月，正在微山湖组织队伍休整的洪振海与杜季伟接到鲁南军区司令员张光中部署的一项紧急任务："今年鬼子对山区的秋季'扫荡'很残酷。前几天，咱们军区的被服厂突然遭到敌人的严重破坏，大部分冬服被鬼子抢走或烧毁，纺纱车、织布机也被砸烂烧焦。现在已进入冬季，希望你们从鬼子那里搞一部分布匹，以解燃眉之急。"

不几日，铁道大队通过内线得到情报，一列从青岛开出的票车挂有两节装布匹的车厢，当天要路过沙沟站继续南运，但到站时间是白天。白天截车目标太大，洪振海让王志胜找车务段内线人员张云骥商量，想办法把列车到达沙沟站的时间推迟到晚上。张云骥按照铁道大队的意图，赶到沙沟站北段的滕县，将沙子放进列车的油壶里。车开出不久，轴瓦起火，不得不在临城停修，直到晚上10点多钟才修好。

铁道大队活动旧址——枣庄老火车站

这天晚上，杜季伟组织动员的近千名群众，集中到沙沟站以南的黄庄一带。当列车运行到姬庄以西拐弯处时，张云骥同曹德清准时拔掉风管和插销，使两节装布的车厢脱钩，在沙沟站以南的塘湖附近停下来。敌人毫无察觉，列车继续向前运行。

还没等装布车厢停稳，洪振海、王志胜便指挥队员撬开车厢门，将大捆的布匹撂下来。杜季伟带领群众跟上来，大家争分夺秒，有的背，有的扛，有的抬，有的推，刹那间，从黄庄到微山湖畔，形成一条运布的长龙。这时，由微湖大队及区委动员来的上百只渔船停在湖边，等待布匹上船。快要卸完布匹时，突然从南面开来一列载有日本兵的火车。洪振海立即指挥队员埋伏。没等列车靠近，手榴弹便在车头开了花，接着，机枪、步枪一齐射向敌人。司机好像被打蒙了，列车开得更快，等发现前面的运布车厢时，已来不及刹闸。车头与装布车厢相撞脱轨，列车上的日军死的死、伤的伤，顿时乱作一团。

沙沟站的日军得知丢失两节装布匹的车厢，也向机枪声响处包抄过来。枪声越来越近，但搬不完布，谁也不忍心离去，因为这是广大指战员的过冬棉装。

大雾渐渐弥漫，几步之隔即看不清对面，真是天公相助。洪振海利用大雾这个天然屏障，故意虚张声势。他组织长短枪一齐打，造成主力部队出山的阵势。日军果真被唬住了，不敢冒进。铁道大队掩护群众边打边撤。这次截布战斗，共获细布 1.8 万余匹，日军军服 800 多套，以及毛毯、棉被及药品等，解决了 1 个军区、3 个军分区和 1 个教导旅的冬装问题。

鲁南铁道大队威名远扬

1941 年 12 月，1000 多名日伪军分两路突然包围了铁道大队驻地黄埠庄。洪振海奋不顾身掩护部队突围，不幸中弹牺牲。他们在新任大队长刘金山和政委杜季伟的带领下，继续同日伪军展开艰苦卓绝的斗争。

1942 年秋，鲁南军区遵照刘少奇的指示，决定将鲁南铁道大队、微湖大队、滕沛大队和文峰大队合编为鲁南独立支队。12 月，鲁南独立支队正式建立。铁道大队被改编为鲁南独立支队第二大队。为了保持鲁南铁道大队这支“飞虎队”对日、伪军的威慑力量，对外仍称鲁南铁道大队，其中心任务是保护华中通往延安的交通线，护送华中和山东的领导人过津浦铁路。

1944 年 10 月，鲁南独立支队番号撤销，同时，恢复鲁南铁道大队番号。原第二大队的 3 个长枪队和部分短枪队员升级为主力，剩余 50 余名队员再编为鲁南铁道大队的短枪和长枪各一个

铁道大队队员战斗胜利后在火车上的合影

中队。

1945 年 8 月日本宣布投降后，鲁南铁道大队破坏铁路，迫使枣庄、临城一带日军投降，共缴获山炮 2 门、重机枪 8 挺、轻机枪 130 多挺、步枪 1400 多支、手枪数十箱、子弹百余箱。随着抗日战争的胜利，鲁南铁道大队也完成了抗击日本侵略者的历史使命。1946 年 3 月，鲁南铁道大队奉命撤销。

国民党 1946 年 7 月开始向鲁南解放区大举进攻。为迟滞国民党部队北上，鲁南军区于 8 月调集原鲁南铁道大队部分骨干，重新组建由 190 余名队员组成的鲁南铁道大队。同年 11 月，因斗争形势发生变化，鲁南铁道大队番号再次奉命撤销，部队改编为鲁南军区特务团第二营。

自 1939 年成立至 1946 年编入主力部队，鲁南铁道大队以抱犊崮抗日根据地为后盾，挥戈于百里铁道线上，出没于万顷微山湖中，截军列、打洋行、毁铁路、炸桥梁、搞机枪、劫布车、打票车，吓得敌人魂飞胆丧。他们开辟并保卫了华中、山东赴延安的秘密交通线，护送刘少奇、陈毅、罗荣桓等千余名指战员安全过境。鲁南铁道大队为抗日战争的胜利建立了卓著功勋，被八路军首长赞为“怀中利剑，袖中匕首”。

（本文由编者根据枣庄市、济宁市中共地方史等史料编写）

“敢在鬼子头上跳舞”的运河支队

运河支队建队旧址——周营镇

1938年5月19日，日军侵占徐州，铜山沦陷。我党在铜山柳泉一带开展活动的共产党员胡大毅、陈诚一、张启曙等，联络各阶层爱国人士执行抗日民族统一战线，同爱国民主人士胡大勋结合，秘密组建一支200多人的抗日武装，活跃在贾（汪）柳（泉）铁路支线南北地区。不久，随着人员增多，战斗力加强，这支队伍组建为运河大队。1939年底，八路军一一五师首长决定在运河大队的基础上，成立八路军一一五师运河支队，任命孙伯龙为支队长、邵剑秋为副大队长、朱道南为政委、胡大勋为参谋长。1940年1月，运河支队在周营（山东枣庄薛城区周营镇）宣布正式成立。从此，运河支队在一一五师和铜东北党组织的领导下，驰骋在运河南北，英勇抗击日伪顽军。

运河支队首战杜庄

1940年2月初，运河支队成立不久，驻徐日军便纠集贾汪、台儿庄以及枣庄的日伪军对鲁南进行大规模的“扫荡”。为了牵制敌人，给主力部队作战制造有利条件，运河支队决定把一大队撤到运河南岸同二大队会合，伺机袭扰敌人。

2月13日，一大队三中队刚从运河北岸撤到杜庄，突然遭到300多日伪军的包围，日军自恃人多、武器精良，气焰十分嚣张。在此形势下，“运支”三中队队长丁瑞庭果断命令部队撤回村内坚守待援。这是运河支队成立后的第一仗。面对敌人的疯狂进攻，三中队依托有利地形奋起还击，接连打退敌人多次进攻。日军气急败坏地向村内施放燃烧弹，顿时村内一片火海。趁烟雾弥漫之际，一队日本鬼子从东南方向冲进村来。在这危急关头，副排长王华堂、班长李明胜、战士萧振海等人跃出院子与鬼子拼起刺刀。10多个日本鬼子被战士们一阵拼杀，死的死，伤的伤，剩下的几个刚想往回逃，被战士单立朴扔出一颗手榴弹全部消灭了。日伪军在重火力掩护下步步紧逼，丁瑞庭迅速指挥部队撤进一家大院。此院围墙2米多高，四周砌6座两层的炮楼。部队刚刚撤进这所院子，敌人便集中所有的炮火猛轰炮楼，6座炮楼相继倒塌，副排长王华堂和几名战士壮烈牺牲。为了有效杀伤敌人，战士们把子弹集中到枪法好的同志手里，其余人员隐蔽休息，等待白刃战。正当此时，躲在屋内的主人带着雇工将收藏的几箱子弹、手榴弹和枪支送了过来。战士们如虎添翼，再次打退了敌人的进攻。

运河支队骑兵部队

本以为我方已弹尽粮绝的日军大为震惊，死伤惨重。无可奈何的敌人只好赶着抢来的10余辆牛车，拖着几十具尸体灰溜溜地撤回贾汪。

杜庄战役，八路军运河支队三中队坚守村落，以不足50人的兵力，顽强地抵抗10倍于己的敌人，取得了战斗的胜利，声威大震。首战杜庄的胜利极大地鼓舞了战士们的抗战决心。随后，他们又接连取得了常埠桥伏击战、夜袭利国铁矿、智取塘湖车站等系列战斗的胜利，队伍迅速扩大到2000余人。

烈士血染运河

1940年10月，敌人组织临枣、津浦、陇海、台赵铁路线上的2000余日伪军对运河支队进行“铁壁合围”“扫荡”。10月9日，10名日军进犯后孟、周庄等村庄进行试探，运河支队二大队

运河支队纪念亭

和苏鲁支队三营将敌人打得狼狈逃窜。支队领导人未能识破敌人诡计，产生了骄傲情绪，10日晚将部队集结在涧头集召开庆祝大会。11日凌晨，运河支队遭到携带轻重武器的日伪军的包围。运河支队一大队三中队在库山进行阻击，掩护全体人员北撤，渡过运河进驻朱阳沟。三中队与敌激战至夜间，始得突围转移，渡过运河，向西前进了5公里，看到曹庄东南的郝湖村已若隐若现，战士们暗自松了口气。突然间，敌人的炮弹落在行军纵队的旁边。战士们措手不及，纷纷后撤，几十名指战员撤到了巨梁桥的闸口处。巨梁桥村背靠运河，外有月河湾与运河相通，四面皆水，易守难攻。战士们便分散进村，住进群众的家中。当天晚上，汉奸刘善云带队封锁了巨梁闸，并在附近的村庄进行搜捕，运河支队二大队政治处副主任兼组织科科长陈诚一、手枪队队长沙玉坤和滕县第九区区长李彦召等29人不幸被捕。

汉奸刘善云把被捕的29名抗日战士交给前来搜捕的日军，还谄媚地指着陈诚一告诉日军指挥官“这是八路军的大官”。日军指挥官非常高兴，谎称运河支队已经被消灭，笑脸规劝陈诚一投降。陈诚一面对敌人大义凛然，一言不发。日军无可奈何，便对他进行残酷的折磨，这位1929年入党的共产党员始终没有吐露一个字。敌人又接连审问了几人，全都一无所获。第二天清晨，恼羞成怒的日军把29名战士押上巨梁桥，一个日本士兵端着刺刀向陈诚一刺来。陈诚一知道最后的时刻来临了，仰天高呼“打倒日本帝国主义”倒在血泊中。日军翻译对其他战士劝降，见没有人屈服，又一个日军士兵把刺刀捅进李彦召的腹部，拧了三圈，李彦召踉跄着栽进河水中。前面的战友倒下了，后面的战士依然面无惧色。束手无策的日军指挥官下达屠杀令。敌人的刺刀穿进英雄们的胸膛，陈诚一等 29 位烈士倒在大运河里。29 名战士慷慨赴死，没有一个背叛故乡和亲人。鲜血染红了巨梁桥下的河水，染红了大运河两岸。

上阵父子兵

在运河支队里，有众多的父子、兄弟、叔侄并肩作战。他们为了一个共同的目标——把侵略者赶出家园，将彼此的生命紧紧地凝聚在了一起。运河支队参谋长、后为运河支队第三任支队长胡大勋就是最杰出的代表。新四军副军长张云逸赞扬他是“孤胆英雄”。新四军四师师长彭雪枫说他有特殊的历史和作用。而在日军特务机关的调查报告中称胡大勋为“匪首”。胡大勋一家 7 口人都参加了运河支队，全都战斗在最前线。任支队第二大队队长的胞弟胡大毅，在 1941 年反“扫荡”中牺牲。

抗日战争胜利后，运河支队被改编为山东警备九旅十八团，胡大勋任团长。时任十八团一营二连指导员胡霖是胡大勋的小儿子。1945 年 11 月，国民党部队进犯鲁南解放区，胡霖率领二连战士在铜北后八丁进行自卫，不幸牺牲。胡大勋按照习惯走到了每位烈士的担架前，掀开覆盖的白布，向牺牲的战友一一告别。他最后来到了儿子的担架前，却不忍掀开看。他命令警卫员：“掀开看看，检查一下子弹是从哪里打进去的。”这个战士看过以后报告：“子弹是从前额打进去的。”胡大勋说：“从前面打进去是好汉，从后面打进去是孬种，胡霖是好样的！”

在整个抗日战争时期，运河支队先后隶属于八路军一一五师、新四军第四师、新四军淮北第三军分区、八路军鲁南军区，以牺牲400余人的代价，毙伤日军近千人，毙伤和俘虏伪军4000余人。运河支队被罗荣桓政委誉为“敢在鬼子头上跳舞”的部队。陈毅称赞：“运河支队可以写成一部大书。”

（本文由徐州市政协文化文史委员会、徐州市史志办公室供稿）

淮海地区的抗日民主根据地

——用血肉筑起保家卫国的钢铁长城

徐州会战以后，中共中央发出指示，在苏鲁豫皖四省敌后开展游击战争。中共苏鲁豫皖特委及各地各级党组织转移到广大农村，组建抗日武装。一时之间，抗日武装蜂拥而起，抗日烽火遍布淮海大地。

1938 年 5 月，毛泽东在《抗日游击战争的战略问题》中指出，不仅可以在山地建立根据地，而且可以在平原和水网地区建立根据地。“因为一方面，敌人兵力不够分配，又执行着前无古人的野蛮政策；另一方面，中国有广大的土地，又有众多的抗日人民，这些都提供了平原发展游击战争并建立根据地的客观条件。”1938 年底，中共中央派八路军、新四军部分主力部队挺进淮海地区，结合地方抗日武装，先后创建了淮北、淮海、湖西（微山湖以西地区）、鲁南、沂蒙等抗日根据地，除大城市和交通要道为日军占领外，广大的淮海农村地区都成为我们纵横驰骋的抗日根据地。

刘少奇在 1939 年的中原局会议上对抗日根据地做了形象的说明：“打日军要有枪，有了枪还要有个家，这个家就是根据地。”并且指出：“建立根据地，就要建立政权。政权是人民的，国民党不批准，只要人民承认，我们的政权就可以存在。”各根据地相继建立起统一战线性质的“三三制”政权（共产党员占三分之一，非党的左派进步人士占三分之一，不左不右的中间派占三分之一），团结一切抗日力量。根据地实行“地主减租减息，农民交租交息”的民生政策，实行一元化领导，开展精兵简政、大生产运动，度过三年困难时期。根据地军民团结御敌，粉碎日军的“扫荡”、顽军的摩擦挑衅，用鲜血和生命坚守在淮海大地，直到把侵略者赶出国土，迎来民族的解放。

淮北抗日民主根据地

淮北抗日根据地处于日寇占据的徐州、蚌埠、淮阴三大军事重镇之间，由豫皖苏、皖东北、邳睢铜三块根据地组成，是八路军和新四军的联系枢纽，战略地位十分重要。

1938 年 5 月徐州沦陷后，日军打通津浦铁路，以重兵驻守徐州、蚌埠、宿州，将淮北地区分为东西两块，津浦路东为淮北苏皖边区（包括皖东北和邳睢铜地区），路西为豫皖苏地区。遵照中共中央《关于徐州失守后华中工作的指示》，1938 年 9 月 30 日，彭雪枫率领新四军游击支队 370 余人，从河南确山县竹沟镇出发挺进豫东。10 月 11 日在西华县杜岗与吴芝圃领导的豫东抗日游击第三支队和萧望东率领的先遣大队整编为新四军游击支队，共 1000 余人，彭雪枫任司令员兼政委，吴芝圃任副司令员，张震任参谋长，萧望东任政治部主任。同时成立军政委员会，彭雪枫任书记。10 月 27 日，取得戴集战斗胜利，毙敌林津少佐以下数十人，打开豫东地区抗日局面。1939 年 3 月，八路军苏鲁豫支队分兵进军皖东北和豫东地区，和新四军游击支队共同创建豫皖苏抗日根据地。1939 年 11 月 6 日，中共中央中原局书记刘少奇抵达新四军游击支队司令部所在地——涡北新兴集，对豫皖苏边区党政军工作做了布置。随后，豫皖苏边区抗日民主政权——豫皖苏边区联防委员会成立，吴芝圃任主任。年底，队伍发展到1.7万余人。皖南事变后，彭雪枫部奉命改建制为新四军第四师，彭雪枫任师长兼政治委员。

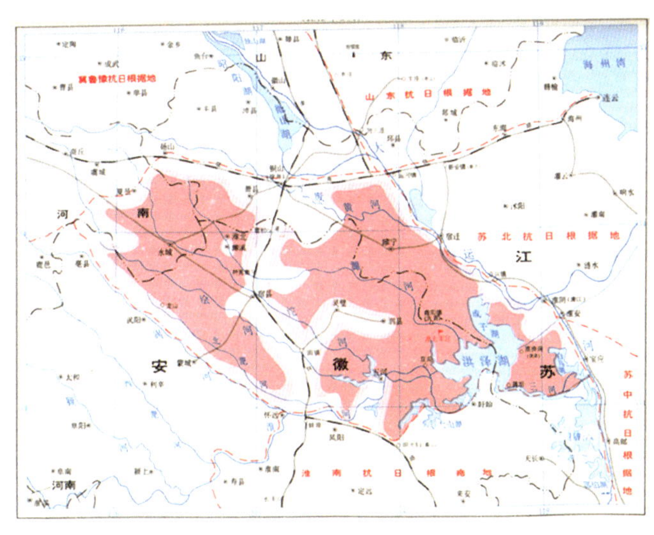

淮北抗日根据地形势图（1945年8月）

在创建豫皖苏边区抗日根据地的同时，八路军和新四军主力一部在津浦路东地区开展了创建皖东北和邳睢铜地区抗日根据地的斗争。1938年10月，共产党员江上青等受组织派遣，随国民党安徽省第六区专员兼保安司令盛子瑾前往皖东北地区，在皖六区军政部门任职，并秘密建立了中共特别支部。他创办抗日军政干部学校，秘密发展党员，为中共独立自主创建皖东北抗日根据地奠定了基础。1939年10月，八路军苏皖纵队司令员兼政委江华率陇海南进支队进入皖东北地区。12月，彭雪枫派张太生率1个主力团和120名党政干部赴皖东北。1940年3月，皖东北召开第一届各界人士代表大会，成立皖东北抗日民主政权——皖六区专署，推选陈粹吾为专员（不久刘玉柱接任），任命张爱萍为皖东北保安司令兼政委。

1939年4月，八路军陇海南进支队抽调三营九连67人和苏皖特委机关人员组成八路军山东纵队陇海南进游击支队先遣第一梯队，由李浩然率领越过陇海铁路，一路作战进入睢宁古邳镇，打开邳睢铜地区抗日局面。1941 年 6 月，新四军三师九旅一部北上，进入邳睢铜地区作战，在地方武装的配合下，建立县委和县政权，并建立邳睢铜灵四县联防办事处，创建了邳睢铜根据地。

1941 年 8 月 23 日，中共中央华中局决定，成立淮北苏皖边区行政公署，刘瑞龙为主任，刘玉柱为副主任；撤销皖东北区党委，成立中共淮北苏皖边区委员会，刘子久为书记；成立淮北苏皖边区军政党委员会，邓子恢为书记，统一领导淮北苏皖边区党政军工作。淮北苏皖边区抗日民主根据地正式形成。

1942 年 11 月 15 日，日军第十七师团、第十三独立混成旅及伪军 7000 余人，在坦克、飞机配合下，由泗县、五河、盱眙、宿迁、淮阴出动，分 5 路向淮北抗日根据地中心区半城、青阳等地进行大“扫荡”，企图围歼新四军第四师主力，摧毁淮北抗日根据地。在淮北地方武装积极配合与淮北人民大力支援下，新四军四师主力转入外线相机歼敌。第九旅二十六团等部坚持在根据地内部牵制敌人，与敌展开反“扫荡”斗争。在朱家岗防御战中，日伪军 1000 余人，分 3 路合击宿营于洪泽湖西北朱家岗的第九旅二十六团。第二十六团依托交通沟和房屋院落阵地与敌血战 18 小时，反复肉搏，打退敌 10 多次冲锋，毙伤敌 280 余人，取得战斗胜利。新四军四师乘势扩大战果，至 12 月 16 日，历时 33 天，进行大小战斗 37 次，歼日伪军 700 余人，取得反“扫荡”战斗胜利。

淮海抗日民主根据地

1939 年 1 月，中共苏皖特委派吴云培到宿北组建中共宿迁县

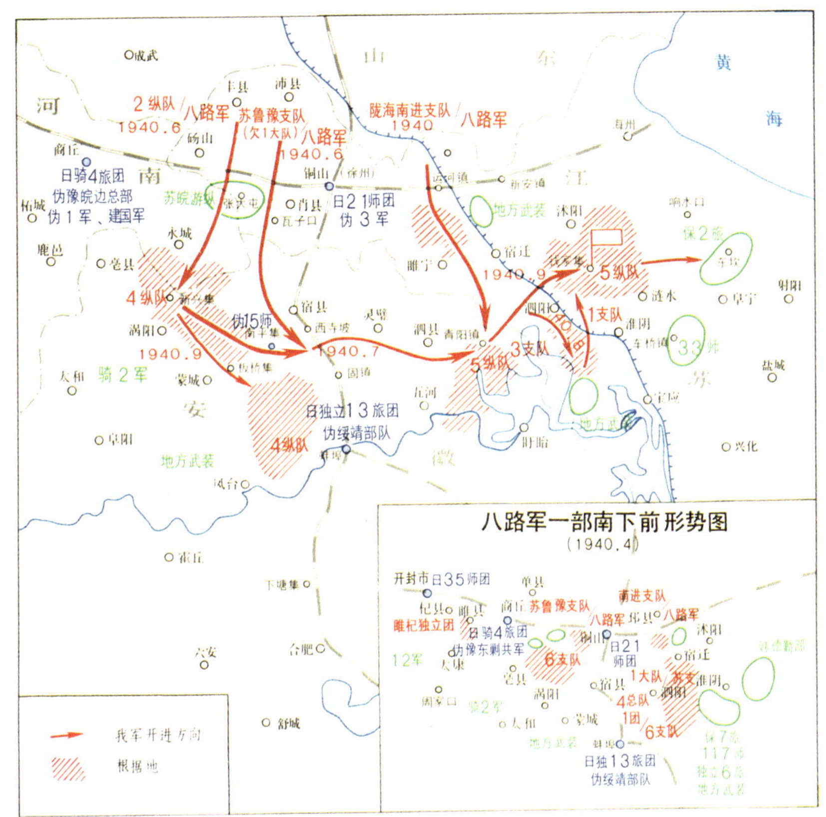

八路军一部南下及开辟淮海区要图（1940 年 3 月—12 月）

委，吴云培任书记；派余耀海、孙朝旭到东海、灌云、沭阳地区组建海属工委，余耀海任书记。4 月，余耀海、孙朝旭把东海、灌云、沭阳地区的抗日游击队组建为陇海游击支队第三团，任命汤曙红为团长，下辖四个营，共 1500 余人。1940 年 3 月，苏皖区党委决定成立淮海地委，书记杨纯。1940 年 8 月 10 日，刘少奇在盱眙与黄克诚会面，指示黄克诚率部开辟苏北淮海、盐阜地区。八路军第五纵队迅即东进征战，开辟了泗阳、沭阳和宿豫运河以东地区在内的广大地区。1940 年 9 月中旬，淮海区党委在沭阳县钱集召开士绅座谈会和各界代表会议，成立淮海区专员公署。1942 年 3 月，中共华中局改淮海区专员公署为淮海区行政公署，李一氓为主任。

1939 年 4 月 10 日，中共山东分局将东灌沭边区游击队改编为八路军山东纵队陇海南进游击支队第三团，团长汤曙红。该部后改编为新四军第三师九旅二十六团，其一营一连作战勇敢，享誉至今。1941 年 3 月 2 日，九旅二十六团奉命反击新上任的宿迁县顽县长李凤如部，一营一连主攻驻徐庄的李凤如主力。在夜色掩护下，一连战士数次发起冲锋。由于新四军装备简陋，徐庄工事坚固，难以突破。天色渐亮，敌人援军迫近，连长王敬之心急如焚。在此危急时刻，一连二排排长钟心济挺身而出，带着几位战士冲向敌阵，冒着弹雨剪开由铁丝网构筑的围墙。钟排长和几个战士中弹牺牲了。王敬之率领一连战士冲过他们用生命开辟的缺口，冲进徐庄。顽军四散溃逃，战斗取得胜利。年底，由于徐庄战斗中的突出表现，四师授予第九旅二十六团一营一连“战斗模范连”旌旗。1944 年，该连被新四军四师表彰为模范党支部，故“战斗模范连”又称“双模一连”。一营一连高举“战斗模范连”旗帜，在抗日战争、解放战争、抗美援朝战争中做出突出贡献。中华人民共和国成立后，该连经数次改编，现为武警青海总队机动第二支队防暴装甲车中队。这面闪耀铁血荣光的战旗高高飘扬在祖国的西部地区。

淮海军分区第三支队八团二营四连，前身是 1939 年成立的沭西青年救国大队，1940 年改称沭河大队。这支队伍在严酷的战争环境中磨炼出钢铁般的意志。1941 年 12 月 12 日，驻沭城日军第二十一师团阪本警备队和伪军张化南保安大队400余人，出动“扫荡”扎埠荡。连长林和风在新沂河北部支流与沭新公路交会处安插一个“诱饵班”，且战且退，把敌人引入芦苇荡。在芦苇荡冰水里埋伏4个多小时的官兵，眼看着“诱饵班”战友们一个个牺牲在面前，只剩下一名副班长，却不能救援，每个人的眼睛里都充满仇恨。当敌人进入伏击圈，连长林和风一声令下，火力全开。没有准备的日伪军慌了阵脚，抱头鼠窜，纷纷落入水中。子弹打光了，一连官兵拿起大刀与敌人展开肉搏战。激战持续3个小时，一连指战员们凭着钢铁般的战斗意志，打退敌人数次冲锋，毙伤日伪军100多人，其中日军50余人。由于武器悬殊，一连也付出很大代价，牺牲41人。1941年12月，为表彰四连在扎埠荡战斗中的突出战绩，淮海军分区司令部、政治部授予淮海军分区第三支队八团二营四连“钢铁连队”锦旗。经数次改编，该连现为驻上海武警机动第一一七师三五一团二营四连。2010年12月，该连被中共中央、国务院授予“上海世博会先进集体”。2015年，沭阳县人民政府在扎埠村修建了扎埠荡战斗纪念碑，缅怀沭河英雄儿女，并铭记这支“钢铁连队”。

沂蒙抗日民主根据地

沂蒙抗日根据地主要包括鲁中抗日根据地、鲁南抗日根据地、滨海抗日根据地。山东省及鲁中、鲁南、滨海三大战略区的党政军领导机关均长期驻扎在这一地区。

1938年5月，中共中央派陕甘宁边区党委书记郭洪涛率干部约50人，携带2部电台到山东。按照中共中央指示，重新组建了中共山东省委，郭洪涛、林浩为常委，郭洪涛任书记兼军事部部长，林浩任组织部部长。5月下旬，山东省委扩大为苏鲁豫皖边区省委，郭洪涛任书记。6月30日，边区省委制订了《发展和坚持山东游击战争的战略计划》，主要内容有：在鲁中，创立以沂蒙山区为中心的抗日根据地；向北发展，以淄博山区为依托，开创清河地区抗日根据地；向南发展，开创抱犊崮山区抗日根据地；向东发展，开创鲁东南沿海地区抗日根据地。

鲁中抗日根据地 鲁中区位于胶济铁路西段以南，津浦铁路济南至兖州段以东，滋（阳）临（沂）公路以北，沂河以西。境内山脉连绵起伏，河流纵横，地势险要，战略地位十分重要。

1938年7月初，苏鲁豫皖边区省委书记郭洪涛率八路军山东人民抗日游击第四支队（简称第四支队）一部南下。8月28日，郭洪涛率南下部队到达沂水县岸堤（今属沂南县)，与林浩、廖容标所率部队会合。9月，边区省委召开会议，确定开辟沂蒙山抗日根据地的方针。为创造经验，指导全省的建党建政工作，边区省委直接领导了鲁中各县的工作，派出大批干部到沂水、蒙阴等县任职。11月，黎玉、张经武率领160名干部从延安来到岸堤。12月，根据中共中央指示，苏鲁豫皖边区省委改称中共山东分局；并成立八路军山东纵队，统一指挥山东各游击队。到1938年底，鲁中区蒙阴、沂水、费县、新泰、莱芜、博山、淄川、临费、泗水、安丘、临朐等县先后建立健全了党的组织，所辖地区的区委、村党支部以及农救会、青救会、妇救会、自卫团、儿童团等群众抗日团体也相继建立。

1939年5月，八路军一一五师主力到达沂蒙。8月，八路军第一纵队在沂南县岱庄成立，徐向前任司令员，朱瑞任政治委员，统一领导山东及苏北地区抗日武装。1939 年 6 月，山东分局吸取抗战初期忽视政权建设的教训，抓住日军对沂蒙大“扫荡”、国民党地方政权纷纷垮台溃逃的时机，派出一批干部到各地组建抗日民主政权，先后成立了淄川、莱芜、博山、沂水等县抗日民主政府。7 月下旬，山东分局第一区党委（习称大鲁南区党委）在沂临边的青驼寺成立，同时成立了八路军山东第一军区（对外称山东纵队后方司令部）。1940 年 7 月 26 日至 8 月 26 日，山东省各界人民代表联合大会在青驼寺召开，选举成立了全省统一的权力机关——山东省战时工作推行委员会。省战工会和各级民主政权的建立，标志着山东抗日根据地正式形成。10 月，鲁中区党委成立。1941 年 2 月，建立了沂蒙地委、沂蒙专署，辖沂水、蒙阴、沂南、沂临边、费东 5 个县。

鲁南抗日根据地 1938 年 7 月，边区省委书记郭洪涛率八路军山东人民抗日游击第四支队一部到达费县，支援苏鲁人民抗日义勇总队的斗争。8 月，苏鲁人民抗日义勇队第一总队东撤抱犊崮山区大炉一带，该地的临郯青年抗日义勇队和临郯费峄四县边联常备队先后编入该部，初步打开鲁南抗日局面。

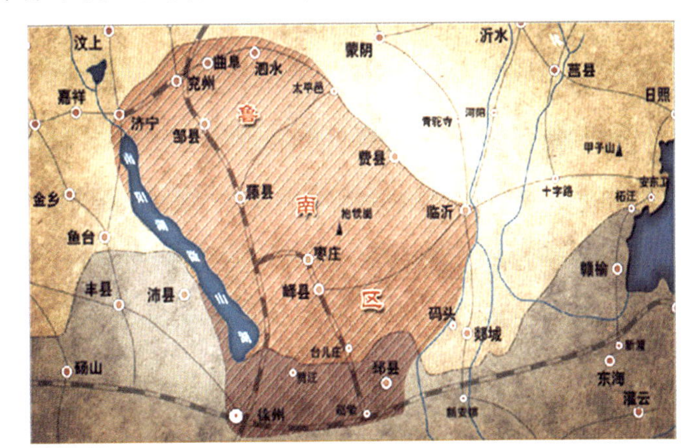

鲁南抗日根据地战略要图

1939 年 9 月至 12 月，八路军第一一五师机关、随营学校、第六八六团及特务团相继抵达鲁南。罗荣桓提出“以抱犊崮为中心，向北、向西北连接大块山区，向南、向东南发展大块平原”的战略构想。一一五师相继将鲁南地区的武装力量整编为苏鲁支队、曲泗邹滕费五县游击支队、运河支队、峄县支队、鲁南支队、临郯费峄四县边联支队和鲁南铁道大队等。9月，根据山东分局指示，撤销鲁南特委和尼山特委，建立中共山东第一区第三地委，宋子成任书记。第三地委设立政府工作部和民运部，辖曲阜、泗水、宁阳、邹县、滕县、峄县、费县等地党组织，第三地委领导建立了峄山抗日民主政府、邹（县）东办事处、邹县抗日民主政府、费县抗日民主政府和大批区、乡、村政权组织，同时分别建立抱犊崮山区职工、农民、青年、妇女抗日救国联合会。

1940年4月，山东分局、山东军政委员会决定，撤销山东第一区（即大鲁南区），其区域划分为鲁中区和鲁南区。5月下旬，鲁南区（小鲁南）党委正式成立。6月11日至12日，鲁南各界人民代表大会召开，选举产生鲁南参议会和鲁南专员公署，彭畏三当选为参议长，于化琪当选为专员。

滨海抗日根据地　滨海区北起胶济铁路，南至陇海铁路，东临黄海，西界沂河。从1941年春起，山东党政军机关长期驻在滨海区，滨海区因此成为山东抗日斗争的领导中心。

1938年7月，八路军山东人民抗日游击第二支队（简称第二支队），由沂水开赴莒县岳家沟一带，决定开辟鲁东南抗日根据地。8月，边区省委决定建立鲁东南特委，以统一鲁东南地区党的领导。10月，鲁东南特委在莒县大店（今属莒南县）召开党的活动分子会议，特委书记景晓村传达了上级关于建设抗日根据地的指示。到年底，莒县、日照、诸城建立了县委和基层党组织；第二支队发展到1000多人，成为开辟和建立鲁东南抗日根据地的一支基干武装。鲁东南特委和第二支队组织大批民运干部分赴各地，组织群众抗日团体，开办军政干部训练班，相继建立了自卫团、农救会、青救会、儿童团等群众组织。

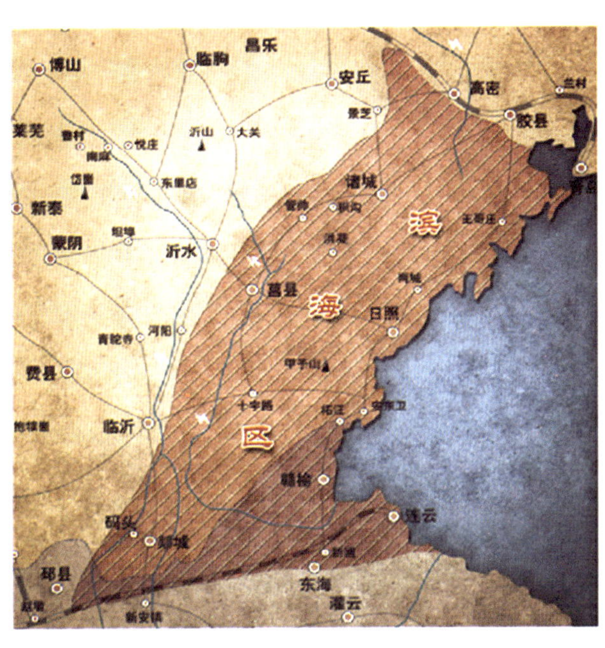

滨海抗日根据地战略要图（1945 年）

1939 年 7 月上旬，山东第一区党委成立，鲁东南特委改为山东第一区党委所属第五地委。从 1940 年下半年开始，鲁东南地区开辟了临（沂）东、赣（榆）北根据地，计有 18 个区的 600 多个村庄，苍马、临东、赣北与莒南、日照根据地连成一片。

1941 年 3 月上旬，八路军第一一五师师部和中共山东分局等领导机关由鲁中转移到滨海区，3 月 19 日发起青口战役，经 6 天战斗，毙伤俘敌伪军 1600 多人，扩大了抗日根据地。8 月，滨海专员公署成立。

湖西抗日民主根据地

1938 年 12 月，八路军一一五师第三四三旅六八五团从晋西出发，转战抵达苏鲁豫皖四省边界的微山湖以西地区，奉命改称苏鲁豫支队，彭明治任支队长，吴文玉（吴法宪）任政委。苏鲁豫支队抵湖西后，联合地方成立的湖西第二义勇总队，严惩盘踞在丰（县）北崔庄一带的伪苏北剿共救国军第一集团军第一军王献臣部，全歼其主力1000余人；歼灭伪军金啸虎部；争取伪籍兴科部2000余人起义（1939年3月，该部被改编为八路军苏鲁豫支队独立大队），连战皆捷，迅速打开湖西地区抗日局面。1940年6月上旬，苏鲁豫支队大部南下，执行开辟华中抗日根据地的战略任务，湖西地区由一一五师三四三旅黄河支队接防。

1938年8月，由于萧县国民党县长姚雪怀逃跑，在中共萧县工委主持下建立了萧县抗日人民政府，推举爱国民主人士彭笑千（后加入共产党）任县长。这是湖西地区建立的第一个抗日民主政府。1940年7月，建立湖西专署，李贞乾任专员。1941年1月上旬，根据中共中央山东分局决定，撤销苏鲁豫区党委，建立中共湖西地方委员会，划归鲁西区党委领导，潘复生任书记。湖西地委加强对群众工作的领导，设立民运部、青年工作委员会、妇女工作委员会和文教委员会，并先后建立湖西专区各界抗日救国联合会，湖西专区职工、青年、妇女抗日救国联合会，以及文化艺术界联合会等，调动各方力量积极参加抗日斗争。另外，发动组织自卫团、游击组等民兵组织，3个月内全区525个村建立自卫团，参加人员达到10868人。在此基础上，成立湖西专区自卫总团，李贞乾任总团长。

1942年12月中旬，日军纠集驻济南、徐州、商丘、济宁和菏泽的日伪军万余人，对湖西抗日根据地进行“拉网合围”式大“扫荡”。20日，教导四旅、地委、专署正在单县柏常集举行湖西地区实施党的一元化领导庆祝大会，被敌合围。在突围战斗中，专署专员李贞乾和掩护专署机关转移的十团团长肖明、公安局长王鼎成、财政科长张松坡、粮食科长渠伯魁、文教科长任子健等

40余人壮烈牺牲。这次反“扫荡”，湖西地区的党政军机关虽然付出伤亡、被俘170余人的代价，却使敌人妄图一举聚歼湖西抗日力量的阴谋破产。

（本文由编者根据江苏省、山东省、河南省、安徽省中共地方史等史料编写）

战争年代的《大众日报》

《大众日报》于1939年1月1日创刊，先后为中共山东分局机关报、中共华东局机关报，1954年后为中共山东省委机关报。2018年12月31日，习近平总书记就《大众日报》创刊80周年做出重要批示："80年来，《大众日报》不懈践行'党的立场，群众的报纸'办报宗旨，是一份有着光荣传统、广泛影响的党报。希望《大众日报》始终把坚持党性原则、坚持正确政治方向放在第一位，弘扬沂蒙精神，加强改革创新，为鼓舞大众、团结大众、服务大众做出新的贡献。"

抗战号角党报诞生

抗日战争进入相持阶段以后，为了加紧动员一切力量，迅速创立和建设巩固的敌后抗日根据地，山东党组织迫切需要有一份能够宣传贯彻党的路线、方针和政策，发动和组织全省人民抗战的报纸。于是，号召山东人民抗战的《大众日报》，经过短暂紧张的筹备，于1939年1月1日在沂水县城西80余里的王庄创刊了。

《大众日报》的创办工作，最初是由中共苏鲁豫皖边区省委领导的。1938年5月下旬，中共中央决定山东省委改为苏鲁豫皖边区省委，郭洪涛任书记，并于6月下旬到达费县。当时军政干部学校校长孙陶林在徂徕山起义后，发现了部队里有几位泰安籍印刷工人，他们有的会排字，有的会装订。孙陶林便找他们商量，决定成立印刷所。首先从泰安城内倒闭的私人印刷局买了一部脚蹬圆盘印刷机和半盘铅字，随后又从部队调来共产党员、排长苏仲华搞联络，派共产党员于一川任所长。

大众日报

大衆日報

堅持抗战
克服困难
准备进攻

应該警惕的二十八年的第一天

發刊詞

遺失声明

青年报社紧要啓事

本报啓事

《大众日报》创刊号

11 月，苏鲁豫皖边区省委移驻沂水县王庄，随后印刷所搬到王庄东北八里的隐蔽山村——云头峪。云头峪是这一带著名的八大峪之一，四面环山，北山最高，七峰高耸，似圆柱直立，四周云海缥缈，故名云头峪。整个厂房是一间不足 20 平方米的农家草屋，一头排字、拼版，一头机器印刷。因为用的是原来印《圣经》的铅字，许多常用字如“共产党”“八路军”“帝国主义”“游击战争”“抗日民族统一战线”“扫荡”“根据地”“鬼子”“汉奸”等，不是没有，就是有也不够用，因此排一版报，要几个人跟着现用铅水浇铸缺少的字。标题字短缺更多，只好用木头刻。有的工人没有排印过报，不会拼版，编辑得一个字一个字地画好版样。当时又是深冬，在零下十几度的严寒下工作，靠烧湿木柴取暖，弄得满屋是烟。工人一边抹着眼泪，一边拣字、排版、印刷，每天只能印1000多份报纸。尽管条件很差，可大家工作热情却很高。

12月，中央指示苏鲁豫皖边区省委改为中共中央山东分局。报社经过几个月紧张筹备，初具规模，全社已达65人。经过12月31日紧张的一夜，1939年1月1日凌晨5点，《大众日报》创刊号印刷完毕。在白雪皑皑的沂蒙山，《大众日报》诞生了！

《大众日报》创刊后，受到了广大人民群众的欢迎，在短短两个多月中，就由开始每期发行1000多份猛增到六七千份，在社会各阶层人士中产生了广泛的影响。

在战斗中成长

《大众日报》在抗日战争的硝烟里诞生，在同敌人的浴血搏斗中成长。

1939年6月《大众日报》刚刚诞生不久，就遇到敌人对山东抗日根据地的第一次大“扫荡”。这时，《大众日报》已发展到140多人。根据山东分局和八路军山东纵队指挥部的指示，以印刷厂工人为骨干，组成了一支有七八十人的沂蒙大队，其余人员分成宣传队、民运队、编印队。一面打游击，掩护群众转移，保护机器和印刷器材；一面坚持出版战时油印报。虽然当时只有7支长枪，但大家却表现得很勇敢，在1个多月反“扫荡”中，先后同敌人激战3次，杀伤敌兵几十人。在这次反“扫荡”中，《大众日报》不仅成功地经受住了战争的严峻考验，而且在战斗中发展壮大。到反“扫荡”结束时，这支号称“沂蒙大队”的印刷工人武装，已经拥有 3 挺轻机枪、200 多支长枪，成为一支很有战斗力的队伍了。“扫荡”的敌人刚一撤退，《大众日报》就很快恢复印刷，以新的姿态同广大读者见面。在这次战斗洗礼中，《大众日报》工作人员先后有 6 位同志负伤，共产党员赵钧同志不幸壮烈牺牲。

更严峻的一次战争考验，是 1941 年冬粉碎日军 5 万多人对沂蒙山区持续 2 个多月的大“扫荡”。当时在东、西蒙山坚持反“扫荡”的《大众日报》第三战时新闻小组，以第一印刷厂的工人武装为依托，在当地人民群众的大力掩护和支持下，一手拿枪、一手拿笔，穿枪林、冒弹雨，神出鬼没地日夜活动在敌人周围。有一次，正当工作人员在抄收延安新华总社播发的重要新闻时，忽然接到敌人正从附近据点出动扑来的情报。为将这份重要新闻电稿收完，印刷所派出两个游击小组去袭扰敌人，直到把电稿抄收完才向山上转移。刚刚爬上半山腰，敌人就冲进了驻地的村庄。还有一次，《大众日报》刚刚编完一期报纸，正在紧张印刷的时候，敌人突然冲到了驻地。大家赶快把没有印完的报纸收拾好，迅速转移到山上，继续把报纸印完。在行军转移途中，遇到延安新华社发稿，就找一个避风的地方，把无线电收报机天线往小树上一挂，打开机器，以石头做桌凳，一边抄收电稿，

抗战期间《大众日报》工作人员在油印报纸

一边编报、印报。由于人手少，每个人既是编辑，又是记者和交通员，又编又采又送，还要轮流站岗放哨，外出侦察敌情，帮助伙房做饭。虽然出版的是油印报纸，每期只有1000余份，编排印刷也不是很讲究，可是它在反“扫荡”中所起的作用却非常大。部队看到报纸鼓舞了杀敌士气，群众看到报纸安定了人心，县、区干部看了报纸心中充满了胜利的希望。大家纷纷传说：“《大众报》还在，共产党、八路军就在，鬼子再凶再狂也不怕。”

可是，在这次反“扫荡”中，《大众日报》也付出了沉痛的代价，受到了严重的损失。通讯部长郁永言和电台台长叶凤川率领的《大众日报》第一战时新闻小组的30多位同志，负责与延安新华总社联络，向全国报道山东军民反“扫荡”斗争的消息。他们在随山东分局机关和一一五师师部行动中，不幸陷入敌人设在大青山的合击圈内，除个别同志成功突围外，其余的编辑、记者、报务员、译电员、电台监护班战士，包括郁永言和叶凤川在内，全部在同敌人血战中壮烈牺牲。

在全面抗战时期，《大众日报》从鲁中转战滨海，又从滨海转战鲁中，几乎每年都要遭受敌人两三次或三四次“扫荡”，历经大小战斗100多次。即便是在平时，也一直处在战备之中，报社每到一地，就同当地的民兵、游击小组、“青年抗日先锋队”结合起来，一同站岗放哨。在反“扫荡”中，同他们一起埋地雷，坚壁清野，侦察敌情，捉拿汉奸特务。有一次反“扫荡”，报社的交通员亲手活捉了1个日军机枪射手，缴获了1挺崭新的歪把子轻机枪。报社工作人员既是光荣的人民新闻工作者，又是冲锋陷阵、勇敢无畏的斗士。在1944年冬解放莒城和1945年9月临沂之战中，《大众日报》的前线随军记者，和攻城突击队战士一起，冒着敌人的密集炮火，在硝烟弥漫的厮杀声中冲进城内。

在抗日战争期间，《大众日报》先后有400多位工作人员在同敌人的战斗中献出了宝贵的生命。在这些革命先烈中，有《大众日报》老社长、中共中央山东分局宣传部长李竹如，印刷部长丁柱，通讯部长郁永言，电台台长叶凤川，印刷二厂厂长肖辉，指导员应为民，以及为数众多的编辑、记者、报纸发行员、交通员、材料采购员、物资器材保管员和一些印刷工人同志。他们中许多人牺牲的时候，只有十几岁、二十几岁，是他们用生命和鲜血，为《大众日报》的成长和发展开辟了前进的道路。

在艰难困苦中磨炼壮大

《大众日报》不仅经受了残酷战争的考验，而且还经历了物质上的重重困难。特别是在1940年至1942年那段最困难的日子里，报社所遇到的困难是难以想象的。首先最大的困难，是印报用的新闻纸来源断绝了。过去用的新闻纸，一直是靠地下工作人员通过商人从济南、泰安等敌占城市采购的，不仅数量少，而且要冒着生命的危险。后来，敌人检查封锁，到处盘查，无法再采购，而当时报社存的纸只够一两个月用的，眼看就有停办的危险。为此，《大众日报》社长李竹如亲自找报社工人商量，提出能不能用油光纸代替新闻纸印报。油光纸是一种用途比较广的普通纸张，当时敌人检查封锁比较松。可是这种纸很薄，非常容易渗油墨，又因只有一面光滑，反面起毛，还有一些小疙瘩，印出来的字常常模糊不清，笔画不全。为了试验油光纸两面印报问题，许多工人同志吃住在机器旁边，一个个都熬红了眼睛，整整拼了两三个月才取得成功。与此同时，李竹如还组织工人，通过访问群众，学习当地用桑树、榆树皮和麦秸等做原料制造糊门窗纸和火纸的经验，建立了造纸厂。经过一次次试验，最终造出一种能印两面的土新闻纸。当时大家给它起了一个非常雅致的名字，叫“文化纸”。这种纸虽然光度和色泽比较差，拉力和韧性都不够，可是，却为解决印刷用纸困难做出了难得的贡献。

解决油墨问题更是一场艰苦的战斗。当时报纸用的油墨，也和新闻纸一样，要到敌占区去采购。在敌人的眼里，油墨是一种军用物资，封锁检查特别严。凡是贩运油墨的，一旦被敌人察觉，一律按所谓“通匪”“资敌”治罪，非杀即打。因此，油墨比新闻纸还要紧张。还是李竹如，向报社提出就地取材，自己办油墨厂，用桐油、花生油和豆油与锅底上的黑灰造油墨。开始，许多人都怀疑这个办法，李竹如就用花生油代替煤油调开油墨的例子，说明既然能用花生油调开油墨，也就有可能用它造出油墨来。经过两个多月的试验，果然造出了能用来印报的土油墨。起初，以少量掺在进口的油墨里混合使用，以后经过改进，提高了质量，就完全代替了舶来品。制造油墨开始是小量试验，用的黑灰是从伙房大锅上刮的。每隔几天，就把烧饭大铁锅翻过来，用木片将锅底的黑烟灰刮下来，在清水里沉淀，滤去杂质，然后把它掺到熬好的油里拌匀，最后加热熬成油墨。后来，要成批生产了，需要大量黑烟灰，不仅伙房的锅灰，连驻村群众的锅灰也都刮光了。于是又发动周围村庄群众，把各家各户的锅灰都收集起来。工厂派出收集黑烟灰的“货郎”，到各村流动，每收一斤给二三角钱，以质论价。附近村庄群众不知道收集黑烟灰的用途，传说是给八路军造炸药打鬼子的，因此交售很踊跃。后来又发现，用松柴烧的黑烟灰油性大，黏结力强，造出来的油墨又黑又亮，于是，就发动群众专门成立了烧松柴黑烟灰生产小组。

《大众日报》克服了重重困难，胜利地度过了1940年至1942年这段最艰苦的时期，实现了党和人民交给的“坚持下去”的任务，而且还有了很大发展。到1943年初，《大众日报》每期发行2万多份，印刷厂发展到3个铅印厂和1个石印厂，并且添置了新的机器，增加了铜模和万能铸字炉，可以自己铸造铅字和铅条，大大提高了报纸的印刷质量，报社人员也发展到六七百人。特别是经过几年敌后战争的锻炼，报社干部的思想政治水平和业务能力有了很大提高，培养出一大批熟练的编辑、记者和各方面的业务骨干，为《大众日报》的进一步发展打下了有力的基础。

铜墙铁壁鱼水情深

《大众日报》从1939年1月1日创刊至1947年5月，一直在沂蒙地区活动。在8年多的艰苦战争年代里，《大众日报》始终与沂蒙人民紧密地团结在一起，战斗在一起。

在残酷的战争年代，每当敌人“扫荡”的时候，沂蒙人民就帮助报社埋藏机器和纸张，掩护疏散人员，侦察敌情，站岗放哨，盘查行人，保护报社的安全。在工厂搬家的时候，沂蒙人民帮助印刷厂工人把沉重的机器部件一件一件拆卸下来，肩扛人抬，在漆黑寒冷的夜晚，翻山越岭，蹚冰河，过封锁线，从一个村庄到另一个村庄，一晚上走七八十里，然后再把机器安装好。尤其不能忘记的是，报社驻村的一些群众，为了掩护报社人员和物资器材安全而落入敌手，他们眼看着自己村庄被烧毁，亲友惨死在敌人屠刀下，仍然坚贞不屈，拒不向敌人说出报社同志的去向和报社机器纸张埋藏在什么地方。1941 年冬，沂蒙反“扫荡”时，《大众日报》的白铁华被敌人逮捕，受尽严刑拷打，后在群众的帮助下脱身，被战友送到东新庄于大娘家。大娘全家喂茶饭，端屎尿，精心看护。为了安全，又在东面山脚下挖个地屋，于大爷在门外放哨；于大姐忍着脓臭给他按时煮草药水，洗敷伤口；组织上也派工人王建为协助护理。于大娘外出几十里，找来獾油，掺入自家的头发灰，给他擦伤口，又找来老鼠油擦，20 天后伤口渐渐结痂脱落。于大娘一家吃糠咽菜，尽力为白铁华改善生活，一个月后白铁华终于恢复了健康。白铁华的虎口脱险、死而复生，凝聚着沂蒙人民的深情厚爱、鱼水深情。这正如毛泽东所说：“真正的铜墙铁壁是什么？是群众，是千百万真心实意地拥护革命的群众。这是真正的铜墙铁壁，什么力量也打不破的……”

诞生于抗战烽火硝烟中的《大众日报》为山东抗战乃至全国抗战的胜利做出了巨大的贡献。1940 年 1 月 1 日，在《大众日报》创刊一周年之际，毛泽东在延安亲笔题词：“动员报纸，刊物，学校，宣传团体，文化艺术团体，军队政治机关，民众团体及其他一切可能力量，以提高民族觉悟，发扬民族自信心与自尊心，反对任何投降妥协的企图，坚持抗战到底，不怕困难，不怕牺牲，我们一定要自由，我们一定要胜利。”

（本文原载党建读物出版社 2021 年版《山东红色文化故事》）

苏北地区抗日根据地的红色报刊

FU XIAO BAO

拂曉報

慶祝我軍成立四周年暨本師東征三周年專刊

社論

《拂晓报》

抗日战争时期，江苏地区的中共中央局、分局，区党委、地委、县委和部队军、师、旅、团等党政军机构先后创办了 60 多种报刊。这些报刊在宣传党的政策、介绍国内外形势、报道抗战业绩、鼓舞军民士气等方面发挥了极为重要的作用，是我们党的宝贵财富。从中，我们可以看到一幅幅波澜壮阔、硝烟弥漫、惊心动魄的历史画卷，可以作为推动我们事业不断前进的智慧和力量的源泉。目前，江苏地区抗战时期出版的红色报刊主要散存在江苏、安徽等地的档案馆、图书馆。因当时战争环境恶劣，印刷条件较差，加之年代已久，报刊保存极为不易。中共中央华中局、新四军军部及第三、第四师在苏北根据地曾出版过《江淮日报》《真理》《拂晓报》《拂晓画报》《新华报》《敌国汇报》《先锋杂志》《先锋文艺》《先锋画报》《健康报》《战士报》《奋斗报》《前线报》等，今天有的只能闻其名而不见其迹。现将苏北地方党组织创办的主要报刊简述如下。

《湖西日报》

《湖西日报》

1940年底，《团结日报》改名《湖西日报》，由中共湖西地委宣传部长郝中士兼任社长。1942年冬至1943年秋，在日伪军的大“扫荡”期间，报社人员曾两次冒死从敌人包围圈里突围，在险恶的战争环境中坚持出版油印的《湖西日报》。1945年日本无条件投降后，报社从中心区迁入丰县县城，《湖西日报》改名为《湖西大众》，由刘平林、张涛任正、副社长。不久，国民党军队向淮北解放区大举进攻，《湖西大众》被迫停刊。1948年7月复刊，当年年底停办。

《团结报》

1940年1月28日，中共淮北邳（县）睢（宁）铜（山）灵（璧）地委在苏北睢宁县王窝子村创办《团结报》。报社由地委宣传部长梁浩负责，沙合与欧远方先后任主编。苏鲁豫区党委书记邓子恢和陈毅先后题写报头。初为油印，4开4版，5日刊。每期印200份左右。内容有社论、本地消息及转载的中共中央有关文件等。1941年元旦起，改为石印，印数增加到2000余份，内容更加充实，报社也有了专门机构。10 月，在灵璧县代理县长的廖量之调任社长。1941 年夏，驻在睢宁城里的国民党常备队不打日本鬼子，窜到根据地西屏乡抢劫并打死民兵大队长周保全，制造了“西屏乡惨案”。社长廖量之立即在《团结报》上发表社论和文章，公开声讨常备队的罪行。同时派记者进城专访县长刘天展，严正要求他接受抗日人民的要求，惩办常备队的肇事凶手，并立即做了报道。在舆论压力下，刘县长只得下令枪决凶手。1943 年《团结报》由吴献贤任总编，改为铅印，3 日刊，发行数达 3000 份。该报内容为转载党的文件及介绍各地斗争情况和工作经验等。除出版报纸外，报社还利用有限纸张出版团结丛书，翻印毛泽东的《新民主主义论》、张闻天的《论待人接物》等。1945 年 9 月，因地委撤销，《团结报》迁往安徽省泗县城，与《拂晓报》合并，共出版 450 期。

团结报

《团结报》

《人民报》

1939 年初，时任安徽省第六区行政督察专员公署秘书兼第五战区第五游击司令部政治部主任的江上青与廖量之等人，以第五游击司令部名义，创办《皖东北日报》。1940 年 3 月 24 日，皖东北召开第一届各界人士代表大会，成立皖东北抗日民主政权——

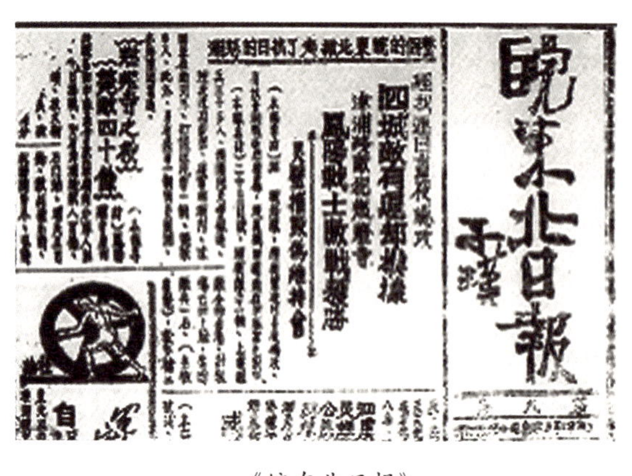
皖東北日報

《皖东北日报》

皖六区专署。同日，《皖东北日报》改为《人民报》，成为公开的中共苏皖区党委的机关报。刘瑞龙题写报名，贺汝仪任社长，孙觉任总编辑。石印，4 开 4 版，3 日刊。10 月 8 日，《人民报》随中共苏皖边区委从皖东北转移到苏北淮海地区的沭阳县三尖子、张圩子出版；同时，留下部分人员继续出版《人民报》（皖东版）。1941 年 5 月，中共苏皖边区委撤销，成立中共淮海区委。《人民报》改由淮海区委主办。11 月 7 日，《人民报》改名为《淮海报》。

《淮海报》

1940 年 10 月上旬，中共苏皖区党委东进到刚建立政权的淮海抗日根据地，出版石印的《人民报》，并于 1941 年 5 月 1 日改为铅印。不久，中共苏皖区党委改为淮海区党委，《人民报》也于同年 11 月 7 日改名

XUAI XAI BAO
淮海報

《淮海报》

为《淮海报》，陈毅题写报名。徐步任社长，李超然、姜龙楼先后任总编辑。铅印，4 开 4 版，3 日刊，1942 年 10 月 10 日改为双日刊。11 月，因日伪军在淮海区进行大“扫荡”，报社印刷厂被洗劫，一度改出油印报。同月，淮海区与盐阜区合并为苏北区，中共淮海区委改为中共淮海地委。该报即由淮海地委主办。1943 年开展大生产和互助合作运动期间，淮海地委副书记兼行政公署主任李一氓亲自为报纸编写了几期专刊。报社在各县、区、乡和村都建立了通讯组。一些地方还把黑板报、读报组、识字班和通讯工作结合起来，培养了不少工农通讯员。全区通讯员队伍最多时达到 14600 多人。1945 年 8 月 23 日，《淮海报》改称《苏北报》（淮海版），8 开 2 版，日刊，由李超然任报社社长，杨巩、刘冬任正、副总编辑。报社还创办了《淮海大众》《淮海画刊》。1946 年 5 月 13 日，《苏北报》（淮海版）恢复为《淮海报》，直至 1987 年改名为《淮阴日报》。

（本文原载东南大学出版社 2015 年版《档案馆里的江苏》）

八路军第一一五师在沂蒙

在中国人民军队的发展史上，有一支英勇顽强、所向披靡的雄师劲旅。他们在井冈山斗争中东征西讨，在万里长征中披荆斩棘，在平型关大战中斩敌扬威，在抗日战场和解放战争中所向披靡，他们就是闻名中外的八路军第一一五师。抗战中，第一一五师在山东鏖战7个年头，为夺取抗日战争的胜利建立了卓越功勋。

挺进山东

第一一五师是抗战时期共产党领导的八路军三个主力师之一。1937年8月25日，由原红一方面军第一、第十五军团及红军第七十四师合编而成，林彪任师长，聂荣臻任副师长，罗荣桓任政训处（后改为政治部）主任，萧华任副主任，周昆任参谋长（后携款潜逃）。1938年3月，林彪因伤休养，陈光任代师长；12月，罗荣桓任政委兼政治部主任，黄励任政治部副主任。

中共中央、毛泽东主席十分重视山东抗战，为了打开山东抗战局面，决定派八路军主力入鲁。1938年8月3日，中央军委和八路军总部命令萧华率第一一五师补充团团长邓克明、政委符竹庭等100余名干部从晋西出发挺进冀鲁边。9月27日，萧华他们到达乐陵县城，与先期到达的第五支队、津浦支队及当地抗日武装会合，成立第一一五师东进抗日挺进纵队（简称“东纵”），萧华任司令员兼政委，下辖第五、第六支队和津浦支队，揭开了

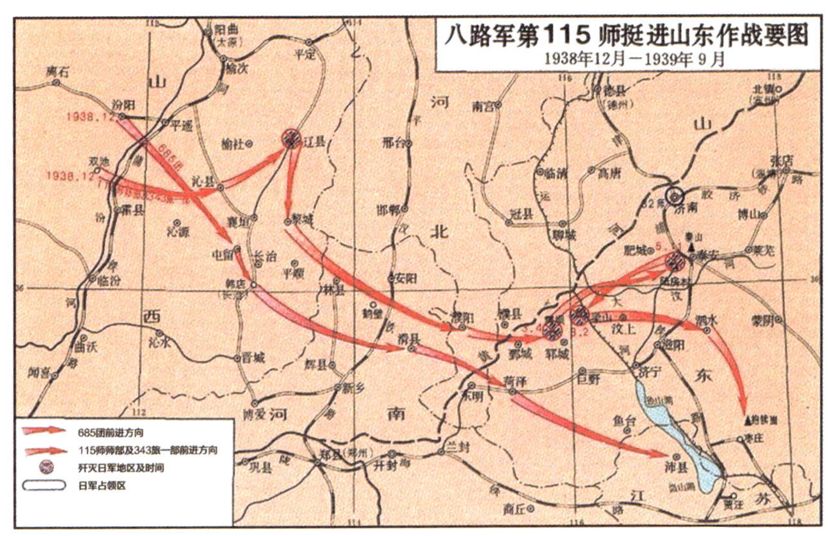

八路军第一一五师挺进山东作战要图（1938 年 12 月—1939 年 9 月）

挺进山东的序幕。

9 月 29 日至 11 月 6 日，党的六届六中全会召开，会议确定“巩固华北，发展华中”的战略，做出“派兵去山东”的决定。会后，毛泽东致电彭德怀：陈（光）罗（荣桓）率师部及陈旅（两个团）全部去山东、淮北为宜。12 月，奉中央军委、八路军总部命令，第一一五师六八五团进入微山湖以西地区。1939 年 3 月初，第一一五师师部和第六八六团共 2000 余人在陈光、罗荣桓率领下，以东进支队的名义到达鲁西鄄城、郓城地区。10 日，到达泰西东平县夏谢。3 月下旬，罗荣桓赴沂蒙山区沂水县王庄，向山东分局和山东纵队传达党的六届六中全会精神，后返回泰西。4 月 26 日，在泰西古城干部会议上，罗荣桓介绍鲁南的基本情况和第一一五师的任务。5 月下旬，第一一五师司令部参谋处长王秉璋、师政治部副主任黄励率领第一一五师司政机关、直属队及冀鲁边第七团（以下简称第七团），经泰（安）泗（水）宁（阳）边，到达费县西北重镇仲村、马家峪（今属平邑县）一带。

创建沂蒙根据地

第一一五师到达蒙山地区后，把整编地方武装、壮大人民力量作为开辟蒙山抗日根据地的当务之急。6月，该部配合山东纵队粉碎日军对鲁中区的大“扫荡”，并在云头山击退费县日军千余人的进攻。9月，王秉璋、黄励率师部及直属队到达鲁南抱犊崮山区的大炉，罗荣桓、陈光也先后到达大炉，开辟了鲁南抗日根据地。

1940年1月6日，第一一五师召开军队和地方干部联席会议，罗荣桓做了《关于创建抱犊崮山区根据地》的动员报告。2月至3月间，指挥第一一五师三次夺取鲁南战略要冲白彦镇，控制了抱犊崮与天宝山之间的战略要地。3月，争取开明士绅、临郯费峄四县边区联庄会会长万春圃自愿将经营几年的武装改编为八路军临郯费峄边联支队。又派人到国民党第十集团军暂编第六师，说服该师师长孔昭同主动接受八路军建制。

5月下旬，罗荣桓率部进入天宝山区。9月中旬，鲁南军政委员会成立，罗荣桓任书记。同月，在桃峪召开了为时三周的高干会议，罗荣桓做了第一一五师在山东工作的总结报告，提出“插、争、挤、打、统、反”的六字斗争方针，在部队中开展建设“铁的模范党军”活动。随着桃峪高干会议精神的贯彻执行，第一一五师军政素质得到极大提高，为沂蒙抗日根据地创建奠定深厚基础。

会后，根据八路军总部指示，第一一五师将师直属队、第三四三旅和鲁西、鲁南以及苏鲁豫、冀鲁边等地的部分地方武装统一整编为 6 个教导旅：教导第一旅，彭明治任旅长，朱涤新任政委；教导第二旅，曾国华任旅长，吴文玉（后为符竹庭）任政委；教导第三旅（兼鲁西军区），杨勇任旅长，苏振华任政委；教导第四旅（兼湖西军区），邓克明任旅长，张国华任政委；教导第五旅，梁兴初任旅长，罗华生任政委；教导第六旅（兼冀鲁边军区），邢仁甫（后叛逃）任旅长，周贯五任政委。另辖鲁南军区，张光中任司令员，邝任农任政委。共 18 个团，计 7 万余人。1940 年 11 月 8 日，师部转移到鲁中区青驼寺以西的聂家庄。

为支援新四军，1940 年 12 月，教导第五旅由鲁南郯马南下苏北；1941 年 1 月奉命改编为新四军独立旅；1942 年 12 月返回鲁南，恢复第一一五师教导第五旅建制。1941 年 1 月，教导第一旅改编为新四军第三师第七旅，南下皖东作战。1942 年 8 月，山东纵队第一旅（不含第二团）和第二旅第四团合编为第一一五师新编教导第一旅，孙继先任旅长，王麓水任政委。活跃在沂蒙革命根据地的主要有教导第二、第五和新编教导第一旅。

1941 年 3 月 7 日，第一一五师师部与山东分局机关进入滨海区。19 日，指挥部队发起青口战役。同月，第一一五师军政委员会组建，罗荣桓任书记。4 月 8 日至 14 日，第一一五师直属队第六次党代会在莒南县后寨子村召开，罗荣桓在会上做了形势报告。7 月 1 日，山东分局和第一一五师在临沭县蛟龙湾村联合召开庆祝中国共产党成立 20 周年大会。8 月 19 日，组建新的山东军政委员会，罗荣桓任书记。10 月 2 日，罗荣桓率师部到青驼寺，主持山东军政委员会首次会议，研究第一一五师和山东纵队统一指挥和布置秋季反“扫荡”工作。

开展反“扫荡”斗争

1941 年 10 月下旬，侵华日军集中 5.3 万余人的兵力对沂蒙抗日根据地进行“铁壁合围”大“扫荡”，妄图消灭在沂蒙山区坚持抗日的山东党政军领导机关和第一一五师、山东纵队等主力部队。11 月 5 日，“扫荡”鲁中山区的日伪军 2 万余人，在华北派遣军总司令畑俊六指挥下，将第一一五师师部、山东省党政机关包围于沂南县留田村一带，形势万分危急。罗荣桓全面分析了战场态势，果断决定向南部敌人后方突围。夜幕降临后，罗荣桓率部利用留田村东南铁子山附近东西仅有的 1.5 公里间隙，用麻布包裹战马马蹄轻步疾行，不费一枪一弹，无一伤亡，悄无声息地穿过日军两道封锁线，数千人的队伍安全辗转到蒙山南端的汪沟、埠山庄一带。

1942 年 10 月，罗荣桓在《大众日报》发表题为《反对敌人“第五次治安强化运动”与“东亚解放新国民运动”》的文章，明确提出敌进我进的“翻边战术”，即把我主力部队不是设置在根据地腹部，而是部署在靠近一路敌人的根据地边沿地区，当敌人“扫荡”时，不是“敌进我退”“诱敌深入”，而是“敌进我进”。在坚持边沿游击区的斗争中，组织小股部队和民兵渗入敌占区，袭击敌人后方，打击日伪政权，也是“翻边战术”的组成部分。

“翻边战术”是罗荣桓对沂蒙抗日根据地反“扫荡”成功经验的总结。1941 年提出的反“扫荡”时要以敌为轴心转动，就是这一战术的形象表述。在罗荣桓的指挥下，第一一五师教导第二旅于 1942 年 11 月初发起的海陵反“蚕食”战斗和 1943 年发起的攻克郯城战斗，都成功运用了“翻边战术”。海陵、郯城战斗之后，沂蒙抗日根据地军民广泛运用“翻边战术”，开展起分散性、地方性、群众性的游击战争，取得一个又一个胜利。

解放沂蒙

1943 年 3 月，第一一五师与山东军区合并为新的山东军区（对外仍保留第一一五师的番号至 1945 年 8 月），罗荣桓任军区司令员兼政委、第一一五师政委兼代师长。7 月，击溃北犯的顽军李仙洲部，使其率残兵败将退回皖北。7 月 5 日，发起八路军与日伪顽军争夺沂鲁山区和诸日莒山区战役。9 月，罗荣桓任中共山东分局书记，从此山东根据地实现了党的一元化领导。11 月，罗荣桓部署各军区相互配合，反击日军对鲁中区、滨海区的“扫荡”。11 月 13 日击毙惯匪刘桂堂。同时，指挥滨海军区相继攻克赣榆城及周围 11 处日军据点。

1944 年，山东八路军发动春季攻势。鲁中军区部队胜利进行第三次讨伐吴化文战役；鲁南军区部队发起讨伐伪和平建国军第十军荣子恒战役；滨海部队发起讨伐李永平战役。经过近一年奋战，到 1945 年初，共歼灭日军 4800 人，伪军 5.4 万人，争取 1.1 万伪军反正；收复县城 9 座，拔除敌据点 1200 处。八路军山东军区部队发展到 15 万人。

1945 年 8 月 10 日，日本政府发出乞降照会。11 日，山东分局、山东军区在莒南大店召开高级干部会议，罗荣桓根据党中央的指示和八路军总部的命令，将山东一线部队整编。17日，指挥五路大军向敌占区发起大反攻，经过一个多月的作战，解放县城46座，攻克6个重要港口，歼灭日、伪军6万余人。9月10日，临沂城解放，沂蒙人民迎来抗日战争的彻底胜利。9月19日，中共中央做出“向北发展，向南防御”的战略决策，决定罗荣桓到东北工作。10月24日，罗荣桓告别了沂蒙，踏上新的征程。

（本文由临沂市政协文化文史和学习委员会、中共临沂市委党史研究院供稿）

中共中央山东分局

——山东抗日根据地的领导核心

1938年1月15日，中共中央指示山东省委："省委工作的中心应当放在鲁中区，依靠新泰、莱芜、泰安、邹县的工作基础，努力向东发展，尤以莒县、蒙阴等广大地区为中心。"之后，毛泽东又提出，山东方面已开展起游击战争，那边民枪极多，需要派干部去。随着山东抗日形势的发展，中共中央多次派干部到山东，帮助山东党组织开展工作。

1938年5月，中共中央决定派陕甘宁边区书记郭洪涛率段君毅、霍士廉、王彬、史秀云等50余名干部到山东，充实党、政、军、群团组织，并重组山东省委，郭洪涛为书记。临行，毛泽东和北方局书记刘少奇接见了他们，并就建立抗日根据地的问题指示：山东敌占区国民党已恢复政权，鲁西北的范筑先和我党共同建立了抗日根据地，这个形势很好，要坚持这个方向……据此，郭洪涛到达山东省委驻地后，与省委成员研究制订了《发展和坚持山东游击战争的战略计划》，主要内容是"在鲁中，创立以沂蒙山区为中心的抗日根据地""在其周围，分别依托有利地形，创建清河、抱犊崮山区、东南沿海、湖西、胶东等抗日根据地"。

徐州失守后，毛泽东电示：徐州失守，武汉危急，我军准备向苏鲁豫皖四省挺进。根据这一战略部署，中共中央将山东省委扩大为苏鲁豫皖边区省委（简称"边区省委"），管辖山东和原属河南省委管辖的苏鲁豫皖边区。8月，边区省委为实施创建沂

1938年12月，中共山东分局机关部分干部在沂水县王庄合影

蒙抗日根据地的计划，将处于沂蒙山区中心的沂水县、蒙阴县定为省委直属县。11月，边区省委经费县，到达沂水岸堤（今属沂南县）、王庄村。

王庄，是沂水县西北部的一个小山村，地处沂蒙山区腹地，住户不足百户，人口约三四百人。小村群山环抱，东距沂水城30公里，西距蒙阴县20公里；向南一条傍河小路，南行5公里到达泰（安）石（臼）公路；向北20余公里，是沂蒙重镇东里店（国民党省政府曾迁驻此地）。这里山势险要，地理位置优越，环境相对稳定，群众基础较好。村中有一座德国人修建的天主教堂，上百间房屋，可容纳省委和部队机关居住办公。加之我党与国民党山东第三区专员张里元有较好的统战关系，为革命根据地的开辟提供了有利条件。

边区省委进入王庄后，为更好地指导创建沂蒙抗日根据地，从部队中抽调相当数量的党员骨干深入基层，恢复、发展和建立党的组织。到1938年底，全省先后建立和调整10个党的特委，其中包括沂蒙地区的苏鲁豫皖边区特委、鲁东南特委；另外，省委直接派干部建立11个县委（或县工委）。1938年11月9日，中共中央政治局发出通知，将中共苏鲁豫皖边区省委改为中共中央山东分局（简称山东分局）。12 月上旬，山东分局在王庄正式成立，郭洪涛、张经武、黎玉为分局委员，郭洪涛任书记。下设组织部，程照轩任部长；宣传部，孙陶林任部长；统战部，郭子化任部长；社会部，刘居英任部长；另有秘书主任李钧、青委书记孙陶林兼。辖胶东、清河、淄博、鲁西北、鲁西、泰西、苏鲁豫边区、鲁东南 8 个特委和济南工委，并直辖沂水、蒙阴等县。1939 年 1 月，又建立泰山特委、鲁南特委。山东分局在王庄成立，使王庄一度成为创建山东抗日根据地、开展山东敌后游击战争的指挥中心。

面对日军的疯狂进攻和国民党顽固派妥协、分裂、倒退的逆流，中共山东分局领导沂蒙人民坚持党的抗日民族统一战线，放手发动群众，发展壮大人民抗日武装，全面加强党的建设，建立和巩固抗日民主政权，领导创建鲁中、鲁南、滨海、胶东、渤海（包括清河和冀鲁边）抗日根据地。在反对日伪军“扫荡”、反击反共顽固派进攻中，经受住了严酷的斗争考验。特别是 1942 年 4 月刘少奇到山东帮助指导工作后，山东分局

魯南八路軍大勝利
擊斃漢奸慣匪劉桂棠
生俘僞軍千餘繳獲極多
克敵四據點解放民衆五百餘
紅軍

1943 年 11 月，《大众日报》关于鲁南八路军柱子崮战斗的报道

认真总结经验教训，统一干部对形势和工作总方针的认识，统一军事指挥，使山东抗日根据地的领导核心得到进一步加强，推动了沂蒙抗日根据地不断发展壮大。

1943 年 3 月，根据中共中央决定，沂蒙抗日根据地实行党的一元化领导，山东分局是最高领导机关，朱瑞任书记。同时，中共中央、中央军委决定，第一一五师与山东军区（1942 年 8 月由山东纵队改称）合并为新的山东军区，罗荣桓任军区司令员兼政治委员、第一一五师政委兼代师长，黎玉任副政委，陈光奉命去延安学习。这样，山东抗日根据地建立了统一的军事领导中心，解决了统一指挥山东武装部队的问题。9 月，朱瑞奉命去延安，由罗荣桓接任山东分局书记。至此，山东抗日根据地真正实现党的一元化领导。

在党的一元化领导下，山东分局、山东军区对鲁中、鲁南两区的领导班子进行调整，决定由罗舜初任鲁中区党委书记兼军区政治委员，原书记霍士廉任区党委副书记，王建安任军区司令员；鲁南区由王麓水任区党委书记兼军区政治委员，张雨帆任区党委副书记，张光中任军区司令员。1943 年 4 月，成立中共滨海区党委和滨海军区，符竹庭任区党委书记兼军区政治委员，陈士榘任军区司令员。鲁中、鲁南、滨海 3 个区党委所辖的地委书记同时兼任军分区的政治委员，县委书记兼任县大队的政治委员。

山东分局根据中共中央的指示及山东抗日根据地的形势，发出了指导全局工作的多项指示，对军事、政治、经济、文化等各项工作做出安排部署：在对敌斗争方面，连续开展了 1944 年春、夏、秋、冬季和 1945 年春、夏季攻势作战，并粉碎了日军的“扫荡”；在根据地建设方面，继续发动群众，深入开展减租、减息、增资和大生产群众运动，建设和发展各项事业；继续开展整风运动，加强党的建设等。1945 年 8 月，随着毛泽东发表《对日寇的最后一战》，山东分局组成 5 路大军，对盘踞在各大中城市、交通要道的日伪军展开大规模攻击。9 月中旬，临沂城解放。山东分局进驻临沂城。12 月，山东分局与华中局合并成立中共华东中央局。1949 年 3 月，华东局机关离开山东南下，中共中央批准重建山东分局，作为山东党的领导机关。1954 年 8 月，中共中央决定将山东分局改为山东省委，舒同任第一书记。

（本文由临沂市政协文化文史和学习委员会、中共临沂市委党史研究院供稿）

山东省战时工作推行委员会

——统辖山东全省的抗日民主政权

民主政权建设是抗日根据地建设的首要问题和根本保障。按照中共中央指示，山东各级党组织领导根据地军民经过曲折复杂的斗争，建立各级抗日民主政权，实行战时民主政治，贯彻党的群众路线，让人民在政治上当家做主，赢得了人民群众的衷心拥护和大力支持。

各地建立抗日民主政权

1937 年底，日军大举进攻山东，国民党山东省主席兼第三集团军总司令韩复榘率省府及 10 万大军不战而逃，国民党政权纷纷垮台，山东基本上处于无政府状态。在这种形势下，中共山东各级党组织以民族大义为重，毅然肩负起领导山东人民抗战的重任。沂蒙各地党组织在开展抗日武装斗争、创建根据地的同时，初步建立起人民群众自己的政权组织，如建立博（山）莱（芜）蒙（阴）三县边区联合办事处、沂水县岸堤区抗日民主政府等少数基层抗日民主政权。但各地党组织长期处于地下状态，力量不足，对建立抗日民主政权的重要性认识不充分，没有放手大胆地创建政权。韩复榘被蒋介石处决后，沈鸿烈继任国民党山东省主席，陆续重建了山东的国民党行政系统。沈是国民党顽固派，坚持反共反人民的立场，设置重重障碍，阻挠共产党领导的抗日根

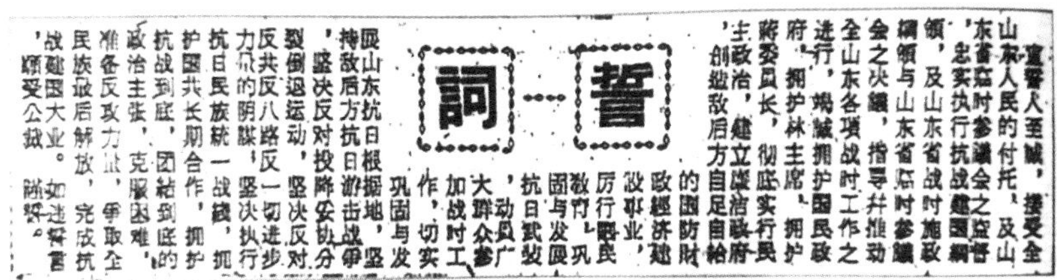

誓词

宣誓人至诚，接受全山东人民的付托，及山东省临时参议会之监督，忠实执行抗战建国纲领，及山东省战时施政纲领与山东省临时参议会之决议，指导并推动全山东各项战时工作之进行，竭诚拥护国民政府，拥护林主席，拥护蒋委员长，彻底实行民主政治，建立廉洁政府，创造敌后方自足自给的国防财政经济建设事业，厉行「国民教育」，巩固与发展抗日武装，动员广大群众参加战时工作，切实巩固与发展山东抗日根据地，坚持敌后方抗日游击战争，坚决反对投降妥协分裂倒退运动，坚决反对反共反八路反一切进步力量的阴谋，坚决执行抗日民族统一战线，拥护国共长期合作，拥护抗战到底，团结到底的政治主张，克服困难，准备反攻力量，争取全民族最后解放，完成抗战建国大业。如违誓言，愿受国公裁。谨誓。

山东战时工作推行委员会组成人员誓词

据地发展和民主政权的建立。

1939 年 4 月，中共中央在《中央对山东问题之处置方法》中指出山东党组织在抗日民主政权建设方面存在的问题：“山东方面过去未能于（国民党）省府、县长西逃时普遍委任自己的县长。”强调“如上述情况不加改变，山东创建根据地与坚持抗战是要受挫折的”。要求“今后如有专员、县长逃跑，我即委任专员、县长”。5 月 19 日，中共中央在《关于山东工作方针》中再次强调：山东应当力争有利地区，决不放弃已得的阵地和已建立的政权。八路军或地方游击队，如无政权，则绝不能发展巩固与建立根据地。因此，已经取得的政权不能放弃，并还应努力争取成立新的政权。中共中央的指示，使山东党组织更加清醒地认识到建立各级抗日民主政权的重要性。山东分局做出《关于山东工作方针原则的决定》，指出：要改正过去忽视建立根据地的错误，加强抗日根据地的建设，加紧建立专署、县、区抗日民主政权，积极扩大山东纵队与地方武装，巩固发展地方党组织。

1939 年 6 月，日军“扫荡”鲁中山区，国民党各级政权纷纷垮台。山东分局及时指示各地党组织抓住时机，建立抗日民主政权。7 月 1 日，山东分局下达《关于恢复县区乡政权之指示》，要求在原政权机构被破坏的地区，均要设立共产党领导的政权机构；县界应以地形及战争需要重新划分。沂蒙地区各级党组织按照这个要求，在八路军的配合下，派出大批干部从事建政工作，建立了一大批县、区、乡政权。

在抗日民主政权的创建中，各地初步实施了民主选举制度，根据“三三制”原则，推选民意机关——参议会或行政委员会。在基层，发动广大群众民主改造村政权。根据抗日斗争的需要，在根据地内，调整行政区划，缩小县、区，取消乡一级政权。各级抗日民主政权建立后，取消了旧政权设立的苛捐杂税，推行合理征收，以减轻群众负担，改善人民生活。到 1940 年 7 月，山东抗日根据地内已经建立 1 个行政主任公署、9 个专员公署、66 个县级抗日民主政府、300 多个区乡抗日民主政府。随着抗日形势的发展，在全省建立一个统一的行政领导机关，不仅是十分必要的，而且条件也成熟了。

成立山东省战工会

1940 年 7 月 26 日，山东省国大代表复选大会，山东省民众总动员委员会成立大会，山东省工、农、青、妇、文化各界总会成立大会，山东省各界救国联合会成立大会等几个会议的联合大会，在临费沂边联县青驼寺（今属沂南县）隆重开幕。出席大会的有山东初选的部分国大代表，各地区工、农、青、妇、文抗日团体的代表，共 300 余人。大会历时 1 个月。会上，范明枢致开幕词，朱瑞做了《从国际到山东》的政治报告，李澄之做了《宪法与民主》的报告，黎玉做了《论山东目前投降与反投降的斗争》的报告，其他领导人分别做了关于职工、农民、青年、妇女、文化、锄奸、日伪军、政权工作和宪政促进会筹备经过等报告。

大会一致否定了国民党圈定的所谓山东出席国大的代表，经过充分酝酿，选举于学忠、徐向前、朱瑞、黎玉、罗荣桓、范明枢等61人为代表山东民意的国大代表。

联合大会制定了《山东省临时参议会组织条例》。7月31日，选举产生了全省统一的既是民意机关又是权力机关的山东省临时参议会，选举范明枢为参议长，马保三、刘民生为副参议长。大会制定了《山东省战时工作推行委员会组织大纲》。8月17日，选举成立了全省抗日民主政权的统一领导机关——山东省战时工作推行委员会（简称战工会），张经武、李澄之、黎玉、罗舜初等23人当选为委员，选举黎玉为首席组长，李澄之为副首席组长，陈明为秘书长。战工会下设政治、军事、财政经济、教育、民众动员5个组。黎玉兼任政治组组长，李澄之兼任副组长；罗舜初任军事组组长，梁竹航任副组长；艾楚南任财政经济组组长，耿光波任副组长；李澄之兼民众动员组组长，霍士廉任副组长。

期间，山东省民众总动员委员会、山东各界救国总会、山东职工抗日联合总会、山东青年救国总会、山东妇女救国总会、山东文化界救国协会总会分别举行成立大会，讨论通过了山东各界救国会的组织章程和工作纲领，选举产生了各总会的负责人，李澄之当选为省民众总动员委员会主任，霍士廉当选为省各界救国总会会长，陈放当选为省青救会会长，史秀云当选为省妇救会会长，李竹如当选为省文协总会主任委员。从此，全省实现了抗日群众组织的统一领导。大会对抗战三年来的群众工作做了系统总结，指出存在的问题，提出今后的任务，突出强调要迅速全面组织教育群众，健全各地群众领导机关，协调好群众组织间的相互关系，进一步搞好群众参战、参政、生产、生活改善、学习、锄奸、瓦解日伪等项工作。8 月 26 日，历时 1 个月的会议圆满结束，举行了隆重的闭幕仪式。

战工会是当时全国抗日根据地中唯一的统辖全省的省级抗日民主政权，它的成立是全国民主政权建设的创举。自此，山东全省实现了抗日民主政权和群众组织的统一领导。统一的抗日民主政权的成立和各级抗日民主政权的建立，标志着以沂蒙山区为中心的山东抗日根据地的形成，沂蒙抗日根据地的建设进入了一个新的阶段。

山东省战工会发展为山东省政府

1941 年 3 月，省战工会设常务委员会，并将首席组长改为主任委员，黎玉任主任委员，李澄之任副主任委员，陈明（1941 年 11 月离职）任副主任委员兼秘书长。所属政治组改称为民政处，撤销民众动员组，其他各组均改为处，正副组长改称正副处长，并增设战时高级审判处、公安处。同年 5 月，财政经济处分成财政、经济建设两个处，成立粮食管理局。1942 年 2 月成立调查研究室。

1943 年，随着世界反法西斯形势的转折，沂蒙革命根据地在刘少奇的帮助指导下，党政军空前团结，统一了领导，度过了最困难的时期。以牟中珩为主席的国民党山东省政府随国民党苏鲁战区司令于学忠一同撤出山东，而取代于学忠、顽固地坚持“反共”立场的李仙洲部被八路军赶出山东；原国民党在山东主力吴化文等部投敌，国民党山东省政府政权退出山东。

为了统一领导山东的抗战，1943 年 8 月 12 日到 9 月 8 日，省临参会在莒南县李家桑园召开一届二次议员大会，通过了新的《山东省战时施政纲领》和《山东省战时行政委员会组织条例》，决定将山东省战时工作推行委员会改名为山东省战时行政委员会。1945 年 8 月 13 日，山东省临时参议会和山东省战时行政委员会在莒南县大店召开联席会议，决定把山东省战时行政委员会改为山东省政府。1949 年 3 月 30 日，山东省政府委员会暨山东省参议会在益都（今青州市）举行联席会议，决定将山东省政府改称山东省人民政府。

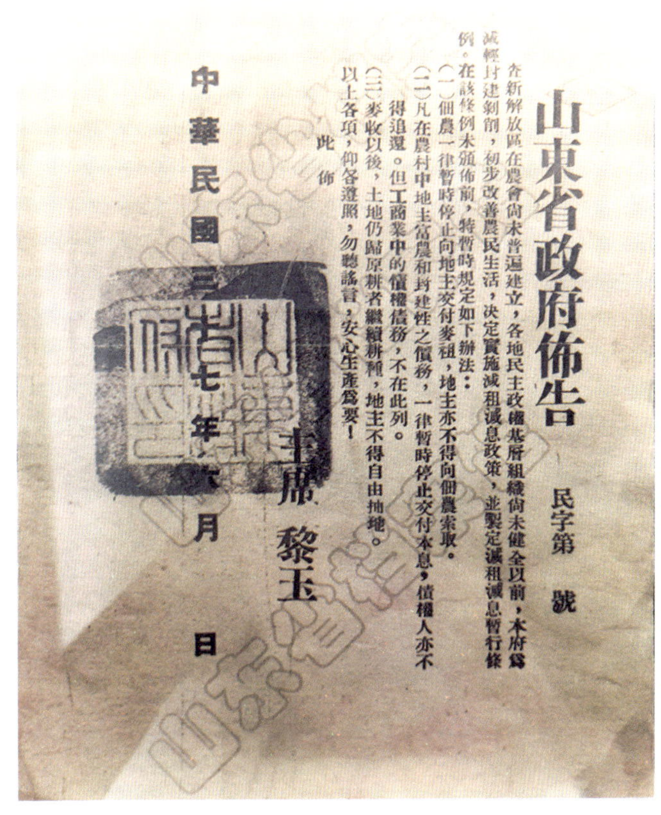

山東省政府佈告
民字第　號

査新解放區在農會尚未普遍建立，各地民主政權基層組織尚未健全以前，本府爲減輕封建剝削，初步改善農民生活，決定實施減租減息政策，並製定減租減息暫行條例。在該條例未頒佈前，特暫時規定如下辦法：

（一）佃農一律暫時停止向地主交付麥租，地主亦不得向佃農索取。

（二）凡在農村中地主富農和封建性之債務，一律暫時停止交付本息，債權人亦不得追還。但工商業中的債權債務，不在此列。

（三）麥收以後，土地仍歸原耕者繼續耕種，地主不得自由抽地。

以上各項，仰各遵照，勿聽謠言，安心生產爲要！

此佈

主席　黎玉

中華民國三[illegible]七年[illegible]月　日

1948 年 6 月，山东省政府关于减租减息暂行办法的布告

（本文由临沂市政协文化文史和学习委员会、中共临沂市委党史研究院供稿）

梁山战斗

——抗日战争模范歼灭战

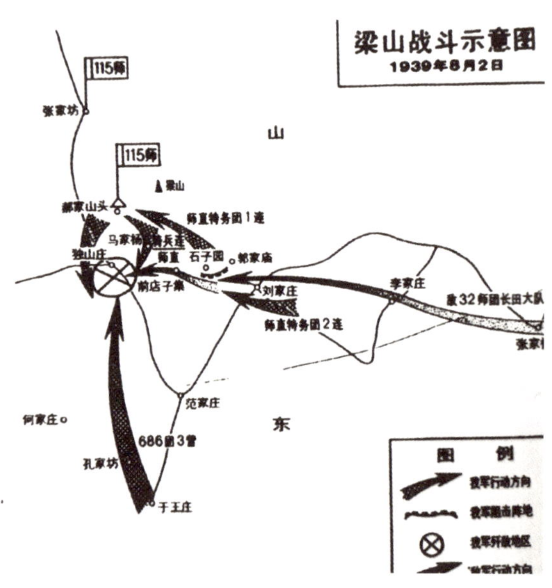

梁山战斗示意图

1939年初，八路军一一五师代师长陈光、政委罗荣桓率领师直属部队和三四三旅六八六团2000多人组成东进支队，从山西汾阳、孝义一带出发挺进山东，转战至鲁西平原。1939年8月1日，是我军建立12周年纪念日。八路军一一五师部队和驻地群众在梁山南麓的孟家林举行军民联欢庆祝建军节大会。主席台两边是一副醒目的对联："想当年水泊梁山农民起义震撼封建王朝，看今朝敌后平原八路健儿痛歼东洋强盗。"横批是："庆祝八一建军节。"8时许，八路军一一五师侦察兵向陈、罗首长报告，一支日伪军正向梁山方向进犯。代师长陈光、政委罗荣桓根据敌情做了分析，认为来犯之敌虽然装备精良，但骄狂轻敌，加之孤军深入，地理生疏，且无后续部队，敌据点虽布于郓、汶、东、泰，但均有50里之遥，难以策应求援。于是，就把庆祝会改成战斗动员会。同时，迅速派出侦察队，继续监视敌人行动。当地的群众性联防组织也动员起来，站岗放哨，盘查行人，封锁消息。

日伪军渡过运河之后，8 月 1 日（农历六月十六日）当天行进到馆驿宿营，8 月 2 日继续往西进犯。9 时许，日伪军到达梁山附近的王府集村西。我们派出去进行监视、袭扰的小分队——一五师特务营第二连，从侧背对敌人实施了第一次袭击。按照部署，歼敌一部后，迅速撤离，意在诱敌深入。敌遭受袭击后，一时惊慌，乱了阵脚，接着见我火力不强，认为是几个“土八路”，又恢复了阵容，漫无目标地打了一阵枪继续西进。

上午 10 时许，日伪军抵达梁山附近的马振扬村，有的到村民家中抓鸡捉鸭，有的脱下上衣在树下乘凉，还有的跳进村头坑塘里洗澡。一切迹象表明：敌人对我毫无察觉，没有任何戒备。乘此有利时机，一一五师特务营二连、四连和骑兵连乘敌不备，从侧面冲了过去，劈头盖脸地对日军实施了第二次袭击。一阵猛烈射击，三四十名敌人当场毙命。没等敌人醒过神来，我军按既定方针，迅速撤走，消失在青纱帐中。敌人盲目地发了几炮、打了几枪，无目标地追赶了一阵，直追到独山村附近，向独山开了几炮，见毫无还击，就认为进行袭扰的还是不敢照面的“土八路”游击队。敌人又派出骑兵、伪军在附近搜索一番，仍一无所见。敌首长田敏江判断：梁山一带没有八路主力。再加上敌军冒着炎热长途行军已经很疲惫，在中午 12 时，长田敏江下令停止前进，就近进入梁山西南角下的独山村，入驻独山高地。

晚 8 时许，一一五师各作战部队利用青纱帐及其他有利地形地物做掩护，向指定位置运动，并尽可能接近预定的攻击目标，随着3发信号弹的升空，发起全面攻击。十几挺轻重机枪和掷弹筒同时喷出怒火，在机枪掩护下，战士们猛虎一样扑向敌人。骑兵从独山村西北角冲进村子。十连从村西南进击，运用声东击西战术，歼敌一个分队，抢占了乱石岗。其他连队也迅速冲向敌人，枪弹、手榴弹、炸药包的爆炸声，伴随着喊杀声，惊天动地。敌人遭到突然打击，一时蒙头转向，不知所措，有的趴在地上，有的仓皇逃窜、盲目射击，有的光着脊梁、穿着短裤，互相拥挤，乱成一团，纷纷向靠近村南的大马车店院逃窜。

日军队长长田敏江惊魂稍定之后，迅速调整部队，分成十几个战斗组，在密集火力掩护下，疯狂反击。日军以两个小队的兵力，在火力掩护下向高地发起了6次冲锋，十连战士仅剩30余人顽强坚守。在紧急关头，我十一连对敌实行两面夹击，打退日军的第7次冲击。随后，十连坚守独山高地，十一连突入独山村，切断了敌人逃窜的退路。三营主力攻下了石灰窑，占据了有利地形。第十二连也向独山东麓土墙院进行猛攻，形成对敌人的夹击之势。特务营第二连和骑兵连从北面向村内进攻，各连相互配合，协同作战，与日伪军展开激烈的争夺战。一场惊心动魄的白刃格斗随即展开。在敌人比较集中的马车店院院墙内外，到处是刀光枪影，血肉横飞。有位叫白民刚的小战士，刚从一个鬼子的胸膛里拔出刺刀，就被一个鬼子踏倒。他一个鲤鱼打挺，跃身而起，夺过鬼子的刺刀，拼命抱住日兵双腿，将其掀倒在地，一位战友赶上来把鬼子刺死。战斗进行了两个小时，敌我双方都有较大伤亡。

敌首长田敏江感到末日来临，把残余部队集中起来，全部龟缩到独山南坡的几座石灰窑和马车店院内，架起机枪拼命扫射，进行顽抗。我部队迅速后撤，寻找隐蔽物将敌人包围得水泄不通，铁桶一般。

到了午夜，几经搏斗，敌人死伤惨重，锐气挫尽，龟缩院中，企图顽守待援。我军也做了相应的部署调整，战斗暂时处于平静状态。

夜里两点，一场围歼残敌的战斗打响。我军将十几挺机枪集中到独山高地，居高临下以密集的火力向山脚下和马车店院内的敌人扫射。在此火力压制下，日军残部大都躲进石灰窑和马车店院内的平房里。战士用日语高喊："八路军优待俘虏！""缴枪不杀！"当即，就有3名敌兵缴械投降。急红了眼的长田敏江发疯地挥舞指挥刀，逼着哆嗦的敌兵上阵拼杀。敌人在我军密集的火力下，成片倒下，长田也臂负重伤，逃回房内。三营排长李炳祥

梁山（独山）抗日歼灭战旧址

带领突击队趁机向敌发起猛攻，与日军展开逐房逐间的争夺。我军主力紧随其后，相继攻入。敌人见大势已去，调整炮口，连续朝东平湖方向射击，妄图以此报信求援。

天近拂晓，开始了歼灭残敌的总攻。我军集中了 10 余挺轻重机枪和掷弹筒，组成密集的火力网，居高临下，向龟缩在马车店内的残敌猛烈射击。敌人虽有 3 门大炮，但在近距离的拼杀中难以发挥作用。

此时，陈代师长亲临前沿阵地，目睹如火如荼的战斗场面，对战士们振臂高呼："同志们！打到底，把敌人的大炮夺过来！"三班长曹大顺带领 5 名战友匍匐前进，摸到一个成为敌人火力点的石灰窑旁。一名战士掏出手榴弹扔进窑洞，"轰"的一声巨响，日军机枪变哑。曹大顺从敌人求援的炮声判断敌人炮兵就在附近，招呼 6 名战士绕到敌人炮兵阵地后面，用迅猛的刺杀，驱散了为数不多的日本炮兵，夺取 3 门火炮。

三营长刘阳初抓住战机，率领突击队冲进马车店大院，攀梯子登上屋顶，用刺刀挑开几个窟窿，向房内扔进几颗手榴弹；战士李杰也仿效营长的做法，向屋内一连扔进 4 颗手榴弹。随着爆炸声，传出敌人的惨叫声。立即有两个汉奸兵跑出来高喊饶命，随后又有两个日军跑出来缴械投降。

8 月 3 日（农历六月十八日）早晨，东方发亮时，日军士兵 20 余人把枪扔掉，四散逃窜，拼死突围，奔向青纱帐。师特务营的骑兵连战士纵马挥刀，赶上去奋勇杀敌，如同砍瓜切菜，消灭敌人。这时，被我军转移出去的老百姓听说八路军痛歼日寇，也纷纷前来助战，冒着枪林弹雨赶抓俘虏，帮抬伤员，活捉欲逃之敌。有的日兵逃进青纱帐，被田中的老百姓击伤抓获交给部队。

除了有数十个日伪军侥幸逃脱外，其余的不是被击毙就是被活捉。

独山战斗（也叫梁山抗日歼灭战）共毙敌300余人，俘虏鬼子兵24人，缴获意大利产野炮2门、九二式步兵炮1门、掷弹筒2个、轻重机枪15挺、步枪150余支、战马50余匹、其他战利品一大宗。打扫战场时，发现有个肥头大耳的日军军官，大洋刀从前胸穿过，倒在血泊里，他胸前的官徽上写着："大日本皇军三十二师团长田大队少佐大队长长田敏江。"

梁山歼灭战胜利结束后，在8月7日和8日，我八路军总司令朱德和副总司令彭德怀，联名向国民政府和军委会委员长蒋介石接连发出两封战绩电报，报告八路军在鲁西歼敌战绩。电报称："扫荡鲁西之敌，被陈师粉碎后，本月冬日又复将山口长田全部歼灭……"蒋介石发电嘉奖，并送来3万元表示慰劳。

梁山歼灭战是继平型关大捷之后，我英勇八路军全歼日寇一个大队的模范战例，被八路军总部和国民政府嘉誉为"模范歼灭战"。

（本文由济宁市政协文化文史和学习委员会供稿）

赣榆战役

——八路军战史上的克城范例

1943 年 11 月 19 日，滨海军区抗日军民在政委符竹庭、司令员陈士榘的指挥下，采用“军事打击，政治争取，里应外合，全歼敌人”的作战方案，仅用不到 20 小时的时间，几乎兵不血刃地全歼伪和平建国军第三十六师七十一旅和伪保安队、盐警队共 2000 余人，解放了被日伪军盘踞达 5 年之久的赣榆县城（即今赣马镇驻地城里村），八路军仅牺牲 3 人，负伤 37 人。其战术之妙、代价之小、战果之大，在中国人民抗日战争史上是罕见的、颇具

陈士榘（左一）与符竹庭（右二）在赣榆战役战地指挥所

传奇色彩的。战役胜利后，延安《解放日报》、山东《大众日报》均在头版显要位置报道了攻取赣榆城的消息，称之为敌后克城的范例，“是继夺取郯城战役胜利后的山东第二次大捷”。

抗日战争时期的赣榆县，隶属山东抗日根据地滨海区，而日伪军盘踞固守的赣榆县城，则是日军新海地区的一个卫星城，同时也是“扫荡”“蚕食”山东抗日根据地的前哨阵地。其时的县城，由一圈五六人高的砖墙围裹着，墙根下是两三丈深的水壕，墙高城厚，工事坚固，碉堡林立，易守难攻。城内驻扎着伪军2个团和伪保安队、盐警队共2000余人。1943年11月，日军集结2万多重兵，企图对鲁中和清河抗日根据地进行“扫荡”。驻赣榆城的伪和平建国军第三十六师七十一旅旅长李亚藩，奉日军上村旅团长的密令，准备伺机“扫荡”滨海，企图打通海州到青岛的沿海公路，策应日军对鲁中和清河区的“扫荡”。

为粉碎日军的阴谋，滨海军区根据山东军区司令员兼政委罗荣桓的指示，决定先发制人，采用“翻边战术”攻克赣榆城，打乱日军的进攻部署，进行反“扫荡”。经山东军区批准，制定了“先以里应外合的手段智取城垣，如情况有变，则以强攻夺取”的作战方案。战役由滨海军区政委符竹庭和司令员陈士榘指挥，以军区主力老六团、二十三团以及海赣独立营等部队执行这一作战任务。具体作战部署是：六团负责突破北门，歼灭东南门至西门大街以北的伪军；二十三团第一、二营负责消灭东西大街以南，包括南关与西关的伪军，第三营部署在青口与赣榆城之间的三里庙一带负责打援，阻击可能由青口进援的日军；海赣独立营负责破除青口通往赣榆城的公路，并配合区中队相机攻克朱堵、殷庄、小庄子等伪军据点；海陵独立团派部队袭击沙河日伪据

1943 年 11 月，山东滨海区抗日武装部队进攻赣榆县城

点，以攻为守，防止日伪出来增援。因为是城市攻坚战，山东军区司令员兼政委罗荣桓特批 3 发九二步兵钢炮弹，以加强攻城火力。

11 月 19 日晚 9 时半，内线关系伪军一四一团副官刘连城以催给养返城为名，带领 2 名化装成送给养的突击队员，来到城北门外叫门。在城门内站岗的伪军当即将城门打开，在地下工作人员徐忠信的配合下，2 名突击队员迅速将守城门的伪军哨兵缴械，并发出占领城门的信号。山东军区著名战斗英雄何万祥率领突击队员猛虎般突入城内，迅速占领东街和城北门。随后，主攻部队六团一营、三营和二十三团一营相继突入，分头按计划向伪旅部、一四二团和伪保安总队驻地猛攻。战斗中，伪一四一团团长黄胜春根据事先约定，按兵不动，一旁观战。晚 11 时半，八路军完全占领城墙并将日伪包围在城中心的几座碉堡里。20 日拂晓，青口日伪军200余人赶来增援，被阻援部队击退。下午，日伪复增援，又被击退。城内进攻部队闻讯更为振奋，连续拔掉数个据点，将伪军大部逼退于伪旅部盘踞的中心大炮楼。总攻前，司令员陈士榘和政委符竹庭组织展开政治攻势，两次写了劝降信，派人送给躲在中心炮楼里的李亚藩，勒令他缴械投降。李亚藩企图诈降待援，八路军识破伪军阴谋，遂发起总攻。轻重机枪、掷弹筒、钢炮集中火力向伪军打击。老六团神炮手、炮连连长李玉章架起九二钢炮，第一发炮弹不偏不倚打入碉堡二层的瞭望孔，第二发炮弹击中碉堡半腰，最后一发炮弹炸中围墙后院的李公馆。与此同时，八路军发动干部战士趁机喊话，展开政治攻势，瓦解伪军军心。李亚藩终于崩溃了。下午3时，伪旅长李亚藩、伪团长张星三及全旅官兵缴械投降，赣榆城宣告解放。赣榆城解放后，抗日军民一面破拆城墙碉堡，一面扩大战果，向县城周围据点进攻。至22日午后，海头、兴庄、芦沟子、李巷子、海脐子、桥南头、大官庄等13个伪据点全部被攻克。

赣榆战役，是一次敌后攻坚战，对于没有重武器的“土八路”来说，以极小的代价获得了如此巨大的战果，不但鼓舞人心，振奋士气，而且积累了对敌工作经验，创下政治攻势和军事打击相结合以少胜多的战例。

（本文由连云港市政协学习文史委员会、连云港市革命纪念馆供稿）

宿南战役

——揭开豫皖苏抗日军民大反攻序幕

宿南战役是抗日战争胜利前夕，新四军在淮北进攻伪军据点的战役，由时任新四军第四师参谋长兼十一旅旅长、淮北第二军分区司令员张震奉命组织指挥。此次战役运用拔点打援、各个击破的战法，给予伪军窦光殿所部第十五师以歼灭性的打击，揭开了豫皖苏抗日军民对日伪军大反攻的序幕。

1945 年 4 月 23 日，中共七大发出放手发动群众、壮大人民力量、打败日本侵略者、争取抗日战争最后胜利的伟大号召。中共淮北区党委和淮北军区坚决响应这一伟大号召，为“扩大解放区，缩小沦陷区”，由张震统一指挥淮北路西部队，集中十一旅、九旅二十七团、师直骑兵团和 8 个县总队，共 1.3 万人，围歼伪军第十五师，发起宿南战役。

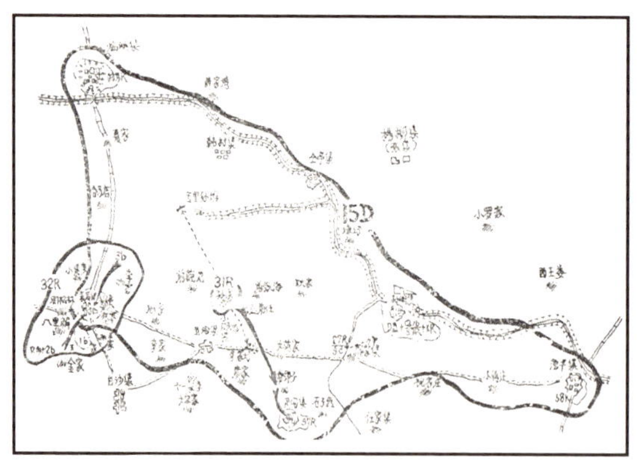

宿南战役部署示意图

抗日战争时期，以窦光殿为首的伪军第四方面军直属第十五师共 5000 余人，盘踞在宿县南部的南坪、孙疃、任家集、界沟等地达 5 年之久。他们倚仗着日军的势力，抓丁拉夫，催粮派款，并与当地土豪劣绅狼狈为奸，残害乡民，无恶不作，被当地群众称为“二窝鬼子”；并不断向津浦铁路西之淮上地区“蚕食”，企图截断我涡（河）北同淮南和津浦铁路以东的联系，成为开辟宿（县）蒙（城）怀（远）地区的一大障碍。1945 年 5 月 21 日至 7 月 1 日，新四军第四师兼淮北军区在安徽省宿县（今宿州市）西南地区对伪军第十五师进行攻势作战。

宿南战役中日伪军向新四军投降

5 月 21 日开始，第四师兼淮北军区部队向伪军第四方面军第十五师发动进攻。第四师第十一旅第三十一团在第九旅一部的配合下，于 21 日夜转兵南下，向驻守任家集的伪特务第三团发起攻击。经过扫清外围、突破围寨和巧攻核心碉堡，至次日晨 7 时许，突入集内，全歼守敌，俘伪团长任亚航以下 100 余人。8 时许，孙疃集伪军一部出援任家集。第四师随即以骑兵一部配合第三十一团将该敌歼灭。第九旅第二十七团侦悉芦沟集伪军增援任家集，当即设伏于芦沟集西北之葛庄。

22 日 9 时，敌进入伏击圈，伏击部队突然开火，穿插分割，仅激战 45 分钟，就将敌全歼。23 日，攻占宿县西南的任家集伪军据点，并歼灭出援的伪军。第一阶段作战胜利结束。

6 月 23 日，第四师兼淮北军区部队围攻宿县西南的袁店集。

驻孙疃集的伪军第十五师第五十九团第二营及第五十七团一个连出援，被新四军全部歼灭。日军100余人乘汽车增援，得知伪军增援部队被歼，即仓皇逃跑。

6月24日6时许，第十一旅第三十二团在第九旅一部配合下，攻打袁店集据点。迅速突破3道外壕，克服鹿寨障碍，摧毁3座碉堡，直逼敌核心据点，并在猛烈攻击的同时，利用俘虏战场喊话，迫使伪五十九团一营营长李成五投降。此战毙、伤、俘伪军400余人。至25日晨，攻占袁店集。

新四军进攻袁店集时，驻孙疃集的伪第五十九团团长率部驰援，行至袁店集以东之神仙井，被预伏于该处的第九旅第二十七团歼灭，俘伪团长以下180余人。伪第十五师遭连续打击后，开始收缩兵力，将驻芦沟集之第五十八团撤回孙疃集，准备全力坚守孙疃集、界沟集等据点。26日，驻孙圩子的伪军特务团亦仓皇撤逃。伪军第五十七、第五十八团困守界沟集和孙疃集。为扩大战果，6月30日，新四军第十一旅第三十一团及骑兵团一部，强袭界沟集之伪第五十七团。30日晚，伪军第二营被迫投降，我军攻入界沟集。

7月1日凌晨1时，第三十一团强袭界沟集伪军，在猛烈炮火震撼、杀伤和强大政治攻势下，至7月1日晨，一部被歼，其余敌人缴械投降，俘伪团长以下800余人。至此，宿南战役胜利结束。

宿南战役从1945年5月21日开始到7月1日结束，历时40天，进行大小战斗9次。攻克伪军据点5处，迫撤伪据点2处，攻克碉堡30余座；歼灭伪十五师特务三团、五十七团全部和五十八团5个连、五十九团2个营、特务团1个营。毙伤敌伪军200

余人，生俘伪军团长以下1900多人，共计2100余人；缴获迫击炮3门、轻机枪40挺、重机枪3挺、长短枪1340余支、步马枪1600余支、驳壳枪40余支、子弹4万余发、手榴弹2000枚、电台1部、骡马40余匹。新四军阵亡营长以下指战员29人，伤70余人。收复宿南、涡北广大地区，解放土地950平方公里，解救20多万苦难的人民，使豫皖苏抗日根据地8个县连成一片。

（本文由淮北市政协文化文史和学习委员会、中共淮北市委党史和地方志研究室供稿）

通往延安的秘密交通线

抗日战争爆发后，鲁南地区既是日伪军华北、华中的结合部，又是中国共产党创建的鲁南、冀鲁豫、苏皖三大根据地的连接区。中共领导的抗日武装在这里建立了一条由华中、华东，跨越津浦铁路和微山湖，通往延安的战略交通线。

秘密交通线的开辟和斗争

从华中去延安，原先有三条秘密交通线：一是从新四军第四师活动地区越过津浦铁路，再往北越过陇海铁路，经冀鲁豫区去陕北。二是从盐城军部北上越过陇海铁路到山东滨海区，再经鲁南抱犊崮山区越过微山湖进入冀鲁豫区。1942 年 8 月，新四军政委刘少奇去延安就是走的这条路线。三是从盐阜区出海，乘船绕过连云港到滨海区的东海岸，上岸后再从鲁南山区过微山湖。

以上三条路线都辗转数千里，安全系数较低。其中穿越津浦路的一条，由于 1941 年春四师将主力撤至路东，已不再采用。海上一条自三师参谋长彭雄等人遇难后，高级干部一般也不再走此路线。于是，开辟从华中到延安更为安全的秘密交通线，就成了亟须解决的问题。

皖南事变后，面对敌人的联合进攻，新四军四师暂时撤离津浦路西抗日根据地，华中抗日根据地通往延安的交通线也因此改道——由淮海区北过陇海铁路，经山东滨海（有时也从盐阜区乘木帆船绕过连云港，到山东滨海区的海岸）、鲁南等地区去延安。两条路线曲折迂回，且被敌人重重封锁，尤其是海上交通线更不安全。开辟新交通线的计划很快被提上日程。为此，新四军第四师成立调查研究室，由师政治部主任吴芝圃直接领导。吴芝圃派奚原做了近 5 个月的调查研究，掌握了敌人的详细情报，并对新交通线的线路和保卫措施提出了规划。

1943 年，运河支队正式编入新四军第四师序列。在研究改变建制的同时，开辟新交通线的工作也在加紧进行。7 月，第四师司令部专门派人到运河支队、文峰大队、铁道游击队听取意见，并对新交通线进行了实地考察。这样，一条从华中经由鲁南黄邱套山区进入华北，前往延安的交通线，当年 9 月投入使用。

微山湖上秘密交通线东起津浦铁路沙沟车站以西的彭楼，西到湖西单（县）虞（城）抗日根据地。其中水路约 20 千米，陆路 70 多千米，具体又分为湖东、湖上、湖西 3 段。苏北、鲁南地区是日伪军盘踞华北、华中两个侵略集团的结合部，纵贯其间的津浦铁路与京杭大运河是贯穿南北的交通要道。敌人仅在山东通往延安的秘密交通线枣庄至微山湖路段上，就设置了 6 道封锁关卡、8 个据点和炮楼。

1938 年 10 月，按照苏鲁豫特委的指示，建立了夏镇交通站，以沟通鲁南与湖西的联系。1940 年 11 月，五县游击大队西撤，沛滕边地区被敌顽军占领，交通被迫中断。1941 年 7 月，微山湖游击队与铁道大队、运河大队协同作战，解放了微山岛，消灭了伪军阎田成部，恢复了湖上交通线。1942 年 1 月，中共中央书记处发出《关于建立各根据地秘密交通指示》，“为着保证将中央与各根据地的文件及干部能迅速而安全地互相传送”“所有各个根据地之间，必须同时建立通过敌人封锁线的秘密交通路线”。同年4月，在日军残酷的“扫荡”与“分割”“蚕食”下，鲁南山区根据地被压缩成“南北十余里，东西一线天”的严重局面，交通线再度被切断。为了打通从鲁南通往延安的交通线，5月，活动在津浦路沿线的鲁南铁道大队、微湖大队和运河支队与这一地区的敌顽匪势力展开英勇的斗争，微湖大队争取湖东伪警团长尹洪兴向共产党靠拢，重新开辟沛滕边地区，很快恢复了湖上地下交通线，保证了湖区交通线的安全畅通。

1939年秋，微湖大队护送罗荣桓司令员去湖西抗日根据地

在邳睢铜民主抗日根据地与淮北军区中间，是日伪军和国民党顽军的统治区，邳睢铜与淮北军区的联系，必须通过这个沦陷区。为打通邳睢铜与淮北军区的通道，1942年底，新四军二师和四师各一部，在陈毅军长的指挥下，于运河东山头子地区，生擒国民党江苏省主席韩德勤（后主动释放），歼灭国民党在苏北大部力量。1943年秋，新四军九旅二十七团配合睢宿县地方武装，歼灭宿迁县土顽头子刘子升部千余人，生擒刘子升；拔掉睢宁东北大地主、顽伪据点袁圩子；在柳园新安据点围困高作的伪军，驻守伪军被迫逃回高作据点，使邳睢铜和皖东北联系起来，白天黑夜都可以畅通无阻。11月，新四军二十七团一部挺进峄滕铜邳

地区，配合地方武装攻克张庄、大庙伪据点，将敌人赶出黄邱套，疏通了华中经邳睢铜过峄滕铜邳去延安的交通线。至此，一条从华中局和新四军军部驻地盱眙县黄花塘，经邳睢铜，越陇海路，过微山湖，到湖西转冀鲁豫前往延安的交通线畅通无阻。微山湖地下交通线成了连接湖西、鲁南、华中、延安的桥梁和中转站。在武装护送下，一批又一批干部从敌人鼻子底下安全通过，刘少奇、陈毅、朱瑞、罗荣桓、萧华等首长和千余名干部，都是经过这两条路线，来往于延安和华中解放区。横亘数百里，往返百余次，从未出过差错，受到中央首长的多次表扬。

为了建立和保护通往延安的秘密交通线，活动在津浦铁路沿线的鲁南铁道大队、微湖大队、独立支队和运河支队等抗日武装，对盘踞在交通线附近的敌伪顽反动势力展开了机智英勇的斗争，确保了秘密交通线的畅通无阻。1943 年，八路军山东军区的陈光、罗荣桓、黎玉、萧华 4 位首长联名写信给鲁南独立支队："你们在敌人重兵把守、碉堡星罗棋布、四面包围的严峻情况下，正确执行了游击战争的战略战术，放手发动群众，分化瓦解敌人，建立了隐蔽的抗日根据地，像一把尖刀插在敌人的心脏，用你们的勇敢和智慧，打开了湖上交通线，护送了大批干部，保证了安全。特向你们表示慰问和感谢。"

活跃在微山湖交通线上的微湖游击队

刘少奇过湖去延安

正当湖西抗日战争进入最艰苦的关头，1942 年 8 月初，时任中共中央华中局书记兼新四军政委的刘少奇奉党中央和毛泽东之命，由华中新四军驻地前往延安，途经微山湖。

微山湖周围二三百里都是敌占区，据点、碉堡林立，封锁沟、封锁线纵横交错，日、伪军经常进行“清乡”和“扫荡”。湖西抗日根据地遭到日、伪军连续大规模“扫荡”，鲁南、苏北、鲁西南地区盘踞着周侗、耿继勋、冯子固、黄体润、朱世勤等国民党顽军，不断掀起反共高潮，湖西抗日根据地处于日、伪、顽的合流夹击之中。华中、华东经微山湖通往延安的交通线几经中断、几度恢复，面临严重威胁。

为护送刘少奇安全过湖，微湖大队大队长张新华奉湖西军分区司令员邓克明、政委潘复生之命，与鲁南军区一一五师教导二旅旅长曾国华、滕沛大队政委李明取得联系。1942 年 6 月，湖西军分区十一团三连二排班长薛广顺（沛城镇人）等 14 名武装骨干，奉军分区命令，赴夏镇南庄护送刘少奇。他们携带长短枪、手榴弹等武器，在南庄一带隐蔽待命，一直等了 2 个多月。

8 月的一天拂晓前，刘少奇（化名胡服）一行 10 多人，在曾国华的陪同下，与铁道游击队队长刘金山、副队长王志胜、政治委员杜季伟等护送人员一起风尘仆仆地走上湖堤。上船后，刘少奇向铁道游击队的同志挥手告别。小船沿王鲁河，穿芦苇荡，驶向湖心。经过湖中心的大捐村，刘少奇一行在一个芦苇密布的沙峪上落了脚，住在刘钦田夫妇的大船上。

次日上午，刘少奇接见了中共沛县县委书记李广德、沛滕边县委书记张庆林，对湖区交通线的工作做了重要指示。他说，微山湖是华东、华中通向延安的唯一通道，要保住这条水上交通线；要发动群众，组织群众，依靠群众，不断扩大抗日革命根据地；要关心群众生活，搞好生产。

由于敌我斗争形势严峻，我过往人员只能晓宿夜行。在湖上住了一天一夜的刘少奇离开微山湖西行。在湖西军分区骑兵排的护送下，经过一夜行程，到达湖西根据地的边沿丰县顺河集。第二天，到达湖西地委机关驻地单县终兴集。刘少奇在听取了湖西地委工作汇报后，就革命战略和策略、群众运动、党内斗争等问题做了重要指示。他指出，你们没有被敌人挤垮赶走，是很大成绩；对敌人斗争要有战略眼光，不要轻易搞大兵团作战；对伪军要以政治瓦解和争取为主；要深入发动群众，坚决实行减租减息，发挥群众抗日积极性，不搞减租减息就是机会主义；灾荒严重要做好生活救灾工作；要加强湖上交通线的控制，保障华中与华北、延安之间的联系，做好护送过往干部的工作。

8 月中旬，刘少奇离开湖西地区，经鲁西南，前往冀鲁豫边区。最后安全抵达延安。

陈毅赋诗微山湖

1943 年 11 月，新四军代军长陈毅为参加党的七大赴延安。陈毅一行从淮南盱眙黄花塘新四军军部踏上行程。为安全起见，陈毅化装成资本家，韦国清随即叫人把没收汉奸的一副貂皮拿出，为军长赶制一件蓝色碎花缎面裘袍，称陈毅为“张老板”，或“当家的”“大掌柜的”。一切料理妥善，便派了个骑兵排护送，在茫茫夜色中登程。

一路躲敌避险，过关穿隘，或晓行夜宿，或昼伏夜进，经泗阳，绕宿迁，由苏中抵达苏北。先后由邳睢铜地委及运河支队负责人迎接和护送，所到之处受到热情接待。一路北上来到微山湖一带。为保证陈军长安全渡过微山湖，微湖大队大队长张新华和铁道游击队队长刘金山、政委杜季伟认真商量了接送方案。

晨光熹微中，铁道游击队和微湖大队两路人马完成了交接。微湖大队的指战员们护送着陈毅登上一只小船，不久便来到湖中一处鸭墩旁。鸭墩是湖中星罗棋布的小高地，小则三五平方米，大则十几、几十平方米。张新华等早已备下大船等候，白天，陈毅就在这条船上休息。

入夜，一弯残月渐渐坠落湖面，勾勒出远山的轮廓、近峰的影子。久沐战火、难得安闲的陈毅军长遥望一钩残月，一首壮美的诗篇飞上将军的心头：

过微山湖

横越江淮七百里，微山湖色慰征途。
鲁南峰影嵯峨甚，残月扁舟入画图。

第三天的星月夜，陈毅军长再次登上渡船。微湖大队的领导和队员分乘几只小船前后护送，趁着夜色向西驰去。登上西岸，湖西军分区领导和接送部队迎上前来，简要地向军长汇报继续西行的情况。西行要经过沛县、丰县、曹县南部地区，沿途全是一望无垠的平原，目前正值冬季，田地里无任何遮蔽之物。这里是日、伪、顽割据区域，各种力量犬牙交错，斗争尖锐残酷。共同商量后，陈毅决定用急行军的方法，以一夜一百五六十里的速度通过敌占区。

次日拂晓，陈毅等抵达湖西根据地单县。1944 年元月初，陈毅一行来到河南安阳附近。1944 年 3 月 7 日，陈毅到达延安。

一年后，1945 年 9 月，陈毅从延安返回再过微山湖。这是中央要求陈毅到山东接替山东军区司令兼政委罗荣桓的工作，以便罗率部去东北。

安全护送 13 万两黄金过境

抗战全面爆发后，侵华日军在山东成立了“开发公司”，疯狂掠夺山东的黄金资源。为解决财政困难，阻滞敌人的掠夺，中共中央和中央军委指示中共胶东特委和胶东八路军“虎口夺金”。为此，中共胶东特委和胶东八路军成立了胶东黄金工作委员会，派人秘密潜入金矿，带领矿工智取黄金，通过伏击敌人运金车队等方式武装夺取，筹集了大量黄金。中共中央于 1940 年派人赶赴山东抗日根据地，指导运送工作。

向陕甘宁边区运送黄金，是一项特殊而又高度机密的工作。中共山东分局到延安的运金路线大致为：从鲁南地区（山东分局驻地）出发，经微山湖和湖西根据地，抵达冀鲁豫边区，之后再转往太行山地区直至延安。由于秘密交通线微山湖段是连接鲁南地区与冀鲁豫边区的必由之路，因此黄金运送者经过微山湖时，都由铁道游击队、运河支队、微湖大队等武装护送。

执行护送任务过程中，为了防范泄密，除极少数领导外，大多数游击队员都对护送的究竟是什么一无所知；同时，游击队员们接到严令：任何人不许透露运送的时间、地点、部队番号、兵力以及交接的过程。战士们均忠实地执行上级的命令，严守党的纪律，默默地穿越微山湖，将黄金安全护送到交接地。整个抗战期间，送往延安的黄金，没有一两丢失或者遗落。

（本文由编者根据济宁市、枣庄市、连云港市、徐州市中共地方史等编写）

人民至上：黄河归故斗争

1946年3月1日，“花园口堵口工程开工典礼”举行，一个事关共产党、国民党和联合国善后救济总署（后文称“联总”）等多方的重大历史事件——“黄河归故”由此拉开帷幕。国民党政府打着“拯救黄泛区人民”的幌子，却暗藏“以水代兵”的祸心。如何以黄泛区人民利益及和平建国的大局为重，同时避免在冀鲁豫解放区制造第二个黄泛区？作为中共驻重庆首席代表的周恩来，开始了与国民党及“联总”曲折反复的斡旋与谈判之路，公正沉着地指引着黄河归故的发展方向。

黄河归故的缘起

1938年5月19日，侵华日军攻陷徐州，并沿陇海线西犯，郑州危急，武汉震动。6月6日，日军占领开封，6月7日到达中牟，郑州形势岌岌可危。面对穷凶极恶的日军，蒋介石采纳了以水代兵的建议，下令在郑州以北的花园口掘开黄河大堤，企图利用黄河水阻止日军西进。6月9日，黄河水由花园口冲出，经河南、安徽、江苏夺淮入海。黄河水虽然暂缓了日军的西进，却给豫皖苏三省人民带来了空前的灾难。河水夺走了89万余人的生命，使391万人无家可归，84万公顷土地变为泽国，形成了由西北至东南长达400余公里的黄泛区，给这一地区的人民生命财产造成了无法估量的损失。

抗日战争胜利后，蒋介石在与共产党进行和平谈判的同时，积极为发动内战做准备。此时，蒋介石又打起了黄河的主意，他摇身一变，成为黄泛区人民的“救星”，下令堵住花园口黄河决口，让黄河水回归1938年6月以前的故道。然而，在黄河故道无水的7年中，岸边的老百姓逐渐从岸上迁到这条长600余公里、宽约6公里的河床上，他们垦荒耕种，把贫瘠的河道变成块块良田，故道中渐渐形成了1400多座村庄，生活着40多万人。从河南省考城以下至山东省东营市垦利区的黄河大堤，除齐河县至济南间的60多公里为国民党军队的防区外，其余大多在冀鲁豫和渤海解放区境内。蒋介石此举，打着拯救黄泛区人民的幌子，实则是旧戏重演，要以水代兵，水淹解放区。

1946年2月6日，“联总”在上海举行记者招待会，表示要给黄河堵口复堤工程提供经济、技术援助。2月中旬，黄河堵口复堤工程局成立。随后国民党政府向中共提出了黄河归故问题，要求位于黄河下游的中共管辖区予以合作，以共同实现和平建国。3月1日，“花园口堵口工程开工典礼”举行，由此，黄河归故作为中国近代史上的一个重大事件正式揭开帷幕。

为黄河归故指定方向

此时的国内形势错综复杂。1946年1月，全国政治协商会议在重庆召开，周恩来团结各民主党派，与国民党政府进行了艰苦谈判，会议最终通过了《和平建国纲领》《宪法草案》等5项协议，中国共产党准备在这个基础上继续同民主人士密切合作，通过政治方式，使中国走上民主建设的康庄大道，使饱受战乱的中国人民得以休养生息。但蒋介石集团根本不愿意真正履行这些协议，作为中共首席代表的周恩来，在重庆积极联络各方民主人士，时刻准备与国民党政治集团破坏协议的行为进行有理、有利、有节的斗争。

当蒋介石向中共提出黄河归故时，周恩来敏锐地意识到了蒋介石的险恶用心。新河床上有解放区 1000 多个村庄，要为重新回来的河水让道，无疑将面临一场规模宏大的搬迁和安置工程，解放区从何处支付巨额的搬迁费用？还有，8 年全面抗战，黄河大堤已被日军糟蹋得面目全非，黄河要归故，必须修复大堤，这需要一大笔款项，解放区又从何处拿出这一大笔款项？刚刚摆脱日军蹂躏的解放区，人力、物力、财力极其匮乏，人民需要的是休养生息，渴求的是安定的环境。然而，豫皖苏黄泛区的人民又渴望着黄河归故，如果黄河不回归，有可能与淮河、长江搅在一起，使中国这块最富庶的地区日益沙化、碱化，贻害无穷，黄泛区人民也无法摆脱苦难。如果拒绝黄河归故，蒋介石也会大做文章，离间共产党与黄泛区人民的关系，诋毁共产党的声誉及和平建国的诚意。经过深思熟虑，并向延安请示后，周恩来回复国民党政府，同意黄河回归故道，为了国家民族大义，共产党愿意坦然地抛弃党派利益，真诚地与国民党携手合作。而后，中共中央指示下游解放区成立治黄机构，以配合黄河归故工程的进行。

谈判桌上的较量

解放区的准备工作刚刚开始，国民党政府就在上游抢先开工堵口，这让周恩来十分愤慨。他紧急约见美国特别代表马歇尔，表明了中国共产党人的忧虑。接着，又致电国民党政府，指出：中国共产党同意堵塞花园口决口，但必须保证下游黄河故道人民的安全。冀鲁豫边区政府也在《冀鲁豫日报》上多次发表文章抗议，成千上万的抗议电报飞到了黄河复堵局局长的办公桌上。后来，鉴于周恩来的严正交涉、黄河故道人民的强烈呼声和全国的舆论压力，国民党政府不得不和共产党一起走到了黄河问题的谈判桌前。

1946 年 4 月 7 日，国民党代表、中共代表、“联总”代表和国民党行政院善后救济总署（后文称“行总”）代表会集古都开封，为共商黄河归故方略谋划。在周恩来的感召倡议下，各方秉承合作、友善的主旨，取得谅解，达成《开封协议》。这份协议

1946 年 5 月，冀鲁豫及渤海解放区沿黄各县组织动员 40 万人，开展大规模黄河复堤工程建设

改变了国民党政府指使下只“堵口”、不“复堤”的状况，将“复堤”和与之有关的一系列问题提到了和“堵口”同等重要的位置，为黄河归故问题的解决，迈出了可喜的一步。第二天，国民党和“联总”的部分代表在中共代表陪同下，沿黄河故道直至入海口，往返 1000 多公里，进行了实地勘察。4 月 15 日，勘察团返回菏泽，当晚举行了黄河问题的第二次会谈。在周恩来倡导的抛弃一党私利、化干戈为玉帛的精神引导下，各方代表经过协商，达成《菏泽协议》。协议决定“复堤、修河、裁弯取直、整理险工等工程完竣后，再行合龙放水”“新建村由黄委会呈请行政院每人发给 10 万元（法币）迁移费”等。可以看出《菏泽协议》的内容体现了周恩来“先复堤、后堵口”的倡议，也解决了

迁移费等问题，取得了重大成果。

然而，此时国内局势却风云突变，内战的阴霾向全国蔓延。蒋介石撕毁政协会议协议，部署发动大规模内战。为配合整个内战步骤，他下令花园口务于6月底前实现合龙，放水回归故道，解放区危在旦夕。为了寻求解决问题的途径，解放区代表来到了南京，与周恩来会合，共同商讨对策。在南京中共代表团驻地梅园新村，周恩来房间的灯光经常彻夜不熄。周恩来争分夺秒地进行斡旋，一边领导中共代表与国民党谈判，一边积极联络“联总”代表，争取他们的合作。

5月18日，由中共代表、“联总”代表、“行总”代表、南京政府水利委员会代表、黄委会堵复局代表参加的第三次黄河归故问题谈判在南京举行。各方共同达成《南京协议》，其要义是“下游急要复堤工程，包括险工及局部整理河槽”应“尽先完成”；“下游河道以内居民迁移救济问题”应“请中央从速核定办理”；“堵口工程继续进行”应“以不使下游发生水害为原则”。同一天，周恩来与“联总”代表就《南京协议》中比较笼统的问题达成了具体化的口头协议，双方约定，关于工程所需之一切器材、工粮，由“联总”“行总”共同负责供给，不受任何政治、军事影响。南京谈判具有非常积极的意义，它使国共两党在黄河归故问题上的合作得以维持，推迟了花园口合龙时间，解放区的复堤工程也得到援助。

周恩来清醒地意识到，黄河问题不能仅靠谈判来解决，他指示解放区政府迅速组织民工进行复堤工程。5月26日开始，冀鲁豫边区组织23万民工，渤海解放区组织20万民工，开始了中华民族治黄史上蔚为壮观的复堤工程。复堤工程进行期间，周恩来积极联络美国特使和“联总”“行总”代表，将修堤所用粮食、物资、工款运到工地，以保障工程推进。

随着蒋介石大规模围攻中原解放区，花园口堵口工程快速推进，水淹解放区的意图更加暴露无遗，但由于黄河水位暴涨，堵口再次失败。周恩来抓住时机，于6月29日、7月8日、7月10日先后3次向美国特别代表马歇尔致送备忘录，希望他出面敦促国民党政府履行《南京协议》；7月14日下午，他又亲自飞抵上海，同“联总”和“行总”负责人进行深入交谈，争取支持；16日返回南京，再次向马歇尔提出黄河问题应脱离政治、军事单独解决的主张。经过他的奔波斡旋，7月18日，各方代表齐聚上海，进行了第四次黄河归故谈判。

这是一次高规格的谈判，各方都派出了负责黄河问题的最高代表。谈判桌上，周恩来一心为公、心系人民的凛然正气，坚持原则又机智灵活的谈判艺术，沉着稳重的仪表和敏捷睿智的谈

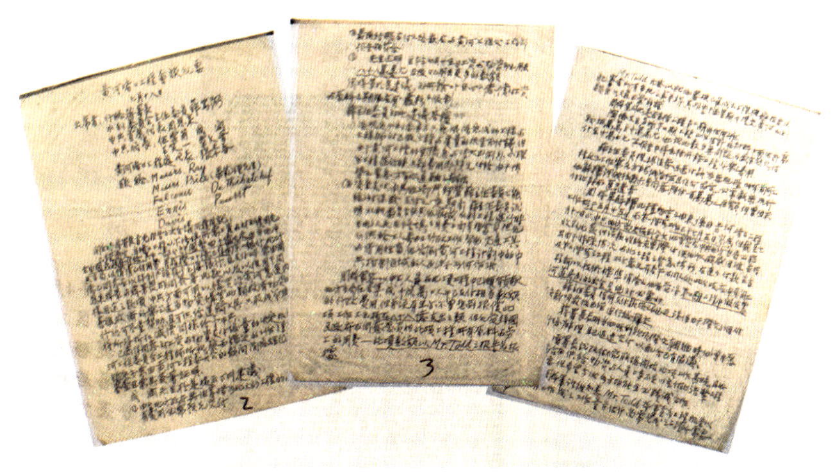

1946年7月18日，在上海举行的黄河堵口工程会议纪要

吐，无不打动着各方代表，影响着谈判的气氛和节奏。7月19日，谈判休会期间，周恩来与各方代表飞抵花园口，考察堵口工程现场。在与工程技术人员的交流会上，周恩来发表了一段著名的演说，他从黄河的悠久历史讲到美好的未来，从花园口决堤讲到黄河归故，从国共两党各自的政治主张讲到中国的前途，列举了大量的事实，揭露了国民党当局的真实企图，深深打动了在场的所有人。7月22日，上海会谈继续进行，经过激烈论争、反复交锋，终于达成了《上海协议》。协议对“联总”和“行总”对解放区复堤工程应支付的物资、粮食、工款及交付日期等进行了具体化的规定，取得了重大成果。《上海协议》诞生于内战全面爆发前夕，是黄河归故谈判的第四个协议，也是最后一个协议。上海谈判是最艰难的一次谈判，在周恩来的积极推动下，也是最成功的一次谈判。

黄河终归故

《上海协议》签订后，周恩来为使协议中规定的工款、工粮、救济款按时到位，继续协调各方，奔走呼吁，呕心沥血。在周恩来的一再敦促下，至10月底，“行总”先后交付解放区复堤工程费、工人工资、公务费等60亿元，面粉5000吨；1947年1月底，“联总”拨付解放区河床救济费150亿元；2月底，国民党政府将向周恩来承诺的150亿元救济费交给了冀鲁豫和渤海解放区。解放区人民一手拿枪，一手握锨，加紧整修，复堤工程顺利进行。1947年3月15日，花园口合龙，滔滔黄河水奔入故道，安然入海。

1947 年 3 月，黄河花园口堵口合龙

从 1946 年初到 1947 年初，周恩来领导中共代表与国民党及“联总”进行的黄河归故斗争，推迟了堵口行动，为下游故道赢得了复堤时间，保卫了黄河两岸人民的生命财产，粉碎了蒋介石集团水淹解放区的阴谋，具有重大的历史意义。

（本文由菏泽市政协文化文史和学习委员会、中共菏泽市委党史研究院供稿）

朝阳集战役

——解放战争时期淮北战场的首次胜利

朝阳集是灵璧县北部的一个小镇，东部和北部分别与江苏省睢宁县的岚山、双沟两乡镇接壤，距徐州市50公里。1946年7月，中国人民解放军在这个名不见经传的小镇上打了一次大胜仗，激战两个昼夜，歼灭国民党军整编第九十二旅全部和第六十旅一部，并生俘少将副旅长冼盛楷、少将参谋长刘立身及以下国民党军共5000余人，缴获大量的武器装备。

1946年6月26日，蒋介石撕毁“双十协定”和“停战协议”，迫不及待全面发动内战，向华东解放区大举进攻，而淮北

朝阳集战斗中缴获的国民党军大炮

地区是其进攻的主战场。7 月 18 日，国民党徐州“绥靖”公署主任薛岳，自津浦铁路沿线徐州、夹沟、固镇等地出动，兵分三路向淮北解放区进攻。26 日晚，六十旅进驻渔沟集和双沟集，占领朝阳集的则是国民党王牌旅九十二旅，美式装备，号称“全无敌铁军”。

为保卫淮北解放区，新四军军长、山东野战军司令员兼政治委员陈毅，命令山东野战军第二纵队司令员兼政治委员韦国清，统一指挥华中野战军第九纵队、山东野战军第七师第二十旅歼灭国民党军第九十二旅。陈毅见国民党九十二旅驻地孤单，立足未稳，决定调集优势兵力吃掉这个号称“打遍天下无敌手的铁军”。在报告中央军委并得到批准后，迅速调集张震九纵一部向渔沟攻击，并要歼灭敌军一部；命谭震林部袭扰驻双沟的国民党七十一师，阻止其增援九十二旅；韦国清亲率（张爱萍因车祸在大连休

养）12 个团担任主攻敌九十二旅的任务，力求全歼该旅。

第四旅担任主要攻击任务，首先扫清外围，夺占杨山、张山口、璜山和凤凰山等高地，并加以控制，尔后攻歼朝阳集之敌。以十团、十二团攻占张山口等十里长山，十一团经杨山、京渠直插朝阳集南侧，阻敌突围和协助攻击朝阳集。战斗首先清理外围据点，之后猛攻北门、东门、西门，留下南门作伏击之用。不到半个时辰，外围据点被清除，迫使九十二旅大部退至朝阳集街内。26 日 21 时，九旅先头部队负责割裂敌九十二旅与六十旅的联系，并切断渔沟集与朝阳集敌之联系。27 日凌晨，第二纵队第四旅和第九旅分别向朝阳集外围发起进攻，各团攻势顺利，很快迫使敌人收缩至朝阳集镇内。当日拂晓，第四旅第十团和十一团分别由北门、西门突入朝阳集镇内，歼守敌大部。天刚亮，其余守敌在飞机掩护下向枕头山方向逃窜，被第四旅第十团、十二团和第九旅的第二十五团、二十六团全部歼灭于枕头山以北、刘儿集以东、高圩子以南的野地里。向渔沟进攻的华中野战军第九纵队，在司令员兼政治委员张震的指挥下，打得敌第六十旅弃阵地西逃，九纵穷追不舍，第七十七团在兄弟团的配合下，全歼敌 1 个营。担任阻援任务的第七师第二十旅，逼近双沟，阻击援敌，保证了主攻部队顺利歼敌。激战至 29 日，在朝阳集地区全歼国民党军第六十九师第九十二旅和第五十七师第六十旅一大部，大获全胜。

朝阳集战役的胜利是山东野战军自改编以来在淮北战场上取得的第一次重大胜利，沉重打击了国民党反动派的嚣张气焰，极大鼓舞了前线指战员的士气。陈毅闻讯，欣然挥毫写下《淮北初战》："十万旌旗泗水阳，淮南淮北遍玄黄。陆攻空炸天地窄，烧杀抢掠鸡犬亡。还乡土劣旧奸伪，美械蒋军新虎狼。人民怒撼山河动，背水奇功敌尽降。”当时的中共中央机关报《解放日报》发表社论《蒋介石孤注一掷的失败》，指出：“这是苏皖解放区超过以前十一次大捷的空前的大胜利，也是今年七月以来整个爱国自卫战争中空前的大胜利。”

（本文由宿州市政协文化文史和学习委员会、中共宿州市委党史和地方志研究室供稿）

陇海战役

——豫东陇海沿线关键一战

1946年6月下旬，国民党蒋介石公然撕毁和平协议，调集30万兵力大举围攻中原解放区李先念部。与此同时，还组织几十个旅近百万部队进攻山东、华中两个解放区。由此，拉开全面内战的序幕。国民党的战略意图，是以主要铁路干线为轴线，主力由南向北进攻，夺取和控制各解放区的城市和交通线，歼灭解放军的主力部队。中原、山东解放区告急。中共中央和毛泽东主席致电晋冀鲁豫野战军刘伯承、邓小平，指示积极开展军事行动，将进攻两解放区的敌军牵引部分到晋冀鲁豫地区，化解危机。刘伯承、邓小平根据指示精神，认真分析敌情，既然国民党要以主要铁路干线为轴线，那我们就针对他的“轴线”组织一次战役，猛虎掏心，破袭国民党铁路线，给他致命的一击，才足以让他从中原和华东撤军。这次要破袭的国民党铁路就是陇海线，故此战役称为“陇海战役”。

破袭柳河车站段铁路

8月10日晚上，陇海战役全面打响。首先袭击开封、徐州间国民党军守备薄弱的城镇据点，破坏与控制铁路；然后攻取铁路以南各县城，开辟战场，调动敌人，求得在运动中歼其一部。陇海线可以说是国民党蒋介石当局的一条生命线，防守特别森严，

1946 年 8 月 10 日，华中八分区和冀鲁豫五分区、六分区军民破毁陇海铁路

岗楼林立，封锁严密。封锁线纵深达六七十公里。具体部署是：以第七纵队、冀鲁豫军区独立旅和第三军分区部队以及华中军区第八军分区部队为左路军，由七纵司令员杨勇、政委张霖之分任司令员和政委，攻击重点为黄口、砀山；以第三、第六纵队和冀鲁豫军区第五军分区及水东军分区部队为右路军，由三纵司令员陈锡联、政委彭涛分任司令员和政委，攻击重点为兰封、民权。10 日晚上，各部队以急行军秘密通过路北纵深 30 余公里的国民党军前沿据点防御间隙，在开封到徐州 150 多公里的陇海线铁路上，4 万人马以雷霆万钧之势，向沿线守军突然发起攻击，打了敌军一个措手不及。经过两天两夜激战，150 多公里长的铁路全部被摧毁，陇海线随即瘫痪。

8 月 10 日晚，晋冀鲁豫野战军三纵（缺八旅）攻下陇海线柳河车站，歼国民党五十五师一个连和省保安团一个排，俘敌百余人。数万名民工则在地方党政军领导下，汹涌澎湃地展开破击陇海路大会战。商丘以西的路段由冀鲁豫五、六分区负责。开始破路没有经验，费力大，进度慢，但很快就找到了窍门：先起半边道钉，再十几人、几十人地一齐喊着号子，用杠子将铁轨掀翻、扭弯，将枕木扒出烧毁，最后在路基上开挖深沟。如此轮番作业，日夜奋战，至12日晚，破击铁路的任务即大部完成，柳河车站段共拆毁路轨10余华里。

8月12日，第一阶段的作战目标胜利完成。刘伯承、邓小平关于陇海路作战初步战果致中央军委并陈毅、宋时轮、薄一波、王新亭电称："我军于10日夜开始陇海作战，经两天两夜已攻占兰封城、野鸡岗、李坝、柳河集、杨集、砀山城、李庄集等城镇、车站，民权城今晚可占领。刻已控制铁路三段约二百里，正动员群众彻底破坏。各部正向东西扩张战果。缴获正清查中。"不足3日，即攻克11座车站和据点，歼敌5000余人，控制与破坏铁路150余公里，开辟了战场，为下一阶段作战创造了良好条件。8月13日，中央军委复电刘伯承、邓小平，庆祝占领陇海路大胜利。

激战柳河以西全歼敌一八一旅

8月14日，刘伯承、邓小平发出陇海路战役的第二阶段战斗命令，沿陇海线南下，夺取相关的城市。晋冀鲁豫野战军陇海战役第二阶段作战基本命令指出："右路军陈（锡联）、彭（涛）部于消灭一八一师增援部队之全部或大部后，如民权易取则迅速攻占之，否则应以一个团监视民权之敌。以五分区部队监视柳河、商丘方向之敌，主力应迅速攻占宁陵、睢县两城，然后再攻占民权。"在第二阶段，战争形势有所转变，原来是奇袭暗攻，现在是明攻状态，守城敌军以逸待劳，而我军是疲劳作战，第二阶段的攻城部队伤亡增加。

晋冀鲁豫野战军出击陇海路，蒋介石集团始而惊慌不解，继而打乱其原定图谋，赶忙调兵遣将前往增援。8月13日，国民党整编第五十五师第一八一旅在旅长米文和的带领下，由虞城县马牧集开往柳河西黄老家一带增援，被晋冀鲁豫野战军三纵五个团和五分区部队包围，将其五四三团、五四一团、旅部及两个营分别阻击于柳河以西的几个村庄。

8月16日，敌情发生变化，国民党整编第五十五师二十九旅八十七团已由商丘进至宁陵，图解一八一旅之围；由豫西东返之敌已有两个旅到达开封、封丘，另两个旅三四天内亦可到达。一八一旅受此鼓励拼命顽抗，三纵主力与其鏖战两天两夜未能解决战斗。加之晋冀鲁豫后方交通补给线过长之弱点开始暴露，陇海路破击战第二阶段之作战命令亦为敌缴获，暴露了作战意图。在此情况下，为了打开战局，继续掌握战役主动，经中央军委批准，按照集中几倍于敌的兵力各个歼敌的指示，于17日重新调整作战部署：七纵向三纵靠拢，首先集中全力消灭一八一旅，然后再相机扩大战果；六纵以小部迫近陈留

隴海中段攻勢繼續擴展
解放黃口羅王車站
被殲蔣偽已達八千
控制鐵路約三百里

1946年8月16日，《解放日报》关于陇海路战役的报道

迷惑敌人，主力则集中于兰封、陈留线待机。

根据新的部署，晋冀鲁豫野战军七纵迅即西进。8 月 17 日，国民党整编第五十五师二十九旅八十七团企图接应一八一旅突围，在抵达宁陵县西北小孔集时，被晋冀鲁豫野战军七纵阻截包剿。七纵与三纵一起集中 4 个旅 11 个团，于 8 月 19 日将一八一旅各部和二十九旅八十七团分割包围于宁陵西北之杨裕、后屯、吕庄、邓寨、黄窑等村庄，并随即开始对其全歼的战斗。敌一八一旅各部所困守的村庄，树木全被其砍光，筑成鹿寨，周围里许的庄稼全被其除掉，到处挖成工事壕沟，群众除壮劳力被留作苦力外，其余大部被赶走。其旅部所在地吕庄，只有 30 多户人家，却要住下 200 多人马，村内群众全部被赶走，所有房子都做成工事，摆下了困兽犹斗的架势。

晋冀鲁豫野战军三纵、七纵相互配合，对敌米文和部进行沉重打击。8 月 19 日晚 22 时，七纵二十旅（即匡旅）和三纵七旅乘大雨对吕庄、邓寨之敌发起总攻击。柳河集西侧吕庄守敌凭借其旅部特有的山炮连、重机枪连和 40 多挺轻机枪构成的猛烈火力进行顽抗。匡旅事先对敌之阵地情况做了周密的侦察，加之工事俱为土木结构，经不起大雨的冲刷，匡旅五十八团即有名的吴忠团，作为主攻，首先突破敌之阵地，在泥水中与敌展开搏斗。经过极其激烈的争斗，敌全线崩溃。20 日 4 时战斗结束，缴获山炮 8 门、迫击炮 8 门、重机枪 8 挺，敌 2000 余人大部被俘，只有该旅旅长、反共老手米文和化装成农民带着几名卫兵逃跑。与此同时，宁陵城西北邓寨亦被攻克，守敌五四一团全部被歼，计缴获轻机枪 10 挺、步枪百余支、重机枪 2 挺、无线电台 1 部，俘虏百余人。21 日 6 时，三纵九旅和七纵十九旅，对困守于柳河西杨裕、后屯之敌二十九旅八十七团发起总攻击。敌已失去斗志，突围逃窜，被三纵七旅截歼。至此，一八一旅（缺一个营）和二十九旅八十七团遂被全歼。24 日《冀鲁豫日报》以“豫东我军连战皆捷”为题报道了这场胜利。

整个陇海战役，晋冀鲁豫野战军攻克县城 5 座、车站 12 座，破坏铁路 150 余公里，毙伤俘国民党军 1.6 万余人。刘伯承、邓小平针对部队的现状，审时度势，经报请中央批准，于 8 月 22 日决定，撤离陇海线，移兵鲁西南，主动结束战斗。陇海战役实现了围魏救赵的战略目标，打乱了国民党南线作战计划，延迟了进攻华北解放区的时间。

（本文由商丘市政协文化和文史委员会、中共商丘市委党史和地方史志研究室供稿）

激战定陶

1946 年 8 月中旬，刘伯承司令员、邓小平政委指挥晋冀鲁豫野战军在陇海铁路汴（开封）徐（州）段实施反击作战，打乱了国民党军队南线进攻的部署，迫使蒋介石匆忙从陕南、豫西尾追中原解放军的部队中抽调 3 个整编师，从淮北、徐州等地抽调 1 个军、2 个整编师，一起投入冀鲁豫战场。连同原在郑州、新乡、开封、商丘地区的 7 个整编师，敌军兵力达到 14 个整编师 32 个旅 30 万人。8 月下旬集结于郑州、新乡、开封、商丘、砀山之线，准备向冀鲁豫区进攻，妄图占领冀鲁豫解放区，打通平汉路，消灭晋冀鲁豫野战军主力。国防部长白崇禧、参谋总长陈诚亲赴开封布置，郑州绥署主任刘峙亲至考城、民权前线指挥和督战。

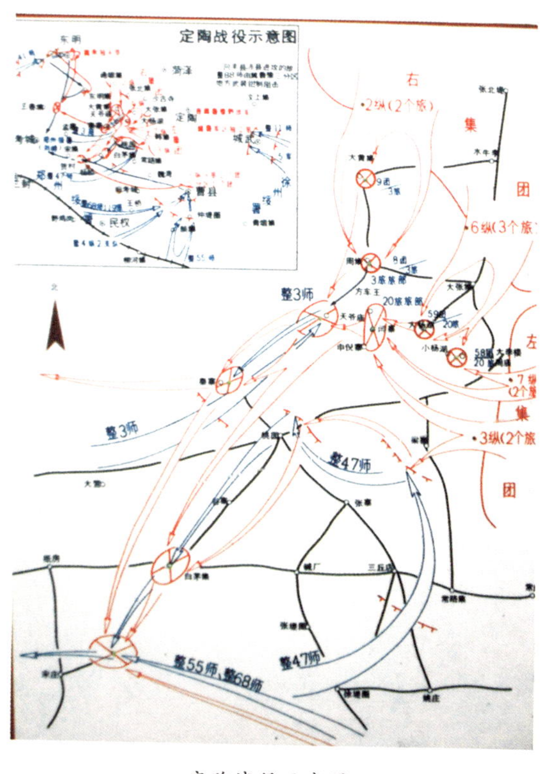

定陶战役示意图

陇海自卫反击战以后，晋冀鲁豫野战军主力即由陇海线转入冀鲁豫根据地，做了短期修整，较好地完成了战争动员，特别是经过陇海初战的胜利，全军上下胜利信心充沛，准备在内线集中兵力各个歼灭敌人，粉碎敌之进攻。但晋冀鲁豫野战军在这一战场的主力——第二、第三、第六、第七等 4 个纵队，只有 5 万余人，在数量上处于劣势。

国民党军队于 8 月 28 日开始向冀鲁豫解放区腹地猛攻。在部署上，以徐州绥署（薛岳）的新五军、整十一师、整八十八师等部共 5 个多旅的兵力，自砀山、虞城之线，向成武、单县、丰县、鱼台地区进攻；以郑州绥署（刘峙）第五绥区孙震的整三师、整四十一师、整四十七师全部，第四绥区刘汝明的整五十五师、整六十八师各一个旅，暂编河南保安第四快速纵队的第二支队，共约 10 个旅的兵力，自封丘、开封、考城、商丘之线，向东明、定陶、曹县地区进攻。

敌一线兵力有 15 个旅 10 万余人，装备和数量均处于优势。徐州绥署指挥的部队是国民党之嫡系，其中新五军、整十一师是蒋介石五大主力之一，全为美式装备，战斗力强。郑州绥署指挥的部队战斗力较弱，又是敌军这次进犯的主攻部队，因此，刘伯承、邓小平决定，暂避徐州绥署指挥的部队，不与之交战，而寻歼郑州进犯之敌，从而粉碎敌之东西钳形攻势。

郑州出犯之敌，分左、中、右三路向鲁西南进犯。左路系敌军整编四十一师，犯东明，又要守封丘、长垣，不敢深入；右路系敌之整五十五师、整六十八师等部，犯曹县，该敌刚在陇海自卫反击战中受挫，行动谨慎。这两路都不是郑州敌军进攻的主力。其主力是中路，整三师和整四十七师，犯定陶。敌之两师在行进中取并进之势，中间留有7.5~10公里的间隔。这为晋冀鲁豫野战军对敌进行割裂与围歼创造了条件。敌之整三师虽系国民党军队的精锐嫡系，但是被蒋介石从中原作战中仓促调来投入战斗的，部队疲惫。因此，刘伯承、邓小平首长决心集中野战军主力，先歼灭整三师全部，以打开战局，尔后视情况再歼整四十七师一部或大部，从而粉碎郑州各路敌军的进攻。

9月2日，敌整三师进至秦寨、桃源地区，整四十七师进至黄水口、吕寨地区。这时，敌郑州绥署主任刘峙突然改变作战计划，将原来两个师会攻定陶，改为整三师攻菏泽、整四十七师攻定陶。这一改变，使整三师和整四十七师的间隔距离由原来的15~20里加大到20~25里。与此同时，由徐州出犯之新五军、整十一师等敌，被钳制于单县以东地区，距郑州进攻的敌军主力200余里。郑州敌军整四十一师被阻于东明西南地区，其右翼距整三师80余里，整五十五师、整六十八师等敌被阻于曹县以南地区，其左翼距整四十七师40余里。

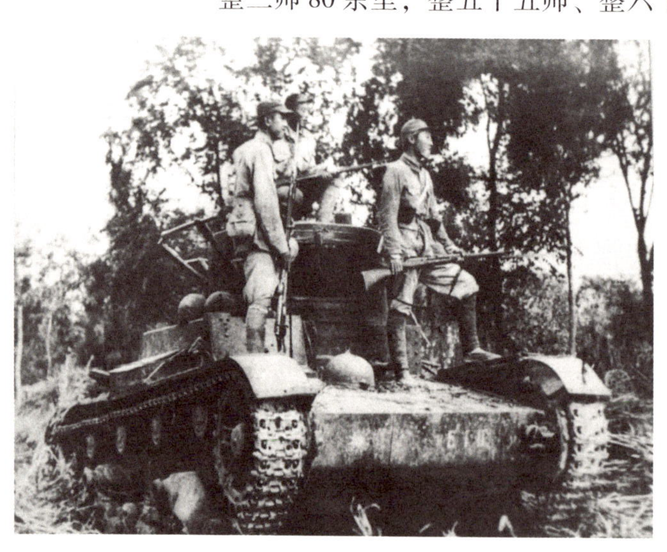

定陶战役中解放军缴获的国民党军坦克

刘、邓首长决心利用徐州、郑州敌军钳形攻势尚未合拢，郑州各路敌军的分散态势，以及整三师的疲惫之机，于9月3日晨，放手诱整三师冒进，争取当夜开始作战，并将战场西移安陵集附近的大杨湖地区。以第二纵队和六纵队共5个旅为右集团，主力由北向南，一部由西向东攻击；以第三纵队和七纵队为左集团，首先楔入整三师和整四十七师中间，然后主力由南向北攻击整三师，一部向南阻击整四十七师。决定两集团首先各歼敌一个团，然后再歼另一个团，并注意消灭其师、旅首脑机关，打乱其指挥系统。

9月3日晨，解放军阻击整三师的部队，稍加抵抗，即行后撤。敌军误认为解放军不支而溃退，乃大胆前进。当日下午，敌整三师果按刘、邓首长计划的路线和时间，进入预定战场。其第三旅进至大黄集、周集地区，第二十旅进至阎砦、大小杨湖、方车王地区，师部进至天爷庙。整四十七师被阻于三邱店、常乐集以南地区。当夜23时30分，解放军主力对整三师发起进攻。因敌二十旅在进攻中伤亡较大，且两个团的团长均被击毙，故解放军把攻击重点首先指向敌二十旅，各歼其一个团，然后再割歼其师部和第三旅。在攻歼二十旅时，对整三师师部和第三旅，则以一部兵力佯攻钳制，分散敌人的兵力火力，并使其不能很快判明解放军的主攻方向。

歼灭二十旅的战斗极其艰苦紧张。3日至4日，敌在飞机坦克配合下顽强抵抗。敌整三师发现已处于北、东、南三面包围中，急呼求援。4日，刘峙令整四十七师向解放军三纵队左侧阵地猛攻，一部迂回进占桃源，企图由南面向整三师靠拢。5日，该敌主力又向西南迂回桃源及其以南地区，企图从西南面向整三师增援，但均遭到第三纵队英勇阻击。与此同时，敌整四十一师和整五十五师、整六十八师等部，亦分别由东明、曹县地区向整三师增援。刘伯承司令员于5日在六纵队司令部召集各纵队首长开会，提出坚决、迅速消灭整三师的要求，并再次强调了战术上集中兵力的问题。当夜，晋冀鲁豫野战军发动全线猛攻，以六纵队全力攻歼大杨湖敌二十旅五十九团；以二纵队一个旅包围周集、大黄集敌第三旅，并钳制小杨湖敌人，配合六纵队作战；一个旅迂回敌左侧后，断敌后方交通运输，并防敌向西南突围；以三、七纵队主力攻歼倪阁二十旅旅部及其据守方车王的部队，然后攻敌师部阵地天爷庙。刘伯承司令员亲临六纵队指挥，给指战员以极大鼓舞。全体指战员发扬英勇顽强的战斗作风，前仆后继，英勇奋战，连炊事员、饲养员等也投入战斗，终于摧毁敌人的顽强抵抗。6日晨，第六纵队全歼敌五十九团。同时，第三、第六、第七纵队胜利完成了歼灭敌人一部的任务，并进逼天爷庙敌人师部阵地。至此，敌二十旅被全歼，三旅遭重创，敌人陷于混乱动摇中，整个战局打开了。6日午，整三师师部与第三旅残部向南突围，企图向整四十七师靠拢。但解放军早有准备，乘敌脱离工事混乱退却的时机，全线出击，将突围之敌全歼于运动中。

在解放军歼灭整三师的过程中，整四十七师在刘峙的严令下，多次想向整三师靠拢，但在解放军的有力阻击下始终被阻隔于桃源、纸坊地区。整四十一师和整五十五师、整六十八师等敌的增援，在解放军分遣部队的钳制下，皆畏被歼而行动缓慢。当整三师全军覆没时，上述各敌即迅速向考城、兰封方向撤退。解放军及时抓住这一有利战机，7日，以主力向整四十七师（该敌指挥其一二七旅与四十一师之一二二旅）侧背实施猛烈打击，经一天激战，该敌在溃退中被全歼。与此同时，解放军又以一部兵力，对整四十一师、整五十五师、整六十八师等敌展开追击，歼敌约一个团，并乘胜收复东明县城。郑州各路残敌在解放军的追击下，于8日上午退至考城及兰封等陇海沿线据点，郑州敌军的进攻遂被粉碎。徐州出犯敌军被阻于成武地区。

战役历时5天，共计歼敌4个旅1.7万余人，其中毙伤敌二十旅旅长谭乃达以下5000余人，生俘整三师中将师长赵锡田以下1.2万余人，缴获坦克6辆、大小炮200余门、轻重机枪210余挺、长短枪4300余支、汽车14辆、电台15部。解放军伤亡3500余人。

战役中，广大人民群众热情支援解放军作战，仅冀鲁豫边区的民兵参战者即有8800余人，民工参战14.2万余人，出动担架1.7万余副、大车5000辆。参战民兵和群众在县长、县委书记和各级党政干部率领下，奔赴第一线抢救伤员，往返运送粮食、物资，看管和押送俘虏，有力地保障了战役的胜利。

定陶战役打破了敌人钳形攻势的西路大钳，粉碎了敌军合击歼灭晋冀鲁豫野战军的计划，严重打击了国民党军队全面进攻的疯狂气焰，提高了解放区军民战胜敌军的信心。

（本文由菏泽市政协文化文史和学习委员会、中共菏泽市委党史研究院供稿）

宿北战役

——人民解放战争“辉煌第一仗”

宿北战役，是解放战争初期山东野战军和华中野战军展开的一场反击国民党军进攻的作战，开创了解放战争以来我军一次作战歼敌最多的纪录（21530人）、一次作战歼敌一个整编师的先例。该战役的胜利，对整个华东战场乃至全国战局都产生了深远影响，被陈毅元帅誉为解放战争时期“辉煌第一仗”。

战役部署

全面内战爆发后，国民党军以重兵进攻华东解放区，1946年6月至11月，以损失10万余人的代价，占领了苏中、淮南、淮北地区。以陈毅为司令员的山东野战军和以粟裕为司令员的华中野战军，虽然打出“朝阳集大捷”和“七战七捷”等胜仗，但并未阻挡住敌人的进攻势头。

11月中旬，国民党军为配合“国民大会”召开，拟定了一个所谓“结束苏北战事”的大规模进攻计划，即以徐州“绥靖”公署主任薛岳指挥25个半旅，分四路从江苏省东台、淮阴（今淮安市区）、宿迁和山东省峄县（今枣庄市峄城区）出动，企图先占苏北，消灭分别集结于峄县以东和盐城、涟水地区的山东、华中两野战军主力，或迫使其北撤，然后与其在山东省境内决战。

按照中共中央指示，山东野战军和华中野战军联合行动，陈

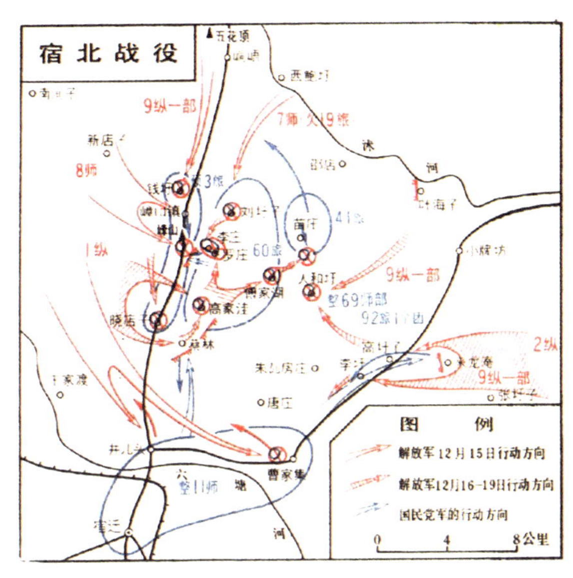

宿北战役形势图

毅为司令员兼政委，粟裕为副司令员，谭震林为副政委。毛泽东来电指示：两军会合第一仗必须打胜。陈毅、粟裕、谭震林等人研究后判断：国民党军虽是四路进攻，但进攻正面宽达 300 多千米，间隙大，应援不便，难以协同。其中三路行动谨慎，宿迁一路孤立突出，且处于山东、华中两野战军之间，便于就近机动兵力实施围歼。经中共中央军委批准，决定集中山东野战军第一、第二纵队和第八、第七师（欠第十九旅）及华中野战军第九纵队等部共 24 个团，求歼由宿迁出动的国民党军。

12 月 13 日，国民党军整编第六十九、第十一师由宿迁出动。其中，整编第六十九师率第六十旅及第九十二旅 1 个团，并指挥整编第五十七师预备第三旅、整编第二十六师第四十一旅等部共 3 个半旅为左翼，向新安镇（今新沂）进攻；整编第 11 师为右翼，向沭阳进攻。陈毅等查明国民党军的进攻部署，决心对整编第十一师进行坚决阻击，先集中优势兵力围歼较弱的左翼整编第六十九师于宿迁以北地区，而后再转兵进击右翼的整编第十一师。华中野战军第九纵队在来龙庵、邵店、五花顶等地实施正面阻击，其余参战部队迅速隐蔽地向作战地区开进。

宿北战役自12月13日正式打响，至19日结束。在这7天时间里，我军与敌共发生大小战斗20余起，其中主要作战行动有来龙庵阻击战、峰山进攻战、蔡圩穿插分割战、曹家集“挖心战”、人和圩围歼战等。

阻敌第十一师

来龙庵即现在的宿豫来龙镇，宿沭公路穿境而过，是敌整编第十一师进攻沭阳的必经之路。这是宿北战役“阻其一部，歼其一部”战略部署的关键节点。阻敌整编第十一师，方能歼敌整编第六十九师。不然我军腹背受敌，不要说取胜，能不能脱身都难说。

敌整编第十一师是蒋介石五大主力部队之一，以善打硬仗著称，且人数十倍于我，又全部持美械武器。师长胡琏是黄埔军校四期毕业，兵横将骄，目空一切，不可一世。我军担任主攻的九纵七十五团，却与其死打硬拼两天两夜，从13日上午8时一直打到15日上午8时。兵力如此悬殊，坚持如此之久，其惨烈程度可想而知。

14日这天，敌十一师用车轮式冲锋，猛攻我军来龙庵阵地。我军将士用炸药包、手榴弹，更多的是用他们的血肉之躯，抵御敌军的飞机、大炮。子弹打光了，战士们就跳出战壕和敌人展开肉搏。战斗到最后，该团二营七连只剩下8名战士。最终，七十五团给敌以重创，逼迫胡琏的十一师与戴之奇的六十九师暴露出更大的间隙，从而陷六十九师于孤立之地，同时也为兄弟部队先后进入歼敌位置赢得了时间。

歼敌第六十九师

峰山是宿北战役的制高点，虽然海拔高度只有 883 米，但在地势低洼的宿北平原上却是巍然独耸，是进攻和防御的重要依托。此处的得失对战役全局影响甚大。敌第六十九师师长戴之奇把预备第三旅全部兵力用于控制峰山及周围的村庄，自称“精锐”的第九团 1 个加强营据守在山顶。敌人砍光周围村落的树做成工事外围的鹿寨，还抢夺老百姓的几万斤柴草堆放在工事外面。一到晚上，敌军燃烧柴草的熊熊大火把四周照得如同白昼。他们围绕着山顶挖掘出一道深阔壕沟，筑成一道高厚的土墙，在墙上部署严密的交叉火力。半个炮兵营的 10 多门大、小口径火炮部署在山顶，控制着周围 2000 米以内的目标。整个峰山被敌人部署成为一个坚固的堡垒。他们傲慢地认为控制了这个制高点，就可以确保其左翼，掩护其他几个旅向我军进攻。

若要歼灭敌人整编六十九师，就必须先夺下峰山。12 月 15 日，我八师接到陈、粟首长下达的死命令，必须在次日拂晓前拿下峰山。因为等第二天天明以后，不仅付出的代价更大，而且会直接影响整个战役的进程。

山东野战军八师突击队与敌激烈战斗

我军八师是鲁南部队，

有山地作战经验，勇猛顽强，善于攻坚。因此，这个艰巨的任务就落在了八师肩上。为了确保攻山必克，八师首先以二十三团一营和二十四团一营组成突击部队，分两路实行强攻。战斗整整进行了一夜，突击队打垮了敌人的多次猛扑，于天明占领了峰山，控制了全战场的制高点。

16 日，敌人全天连续向我峰山阵地猛攻。我防守部队顽强抗击，敌终未得逞。战至晚上，峰山镇之敌预备三旅一部绕道退回晓店子。我第八师乘势包围该敌。第一纵队主力自峰山、晓店子之间向敌第六十九师纵深猛插，当晚占领高家洼等地，一部插入晓店子以南，占领三台山，切断了第六十九师向宿迁的退路，并对第十一师构成正面阻击。

17 日，敌第十一师主力向北增援晓店子，在蔡林地区被我击退。黄昏后，我第八师对晓店子之敌发起猛攻，经 5 小时激战，全歼敌预备三旅。同时，我第一、第二、第九纵队及第七师等部将敌六十九师师部及第四十一、第六十旅分割包围于人和圩、苗庄、罗庄等地，并歼其一部。

此后，我军除以一部坚决阻击敌第十一师来援之外，集中兵力、火力逐点攻击被围之敌。18 日，敌第十一师全力再次北援，又被击退。第六十九师各部在我军连日围攻下，损失极大，盼援无望，为逃脱被歼命运，李圩、罗庄之敌六十旅仓皇突围，被我全歼；人和圩之敌六十九师师部企图突围未成。我遂于 12 时对该敌发起总攻，迅速突入人和圩内，战至 19 日拂晓，全歼该敌。激战至 19 日上午，全歼整编第六十九师师部和 3 个半旅，师长戴之奇自杀，副师长饶少伟被俘，8174 名官兵被毙伤，13360 名官兵被俘。

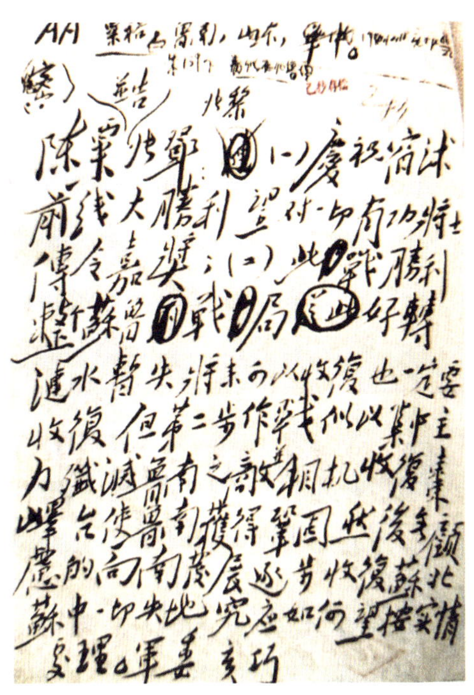

陈粟张邓：（一）庆祝宿沭前线大胜利，望对一切有功将士传令嘉奖；（二）此战胜利，整个苏鲁战局好转，涟水暂失将来可以收复，也一定要收复，但第二步作战似以集中主力歼灭当面之敌，相机收复峄台，使当面获得巩固，然后集中向南发展，逐步收复苏北苏中一切失地，究应如何，望按实情处理。军委 亥巧

1946 年 12 月 20 日，宿北大战胜利后，毛泽东在延安起草的贺电

我军本拟继续歼灭第十一师，后因该敌缩踞曹家集、宿迁，凭借六塘河、运河设阵转入防御，由淮阴出犯之敌已于 16 日占涟水，由东台出犯之敌于 20 日占盐城，我军第一师尚在北上途中，攻击部队均较疲劳，故决定停止对第十一师之攻击，战役遂告结束。

在宿北战役中，人民解放军遵照毛泽东同志“集中优势兵力，各个歼灭敌人”的军事原则，以伤亡 8000 余人的代价，共歼灭国民党军 2.1 万人，开创了一次歼敌 3 个半旅的范例。

宿北战役刚结束，陈毅司令员作诗赞曰：“敌到运河曲，聚歼夫何疑？试看峰山下，埋了戴之奇。”毛泽东和党中央从延安发来电报大加赞赏：“歼敌两万以上，于大局有利，甚好甚慰！”“望对一切有功将士传令嘉奖！”

（本文由中共宿迁市委党史工作办公室、宿迁市新四军研究会供稿）

鲁南战役

——解放战争时期山东战场首次大捷

为了扭转战局，争取战争主动权，1946 年 12 月，中央军委和毛泽东两次电示陈毅、粟裕，要求集中主力歼灭鲁南之敌。12 月 28 日，陈毅、粟裕在赵镈县刘家港口村主持召开了由纵队司令员、师首长参加的鲁南作战会议，陈毅传达了中央军委关于鲁南作战的指示，粟裕介绍了敌情和野战军的部署，会议决定山东、华中野战军协同作战，回师鲁南歼灭国民党军第二十六师及快速纵队。参战部队有山东野战军第一纵队、第八师，鲁南军区第十师，鲁中军区第九师、第四师第十团，军区炮兵团，滨海警备旅，华中野战军第一师等共 27 个团。

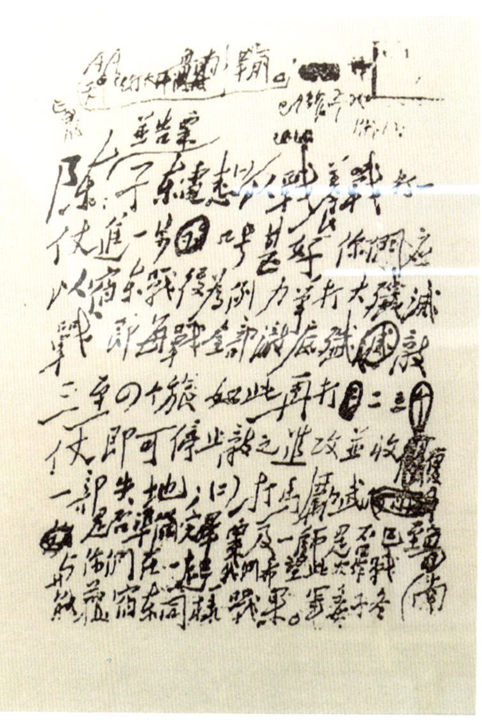

毛泽东关于鲁南战役的电文

国民党军队的兵力部署：整编第二十六师及第一快速纵队位于临沂西南，第二十六师师部及直属部队驻向城西南方向的马家庄一带，其第一六九旅主力位于卞庄、塔山、南北芙蓉等地，第四十四旅旅部位于平山、傅山口、尚岩。整编第五十一师系东北军，其主力仍位于枣庄；整编第三十三军系西北军，所属整编第七十七师、五十九师位于台儿庄、四户镇地区。这两支部队不是蒋介石的嫡系，保存实力的思想较浓厚。整编第二十六师是蒋介石的嫡系部队，又有快速纵队配合作战，其师长马励武自恃是进攻的主力，神气十足地充当打头阵的急先锋。

根据战役部署，华东参战部队分为左右两个纵队。第八师、九师、十师、四师的一个团与滨海警备旅共12个团组成右路纵队，统由鲁中军区司令员王建安、政治委员向明，鲁南军区政治委员傅秋涛、副司令员郭化若指挥。左纵队由华中第一师、山野第一纵队共15个团组成，归山野参谋长陈士榘指挥。鲁南地区的地方武装及民兵担任侧翼钳制与敌后袭击的任务。战役分为两个阶段进行：第一阶段围歼整编第二十六师及第一快速纵队；第二阶段乘胜扩大成果，以右纵队攻取峄县城，以左纵队追歼整编第三十三军。

歼灭美式装备的第二十六师

1947年1月1日拂晓，华东各参战部队秘密进入集结地域，野战军指挥部也于2日晚全部进入碑柱一带驻地。国民党军队对人民军队的行动毫无察觉，第二十六师师长马励武十分得意，认为临沂指日可得，下令部队停在马家庄一线，到附近村庄搜罗鸡猪牛羊，运来兰陵美酒，庆祝元旦。然后马励武离开部队，到峄县城后方师司令部参加元旦晚会去了。

在陈毅、粟裕的指挥下，2日晚22时打响鲁南战役。国民党军猝不及防，马励武在峄县城参加元旦晚会尚未归队，第二十六师成了无头的苍蝇乱了营。右纵队趁势向其发起攻击，激战至3

日拂晓，歼国民党第二十六师一个多团，将其北侧外围阵地大部占领。左纵队当晚包围了卞庄第二十六师一个团，各部队均按作战计划顺利展开。两路纵队达成了对第二十六师的战役合围与部分战术分割。由于行动迅速突然，第二十六师完全陷入混乱。激战至4日晨，第二十六师师部及所属两个旅大部被歼，残部则被紧紧包围在陈家桥、作字沟狭小地区内。此时，正在峄县城看京戏的马励武得此信息，用报话机多次向徐州求援未果，无奈地下令第二十六师和第一快速纵队残部向西突围。道路泥泞，风雪交加，国民党军辎重车辆坦克在泥泞中乱作一团。而华野左右两路纵队遵照陈毅命令，多路出击，奋力追击堵截。从上午10时激战至下午3时，除先头的7辆坦克狼狈逃往峄县城外，全部美式装备的整编第二十六师和快速纵队共3万余人全部被歼。战役第一阶段至此胜利结束。

攻克峄县、枣庄

第一阶段战役胜利后，野指决定乘胜扩大战果，发起第二阶段作战，攻取峄县、枣庄。以右纵队的第八师、九师、四师的一个团和滨海警备旅按计划攻取峄县；左纵队华中野战军第一师攻击枣庄第五十一师，第十师于枣庄以西阻击可能由临城增援的国民党军队；山野第一纵队与刚从苏北赶来的第十三旅于峄县西南的文峰山、望仙山、白山一线阻击韩庄、台儿庄可能出援的国民党军队；鲁南第一军分区于临城、沙沟之间开展游击活动，破坏铁路、公路，断敌交通；第三军分区部队负责包围、监视台儿庄的国民党军队，同时布置南线兄弟部队进入沂河以西、兰陵至台

华野第一师向枣庄发起进攻

儿庄公路以东隐蔽集结，待机阻击打援；第七师、第九纵队由华中野战军政治委员谭震林指挥，牵制由沭阳北犯的国民党军队。

驻峄县、枣庄的国民党军队已陷入孤立无援的境地。1月9日晚，右纵队发起峄县城战斗。各部队在猛烈炮火掩护下，分别向国民党军发起攻击。鲁中军区第四师十团、第九师扫清外围后由东、西两面攻城；第八师扫清外围后从南门攻城。第八师炸开了重重堵塞的南门，战士们潮水般涌入城内，沿南北大街向北直冲国民党军第二十六师师部鲍家大院。此时，鲁中部队也由城东门突入，与第八师协同作战。战至11日凌晨2时左右，城内国民党军基本被全歼，就连在围歼国民党军第二十六师与第一快速纵队时逃到峄县的7辆坦克也被缴获。身着士兵服装的第二十六师师长马励武和上校副参谋长牛犇被活捉。

在发起峄县城战斗的同时，左纵队华中野战军第一师向枣庄发起进攻。驻枣庄国民党军的工事十分坚固，日伪时期就有电网、城墙、外壕、碉堡、鹿寨等。1947 年 1 月 12 日，左纵队一师扫清外围阵地后，歼其一部，完成了对枣庄、齐村、郭里集的包围。此时，国民党第十一师、第六十四师已进至台儿庄、韩庄一线。为争取在国民党军队援军到来之前歼灭驻枣庄的国民党军，保证华中野战军一师集中全力攻打枣庄，野指又下令，调山东野战军第一纵队第一旅接替包围齐村的第一师攻打齐村，于 16 日拂晓前将驻齐村的国民党军第五十一师 3000 余人全部解决。同时，第一师一部埋伏于官地附近，消灭了由郭里集向枣庄突围的国民党军第五十一师第一一四旅第三四二团，毙团长以下 1000 余人，俘副团长以下 900 余人。为迅速攻取枣庄，山野第一纵司令员叶飞、第八师师长何以祥商定，由第一纵队派两个团、第八师派一个团协助一师攻打枣庄。

这时，国民党第五十一师开始从枣庄外围据点收缩，攻城部队乘势集中火力发起攻击，占领了田庄、雷村、石猴岭、石灰窑等地。鹅毛大雪之中，山野第一纵队于 19 日黄昏，配合华中野战军对枣庄的国民党军发起攻击。第一师第一旅攻击洋街，第一师第二旅监视南大井，第一师第三旅炸开了北大井的围墙并攻占了北大井，第八师第二十三团在炮火掩护下由西南面实施突击。19 日晚发起总攻，第一师各部相继突入城内，与国民党军展开逐堡争夺。战斗持续至 20 日下午 1 时，全歼整编第五十一师师部与两个团，生俘师长周毓英及部下 8000 余人。至此，鲁南战役胜利结束。21 日，毛泽东以中央军委的名义致电陈毅、粟裕、谭震林："枣庄攻克，第五十一师全歼，甚好甚慰。望对有功将士予以嘉奖。”

鲁南战役从 1947 年 1 月 2 日开始至 20 日结束，历时 18 天，人民军队以伤亡 8000 余人的代价，全歼美式装备的国民党整编第二十六师、第一快速纵队、整编第五十一师、整编第五十二师 1 个团，共 5.3 万余人。俘虏整编第二十六师中将师长马励武，第一快速纵队步兵第八十旅少将旅长车藩如，整编第五十一师中将师长周毓英、少将副师长韩世儒、第一一三旅少将旅长李玉唐、第一一四旅少将旅长李步清以下 3.6 万余人，毙整编第二十六师第四十四旅少将旅长蒋修仁以下 1.3 万人，伤其官兵 4500 人。缴获坦克 24 辆、各种大炮 217 门、汽车 474 辆、轻重机枪 1048 挺、电台 13 部、电话机 66 部。这些武器为野指组建特种兵部队提供了装备。

鲁南战役开创了人民军队在一个战役中歼灭国民党 2 个整编师 5 个旅和 1 个快速纵队的先例，是解放战争时期山东战场上的第一次大捷。尤其是美蒋合建、由美国装备训练、蒋介石苦心经营的“国军精华”——第一快速纵队的被歼，使国民党内部和美国顾问团大为震惊。鲁南战役的胜利，打破了国民党军进犯山东解放区，准备以苏鲁两地为战略重点，集中兵力控制陇海路东段的美梦，打击了国民党军的嚣张气焰，是继宿北战役以后取得的又一重大胜利。

（本文由枣庄市政协文化文史和学习委员会、中共枣庄市委党史研究院供稿）

鏖战孟良崮

——国民党军整编第七十四师覆灭记

“瓮中捉鳖”是一句成语，原意是从大坛子里捉王八，比喻要捕捉的坏人已在掌握之中。解放战争时期，英勇的人民解放军在孟良崮就上演了一出精彩的“瓮中捉鳖”好戏。这只“鳖”，就是号称国民党“五大主力之首”“王牌军”的整编第七十四师。只是，捉这只大鳖可不是那么容易，解放军费了好大的劲。

等待战机

国民党军向解放区发动全面进攻以来，虽然占领了一些城市，但是战线过长、兵力不足的矛盾也越来越突出，全面进攻的计划化为泡影。为了摆脱困境，蒋介石改全面进攻的部署为重点进攻。在晋冀鲁豫、晋察冀、东北等战场采取守势，集中兵力进攻陕北和山东两大解放区，并把这次战略方针的调整和重点进攻的成败视为“关系党国存亡”的大事。1947 年 3 月，国民党调集 24 个整编师（军）、60 个旅共 45 万人的兵力对山东解放区实行重点进攻。与之形成巨大差距的是，华东野战军（以下简称“华野”）在山东的兵力只有 9 个步兵纵队和 1 个特种兵纵队，约 27 万余人。

由于害怕在进攻中被华野分割歼灭，敌人采用大军密集、齐头并进、步步为营的战法，华野很难捕捉到有利战机。中央军委、毛泽东高度关注山东战局的发展，先后两次电示：诱敌深入，相机歼敌。1947年5月4日，毛泽东在给华野的电文里指示：敌人密集不好打，忍耐待机处置甚妥。……唯（一）要有极大忍耐心；（二）掌握最大兵力；（三）不要过早惊动敌人后方。根据中央军委的指示，陈毅、粟裕立即调整部署，将6个纵队的主力东移，留3个纵队隐蔽集结于莒县、平邑附近地区，待机配合主力作战。华野主力东移后，蒋介石、陈诚产生错觉，误判为华野可能继续向东北方向撤退，于是命令各部兼程前进，跟踪追剿，放胆向沂水、蒙阴一线疾进。

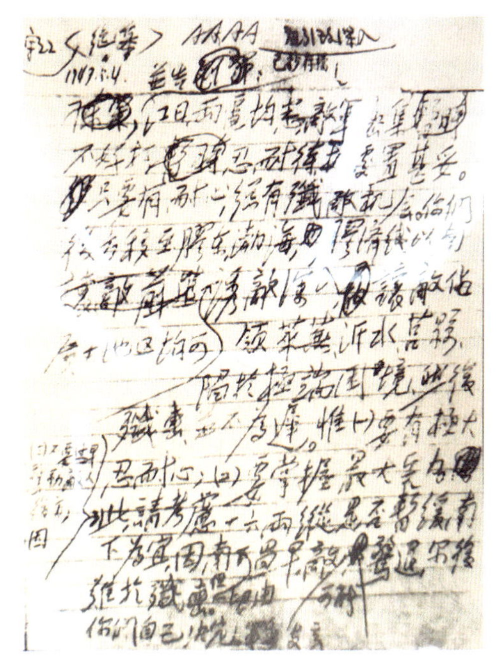

毛泽东关于孟良崮战役的电文

国民党号称“王牌军”的整编第七十四师，自恃美械装备战力强悍，素来骄横不可一世。少将师长张灵甫急于抢得头功而孤军冒进，不待其他部队统一行动，率先于5月11日进攻坦埠，企图乘隙占领沂水至蒙阴公路。当晚，根据敌情变化，陈、粟二人连夜召开作战会议，华野决定采取“中央突破，两翼钳制”的策略，派遣5个纵队担任正面主攻和围歼的任务，同时命令4个纵队在两翼钳制和阻击敌军增援部队以形成内歼外阻之势，下定决心消灭这支狂妄的部队，改变被动挨打的尴尬局面。12 日晨下达命令：以 5 个纵队割裂围歼整七十四师，以 4 个纵队阻援，并决定战役于 13 日黄昏发起。之后，各部隐蔽行动，迅速集结到位，万事俱备，只欠东风。

阻击援敌

5 月 13 日，震惊中外的孟良崮战役打响了。

华野阻援部队迅速切断了各路敌军与第七十四师的联系，完全把第七十四师从敌群中孤立出来。5 月 14 日 10 时，张灵甫预感到有被围歼的危险，赶紧仓促向孟良崮下的垛庄方向撤退。华

华野部队涉水向孟良崮地区挺进

野第六纵队立即攻占垛庄，截断了第七十四师的退路。第八纵队也攻占了万泉山，在孟良崮地区形成对整编第七十四师的四面包围。

整编第七十四师被包围，蒋介石、顾祝同得到消息后并未感到紧张。相反，他们认为该师战斗力强，所处地形有利，如果左右邻军加速增援，还可以形成反包围。因此，一面急令第七十四师固守待援，一面严令附近各部迅速向第七十四师靠拢，企图用 10 个整编师 20 万人的兵力一举歼灭华野主力。

各路敌军增援部队远的距孟良崮一两天路程，近的只有十几公里，情况十分紧急。华东野战军指挥部考虑：如不能在短时间内歼灭第七十四师，将陷入敌军 10 个整编师 20 万人的反包围之中。为此，华野前委调集了华野全部兵力，27 万大军倾巢出动，严令所有阻援部队坚决阻击敌各路援军，主攻部队不惜代价加速猛攻，一定要在敌援兵赶到之前迅速歼灭整编第七十四师。同时调集几十万的民工负责后勤保障，命令地方部队、民兵破坏敌人道路，袭击骚扰沿途前进之敌。

华野各阻援部队打得十分激烈。蒋介石发出各部迅速增援第七十四师的命令后，敌整编第二十五师增援速度最快，向距孟良崮 6 公里的黄崖山急驰。黄崖山与孟良崮之间隔一段开阔地，谁占有黄崖山，谁就把握了这次大战的主动权。

担任阻援任务的华野第十六师第四十八团于 15 日拂晓跑到黄崖山主峰的东山脚下，三营九连连长翟祖光立即带人从陡峭的东坡攀缘而上。这时候，黄百韬的第二十五师先遣部队也开到了西山脚下，他们从西坡匍匐而进。两军争分夺秒，当翟祖光他们登上峰顶，抢占了制高点时，国军离山顶仅有 30 米、1 分钟的行程。“打!”翟祖光一声令下，百十支汤姆枪、步枪一齐朝国民党军扫去，敌人死伤一片。不甘失败的敌人紧急调集火力，向黄崖山主峰发起一次又一次的冲锋，均被击退。黄崖山牢牢控制在我军手里。第十六师的其余部队也相继占据了黄崖山附近的猛虎山、万泉山等要点。敌人援军输掉关键一棋，此后寸步难行。

瓮中捉鳖

5月15日晨，整编七十四师被围困于以孟良崮为核心的几个山头上。13时，华东野战军发起总攻，在漫山遍野“攻上孟良崮，活捉张灵甫”的喊杀声中，各部队从四面八方多路突击。整编第七十四师困兽犹斗，依托山石负隅顽抗。一个山头、一块高地，往往经过数十次反复争夺。在华野强势攻击下，敌第七十四师被压缩到孟良崮、520高地、芦山、雕窝一线狭窄山地中，拥挤在草木稀疏的山顶之上，工事无法构筑，人马无法隐蔽，完全暴露在解放军的炮火攻击之下。敌军弹药水粮俱无，只好依赖空投。但国民党军空投的实物和弹药大部分降落在华野阵地上，华野官兵笑称蒋介石是“运输大队长”。无奈之下，敌第七十四师的士兵只能宰杀战马，充饥解渴。

激战至16日上午，整编第七十四师大部被歼，主阵地全部丢失，“瓮中捉鳖”的好戏到了最精彩处。下午3时，在战士们收拢部队、清理战场时，华野前线指挥部发现孟良崮地区仍有敌电台的信号。粟裕严令各部更加仔细地清查毙伤俘敌的实际数字。经汇总核实，歼敌数量与整编第七十四师编制数相差很大，即令各部继续进行战场搜索，清剿残敌。在孟良崮至雕窝间的山洼里，发现有大约 7000 人的部队黑压压地聚集在一处。华野将士们迅速扑上去，将隐藏的残敌全部俘虏。

华野九纵战士向 540 高地猛攻

下午 5 时，华野部队肃清残敌。国民党王牌军整编第七十四师全军覆灭，孟良崮战役大获全胜。

此役共歼灭国民党军 32680 人，其中俘虏 19680 人，击毙其师长张灵甫。缴获山野炮 28 门、步兵炮和战防炮 14 门、大小迫击炮 235 门、轻重机枪 987 挺、长短枪 9828 支、火箭筒 43 具、炮弹 7202 发、枪弹 208 万发。

孟良崮战役的胜利，基本上粉碎了国民党军对山东解放区的重点进攻，极大地震慑了国民党军队，有力地配合了陕北及其他战场上的胜利攻势，鼓舞了全国人民的信心。孟良崮战役胜利后，陈毅司令员豪迈地挥笔写下了气壮山河的《孟良崮大捷》：

孟良崮上鬼神嚎，七十四师无地逃。
信号飞飞星乱眼，照明处处火如潮。
刀丛扑去争山顶，血雨飘来湿战袍。
喜见贼师精锐尽，我军个个是英豪。

孟良崮战役胜利后，中共中央、中央军委和毛泽东主席发电祝贺，孟良崮战役“意义极大，说明在现地区作战，只要不性急，不分兵，是能够用各个歼灭方法打破敌人进攻，取得决定胜利”。新华社在《祝蒙阴大捷》社论里写道：这次蒙阴胜利，在华东人民解放军的历史上有特殊意义。第一，这是打击了蒋介石今天最强大的和几乎唯一的进攻方向。第二，这是打击了蒋介石的最精锐部队（四五个精锐师之一）。第三，这个打击是出现于全解放区全面反攻的前夜。

（本文由临沂市政协文化文史和学习委员会、中共临沂市委党史研究院供稿）

鲁西南战役

——揭开解放战争战略进攻的序幕

鲁西南战役，是晋冀鲁豫野战军司令员刘伯承、政治委员邓小平率领的野战军主力，于 1947 年 6 月 30 日至 7 月 28 日，在山东省西南部的北起黄河、南到陇海铁路、西自菏泽、东到大运河的广大地区，对国民党军队的一次大规模歼灭战。战役的胜利，揭开了中国人民解放军由战略防御转入战略进攻的序幕，为人民解放军挺进中原、跃进大别山开辟了道路。

强渡黄河

1946 年 6 月至 1947 年 6 月，经过一年的解放战争，全国形势发生了重大变化，解放区军民歼灭国民党正规军 97 个半旅，中国人民解放军的战略机动兵力已优于敌人。党中央、毛泽东同志审时度势，抓住有利时机，决定解放战争第二年的基本任务是举行全国性的反攻，打到外线去，将战争引向国民党统治区，把“大举出击，经略中原”作为举行全国性反攻的一个重大战略步骤。为实现这一战略决策，中央军委、毛泽东同志制定了“三军配合，两翼钳制”的周密部署。三军配合：以刘伯承、邓小平率领的晋冀鲁豫野战军主力跨越黄河天险，首先在敌人守备薄弱的鲁西南地区实施中央突破，发起鲁西南战役，打开挺进中原的前门和通道，随即直趋大别山；以陈毅、粟裕率领的华东野战军主力为左后一军，挺进苏鲁豫皖地区；以陈赓率领的晋冀鲁豫野战军一部为右后一军，南渡黄河，挺进豫西；三军在江、淮、河、汉之间布成“品”字形阵势，互为犄角，逐鹿中原。两翼钳制：即以山东、陕北解放军在东西两翼钳制国民党军队的进攻。

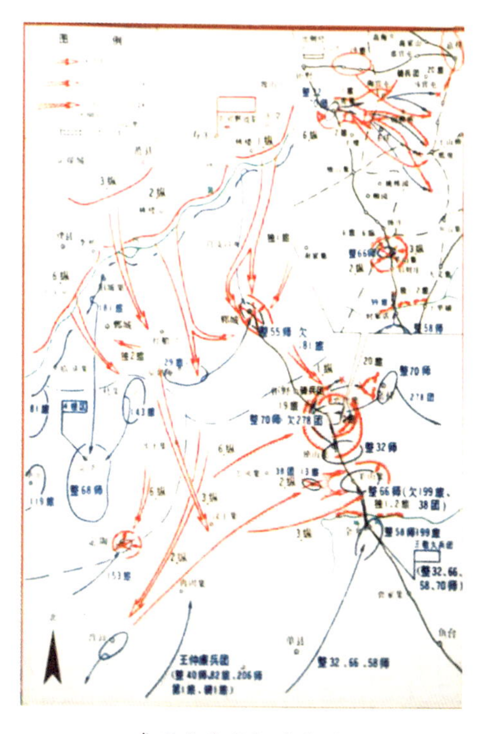

鲁西南战役经过要图

6月3日，中央军委同意刘邓大军本月休整，于月底发起渡河作战。6月22日，刘伯承做了强渡黄河、实施鲁西南战役的动员报告。6月26日，下达了晋冀鲁豫野战军鲁西南战役作战命令。冀鲁豫军区独立第一旅于6月27日先行秘密南渡黄河，结合郓城地方武装，于30日拂晓进至黄河南岸戴庙、蔡家庄地区接应第一纵队渡河。原在黄河南之冀鲁豫军区独立第二旅结合鄄城地方武装，秘密进至黄河南岸旧城集、临濮集地区接应第六纵队渡河。1947年6月30日夜，刘伯承、邓小平率晋冀鲁豫野战军主力，即杨勇司令员、苏振华政委率领的第一纵队，陈再道司令员、王维刚政委率领的第二纵队，陈锡联司令员、彭涛政委率领的第三纵队，杜义德政委（代司令员）、韦杰副司令员率领的第六纵队，共4个纵队、12万大军，在临濮集至张秋镇150公里的黄河上，从8个地段发起渡河作战。

黄河南岸，敌人利用黄河天险构筑防线，沿河担任河防的国民党军队，郓城、昆山（今梁山）一带是五十五师七十四旅，鄄城一带是五十五师一八一旅，东明一带是六十八师八十一旅。大堤上，每50米一个暗堡，15米一个单人掩体；河滩上，战壕连着单人掩体，沿河村落散布各种防御工事；加之宽阔的河床和汹涌奔腾的黄河水形成的天然屏障，构成了敌人的黄河防线。但敌因兵力不足和防线过长，除其距河岸数十里外的郓城、菏泽等有较好的阵地防守外，沿河防线比较薄弱，一些地方部队更是不堪一击。6月30日，冀鲁豫军区独立第一、第二旅在歼敌部分河防军后，已分别抵达郓城、鄄城一带黄河南岸，成为刘邓大军渡河的得力内应。是夜，我渡河大军的大炮开火，惊雷般的巨响打破寂静的夜空，黄河南岸立刻变成一片火海。150公里长的河面上，各种渡船满载英勇的解放军战士杀向对岸。不等船靠岸，战士们就跳进水中，涉水冲向河滩。控制滩头阵地后，战士们高喊杀声，从河滩扑向大堤。在我军突然勇猛的打击下，敌人河防部队闻声而逃，被迅速歼灭。当夜，被国民党军队吹嘘能抵四十万大军的黄河防线，被刘邓大军一举突破。

首战克郓城

在刘邓大军突如其来的打击下，国民党刘汝明集团为保存实力，不得不迅速收缩，以求固守。除其部分河防部队被歼外，7月1日拂晓，其七十四旅和二十九旅仓皇逃至五十五师师部驻地郓城，一四三旅和一八一旅退守六十八师师部驻地菏泽。为迅速围歼敌五十五师，刘邓大军第一纵队经170华里急行军，于7月2日在冀鲁豫军区独一旅配合下，完成对郓城的包围。第二、三、六纵亦渡过黄河，待机打援，使郓城之敌完全被孤立。

刘邓大军一举突破黄河防线，国民党最高军事当局极度震惊。蒋介石亲自飞抵开封，调兵遣将，坐地指挥。从豫北、豫皖苏地区抽调兵力，组成东、西两路大军，以第二兵团司令王敬久为总指挥。蒋介石意图以五十五师坚守郓城，吸引刘邓大军屯兵城下，以东路军结成重点攻势，和西路军形成钳击之势，迫使刘邓大军背水作战，企图将刘邓大军消灭于黄河和运河交叉之三角地带，或将刘邓大军重新逼过黄河以北。刘伯承、邓小平根据王敬久主力尚远在单县以南，郓城守敌战斗力较弱，敌人分路北进，便于在运动战中各个歼灭的情况，决心将计就计，采取“攻其一点，诱敌来援，啃其一边，各个击破”的战术，发起鲁西南战役。以第一纵队等部围攻郓城，诱敌来援；以第二、第六纵队迅速从东、西两路援敌之间向南，攻占定陶、曹县；以第三纵队进到定陶以东，待机割裂歼灭东路援敌。

7月7日夜20时，一纵以多点突破的手段对郓城守敌发起总攻。随着惊天动地的爆破声，战士们从四面八方发起冲锋。第二十旅突击队一度攻上南城墙，有力牵制了敌人的兵力。第一旅一团首先由城西门打开突破口，战士动作勇猛，开展夜战、近战和白刃格斗。经一夜激战，全歼敌1.5万余人，创造单个兵团单独攻坚和歼灭敌两个旅的先例，取得大反攻第一个重大胜利。10日夜21时，第六纵队总攻定陶，全歼守敌六十三师之一五三旅4000余人。

再捷六营集

敌东路军的3个整编师分别进至巨野县城东南部的六营集、独山集、羊山集，由北向南，形成一条长70多华里的长蛇阵，给刘邓大军造成歼敌的有利态势。刘、邓抓住战机，第一纵队由郓城地区南下，第六纵队由定陶地区向东，分别包围六营集、独山集敌第七十师、第三十二师；第二纵队由曹县、冉堌集地区挥师东进，直指羊山集的敌第六十六师；冀鲁豫军区两个独立旅，分别由郓城、鄄城地区直指羊山集以南，沿万福河北岸，在金乡县城王敬久的指挥部与羊山集的第六十六师之间，筑起一条防线，断绝王敬久的指挥部同万福河北岸国民党军队3个整编师的联系，将王敬久东路军的这条长蛇阵拦腰断为三截。

晋冀鲁豫野战军第一纵队一旅渡过洙水河

7月14日晚，第一、六纵队发起六营集战斗。被围于六营集之敌，两师人马集于一个仅有20余户人家的村庄，不便展开，且是沙土地，无围塞，既无粮又缺水，固守困难。第一纵队杨勇司令员决定采用“围三阙一”的打法，虚留生路，暗设口袋，纵敌向济宁方向突围，于运动中将敌歼灭。

夜20时，敌人利用夜色和青纱帐掩护，以三十二师为左翼、七十师为右翼，向东突围。等敌大部兵力进入我军预伏圈，我伏兵四起，一纵第一、二旅动作迅猛，从两侧合围，打乱了敌人的阵脚。敌人在密集火力打击下，争相夺路逃生，互相践踏，溃不成军。至15日8时结束战斗，全歼敌三十二师、七十师共1.9万余人，取得六营集大捷。

决战羊山集

敌三十二师、七十师覆灭后，在敌人的这条长蛇阵上，只剩下龟缩羊山集的六十六师。这个师装备精良，战斗力较强。他们依托的羊山集，是一个有1000多户人家的大镇，镇北有山，状如卧羊，故名羊山，羊山集以此得名。其镇北面靠山，三面环水，地形险恶，易守难攻。

19日，王敬久派五十八师和六十六师的一九九旅，配上国民党国防部派来的一个炮兵营和一个战车连连夜北上，进至万福河畔。22日，一九九旅在王敬久“限令即日晚12时到达羊山，否则军法从事”的严令下全速前进，羊山守敌亦以十三旅三十八团突围接应。刘、邓首长指示部队，在万福河正面敞开一个缺口，在河北岸张开口袋，诱敌先头部队一九九旅北渡万福河，然后切

晋冀鲁豫野战军某部开进羊山集

断其与五十八师的联系，于运动中歼灭之。待敌渡过万福河，我独立第一旅、二旅，三纵八旅等部迅速将敌包围，冒着倾盆大雨，激战两小时，全歼一九九旅全部、三十八团全部、五十八师一部，共5200人。

27日夜对羊山集发起总攻。炮火齐鸣，硝烟弥漫，突击队杀声震天，我七旅十九团三营的史玉伦带领突击班，首先登上羊山山顶。战斗中，战士们每前进一步，都要经历一次又一次的冲锋；每夺取一个防御工事和一座民房，都要经过浴血搏斗。敌我双方都有较大伤亡，战斗进行得异常激烈。经过战士们前仆后继的浴血战斗，羊山各制高点全部为我军夺取，敌人被压缩于羊山集村内。整个夜晚，战士们酣战在羊山集的每一个角落。28日，战斗胜利结束，全歼敌六十六师师部及十三旅、一八五旅旅部共计1.42万人。至此，为时28天的鲁西南战役胜利结束。

羊山之敌全军覆没后，坐镇开封的蒋介石仍不甘心失败，又纠集5个集团军共30个旅的庞大兵力，分5路合击位于郓城、巨野地区的刘邓大军。刘、邓首长洞察全局，当机立断，命令部队提前结束休整，挥戈南进。8月7日夜，正当各路敌人向刘邓部队合击的包围圈将拢未拢之时，刘邓大军金蝉脱壳，突然甩开敌人，开始千里跃进大别山的伟大壮举。

鲁西南战役历时28天，共歼敌4个整编师又9个半旅，共计5.6万余人，连同国民党地方武装总计6万余人。战役期间，鲁西南地方各级党组织和人民以极大的热情全力支前，为战役的胜利做出巨大牺牲和贡献。

（本文由菏泽市政协文化文史和学习委员会、中共菏泽市委党史研究院、济宁市政协文化文史和学习委员会供稿）

沙土集战役

——策应刘邓大军挺进大别山

为策应刘邓大军南渡黄河、千里跃进大别山，并粉碎国民党军对山东解放区的重点进攻，华东野战军根据中共中央军委的战略部署，由参谋长陈士榘、政治部主任唐亮率领第一、三、四、八、十等5个纵队，组成陈唐兵团，于1947年8月初越过津浦铁路，进入冀鲁豫战场黄河以南地区，在鲁西南积极与敌周旋，伺机歼灭敌人。

运动战拖住敌人

鲁西南，地连中原，北抵黄河，南依陇海铁路，东近津浦铁路，西靠平汉线，地域广阔，是进入中原的门户，又是中原防御的屏障，战略地位重要。8月11日，陈唐兵团第一、三、四、八纵南下至单县一线后，国民党第八十五、五十七师以及第三、第四十师等部便尾随而来。在曹县、单县、成武一带，陈唐兵团牵着国民党军进行大运动量“马拉松”比赛，来来往往，周而复始，犹如武装游行一般，带着他们转圈子，得手就敲上一棍子。运动战打得有声有色，游刃自如，搞得国民党军十分狼狈。就这样，在以鲁西南地区为中心的黄河南地区，陈唐兵团同国民党军队周旋，拖住大量兵力，使其不能南进，策应刘邓主力进入大别山，也为陈毅、粟裕率部渡黄河南下扫清了障碍。

华东野战军遵照中央军委8月11日电令，将整个华东野战军分为东、西两兵团。陈毅、粟裕率第六纵队、特种兵纵队和先期进入鲁西南地区的陈唐兵团及晋冀鲁豫野战军第十一纵队为西线兵团。第一、三纵队由定陶、成武地区北移，吸引国民党第五师、第五十七师北进，并于沙土集、龙堌集、巨野以北地区实施运动防御，以掩护华野司令部渡黄河南下。9月5日，陈毅、粟裕率部由聊城地区进入黄河南地区。

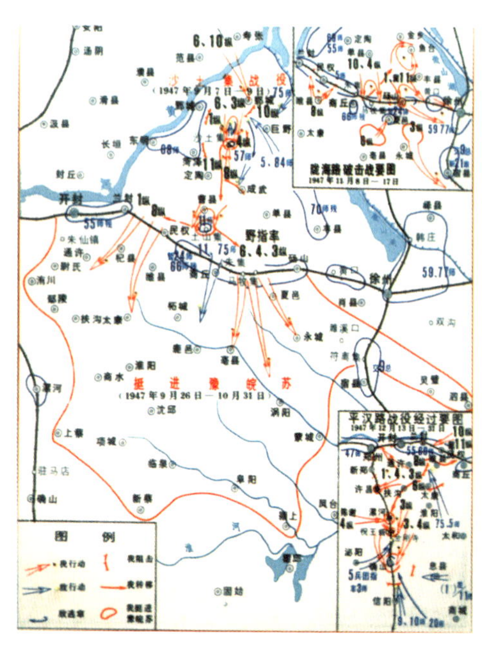

华东野战军西兵团挺进图

攻克沙土集

沙土集是菏泽、巨野之间的一个重镇，东西长1.5公里，南北宽0.5公里，东、西、南皆有大片水塘，北面为地势较高的沙地。敌人在四面筑有坚固的围墙，墙外环绕七八米宽的深沟，壕沟内有1米多深的积水；壕沟外筑有防御工事，两道鹿寨，并有独立的三角地堡，与围墙上的火力点形成配合；村内街道、巷口都筑了地堡，组成交叉火力网。此外，在沙土集以东的马庄、徐庄、曹楼、双落，部署1个团的兵力，作为外围支援点。其主力龟缩在沙土集内，固守待援。

华野西兵团某部机枪阵地

9月7日，华野向敌第五十七师外围阵地发起攻击。17时，西线兵团第三纵队第八师第二十四团与敌激战8小时，扫清双庙、营楼等5个据点，将国民党军压缩到徐庄、苏庄一带。8日凌晨，乘其惊魂未定，即向徐庄守敌第十二团发动闪电攻势，仅15分钟，将其大部歼灭，俘敌150余人，少数敌人逃窜至沙土集。

沙土集外围敌人肃清后，沙土集守敌成为瓮中之鳖。8日晚8时30分，华野各路大军开始总攻。第三纵队第八师第二十二团第三营，用4包炸药炸开北门，撕开一个突破口。担负沙土集东北角突击任务的第二十二团第二营第四连，遭到国民党军密集的火力封锁，二班班长李玉坤带领战士杨贵荣迅即冲上前去，奋力将鹿寨撕开，清除了第一道冲锋障碍。接着，跃出壕沟，带领全班连续攻下4座暗堡，为部队打开进攻道路。战功卓著的“郭继胜英雄连”“突击英雄齐文勇连”等突击连队，先后从沙土集北面冲上围墙。进攻部队迅速摧毁外围碉堡和沙土集巷战工事，枪声、喊杀声响成一片。国民党整编第五十七师中将师长段霖茂已知败局无法挽回，去电国民党陆军总部：“粮尽弹绝，唯全体牺牲，以报党国而已。”9日1时半，段霖茂化装成勤务兵，仅带特务营营长、新闻处处长及卫士数人，落荒逃走。行约1公里，在沙土集西南郊的一块豆田里被解放军活捉。

沙土集战役取得全面胜利，全歼国民党军整编第五十七师，俘获中将师长段霖茂、师部新闻处少将处长李梯青、第一一七旅少将旅长罗觉元、第六旅少将副旅长王理直及以下官兵 8000 余人，毙伤 2000 余人。华野副司令员粟裕在评价沙土集战役胜利时说："我军全歼蒋匪整五十七师的胜利，对保卫山东解放区和山东人民起了重大作用，是华东人民解放军开始反攻及人民解放军全面反攻中一个有价值的贡献。这一胜利，说明蒋军在山东一再挣扎的重点攻势，宣告破产。"

（本文由菏泽市政协文化文史和学习委员会、中共菏泽市委党史研究院供稿）

兖州战役

——解放战争山东战场攻城打援经典战例

胶济线战役胜利之后，华野山东兵团主力集结于该地区休整待机。遵照毛泽东关于进一步集中优势兵力歼灭敌人的指示，中央军委命令“华东野战军在组织西线兵团发起豫东战役的同时，山东兵团出击津浦路中段，逐步消灭泰安至临城各点国民党守军，进逼徐州，打通与鲁西南的联系，配合西线兵团作战，孤立济南，创造攻克济南的条件”。1948年5月下旬，山东兵团挥师南下，发起了津浦路中段（济南—徐州段）的夏季攻势作战，解放兖州城就是这次攻势的主要战斗。

华野山东兵团爆破部队战前领受胜利大旗

攻克津浦路徐济段沿线据点

顾祝同最早发觉了华野西线兵团南渡及山东兵团出击津浦路徐济段的意图，急令霍守义加强对济宁、兖州、汶上的守备，以一三九旅4个营守备金乡，刘汝明守备菏泽。华东野战军司令员陈毅、副司令员粟裕于5月28日制订了打击顾敌和津浦路徐济段歼敌的作战计划，并电告中央。毛泽东主席和中央军委29日复电明确指示："第一步占领泰安、泗水、大汶口、曲阜。第二步相机攻占汶上、济宁、兖州三点中之一点，并求得调动他点之敌增援而歼灭之，逐步攻占汶、济、兖三点。第三步，相机攻占邹、滕、临、韩……"

山东兵团根据党中央和中央军委的指示以及外线兵团的行动方案，决定以一部分兵力配合地方武装监视济南、青岛等地敌人，主力首先攻歼泰安及其南北地区守敌，开辟战场，切断济南和兖州的联系，而后乘胜围攻兖州，吸引徐州国民党军队北援，相机予以歼灭。

5月29日，山东兵团首先选择国民党第二绥靖区（济南）与第十绥靖区（兖州）的结合部泰安为主要攻击方向，以鲁中部队4个团围攻泰安国民党守军八十四师一五五旅，相机夺取泰安。以第七纵队一部插向泰安以南，第十三纵队一部插向泰安以北，开辟泰安南北战场，调动济南、兖州的国民党军队增援泰安，于运动中歼灭国民党军队有生力量；渤海部队向济南以东章丘、龙山进击；鲁南部队破袭津浦路徐（州）兖（州）段铁路，以钳制国民党军队。当山东兵团各部向泰安运动之际，泰安国民党守军八十四师一一五旅在人民军队的震慑下不战而逃，津浦路沿线各点新泰、肥城、泗水、大汶口、界首等地的国民党军队纷纷效仿，或北逃济南，或南窜兖州。

肃清兖州外围据点

山东兵团在完成第一阶段的作战计划后，根据战场的形势变化，于6月1日提出第二阶段肃清兖州外围据点，进逼兖州的两个作战方案上报中央军委、华东局和华野：第一，以十三纵攻占曲阜后，再占邹县，相机攻占滕县；鲁中部队则监视兖、济、汶的国民党军队，并相机攻占宁阳；七纵控制泰安及其以北；九纵仍在原地不动，完成这步则休整，待雨季过去再组织新的战役。第二，以七纵接任十三纵任务，以十三纵主力配合鲁中部队攻占兖州，相机攻占济宁、汶上；九纵调泰安及以北地区，准备打援。华野认为执行第二个方案有利，军委同意华野意见，电示山东兵团执行第二方案。

1948年7月12日，山东兵团七纵六十团一连率先攻上兖州西城墙

山东兵团各部抓住战机，果断地向泰安南北两面迅速扩大战果，在运动中消灭敌人。各部连克数镇，势如破竹，控制铁路线100多公里。在北线，人民军队直抵张夏、崮山、龙山一带，从东南面钳制济南。渤海部队进击龙山歼灭国民党军队一部，十三纵队进占张夏镇，济南情况紧急。王耀武乃以其七十三师、整二师共4个旅向东反击，被山东兵团十三纵队击退，歼灭国民党军

4000人。在南线，大汶口的国民党军队逃至大汶口以西魏家庄时被我军截住，歼灭2个团。七纵攻占了曲阜，全部歼灭国民党守军并击溃国民党军队3个团的增援兵力。邹县的国民党军队据城固守，七纵及鲁中部队于6月15日发起攻击，多路突入城内，仅经4小时战斗，全歼国民党守军。20余天的战斗，歼灭国民党军2万余人，收复县城8座。国民党正规军2个团、保安部队3个团，以及曲阜、泰安、泗水、新泰、蒙阴、费县、莱芜等7个县大队悉数被歼。

攻克兖州

山东兵团收复曲阜、邹县、宁阳后，兖州南北150公里的铁路线被人民军队控制。自7月1日起，山东兵团对兖州紧缩包围，迫近城郊。7月4日，山东兵团六十二团攻入西关。西关争夺战十分激烈。国民党军队除使用原守备西门、城防的三三二团、三三三团外，又调用其总预备队三三一团进行反扑。经激烈争夺，山东兵团六十二团于7月7日全克西关。至此，人民军队扫清了城郊国民党军队的外围据点，从四面包围了兖州。

解放军攻占西关后，为了不使国民党军队有喘息的机会，山东兵团决定攻占兖州城。7月8日，山东兵团二十二师及十三纵向西关地带开进，各以一部接替西关、旧关之二十一师及鲁中部队阵地，并进行大规模的迫近作业，构筑各种对抗堡及火力阵地，在国民党军队阵地前建立了绵亘复杂、规模巨大的攻击阵地。11日晚完成巨大迫近作业工程后，攻城部队全部进入出击阵地。

7 月 12 日 17 时，华野山东兵团各部向兖州发起总攻。人民军队以 12 门榴弹炮、7 门野炮、3 门山炮组成火力队，一齐向老西门、新西门以南及其纵深射击。经过两个多小时的炮火攻击，老西门、新西门均被打开缺口。在炮火的掩护下，山东兵团攻城部队以 3 个师的 4 个团，在老西门一线 500 米的正面并肩突击。在通过外壕时，架桥不成，七纵六十团一连架桥班不顾敌人的火力扫射，全班下水，站在深及嘴边的泥水中，以身体为桥桩，用肩膀扛起了木桥，让突击队顺利从桥上通过，首先登上城垣。

战斗在新西门主攻点上的十三纵一〇九团三连、一一二团九连，在炮兵、步兵的掩护下，往返多次连续爆破敌附防障碍和工事，开辟通路，数次架桥均未成功。第一二三团三营营长为争取时间，遂令七连三排涉水越壕登城。经勇猛战斗，三排于 20 时 45 分登上城头，将胜利的红旗插在突破口上。随后，一排登城，夺占了 30 米外的突出部。二排在一、三排配合下，打退了国民党军队几次反击，坚守了突破口。正当七连在城头突破口两侧与国民党军队反复争夺的紧张时刻，八、九连也突破国民党军队的火力封锁，迅速登城。21 时，各突击团沿着城墙突破口往城内冲击，五十八团及三十七师相继登城。五十六团因架桥未成，改从五十八团的突破口登城。一〇九团一面组织炮兵和步兵掩护部队登城，一面指挥排除障碍。22 时，登城部队全部打通联系。国民党军仓促调其预备队独八团由城顶及城角向五十八团阵地猛扑。五十八团的战士们浴血奋战，将反扑的国民党军队打垮，俘国民党军 200 余人。六十团和一〇九团并肩作战，越过国民党军队堵

兖州战役中缴获的敌军法式野炮

塞壕向东发展，歼灭了龟缩在第四乡村师范学校的300余名国民党军，尔后，继续向东推进。

13日2时，一〇九团、六十团于中御桥街歼灭国民党军1个骑兵大队及辎重营。3时50分，七纵指挥员向兵团司令员许世友报告："二十师突破口被敌人封锁。"许司令当即指示："命令外边的部队往里冲。"攻城部队重新打开突破口，部队潮水般涌入城内。经10个多小时的战斗，到13日11时，兖州城区西部被人民军队控制。十九师占领城西南角及南关，二十师进至中御桥大街、陋巷、旧县街，三十八师攻占了学府街和城内北部街区，三十七师肃清了新西门街以南的国民党军队。到15时，城内西部和北部已被人民军队占领。16时，城内国民党守军见大势已去，开始由新东门和老东门分路向东南突围。人民军队除以重炮火力轰击外，七纵十九师和二十师各一部又协同十三纵三十七师、三十八师作战，猛追穷寇，将国民党军队全歼于兖州城东郊。此役共歼国民党军2.8万余人，守城将级军官除十绥区中将司令李玉堂化装潜逃外，敌十二军中将军长霍守义、副军长熊仁荣等8名将官均向我军投诚。

攻克兖州，拔除了国民党军队在津浦路中段的战略要点，控制了徐（州）济（南）铁路700里，为人民军队攻取济南创造了有利条件。

（本文由济宁市政协文化文史和学习委员会供稿）

睢杞战役

——瓦解国民党中原战略部署的关键之战

1948年6月27日至7月6日，豫东战役的第二阶段——睢杞战役在睢县境内的西陵、蓼堤至董店、帝丘一带展开。在以粟裕为主的我军将领的卓越指挥下，我华东野战军和中原野战军一部共20万人，与敌激战10日，击溃国民党军25万人，彻底歼灭了国民党区寿年兵团部、整编七十五师和整编七十二师一部，合计5万余人，取得睢杞战役的胜利。此战彻底瓦解了国民党的中原战略部署，改变了中原和华东战场形势，为我军由战略进攻转入战略决战、全歼国民党军主力于长江以北创造了条件。

解放开封

1948年5月24日，华东野战军第三、第八纵队按计划由许昌地区向淮阳方向前进，吸引了以整编第五军为主力的邱清泉兵团南下。乘邱清泉部南下之机，华东野战军第一、第四、第六纵队及两广纵队、特种兵纵队大部向南渡黄河。邱清泉部又受命紧急北返，迎击华东野战军渡河部队。此时，开封国民党守军兵力相对薄弱。粟裕抓住战机，立即命令第三、第八纵队就势解放开封。此战役于6月17日突然发起。至22日晨，开封解放。

我军攻克开封之际，正值国民党代表大会刚刚结束，河南代表还没有离开南京，结果造成国民党朝野舆论哗然。为挽救颓势，平息舆论，国民党军决心集中主力寻我军决战，以挽回面子。

分割邱、区兵团

开封被攻克后，蒋介石急令以整编第五军为主力的邱清泉兵团向开封进发，以整编第七十二、第七十五师及新编第二十一旅组成的区寿年兵团由民权经睢县、杞县迂回开封。为诱使邱、区兵团拉开距离，然后集中兵力围歼其一部，粟裕决定放弃开封，以第一、第四、第六纵队和中原野战军第十一纵队组成突击兵团，隐蔽集结于睢县、杞县、太康之间，对区寿年兵团实施南北夹击。

歼灭区寿年兵团，必须阻止发现情况后回头援助的邱清泉部。于是，粟裕拿出5个纵队阻援：第三、第八纵队会同由上蔡北上的第十纵队和位于杞县的两广纵队，组成阻援兵团，切断邱、区兵团的联系，并阻击邱清泉兵团东援。同时，粟裕令中野第九纵队进至郑州东南地区，阻击郑州东援之国民党军，并从侧后钳制邱清泉兵团。

6月26日晨，第三、第八纵队撤出开封，向通许方向转移。邱清泉兵团果然迅速占领开封，并以主力围击第三、第八纵队。这时候，区寿年兵团还在睢杞地区徘徊，与邱清泉兵团之间形成了40公里的距离。

围歼区寿年兵团

突击兵团抓住这一战机，于27日晚发起睢杞战役，迅速将区

华野部队在阻击阵地上

寿年兵团合围，割裂其部署。

29日晨，突击兵团将区寿年兵团的兵团部及整编第七十五师、新编第二十一旅分割包围于龙王店，将整编第七十二师包围于铁佛寺地区。阻援兵团也按计划控制了杞县王堌集一线，将邱、区兵团隔离。

29日晚，突击兵团以一部分兵力监视整编第七十二师，以主力攻占龙王店外围各村落，经两昼夜激战，于7月1日午后，歼灭国民党新编第二十一旅及整编第七丨五师第六旅。接着，对龙王店守军发起总攻，激战至2日凌晨，歼灭区寿年兵团的兵团部和整编第七十五师师部，俘兵团司令区寿年及整编第七十五师师长沈澄年。

阻援兵团在杞县西南和以东地区顽强阻击，给国民党援军以重大杀伤。邱清泉听着隆隆的炮声，只能在相距20余公里外空自慨叹。

在围歼区寿年兵团后，国民党军统帅部急令由徐州北援兖州已进至滕县的整编第二十五师回援，并以伞兵总队改编组成的第三快速纵队为主组成1个兵团，由整编第二十五师师长黄百韬任兵团司令官，急速西援睢县。7月1日，黄百韬部抵达睢县帝丘附近。粟裕根据上述情况，除以一部分兵力继续围歼敌第七十五师残部外，主力东移，以寻机打击运动之中的黄百韬兵团。

7月2日晚，第一、第四、第六纵队及两广纵队向黄百韬兵团全线出击，实施合围，激战至6日晨，歼其3个团。黄百韬兵团余部缩踞到帝丘附近顽抗。这时，敌军的各路援敌均已靠近。为保持主动，经中央军委批准，于7月6日晚，我军参战各部队撤出战斗。

（本文由商丘市政协文化和文史委员会、中共商丘市委党史和地方史志研究室供稿）

淮海战役：中国命运大决战

淮海战役是在中国人民解放战争夺取全国胜利的决定性阶段，人民解放军与国民党军队进行的一场战略决战。1948 年 11 月 6 日至 1949 年 1 月 10 日，华东野战军（以下简称“华野”）和中原野战军（以下简称“中野”）以及部分地方武装共 60 万人，在以徐州为中心、东起海州、西至商丘、北起临城、南达淮河的地区，与 80 万国民党军队进行决战。在以毛泽东为主席的中共中央、中央军委的领导统率下，在淮海战役总前委的统一指挥下，在华东、中原、华北广大解放区人民的全力支援下，经过 66 天作战，歼灭国民党军 55.5 万人。经过这一战役，国民党军队的精锐主力已被消灭，长江中下游以北的广大地区获得解放，并同华北解放区连成一片。解放军压到长江北岸。国民党政府首都南京直接暴露在解放军面前，国民党的反动统治陷入土崩瓦解的状态。淮海战役连同辽沈、平津战役的胜利，为人民解放军渡江南进、解放全中国奠定了胜利的基础。

中央军委决策在淮海地区举行战略大决战

1948 年 9 月 24 日，济南战役即将结束时，华野代司令员、代政委粟裕即向军委建议：“为更好地改善中原战局，孤立津浦线，并迫使敌人退守江边……建议即进行淮海战役。”第二天，军委即复电华野：“我们认为举行淮海战役，甚为必要。”同时将

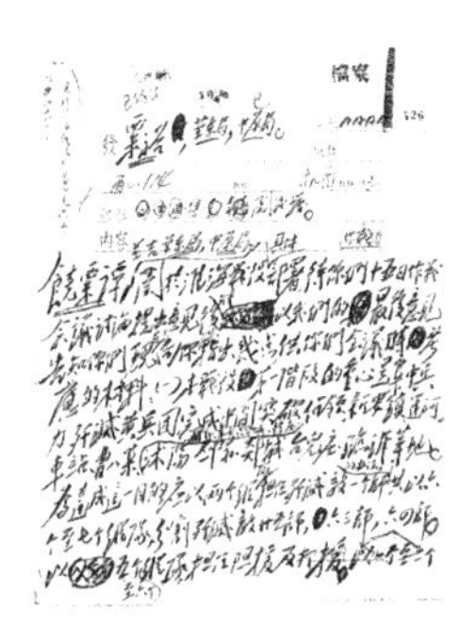
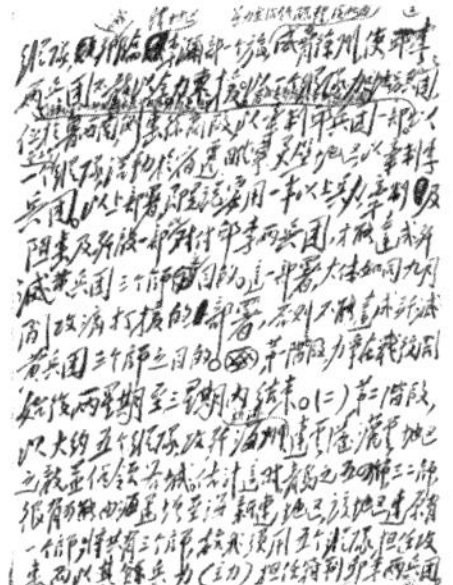
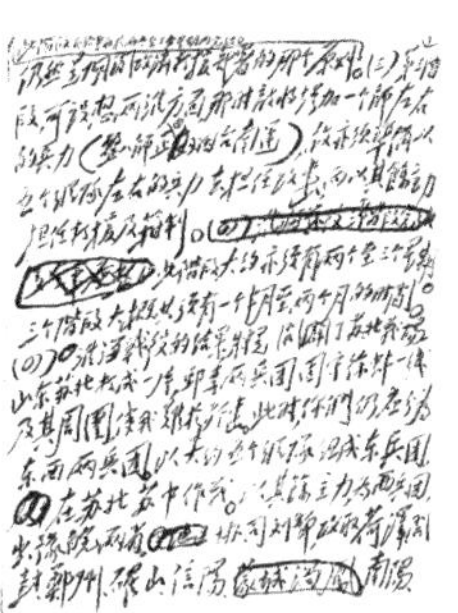
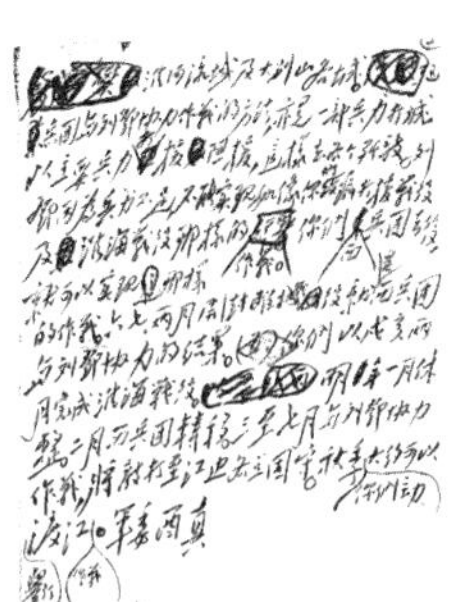

1948 年 10 月 11 日，毛泽东亲自起草的《关于淮海战役的作战方针》

粟裕提出的战役两个阶段发展成三个阶段，并确定了第一阶段首歼黄百韬兵团的作战目标。中野刘伯承、陈毅也复电表示：中野争取吸引西边的敌人，配合华野在东线的作战。10 月 11 日，毛泽东亲自起草了《关于淮海战役的作战方针》。

1948 年 11 月 9 日，战役发起后的第 4 天，发现国民党军有撤退的迹象后，中央军委及时做出指示：应极力争取在徐州附近歼灭敌人主力，勿使南窜。至此，淮海战役从华野对两淮和海州之敌作战的“小淮海”战役发展成为华野、中野联合与国民党军南线主力决战的“大淮海”战役。11 月 16 日，军委决定由刘伯承、陈毅、邓小平、粟裕和谭震林组成淮海战役总前委，统一指挥淮海战役，并临机处置一切。

围歼黄百韬兵团　孤立徐州

1948 年 11 月 6 日，解放军兵分多路向淮海战场挺进，在同一时间四面出击，隐蔽围歼徐州以东新安镇地区黄百韬兵团的作战意图，造成围攻徐州的态势，拉开了淮海战役的序幕。当晚，鲁中南纵队围攻郯城，中野主力从西面威逼徐州，一纵在张公店地区歼灭国民党军一八一师，师长米文和被俘。华野三纵、广纵等部担任佯攻，迷惑敌人。

11 月 7 日，黄百韬兵团撤离新安镇，向徐州靠拢。华野首长接到该敌西撤的报告后，立即命令各部掉转方向，疾速追击。华野政治部当即发布了政治动员令，要求“各部应克服疲劳，克服困难，不为小股敌人所迷惑，不为河流所阻，坚决地实行敌人跑到哪里我追到哪里，直到将其歼灭为止”。华野主力沿陇海铁路南北两侧勇猛追击黄百韬兵团。苏北兵团沿宿迁、大王集向徐州东南进逼，威胁徐州，迂回拦截黄百韬兵团。

11 月 8 日，国民党军第三绥靖区副司令官、中共地下党员何基沣、张克侠率所属 3 个半师 2.3 万余人在贾汪地区起义，山东兵团迅速越过该部防区，直插徐州以东陇海铁路，与华野十一纵和江淮军区部队南北呼应，切断了黄百韬兵团的西撤之路。

至 11 月 11 日，在华野各部追击、截击、迂回包围与穿插分割之下，黄百韬兵团的 5 个军中，除六十三军在窑湾被围歼外，其余 4 个军被合围在以碾庄圩为中心约 18 平方公里的区域内。

在华野围歼黄百韬兵团的同时，中野一部发起宿县战斗，16 日凌晨攻克宿县，全歼守敌 1.2 万余人，俘虏宿县最高指挥官张绩武，完成了对徐州的战略合围。与此同时，中野部队在地方武装的配合下，迟滞、阻击由驻马店地区增援徐州的国民党军黄维兵团，保障了华野歼灭黄百韬兵团的作战。

11 月 12 日起，为解救被围的黄百韬兵团，徐州“剿总”副总司令杜聿明指挥邱清泉、李弥两兵团的4个半军在百余辆战车、百余门重炮和飞机的掩护下向解放军阵地猛烈进攻。华野集中8个纵队的兵力，采取正面阻击和侧翼攻击相结合的战法，顽强阻击，激战10昼夜。邱、李兵团伤亡万余人，损失坦克34辆，消耗各种炮弹12万余发，前进不足20公里，终究未能挽救黄百韬兵团的覆灭。

11月12日，华东野战军对黄百韬兵团实施攻击。由于部队从运动追击仓促转入村落攻坚，准备不足，炮火未及时跟上，敌人又猬集一团，火力高度集中，解放军的攻击一度受挫。14日晚，华野在土山镇召开各纵队首长作战会议，调整攻击部署，决定由山东兵团统一指挥，采取“先打弱敌，后打强敌，攻其首脑，乱其部署”的战术，发扬夜战近战特长，稳扎稳打，逐点歼灭国民党军。11月16日，华野发布攻击命令，激战至22日，全歼黄百韬兵团，碾庄战斗结束。黄百韬在逃跑途中毙命身亡。

第一阶段，解放军共歼灭国民党军17.8万余人，约占国民党军淮海地区总兵力的四分之一。第一阶段的胜利，为尔后逐个歼灭国民党军，夺取战役全胜奠定了基础。

围歼黄维兵团　合围杜聿明集团

黄百韬兵团被歼后，为改变不利态势，蒋介石急令徐州杜聿明集团，蚌埠李延年、刘汝明兵团会同由豫南来援的黄维兵团南北对进，三路会师，打通徐蚌交通线。解放军采取南北阻击、中间围歼的方针，将第二阶段的作战目标指向远道而来、孤军冒进、无后方依托的黄维兵团。

按照三路会师计划，黄维正率部向宿县推进。南坪集位于浍河南岸，是黄维兵团的必经之路。中野四纵与敌浴血奋战一昼夜，敌人始终未能攻入南坪集。此后为诱敌深入，解放军主动放弃南坪集，在浍河北岸背水结阵。黄维兵团北渡浍河，逐步进入解放军预设的袋形阵地。待黄维发现态势不利，急令部队向后收缩之时，中野全线出击，扎紧袋口，于 11 月 25 日将黄维兵团包围在双堆集地区。

黄维兵团被围后，立即组织 4 个主力师作为全兵团的先导企图向外突围。八十五军一一〇师师长、中共地下党员廖运周乘突围之机率部起义，大大动摇了黄维兵团的军心。

为做好总攻准备，解放军采取“以地堡对地堡，以战壕对战壕”的战法，进行工程浩大的紧迫作业。至 12 月 2 日，黄维兵团被压缩在以双堆集为中心的纵横 10 里的狭窄地区内。

按照国民党军三路会师的计划，徐州的邱清泉、孙元良兵团，在飞机、坦克的掩护下，沿徐蚌线向宿县方向进攻。解放军各部队在徐南孤山集、三堡一线构筑工事，顽强阻击，粉碎了敌南犯企图，有力保障了中野围歼黄维兵团的作战。

在黄维兵团被围、杜聿明集团南犯受阻的情况下，为挽救危局，蒋介石电召杜聿明到南京开会，决定放弃徐州。11 月 29 日，徐州“剿总”总司令刘峙率领“剿总”机关部分人员移至蚌埠。11 月 30 日，副总司令杜聿明指挥部队撤退，30 万大军倾巢而出，车辆、辎重、骡马挤作一团，丢盔弃甲，溃不成军。

1948 年 12 月 1 日，人民解放军进入徐州。中共中央发来贺电庆祝徐州解放，电文指出：徐州是南京的门户，是蒋介石进行反革命内战的巨大军事基地。徐州的迅速解放，对于全国战局，极为有利。

杜聿明集团撤离后，华野立即部署 11 个纵队的兵力勇猛追歼逃敌，于 12 月 4 日将杜聿明集团包围在永城东北的陈官庄地区。6 日黄昏，孙元良兵团单独向西南方向突围，大部被歼灭，残部缩回包围圈内，仅兵团司令官孙元良率少数随从人员逃脱。杜聿明在蒋介石一再督令下，从 7 日至 10 日，不断以其主力在坦克、重炮掩护下，向东南方向突围，均未得逞，伤亡不断增加，阵地逐渐缩小，遂调整部署，企图固守待援。

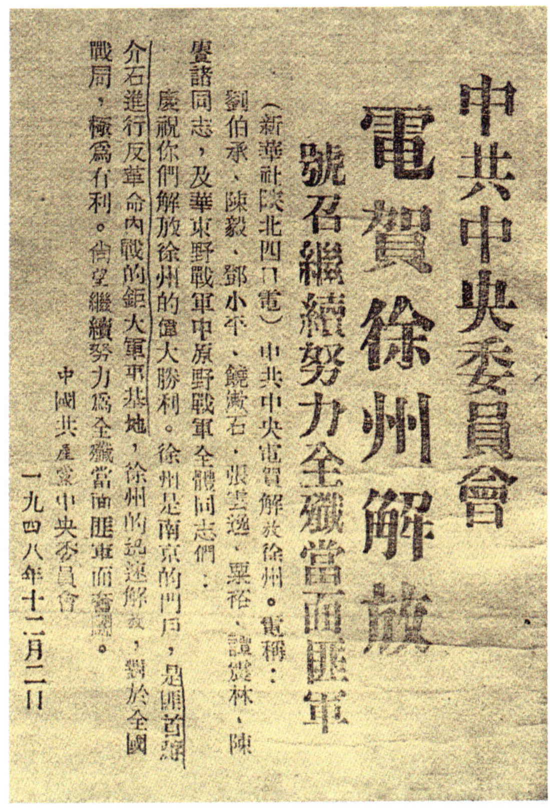

中共中央委員會
電賀徐州解放
號召繼續努力全殲當面匪軍

（新華社陝北四日電）中共中央電賀解放徐州。電稱：

劉伯承、陳毅、鄧小平、饒漱石、張雲逸、粟裕、譚震林、陳賡諸同志，及華東野戰軍中原野戰軍全體同志們：

慶祝你們解放徐州的偉大勝利。徐州是南京的門戶，是匪首蔣介石進行反革命內戰的巨大軍事基地，徐州的迅速解放，對於全國戰局，極爲有利。尚望繼續努力爲全殲當面匪軍而奮鬥。

中國共產黨中央委員會
一九四八年十二月二日

1948 年 12 月 2 日，中共中央委员会电贺徐州解放

为解救黄维兵团，蒋介石的次子蒋纬国亲率数十辆坦克，挺进蚌西北，协助李延年、刘汝明兵团合力北进。为确保围歼黄维兵团的作战，解放军在蚌埠西北与敌激战 12 天，阻击国民党军 8 个步兵师、1 个战车大队的轮番进攻。至黄维兵团被歼，援军仅推进 50 多华里，在得知黄维兵团被歼后，即逃至

淮河以南地区。

12月6日下午4时30分，解放军分东、西、南3个方向对黄维兵团发起总攻。东集团由中野四纵司令员陈赓统一指挥，由东向西攻击。西集团由中野三纵司令员陈锡联统一指挥，向双堆集以西地区进攻。南集团由中野六纵司令员王近山、政委杜义德指挥，向双堆集以南地区进攻。至13日，中野已将敌压缩在东西不到3华里的狭小地域。为速歼黄维兵团，华野参谋长陈士榘率第三、十三纵队加入南集团作战，由陈士榘统一指挥。总前委决定将华野三纵、十三纵队加入南集团，以南集团为主，东西集团配合，直击双堆集核心阵地。另以鲁中南纵队为战役预备队。14日夜发起总攻，战至12月15日，全歼黄维兵团。

第二阶段，解放军共歼灭国民党军11.4万余人，为夺取战役全胜奠定了坚实的基础。

全歼杜聿明集团

黄维兵团被歼，李延年、刘汝明兵团撤向淮河以南，被围困在陈官庄地区的杜聿明集团陷入孤立无援的境地。为配合平津战役，遵照中央军委指示，华野于12月16日转入战场休整，中野集结于宿县、蒙城、涡阳地区休整待机。

1948年12月17日至18日，根据中央军委指示，总前委刘伯承、陈毅、邓小平、粟裕、谭震林五位首长在华野司令部驻地、安徽省萧县蔡洼村共聚一堂，召开会议，着重讨论了淮海战役结束后的渡江作战方案，以及部队整编问题。

1948年12月17日，毛泽东主席亲自撰写《敦促杜聿明等投降书》的广播稿，正告杜聿明等：只有放下武器，停止抵抗，才是唯一生路。陈毅、粟裕也致信杜聿明等人，劝他们投降。解放军的政治攻势大大动摇了国民党军的军心。20 天的休整期间，相继投诚者达 1.4 万余人。解放军阵地上则广泛开展了战场政治工作，采取火线入党、战地评功等方法激励部队的战斗意志。

大兵团作战，部队伤亡较大，需要不断补充兵力。被俘的国民党军士兵成为兵力补充的主要来源。经过教育，在战役第三阶段有 10 万新解放军战士投入到围歼杜聿明集团的战斗中。华野经过短期休整，各纵队兵员、粮弹充足，做好了总攻准备。

1949 年 1 月 6 日下午 4 时，华野攻击部队在猛烈炮火的掩护下，分为东、北、南 3 个突击集团向杜聿明集团发起总攻。各集团依照割裂邱、李兵团，先打李弥兵团的方针实施突击。经 96 小时激战，10 日下午，肃清残敌，杜聿明被生俘，邱清泉被击毙，李弥潜逃。

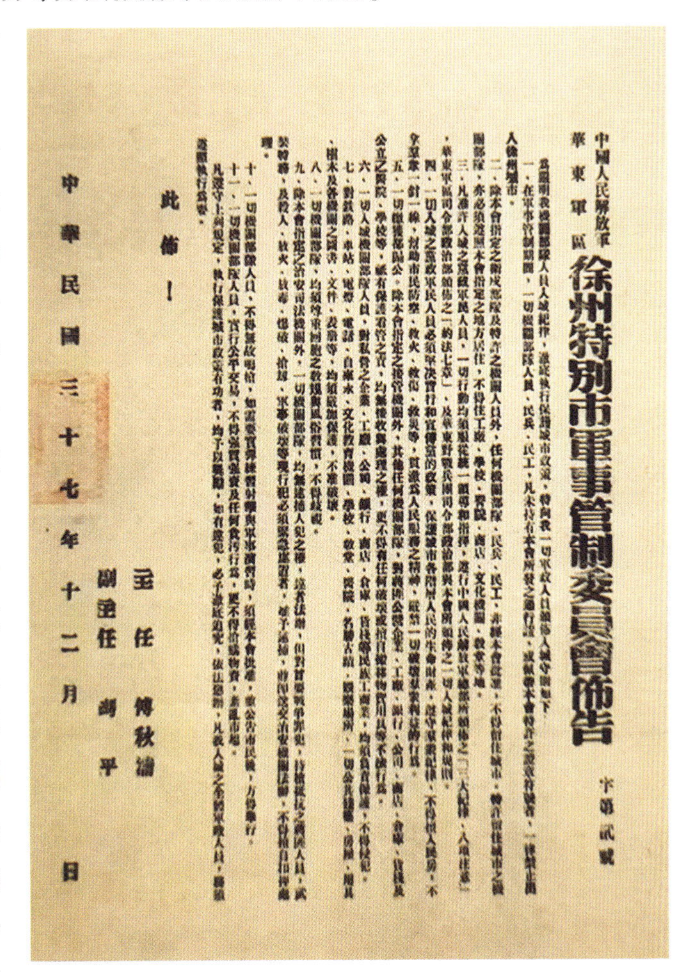
中國人民解放軍華東軍區徐州特別市軍事管制委員會佈告

字第貳號

此佈！

主任 傅秋濤

副主任 胡平

中華民國三十七年十二月　日

1948 年 12 月，中国人民解放军华东军区徐州特别市军事管制委员会布告

第三阶段，解放军共歼灭国民党军26.2万余人，缴获大量武器装备。至此，淮海战役胜利结束。

（本文由淮海战役烈士纪念塔管理中心供稿）

淮海战役人民支前运动

淮海战役是解放战争时期规模最大、历时最长的一场战略决战。为保障战役的胜利，中国共产党在华东、中原、华北三大解放区周密部署，全力组织人民群众支援前线，为战役胜利做出伟大的历史贡献。正如习近平总书记所强调的，淮海战役就是小推车推出来的胜利。这一伟大胜利体现了人民战争的深厚伟力，也成为党同人民血肉联系的生动写照。

人民支前运动的动员和组织

在淮海战役发起之前和战役实施的过程中，中央军委和华东、中原、华北三大解放区各级党委都十分重视后勤和支前工作。在运筹战役作战方针的同时，中央军委对后勤和支前工作发出了一系列重要指示。中共中央华东局、中原局、华北局在党中央领导下，把后勤和支前工作放在头等地位，以坚强的信心、极大的热忱，动员和组织人民全力支援前线。

早在1948年9月25日，中央军委批准发起淮海战役的指示中，即要求华野做好有关这一战役的充分准备工作。9月28日，中央军委又明确指出，这次战役比济南战役要大，因此，华野和中野要对全军所需包括全部后勤工作在内有充分之准备后，方能开始行动。中央军委还强调指出，必须准备两个月至两个半月的粮秣用品，统筹安排好淮海战役的后勤事务。

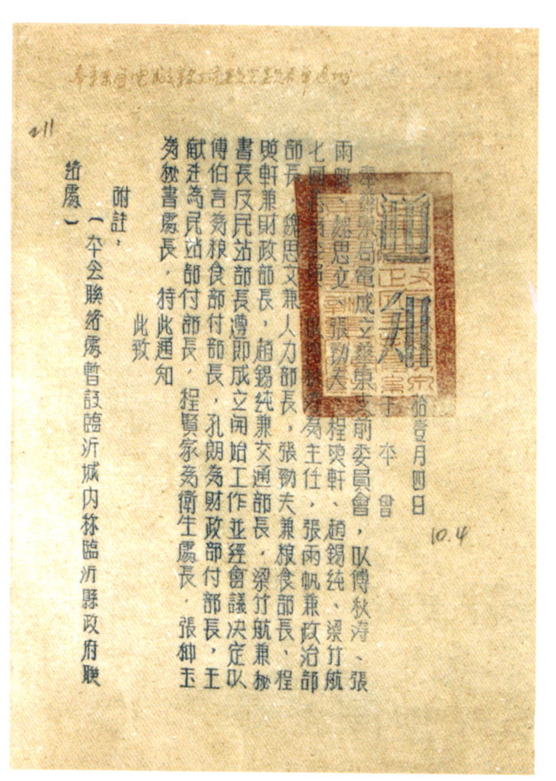
通知

拾壹月四日

奉華東局電成立華東支前委員會，以傅秋濤、張雨帆、姚思文、張勁夫、程照軒、趙錫純、梁竹航七同志為委員，以傅秋濤為主任，張雨帆兼政治部部長，姚思文兼人力部長，張勁夫兼粮食部長，程照軒兼財政部長，趙錫純兼交通部長，梁竹航兼秘書長反民站部長遵即成立開始工作並經會議決定以傅伯言為粮食部付部長，孔朗為財政部付部長，王獻廷為民站部付部長，程賢家為衛生處長，張仲玉為秘書處長，特此通知

此致

附註：（本会聯絡處暫設臨沂城內称臨沂縣政府聯絡處）

1948 年 11 月 4 日，华东支前委员会成立的通知

根据中央军委指示，中共中央华东局于 10 月 2 日专门召开会议，决定在 20 日前必须完成各项准备工作，包括督促赶送冬衣和计划 3 个月以上近百万人的粮草供应。会议对各参战部队所必需的弹药补充，民工、担架、运输等动员和组织工作，及医院调整，伤兵、俘虏收容等工作均做了研究和安排。10 月 13 日，华东局支前办公室拟定了《淮海战役支前工作计划》，分粮食、人力、供应、交通等 4 个方面，对各地委、县委明确分配了任务。《计划》下达后，各级党组织及政府均派出得力干部具体组织实施。鲁中南区党委、行署及所属地委抽调 300 多名干部随军工作，300 多名干部待机使用。胶东区党委召开地委委员及有支前经验的县长会议，研究部署支前工作。华东各区各村都开始征集军粮、组织训练民工、设立民站、训练自卫团、调整劳动负担。解放区人民群众家家户户都动员起来，为支援前线争做贡献。11 月 4 日，华东局正式成立统一的支前领导机构——华东支前委员会，傅秋涛任主任。华东支前委员会联络处设在临沂城内，对外称临沂县政府联络处。

11 月 10 日，华东局指示华中工委，华中应全力支援前线，争取胜利。13 日，华中工委、苏北军区、华中行政办事处联合发出《华中支前总动员令》，要求华中全体党政军民紧张地投入这一伟大的战役，在各自的岗位上，拿出所有的力量，坚决地全部完成自己在这次战役中所担负的光荣任务。为统一领导苏北、江淮人民支前工作，11 月 22 日，正式成立了华中支前司令部，华中行政办事处副主任贺希明任司令员，江淮军区政治委员曹荻秋任政治委员，下设政治、民力动员、财粮 3 个部及参谋处。华中支前司令部设立前方办事处。华中支前司令部成立后，华中大规模的支前工作走向更全面、更有组织有计划的轨道。

中共中央中原局抽调大批主要负责干部组成强有力的支前领导机构，中野副政委邓子恢、张际春，参谋长李达等把主要精力用于抓淮海战役的后勤支前工作。11 月 15 日，中原局下发《中原局对徐州会战之工作布置》，对作战和支前做出具体部署，号召党政军民及所有机关、学校、医院、企业等，充分认识此次决战的重大意义，要集中一切人力、物力、财力，高度发挥各人的积极性和热情智慧，争取此次决战取得完全胜利。豫皖苏分局根据中原局指示，成立豫皖苏后勤司令部，下设办公室和前方办事处。办事处下设军区兵站部前方分部、粮食部、民力部和秘书处。下属区、村政府都建立了支前机构。

中共中央华北局责成冀鲁豫区党委负责淮海战役的支前工作，成立了冀鲁豫战勤总指挥部，下设秘书处、供给部、动员部及河北战勤指挥部。

在华东局、中原局、华北局以及各级支前委员会或后勤司令部的动员组织下，山东、江苏、河南、安徽、河北五省后方人民提出“解放军打到哪里，我们就支援到哪里”“倾家荡产也要支援淮海战役”“全力以赴，支援前线”等口号，动员了大量的人力、物力、财力支援前线。战役发起前，仅华东支前委员会就动员集中60多万民工，建立多条民运线，将1.8亿多斤粮食运到战区附近。从10月2日到16日两周时间，华东军区及地方群众共同完成了华野部队及伤员的全部冬衣、50万双鞋子等供应任务。

海属地区全境解放之际，正是淮海战役拉开序幕之时，新海连地区解放后立即成立新海连特区生产支前委员会，特区所辖各市、区、乡（镇）亦分别成立生产支前委员会。竹庭县支前女模范董力生，推着独轮车送给养、运弹药，面对敌机扫射轰炸，毫不畏惧，荣获“担架英雄”称号。新海连特区的支前汽车驾驶员冯连贵、灌云县新安区（今属灌南县）延平乡党支部书记王国清牺牲在支前途中。解放军云集徐州东部，后方粮食一时运不上去，部队供应发生了困难，华野后勤部要求就地筹粮及时送上前线。邳睢、铜睢县人民纷纷拿出自家准备过春节的麦子，8天之中，送到前线的面粉就达200万斤。不到5000人的邳睢县土山镇，10天就供给部队15万斤面粉，创造了战地筹粮的最高纪录。萧铜县新解放的4个区的群众拿出未被敌军抢走的粮食，3天之中磨面60余万斤送上前线。徐州宝兴面粉厂仅1个月时间就加工军粮1000万斤。

解放区人民的全力支援，激发了前线广大指战员英勇杀敌的革命精神，保证了淮海战役的顺利开展以及首歼黄百韬兵团的胜利。

人民支前运动的扩展

淮海战役发起后，战局发生了很大变化，交战双方的兵力都在不断增加，战争规模也在不断扩大，战场迅速扩大到黄（河）、淮（河）之间。在这种情况下，及时调整支前部署，保障粮弹供给，成为保证解放军连续作战、夺取战役胜利的关键。在战役进行到围歼黄维兵团的第二阶段，解放军主力位于徐州以西、以南一直到蚌埠以北、宿县附近，战场辽阔，运输线、供应线、粮站等一时跟不上战局的发展。

根据中央军委的指示，中共中央华东局对支前工作的部署做了进一步调整。11 月 20 日，华东局发出《紧急动员起来支援淮海前线的指示》，要求各级党委立即紧急动员起来，宣传发动群众，形成广大群众支援战争的热潮，以保证支前任务的完成。

中央军委在 11 月 22 日，即全歼黄百韬兵团的当天，指示中原局迅速命令豫皖苏分局立即动手筹集保证中野部队及华野转入

淮海战役支前民工

豫皖苏地区作战部队的粮食，明确指出应从豫西运粮食去；华北局应速令冀鲁豫区调集 1 亿至 1.5 亿斤粮食，供应华野部队需要。中原局迅速完成供粮任务。中原军区也于 11 月 24 日对后方勤务工作重新做了部署，将后勤司令部迁置于商丘，统一指挥战勤工作，同时建立了由魏岗分别至桃园集、临涣集、龙山集等 3 条运输干线，作为物资运送和伤员后送的运输线。华北局根据中央军委指示和战场要求，立即命令冀鲁豫地区调拨 1.5 亿斤粮食，迅速南运，供应前线作战部队和民工。

11 月 30 日，徐州敌军弃城西撤。华野各路大军立即追赶至永城附近，后方粮食一时供应不上。华东支前委员会立即抽调 400 余名干部、4000 余名民工积极分子，到附近 400 余个村庄协助政府就地筹粮。在短短 4 天，筹、征、运 300 万斤粮食，并加工 240 万斤赶送到前方作战部队，解决了缺粮的紧急困难局面。

12 月 3 日，华野拟定了《战役第二阶段后勤工作部署》，对弹药、粮食的供应，医院的设置，民力的安排，冬季补充运品以及交通线路的修复都提出了具体计划；根据战争西移的情况，拟定了华中支前委员会、华中支前司令部、华中前办、华东前办、华野后勤部、华东后勤司令部等后勤、支前领导机构的转移位置。

为了解决油盐的及时供应，12 月 8 日，华东支前委员会成立了油盐供应总站，在前方设立 3 个分站随军行动，在后方设立 3 个转运站接收各地油盐，并将 800 辆小车统一调度使用。到 12 月 17 日，送盐 37 万斤、油 17 万斤抵前线作战部队。

在支援淮海战役的过程中，人民群众创造了许多可歌可泣的英雄事迹，涌现出大批英雄模范人物。1948 年 12 月 16 日，中央军委发出命令，要求在春节期间慰劳前线将士每人1斤猪肉。鲁中南区群众听说收购猪肉慰劳前线将士的消息时，宁愿自己不吃，也要将猪肉送到征购站。灌云县民工运送粮食，经过沭阳、宿迁、睢宁、灵璧到达宿县时，自己带的干粮已吃光，但从未动过车上的一粒米面，硬撑着把粮食送到前线。宿西县杨柳转运站11月29日因接收伤员较多，照顾不过来，就把部分伤员安置在附近村庄，群众用自己家中的米、面、油、菜给伤员做饭，买鸡蛋、麻糖给伤员吃，并轮流看护伤员。宿迁县大兴区长途运输队支前分队女队长朱永兰和丈夫王青云双双参加运输队，在400里长途运输中表现突出，被誉为“支前模范夫妻”，朱永兰受到华中第六军分区支前司令部嘉奖。民兵队长陈安红带领42名民兵，在前线俘敌23名，缴枪23支，并连续行军5昼夜完成押送103名战俘的任务，为此荣获冀鲁豫军区颁发的“民兵模范”“战斗英雄”“杀敌英雄”3面奖旗。尹集乡民兵队长王秀坤带领由300人组成的担架队转战萧宿永战场，多次带领队员冒着敌人枪弹到阵地抢救伤员，被评为一等支前模范。据统计，豫皖苏三分区民工先后有100多人在转运物资和伤员中壮烈牺牲，江淮三分区有46名民工献出了宝贵的生命。

徐州联合支前会议

淮海战役的进展比计划的快。战役第一阶段的供应，按照事先的部署，是从战区在运河以东的情况考虑的，华中粮食在涟水、沭阳筹运，山东粮食在郯城以北筹运。战役开始后，战场转向运河以西，粮食后运不继，开始就地筹集，但大部新解放区经敌人抢掠，筹借有限。部队虽没有挨饿，但也曾出现过供应紧张现象。战役进入第二阶段后，中野及华野进入豫皖苏三分区战场，吃粮人数约在120万人，加上马匹等消耗，实际相当于140万人，粮食供应问题显得更为突出。战役进入12月中旬以后，战线迅速西移，战局扩大，参战人员急剧增加，部队分散，后方和前方的距离愈来愈远，运输线延长数百里，加上时值雨雪交加之际，部队需筹足过冬粮草。这样，不仅粮草和军需物资的供应骤增，而且给运输带来不少困难。

鉴于以上供应方面的复杂情况及战场要求，粟裕在12月15日给中央军委的报告中提出，应有一支前机构在总前委意图下通盘运筹，才能解决好粮食等供应方面的复杂问题。粟裕建议迅速召开一次包括华东、中原、冀鲁豫、华中四方面代表参加的联合支前会议，并由宋任穷、傅秋涛负责了解情况，主持召开。

26日至29日，联合支前会议在徐州召开。参加会议的有华东、中原、华北有关地区和两大野战军的代表，会议由刘瑞龙、傅秋涛轮流主持。会议协商了共同支前方案，明确了4个地区的分工：徐州东、南两面归华中负责，徐州东北方面由山东负责，徐州西南由豫皖苏负责，冀鲁豫作为后备。会议着重讨论了当时亟须解决的粮食供应及民力安排两大具体问题，并通过关于粮食、民工问题的共同意见。在粮食供应方面，据各地报告，自淮海战役发起至开会时的50天内，共消耗粮食约2.2亿斤。各区正在调动尚可供应前方的粮食共约3.15亿斤，准备分3期供应前方，一直到渡江作战。关于粮食供应数量、分布、时间、地点以及运、屯、接、管、拨、送等都做了具体的分工和明确的规定。关于民工的分配、接替、调换、建设和供给也都做了具体研究和安排。

淮海战役人民支前统计表

民工	总计	543 万人	担 架	20.6 万副
	随军常备民工	22 万人	大小车	88.1 万辆
	二线转运民工	130 万人	挑 子	30.5 万副
	后方临时民工	391 万人	牲 畜	76.7 万头
粮食	筹运数	9.6 亿斤	船 只	8539 只
	实用数	4.3 亿斤	汽 车	257 辆

说明：根据山东省、苏北行政区民工类别划分，随军常备民工一般随军服务两三个月以上，二线转运民工一般服务 30 天以上，后方临时民工一般服务 10 天左右。

此外，对交通问题、统一货币问题以及部队南进时支前机构的领导和形式等项事宜，都做了研究，提出了建议，并报请上级领导采择。会议对节日期间的部队供应也提出了要求。通过对以上问题的详细研究和讨论，明确了任务和分工，各地区的支前工作互相配合、步调一致，对满足战场需要、圆满完成支前任务起到重要作用。

1949 年元旦前夕，为了保证华野即将开始的总攻杜聿明集团的胜利，中央军委在西柏坡召开了淮海战役前线后勤业务的专门会议，出席这次会议的是各野战军和军区的后勤部长。毛泽东和周恩来等参加了会议。会议由周恩来主持，毛泽东做了具体指示。这次会议，对进一步加强支前工作做了统一部署，对保证淮海战役的完全胜利具有十分重要的意义。

（本文节选自上海人民出版社 1988 年版《淮海战役》第五章）

黄安舰起义和伞兵三团起义

国民党海军黄安舰起义

黄安舰原系日本的一艘驱逐舰。日本投降后，被国民党接收，经过改造增添设备，于1947年正式命名为黄安舰，编入海军服役。中共中央华东局统战部指示胶东军区、渤海军区和东海军分区的敌工部门，通过青岛地下党争取黄安舰官兵起义。

黄安舰全体起义官兵合影

1948年春，中共青岛市委了解到地下党员、扶轮中学的学生王子进的哥哥王子良在黄安舰上任副枪炮官，便派王子进去做他的工作。10月，华东局统战部又派刘建藩去做他在青岛海军训练团任教官的叔伯弟弟刘建胜的工作，通过这两条线展开了一系列的争取工作。经过近一年的努力又争取了舰务官鞠庆珍、轮机官刘增厚、枪炮官孙露山以及舰上的关键人员等。这些人都成了黄安舰起义的组织者、联络者、骨干力量。1949年春节前后，辽沈、平津、淮海三大战役胜利，长江以北的广大城乡几乎全部解放，青岛成为一座孤城。青岛地下党认为起义条件已趋成熟，决定成立领导起义的海军工作组。与此同时，还成立以刘建胜为组长的秘密行动小组，并决定于2月12日（农历正月十五元宵节）晚上举行起义。

他们首先设法将舰长支开，把那些有碍起义的官兵控制起来，然后召开全舰官兵会议，宣布起义，得到广大官兵一致赞同。当晚9时，黄安舰拔锚起航，穿插于美国军舰的夹缝中驶出青岛港。当美舰发现黄安舰行驶方向不对，发出要求返航的命令后，黄安舰的报务员置之不理，并立即采取应急措施，关闭灯火，弹上膛，进入特级战备，开足马力，加速前进，以防美舰追击。正在万分危急之际，突然乌云翻滚，波涛汹涌，黄海海面刮起八级大风，天气骤然恶化。黄安舰得以脱险，于13日凌晨4时，安全抵达连云港东西连岛附近。经过联系，连云港市政府和驻军领导热情迎接起义的黄安舰官兵。

13日上午10时，新海连特委社会部部长苏羽、公安局长朱礼泉代表特委从新浦赶来欢迎。14日，警备区司令员王晓和政委谷牧在新浦召开黄安舰起义成功庆祝大会，并向毛主席、朱总司令致电报喜，得到中央的通电嘉奖。不久，黄安舰被编入中国人民解放军海军服役。

国民党军伞兵三团起义

国民党军的伞兵是蒋家王朝嫡系部队之一，伞兵军官都是国民党中级和高级军事院校毕业生，美式装备，是一支具有快速反应能力的机械化部队，同时也是蒋介石没有投入内战的部队之一，是一支齐装满员的部队。1949 年初，三大战役胜利，南京国民党集团陷入行将土崩瓦解的混乱之中，蒋介石迅速命令将这支部队调防上海。其中第三团驻防安亭、三林塘一带，担负沪宁线和沪杭线铁路警备任务。不久，蒋介石亲自在上海召见伞兵司令张绪滋和伞兵三个团的正副团长们，决定将伞兵部队调往福建，然后去台湾。就在这次召见时，蒋介石特意对第三团团长刘农畯交底，到台湾后，将第三团作为他的卫队。3 月中旬，伞兵司令张绪滋根据蒋介石的命令，制定南撤方案。

然而第三团团长刘农畯是中共特别党员，这一点是蒋介石万万没有料到的。刘农畯及时将这一行动向他的单线联系人段伯宇做了汇报。中共中央上海局当即决定：利用南撤之机，团结伞兵第三团下层军官和士兵，在海上举行起义。

正当刘农畯和伞兵三团的共产党员们紧张准备起义的时候，情况发生了急剧变化。伞兵司令部要他们与第二团合并

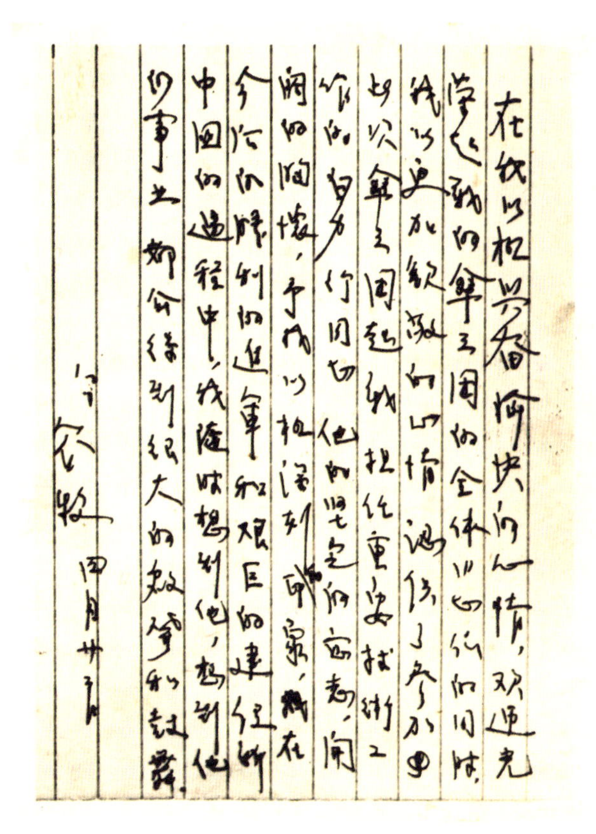

1949 年 4 月 23 日，警备区政委谷牧为伞兵三团官兵题写的贺词

为一个梯队，提前南撤，并由伞兵司令部参谋长亲自带队。刘农畯及时向组织报告这一变化，在中共上海局的指导下化险为夷，得以缓期行动。一波刚平，一波又起，伞兵三团的政工人员刁难刘农畯的工作。刘农畯又在上海局的支持下排除了干扰，最后决定在4月13日举行起义。为了使起义成功，首先成立了领导起义的党支部，由共产党员和积极分子组成纠察队，并由中共党员、团副李贵田任航行指挥官。下午2时，由中字102号坦克登陆舰载着伞兵第三团和伞兵司令部部分直属连队共2500余名官兵离开上海黄浦码头。晚上7时半，登陆舰行驶在花鸟山岛以东海面上。这里是南下北上的转折点。按照起义的预定计划，在登陆舰通过这个转弯点时，立即开始执行下步行动。他们首先制服了舰长，令其服从指挥。然后，伪造了国防部命令第三团北上增援青岛的急电。经过激烈斗争，又制服反动的副团长。14日下午4时，经过2个小时的海上航行，到达较为安全的地带，党支部决定向全团宣布起义。刘农畯立即召开连以上军官会议，向全团宣布起义。经过一番周折和解释工作，连以上的军官表示同意起义。刘农畯因势利导，做出了连以上军官一致起义的决定。

4月15日晨6时，登陆舰抵达连云港。新海连特委社会部部长苏羽赶来迎接起义官兵。为避免国民党空军轰炸起义部队，特委派火车将全体官兵撤离连云港，送往新浦休息。起义部队党支部书记周其昌、组织委员陈家懋向特委书记谷牧汇报了起义经过。4月18日，新海连特委召开欢迎伞兵三团起义大会。起义部队向毛主席、朱总司令发了致敬电。5月18日，毛主席、朱总司令复电慰勉。不久，伞兵三团改编为中国人民解放军华东伞兵训练总队，开始新的生活。后来编入人民空军伞兵第一旅，旋改为伞兵第一师。刘农畯以自己特有的伞兵技术和贡献，担任师参谋长、副师长等职，其他同志也分别在解放军空降兵部队担任重要职务，为建设人民伞兵做出了新贡献。

（本文由连云港市政协学习文史委员会、连云港市革命纪念馆供稿）

山东干部南下

为了全国的解放，在解放战争由战略进攻转为战略决战的同时，1948 年 10 月 28 日，党中央做出《关于准备夺取全国政权所需要的全部干部的决议》，要求华东等老解放区抽调干部随军南下，接管新区政权。在党中央的号召下，志在四方的齐鲁儿女，舍小家为大家，以坚定的政治原则，怀着崇高的革命情怀，背井离乡，赶赴南方，谱写了一曲家国天下的南下凯歌。

八路英豪驰援南方

解放战争时期，开往南方的山东干部队伍至少有 8 路英豪。

第一路是晋冀鲁豫及山东南下干部支队。这一批次南下干部就是有名的“桐柏英雄”，即 1947 年跟随刘邓大军挺进大别山的队伍。这路英豪是晋冀鲁豫中央局根据党中央的指示，从 4 个地方（冀鲁豫、冀南、太行、太岳各区）抽调的 1850 名干部。这批南下干部中，有 1450 人是区级干部。一部分被直接分配在豫北，其余的跟随刘邓大军挥师南下。第一批南下干部分兵向南挺进，8 月底到达大别山区。在落脚地点上，这批干部有的被分配到安徽金寨等县，有的被分配至江汉区鄂中分区的京山和豫东南的光山等县，但主要人员的落脚点是大别山革命根据地新划定的 4 个区（豫东南、鄂皖、皖西、鄂东）。第一路南下干部肩负的使命比较复杂艰巨，一要配合刘邓大军实现主力作战；二要开展剿匪、反霸等打击破坏的任务；三要推动地方土地改革，完成征粮征款、支援前线的任务；四要帮助完成建立地方政权并扩大革命武装等。

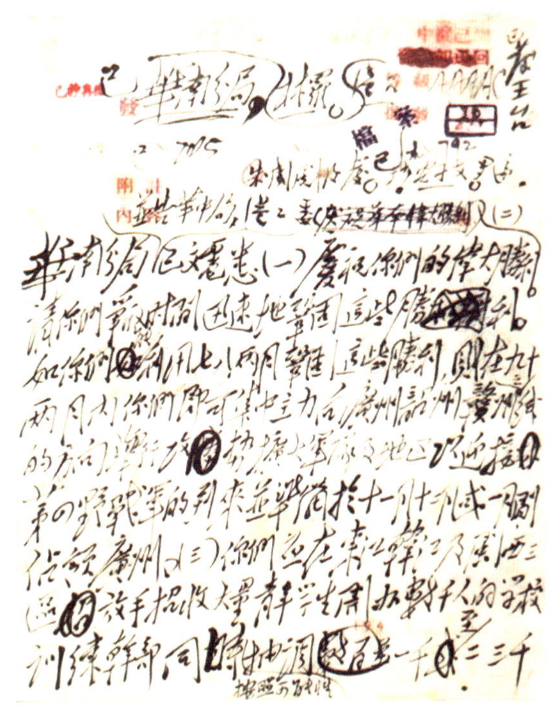

1949 年 6 月，中共中央发出关于布置抽调三万八千名干部问题的指示

中共中央华东局也在山东解放区抽调了一部分干部共 1000 多人组成南下大队。这部分人先在渤海惠民集合受训，后南下至大别山，主要分配在豫西、陕南和江汉地区参与斗争和建设。

第二路是中国人民解放军中原支队。这一批次是 1948 年南下的干部，包括了几个部分，总数一万多人，曾被邓小平高度评价为“相当十万大军”。第二路南下干部主要承担的使命是前去巩固中原解放区。第二路南下干部在行进中，机智勇敢，胆大无畏。为了躲避国民党飞机轰炸，他们经常昼伏夜出，灵活应敌。行进途中，为了更好地完成党交付的任务，基本是一路行进一路培训，陈毅曾经给第二批南下干部当政治和军事学习的校长。第二路南下干部有留在惠民地区学习的，有随西兵团去苏、皖及豫

《黎明·山东干部南下》(绘画作品)

东工作的，有在陕南、桐柏、江汉和豫西地区的。在这些地方，南下干部结合当地形势，完成了粮食支前、清匪反霸以及动员参军等多项任务。1949 年 10 月，其中又有几百人分配至湖南邵阳地区工作。

第三路是华东南下干部纵队，即 1949 年成建制参与接管江南的南下干部。整建制抽调的方法，具有鲜明的优越性，成为后来干部抽调工作的参考样板。第三路干部共抽调 1.5 万人，分期分批集结训练，华东局和山东省的领导饶漱石、陈毅以及舒同、黎玉等人都曾亲自给这些干部讲话、做思想工作。第三路干部的去向比较复杂，有在浙江扎根的，有去上海接管的，有南下福建的，还有到祖国大西南的。他们多用毕生的心血，参与了地方接管和政权建设工作。

第四路是中国人民解放军第二野战军五兵团南下、西进支队。这支干部队伍包含范围较广，除了二野五兵团南下、西进支队外，还包含冀南南下的齐鲁儿女。这支队伍从1949年2月开始抽调组织，先由冀鲁豫区党委抽调各级党政军干部3993人，组成一个完整的外调区党委架子，对外即称冀鲁豫南下干部支队。3月，在南下途中，队伍获得“中国人民解放军第二野战军第五兵团南下支队”的番号，并扩充至5580人，其中3993人为干部，另有勤杂人员和战士1587人。这支队伍的领导人员配备正规而且高级，由傅家选任司令员，徐运北任政治委员，参谋长则由万里担任。为保证队伍安全，上级还给这支干部队伍配备了9个警卫连担任警戒保卫任务。后来行进过程中，队伍又得到扩充，总数

1949年3月11日，太岳直属机关欢送南下干部临别合影

超过1万人。

这支队伍的落脚点，有4月在万里带领下去接管南京的620余人。另有一批人在赣东北建立起地方政权。7月中旬，遵照中共中央和中央军委指示，建立起西南局，邓小平、刘伯承和贺龙等人都是其中成员。8月下旬后，第四路南下支队的部分人员到达贵州，成立贵州省委，接管贵州。10月，第四路队伍中的西进支队干部总数达到1万人以上，加上勤杂人员，总数就达1.5万余人。他们分赴贵州各地市县进行接管工作，建立党政机构。在经过8000余里的长途跋涉之后，第四路南下、西进干部队伍为新区建设贡献出一生的精力。

第五路是中国人民解放军冀南南下干部支队，即山东干部南下服务团带领的“学生军”南下队伍。这支冀南抽调的队伍由各级领导班子一分为二组成，一半冀南区干部留原地工作，一半按照中共中央和华北局的指示南下。冀南南下干部支队于1949年春节前后抽调组成，共约4000人，内含3500名干部，另500名为后勤服务人员。3月初，冀南区全体南下干部集中起来，4月上旬启程南下。冀南南下干部的主要目的地是湖南，约2000人组建起常德地委，另1000多人组建起益阳地委。冀南南下支队历时半年多，或火车行进在徐州、蚌埠铁路线上，或轮船逆流激荡于长江中，奔波行进数千公里进入湘地，出色完成入湘支援的使命。

第六路是中国人民解放军华东随军服务团。华东随军服务团是毛泽东和中央军委为使东南各省早日解放而组建，张鼎丞被任命为福建省委书记，并兼任南下服务团的团长。全团由近3000人组成，其中主要是上海知识青年，约有2400人，还有老干部200人、医务警卫等人员300人。南下服务团从1949年6月中旬开始组建，10月中旬建成。他们昼夜行进，经上海、江苏、浙江、江西后到达福建。

1949年，南下支队南下赣东北在江西上饶合影

在南下服务团中，抽调的山东干部主要是来自齐东、高青、益寿三县的干部。这批山东干部先参与上海接管工作，后继续南下至福建，与华东军区卫生部抽调的50余名山东籍人员一起，共同为福建接管和政权建设做出重要贡献。

第七路南下山东干部隶属于中国人民解放军第二野战军西南服务团。西南服务团是为及早解放祖国大西南的130万平方公里土地而组建。1949年上半年，蒋介石在西南地区集结了国民党军队和地方武装90多万人，对当地人民进行盘剥，伺机反扑。考虑到国民党的企图，毛泽东在渡江战役胜利后，代中央军委起草了电报，准备以主力或全军向西南开进。

祖国西南地域广阔，需要大量干部帮助接管。这年6月11日，中共中央发出《关于布置抽调三万八千名干部问题的指示》，招收大量人员到西南工作。由邓小平建议，这支招收的随军干部队伍定名“中国人民解放军西南服务团”，总团部主任为宋任穷，总人数约为1.7万人。

西南服务团中，山东干部主要由两大部分构成：第一部分是包含3000名干部的华东支前司令部和苏南等4个前方办事处的人员；二是专门抽调的350名山东干部，其中大部分编为云南支队第六大队。西南服务团中的山东干部总数约为3000人，他们随着

1万多人的大军，于1949年10月1日这个特殊的日子，离开已经解放了的大后方，向西南开拔，踏上了被邓小平称作“小长征”的漫长征途。他们最后随军落脚于云南和四川等困难之地，带着对胜利的无限期望，克服重重阻力，为接管并建设新西南，立下不朽功勋。

第八路是山东公安南下干部。山东公安南下干部主要由两部分组成，一部分是华东警官学校学员，一部分是济南市公安局干警。这个特殊的群体，与那些本来就从事政权工作的地方干部一起，奔赴南方需要的地方，参与到当地的政权建设中去。

1948年9月济南解放，次年5月初，中共济南特别市公安局接到华东局指示，要求抽调干部，参与接管上海警察系统。济南特别市抽调了一半的骨干，全部是来自省内各老解放区和原华中的骨干同志，准备南下。华东局社会部也抽调了一部分公安保卫干部，总计近700人。

1949年4月下旬，在舒同任部长的华东社会部率领下，华东警官学校师生和公安干部接管上海国民党警察、特务机构。他们组建人民机关，对城市进行管理。5月，1400多名南下干部赶赴上海。他们奉命接管旧的警察系统，包括上海伪警察训练所、伪警察局和博物馆等。6月，一部分南下干部在梁国斌率领下，南下福建。后又有一批人前往重庆。济南市委书记张北华还曾率领一部分南下干部到达徐州，参与接管工作。

深情洒满征途

山东干部南下过程中，最多的时间就是集结、学习、训练和行军。在动辄上千里的奔波途中，发生过不少令人感慨的事情。

上海外滩街头的山东南下女干部

纪振忠，山东籍南下干部。在 87 岁时，回忆起当年行军往事仍记忆犹新：“当时湿热多雨还有鼠疫，渴了喝一口稻田里的水，条件确实很艰苦。”虽然条件艰苦，但浓浓的官兵情、真挚的战友情、深厚的鱼水情，时刻感动激励着大家。

官兵情化解离乡之愁。南下干部抽调，并非一帆风顺，实际工作中面临着很多具体的困难。被抽调干部有对父母亲人的牵挂，有对前途未卜的忧虑，也有对南方“天无三日晴，地无三里平，人无三分银”甚至“三个蚊子一盘菜”环境的恐惧。尽管在干部抽调之初，就会对被抽调人员进行思想动员，但行进途中仍然会有这样那样的阻力，化为浓浓乡愁，萦绕在南下人员心头。

1949 年 3 月 5 日，在菏泽城南晁八寨的学习动员大会上，区党委书记潘复生的一句“我们学习好了，是可以少死人的”告诫，曾触动很多南下干部的内心。当时的中共冀鲁豫区党委书记潘复生，针对压在南下干部心头的轻敌情绪和困惑，曾说：“现在虽然组织上准备好了，但思想上要好好地准备一下，一切准备好了我们再走，愉快地走到新区去，担任起党交给我们的光荣任务。我们学习好了，是可以少死人的。特别是部队的同志在这点上，体会是很深刻的。我们早做好了，很快就取得胜利。”通过动员，南下干部和战士了解了南下工作的重要性，对面临任务的长期性有新的把握，从而放下了思想包袱，自觉自愿跟随队伍南下。

行进途中怕搞不到粮食挨饿，队伍就把上级调来的大米随军携带前进。背不动的粮食，他们就雇请民工帮忙运送。路途难行，官兵一起上阵，肩扛、手拖，缓缓前行。其中有一位被称为李县长的中队长李志刚，也和大家一样，甩开膀子拉车。被雇请的民工看到，很是惊奇：“国民党的县长坐轿子，共产党的县长拉车子，真是天壤之别！”驻地群众也都跑来，想要亲眼看看这位拉车子的共产党县长。

共产党南下干部的作风，不仅感动温暖了自己的队伍，也教育和感染了沿途群众。

身心安处即故乡

在南方一些省份的干休所里生活着不少的老人，他们都有一口浓浓的北方乡音。南下干部贡献了毕生精力的南方城市，和他们魂牵梦绕的故乡，都深刻铭记着他们的付出。

在福州，有一座“山东南下干部纪念碑”，巍然矗立在苍松翠柏之间。那激情洋溢的《南下赋》，生动记录着南下干部的精彩过往。在巍峨的泰山脚下，山东省政府修建的“老战士纪念广场”，则把南下干部的英名镌刻其上。

干休所里，那些步履蹒跚的老人说：“我们是幸福的，我们有两个故乡。”

乡愁就像一把尺子，丈量出的是山东南下干部的家国情怀，也有他们无法更改的思念。任启俊，一名当年跟随队伍南下的山东籍干部，他说：“不管怎么说，还是想家。我去世以后，还是要埋葬回老家，叶落归根。”更多淳朴的山东南下干部用朴实的语言，描述出一幅既惦记故乡又安心当下的内心景象：“已经身在这个地方了吧，这个地方也是故乡了，但是那个故乡是永远忘不了的。”

那叶落归根的梦，是如此悠长。南下干部把对家乡亲人的思念、对故乡热土的依恋，深深地融入他们的政治品格和道德示范中。在国家需要的时刻，南下干部挺身而出，顾全大局，勇于牺牲，展现出深厚的家国情怀；在人民需要的时刻，他们率先垂范，艰苦奋斗，乐于奉献，展现出共产党员的闪亮风采。新时代，南下干部身上凝聚的宝贵精神、政治品格和坚强意志，必将激励一代又一代共产党人忠诚于党，忠诚于人民事业，为实现中华民族伟大复兴的中国梦，贡献更为磅礴的伟大力量。

（本文原载党建读物出版社 2021 年版《山东红色文化故事》）

英烈千秋

为有牺牲多壮志

天地英雄气，千秋尚凛然。淮海大地是一块红色的土地、英雄的土地，淮海儿女敢于斗争、善于斗争、甘于奉献，涌现了一批又一批坚守信念、传播火种的革命先驱，一个又一个献身革命、赴汤蹈火的英雄豪杰。

在风雨如晦的革命年代，是他们高擎信仰火炬，义无反顾地踏上了为民族独立、人民解放而奋斗的征途。在民族危亡之际，是他们以铮铮铁骨战强敌、以血肉之躯筑长城。在党和人民需要的时候，是他们挺身而出、英勇斗争，随时准备为党和人民牺牲一切。这些英烈们的感人事迹，时刻激励着我们赓续红色血脉，传承革命精神，努力在中国式现代化建设新征程上砥砺前行，建立新功。

本篇记录了40余个英烈模范和英雄群体，其中有建党之初参加中共一大的山东代表王尽美与邓恩铭；有徐州地区中共党团组织创建人吴亚鲁；有皖东北抗日根据地的开拓者江上青；有被毛泽东等人誉为“共产党人的好榜样”的彭雪枫；还有以生命践行“一不怕苦、二不怕死”铮铮誓言的王杰等。无数可歌可泣的英雄儿女，将永远铭刻在淮海革命史册上，千古流芳，永垂不朽。

王尽美：中国共产党创始人之一

贫富阶级见疆场，尽善尽美唯解放。

潍水泥沙统入海，乔有麓下看沧桑。

——王尽美

王尽美（1898—1925），原名瑞俊，又名烬美，字灼斋，原临沂地区莒县枳沟镇大北杏村（今属诸城市）人，中国共产党的优秀党员，杰出的共产主义战士，中国共产党的创始人之一，山东党组织的创建者和早期的领导者，在党的创立和早期革命活动中，做出了卓越贡献。2009年，被评为“100位为新中国成立做出突出贡献的英雄模范人物”。

王尽美

1920年3月，北京大学马克思学说研究会成立后，王尽美成为其通讯会员。为了进一步传播新思潮，探索救国救民的道路，王尽美与山东一中的进步学生邓恩铭等联络进步青年学生，在济南秘密建立“康米尼斯特学会”（英语译音，即共产主义学会）。11 月，他们发起成立“励新学会”，联络进步知识分子，研究介绍新思想，传播新文化，后来会员发展到二三十人。12 月 15 日，创办《励新》半月刊，他任主编，开始运用马克思主义的理论来探索中国的社会问题，逐步确立起坚定的共产主义信仰。

1921 年春，王尽美和邓恩铭等人一起领导建立了济南共产党早期组织——山东共产主义小组。5 月，参与创办了《济南劳动周刊》，在工人中广泛地传播马克思主义，推动了山东革命形势的发展和工人运动的兴起，促进了马克思主义同工人运动的结合。7 月，王尽美与邓恩铭作为山东代表，出席了在上海望志路 106 号（今兴业路 76 号）举行的中国共产党第一次全国代表大会，通过了党的纲领、决议，为中国共产党的成立做出了重要贡献，成为中国共产党创始人之一。

中共“一大”之后，王尽美的心情十分激动，他把自己的名字改为尽美，并以“尽善尽美唯解放”来抒发为实现共产主义理想而献身的信念。回到济南后，在中共中央代表的指导下，王尽美在山东建立了中国共产党山东区支部，任书记。为了有计划、有目的地学习和宣传马克思主义，9 月建立了“马克思学说研究会”，发展会员

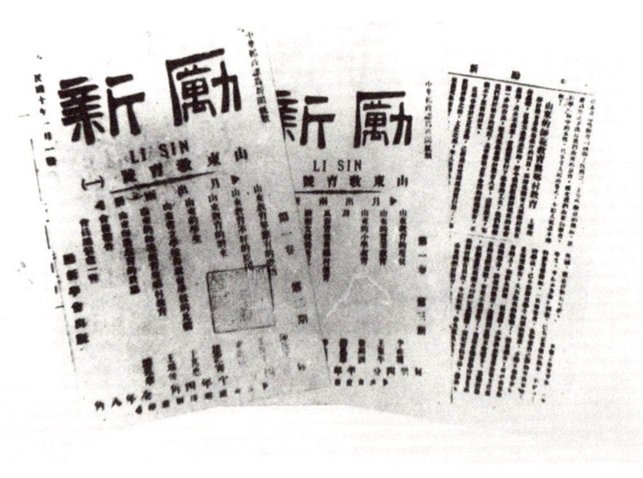
勵新
LI SIN
勵新
LI SIN

王尽美主编的《励新》刊物

五六十人。同时，他分派山东第一批共产党员的骨干，到胶济铁路沿线的青岛、张店、博山、益都等地建立了党的组织，积极领导开展工人、学生、农民运动和统一战线等各项活动。同时，根据中央指示，成立中国劳动组合书记部山东支部，并创办《山东劳动周刊》。

1922 年 1 月，王尽美作为中国共产党的代表之一，赴莫斯科出席共产国际召开的远东各国共产党及民族革命团体第一次代表大会。会后，他和代表对年轻的社会主义国家苏联进行了参观访问，受到激励和鼓舞。回国后，于 7 月 16 日至 23 日出席了在上海举行的中国共产党第二次全国代表大会，向大会汇报了莫斯科会议的情况。会后，被留在中央劳动组合书记部，参与制定《中国劳动法大纲》。

不久，中国劳动组合书记部济南支部合并于北京分部，王尽美任副主任兼秘书。他奉命到京奉路山海关一带开展工人运动，成功领导了京奉铁路大罢工，争得了工人的基本权利，建立了京奉路全路总工会。在此基础上，又参加了全国闻名的秦皇岛开滦五矿大罢工。罢工期间，王尽美奔走于北京、山海关之间，一面积极组织工会参加声援，一面又严防敌人袭击，深为敌人痛恨。1922 年 11 月，领导建立秦皇岛地区第一个党小组。这年冬天，王尽美被济南省立第一师范学校以“危险分子”嫌疑开除学籍，从此成为职业革命家。

1923 年 1 月，王尽美又领导建立京奉铁路总工会及山海关分会，王尽美任总工会秘书。“二七”惨案爆发，王尽美被反动当局逮捕，经工人营救获释。之后，奉命回山东负责党的工作。10 月 6 日，中共山东地方执行委员会成立，直属中央，王尽美任委员长兼宣传部主任。

1923年6月，王尽美根据党的指示，以个人身份加入中国国民党，并于1924年1月，代表山东出席了在广州召开的中国国民党第一次全国代表大会。会后，被委任国民党山东省党部执行委员会委员。同期，创办了《十月》杂志，并参加了《晨钟报》《现代青年》的编辑和撰稿工作。这年冬天，王尽美到北京参加国民会议促成总会举办的演讲会，听取了李大钊关于《开展国民会议运动》的演讲。他与同去的3人返鲁时，路过天津，孙中山在国民饭店约见了他们，并以个人名义，委派其为国民会议宣传员特派员。回山东后，王尽美等奔走各地，开展国民会议运动，并帮助青岛、淄川、张店等城市建立起国民会议促进会。

1925年1月，王尽美出席中共第四次全国代表大会。此时，正值工人运动蓬勃发展之际，王尽美不停地奔走于济南、北京、上海、广州等地，长期的劳累和艰苦的生活，使他患上了严重的结核病，以致吐血晕倒，住进了医院。但王尽美仍时刻关注着工人运动发展，病稍一稳定，便赴青岛投入战斗，到处开会演讲，广泛发动群众。在他的努力下，成立了青岛国民会议促成会。他与邓恩铭一起领导胶济铁路全线和四方机厂工人大罢工，成立了胶济铁路总工会。青岛纱厂工人举行第一次联合大罢工，迫使日本资本家签订了9项复工条件。当时《申报》报道称：罢工场面非常壮观。铁路工人个个斗志昂扬，用铁路枕木、钢轨封锁了铁路线，司机熄灭了车内的炉火，胶济铁路全部瘫痪了。

1925年8月19日，年仅27岁的王尽美病逝于青岛。病重期间，他请青岛党组织负责人记录，口授遗嘱：全体同志要好好工作，为无产阶级和全人类的解放和共产主义的彻底实现而奋斗到底。

1961年，董必武经过山东，时距中共一大召开已40年，写下《忆王尽美同志》："四十年前会上逢，南湖舟泛语从容。济南名士知多少，君与恩铭不老松。"

（本文由临沂市政协文化文史和学习委员会、中共临沂市委党史研究院供稿）

最年轻的中共“一大”代表邓恩铭

卅一年华转瞬间，壮志未酬奈何天。
不惜唯我身先死，后继频频慰九泉。
——邓恩铭《诀别》

邓恩铭，原名恩明，字仲尧。1901 年 1 月 5 日出生在贵州省荔波县的一个水族劳动人民家庭里。邓恩铭幼年家境贫寒，16 岁随二叔黄泽沛从贵州来到山东。邓恩铭的中学时代是在济南山东省立第一中学度过的。

五四运动爆发后，邓恩铭在五四运动的启发下，认识到要救中国和彻底铲除民族压迫，必须努力探求马克思主义真理，走俄国十月革命的道路。他积极参加和领导了济南的学生爱国运动。在斗争中，邓恩铭与王尽美结为亲密的战友。1920 年 11 月 21 日下午，他和王尽美一起发起组织了进步文化团体——励新学会。邓恩铭被选为学会领导成员之一。1921 年秋，邓恩

邓恩铭

铭与王尽美发起组织了马克思学说研究会，会员最多时达五六十人。1921 年春，济南共产主义小组诞生，邓恩铭、王尽美是小组的负责人。1921 年 7 月，中国共产党第一次全国代表大会在上海召开。邓恩铭和王尽美作为济南的代表出席了这次会议。当时，邓恩铭才 20 岁，年纪最轻，并且是唯一的少数民族代表。1922 年 1 月，邓恩铭作为中共代表之一，出席了共产国际在莫斯科召开的远东各国共产党及民族革命团体第一次代表大会。在会议期间，他亲眼见到了革命导师列宁，聆听了列宁对中国革命的指示，增强了他对中国革命必然胜利的信念。

1922 年 4 月，邓恩铭从苏联归国回山东。根据党的指示，他积极投身到工人运动中去，深入到淄博矿区开展工作。在邓恩铭的领导下，矿区工人很快地组织了矿业工会淄博部、学术研究社。以后，又建立了淄博矿区的第一个党支部——洪山矿区党支部。

1923 年 1 月，邓恩铭被组织上调去青岛，他以小学教员的身

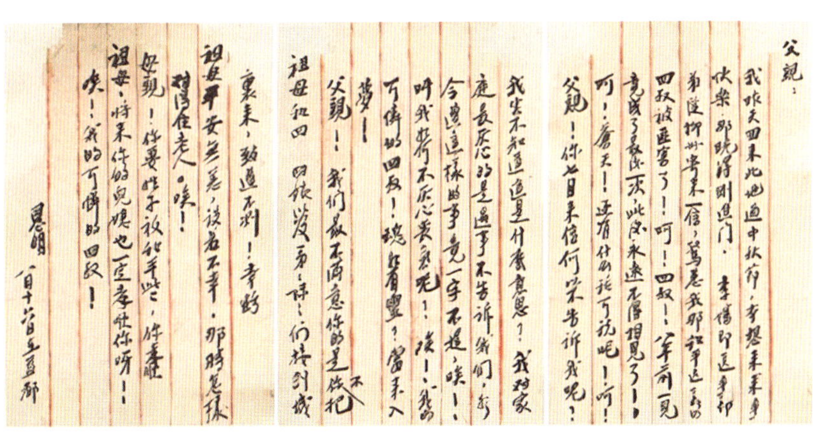

父親：

我昨天回來此地，適中秋節，李想來來身伙樂，那晚得到進門。李儒即送來弟從柳州寄來一信，寫是我那親的四叔被匪害了！呵！四叔！呵！四叔！一年前一見竟成了最後一次，此後永遠不會相見了！呵！蒼天！還有什麼話可說呢！呵！父親！你七月來信何不告訴我呢？

我實不知道這是什麼意思？我對家庭最盡心的是遇事不告訴我們，就今後這樣的事竟一字不提，唉！叫我將不盡心要怎麽呢！唉！我的可憐的四叔！總算有靈？當來入夢！

父親！我們最不滿意你的是你不把祖母和四叔波勇，請請，何待到衰來，結道不到！可憐祖母平安無恙，該是不幸，那時悲悽在老人。唉！母親！你要好好保重些，你看祖母，將來你的兒媳也一定孝敬你呀！唉！我的可憐的四叔！

恩明 八月十六日在益都

1925 年农历八月十六日，邓恩铭在益都写给父亲的家书

份进行革命活动，主要开展党团的组织建设工作，很快成立了中共青岛直属支部，邓恩铭担任第一任支部书记。在以邓恩铭为首的中共青岛直属支部领导下，斗争如火如荼地开展起来，1925 年曾先后以四方机车厂和纱厂为中心，掀起了 3 次大规模的罢工斗争。

1924 年 10 月的一个夜晚，邓恩铭化装成新闻记者，在四方机车厂召集 30 多名工人积极分子开会，他说："我们工人有组织工会的权利，如果不组织起来，是一盘散沙，人人欺侮；组织起来就有力量，就可以提出我们的要求，可以改善生活待遇。我们组织工会必须严密，绝对不能让工贼参加，这样内部才能更加团结，更有战斗力。"经邓恩铭的努力，改造了行会性质的工会组织。到 1925 年初，四方机车厂秘密加入工会的工人达 800 多人，超过全厂工人总数的 60%。工人有组织的队伍不断壮大，最后建立了整个胶济铁路全线的工会。

1925 年 2 月 8 日，胶济铁路工人实现全铁路大罢工，据当时《申报》记载："罢工场面非常壮观，全路大罢工在 2 月 8 日晚上 12 时开始，铁路工人个个斗志激昂，用枕木钢轨封锁了铁路线，司机熄灭了机车内的炉火……各段各站的工人一律停止工作……胶济铁路全部瘫痪了。"

罢工的第二天，铁路沿线各段工人均提出增加工资的要求，经过斗争，大都实现了。四方机车厂的工人在邓恩铭的亲自领导下，罢工坚持了 9 天，最后也迫使厂长答应了复工条件。罢工斗争终于取得全面胜利。同年 3 月，胶济铁路工会正式诞生了。对这次罢工大斗争，邓中夏在 1930 年写的《中国职工运动简史》一书中做了高度评价。

1925年8月，邓恩铭因工作需要调任中共山东地方执行委员会书记，领导全省的职工运动、农民运动和统一战线等各项工作。同年11月，地执委在济南东关机关进行筹备俄国十月革命纪念活动，被敌人侦知，地执委机关遭破坏，邓恩铭被捕入狱。这时他由于长期操劳，已患了肺结核病，入狱后，遭受折磨，病情恶化。后来，经过地下党组织设法营救，得以保外就医。1926年6月秘密回到青岛，主持中共青岛市委工作。

1928年12月，由于叛徒出卖，省委机关被破坏，邓恩铭第二次被捕。面对敌人残酷的刑罚和威逼利诱，邓恩铭表现出了坚贞不屈的革命精神。在狱中他秘密地进行党的活动，领导被捕党员和其他“犯人”进行了数次狱内斗争。这些斗争都获得了胜利。他还积极组织大家进行政治学习和文化学习，提高了难友们的阶级觉悟和政治文化水平。

1929年4月19日晚上，邓恩铭组织了第一次越狱，但这次斗争因组织工作做得不够充分，除杨一辰同志一人逃出外，其余18人又被捕入狱。邓恩铭和同志们认真总结了第一次越狱失败的教训，又酝酿第二次越狱斗争。1929年7月21日晚饭后，以邓恩铭为首，成立了五人领导小组，指挥这次越狱。这次参加越狱的同志划分为3个小分队，身体强弱互相搭配，各有分工，并与监狱外地下党取得联系。邓恩铭在多次受刑、体弱多病的情况下，一面指挥，一面由同志们搀扶着冲出囚室。然而，不幸再次被捕，打入死牢。1931年4月5日凌晨，邓恩铭和刘谦初等22位同志，在济南纬八路刑场英勇就义。邓恩铭与同志们以大无畏的革命精神，昂首阔步地走向刑场，沿途高呼：“打倒帝国主义！打倒反动军阀！”临刑前，邓恩铭毫不畏惧，与同志们一起慷慨激昂地高唱《国际歌》，高呼："中国共产党万岁！"邓恩铭为共产主义事业、为中国革命奉献出了宝贵的生命，就义时年仅30岁。2009年9月，邓恩铭被评为"100位为新中国成立做出突出贡献的英雄模范人物"。

（本文由临沂市政协文化文史和学习委员会、中共临沂市委党史研究院供稿）

吴亚鲁：徐州党团组织创建人

1922年5月，中国共产党成立后的第十个月，就有一个南通热血青年迈着坚定的步伐跨进了中共党员的行列，他就是徐州党团创建人、“平江惨案”中壮烈牺牲的烈士吴亚鲁。

1898年12月8日，吴亚鲁生于江苏省如皋县潮桥镇（今属如东县）的一个贫苦知识分子家庭。他天资聪颖，从小受到父亲吴璜的良好教育，上过私塾，10岁到马塘第四初等学堂（今潮桥小学前身）读书。1915年考入如皋师范，毕业后到金沙当了一段时间的小学教师，1920年进南京高等师范学校教育专修科求学。

吴亚鲁

在南京高等师范学校期间，吴亚鲁在五四运动的影响下，开始追求革命真理，探索救国救民的道路。他如饥似渴地阅读《新青年》等革命书刊，学习马克思主义，积极投身革命活动，先后参加了少年中国学会、社会主义青年团，被团中央任命为

《先驱》驻宁通讯员及调查员。1922 年 2 月 5 日上午，他与侯曜在南京高等师范学校主持召开了南京地区首次团员代表大会，成立了“中国社会主义青年团南京地方委员会”，他被推选为主要负责人。会上还决定组织南京马克思学说研究会。该研究会于同年 5 月 21 日成立，他是主要负责人。在吴亚鲁等领导下，马克思学说研究会积极开展演讲会、报告会等活动，促进了马克思主义在南京地区的传播。就在这时，吴亚鲁成为光荣的中共党员。从此，他把自己的命运跟党的命运紧密地联结在一起，坚持不懈地为实现党的纲领和宗旨而奋斗。

1922 年暑假，吴亚鲁回到家乡，他积极利用假期开展宣传活动，传播革命思想。8 月 27 日下午，他联络邀请了旅宁、旅沪、旅京等地求学的如皋籍学生 50 多人，成立了以反帝反封建为宗旨

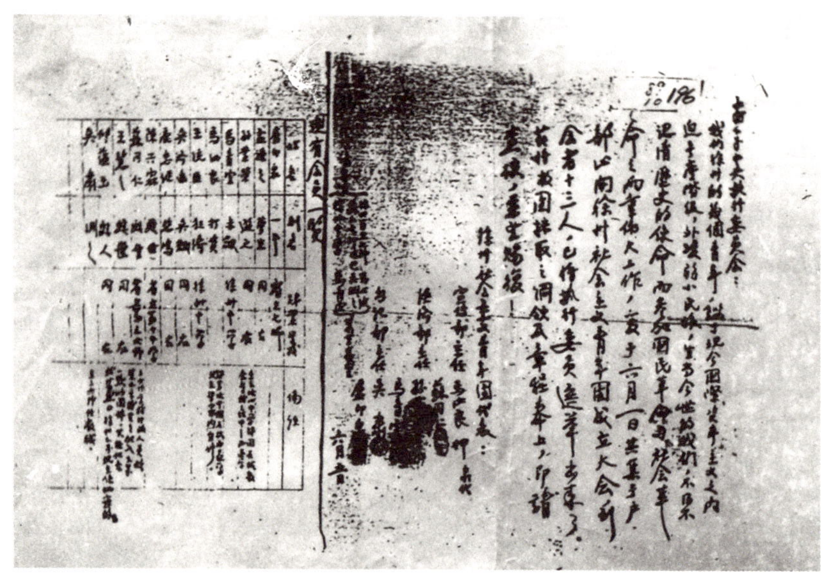

吴亚鲁向团中央汇报徐州社会主义青年团成立的报告

的进步团体平民社，并创办社刊《平民声》，他亲任主编。与此同时，他联络表弟丛永琮（丛允中）、弟弟吴亚苏及潮桥附近的一些青年，组成潮桥青年学友会，刊行《潮桥青年》，揭露土豪劣绅的罪恶，传播革命思想，这在当地知识青年旅外学生中产生了很大影响。苏德馨、叶胥朝、陆景槐（陆植三）以及吴亚鲁的表弟丛允中、弟弟吴亚苏等一批青年都在他的引导下走上革命道路，并成为党的优秀干部。吴亚鲁是如东、南通地区第一个撒下革命种子的人。

1923 年夏，吴亚鲁从南京高等师范学校毕业，被党派到徐州开展工作，他是党派到徐州的第一个共产党员。在徐州，他以省立第三女子师范教员的身份为掩护，组织女师的学生阅读《新青年》《向导》和其他进步书刊，向学生介绍俄国十月革命，宣传马克思主义，揭露和抨击北洋军阀的黑暗统治，引导她们向旧教育制度和封建礼教宣战。他创办了徐州第一个社会妇女识字班，组织妇女学文化，动员她们剪发放足，参加革命活动。后来，他点燃的革命烈火逐步蔓延到其他学校、工厂和铁路工人中间，培养了一批积极分子。有的以后发展为中共党员，在革命斗争中做出了贡献，甚至献出了宝贵的生命。如在皖北各地开展革命活动，后来被国民党杀害于南京雨花台的朱务平、吕国英烈士；在重庆渣滓洞牺牲的宋绮云烈士的夫人徐林侠烈士、吴亚鲁的夫人苏同仁烈士等。1924 年 4 月，他发展了第一批社会主义青年团团员。6 月 1 日，在户部山召开团员大会，成立徐州社会主义青年团组织（后改组为支部），他任书记部主任。1925 年 1 月 26 日，他以徐州团组织代表的身份参加了中国社会主义青年团在上海召开的第三次全国代表大会。6 月，上海“五卅惨案”的消息传到徐州后，吴亚鲁领导党、团员发动群众，积极开展声援活动。他还在团内秘密成立了徐州第一个党组织——中共徐州支部，兼任书记。由于吴亚鲁在省立第三女子师范驱赶校长的斗争中暴露了身份，党组织为保护他，于1925年秋把他调到河南郑州豫丰纱厂从事工人运动。北伐开始，他随军出征，在叶挺任师长的国民革命军第四军第二十四师任政治部宣传科科长。蒋介石、汪精卫相继背叛革命后，吴亚鲁夫妇随贺龙部队参加了著名的八一南昌起义。起义失败后，他先后去广东、福建从事党的工作。在福建期间，他曾去香港、台湾开展革命活动。1928年3月，吴亚鲁任中共厦门市委书记。8月，中共福建省第一次代表大会在厦门召开，他当选为中共福建省委委员兼宣传部长。9月，他以省委巡视员的身份到泉州、安溪、南安、永春等地巡视，指导工作。他与另一个同志到永春后，主持召开了中共永春县第一次代表大会，并任代理县委书记。在他的努力下，永春县各项工作有了很大起色，革命形势出现了高潮。他还深入基层指导工作，整顿了农民革命团体觉民社，改组了东区农民协会，举办了党的训练班。11月中旬，吴亚鲁调省委，1929年5月任秘书长，不久增补为省委常委（常委共3人）。1930年8月，根据中央指示，省委合并了党、团、工会等组织，成立福建省总行动委员会，吴亚鲁任候补执委。同年12月，吴亚鲁调到山东工作，先后任省委秘书长兼宣传部部长、常委等职，一度负责省委全面工作。1932年，调到上海，在中共地下组织领导的互济会任救援部部长，秘密组织赤色工会。

在革命斗争中，吴亚鲁曾几次被捕。1933年初春，在上海公共租界被捕，当时他身患肺病、胃病和比较严重的哮喘病，每天睡在水泥地上，只靠一条破毯子过夜。敌人对他多次审讯，并施加电刑，使他身体受到严重摧残，但他以惊人的毅力忍受着病痛的折磨和敌人的严刑逼供，坚贞不屈，决不招供。敌人无奈只得将他释放。同年夏，他又在上海法租界被捕，后经著名诗人柳亚子延请大律师史良为他辩护，方免于被引渡给国民党反动当局，但仍被法院判刑 3 年零 6 个月。

1938 年上半年，党派曹荻秋与他接上了关系，并派他去湖南长沙。同年秋，吴亚鲁由八路军驻湘办事处派往新四军驻平江嘉义镇留守处（1939 年 4 月改称通讯处）任秘书主任，党内职务为中央湘鄂赣特委委员、秘书长。留守处人少事多，他白天要参加会议，听取汇报，接待来访，处理友党友军之间的问题；晚上要草拟文件，撰写汇报材料，编写党课教材，经常忙到深夜。当时他肺病复发，经常吐血，仍夜以继日地工作。

1939 年 6 月 11 日，国民党第二十七集团军头目杨森出动大批人马，秘密将只有 10 个工作人员和 1 个保卫班的通讯处包围起来。12 日午后，敌人先将通讯处的新四军上校参议涂正坤骗出杀害。接着，一群荷枪实弹的暴徒冲进通讯处，气势汹汹地叫嚷道："你们谁是负责的？快出来！"正在工作的吴亚鲁看苗头不对，为掩护其他同志，毅然挺身而出："我是负责的，你们要干什么？你们为什么要枪杀抗日战士？我们要向全国人民控告你们！"敌人像一群疯狗似的围着他拳打脚踢，强行把他拉出通讯处大门。他一边抗议，一边赤手空拳跟敌人搏斗。敌人向他连开数枪。他连声高呼"打倒帝国主义！中国共产党万岁！"等口号，慢慢地倒在嘉义镇的万寿宫前，年仅 41 岁。

"平江惨案"发生后，引起了全国人民的震惊和愤怒，延安、重庆、桂林等地相继举行追悼大会。1939 年 8 月 1 日，延安举行追悼“平江惨案”被害烈士大会，各界代表万余人冒着雷雨参加，毛泽东、博古、王稼祥等中共中央领导人出席。毛泽东做了题为“必须制裁反动派”的著名演说，并送了挽联。中共中央也送了两副挽联，其一写道：“在国难中惹起内讧，江河不洗古今憾；于身危时犹明大义，天地能知忠烈心。”吴亚鲁不愧是深明大义的忠烈之士，不愧是坚强的共产主义战士。

2009 年，吴亚鲁入选“50 位为新中国成立做出突出贡献的江苏英雄模范人物”。

（本文由徐州市政协文化文史委员会、徐州市史志办公室供稿）

朱务平：风雨长淮擎旗手

朱务平是淮北地区党团组织的重要创始人、土地革命战争时期长淮地区革命斗争的擎旗人。他用一腔热血践行了他的铮铮誓言，他的不朽精神永远铭记在共和国的巍巍丰碑上。

少年立志　投身革命

朱务平，原名朱焕明，号镜秋，化名朱大春、朱大生、冯心，1899 年 10 月 25 日生于濉溪县临涣镇朱小楼村。1917 年，朱务平进入宿县县立第二高等小学（校址在今安徽省濉溪县临涣镇）读书，他接触到《新青年》《每周评论》等进步刊物，开始关心国家命运和动荡的时局。1919 年五四运动爆发后，朱务平和徐风笑在临涣成立学生联合会、教职员联合会，声援北京学生的爱国行动。

1922 年，朱务平考入芜湖赭山中学。1923 年加入中国社会主义青年团。随后，转入徐州培心中学读书。1924 年 5 月，他因领导培心中学学生反对基督教会学校实行奴化教育的斗争，被学校开除，并遭到反动军警的追捕。6 月，朱务平经吴亚鲁介绍加入中国共产党。

朱务平是淮北地区党组织的创建者之一，为淮北地区党组织的建立做出了重要贡献。1925 年春，朱务平、赵西凡介绍陈钦盘、陈文甫加入中国共产党，组成中共百善小组。夏初，朱务平介绍徐风笑、刘之武等加入中国共产党，成立中共临涣小组。夏末，中共临涣小组改建为中共临涣支部，隶属中共徐州特别支部领导。1926 年 3 月，朱务平把共青团临涣支部已达转党年龄的团员转为中国共产党党员，临涣支部有党员 12 人。朱务平即在原中共临涣支部的基础上，组成中共临涣特别支部，并任书记，属中共南京地委领导。7 月，与中共上海（江浙）区委联系，中共临涣特别支部更名为中共宿县（临涣）独立支部，朱务平任书记，直属上海区委领导，统辖宿县各地中共组织。8 月，朱务平经请示中共上海（江浙）区委，组建中共宿城临时支部，并任书记。11 月，中共宿县（临涣）独立支部改建为中共宿县地方执行委员会，书记朱务平，有党员 33 人，先后下辖临涣、濉溪、百善、古饶等党支部。

1927 年 5 月，朱务平出席在武汉召开的中国共产党第五次全国代表大会。

1928 年 7 月，中共宿县县委召开全县党员代表大会，改选县委，朱务平为县委常委，负责组织工作。大会闭幕后不久，朱务平即被调到蚌埠地区工作。

国共合作　推动革命

1924 年 1 月召开的中国国民党第一次全国代表大会，标志着第一次国共合作的正式开始和革命统一战线的正式建立。5 月，朱务平即以个人身份加入国民党。按照中共“三大”和中国社会主义青年团“二大”的要求，朱务平组织淮北地区的一些青年团员以个人身份加入国民党，并帮助组建中国国民党宿县县区党部，作为对外活动的半公开组织。7月初，朱务平、徐风笑、刘之武等帮助临涣地区的国民党党员组织成立中国国民党临涣区党部，这是安徽省建立较早的国民党区党部之一。

在临涣、宿城、濉溪先后成立区党部的情况下，1924年7月下旬，朱务平、江善夫等中共党员组织成立中国国民党宿县临时党部，这也是安徽省建立较早的国民党县党部之一，朱务平、徐风笑、江善夫等被推选为执行委员。

1925年5月30日，上海五卅惨案发生，宿县团组织于6月5日以国民党宿县党部的名义，召开全县国民党员紧急会议，通过誓做沪案后盾等六项决议。1926年4月，国共合作形势进一步发展，国民党宿县县党部正式成立，朱务平为农运委员。7月4日，国民党宿县县党部在共产党人的要求下，召开各界群众大会，支持和拥护国民革命军出师北伐。1927年5月，北伐军占领宿县，朱务平组织和动员各机关、社会团体及各界群众举行盛大的欢迎会，朱务平代表国民党宿县县党部致欢迎辞。11月20日，北伐军第二次占领宿县后，国民党右派分子逐步控制了宿县的行政大权，重新改组县党部，清洗了县党部的共产党员和国民党左派。1928年7月，中共宿县县委召开全体委员会，会议根据中共八七会议的有关决定和朱务平、董畏民等人的提议，决定全体中共党员和共青团员退出国民党。中共党员全部转入地下活动。

工农运动　有声有色

随着中共党团组织在淮北各地的建立和国共合作的开展，淮北地区的群众运动也蓬勃开展起来。1924年秋，朱务平创建宿县

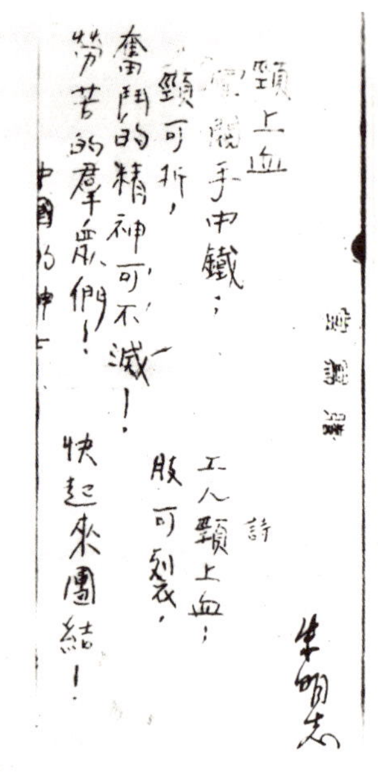

朱务平狱中刻写的《颈上血》诗

第一个区农民协会——临涣区农民协会，这也是安徽省成立较早的农民协会之一。

1925 年暑期，朱务平被徐州教会学校开除后回到宿县，同徐风笑一起组织工运和农运，领导东关小车工人、铁路工人罢工；组织临涣 2000 多名农民和学生，开展同大地主袁三的清算斗争，迫使袁三赔款。1926 年 3 月，朱务平在宿城举办农民运动训练班，每期培训学员百人，培训时间为半个月。朱务平、王香圃等亲自给学员授课。1927 年 2 月，在中共江浙区首次代表大会上，朱务平当选为区委农民运动委员会委员。至 1927 年上半年，宿县已建立临涣、百善、濉溪等 8 个区农民协会，其中临涣和百善两区普遍建立乡村农会，会员发展到数万人。朱务平不仅创建了临涣农民协会，而且把组建农民协会推到淮北各区乡村，并开展一系列反对地主阶级和贪官污吏、土豪劣绅的斗争，当时临涣被喻称为安徽的“小广东”。

1932 年 9 月，时任中共长淮特委书记的朱务平，在白色恐怖笼罩下的蚌埠坚持开展秘密革命斗争。10 月 6 日，由于叛徒出卖，朱务平在凤阳门台子车站被捕，很快就被押送到南京宪兵司令部拘留所关押。

1932 年 12 月 1 日，朱务平在雨花台英勇就义，时年 33 岁，他用实际行动践行了为革命“颈可折，肢可裂”的铮铮誓言。

（本文由宿州市政协文化文史和学习委员会、中共宿州市委党史和地方志研究室供稿）

徐海地区第一位女共产党员苏同仁

“她是一团火，光明而无畏，走到哪里便在哪里播下火种。”这是当时百姓对苏同仁最质朴的评价。作为徐海地区第一位女共产党员、睢宁县第一个党支部创建人，她的一生投身革命，初心报国，信仰坚定。在短暂却绚丽的一生中，她为党播下革命的火种，在革命斗争中献出宝贵的生命。

传承家风积极投身革命

苏同仁（1905—1943），女，字甦生，化名李慧，宿迁市宿城区南蔡乡苏腰庄人。1905年出生于一个书香世家，父亲苏墨林时任宿迁县立艺徒学校校长，思想开明，较早接受新思想，主张社会革新，提倡平民教育，并精心培养子女，他的主张与思想对苏同仁有较深的影响。苏同仁是家中的第二个女儿，取名“同仁”，意在仁爱正义、通情达理。

苏同仁

1912年苏同仁入苏圩嵋山第一小学读书，1917年考入县立女子高等学校，以文静知礼、敬业乐群、同情贫弱而深得师生喜爱。1919年五四运动波及全国，宿迁学生纷起响应，成立学生联合会，约期集会声援北京学生爱国行动。为了大造声势，苏同仁不顾学校反对，把自己学校里的旗帜挂到县立艺徒学校，后来引起学校领导的愤怒，被开除学籍。同年秋，她转入培贤女中附小继续上学，直至高小毕业。通过这次活动，苏同仁的视野更开阔了，她开始把个人的命运与国家前途结合起来，求知欲更强了。

传播火种领导学生斗争

1921年春，苏同仁考入江苏省立第三女子师范首届插班生班，思想敏锐、大胆泼辣、多才多艺、充满朝气和反抗精神的苏同仁，组织学生抗击陈旧的思想、牢狱般的学校生活，反对杨荫榆式的封建卫道士、三女师校长钱韵荷。苏同仁的努力，给死气沉沉的三女师增添了欢乐和生机。

1923年夏，中共地下党员吴亚鲁从南京高等师范学校教育专修科毕业，受党的派遣，到江苏省立第三女子师范学校担任教育学、心理学、教育史等课程的教员，并以此身份为掩护，积极从事徐州地区党团组织的创建工作。他不仅态度和蔼认真，循循善诱，教学有方，而且能结合教学和社会实际，深入浅出地向学生宣传反帝反封建和妇女解放的新思想，宣传社会主义和共产主义的理论，并在学生中组织“勤业会”，引导学生阅读革命读物。吴亚鲁同志的到来，犹如一股清泉，滋润着学生的心田，又似明灯照亮这昏暗的学狱。这对苏同仁来说更是久已追寻的理想。她对吴亚鲁老师无限崇拜，视其为良师益友。不久，吴亚鲁老师就发展她加入社会主义青年团。1924 年 6 月 1 日，徐州社会主义青年团在户部山召开成立大会，苏同仁当选为执行委员会委员、宣传部主任。同年 12 月，团徐州地委成立，她又被选为团地委委员，负责学运工作。1925 年苏同仁加入中国共产党，成为徐海地区第一个女党员。

1925 年春末，三女师宿迁籍学生曹子谦因病不治身亡，尸体摆在调养室内，校方无人过问，同学们异常气愤。苏同仁作为死者的同乡更是义愤填膺，她说："校方置学生死活于不顾，这不光是不负责任的，也是不人道的，说不定有一天轮到我们大家头上。"在苏同仁的鼓动下，学生涌入校长室评理，而校长钱韵荷却百般推卸责任。为了造成声势，扩大影响，苏同仁发动学生将曹子谦尸体抬到苏公墓停放，一面向徐州各界陈明真相，吁请各方支持，一面电请曹子谦父亲到校谈判。在社会舆论和死者家属的压力下，钱韵荷不得不认错，同意公祭并厚葬曹子谦。通过曹子谦之死的斗争，苏同仁感到必须建立一个有着广泛群众基础的组织，才能更有效地领导学生斗争。在吴亚鲁老师的帮助指导下，由苏同仁发起，先后建立起学生会和妇女协会。

1925 年 6 月初，徐州各界民众在地下党领导下，掀起声势浩大的支援五卅运动活动。苏同仁组织学生涌向街头演说并开展募捐活动。当时，她已临近毕业，学校组织她们赴苏杭参观，党组织借此机会派苏同仁向团中央汇报徐州各校学潮情况，要求团中央敦请向警予或刘清扬来三女师，并请萧楚女到徐州协助工作。

受党派遣开展革命活动

1925年8月，苏同仁受中共徐州特别支部的指示，到睢宁县开展党的工作。到睢宁后，她首先与睢宁籍共产党员王侠民取得了联系。为掩护真实身份，利于活动，由王侠民利用他在睢宁教育界的关系为苏同仁谋到了睢城女子小学教员的职位，化名李慧。他们利用教学之便，在政治基础比较好的县中师校和睢城女子小学中同广大师生进行广泛接触，施以革命影响，以便从中发现和培养建党对象。不久，由王、苏二人介绍中师生吴季讷加入中国共产党。1925年冬，由苏同仁组织，在睢城女子小学其住处召开会议，决定成立中共睢宁县支部委员会，接着召开第一次支部会议。1926年春，苏同仁等在睢城东关仓房召开第二次支部会议，总结前一段工作，并吸收徐怀云等同志入党。这时，党员由最初的3人发展到8人。

1926年初，苏同仁被组织派遣到北京从事地下工作，从此她远离家乡，走上职业革命家的道路。同年夏，转经南京与吴亚鲁结成革命伴侣，即相携赴广州，参加省港大罢工。未几，随军北伐，出师武汉，负责宣传工作。1927年7月15日，汪精卫背叛革命，苏同仁随叶挺部队东进江西，参加了著名的八一南昌起义。接着随军南下广东。大革命失败后，她又受党中央派遣先后到福建、山东省委工作。1932年初，又奉派到上海，参加“一·二八”抗战及组织赤色工会工作。1934年和1937年受党中央派遣，两次赴苏联学习，曾出任第三国际联络员，并代表中国妇女出席在欧洲举行的国际三八妇女节大会。1939年回国，担任反间谍工作。不久受中央派遣与陈潭秋、毛泽民、林基路等同志赴新疆工作，经常往返于新疆和陕北进行联络。后因叛徒告密，不幸被国民党特务逮捕，关押在陕南监狱，受尽折磨。苏同仁坚贞不屈，表现出了共产党人的革命气节。1943 年在狱中病故，终年 37 岁。

（本文由宿迁市政协文化文史和学习委员会、中共宿迁市委党史工作办公室供稿）

徐鹏翥：鲁西南中共党组织奠基人

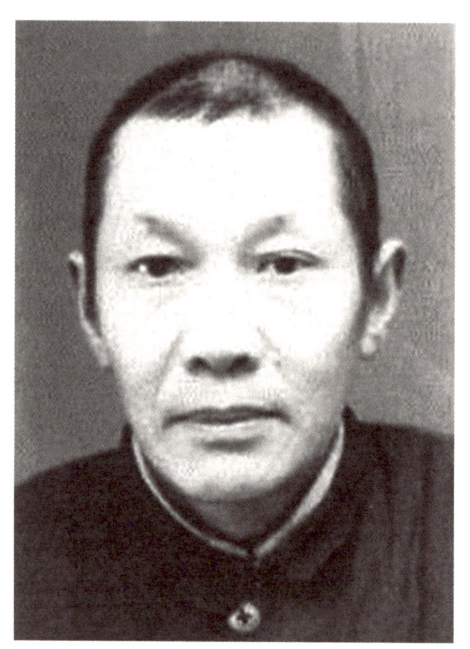
徐鹏翥

1927年10月初，在山东省立六中南院的一座小楼上，几位面色刚毅的年轻人，同时举起握紧拳头的右手，面对着一面鲜艳的党旗，用低沉的声音，庄严宣誓，中共曹州支部成立。第一任支部书记就是徐鹏翥。

徐鹏翥，又名徐志辉，字云轩，山东省成武县城关镇东门里人，1902年7月15日生。兄弟五人，他排行第四。8岁开始读私塾，1915年入城关完小读书，17岁考入山东省立六中（现菏泽一中）。父亲徐星灿，念过私塾，经营小酱菜店，店号“鼎昌泰”。母亲勤俭贤良。徐鹏翥读小学期间，常帮助家里经营酱菜生意，读中学期间，父母相继去世，酱菜店破产，从此，他过着比较俭朴贫苦的生活。

曹州青年运动的领导者

1922年夏，徐鹏翥从山东省立六中毕业，考入山东省农林专科学校。十月革命的影响，五四运动的爆发，中国共产党的成立，使他深受感召。《新青年》是他最喜欢读的刊物。同时，他读了中国劳动组合书记部山东支部的机关刊物《山东劳动周刊》，从中也受到很大启发。1923年秋，他毅然放弃自己的专业，奔赴上海，考入上海大学社会系。

上海大学教务长是党的中国劳动组合书记部总部主任邓中夏，该校社会系主任是党的“三大”候补中央执行委员瞿秋白。我党早期著名的理论家、活动家和学者蔡和森、恽代英、萧楚女、李汉俊、施存统、张太雷等都曾在该系任教。党的创始人之一李大钊也常到该系授课。徐鹏翥在这里如饥似渴地学习马列主义，思想觉悟有了很大提高。1924年2月，经共青团上海市委书记施存统和同学薛卓汉的介绍，他加入了社会主义青年团。

徐鹏翥在上海大学勤奋学习，勇于实践，积极参加革命斗争。五卅运动后，上海大学被强行关闭。徐鹏翥被派往济南，与中共山东地方执行委员会（简称中共山东地委）联系，会同正在济南矿专求学的共青团员刘继忠（字正甫，成武人，徐鹏翥原六中同学）到鲁西南做青运工。他们住在母校省立六中，通过同学同乡关系，很快把在六中学习的一大批进步学生团结在周围。从1925年秋到1926年冬，一年多的时间，他在六中先后发展了菏泽的田位东，定陶的李宪肃、许保琦，曹县的孔庆嘉，成武的张志铭、徐长庆等30多名青年加入共青团，为菏泽地区的革命斗争播下了火种，为鲁西南地区党组织的建立和发展奠定了基础。

创建中共曹州支部

1926年11月，中共山东区执行委员会（简称中共山东区委）调徐鹏翥去济南，省委负责人找他谈话，决定让他去武汉报考中央军事政治学校（黄埔军校武汉分校），学习革命理论，接受大革命的考验和洗礼。他从青岛绕上海到达武汉，在汉口见到全国总工会负责人刘少奇，一边准备考试，一边帮助刘少奇抄写文件，从事工会工作。1927年春，徐鹏翥考入中央军事政治学校，被编到第三大队七中队为入伍生。3月中旬，由该校总政治教官恽代英主持，转为中共正式党员。

1927年5月，徐鹏翥带领刘仰月、李益棠、丁培之等离开武汉，途经开封时开了会，会上决定：各自先回家，了解一下当地的情况，而后到曹州省立六中集合。徐鹏翥和李益棠赴成武组织农运。徐鹏翥、刘仰月等6人从各县会集曹州，与在曹州坚持工作的共青团员田位东接上了关系。他们常在城内奎星楼街路西刘仰月住处、城南李庄田位东住处和宋隅首街路南宋宝贞住处等地召开秘密会议，汇集情况，研究工作。不久，经徐鹏翥、刘仰月介绍，郑尔拙、丁培之、李道一等先后转为中共党员。1927年10月初，中共曹州支部成立，徐鹏翥为支部书记，刘仰月、郑尔拙为支部委员，党员10余名。曹州支部诞生后，接着召开第一次支部会议，会上商定了活动计划。党支部决定，为了方便工作，党员各自回本县发展组织。徐鹏翥回成武后发展了刘继忠、徐长庆入党。

1927年党的八七会议后，中共山东省委委员王寅生受省委派遣来曹州传达会议精神，徐鹏翥向他汇报了工作，王寅生对曹州支部的活动表示满意。

1928年1月中旬和2月，中共曹州支部为了与山东省委取得联系，曾先后两次派田位东去济南。田位东四处奔波，由于济南形势紧张，没能找到组织，和省委失去了联系。更严重的是，张、冯战争结束后，一批国民党反动分子在曹州、曹县等地建立了国民党党部，国民党中央华北特派员王乐平从开封派特务李澄芝到曹州，大肆搜捕共产党员、共青团员和进步青年，共产党曹州支部遭到破坏。3月初，曹县的共产党员郑尔拙被捕。农历正月二十六日夜，国民党成武县党部的特务闯进徐鹏翥家，包围搜抄4小时之久，逮捕了他的大哥徐鹏举。因徐鹏翥早有防备，躲于邻居家而幸免于难。

甘冒风险为党工作

在白色恐怖下，刘仰月、丁培之和徐鹏翥先后去西北，利用军校同学关系，隐藏于孙连仲部，但徐鹏翥的革命意志并没有衰退，他积极寻找党组织，决心继续为革命事业奋斗。

1929年冬，孙连仲率部出甘肃开赴河南，徐鹏翥留兰州在国民军雷中田部任上尉参谋。杨虎城率部入陕后，1931年春，徐鹏翥在该部三十八军补充二旅任少校参谋。是年夏，部队开往平凉驻防。后在平凉西嵩店策动兵变，因计划不周未全实现。事后不久，徐鹏翥因嫌疑被捕，敌人百般拷问，他始终忠诚于党，坚守党的机密。经我地下党组织多方营救，两个多月后被释放。

1934年春，徐鹏翥到西安，经组织同意，利用各种关系，打入国民党特务组织“复兴社”和“CC”内部，为获取敌人情报做了大量工作。抗日战争胜利后，他在连云港运输司令部当总务科长，从事遣送日俘日侨工作。1947年底，返回成武老家，一面与妻子王玲秋筹办小学，一面帮助政府搞土改。

1950年，他在本县李胡同小学任教导主任。1952年秋，他到了西安，由汪锋介绍，在西北局任民族事务委员会总务科长，后调任陕西省民族事务委员会办公室副主任、陕西省委统战部办公室主任。1966年离休。1976年2月1日，徐鹏翥病逝于西安，终年75岁。

（本文由菏泽市政协文化文史和学习委员会、中共菏泽市委党史研究院供稿）

刘晓浦、刘一梦叔侄：携手革命共赴国难

我视富贵如浮云，为了社会的进步和民族的复兴，我甘愿献出我的一切，包括我的生命。

——刘晓浦

刘晓浦

在山东省济南市槐荫广场，有一座“四五”烈士纪念碑，碑上镌刻着1931年4月5日在纬八路刑场英勇就义的22位革命烈士的英名，其中就有来自沂水县垛庄镇（今属蒙阴县）的刘晓浦、刘一梦叔侄。

刘晓浦（1903—1931），原名刘昱厚，又名刘小浦、刘太和，1903年出生于当地有名的地主家庭。自幼在本村读书，后入临沂山东省立第五中学上学，不久转入济南育英中学。1920年，考入江苏南通纺织专业学校。1923年，刘晓浦考入上海大学社会系，在瞿秋白、邓中夏

等共产党人的教育引领下，加入了中国共产党。

1927 年“四一二”反革命政变后，上海大学被迫关闭，刘晓浦不畏艰险，继续在上海从事革命活动。1927 年 9 月，他先后任中共上海市法南区委宣传部长，常委兼宣传部长、组织部长。1929 年 4 月，受党中央派遣，与刘谦初等一起到山东济南恢复重建山东省委。刘谦初任山东省委书记兼宣传部长，刘晓浦任秘书长。之后，刘晓浦不顾白色恐怖严重，协助省委书记刘谦初做了大量调查研究、联络同志、恢复党组织等工作，设法营救被捕同志，还把家中寄来的钱用作党的活动经费。同年 6 月，根据中央指示精神，刘晓浦协助刘谦初发动了震惊中外的反帝同盟大罢工，参加人数之众、持续时间之长均属空前。

刘一梦

7 月初，由于党内又出了叛徒，刘晓浦的住地已经暴露，同志们提醒他不要再回住地，他想到那里还有一份秘密文件，虽然知道此时回去会面临怎样的危险，但共产党员的党性与责任不容他有丝毫犹豫，毅然返回住地，立即销毁了秘密文件和所有工作材料。准备撤离时，敌人冲进来，刘晓浦不幸被捕。

刘晓浦的侄子刘一梦（1905—1931），原名增溶，又号大觉，1905 年生，1921 年考入济南商业专科学校学习，后又考入南京金陵大学文学系。1923 年，转入上海大学。在这里，他系统学习了马克思主义理论，接受了共产主义思想，加入中国共产党，并在学校党组织的领导下，和同学们一起积极参加反帝反封建斗争。通过革命斗争实践，他更广泛地接触了当时的社会生活，从而也更加坚定了自己的崇高理想。

刘一梦从小酷爱文学，是中国最早从事无产阶级革命文学创作的实践者之一。1928 年初，刘一梦积极参加蒋光慈、阿英等共产党员和革命作家在上海组织的太阳社，并成为社内党组织负责人之一。期间，刘一梦创作了许多反映工人斗争与农民运动的小说，1929 年出版了短篇小说集《失业以后》。该书共收入《失业以后》《工人的儿子》《谷债》《雪朝》《车厂内》《斗》《沉醉的夜》《暴民》8 篇文章。在书中他用饱蘸激情的笔墨，描绘了工农群众在旧社会所受的压迫、剥削，塑造了众多被压迫者和革命者的形象。

1928 年 5 月，日本帝国主义在济南制造了骇人听闻的“五三惨案”，激起了全国人民的愤恨。刘一梦和其他数十名进步作家，公开发表了《中国著作家文艺家自由联合对济南惨案的三个宣言》，维护民族尊严，争取民族解放。

6 月，刘一梦遵照中央指示，调任共青团山东省委常委兼宣传部长。7 月，山东省委派刘一梦、王永庆等到诸城县发动群众，准备组织潍河暴动。9 月，他们组织成立了“山东第四贫民会”，领导贫苦农民开展抗租抢坡斗争，为潍河沿岸的农民暴动奠定了基础。1929 年 1 月底，山东党组织遭到严重破坏，因叛徒出卖，省委书记邓恩铭被捕，同时被捕的还有 17 名党团干部。2 月，刘一梦临危受命，担任团省委书记。3 月，团省委利用《济南日报》创办周刊《晓风》，刘一梦兼任主笔。他以大觉为名，积极宣传马克思主义文艺理论和无产阶级革命思想，在《晓风》周刊上先后发表了《论新现实主义》《当前文艺运动之趋势》《论文学上的现实主义问题》等重要文章。

刘一梦的革命活动，早就引起了敌人的注意。4 月，中央决定调刘一梦回上海工作。在与继任者秘密接头时，刘一梦发现情况异常，急忙改变方向，不顾风险赶回团省委办公地，打算去销毁机密文件，不幸被早已潜伏在那里的敌人逮捕。

刘晓浦、刘一梦叔侄二人被捕后，敌人知道他们是党的重要人物，妄图从他们口中获取重要情报，把山东党团组织一网打尽，便对他们软硬兼施、威逼利诱，从封官许愿到施用酷刑，无所不用其极。但刘晓浦、刘一梦叔侄都守口如瓶，宁死不屈，同敌人进行了顽强斗争。

刘一梦和前省委书记邓恩铭、党员王惠卿等被关在一起，始终保持着共产党员的高风亮节，继续坚持斗争。1928 年 5 月，中共沂水县委遭到破坏，县委主要成员朱寿年、鞠百实、孙固斋等 7 人被捕，被押入山东高等法院看守所。刘一梦、王惠卿闻讯后，教育朱寿年等人要有信心、有决心和国民党进行斗争，在任何情况下都不要承认自己是共产党员，帮助他们分析案情，为他们起草了有理有据的申诉书。在刘一梦等人的鼓励下，朱寿年等 7 人增强了信心，在党组织的努力下先后出狱。

刘晓浦、刘一梦的家人得知他们被捕的消息后，卖地 1200 亩，由刘晓浦的二哥刘云浦携款到济南进行营救。经多方打点疏通，在金钱的作用下，反动政府答应：只要两人发一个退党声明，马上可以放人。但被严词拒绝。兄弟见面时，刘晓浦说："二哥，你别再花钱了，我救不出去。出狱得自首，这一条我是至死也做不到。我和他们（指国民党反动派）是死对头，不是鱼死，就是网破。”

1931年4月5日，叔侄二人在济南英勇就义。同时被害的还有前山东省委书记邓恩铭、刘谦初等22名山东党的领导干部和早期共产党员，史称“四五惨案”。

（本文由临沂市政协文化文史和学习委员会、中共临沂市委党史研究院供稿）

田位东：点燃枣庄煤矿大罢工烈火的革命者

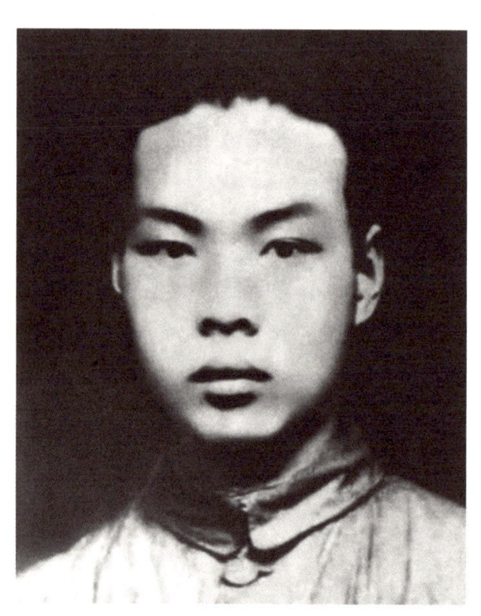
田位东

田位东，原名田秩，字位东，化名田雷、田雨田、田秀川。1907 年 4 月 30 日出生于菏泽城南关三李庄村。1922 年夏考入山东省立第六中学。1925 年加入共产主义青年团。他特别爱读《新青年》《向导》《觉悟》等进步书刊，热心探求革命真理，积极参加革命活动。他还经常秘密带领进步青年到他家里聚会，研究社会问题，讨论革命。

1927 年，蒋介石叛变革命，大肆逮捕、屠杀共产党人和革命青年。这年夏（七八月间），田位东无视白色恐怖的笼罩，毅然加入中国共产党，他的家成了中共曹州支部的秘密办公场所和联络站。

1928 年春，田位东受曹州支部派遣，赴济南和中共山东省委取得联系，领会八七会议精神。在此期间，中共曹州支部遭到破坏，他从济南回曹州秘密进行恢复工作。敌人两次搜捕他，他都机智地脱险。由于身份暴露，5 月初，他离开曹州赴济南，寻找机会向山东省委请示工作。由于曹州支部与省委在济南大槐树的联络机关中断活动，田位东失去与省委的联系。为了寻找党组织，他由济南辗转至泰安，和党组织接上关系，以国民党山东省政府秘书处录事身份为掩护，秘密开展革命工作。

1929 年 1 月，田位东创建了中共泰安中心县委，并任书记。同年 3 月，田位东在其公开身份掩护下，随国民党山东省政府由泰安迁至济南。4 月，中共中央派刘谦初来山东，组建了新的山东省委，并任省委书记。田位东担任省委交通员。1929 年 5 月 3 日，田位东以田青林的化名，给山东省委写了一份报告。报告分政治、军事、反动的党务、民众的情绪与本团体的组织等 5 个方面，向省委做了详细的报告，对泰安与鲁西以后的工作进行了全面客观的分析，并提出了斗争策略。

1929 年 7 月 2 日，田位东到省委秘书长刘晓浦的住处联系工作。他刚刚踏进门，守候在那里的 4 个宪兵立刻用 4 支枪对着他的胸膛，将他逮捕。敌人对田位东动用各种刑罚，打得他遍体鳞伤、鲜血直流，但他始终不承认自己是共产党员。他对狱中同志说：“只要一息尚存，就要为党工作不休。”他还用纸条写上“宁死勿辱”在同志中间传递，鼓励狱中的同志坚持斗争。由于党的多方营救，加上敌人没有抓到田位东从事革命活动的确凿证据，1930 年 8 月他被释放。

田位东出狱后，正好他的哥哥田伯平也在济南，兄弟二人得以相见。田伯平劝他回家看望日夜想念他的年迈的母亲，并给他买好了回菏泽的车票。然而，田位东没有回家，他以对革命事业的无限赤诚和担当精神，置安危于度外，毅然去上海，向党中央汇报了山东党的工作。同时亲笔写了《关于山东党的情形及我对于山东党的意见》的汇报材料，交给了党中央。文件的内容包括“山东党的情形”“狱中被捕同志的情形”“山东境内农民情形”“我对山东将来的党的意见”4 部分。

1930 年 8 月，田位东被中共中央派到青岛。他带着中央的密信，在青岛很快与王焕章接上了党的关系。他一面在青岛山东大学搞学生运动，一面负责互济会的工作，组织营救被捕的同志。

1930 年底，青岛地下党组织遭到敌人破坏，田位东和中共党员郑乃序被党组织派往泰安，重新开展工作。在泰安，不仅白色恐怖异常残酷，经济的困难也很突出。他卖掉手表仍不能维持生活，就拉黄包车。后来车子也拉不成了，就上泰山打柴，换来的钱除了吃饭，余下买笔和纸张，写标语，画漫画，搞宣传。纸也买不起了，就用粉笔写在泰山石头上。有时粉笔也没有了，就拿山上的石头块当笔用。他的宣传活动，常常把泰安国民党当局搞得不知所措。

1931 年 3 月初，田位东与郑乃序从泰安到达徐州。12 日，党组织召开会议。田位东主持会议，传达了省委指示，分析了当时的政治形势，研究了去枣庄煤矿发动工人运动的问题，制订了领导工人罢工、夺取枪支弹药、于抱犊崮成立红色游击队、发动武装暴动的行动计划。随后，田位东等人陆续由徐州到了枣庄。

1931 年 3 月，中共枣庄特区委员会成立。田位东担任书记，郑乃序担任副书记。当时，枣庄特委经济十分困难。后来实在没办法维持正常的工作和生活了，田位东决定回菏泽一趟，想从家里再带些钱来。他在菏泽住了半个月，卖了五六百斤粮食和几件衣物，凑了 50 多块钱，迅速回到枣庄，使同志们的生活得以维持。

1931 年 4 月，枣庄煤矿互济会在特委领导下成立了，田位东任主任。互济会的主要任务是掩护和护送革命干部，筹集党的活动经费，营救被捕的同志。

为了更好地领导煤矿工人的罢工斗争，田位东到枣庄煤矿井下去做工，在和工人共同的生活劳动中，启发工人的阶级觉悟。到 1932 年夏，在工人中发展党员十几人，积极分子 100 多人。这些人成为后来领导罢工运动的骨干力量。

枣庄煤矿建于清朝末年，由中国的官僚资本家和德国资本家合办，取名华德中兴公司，为中国的十大煤矿之一。第一次世界大战后，改为中兴公司，大权落在北洋军阀黎元洪的手中，他的儿子黎绍基担任中兴公司的经理。

1932 年春天，中兴公司的资本家为了破坏工人之间的团结，制造内外工之间的矛盾，让内工分“花红”，给每个内工增加一个月的工资，作为红利；而外工不得分“花红”。这就引起了外工的不满。特委研究决定，立即领导工人开展罢工斗争，为工人争取利益。广大煤矿工人在党组织的领导下，迅速成立了 17 个罢工小组，并组织了纠察队。工人家属也组织起来，成立了家属小组。

6 月 13 日 8 时，特委在离枣庄 5 公里的十里泉召开罢工大会，到会的工人有六七千人。枣庄煤矿工人“六一三”大罢工的斗争烈火从此点燃。田位东在会上做了动员讲话，揭露了资本家的罪恶，号召工人起来斗争。大会通过了向中兴公司提出的 3 个条件：一、减少工作时间，实行 8 小时工作制；二、增加工资，内外工待遇平等，取消包工制；三、把多年的红利马上分给外工。当场选出110名工人代表，庄严宣誓，坚决要求资本家答应3个条件，不达目的，誓不下井。最后，大会在“无产阶级联合起来”“内外工兄弟团结起来”“打倒资本家”的口号声中结束。110名工人代表向中兴公司出发，准备当面对资本家提出条件。刚刚走到中兴公司西南门，就遭到矿上反动军警的阻拦。在此情况下，6月19日，田位东在神庙主持召开第二次罢工大会，进一步巩固和扩大罢工力量，号召内工参加罢工，支援外工罢工斗争。许多内工参加了这次大会，到会工人达七八千人。大会正在进行时，突然会场被军警包围，田位东和一部分工人代表被敌人抓去。21日，郑乃序也被敌人抓去。田位东、郑乃序被捕后，敌人把他们关押在中兴公司的办公大楼里，后转解到济南。

1932年8月3日，田位东放声高唱《国际歌》，高呼着“中国共产党万岁”的口号，壮烈牺牲于济南千佛山下，年仅25岁。

（本文由菏泽市政协文化文史和学习委员会、中共菏泽市委党史研究院供稿）

红十四军的创建者李超时

李超时，又名李振华，1906 年出生于江苏省邳州市（原邳县），1931 年就义于镇江，年仅 25 岁。他是中国共产党在邳县、东海县的早期领导人，中国工农红军第十四军的创建者和主要领导人之一。

探求真理

李超时

1921 年，15 岁的李超时小学毕业，考入徐州省立第十中学读书。这时，徐州第七师范学校毕业的一大批进步青年陈亚峰、郭子化、解慕唐、冷启英等人经常集会，从事探求和宣传马克思主义的活动。李超时到徐州后，如饥似渴地阅读从外地传来的《共产党宣言》《国家与革命》《新青年》等书刊杂志，开始接受马克思主义，积极致力于反帝反封建的革命斗争。在此期间，他参加了中国共产主义青年团组织，历任共青团徐州地委学运委员、学运书记。

1926年10月，北伐军攻占武汉。在此形势下，中国共产党和国民党左派共同商定，在武汉成立中央军事政治学校武汉分校。此时，在北伐军工作的中共党员郭子化给家乡李超时等人来信，动员他们到武汉学习。李超时得此消息后，遂不顾家人劝阻，不畏征途千里，毅然奔赴武汉，投奔革命。抵达武汉后，经郭子化等人推荐，于同年12月考入国民党中央军事政治学校武汉分校。当时，中国共产党杰出的政治活动家恽代英主持分校日常工作，并兼任分校政治总教官。李超时由于刻苦好学、思想进步、革命意志坚强，备受恽代英等的器重，不久加入中国共产党。

1927年，宁汉开始分裂。5月，驻鄂东的反动军阀夏斗寅发动叛乱，率部进攻武汉。军校学生奉命改编为中央独立师，在叶挺的指挥下，讨伐夏斗寅。李超时随军出征，参加了讨夏斗争。同年7月，武汉政治形势急剧逆转，反革命势力甚嚣尘上，武汉政府汪精卫集团暴露出反革命的真面目，军校学生提前毕业，大部分被编为军官教导团，由叶剑英率领去广东，其余被派回原籍从事革命活动。李超时按照党组织的指示，肩负重任，返回家乡。

桑梓播火

1927年冬，邳县大地处于黑暗之中，人民群众在地主、恶霸的剥削下，生活艰难。蒋介石、汪精卫相继背叛革命，时局变幻不定，革命处于低潮。在此形势下，李超时决心秘密联络同志，发展党的组织，点燃革命之火，伺机挥戈大干。一天，先期从武汉返回的共产党员李先春来找他，询问今后怎么办，他当即表示："我们还得干，救民于水火！"李超时派李先春到徐州找党组织负责人孔子寿，接上了组织关系；同时派人分赴全县各地联络党员，发展党员。经过一番积极活动，到次年春，全县党员发展到 40 多人。同年 4 月，经上级党组织批准，正式建立了中共邳县特别支部，李超时任书记。6 月，全县党员达 60 多人，并相继建立士兵、学生、农村等 9 个党支部。李超时的公开身份是国民党县工会的负责人。他身着工人短装，走街串巷，出入于裁缝铺、建筑工地、运输工人中，和工人谈心，宣传革命道理。他作风朴素，平易近人，讲话深入浅出，句句在理，赢得工人的爱戴和拥护，工人们都亲切地称他"振华"或"李先生"。

1928 年 7 月，中共江苏省委决定调李超时到东海地区从事党的工作。李超时到东海后，首先与当时在东海师范读书的共产党员惠美琬（即惠浴宇）取得联系，并和党组织派去的叶子均一起共同研究、分析东海地区形势。在一个月明星稀的夜晚，在海州城南白虎山召开了党的第一次会议，正式宣布建立东海特别支部，李超时任书记。

李超时铜像

1929 年春节，李超时、惠美琬和宋绮云因躲避敌人的搜捕来到东海，在东海师范学校内度过了除夕。根据东海的大好革命形势，经中共江苏省委批准，东海特支改建为中共东海县委，不久，又改为中共东海中心县委，李超时任书记，杨光銮为组织部长，惠美琬为宣传部长。中共东海中心县委领导着东海、赣榆、灌云、沭阳等地党的工作。

李超时在东海期间，经常深入码头、工厂、车站等地和工人促膝谈心，做宣传工作，引导他们走向革命道路。1929 年初，新浦汽车公司资本家凭借自己的优势，包揽乘客，抢走黄包车生意，卡断了拉车工人的生路。李超时发动黄包车工人，开展反包揽斗争。1928 年底，李超时在云台山下的贫苦农民中发展了一批共产党员，建立了中共云台支部，并发动群众，以党员为核心组织了“扁担会”。1929 年初夏，云台地区的山霸强行霸占山林，不准贫苦农民上山砍柴拾草，激起广大贫苦农民的极大愤慨。李超时和中心县委领导认为革命时机已经成熟，随即组织发动“扁担会”举行暴动。是日，数千名贫苦农民挥舞红旗，手持利斧大刀，肩扛扁担，高呼“创共产，救穷人，除山霸，还山林”的口号，从四面八方涌向云台山。一贯横行霸道的山霸失去了往日的威风，纷纷惊魂丧魄地逃去。

李超时对东海地区革命工作的卓越领导，使东海革命浪潮汹涌澎湃，人民心情振奋，地主豪绅及国民党地方政权惶恐不安。1929 年 6 月 1 日，派出大批军警前来这一地区进行镇压，包围了学校、工会，大肆搜查逮捕共产党，数十名革命同志被逮捕。李超时虽幸免，但被列为“通缉要犯”。在此种情势下，他被调往通海地区工作。

战斗在通海

1929年秋，中共江苏省委为了适应通海地区日益发展的斗争形势，巩固壮大发展红色区域，发展红色武装，决定成立中共通海特委，任命李超时为书记、石钧（即刘瑞龙）为委员。

1929年11月，中共江苏省委在上海召开第二次代表大会。李超时和石钧出席会议并汇报了通海如泰地区政治工作和武装游击活动的开展情况。党中央对通海特委的工作很满意，决定在通海地区组织一支革命武装，部队番号定为中国工农红军第十四军。同年冬，红十四军筹建。1930年4月正式建立，何昆任军长，李超时兼任政治委员，薛衡竞任参谋长，余乃城任政治部主任。同时，决定在上海设立红十四军秘密办事处。红十四军武装部队迅速扩大到4000多人。为了打通苏北进入南通的咽喉要道，把革命红色区域连接起来，4月16日，何昆军长率部攻打如皋老户庄国民党保安团。因战前对敌情掌握不准，对敌力量估计不足，战斗受挫，何昆军长牺牲。中共江苏省委决定李超时任红十四军军长兼政委，中共通海特委书记由石钧接任。5月，红十四军主动出击，取得南通坪角镇、骑岸镇、余车街、汤家苴等战斗的胜利，并把这几个地方恶霸地主的几百担粮食分给贫苦农民，扩大了党和红军在群众中的影响。由于李立三“左”倾错误政策的影响，红十四军遭受了巨大损失。通海如泰地区历时3年多的工农革命运动转入低潮，红十四军也随之解体。

1930年冬，李超时离开通海地区和武装部队，调中共江苏省委外县工作委员会工作。1931年6月26日，李超时奉省委指示，赴中共徐海蚌特委巡视工作，在镇江火车站被捕。1931 年 9 月 19 日，李超时在镇江北固山牺牲，年仅 25 岁。

（本文由徐州市政协文化文史委员会、徐州市史志办公室供稿）

吴苓生：革命宣传战线的开拓者

吴苓生

吴苓生（1899—1931），又名吴丽石，字松仙，曾用名吴丽实、吴立时、赵云容、卢一之、张金德，沭阳颜集人。

1911年，辛亥革命推翻了清王朝，吴苓生正在沭城第一高级小学读书。他毕业后考入镇江中学，中学时，因闹学潮被校方开除。1918年春到北京。1919年，在北京汇文中学（后改为汇文大学）读书时参加五四运动。

1921年，吴苓生考入北京俄文专修馆学习。瞿秋白是他的同馆同学。在瞿秋白的影响和帮助下，他对马列主义理论逐渐有了较深刻的理解。1923年2月，他在北京俄文专修馆加入了中国社会主义青年团，不久转为中国共产党党员。同年暑假，李大钊代表党组织介绍他到苏联莫斯科东方大学学习。在苏联学习期间，他刻苦钻研马克思主义理论，坚定了共产主义信念。

1924年9月，他从苏联回国，投入了国内革命斗争。他利用回家探亲的机会，在家乡等地介绍马克思主义，宣传苏联的社会主义建设成就。

1924年10月，他受中共中央委派到哈尔滨开展党的工作。这一年冬，他以小工（临时工）身份到哈尔滨三十六棚总厂机务段上工作。1925年五六月间，他发展了三十六棚第一批党员，同时发展了一批团员。随后成立中东铁路工人党支部，吴芩生任支部书记，这是黑龙江省建立的第一个党的基层组织。1925年11月，党中央决定成立中共哈尔滨特别支部，吴芩生任书记。根据党的北方区委的指示，他创办了《哈尔滨日报》。不到一年时间，该报日发行量达千份以上。

1926年初，中共哈尔滨特别支部改组为中共北满地方委员会（简称北满地委），选举吴芩生为第一任北满地委书记。在北满地委领导下，成立了学生运动委员会、职工运动委员会和妇女委员会，还成立了共青团北满地方委员会。

1927年春节，吴芩生领导北满地委下属各支部党员以及一些积极分子，利用送贺年片的形式进行革命宣传。贺年片的正面是“恭贺新禧”4个大字；背面是一封由吴芩生起草的宣传信，内容是介绍苏联社会主义的优越性，揭露帝国主义、封建军阀的统治，号召群众团结起来进行斗争；落款是中共北满地方委员会。这封宣传信实际上是北满地委的一篇宣言书。除夕晚上，寒风凛冽，雪花纷飞，街面上一些官绅之家和工商店铺早已红烛高照，香烟缭绕。此时，吴芩生组织20人，装扮成送财神的模样，把贺年片分路送出去。正月初一清晨起来，那些官绅、地主见了这么多的贺年片惶恐万状，群众则拍手称快。这次活动在市民中产生很大的影响。

1927年4月初，吴苓生代表北满地委参加党的第五次全国代表大会，刚到上海，便得知北满地委遭到破坏的消息。按照上级指示，他委派另一位同志参加大会，自己立即返回哈尔滨，着手整顿和恢复组织，重新组建北满地委。党的八七会议后，党中央为了加强东北的工作，统一东北各地党的领导，决定成立中共满洲省委。1927年10月，第一届满洲临时省委在哈尔滨成立，统一管理奉（辽）、吉、黑三省党务。吴苓生任组织部长兼管农运工作。不久，满洲省临委改为满洲省委，吴苓生仍然担任组织部长兼管农运工作。

1928年12月，中共满洲省委在奉天大东门外一个党员家里召开省委扩大会，吴苓生参加了这次会议。会议进行中，警察突然冲进屋内。吴苓生趁敌人刚进屋内混乱之机，将手中的文件扔到小孩的尿桶里，然后机智地对另一个人说："怎么不把小孩的尿桶拿开，放在屋里怪难闻的！"于是，尿桶被随手拿到屋外，使文件没有落入敌人之手。参加会议的除一位团省委书记幸免于难外，其余13人被捕了。在狱中，敌人施用各种酷刑拷打，但吴苓生以坚强的毅力忍痛拒供，还照顾和关心同狱战友，鼓励大家坚持斗争。由于敌人找不到证据，又没有问出口供，被捕同志于1929年7月经党通过"互济会"营救出狱。

吴苓生出狱后，于1929年8月去上海找党中央汇报情况。他的父亲得知他在上海，便从靖江赶去看望他。因在监狱受酷刑折磨，他满身创伤，异常瘦弱，组织上同意他随父亲回家疗养。在家期间，他仍然如饥似渴地学习，每天阅读大量书报，还经常抽出时间给妹妹和妻子讲苏联的生活情况和革命故事。20多天后，他还没有恢复健康，就辞别亲人，返回上海。不久，党中央派他到中共山东临时省委工作。

1929 年 12 月，吴芩生化名卢一之到达济南后，与中共山东临时省委部分负责同志取得联系，重新组建中共山东临时省委（后改为山东省委），吴芩生任书记。临时省委组成后，吴芩生不畏艰险，深入几个市、县了解情况，恢复和发展党的组织，并与省委其他同志一起总结过去的经验教训，提出了新的战斗任务与策略。1930 年 1 月 12 日，山东省委批准他起草的《山东职工运动决议案》，成为当时指导斗争的一个重要文献。

1930 年 2 月 8 日上午，吴芩生和共青团员李志英外出租赁房子，途中遇到李志英的同乡王明智。王明智是济南反共委员（原为共产党员，后被捕叛变），当即拿出手枪将李志英和吴芩生一起逮捕。李志英被捕后自首，还供出了吴芩生的住处，致使党、团省委机关遭到严重破坏。

吴芩生被捕后，化名张金德。敌人对他施用种种酷刑，逼他招供，但他坚贞不屈，未向敌人吐露任何党的秘密，敌人也始终不知道他的真实姓名和党内职务，只知道他“加入红匪”。吴芩生在狱中曾通过关系向党组织和家属发了电报，大意是：“儿病危，母亲（指党组织）不要来看我，舅舅（指家属）来，能见面。”直到牺牲时，他还处处考虑到保护党的利益，保护党的同志。1931 年 4 月 5 日，国民党山东临时军法会审委员会在济南纬八路刑场将吴芩生等 22 人处死。

（本文由宿迁市政协文化文史和学习委员会、中共宿迁市委党史工作办公室供稿）

江上青：皖东北抗日根据地的开拓者

我们纪念它——十月的旗帜！
我们的旗帜是红的，
它是火，它向太阳，
它象征我们的血，
它散发出来的是馥郁的香甜。
这刀和斧的旗帜，
用我们自己的意志，
将它高高地举起。

——节选自江上青《十月的旗帜》

2009年，在中央十一部委联合组织开展的“100位为新中国成立做出突出贡献的英雄模范人物和100位新中国成立以来感动中国人物”评选中，江上青的名字赫然在列。

江上青，原名江世侯，1911年出生于江苏江都。1927年考入南通中学高中部，受刘瑞龙、顾民元等人的革命思想影响，当年加入中国共产主义青年团，从此走上革命道路。1928年夏，江上青转入扬州高中，同年冬被国民党当局逮捕入狱。1929年出狱后，改名江上青，就读于上海“艺大”文学系，同年转为中国共产党党员，并担任“艺大”地下党支部书记。1929年冬，再次被捕，一年后出狱。1931年九一八事变后，江上青义愤填膺，饱含激情地写下长诗《前进曲》。该诗在当年广为流传，起到了鼓舞抗日斗志的积极作用。1937 年 7 月卢沟桥事变后，江上青发表《卢沟晓月》，表达抗日救国的激情。

江上青

1938 年 8 月，江上青遵照党的指示到安徽，在中共安徽省工委领导下，参加了安徽省抗日民众动员委员会的工作。1938 年秋，皖东北地区被日军占领后，中共安徽省工委宣传部长张劲夫代表党组织，决定成立皖东北特别支部，任命江上青任特支书记。特支的任务是建立统一战线，开辟敌后抗日民主根据地。从此，江上青开拓皖东北的革命生涯揭开序幕。

发展皖东北抗日民族统一战线

1938 年 11 月，安徽省六安县县长盛子瑾出任国民党安徽省第六区行政督察专员兼保安司令。盛子瑾毕业于黄埔军校六期，有一定的爱国思想，主张抗日。为发展自己的势力，他请求安徽省民众总动员委员会派遣青年骨干随他赴任。根据盛子瑾的要求，中共安徽省工委以省动委会的名义，派遣江上青等同志随盛子瑾赴皖东北，并将其中的秘密党员组成中共皖东北特别支部，江上青为特支书记，与国民党安徽省第六行政区专员公署专员、第五游击纵队司令盛子瑾建立统一战线，负责开辟皖东北抗日根据地的准备工作。到达皖东北后，江上青先后担任国民党安徽省第六行政区专员公署秘书兼保安副司令、第五游击纵队司令部政治部主任。江上青积极向盛子瑾开展统战工作，谋划并直接参与“罗岗会谈”。

1939 年三四月间，江上青派特支成员吕振球前往河南，把盛子瑾的亲笔信送给彭雪枫，并汇报皖东北党组织与盛子瑾建立统一战线、开展斗争的情况。同年 7 月初，彭雪枫委派张爱萍以中共豫皖苏省委书记、新四军游击支队司令部代表的身份，刘玉柱以新四军六支队政治部秘书的身份前往皖东北。7 月 10 日，张爱萍、刘玉柱到达泗县双沟北罗岗专署所在地，由江上青带领，会见了盛子瑾。张爱萍与盛子瑾进行会谈，江上青与刘玉柱参加会谈。双方达成联合抗日、反对汉奸、共同建立皖东北抗日根据地等多项协议，八路军、新四军驻皖东北办事处很快在泗县半城（今属泗洪县）正式成立，有力地推动了皖东北抗日民族统一战线的发展。

开展党组织创建工作

由于形势发展，皖东北特支划归中共山东分局领导。1939 年初，江上青两次派朱伯庸到鲁南向中共山东分局汇报工作。1939 年 2 月底，中共山东分局派杨纯以特派员身份，秘密到达皖东北专署所在地——泗县管镇（1985 年从泗洪县划属盱眙县），建立

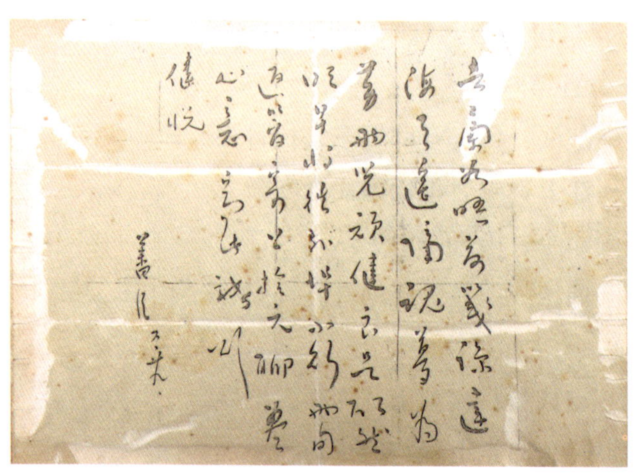

江上青生前的最后家书

了皖东北特委，杨纯担任书记，江上青担任特委委员。

他在皖东北军政干校培训的两批学员中发展党员并建立了党支部；在青年干部和保甲长训练班里秘密发展一批党员，使他们成为党在地方基层政权中的骨干；在党领导的“六抗”三支队中发展党员，并建立党小组和党支部；在皖动八团、抗日剧团、抗演六队等文艺团体中发展党员，建立党支部。

江上青把在宿县东部一带活动、由秘密党员赵汇川领导的抗日游击队四五百人编为“六抗”司令部第三支队；把在固镇、五河一带活动，由秘密党员徐崇富领导的抗日游击队400左右人枪编为“六抗”武装司令部特务支队；调地下党员石青担任泗县二区区长，把区、乡武装四五百人编为“五游”农民支队，还有吴亚民的农民二支队、卢新民的淮河支队。这几个支队2000余人成为党在皖东北直接掌控的武装力量，不久即直接编入新四军。

创办皖东北抗日军政干校

1938年底，盛子瑾以专署名义创办皖东北抗日军政干校。在干校，江上青倡导以陕北抗大的校风为干校的校风，以抗大的校歌为干校的校歌，学校呈现一派“团结、紧张、严肃、活泼”的气氛。江上青编写政治教材，亲自给学员讲课、做报告。在江上青的推动下，皖东北军政干校吸收了大批爱国青年来学习。军政干校及干训班为党开辟和建设皖东北抗日民主根据地准备和培养了大批基层青年干部。

1939 年 8 月 29 日，江上青同盛子瑾从灵北回管镇，路经泗县刘圩南边小湾村的时候，遭到地主武装的伏击，身中数弹，不幸壮烈牺牲，年仅 28 岁。

（本文由宿州市政协文化文史和学习委员会、中共宿州市委党史和地方志研究室供稿）

“共产党人的好榜样”彭雪枫

战迹壮山色，风雨慰忠魂。
气吞万里如虎，叱咤皖南云。
左右挥戈沙场，南北驱驰骁将，功绩两淮闻。
一师制十万，巧力打千钧。
战芒砀，攻夏邑，史诗存。
三十七载，别样精彩耀星辰。
有报曾名《拂晓》，探索人间正道，今日忆何人？
但看新红日，正照满园春。

——彭雪枫《水调歌头》

彭雪枫（1907—1944），原名彭修道，1907 年 9 月 9 日出生于河南省镇平县七里庄。1926 年加入中国共产党，是中国工农红军和新四军高级指挥员，杰出的无产阶级革命家、军事家。1944 年 9 月 11 日，在河南省夏邑县八里庄战斗中，彭雪枫被流弹击中，英勇牺牲，时年 37 岁，是抗战中牺牲的新四军最高将领。

文韬武略　治军“三宝”

彭雪枫少年时分别在本村私塾、镇平县模范高等小学、南开中学读书；1922 年，投靠其族叔彭禹廷，入西北军军官子弟学校

彭雪枫

读书，并于1925年在该校加入共青团；1926年9月，加入中国共产党；1927年参加北京南郊农民暴动，屡遭追捕；1930年初，受党的派遣，参加红军。先后任红五军五纵队三大队政委，红八军第一纵队副政委，红八军六师，红三军团二师、四师政委，江西军区政委，红五师师长，中革军委第一局局长等职，并率部参加长征，屡为先锋，两次攻打军隘要地娄山关。

1938年9月，彭雪枫任新四军游击支队司令员兼政委。1940年2月，游击支队改番号为新四军第六支队，他任司令员兼政委；6月，任八路军第四纵队司令员。1941年2月，第四纵队改番号为新四军第四师，他任师长兼政委。

彭雪枫治军有三件宝：骑兵团、《拂晓报》和拂晓剧团。

在平原游击战的实践中，彭雪枫总结了与日顽作战的经验，决定将全师原有的骑兵集中起来建立骑兵团。彭雪枫率先把自己心爱的坐骑“火车头”送去，并亲自指挥骑兵团的训练。刚组建时马匹既少又差，马装具更不行，连把马刀都没有，不像个骑兵的样子。师里领导研究决定拿出3万元淮北币给骑兵团，而这3万元淮北币相当于全师指战员半年的菜金。很快，马匹及其配套的马装具买回来了，当大家拿到新购置的马刀时，纷纷在刀把上精心地缠上布条，并给马刀起名叫“雪枫刀”。为此，团指导员王开一还编了快板：雪枫刀，明晃晃，千锤百炼是好钢。一马扑到敌阵前，势如破竹谁敢当……

彭雪枫要求骑兵团“上马要像蚱蜢一样快，骑坐要像磐石一样稳固，奔驰要像风一样迅速，不仅要会马上劈杀，还要能在马上准确地射击，能在马上打机枪、打小炮”。他还要求骑兵战士“对敌人要像猛虎，对人民要像绵羊，对敌人要狠，对群众要爱”。经过几个月的时间，骑兵团发展到 3 个大队、500 多匹战马，是一支勇敢善战、猛打猛冲、人民热爱称颂的钢铁部队。它驰骋在淮河两岸，进行了多次艰苦的战斗，杀得敌人胆战心寒，保卫了广阔富饶的淮北平原，在数倍于自己的敌人面前，显示了无与伦比的力量，在平原游击战中发挥了极大的突击作用，被称为“机械化部队”。

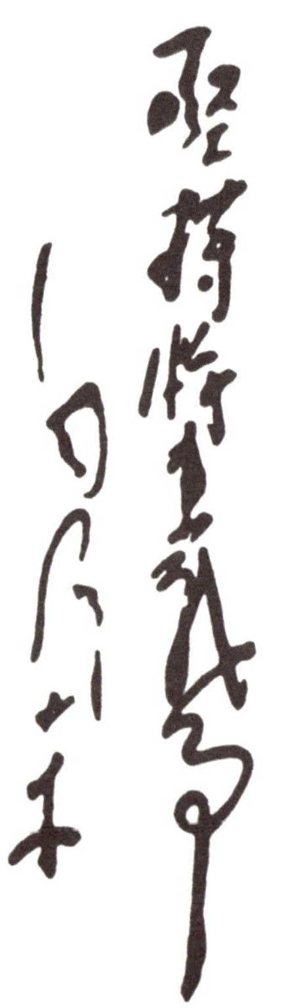

1939 年 12 月 5 日，毛泽东为《拂晓报》出版百期的题词

1938 年 9 月 29 日，彭雪枫创办了《拂晓报》。他对《拂晓报》的要求像治军一样严格。报纸创刊初期，从审稿到编排，他都亲自参加，有时在付印前还负责校阅。在今泗洪县半城镇，报纸印出后，他工作再忙，也要挤出时间

细心阅读，发现错字、别字和漏字，都认真用笔圈上。彭雪枫是为该报写稿最多的人。

1939 年 12 月，毛泽东在给彭雪枫的信中说："《拂晓报》看了几期，报纸办得好。祝同志们继续努力，做出更好的成绩。"并亲笔题词："坚持游击战争。"1941 年 9 月，陈毅在为《拂晓报》创刊 3 周年的题词中写道："《拂晓报》是我军报纸中比较优秀的一个，希望从形式内容的统一的改进中，完成其组织华中抗日军民的斗争任务。"

1943 年，《拂晓报》满载着淮北军民英勇抗日的事迹和声誉，经过辗转，被送到莫斯科，参加国际反法西斯的敌后报纸展览，产生了极好的影响。

拂晓剧团是《拂晓报》的"孪生姊妹"，也由彭雪枫精心培育起来。彭雪枫说过："文化斗争并不比军事斗争或政治的斗争次要，相反地文化运动总在革命斗争中起着先导作用。革命运动首先反映出来的是文化运动，文化运动先做了革命实践的思想上的准备，而后又直接指导着革命实践。除开那些单纯军事观点的人，我们共产党是没有不重视文化工作的。"他对拂晓剧团的高度重视，也正是以这种深刻的认识为基础的。剧团采取"旧瓶装新酒"的办法，编演了《傻小子打游击》《赛西施送郎》《刺寇》等京剧，还把曹禺的《日出》《原野》搬上舞台。

彭雪枫结合战争实际，写下很多理论性的军事、政治文章，诸如《太原统战工作情况》《游击队政治工作概论》《论在敌人后方工作》《游击战术的几个基本作战原则》《平原游击战的实际经验》《豫皖苏两年来平原游击战总结》等，后由延安解放社印成单行本在各抗日根据地发行。

智勇双全　屡破顽敌

在长期的革命斗争中，彭雪枫总是身先士卒，指挥果敢，足智多谋，充分显示出其卓越的军事才能，成为闻名遐迩的青年将领，曾荣获中央军委颁发的红星奖章一枚。

1942 年 11 月，日伪在推进“反共和平运动”、完成“大东亚圣战”的喧嚣声中，对淮北抗日根据地发动了空前规模的大“扫荡”。驻徐州、蚌埠等地的日军第十七师团、独立第十三旅团及“苏淮特区”伪军共 1 万余兵力，在飞机、坦克、汽艇的配合下，首先侵占各中心集镇，以洪泽西岸半城、青阳为中心目标，分进合击，长驱直入，对淮北抗日根据地进行了大“扫荡”，妄图达到消灭新四军、控制洪泽湖的目的。

彭雪枫和四师师部根据敌强我弱的形势，针锋相对地制定了“避其朝锐，击其懒归”和“避免被动，争取主动”的作战方针。在彭雪枫的正确指挥下，主力、地方武装和民兵相互配合，以破击战、袭击战、伏击战和守备战等各种方式，灵活机动地袭扰、打击敌人。仅四师主力在 33 天中就进行了强袭屠园圩、二打马公店、血战朱家岗等 37 次战斗。

1941 年 8 月 1 日，四师骑兵团正式成立。图为彭雪枫师长（前排中）和骑兵团领导及战斗英雄合影

在朱家岗守备战中，新四军九旅二十六团的勇士们以村落和交通沟为依托，与

日军金子联队 1000 余人白刃肉搏十数次，共毙伤日伪军 280 余人，打得敌人弃械遗尸、狼狈而逃。抗日军民乘胜发起全线反击，收复失地，赢得了 33 天反“扫荡”斗争的彻底胜利。

1944 年，反法西斯战争呈现出节节胜利的形势。华中敌后抗日军民抓住有利时机，向敌人发动了局部反攻。在淮北抗日根据地，彭雪枫指挥新四军第四师在东起运河、西至津浦铁路、宽约数百里的战线上，对日伪军发起了猛烈的春季攻势，拔除据点 46 个，歼灭日军 520 余人，俘虏伪军 1200 余人。随后，四师主力又发起了张楼战役，解放了这一被日伪军盘踞 6 年之久的战略要地，缴获了大批武器弹药和军用物资，进一步扩大了淮北抗日根据地。新四军第四师在战斗中不断发展壮大，为西进恢复豫皖苏边区奠定了坚实基础。

文明之师　植根人民

彭雪枫对人民群众充满无限热爱。他说，我们与人民是鱼水关系，没有水，鱼就要死；没有群众的支持，我们就要打败仗，就不能最后战胜敌人，就不可能夺回我们的根据地。

部队每到一处，坚决执行“三大纪律八项注意”，拥政爱民，“对敌人如猛虎，对群众如绵羊”。每年春天，抽出大批骡马帮助群众春耕；麦子黄熟时，帮助农民收麦打场；冬季协助地方训练民兵，举办冬学。当地老百姓被部队这种秋毫无犯、纪律严明、心系群众的行为所感动，称其为“天下文明第一军”。

1943 年 8 月，淮河两岸连降大雨，河水暴涨。当时彭雪枫正在附近参加本部召开的医务工作会议，听到淮河决堤的报告，立即率领到会的全体人员冒雨赶赴决堤现场。彭雪枫不顾个人安危，奋勇跳进激流，党员干部和新四军战士也紧跟着一个个跳入水中，很快组成了人墙，缓解了水流速度。经过军民团结一致抗洪，终于堵住了决口，保住了圩堤。

为使大柳巷人民免遭水患，淮北行署拨粮500石，泗南县政府动员民工5500多人，加固抢修大柳巷圩堤45里，共挖土78656方，使这里的540多顷秋庄稼当年获得丰收，共收粮25000余石。大柳巷人民为永久记住彭雪枫师长和新四军指战员舍身抢险救民的事迹，将大柳巷圩堤改为“雪枫堤”。

壮烈牺牲　英魂长存

1944年8月5日，华中局和新四军军部根据党中央的指示，决定由彭雪枫、张震、吴芝圃率新四军第四师主力5个团执行西进收复津浦路西之任务。15日，新四军第四师在半城镇召开西征誓师大会。8月20日晚，彭雪枫指挥四师由曹村与夹沟之间越过津浦路，以迅雷不及掩耳之势，包围了萧县南之敌据点小朱庄。21日扫清外围，22日夜发起总攻，激战3小时，胜利结束了战斗，毙敌纵队司令王传授以下300余人。彭雪枫指挥四师主力以秋风扫落叶之势，连克菊集、郧县集、马庄、秦坡楼等据点，收复了萧县、永北、砀山、宿西、夏南广大地区。

部队持续西进，路西敌伪顽杂慌忙调兵遣将，妄图四面合击四师。其时盘踞在夏邑东八里庄的敌李光明支队，凭借围寨和碉堡，负隅顽抗。为了拔掉前进中的钉子，消灭李光明部，彭雪枫亲自指挥八里庄战斗。9月10日早饭后，彭雪枫到二十五团驻地召开排以上干部会议，进行战前动员。10 日晚，参战部队迅速将八里庄包围，在炮火掩护下迅速突入圩寨将大寨全部占领，残敌窜入小寨顽抗。11 日拂晓，守敌弃寨突围，被我预伏之骑兵团猛烈冲杀，死的死，伤的伤，剩下的全部被俘虏，生擒顽军支队司令李光明、副司令李良玉以下千余人。在战斗即将结束时，彭雪枫将军不幸中弹牺牲，年仅 37 岁。

2009 年，彭雪枫入选“100 位为新中国成立做出突出贡献的英雄模范人物”。

（本文由商丘市政协文化和文史委员会、中共商丘市委党史和地方史志研究室供稿）

王文彬：湖西抗日浩气存

王文彬，1912年出生于江苏省丰县王砦村。1929年，17岁的王文彬考入了江苏省立徐州中学，在这里，他受中共地下党员的影响，开始阅读进步书刊，接受革命思想。九一八事变后，在中国共产党的领导下，轰轰烈烈的抗日救亡运动席卷全国。王文彬和其他同学一起，冲破校方的阻挠，积极开展各种抗日宣传活动。

1935年8月，王文彬考入国立北平师范大学文学院历史系。12月，王文彬投身于“一二·九”抗日救亡运动，冲破反动军警的围困堵截，愤怒控诉反动当局卖国行径，参与组织领导了文学院的罢课活动。

王文彬

在汹涌澎湃的革命洪流中，王文彬迅速成长起来。1936年6月，王文彬加入了中国共产党，任北平市学联常委兼宣传部长。

1937年，卢沟桥事变

爆发后，北平、天津相继沦陷，学生运动只好转入地下秘密进行。为掀起全国更大规模的抗日救亡运动，根据党的指示，北平市学联决定将同学们疏散到全国各地去参加抗日救亡斗争。王文彬和许多平津流亡学生相继到达了南京，王文彬任南京平津流亡同学会主要负责人。在同学会的组织动员下，2000 多名平津流亡学生进入青年战地服务训练班，王文彬在训练班中建立了党组织和民先组织，团结了广大爱国学生，培养了抗日骨干力量。

随着日军大举南侵，国民党军队节节败退，大片国土沦落敌手。共产党领导的八路军、新四军先后挺进华北、华中地区，积极执行放手发动群众、坚持敌后游击战争的政策，英勇抗击日军。在这种形势下，1937 年 10 月，王文彬受中共长江局的派遣，回到家乡丰县开展抗日救亡运动。11 月，恢复中共丰县县委，任县委书记。

1937 年冬，王文彬发起成立了丰县第一个群众抗日团体——青年抗日救国服务团。次年春，他和李贞乾等先后在王寨、徐楼等地举办农民游击训练班、妇女工作训练班。他亲自授课，介绍全国抗战形势，宣传共产党的抗日主张，动员爱国师生在国家存亡之际，积极投身于伟大的抗日救国事业中去。他还从中发展了一些党员，为建立抗日武装、开辟革命根据地积蓄了骨干力量。结业时，大家纷纷表示："宁做断头鬼，不当亡国奴。"

1938 年 4 月，在徐州沦陷前夕，中共苏鲁豫皖边区特委决定，将其所辖地区，以津浦和陇海铁路为界划分为 4 个区，分别成立区委。王文彬任中共徐西北区委书记。同年 5 月，王文彬在萧县、丰县、砀山、铜山等县发动了武装起义，并于 6 月中旬在丰县东南的华山镇成立了苏鲁人民抗日义勇队第二总队，共 2000

余人，李贞乾任总队长，王文彬任政治委员。从此，抗日救国的大旗在湖西地区飘扬起来。

在王文彬等同志的正确领导下，这支抗日武装后来发展到20多个大队，约5000余人。在边区广大群众的支援下，他们到处袭击日军，打击汉奸，镇压地主恶霸，扩大了边区抗日根据地。

1938年7月初，根据苏鲁豫边区革命形势的需要，中共徐西北区委同鲁西南工委合并，成立中共苏鲁豫特委（亦称湖西特委），王文彬担任中共苏鲁豫特委书记。期间，他正确地执行上级党的指示，把发动群众、开展武装斗争和根据地建设紧密地结合在一起，使边区抗战形势发生了深刻变化，苏鲁豫边区所辖各县、区、村，普遍组建了农会、青救会、妇救会、儿童团等群众团体。党组织也得到了迅速发展，先后建立了中共丰、沛、单、鱼、萧、宿、永、金、砀、曹等县委和区委，个别村建立了党支部。苏鲁豫边区抗日根据地进一步得到了巩固和发展。

为贯彻执行党的抗日民族统一战线，王文彬做了大量艰苦细致的工作。徐州沦陷后，湖西地区出现了各种地方杂牌武装，为团结争取这些力量参加抗日，王文彬不顾个人安危，四处奔走，向他们宣传共产党抗日民族统一战线政策，耐心诚恳地帮助他们了解革命形势。为表明共产党团结抗日的诚意，苏鲁豫特委还派人把逃跑的国民党丰县县长董玉珏及常备队长黄体润等人找回来，帮助他们组建政府，扩大队伍。经过不懈努力，湖西地区的国共合作得以实现。

1939年5月中旬，苏鲁豫特委改组，成立苏鲁豫区党委（亦称山东分局第五区党委），王文彬作为区党委统战部长，更加广泛地动员各阶层人士参加抗战。他多次长途跋涉到单县，去团结争取开明士绅朱鸿铎和单县国民党党务整理委员会主任朱育才，经过辛勤工作，促使该县达成了国共合作的局面，并成立了单县抗日动委会，开办了抗日游击训练班，培养了抗日骨干力量。

1939 年 6 月，苏鲁豫地区抗日总动员委员会成立，工农商学兵各界代表共聚一堂，王文彬被选为总动委会的主要负责人。

1939 年秋天，在党的领导下，苏鲁豫边区军民配合主力部队粉碎了日伪军队的联合夹击，边区抗战形势发生了深刻变化。广大人民群众纷纷要求参军、参战，党领导的抗日武装得到了进一步发展壮大，抗日根据地达到方圆 200 余里，革命形势空前高涨。同年 9 月，在湖西“肃托事件”中，王文彬不幸被错误杀害。事后，王文彬得到平反昭雪，被追认为革命烈士。当地政府和人民为纪念王文彬，将湖西边区最早创办的王大庄小学命名为文彬小学。

1951 年，王文彬烈士的父亲被特邀参加了国庆观礼，受到毛泽东主席的亲切接见。

（本文由菏泽市政协文化文史和学习委员会、中共菏泽市委党史研究院供稿）

李贞乾：毁家纾难的总队长

誓死不当亡国奴！一定要坚持抗战到底，决不妥协！

——李贞乾

在微山湖西的苏鲁豫接壤地，人民抗日义勇队二总队总队长、湖西抗日根据地的主要创建人、湖西行政专员公署首任专员李贞乾的英雄事迹，至今还在人民群众中广为传颂。

坚决抗战到底，路死路埋，决不妥协

李贞乾，江苏省丰县师寨乡李新庄人。1935 年春，担任丰县中学校长的李贞乾结识了中共党员孙叔平，在其影响和帮助下，逐渐信仰了共产主义。1936 年，绥远抗战爆发，激发了丰县中学师生的抗日爱国热情，李贞乾和孙叔平领导师生开展“援绥抗战”活动，组织演讲队、募捐队，把捐来的钱款寄给抗战前线的战士。

1937 年 7 月 7 日卢沟桥事变后，抗日烽火在祖国各地燃烧蔓延。随着济南沦陷，丰县岌岌可危。国民党丰县县长董玉珏等政府要员如鸟兽散纷纷逃往他地，李贞乾却挺身而出，慷慨陈词：“我誓死不当亡国奴，一定要抗战到底。”“宁为玉碎，不为瓦全，路死路埋，坑死坑埋，决不妥协！”为了动员群众抗战，他说服父亲和弟弟们，卖掉自家部分家产，买了枪支、弹药，组织起农民自卫队。李贞乾亲自给自卫队上课，并请红军干部孙鹤一及东北流亡学生讲时政、教军事。

李贞乾

1938年初，李贞乾与共产党员王文彬、张如、陈筹、孙鹤一等参加了丰县民众抗日动员委员会的组织工作，他积极宣传党的主张，训练干部，组织起丰县抗日武装。在王文彬等人的帮助下，李贞乾思想觉悟进一步提高，1938年9月秘密加入了中国共产党。

丰县县城沦陷后，李贞乾带着一支60余人组成的抗日武装，在湖西举起抗日救国的大旗。在中共苏鲁豫皖特委的领导下，6月13日，丰县、沛县、铜山等地抗日武装齐集在丰县城南渠楼，宣告成立人民抗日义勇队第二总队，李贞乾任总队长，王文彬任政委，郭影秋兼任政治部主任。队伍缺少枪支、经费，李贞乾把家中的土地、房屋、粮食、枪支、马匹等贡献出来。为节省个人开支，他毅然改掉了吸烟的习惯，并表示抗战不获得最后胜利决不开戒。他家成了二总队的活动中心，既是供给部，又是情报联络站，被战士们称誉为“战士之家”。

二总队成立后，李贞乾带领各大队向敌伪军展开了英勇斗争，先后在马良集、黄庙、华山、河口、旧城等地重创日伪军。1938 年 7 月 2 日，日军 100 余人沿公路进至砀山、单县边境的马良集附近。二总队在李贞乾率领下，突然从公路两侧的青纱帐中杀出，向行进中的日军猛烈射击，枪声、手榴弹爆炸声响成一片，敌人纷纷倒下。日军被突如其来的袭击打得晕头转向，摸不清底细，狼狈逃窜。这一仗，击毙日军数十人，击毁汽车 2 辆，取得了义勇队首战日军的胜利。马良集战斗的胜利，扩大了二总队的影响，极大地鼓舞了二总队指战员的抗日斗志，激发了湖西群众的抗日热情，许多青年纷纷参加义勇队。到 1938 年底，义勇队二总队已发展为一支 5000 余人的抗日劲旅，为湖西抗日根据地的形成、发展和壮大奠定了坚实基础。

是总队长，更是普通一兵

李贞乾虽是总队长，但行军、作战、生活都与战士们同甘共苦，打成一片。有一段时间，他的脚气病犯了，行动很困难，组织上给他准备了马匹，他却把马让给伤病员骑。李贞乾穿的和战士别无二样，就是那一身破旧的灰粗布军服，白天穿它，晚上盖它。冬天下雪时，他还没穿上棉衣，晚上睡觉，就和警卫员、通讯员钻进一个草窝里。李贞乾本来体质不好，艰苦的游击战争生活使他显得更高、更瘦、更单薄。一天，警卫员设法弄来一碗羊肉汤，端到他的面前。李贞乾想到机炮连的一名战士正患疟疾，几天不能吃饭，便挥手对警卫员说："端给机枪手去喝吧！"警卫员望着他憔悴的面容，眼里含着热泪，把羊肉汤送了过去。

二总队成立几个月，从未发过饷（津贴费），而且谁也没想过要饷，李贞乾也不例外。忽然有一天，总队部将干部战士集合到打谷场上，由军需处按花名册叫着每个人的名字，发给 5 角钱的津贴费。这是二总队成立以来第一次发饷，李贞乾和游击队员一样，领到了 5 角钱。干部战士都很高兴，围着李贞乾说说笑笑。有的说："我要把 5 角钱存着，等抗战胜利后，把它用镜框镶起来，留作纪念。"李贞乾勉励大家说："这是群众对我们的慰劳，让大家买点烟吸。现在要艰苦奋斗，将来打败鬼子，才能过幸福的生活。"

人民是国家的主人，咱们是人民的公仆

1940 年 7 月，湖西行政专员公署建立，李贞乾被湖西人民推举为专员。在他担任专员时期，湖西地区军民中广泛流传着关于李贞乾廉政勤政的故事。

1942 年，湖西地区遭受特大旱灾，河渠干涸，田地龟裂，许多人逃往他乡，不少人饿死。粮食歉收，加上日军的经济封锁和频繁"扫荡"，致使湖西抗日根据地军民生活十分困难。为了克服困难、度过灾荒，李贞乾带领专署干部深入重灾区，组织群众生产自救，抗灾度荒。一次，村干部筹措到的给养只有黑豆和发霉的干粮，后勤人员眉头一皱，要村干部退回去，另换好一点的粮食。李贞乾闻讯，立即加以制止，并严肃又语重心长地对后勤人员说："老百姓宁愿自己挨饿，把粮食省给我们吃，多好的群众啊！人民是国家的主人，咱们是人民的仆人，主人给什么，咱们就吃什么，只要能填饱肚子，就能打日本侵略军。"李贞乾身体力行，带头喝黑豆胶子糊糊，津津有味地嚼着发霉的干粮。在

粮食都很少见，一天只能吃上一顿饭时，他带头吃榆树叶做成的窝窝头。在艰苦的环境中，处处以身作则，密切联系群众，关心群众疾苦，赢得湖西广大人民群众的爱戴，“请专员做主”成为湖西地区广大人民群众的一致呼声。他的名字在这一地区家喻户晓，妇孺皆知。1942 年五一节上午，天空晴朗，在军民联欢大会上，为表达对专署的拥护和对李贞乾的爱戴，单县蔡堂区群众敲锣打鼓吹唢呐，用轿子抬着“廉洁奉公”“勤政爱民”两块匾，前呼后拥到专署驻地，赠送给专署和专员李贞乾。

英雄热血洒战场

1942 年 12 月 18 日，日军从济南、徐州、济宁、砀山、商丘、菏泽等地调集万余兵力，对湖西抗日根据地中心区进行空前规模的大“扫荡”，妄图摧毁湖西抗日根据地。

12 月 20 日，湖西地区党政机关在驻地单县柏常集召开精兵简政和党政军“一元化”大会，调来了剧团，搭了戏台，准备隆重庆祝一番。深夜，接到各情报站情报，多路发现敌情。为避开敌人的进攻，湖西根据地领导果断决定，立即停止召开庆祝大会，机关和军分区分头转移。21 日清晨，各路敌人以分队、小队为单位，步步向根据地压缩前进。我军节节阻击，迟滞由南向北压缩前进之敌。由第十团掩护的专署机关，在单县东南马桥一带遭到从鱼台、沛县方向来敌的包围。在十分危急的时刻，李贞乾纵身上马挥枪，大声呼喊：“跟我冲!”他率领警卫连和专署干部与敌人展开激战，炮弹在他马前身旁爆炸，子弹在他耳边呼啸，李贞乾毫不畏惧，率队冲杀。当他冲到朱大庄东头时，他的坐骑

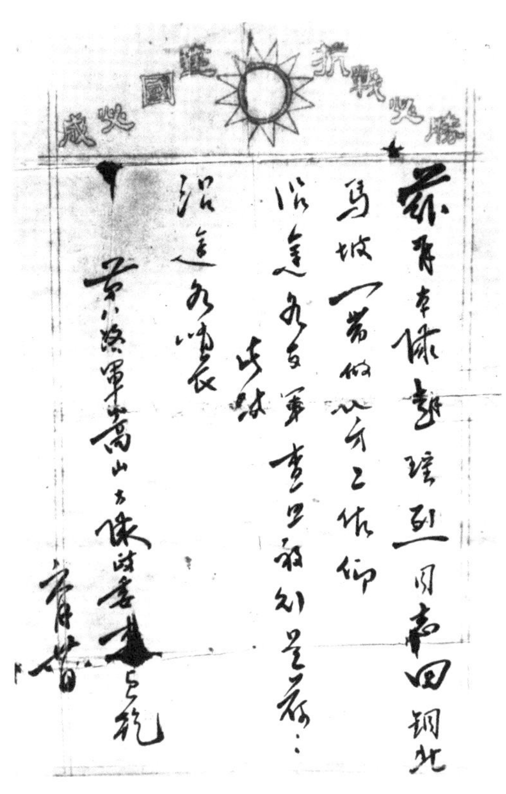

1939年6月30日，苏鲁豫支队四大队政委李贞乾为赵瑶烈开具的路条

被枪弹击伤，猛地一跳，将他掀下马来。他一骨碌站起身，继续凭借坟头向敌人射击。敌人则集中火力对付他，在敌人的疯狂进攻下，李贞乾全身数处中弹，倒在血泊中，壮烈牺牲。

战后，闻讯赶来的群众呼天喊地，为党痛失一名好干部而痛心疾首。为了怀念这位令人尊敬的抗日先锋，人们将李贞乾的遗体抬回去，用棺木安葬在胡庄西南地里。

（本文由徐州市政协文化文史委员会、徐州市史志办公室、济宁市政协文化文史和学习委员会供稿）

张光中：平生忘家思报国

张光中生于1901年，沛县宋庄人。他在上学期间就受到十月革命和五四运动的影响，积极参加爱国学生运动。1929年在任教期间，曾与进步教师一起，以“三非女士”的笔名写文章，宣传民主、爱国思想，揭露国民党当局的黑暗统治。1930年10月，国民党当局残酷镇压革命运动，张光中被国民党反动当局以“祖共罪”逮捕，关押在沛县监狱达5个月之久。在狱中他结识了共产党员路继先、李公俭同志，受到了党的教育，懂得了只有共产党才能救中国的道理。翌年8月，他被无罪释放后，在本村参加了中国共产党，从此，开始了为共产主义事业奋斗终生的道路。

张光中

1932年春，张光中按照沛县党组织和徐海蚌特委的指示，经人介绍，到微山湖东岸沛县七区的夏镇（现为山东省微山县驻地）民众教育馆任馆员。他利用这个有利的社会职业，广泛结交进步青年，秘密开展党的工作。他利用组织“青年读书会”“乡村改进会”等形式，用革命理论教育了许多爱国青年和农民群众，发展了张运海、郑一鸣等30多人入党，并先后在三孔桥、盐当街、三八街、部城、民教馆建立了党支部。夏镇党组织建立之后，他组织和领导群众胜利地开展了经济和政治的斗争，如1933年春天的反高利贷斗争、夏秋之交的反警察迫害斗争，以及反封湖斗争等。在张光中的领导下，民教馆成了红色堡垒和夏镇地区的革命活动中心。

1933年夏，徐州特委遭到大破坏，沛县党组织与上级失掉了联系。为寻求上级党的领导，张光中、主传珍和李世昌到海州地区去找党的关系。他们怀着孩儿寻母一样的心情，露宿风餐，奔波在涟水、海州一带。在举目无亲的困难情况下，他与本村在外地做工的地下党员李大中等组织起临时党支部，一面做工，一面在工人中秘密开展党的活动，并以组织罢工的办法引起党的注意，试图与党组织接上关系。因他的行动暴露，遭到反动当局忌恨，被迫于1934年初返回沛县。

1934年1月，沛县县委再次遭到破坏，国民党沛县当局为诱捕中共党员，玩弄“国共合作”“共同革命”等阴谋妄图骗取党员自首登记。张光中等同志识破了敌人的阴谋，连夜返回陈家港等地通知李大中等党员迅速转移隐蔽到连云港等地，保存了党的力量。在地方党组织被破坏、上级组织中断联系和家被监视、自己被通缉的艰难险恶形势下，他没有动摇革命意志，继续以全部精力投入革命活动。1934年7月，张光中同志再次秘密回到家乡，找到了仍在坚持秘密斗争的党员王润生、丛衍瑞等同志。他们冒着生命危险，巧妙避开国民党的侦捕，着手重建党的组织。

直到 1935 年 2 月，张光中、丛衍瑞在枣庄与在矿区坚持革命斗争的郭子化同志取得了联系。从此，他们共同努力，建立了中共苏鲁边区临时特别委员会，郭子化任书记，张光中任宣传委员，丛衍瑞任组织委员，丛林为秘书。特委的成立，标志着党在白区的红旗不倒，鼓舞了在苏鲁豫皖坚持斗争的共产党人和革命人士，使微山湖两岸的革命活动更加活跃起来。

1935 年 7 月，中共苏鲁边区特委为开辟山区革命斗争，派张光中同志到抱犊崮山区的大北庄一带工作。当时，白色恐怖严重，环境极其险恶，张光中同志化名张明礼，以卖烟、卷烟为掩护，白天走街串巷，了解民情、敌情，夜间积极进行党的工作。当时的生活极端困难，有时连高粱饼子也吃不上，他常常饿着肚子坚持工作。这年冬天，特委又调张光中同志到枣庄以西的大吕巷一带工作。因处于白色恐怖的困难时期，特委只给他 3 元钱的生活费，他以此为本钱，当起了挑担卖煤油的小贩，并以此为掩护，开展群众工作。经过他一段时间的艰苦努力，在大吕巷、大武穴一带发展了党员，建立了党的组织。

张光中在斗争中认识到，闹革命没有武装不行。因此，从 1935 年下半年开始，他就布置沛县党的骨干分子李公俭、肖继周、燕克岭等筹建武装。为秘密建立武装，他在自己家的房子里砌了一道夹壁墙，并有一条暗道经过院子里的柴草垛通向村外的田野。他把从土豪劣绅手里收缴来的枪支弹药（也有自己花钱买的）隐藏在夹壁墙里。为了筹集枪支，张光中暗中让人强行摊派其岳父拿出 1200 块大洋，购买了 10 多支长短枪，使这一地区很快发展为有二三十支枪的地下武装。他们白天分散，夜晚集中，打击了地主反动势力，保卫了群众利益。有了这支武装，他们先后镇压了叛徒姜友吉，支援了水圩子群众的抢粮斗争，领导了大屯群众的夺粮斗争。由于党领导了地下武装斗争，使党的威信在广大群众中得到很大的提高。

1936 年 6 月 7 日，因张光中组织的地下武装在夏镇庙会上秘密处决了叛徒姜友吉，引起了敌特的疯狂报复，沛县党的负责人王润生、郭影秋、苗宗藩等 20 多人被捕，沛县党组织第三次遭到破坏。在敌人的通缉下，张光中同志再次外出隐蔽，直到 1937 年初，秘密回到沛县，并着手秘密恢复了中共沛县县委，时任县委书记。七七事变后，全国掀起抗日高潮，他与县委其他同志一起，迅速组织起百多人的抗日武装。当时部队没有饭吃，张光中同志就把自己家的粮食拿出来供给部队。

1938 年春，特委通过与国民党李明扬的统战关系，在微山以西地区建立了人民抗日义勇队，张光中同志任队长，共产党领导的沛县第一支人民抗日武装从此诞生了。1938 年 3 月 18 日临城失守后，张光中同志率这一部队配合李明扬 3 次过湖袭击临城日寇兵营，烧车站，杀鬼子，扒铁路。这支抗日队伍实行官兵平等、军民平等和优待俘虏的红军建军原则，严格遵守“三大纪律八项注意”，因而深受当地人民群众的爱戴和支持，从而也更加激发了广大人民抗日救国的热情。

1938 年 5 月下旬徐州沦陷后，苏鲁豫皖边区特委（原苏鲁边区特委）在峄县老古泉开会，决定调集党在沛、滕、峄 3 县的人民抗日武装合编为苏鲁人民抗日义勇总队（后称第一总队），并任命张光中为总队长，何一萍为政治部主任。苏鲁人民抗日义勇总队正式成立后，张光中同志与总队其他同志一起，率部与日、伪、顽、匪展开了激烈的斗争，使这支新生的人民抗日武装力量不断发展壮大。1938 年 8 月，张光中同志根据特委决定，率领部队转移到抱犊崮山区的大炉一带，与万春圃领导的地方抗日武装会合，为创造鲁南抗日根据地进行了艰苦卓绝的斗争。在创建根据地的斗争中，张光中先后任山东省保安团长、八路军苏鲁支队队长、鲁南军区司令员和鲁中南军区副司令员等职。张光中在率领人民抗日武装转战鲁南山区的 10 余年的时间里，始终掌握着武装，较好地完成了保卫党、保卫群众利益的任务，为根据地的建设做出了卓越的贡献。鲁南根据地在被日伪顽匪吞食分割得仅有“南征北战十余里”的困难条件下，张光中和鲁南区党委书记兼军区政治委员的王麓水领导的部队一道，与鲁南人民鱼水相依，坚持斗争，为抗日战争的胜利付出了心血。1943 年底，他奉命歼灭了汉奸刘桂棠，在泗水消灭了伪军荣子恒，在涧沟崖消灭了王洪九，在阎村全歼了申宪武顽部。张光中率领部队驰骋抗日沙场，使鲁南与鲁中、滨海、湖西战略区连成一片，为解放战争铺开了运动战的战场。

解放战争中，张光中率鲁南军区指战员，配合华东野战军参加了鲁南战役、孟良崮战役和淮海战役，为解放全中国做出了贡献。

徐州解放后，张光中先后任徐州警备司令员，徐州市市长、市委副书记等职务。1954 年春到 1964 年春的 10 年间，张光中在江苏省工作，历任江苏省政法委员会主任、省检察院检察长兼党组书记、省政协副主席等职；先后当选为中共八大代表、第三届全国人大代表、五届全国政协委员。在十年动乱中，张光中深受林彪、江青反革命集团的残酷迫害。晚年，他在与疾病做斗争的同时，仍时刻关注党和国家的前途、命运，关心社会主义现代化建设，为搞好政协工作和党史工作，竭尽全力，坚持工作。1984年6月，他因病逝世，终年83岁。

（本文由徐州市政协文化文史委员会、徐州市史志办公室供稿）

郭影秋：从湖西儒将到大学校长

郭影秋，1909年出生在徐州铜山县马兰村一个贫苦农民家庭。自幼勤奋好学，刻苦努力，靠借贷和老师、朋友的周济，时断时续完成学业。1932年，郭影秋从江苏教育学院毕业，被分配到徐州民众教育馆工作。1934年夏到沛县中学任教导主任，并于次年入党。

卢沟桥事变后，日本发动了全面的侵华战争。1938年5月19日，徐州沦陷。在日本人的血腥统治下，共产党人深入敌后，组织游击队，进行抗日活动。

郭影秋

就在徐州沦陷后不久，郭影秋投笔从戎，离开徐州，辗转来到陇海铁路南的皖北萧县王白楼，拉起了一支抗日武装。后来这支队伍与陇海路北的地方游击队取得联系，两支队伍于1938年6月底在丰县的华山会师，组成了湖西人民抗日义勇队第二总队，约5000人。同年7月，苏鲁豫特委（即湖西特委）成立，郭影秋任特委委员兼第二总队的政委，开始了创建湖西根据地的艰难历程。

湖西，指微山湖以西，包括徐州的丰县、沛县，及苏鲁豫皖四省交界处的一些地方。1938 年 12 月，由彭明治等领导的八路军正规部队苏鲁豫支队（简称“苏支”）开进湖西，与郭影秋等领导的抗日义勇队第二总队一起，摧垮了驻在丰县的汉奸武装王献臣所部，奠定了湖西根据地的基础，湖西地区抗日形势逐步好转，多县先后建立了抗日政权。郭影秋的抗日义勇队第二总队也编入了苏支的第四大队，郭任大队政委。

1939 年 2 月初，他奉中共湖西特委和苏支首长之命，带了两名警卫员，深入虎穴，来到微山湖南部土匪头目籍兴科的老巢，成功劝降籍兴科，使其带上 2000 多人马，加入抗日武装的行列。后来这支部队在郭影秋的努力下，被改造成为一支纪律严明、英勇善战的抗日武装。

郭影秋在战场上，沉着冷静，勇敢机智，是一位优秀的军事人才；同时，他精通古文和历史，擅长写旧体诗词，在戎马倥偬的战争年代，特别是在湖西坚持抗战的八年艰苦岁月，写下了不少诗篇，加上他对湖西抗日根据地的突出贡献，“湖西儒将”之名不胫而走，还有人称其为“苏北第一才子”。

新中国成立时，郭影秋任十八军政治部主任。1950 年初，他转业到了地方工作。脱下戎装的郭影秋第一个职务是川南行署副主任。1952 年秋，郭影秋调任云南省政府副主席，当时的省政府主席是共和国大将陈赓，省委书记是宋任穷。不久，陈赓和宋任穷调任北京，郭影秋继任云南省省长。云南地处我国西南边陲，是我国少数民族最多的省区。为了做好工作，他除了到省里或中央开会外，大多数时间都在下面跑。为掌握第一手资料，他经常到基层做调研，在云南工作的 5 年多时间里，郭影秋的足迹几乎走遍了云南的所有地州。

在云南工作期间，郭影秋也接待过不少途经云南出访的党和国家高级领导人，包括出席万隆会议的周恩来、陈毅等。陈毅非常欣赏郭影秋的才干和人品，曾几次提出要郭影秋出任驻外大使，均被郭影秋婉言谢绝。1956 年 8 月，郭影秋到北京参加党的八大，会后到中央党校学习。学习期间，他在北京大学看到了谭天荣等人的大字报，攻击共产党人不能办科学、不能办教育，这一说法引起了郭影秋的极大反感。回云南后不久，他就给中央写信，说："现在社会上有些人说，共产党人不能办科学，不能办大学，我认为共产党人能办科学，能办高校。假若让我学习两年，我就可以去办个大学。"这封信发出去没多久，中央政治局就正式调郭影秋到南京大学担任党委书记兼校长。郭影秋开始了人生的第二次重大转折。

1957 年 8 月，郭影秋到南京大学上任。周总理曾十分赞赏地对云南籍辛亥革命老人李根源先生说，你们的省长郭影秋，不愿当省长，自告奋勇到大学当校长。

郭影秋在南大工作的近 6 年时间里，大的环境并不好，"反右"和"大跃进"的浪潮冲击全国，郭影秋千方百计保持学校的教学科研不受影响。1961 年，他利用中央提出的"调整、巩固、充实、提高"八字方针，强调"教学是压倒一切的中心任务"，同时积极促进南大科研工作的开展，把南大校庆日 5 月 20 日规定为学校的学术活动节，同时还身体力行，搜集了很多明末农民义军张献忠大西军的史料，以扎实的学术功底撰写了《李定国纪年》。郭影秋在南大任职期间，学校有了很大发展，学生人数逐年增加，学科建设势头良好，教师队伍不断扩大，在国内外的影响力显著增强。

1964 年夏，郭影秋（右）在中国人民大学校园劳动

1963 年初，周总理两次准备调郭影秋去国务院当副秘书长，以备接任秘书长一职。郭影秋两次表达了免调的愿望。直到 1963 年 5 月，郭影秋由周恩来推荐、人大老校长吴玉章钦点，调到人民大学主持工作。郭影秋来到人大后，深入调查研究，坚持党对知识分子的优良传统，贯彻以教学为中心的方针，尊重知识分子，关怀学生成长，充分调动各部门的积极性，到 1966 年“文化大革命”爆发，短短三年，人民大学呈现出蓬勃的生机。受“文化大革命”影响，1970 年至 1978 年，人大停办 8 年。即使在这期间，郭影秋仍然关心学校的科研工作，在他的努力争取下，成立了清史研究小组，挂在北京师范大学，也就是后来的人大清史研究所，现在该所已成为教育部历史学科著名的教学和研究基地，为国家培养了大批专业人才，而郭影秋也被人大师生称赞为“德才兼备的好校长”“知识分子的良师益友”。

1985年，郭影秋与世长辞，享年76岁。他生前两次嘱咐，丧事从简，不开追悼会，不举行遗体告别仪式，遗体交给医院作科学研究之用，《郭影秋诗集》的稿费作为最后一次党费上交。

（本文由徐州市政协文化文史委员会、徐州市史志办公室、济宁市政协文化文史和学习委员会供稿）

能打硬仗的虎将赵汇川

淮北是革命老区，有着光荣的革命斗争历史。在这片血与火洗礼的热土上，走出过许多革命志士，赵汇川就是其中的杰出代表之一。他一生戎马倥偬，功勋卓著，特别是率部参加抗日后，参与、领导了淮北抗日根据地的艰苦斗争，被人们称为能打硬仗的“虎将”。

开辟皖东北

赵汇川

赵汇川，名克海，字汇川，今安徽省濉溪县孙疃镇赵庄人。从青年时代起，赵汇川就接受进步思想，追求真理，进行革命活动。1933年春，赵汇川到张家口，加入由冯玉祥领导的察哈尔民众抗日同盟军。同年5月，加入中国共产党。在攻打平定堡的战斗中，赵汇川英勇顽强，头部和下肢6处负伤。1934年，同盟军失败，赵汇川失去与党组织的联系，回到家乡。

1937年7月，全面抗战爆发，赵汇川在家乡举起抗日旗帜，积极开展抗日救亡运动。他参与组织成立宿县抗敌救亡社、宿县民众抗日动员委员会和宿县教育人员战时后方服务团，并担任宿县教育人员战时后方服务团副团长和第二大队大队长，经常组织人员进行抗战宣传，慰问伤员，为抗日部队提供后勤服务。

1938年5月，濉溪沦陷。赵汇川到了宿西的二铺，以当地人民自卫军为基础组建了一支抗日游击队。6月，他带领这支游击队在西二铺伏击日军，打响宿西地区人民抗日斗争的第一枪。

1939年春，赵汇川赶赴皖东北，任安徽省第六公署抗敌指挥部第三支队（简称“六抗”三支队）队长。“六抗”三支队是党组织建立的抗日武装，下辖3个大队和1个警卫连。三支队成立不久，赵汇川就率部攻占敌伪据点小李庄，使得三支队声威大震，部队很快发展到1000多人。6月，赵汇川率部配合八路军苏鲁豫支队同徐州、宿县的日伪军展开了顽强战斗，消灭日伪军500余人，粉碎了日伪军妄图消灭八路军苏鲁豫支队的企图。

同年7月，中共豫皖省委书记张爱萍到达皖东北，赵汇川领导的“六抗”三支队在张爱萍的直接领导下，参加了开辟皖东北和苏北抗日根据地的艰苦斗争，张爱萍称他为能打硬仗的“虎将”。驻时村据点的日伪军对抗日根据地“扫荡”，赵汇川率领三支队，先后在蔡桥、王圩子痛击日伪军，毙敌数十人。11月上旬，赵汇川率领三支队在浍沟歼灭了伪军雷杰三保安独立团近900人。抗日力量得到迅速发展，皖东北的抗战形势一派大好。

1940年2月，新四军六支队四总队成立，赵汇川任四总队第十一团团长。在张爱萍的率领下，四总队挥戈西去，半个月连打

13仗，横扫伪顽。9月，八路军第五纵队三支队成立，赵汇川任第五纵队三支队第九团团长。他率部挺进淮海地区，在地方党组织和兄弟部队配合下，打击敌伪势力，清剿土匪武装，先后建立了沭阳、泗县等8个县的抗日民主政权。接着，九团在韦国清的率领下，开赴盐阜地区。

奋战邳睢铜

1941年1月，皖南事变爆发，华中的八路军、新四军统一整编为新四军。赵汇川任新四军三师九旅二十七团团长。他率部返回皖东北，采用长途奔袭战术，先后夺取青阳镇等日伪据点，接着一鼓作气，扫除了周围的日伪据点，粉碎了日伪军“蚕食”计划，巩固了皖东北根据地。5月，韦国清率领二十七团和二十五团及九旅骑兵团北上挺进邳睢铜地区。6月6日，新四军仍采取长途奔袭战术，一举击溃驻守在土山镇的敌伪武装刘尚志部。9月，攻克海郑公路上的大王集据点，并乘胜扫除徐庄、小吴家等日伪据点。9月29日，徐州等地的日伪军分7路合击二十七团，赵汇川率部机智灵活地跳出敌人的包围圈。

1942年1月，国民党安徽省第四区行政督察公署专员马馨亭从津浦路西窜至宿灵的古城一带，纠合几支反动武装，同日伪军相勾结，猖狂进行反共反人民的活动。为打击敌人的嚣张气焰，粉碎敌人阴谋，3月6日，赵汇川率二十七团在宿东游击支队、萧铜独立营的配合下，包围顽伪重要据点小圩子，经过激烈战斗，拔除了该据点，歼敌500余人。这次战斗的胜利，把邳睢铜和宿东、萧铜等抗日根据地连成一片。张圩子战斗结束后，赵汇川奉命率部回皖东北休整。

10月，赵汇川率部返回邳睢铜地区。11月，日伪军出动7000余人，兵分五路对淮北根据地“扫荡”。赵汇川率领二十七团主动出击，首先对日伪军力量较为薄弱的老山庙据点展开攻击，全歼日伪军130多人；接着乘胜扩大战果，连续攻克田河、邢圩子等日伪据点，重创了大王集据点的日伪军。经过33天的英勇战斗，粉碎了日伪军的“扫荡”。

1943年1月，中共邳睢铜地委改为淮北三地委，邳睢铜灵军分区改为淮北军区第三分区，赵汇川任三分区司令员。

日伪军在淮北地区“扫荡”被粉碎后，又采取“扫荡”、“清乡”、“蚕食”、军事进攻和经济封锁相结合等手段，与国民党反动军队相互勾结，向根据地进犯，形势非常严峻。为扭转被动局面，1943年初，赵汇川等军分区领导根据军区的指示精神，调派二十七团夜袭海政公路田河据点，全歼守敌。3月25日，再克田河，迫使伪军投降。4月12日，再次发动对伪军雷杰三部的进攻，歼灭道庄朱大同1个连。4月15日，二十七团在分区骑兵部队的配合下，截击叶场出扰的伪军，毙敌1部。5月21日，又击溃褚兰的出扰之敌。

叶场是敌伪一个特别重要的据点，日伪军在叶场周围挖壕筑墙，建炮楼，并以此为中心，频繁四处抢掠和“扫荡”，对根据地造成严重威胁。军分区决心拔掉这颗“钉子”。赵汇川等军分区领导研究决定：以二十七团为主力，睢宁、睢宿、邳睢县等地方武装配合，采取攻城打援的战术，准备消灭叶场之敌。1943年8月12日23时发起进攻，13日5时，魏集的伪军增援叶场，新四军三路出击，歼敌大半。13日凌晨，总攻开始，军民联合，对敌展开猛烈攻击。日伪军前来增援，被新四军击退，突围之敌也被全歼。18 日，敌人被迫投降。整个战斗持续了 7 天 7 夜，歼敌 700 余人。这场胜利，受到淮北军区四师首长彭雪枫、邓子恢的通令嘉奖，延安新华社做了广播，中央军委也认为叶场围困战是人民战争思想的伟大胜利。

1945 年伊始，淮北三分区独立团和地方武装在赵汇川的统一指挥下，开展大反攻，并连续取得胜利。5 月，淮北军区三分区武装在新四军九旅的支援下，在睢宁以南地区展开强大攻势，先后攻克多个伪据点，解放了睢宁县城以南广大地区。7 月，发动睢宁战役，收复睢宁县城，毙俘伪军 2000 多人。8 月 15 日，攻克重镇双沟。9 月 5 日，赵汇川率独立一团和三团，攻克灵璧县城。

重建淮北根据地

1946 年 6 月，蒋介石撕毁停战协定，向解放区发动大规模的军事进攻。华中七地委和七分区在淮北地区坚持斗争 3 个月，终因敌我力量悬殊，被迫于 11 月 25 日撤退到运河以东地区。淮北广大地区沦入敌手。

1947 年 1 月 9 日，华中分局和华东野战军首长决定成立淮北党政军委员会和淮北挺进支队。赵汇川任淮北挺进支队副司令员兼参谋长，奉命率领 2 个主力团、2 个骑兵大队和一部分地方干部共 3300 多人，冒着敌机轰炸强渡运河，重返淮北根据地。在此后近一年里，挺进支队进行大小战斗 649 次，毙俘敌官兵 1.15 万余人，解放人民 150 余万，收复失地 2.3 万平方公里，建立 9 个县的民主政权，胜利完成了打回淮北、重建淮北路东根据地的光荣任务。

1948 年 3 月，在第七军分区的基础上，成立淮北军分区，赵汇川任军区参谋长。他率部开辟、巩固和发展了淮北、淮南根据地，发展地方武装，实行土地改革，努力恢复生产，动员群众支前，有力地配合华野主力作战，并参加了淮海战役。1949 年 4 月，赵汇川任第三野战军第九兵团参谋长，参加了渡江战役和解放上海战役。

参与建设海军

1949 年 9 月，海军创建时期，赵汇川协助张爱萍创建中国人民海军，并任华东军区海军司令部作战处处长。1950 年冬，任海军航空学校校长，创建了海军第一所航空学校，为中国人民解放军海军航空兵部队培养了大批领导干部和专业技术人才。1952 年 2 月，奉中央军委命令，到北京筹建海军航空兵部，并任参谋长。1953 年 9 月，到苏联伏罗希洛夫海军学院学习。1957 年毕业回国后，任海军航空兵部副司令员。1964 年 2 月，任海军北海舰队副司令员，分管航空兵部，参加指挥击落美蒋 P-2V 侦察机，取得航空兵战史上的重大胜利。

1961 年，赵汇川晋升为少将军衔，荣获二级独立自由勋章、一级解放勋章、一级红星功勋荣誉章。

（本文由淮北市文化文史和学习委员会、中共淮北市党史和地方志研究室供稿）

血洒汤沟的抗日团长汤曙红

夜卧五华横枕戈，怆怀战士缺鞋多。
背倚青山面对河，山风河雾着衣裹。
我呼织女快些织，多织军鞋少织箩。
爬山越岭成习惯，扫叶道人怎奈何。
斩除荒秽骋戎马，难怪深山乱石多。
为操地利斗东倭，开展山区布网罗。
踏碎不平成任务，直当洗脚用沙搓。
难得贤明施慨助，治戎有幸得人和。

——汤曙红

汤曙红（1915—1939），原名汤宜秀，江苏灌南县汤沟镇人。九一八事变后，汤曙红利用汤沟小学校长的身份，团结汤增桐、汤化陶、周江平、李石青等热血青年，开展抗日救亡活动。他们首先办起了读书会，一面学习革命的理论，一面走上街头，高唱抗日歌曲，宣传抗日道理。他自任团长创办汤沟剧团，先后排演了《宛平战斗》《血战卢沟桥》《盐城失守》《古城怒吼》等抗日剧目，深入集市、农村巡回演出。在汤沟、连五、厉荡等乡村陆续成立了青年救国会、儿童团、抗日自卫队等进步组织。1938 年春，2000 多名民众参加汤沟乡民众抗日武装自卫队成立大会，汤曙红担任自卫队大队长。

1939 年 1 月，一度遭受挫折的海属地区党组织在东灌沭恢复

汤曙红

活动，汤曙红就由八路军山东纵队陇海南进支队的余耀海介绍，第一批加入了中国共产党。在党的领导下，汤曙红担任了中共沭阳县委军事部长。3 月通过重新整顿，在原汤沟乡民众抗日武装自卫队的基础上，成立了东灌沭边区人民抗日自卫队，自卫队迅速发展到拥有 200 多支枪。

1939 年 3 月的一天，驻大伊山日军到东海县西圩村“扫荡”，恰巧国民党沭阳县长夏铸禹因到其岳父家做客，被包围在里面，东西圩连庄会出于爱国保家之热忱，面对来势汹汹的 200 多日军，奋起抵抗，因敌我力量悬殊，情况十分危急。汤曙红闻讯后，立即率领身边的 70 多名自卫队员赶赴西圩村援助，四乡八庄的民众闻讯立即出动支前参战。汤曙红率领的抗日自卫队和手持鸟枪、土炮的民众武装与装备精良的日本侵略军激战从下午开始，直到第二天黎明，日军才丢下 20 多具尸体逃回了大伊山。

1939 年 4 月 10 日，八路军山东纵队陇海南进游击支队第三团成立，汤曙红任团长。1939 年 6 月，经过反复侦察，汤曙红决定火烧义泽河桥，破坏日本侵略军的交通线。这座桥梁是大伊山日军连接新安镇、涟水、淮阴的咽喉，大伊山日军的弹药、粮食供应都要经过义泽河北运。日军在桥的南北两头各设了一个碉堡，每个桥头堡各派一个班看守；守桥的日军配备了重机枪、小钢炮等武器。日军不准老百姓及牲畜从桥上通过。是月5日，汤曙红派人购买了一条小船，船上满载柴草，草上浇上煤油，撒上火药，船尾横绑长棍，挑选两名熟悉水性的战士，趁着河水退潮时，潜水推船前进，横绑的长棍卡在桥孔内，派两名战士点燃柴草，烧毁木桥，使得日军南北交通陷于瘫痪。

1939年7月8日，汤曙红在掌握大伊山日军司令部将派出船队沿盐河南去涟水的情报后，立即组织了49名精悍的战士于拂晓前潜伏在盐河与涵养河交界的五里槐，伏击日军。1939年7月12日，汤曙红在张店的孙二庄设下埋伏，歼灭土匪贾锡福及其手下21人，为灌东人民除了一大祸害。

正当汤曙红率领三团神出鬼没痛歼日军的时候，国民党顽固派对三团的成长壮大深感不安。1939年7月17日，国民党沭阳县县长夏铸禹和常备大队大队长王绪五密谋策划，以商谈处理连五庄民众抗捐抗粮问题为由，将汤曙红从孙二庄抗日前线骗回汤沟街，被时任国民党沭阳县常备队小队长、杀人魔王周法乾杀害，牺牲时年仅24岁。

（本文由连云港市政协学习文史委员会、连云港市革命纪念馆供稿）

洪振海：铁道线上的传奇英雄

洪振海（1910—1941），又名洪衍行，山东省滕州市人。1938年3月参加抗日义勇队，先后任班长、排长、枣庄情报站站长、鲁南铁道大队大队长等职。1941年12月牺牲，被追认为中共正式党员。2014年9月，洪振海被民政部公布为第一批全国著名英烈。

青年时期的洪振海孤身一人在枣庄生活。他经常与好友王志胜一起，靠捡煤渣、拾破烂，换点煎饼充饥。他善于结交朋友，加之姐夫葛茂林的老关系，他与枣庄铁路工人混熟了，经常主动到火车头帮助司机、司炉干些事，很快掌握了火车驾驶技术。后来，由于生活所迫，有时也和矿区的穷孩子一起爬上火车搞煤炭。因经常与火车打交道，他练成了爬车本领，在飞奔的火车上上下如走平地，枣庄人称他“飞毛腿”。19岁那年，与好友王

洪振海

志胜一起下了枣庄中兴煤矿东大井，当了矿工。1932 年 7 月，他们曾积极参加中共枣庄特委领导的中兴煤矿工人罢工运动，并被推选为小组长。1937 年七七事变后，枣庄中兴煤矿停产，矿工失业。洪振海出于无奈，和王志胜等人又操起旧业，爬火车，搞煤炭，专吃“两条线”，以维持生计。这时，中共鲁南中心县委在枣庄发动广大矿工投入轰轰烈烈的抗日救亡运动。洪振海在地下党员刘景松的教育下，积极参加了抗日活动。枣庄被日军侵占后，洪振海和王志胜随刘景松一起奔向峄县人民抗日武装驻地墓山，参加了苏鲁人民抗日义勇队第一总队。他作战机智勇敢，抗日热情高，先后被提升为班长、排长，成为这支人民武装的基层骨干。洪振海随部队由滕峄边山区转到抱犊崮山区东侧的埠阳后，奉命参加了总队举办的除奸训练班。同年 10 月结业后受总队长张光中的派遣，与王志胜一起潜回枣庄火车站西侧的陈庄，建立了枣庄抗日情报站，任站长。

1939 年 8 月的一天夜里，洪振海和王志胜为打击侵枣日军的嚣张气焰，震慑日、伪军，经过周密的侦察，摸进洋行，毙伤以经商为名、行特务之实的洋行的 3 个掌柜，缴获长、短枪各一支。这是他们在日伪重点把守的枣庄第一次打洋行。同年 10 月的一天，洪振海了解到枣庄火车站有许多武器弹药准备外运，决定搞到这批武器，支援山里部队。他们在铁路的情报人员的配合下，在装有武器的火车由枣庄站驶出 6 里外时，洪振海等人运用早已练就的爬车本领，敏捷地跳上车，神不知鬼不觉地卸下 2 挺机枪、12 支步枪和 2 箱子弹，并及时运往山里根据地，受到苏鲁支队的表扬和奖励。11 月，洪振海等人遵照上级指示，在抗日情报站的基础上，建立了一支 10 余人的小型秘密抗日武装，自命为枣庄铁道队，洪振海被推举为队长。

为做好职业掩护，他们在陈庄开起义合炭场，联络失业工人和无业市民，发展铁道队员，积极搜集日伪情报，截获日伪物资，支援山里抗日武装，装备自己。同时，洪振海到苏鲁支队驻地报告了组建武装情况，并请求上级派政委来。

1940 年 2 月，苏鲁支队派杜季伟来铁道队任政委，洪振海被委任为队长，枣庄铁道队正式命名为鲁南铁道队。

1940 年，抗日战争进入异常艰苦的时期，日、伪频繁“扫荡”，群众四处避难，山里部队活动经费极端匮乏。洪振海得知此情形后，与政委商量，除把开炭场剩余的 8000 元钱全部上缴外，又带领一些队员打了一次票车，缴获一些钱财物资支援部队。

1940 年 7 月，鲁南铁道队已发展到近百名队员。他们在洪振海的率领下，经常在台枣和临枣铁路沿线神出鬼没地打击日、伪军，名扬鲁南。鲁南铁道队的活动范围由临枣线延伸到津浦线后，苏鲁支队报请鲁南区党委批准，将鲁南铁道队与滕沛边县委领导的临南铁道队和临北铁道队合并，成立鲁南铁道大队，洪振海任大队长。

他带领铁道大队在津浦铁路沿线和微山湖沿岸一带，与日、伪军进行殊死斗争。由于铁道大队经常给日、伪军以沉重打击并不断发展壮大，这一带的日、伪军恼羞成怒，多次对他们进行“扫荡”和“围剿”，但毫无结果。1941 年，敌人围剿微山岛黄埠庄，为掩护群众转移，洪振海不幸牺牲。

1941 年秋，洪振海同志已向党组织提出了入党请求。他牺牲时，鲁南铁道大队党支部已通过了他的入党申请，但尚未来得及通知本人、履行手续。后经报请鲁南军区政治部批准，追认洪振海为中国共产党正式党员。

（本文由枣庄市政协文化文史和学习委员会、中共枣庄市委党史研究院供稿）

袁复荣：战斗到最后一刻的抗日专员

袁复荣（1909—1943），山东省曹县郑庄乡袁石庄人，鲁西南抗日根据地创始人之一，曾任鲁西南专署专员。

袁复荣出生于1909年，在曹县第一高小读完小学后，转到山东省立六中读书，后来考入山东省立第一师范，在这里接受了马克思主义思想。1930年加入中国共产主义青年团，1931年加入中国共产党。袁复荣等人创办进步刊物《摩托团》，传播先进思想，被国民党当局发现，四处抓捕。他逃回家乡教书躲避，一段时间后，他又到滕县、泰安等地进行秘密活动。

1932年3月，当局以煽动学生和宣传赤化的罪名，逮捕了袁复荣。在狱中，袁复荣饱受折磨，但他始终没有吐露党的机密。1936年春，经党组织营救，袁复荣出狱后返回家乡，以教书为掩护继续开展党的宣传发动工作。1936年夏，袁复荣在曹县以走亲访友的形式宣传共产党的思想和理论，发动群众参与，发展10多名进步青年，组建了中华民族解放先锋队曹县地方组织。

1937年10月下旬，日军占领平津后，沿京沪铁路向南长驱直入，大有亡我中华之势。国难当头，根据上级党组织的安排，中共曹县工委成立，袁复荣担任工委宣传部长，组织成立了以青年知识分子为骨干的曹县各界抗日救亡协会，曹县的抗日救亡运动轰轰烈烈地开展起来。这些行动引起国民党曹县县党部的惊恐，国民党县党部委员王石村带人找到袁复荣等人，以金钱为诱饵，以死亡相威胁，要求抗日救亡协会接受国民党县党部的领导。袁复荣看破了国民党的丑恶嘴脸，严正指出：你们愿意当亡国奴也就算了，怎么能不让群众起来抗日？任何人想要阻挠抗日救亡活动，都是得不到好下场的！袁复荣立场坚定，大义凛然，国民党顽固派灰溜溜地离开了。

1937年底，日军占领济南，国民党山东省各级地方政府大小官员纷纷南逃，山东各地一时陷入无政府状态。在中国共产党的支持下，曹县地方爱国人士组建了临时武装——曹县抗敌自卫团常备队，并成立了政训处，袁复荣担任政训员。他利用政训员身份，在常备队积极开展宣传活动，宣传共产党的宗旨和抗日救亡的方针，努力做好对上层知名人士的统战工作，扩大抗日力量。同时，组织人员分头到各区、乡广泛动员青年知识分子，筹建曹县青年救国会，时刻准备着拿起武器开展抗日救国斗争。袁复荣平易近人，密切联系群众，很快便和群众打成一片。他到哪里都和群众一起劳动，一起吃住。大家有话愿意同他谈，有什么要求也愿同他讲。因他排行老二，大家都亲切地称他为“袁二哥”。

袁复荣和同志们深入到曹县西北韩集、刘岗、郭小湖、安陵集一带，先把大家组织起来，建立农村基层支部，发展农村党员，组织成立了农民互助会，发动组织农民群众反抗地主、豪绅压迫，开展抗日斗争。后来，他们又以县动员委员会的名义，号召组织农民救国会，公开打出抗日救国的旗帜。经过不懈努力，袁复荣在仲堤圈一带发展党员30余名，并建立了地下联络站。这个联络站在之后护送过往干部、搜集传递情报方面发挥了重要作用。袁复荣等还在有条件的村子里开办训练班和夜校，宣传抗日救国的道理，使广大群众的思想觉悟很快得到了提高。

1939年1月中旬，八路军第一一五师第三四四旅代旅长杨得志和政治部主任崔田民率领2个主力团来到曹县西北地区。这时，中共曹县县委对国民党曹县县长王贯一的统战工作已取得了初步成效。王贯一因与国民党顽固派李文斋（时任国民党中央委员、山东省党部常委）、李子仪（李文斋的弟弟）有矛盾而被赶出曹东南地区。他主动找到袁复荣，请求八路军第一一五师予以支援，打击李文斋、李子仪的所谓“抗敌自卫军”。在王贯一的配合下，八路军一举消灭了李文斋、李子仪反动势力，我党在这里的工作局面也随之打开。

1939年春，中共曹县县委的工作扩展到曹东南后，袁复荣把工作重心也立即转移到这一带。首先，他抓紧做好对国民党上层的统战工作，连续多次召开全县文化教育界和地方知名人士参加的座谈会，宣传《抗日救国十大纲领》和党的抗日民族统一战线政策，积极动员他们捐款捐物，参加抗日活动。同时，他还通过地方党组织和各地青年救国会，广泛对农民群众进行抗日发动。袁复荣以县动委会的名义，在青堌集第四高级小学主持开办青年训练班，组织招收全县近百人抗日青年知识分子参加训练。袁复荣亲自授课，细致耐心地帮助大家学习，对重要问题反复讲解，直到大家弄清学懂为止。经过学习，学员们的思想觉悟有了较大的提高，大多数学员被吸收到党的队伍中来，为做好群众工作增添了一批新的骨干力量。袁复荣还积极动员青年参加八路军，杨得志、崔田民部由原来的2个游击大队发展到5个主力团，兵力超过1万人。

1939年7月1日，中共鲁西南地委在刘岗建立，袁复荣任地委委员兼宣传部长，这期间创办了机关报《民声》。

1940年8月，八路军驻扎鲁西南的主力部队北上，国民党菏泽专员孙秉贤部、河南第九支队胡金泉部、第十二纵队马逢乐部、定陶保安旅王子杰部、县保安团王子魁部等6路顽军，趁机纠集8000人对以安陵集为中心的根据地大举进攻，妄图蚕食、消灭这一根据地，特别是反共先锋王子魁部多次向根据地进犯。在敌强我弱的形势下，为保存实力，鲁西南地委和部队退守到以刘岗、曹楼、伊庄3个村子为中心的十几个村庄里。根据地一天天缩小，最后只剩下刘岗、曹楼、伊庄3个村子和周围三四华里的狭小地带。为保障根据地的安全，在地委带领下，3个村子各自组了守寨指挥部，袁复荣率领地委机关大部分驻守伊庄，负责指挥全局。

敌人装备精良，兵力众多，而我们的队伍总共不足300人，且装备极差，弹药缺乏。戴晓东、袁复荣仔细分析敌我情况，研究确定了一个比较符合实际的斗争策略，决定对敌人实行分化瓦解、各个击破，同时广泛动员群众，依靠群众开展反顽斗争。当时，三村人人皆兵，青壮年男子组成战斗队，妇女和儿童组成后勤队，身体好的老年人也主动报名参加守寨队，听从指挥部的统一指挥。战斗队行动军事化，集中住宿，日夜轮流站岗放哨。众志成城的军民誓与三村共存亡。袁复荣亲笔给王子魁的部下、国民党将领石福起写信，向他陈述利害，对他晓之以民族大义，让他不做进攻的先锋。石福起被“袁二哥”说服，停止了进攻。在石福起按兵不动的影响下，其他的国民党军也开始观望。王子魁率部疯狂地进攻三村。三村互为掎角，联合起来共同对付王子魁顽军，王子魁没有丝毫的办法。后来，冀鲁豫军政党委派2个团前来救援。王子魁率部仓皇逃窜，其他各路国民党军也望风而逃。三村保卫战取得了最终胜利。

1942年5月，袁复荣担任鲁西南地区专署专员，他在开展武装斗争、减租减息和根据地建设等诸多方面倾尽全力，工作很有成效。

1943年9月中旬，日伪调集日军第三十二师团、第三十五师团、第五十九师团和骑兵第四旅各一部以及大批伪军共11000余人，开始进行残酷的秋季大“扫荡”。鲁西南地委针锋相对，开展反“扫荡”。袁复荣和华北民军司令兼冀鲁豫军区五分区司令朱程一道，率领民一团、二十团、骑兵连和专署机关，活动于成曹、虞城县境内。9月23日，朱程、袁复荣率部驻扎在曹县城西南王厂村一带。9月28日清晨，日军3000余人在伪军的协助下，对王厂村实施包围。此时，朱程、袁复荣正组织部队转移，在王厂村西北的太行堤下集结。狡猾的日军迂回到部队集结地的北面，阻挡了我军退往西北根据地的去路，并从东、南两个方向合围。朱程、袁复荣沉着果断地指挥部队突围。在掩护部队突围的过程中，袁复荣和司令员朱程等干部和战士共100余人，被日军围困。王厂村和附近的郑庄等村庄全部被日伪军占领。而且日军占据村中房顶，居高临下封锁了道路，难以突围。

朱程、袁复荣指挥队伍抢占了郑庄村外的一座土围子。凭借土围子，他们从上午奋战到黄昏，击退了敌人的多次进攻。子弹打光了，他们用大刀、刺刀和枪托与敌人展开搏斗。袁复荣和战友们坚持战斗到最后一刻，壮烈牺牲，年仅34岁。

（本文由菏泽市政协文化文史和学习委员会、中共菏泽市委党史研究院供稿）

铁骨铮铮周龙凤

抗日战争时期，在淮北地区涌现出的许多抗日武装队伍中，规模较大的一支是宿县抗日游击总队，这支队伍的领导人就是周龙凤。1939 年，周龙凤被日军杀害，他的铮铮铁骨、他的不屈不挠的革命精神，激励着一代又一代后人奋勇前行。

领导工农运动

周龙凤，今安徽省淮北市烈山区宋疃镇前周圩村人，1904 年出生于一个贫苦的农民家庭。

十四五岁时，周龙凤跟着父亲学司厨，后被介绍到驻宿城的安徽省立第四甲种农业学校食堂做饭。当时，该学校也是传播新文化的中心之一，进步学生不少，有的还是共产党员或共青团员。周龙凤结识了孙良道、王文远等进步学生，在他们的影响、感召下，懂得了不少革命道理。他积极参与学生运动，和同学们一道闹学潮，示威游行。

1926 年 8 月，王香圃受宿县党组织派遣，回到古饶地区组建党的组织和农民协会。同年农历腊月初八，由王香圃、赵克英介绍，周龙凤光荣加入中国共产党。

1927 年 5 月，周龙凤任古饶区农民协会委员，他带领农民斗争反动区长黄荣卿，并把黄荣卿残酷剥削农民的种种罪状当场公示于众。群众情绪激动，高呼："打倒劣绅黄荣卿！""打倒贪官

周龙凤雕像

污吏!”周龙凤提议罢免黄荣卿，推举赵克英（中共党员）当区长，群众掌声如雷，一致拥护。地主劣绅却对他恨之入骨，急欲除之，但慑于农民协会的威力，又无可奈何。转而又想拉拢他，年节时送粮、送肉，均遭到周龙凤严词拒绝。

1927 年 8 月，为支援烈山煤矿工人的罢工斗争，在中共古饶支部的领导下，周龙凤带领农民在濉河上拦河筑坝，使河道不能畅通，煤炭无法外运，迫使资方做出了让步，给煤矿工人增加工资，赔偿沿河损失，在古饶修建大桥，每年补助古饶小学教育经费 1500 块银圆。

1929 年 5 月，国民党宿县县党部逮捕了中共古饶区委书记王香圃。周龙凤、赵克英、赵含宏、周汝治等带着古饶区各村及古饶集各商店的保状，到宿县县政府保释王香圃。然而，古饶区国民党分部书记黄太然和劣绅赵汉鼎、赵介藩则向县政府控告周龙凤等人包庇王香圃。周龙凤没有退缩，坚决地同赵汉鼎一伙做斗争。1930 年 8 月，周龙凤、赵含宏等又发动群众，揭发赵汉鼎剥削农民的种种罪恶事实，向宿县县政府请愿，迫使当局撤销了赵汉鼎的区长职务。

1932年，由于连年饥荒，广大农民生活十分困苦，可国民党反动当局根本不顾人民死活，反而向宿县增派烟捐。宿县派了大批烟苗查勘委员下乡，强行征收。查勘委员横行霸道，对农民拘捕羁押，严刑催逼。为了减轻农民的赋税，打击国民党反动势力，中共宿县县委决定在古饶组建农民武装，举行抗烟捐暴动。8月初的一天，中共江苏省委巡视员王香圃、赵干，徐州特委委员孙叔平，宿县县委书记任训常和周龙凤、王洁清等人，在周圩子周龙凤家召开会议，传达中共徐州特委关于组织抗烟捐暴动精神，研究暴动事宜，决定8月11日攻打古饶区公所。8月10日晚，周龙凤带人摸进古饶区公所，趁区队熟睡之机，翻进院内，没放一枪，缴获敌人长枪27支、短枪1支，俘虏区队40余人。遗憾的是区长赵汉鼎、查烟委员均不在，未能捕获。8月13日，国民党宿县警备队队长房树桐（华岩）带领队伍进行反扑。因寡不敌众，抗烟捐暴动失败。

领导宿县抗日游击总队

七七事变后，全民族抗日战争开始。王香圃、赵含宏、周龙凤等人在古饶地区成立抗日组织，开展抗日救亡运动。1938年5月，宿县、濉溪相继沦陷，人民生活在水深火热之中。为建立武装，打击日军，收复失地，拯救人民，孔子寿、董畏民、李时庄、赵汇川等人经过筹划，会合多支抗日武装，于8月在古饶乔店孜组建成立宿县抗日游击总队，周龙凤任司令，下辖8个大队，共1000多人。宿县津浦路东、路西这两支抗日游击队伍，8月间分别绕宿城一周，沿途宣传抗日救国道理，受到群众的拥护，扩大了影响。

一些土豪劣绅、恶霸地主却置民族大义于不顾，纷纷投敌卖国，勾结日军，成立维持会，充当了汉奸。黄湾孜的黄太勋成立了新民会，自任会长。半峭圩孜的赵介藩和费寨的费宏阁也都蠢蠢欲动，欲与抗日武装相对抗。

为了打击地主豪绅的嚣张气焰，打开当地的抗战局面，8 月中旬，周龙凤带领游击队联合另一支赵先德的地方武装，攻打费寨。但因费宏阁装备较强，且据寨负隅顽抗，致使周龙凤等人未能攻克。10 月 12 日，多支抗日游击队集合在古饶南草庙开会，决定攻打古饶半峭圩孜。战斗由赵汇川指挥，周龙凤带队在古饶南赵家祠堂埋伏。13 日拂晓开始进攻，激烈的战斗进行了一个多小时，最终未能打开圩孜，赵汇川身负重伤，抗日武装旋即转移。

被人出卖英勇就义

随着艰苦抗战局面的到来，领导地方武装的赵先德逐渐丧失了抗战斗志，转而卖国求荣，投靠日伪，充当汉奸。

1939 年 3 月的一天，赵先德邀上周龙凤，一起到古饶河东一家饭店商议事情，交谈中，赵先德提出要与周龙凤互换配枪。赵先德早已把自己枪内的撞针抽掉，而周龙凤却未有察觉。赵先德换枪后，又借故离开。片刻间，数名日军迅速包围了该饭店。周龙凤举枪反抗，但枪没有响，日军一拥而上，将其逮捕。

残忍的日军用铁丝穿透周龙凤的手掌心，把他带到宿城。一开始，日本人摆下一桌丰盛的酒菜，又叫来几个日本军妓招待，日军一队长还亲自陪酒，企图以高官厚禄和美色引诱他投降。周龙凤对此毫不动摇。他痛斥："你们用诡计把我弄来，不知羞耻，若是英雄好汉，战场上比比看。"敌人见诱降不成，又对他施以酷刑。日军软硬兼施，手段使尽，却丝毫没有达到他们的目的。

最后，日军把周龙凤押往宿城西门外刑场。一路上，周龙凤昂首挺胸，沿街高呼："打倒日本帝国主义！""中国共产党万岁！"惨无人道的日本侵略者竟然放出狼狗，活活把他咬死。

（本文由淮北市政协文化文史和学习委员会、中共淮北市委党史和地方志研究室供稿）

丁茂修：萧宿永边区的群众领袖

在艰苦的对敌斗争中，他紧紧依靠群众，同群众结下了深厚情谊，获得了“萧宿永边的群众领袖”和“游击专家”的美誉，他领导的抗日游击队也被誉为“游击队的典型”。他就是丁茂修。

投身工农运动

丁茂修（1902—1940），原名丁在德，字剑修，又名丁超伍，今安徽省淮北市相山区曲阳街道黄里人。自幼入学读书，思想比较活跃，敢于冲破封建桎梏的束缚，去追求自己的理想。

1919年五四运动爆发后，反帝反封建的爱国运动席卷淮北大地，丁茂修与宿县县立第三高等小学的广大师生一道受到洗礼。1925年1月，在济南加入中国共产党的郑子瑜、王建东回到濉溪，着手组建党组织。他们先后发展丁茂修等一批党员，组建中共濉溪小组。五卅惨案发生后，党组织在濉溪北关奶奶庙召开有三四千名群众参加的大会，丁茂修等人在会上发表演说，谴责英、日帝国主义屠杀中国工人、学生的罪行，号召各界群众支援上海人民的反帝斗争。会上宣布成立沪案后援会，丁茂修担任后援会的执行委员，组织罢课、罢工、罢市，成立宣传队、仇货队和募捐队支持上海斗争。

1926年7月，濉溪区农民协会成立，丁茂修任区农协委员。当月，濉溪镇酒业工人和搬运工人成立工会，丁茂修担任酒业工人工会负责人，在党的领导下，积极组织工农群众开展斗争。同年冬，濉溪地区的“东霸天”朱香远强占民女为妾，引起公愤。中共濉溪支部为杀一杀恶霸地主的威风，派丁茂修当场将其击毙，群众无不拍手称快。

1927 年 5 月，濉溪镇工人联合会成立，丁茂修任联合会委员。当月，国民党濉溪区党部改组，王建东、丁茂修分别任常务委员、执行委员，国民党濉溪区党部完全处于共产党人的控制之下。中共濉溪支部为推动工人运动的开展，还派丁茂修深入烈山煤矿工人中间，做工人的思想工作，帮助组建烈山煤矿临时工会。

1927 年 6 月上旬，中共濉溪区委组织 200 多农协会员，强收了周姓大地主的麦子。7 月，中共濉溪区委和刁山支部发动农民开展向大地主袁三的借粮斗争。

领导石梁河暴动

1927 年 8 月下旬，徐风笑从武汉辗转回到宿县，正式组建中共宿县临时委员会，并先后成立临涣、濉溪等 5 个区委。丁茂修任中共濉溪区委书记。

1929 年 2 月，国民党在濉溪开展大搜捕行动，丁茂修被迫撤离。之后，他被党组织派往泗县，任中共泗县县委书记。

1930 年 8 月，丁茂修组织领导了泗县石梁河地区农民武装暴动。

由于暴动的准备工作引起敌人的警觉，泗县行动委员会决定提前举行暴动。7 月 30 日，暴动队伍向石梁河以东的大、小魏庄集中，并提出了“打倒国民党，建立新政权”等口号，公开宣布暴动。暴动队伍打垮了泗县警备队，又乘胜围攻上塘集团练局。8 月 1 日，中共江苏省军委委员赵良文、徐怀云在陈吕庄召开各地农民自卫军负责人会议，宣布成立中国工农红军独立师，丁茂修任副师长。

组建抗日队伍

1937 年 7 月，日本帝国主义发动全面侵华战争，李时庄、丁茂修等一批共产党员开展抗日活动。10 月，宿县抗敌救亡社成立后，濉溪等地相继成立分社，李时庄任濉溪分社主任，丁茂修等任委员。1938 年 2 月，濉溪民众抗日总动员委员会成立，丁茂修任主任。

1938 年 1 月初，戴晓东在徐州与中共苏鲁豫皖边区特委书记郭子化取得联系。6 月，中共宿县特别支部成立，戴晓东任书记。丁茂修的组织关系得到恢复，宿县地区的党组织也逐渐恢复和发展起来。在党的领导下，濉溪地区的抗日救亡运动轰轰烈烈开展起来。

1938 年 5 月，日军进攻宿城，国民党宿县县长出逃，濉溪口、临涣、百善等城镇相继沦陷。6 月，丁茂修在濉溪组织了 100 多人的游击队。宿西地区的抗日游击队集中在濉溪口整训，被编为 8 个大队，丁茂修等任大队长。8 月，宿县抗日游击总队在古饶乔店孜成立，周龙凤任总队长，丁茂修任参谋长。10 月 16 日，日军二次进犯濉溪口，路过东三桥时，遭到游击队的猛烈袭击，日军小队长楚云井被击毙。

1939 年 2 月，八路军苏鲁豫支队派于铁民来到濉溪，把丁茂修率领的游击队和萧县的一个中队合编为萧宿抗日游击大队，丁茂修任大队长，于铁民任指导员，200 多人枪。这支队伍活动在萧宿的边境地区，配合八路军主力在白顶山、化家湖等地开展游击战。6 月，萧宿抗日游击大队被编为八路军苏鲁豫支队独立营，丁茂修任营长，于铁民任教导员。随着抗日活动的不断增多，抗日队伍随之扩大。根据需要，独立营又被编为八路军苏鲁豫独立大队，经常活动于永城以西、盐河以南地区。8 月，这支武装又划归中共宿西县委领导，改编为宿西独立大队。12 月，宿西独立大队上升为新四军游击支队三总队第八团。1940 年 3 月，丁茂修又重新组建了宿西独立大队，并担任大队长。他从组建第一支抗日武装起，在不到两年的时间里，先后组建了 11 支抗日队伍。这些队伍有的升编为八路军、新四军主力，有的成为中共萧县中心县委、中共宿县县委领导下的抗日武装，为扩大抗日力量，抗击日军的侵略，做出了积极贡献。

1940 年 6 月，丁茂修调到豫皖苏边区保安司令部政治部工作。12 月 12 日，豫皖苏边区保安司令耿蕴斋、八路军四纵六旅十七团团长刘子仁、六旅副旅长兼十八团团长吴信荣等裹挟所部近 2000 人，于萧（县）永（城）边界叛变，豫皖苏边区抗日根据地遭受重大损失。此时，正在宿西做伪军策反工作的丁茂修闻讯后，只身冒险赶赴萧宿边界马海川部驻地，准备策反国民党军马海川部。马海川不但不听，反而残忍地将丁茂修杀害。

丁茂修虽然牺牲了，但他为民族解放所做的贡献将载入史册，流芳后世。

（本文由淮北市政协文化文史和学习委员会、中共淮北市委党史和地方志研究室供稿）

“小沙东海战”的抗日英烈

1943 年 3 月 17 日，新四军第三师一支赴延安学习的干部队伍，乘一艘木帆船在连云港市赣榆县小沙村以东的海面上，与日军的巡逻艇发生了一场惊天地泣鬼神的海上遭遇战。是役，因发生在赣榆县小沙村以东的海面，故史称“小沙东海战”。

在 1942 年至 1943 年抗日战争最艰苦的时期里，中共中央指示各抗日根据地“一面支持斗争，一面保存干部”，“抽调好的真正可靠的高级干部”送延安学习深造，以适应将来形势大发展的需要。时处江苏盐阜区的新四军第三师在接到上级要他们抽调前线部分团以上干部到中共中央党校学习的电报后，组成赴延安学习干部队，师参谋长彭雄任干部队队长，八旅旅长田守尧任副队长，八旅政治部主任张池明任党支部书记，师部派一个警卫连护送。行进路线是渡过旧黄河，穿越陇海路，通过苏鲁地下交通线，经山东抗日根据地去延安。

这支干部队伍有 51 人，其中团以上干部有 11 人，他们是：师参谋长彭雄，旅长田守尧，旅政治部主任张池明，团政治部主任吴毅、张友来、程世清，师供给部军需科科长曹云，师司令部作战科科长席舒民，旅供给部部长伍瑞卿，卫生部副部长彭绍英，盐阜行署保安处处长黄国山。已经结了婚的团以上干部，若爱人是干部的，可以随同去延安，因此有 7 位女干部随行。同时规定，主要领导干部可带一两名警卫员。干部队人员全部化装成商人。

干部队尚未启程，日军的大“扫荡”就开始了。2 月 11 日，干部队从第三师驻地阜宁县的板浦启程，希望从赣榆进入滨海区，再从山东到延安。可是，干部队出发不久，就有一股日军尾随追击。最后，日军聚集了2000多人，妄图围歼干部队。在第三师警卫连和突围路上相遇的两个连的掩护下，干部队虽然摆脱了尾随的日军，但是并没能冲过日军封锁线，时间却不知不觉过去了一个月。这时，鬼子已经开始了新一轮的苏北地区“扫荡”。在陆路受阻的情况下，大家都盼望能尽快赶赴革命圣地延安。干部队万般无奈，于是决定从海路走，利用夜色掩护，绕过连云港敌人海上封锁线，到滨海区赣榆县柘汪口登陆，然后转赴延安。

3月16日晚，正值顺风，且刮得很大，干部队决定启程。开船后，一帆风顺向山东滨海抗日根据地驶去。然而天公不作美，17日凌晨3时，在距赣榆县柘汪口仅有35公里时，风突然停了，船停在海面一动也不动。大家焦急地等待起风，两个小时过去了，还是没有风。船老大老王在晨曦中发现船停在赣榆县秦山岛以南约5公里处，北边的岚山头和南边的连云港都有日军的据点，这里十分危险。彭雄、田守尧等领导征求船老大意见后，决定随着潮水，把船退到大海深处，待起风后再向前启程。

突然远处传来嗡嗡的响声，是日军的巡逻艇。彭雄用望远镜观察了一会儿，发现日军的巡逻艇径直向大帆船开来，看来一场血战是避免不了的。因为没有长武器，仅有警卫员带着驳壳枪和少量的手榴弹，他叮嘱大家要节约弹药，等日军靠近了再打。同时吩咐化装成船老大的程世清和护船的马指导员等人在舱面上灵活应付，伺机歼敌。

日军巡逻艇向大帆船飞速驶来，并向天空开了两枪，示意落篷停船。船老大告诉日军是商船，日军一听是商船，认为发财的

1943年3月15日，江苏阜东海边新四军三师赴延安学习干部队成员（右四彭雄、左二田守尧、左三张池明）

机会来了，要上船检查，并叫船老大出来。化装成船老大的程世清把一只拉出导火索的手榴弹藏在袖筒里走向船头。日军小队长带着翻译跳上大帆船，程世清乘其立足未稳，一个箭步冲上去，奋力一推，将两名日军推落海中，随手将手榴弹甩向日军巡逻艇，刹那间，木船前中后舱一齐向日艇开火，日军遭到突然打击，又失去指挥官，顿时慌作一团，仓皇驾艇逃窜。

日军巡逻艇逃离大帆船约400米的地方，发现干部队没有机枪、步枪等远射程武器，便停下来围着大帆船用机枪不停地扫射，军需科科长曹云、马指导员和许多警卫员、水手英勇地牺牲在甲板上。八旅卫生部副部长彭绍英负了重伤，供给部部长伍瑞卿和彭雄的夫人吴为真及陈思静等人也负了伤。船身射满了弹洞，海水流进舱里，彭雄让晕船的田守尧留在船舱指挥大家堵弹洞，自己带着警卫员在船头指挥战斗。一直打到下午3点，多次打退扑到近前的日军巡逻艇，日军只好逃回据点搬兵。但干部队又有新的伤亡，参谋长彭雄胸部中了3颗子弹，流血过多，昏迷过去。旅长田守尧和主任张池明也负了伤。

下午，海上渐渐起了风，可船上的老大牺牲了，仅有一个水手小张负伤不能动弹。大家在小张的指挥下，费了好大劲才将篷帆扯了起来，小张躺在船舵旁，吃力地用手拽着绳子掌舵，向赣榆县柘汪口驶去。

木帆船刚行驶不久，从连云港方向又窜出3只巡逻艇，急速向木帆船追来。旅长田守尧忍着伤痛，指挥大家把武器集中到船尾，日军一接近，就开枪射击。狡猾的日军始终不敢靠近，只是远远地跟着，不停地用机枪向船上扫射。这时距离原定目的地柘汪口还有10多公里，旅长田守尧决定迅速就近靠岸，从陆地进入滨海根据地。他和身负重伤的彭雄交换了意见，决定迅速靠岸，并指示上岸后尽快找到八路军，请政委罗荣桓和代师长陈光帮助大家尽快赶到延安。

木帆船调转航向，快速向岸边驶去。日军的巡逻艇在后边紧紧追赶，边追边开枪。离岸边还有三四里，几位会水的同志先跳下船，上岸找八路军去了。快靠近岸边时，船在2米多深海水的地方搁浅了，尾追的3艘巡逻艇靠了过来，企图把木帆船包围起来，俘虏船上的人。旅长田守尧指挥大家下船泅水登岸，没有负伤的同志跳下海，纷纷向岸边游去。负伤的和不会水的同志扶着船，在会水的同志帮助下，吃力地向岸边划去。日军的巡逻艇因水浅也不敢再靠前，见新四军要登岸，便集中火力封锁上岸的去路，不断有人负伤倒下。走在最前面的田守尧和爱人陈洛莲不幸负伤，被海浪卷入暗流，光荣牺牲。已怀有身孕的彭雄的爱人吴为真，被海浪打倒在海里，她奋力挣扎，不知抓住了谁的衣服才重新站了起来，坚持向岸边划去。黄昏时分，船上幸存的同志大部分上了岸。这时赣榆县芦阳、兴海两区的区中队听到枪声急忙赶到海边接应，随后，驻王村的八路军滨海警备团第二营闻讯也赶来支援，赣榆军民接应干部队人员全部登陆上岸。新四军第三师干部队登陆后，伍瑞卿、吴为真等伤员由当地军民护送到滨海军区后方医院医治；受轻伤和未负伤的干部在张池明等同志率领下，由滨海军区负责派部队护送去延安；烈士的遗体由赣榆芦阳区中队和当地干部群众分别择地临时安葬。

小沙东海战，新四军第三师干部队共牺牲 16 人，其中团以上干部 5 人：彭雄、田守尧、吴毅、张友来、曹云；干事 4 人（均为女同志）：张明、陈洛莲、赵鹤英、张铎；战士 7 人：杨从善、张自恒、李保健、赵德盛、梁天福、杨成喜及运输员老黄同志。船上的老大、水手和工作人员 28 人也不幸遇难。牺牲的 5 名团以上干部，都是经过二万五千里长征、身经百战的优秀将领，也是党中央准备重点培养深造的对象。尤其是彭雄和田守尧等同志的牺牲，更是中国共产党和新四军的重大损失。一支非武装的干部队伍，在没有战斗部队掩护、毫无海上作战经验的情况下，面对绝对优势的日军，以木帆船顽强抗击日军机械化的巡逻艇，坚持一天，使日军始终不敢靠前，并消灭大量日军，最终大部突围上岸，充分表现了共产党人和共产党领导下的人民军队有我无敌、忠勇报国的大无畏精神。这次悲壮的海上遭遇战，在中国人民抗日战争史上，写下了永载史册、可歌可泣的光辉篇章。

（本文由连云港市政协学习文史委员会、连云港市革命纪念馆供稿）

军政兼优的好干部符竹庭

符竹庭（1912—1943），江西广昌人。1927年秋，参加广昌县古竹地区游击队，当年加入共产主义青年团。1928年，参加工农红军，任团政治交通员，同年转为中共党员。历任大队政委、团政治处主任、团政委等职。1932年，中央红军整编，符竹庭任一师一团政委。他和团长杨勇、杨得志都机智勇敢，善于做思想政治工作，每次战斗都能以较小的代价战胜敌人，圆满完成上级交给的任务。在诸多战斗中，著名的有三岬嶂、猫咀峰、鸡公山等战斗。在鸡公山守备战中，符竹庭率1个营，与数倍于己、装备精良的国民党军鏖战数日，打退其多次进攻，取得了鸡公山大捷。战后，中央革命军事委员会主席朱德单独检阅红一团，授予“顽强守备”锦旗，授予符竹庭二等奖章。长征途中，符竹庭升任红一方面军一军团二师政治部主任。二师是红军长征的先头部队之一，强渡乌江，四渡赤水，巧渡

符竹庭

金沙江，血战大渡河，飞夺泸定桥，为北上抗日做出了重大贡献。1936 年 6 月，符竹庭进延安抗日军政大学第一期学习，12 月结业，调任红四军政治部副主任。

1937 年 8 月，中国工农红军整编为国民革命军第八路军，符竹庭任八路军第一一五师第三四三旅第六八六团政治训练处主任，参加平型关大战。10 月 22 日，八路军恢复政治委员制度，符竹庭任六八六团政治处主任。12 月，调任三四三旅补充团政委，与团长邓克明齐心协力，在数月之内把新兵团训练成纪律严明、战斗力强的部队。1938 年夏，补充团首战油坪房，挫败日军，又与六八五、六八六两团配合，在王家池等地同时出击，取得汾离公路三战三捷。

1938 年 9 月 7 日，萧华、符竹庭率三四三旅机关百余人进抵鲁北乐陵县，与乐陵地方武装整编为八路军东进挺进纵队（简称“挺纵”），萧华任司令员兼政委，符竹庭任政治部主任，开始建立冀鲁边抗日根据地。10 月中旬，国民党山东省政府主席沈鸿烈率部到乐陵，逮捕县长牟宜之，称挺纵为“客军”，要求“立即撤离山东”。符竹庭带领数万群众，上街“欢迎沈主席”，与其开展说理斗争。其时，以盐山县第四区民团团总孙仲文为代表的一部分地主武装各霸一方，欺压百姓。10 月下旬，符竹庭和津南专署专员杨靖远率部发起讨孙战役，激战一昼夜，全歼孙部千余人，生擒孙仲文。其他土顽闻风丧胆，只得接受中共团结抗战的主张。

为了扩大抗日根据地，萧华和符竹庭把挺纵分成小部队分头活动，流动作战。符竹庭带领政治部机关和一支小部队，活动在阳信、惠民、商河、济阳一带，在日伪各据点之间周旋，打伏击，破公路，拆碉堡，每每使日伪军的“扫荡”“合围”落空。凡与敌遭遇，他都亲临第一线指挥，机智地击败优势之敌，保证机关和部队的安全。

符竹庭非常重视政治思想工作，既重视战前动员、战地鼓动、战后总结，又善于运用各种宣传工具。1938 年 11 月，挺纵政治部宣传科创办《挺进报》《挺进月刊》，协助地方党委创办《烽火报》，创作挺纵军歌《冀鲁边进行曲》，编印政治、军事教材，努力提高挺纵和地方部队的军政素质。

经过一年的艰苦奋斗，冀鲁边抗日根据地建立了 2 个专员公署、15 个县抗日民主政府，所属部队发展到 20000 余人。萧华与符竹庭又奉命率部转战鲁西，开创鲁西抗日根据地。1940 年，符竹庭调任三四三旅政治部主任兼鲁西军区政治部主任。年底，一一五师在鲁南组建教导旅，符竹庭调任教导二旅政委兼中共鲁南区委书记。1941 年 1 月，教导二旅东进滨海。3 月 19 日至 26 日，教导二旅与八路军山东纵队第二旅联合进行青口战役，攻克伪据点 10 余处，歼日伪军 1600 余人，并击退千余援敌，打击了日伪军的嚣张气焰，为滨海抗日根据地的创建与发展创造了条件。为纪念阵亡战友并鼓舞全旅斗志，符竹庭决定建造抗日烈士纪念塔，亲自踏勘，选定赣榆县第四区马鞍山。纪念塔于 1941 年 7 月 7 日奠基，翌年 7 月 7 日落成。

教导二旅遵照毛泽东主席“自力更生，发展生产”和“发展经济，保障供给”的指示，一边作战，一边开荒种地，辟滩晒盐，办工厂、作坊，与滨海专署联合成立贸易总局，依托赣榆县柘汪口进行海上贸易，发展根据地经济，减轻地方负担，改善部队后勤供应。

1942年，日伪军和国民党军第五十七军顽固派互相配合，“蚕食”滨海抗日根据地，八路军一一五师和山东军区连续发动多次“反蚕食”和“反顽”战役。10月，教导二旅六团在赣榆县兴海区战斗半个月，击溃伪军1个团，歼日伪军700余人。11月3日，符竹庭亲自指挥海陵“反蚕食”战役，8天歼伪别动大队司令杨步仁（叛徒王宏鸣）所部800余人，拔掉据点16个，收复3个半区。8—12月，一一五师和山东军区共发动3次反顽战役，歼国民党军五十七军3700余人，收复了甲子山区。

1943年1月18—21日，符竹庭率部攻克鲁南重镇郯城，随即乘胜攻克周围伪据点18处，歼日伪军千余人，缴获大量军需物资，首创山东部队攻城范例。3月，为实行党的一元化领导，一一五师与山东军区合并成立新的山东军区，符竹庭任滨海军区政委。4月，中共滨海区委员会成立，符竹庭任滨海区党委书记兼财经委员会书记。

符竹庭非常重视瓦解敌军工作，在旅部设立敌军工作科，团部设立敌工股，又与地方党委联合设立敌军工作部，抽调得力干部从事敌军工作，并亲自布置、检查、指导。为了敌工工作的方便和敌工干部的安全，符竹庭要求每个敌工干部必须使用化名，要有公开职业掩护，必须在工作区域内安排若干站、点、堡垒户。1942年10月，敌工干事韩成林化名徐华，在日军“清乡”时被捕，符竹庭立即组织营救，用生擒的日情报官佐藤换回韩成林。

1943年11月，为策应北沂蒙、清河等根据地反“扫荡”，滨海军区决定智取赣榆县城。19日晚，符竹庭与滨海军区司令员陈士榘率六团、二十三团和赣榆县地方武装发动赣榆战役，一举攻克赣榆县城，横扫10余个外围据点，生俘伪旅长李亚藩、伪团长张星三以下官兵2000余人，缴获20余万斤粮食和大批军需物资。

26日凌晨，日伪军乘大雾偷袭滨海军区所驻之赣榆县吴山区马家旦头村，符竹庭以身殉国，长眠于赣榆县抗日山上。为纪念他，赣榆县于1945年12月26日改名为竹庭县。2014年9月1日，国家民政部公布了第一批在抗日战争中顽强奋战、为国捐躯的300名著名抗日英烈和英雄群体名录，符竹庭烈士英名在册。

（本文由连云港市政协学习文史委员会、连云港市革命纪念馆供稿）

陈文甫：不惜颈中血　涤尽民族辱

在淮北大地上，曾经有一个以个人命名的乡级政权——文甫乡。抗日战争时期，陈文甫在王浅孜战斗中壮烈牺牲。当地人民为了纪念这位烈士，遂将其家乡宗庙乡改为“文甫乡”。

投身革命

陈文甫，今安徽省濉溪县百善镇土营村人。在五四运动的影响下，他开始探索救国真理，不断学习，不断进步，传播新思想、新文化，组织力量同恶势力做坚决斗争。1925 年加入中国共产党后，即积极领导群众开展反帝反封建革命斗争。1926 年秋，陈文甫、萧亚珍在百善主持召开 1000 多人参加的农民誓师大会，当年 10 月，百善、临涣地区的农民协会已发展会员 1200 多人，各乡、村已普遍建立了农民协会。

1926 年 10 月，陈文甫被选派到国民党（左派）安徽省临时党部在武汉举办的党务干部学校学习。在学校，陈文甫系统地学习了马克思主义思想，更加坚定了革命信念。1927 年 5 月，根据中共宿县县委指示，陈文甫等人组织开展了同大地主袁三的斗争。袁三倚仗封建势力，强取豪夺，鱼肉乡里，称霸一方。徐风笑、陈文甫组织召开群众大会，揭露袁三剥削、压迫农民的罪行，组织群众 2000 余人包围了袁三的圩子，最后迫使袁三答应了农协会的全部要求，重新丈量袁三霸占贫农的土地，返回了讹诈的利息。9 月，中共百善区委成立，陈文甫任区委委员。同时，陈文甫还兼任铁佛支部书记。

1930 年 7 月，中共百善区委改为百善区土地革命行动委员会，陈文甫等任委员。7 月初，陈文甫参与了胡楼、徐楼、叶刘湖武装暴动。暴动失败后，中共百善区委遭到严重破坏。1932 年 2 月，中共宿县中心县委派人恢复了部分支部，但没能把百善区委恢复起来。1933 年夏，中共徐州特委和宿县县委被破坏，陈文甫等一批与上级党组织失去联系的共产党员，一边开展革命活动，一边寻找党组织。1935 年，他到临涣小学任教，继续发动群众，开展反帝反封建的斗争，参与创办共学处，推动开展全民识字运动。

坚持抗战

1937 年全民族抗战爆发，淮北地区抗日救亡运动高涨。陈文甫积极投身救亡图存的洪流，参与组织抗敌救亡社，开展抗日救亡活动。1938 年 5 月，临涣、百善相继沦陷后，陈文甫组织起一支上百人的抗日队伍。1939 年 6 月，这支抗日队伍与萧（县）宿（县）抗日游击大队合编为八路军苏鲁豫支队独立营，约 500 人枪，丁茂修任营长，于铁民任教导员，陈文甫任副营长，活动在宿西地区。

濉溪西南的周圩子据点驻有日伪军 100 多人，经常四处抢掠，危害百姓。独立营决定采取长途奔袭的战术攻打该据点。1939 年 6 月的一个晚上，全营 4 个连从四面出击，相互配合，陈文甫率领二连从东门攻入，其余各连也都向敌人发起猛攻，冲进圩内，全歼守敌。

同年8月，苏鲁豫支队独立营和宿西另一些游击队合编为八路军宿西独立大队，辖3个营和1个特务连，共800人。陈文甫任一营营长。12月，宿西独立大队被升编为新四军游击支队第三总队八团，李时庄任团长，陈文甫任副团长。

1939年底至1940年春，日伪军不断对豫皖苏边区抗日根据地进行“扫荡”，企图摧毁根据地，扩大伪化区，保护津浦和陇海铁路交通动脉的安全。新四军游击支队（1940年2月改番号为新四军第六支队）所属各部与日伪军展开激烈战斗。陈文甫协助团长李时庄率部参加了反“扫荡”的一系列战斗，并取得重大胜利。

壮烈牺牲

1940年3月，为开辟苏皖边区，中共中央派中共豫皖苏区委副书记刘瑞龙到皖东北工作。彭雪枫命令新四军第六支队第三总队八团副团长陈文甫率部护送。接受任务后，陈文甫率领一营的二连、三连和二营的五连护送刘瑞龙一行至双堆集。接着由六支队第四总队独立大队继续护送至皖东北罗冈。

八团完成护送任务后，3月16日晚上回到孙疃集西北王浅子（即王浅孜）一带宿营。17日上午，国民党军第五十一军1部，由陇海路北南下，途经宿县附近，与日军遭遇。该部经过新四军第六支队八团驻地附近向南转移，日军尾追不舍，国民党军向新四军请求支援。为了掩护友军撤退，陈文甫毅然接受了国民党军队的请求，在王浅子一带布防，阻击日军。日军的先头部队两辆汽车驶进一片坟地时，新四军战士遂发起攻击。战士们掷出手榴弹，将汽车炸翻，日军死的死、伤的伤。日军见一时难以取胜，又从宿县、南坪、临涣派兵增援汽车 16 辆、炮数门、机枪 10 余挺、日伪军 600 多人，向二连阵地冲击。当得知友军和群众已脱离危险后，二连撤出了战斗。

血戰王淺子

張震

支隊首長

致陳團副團長家屬

·慰問信·

1940 年 3 月 27 日，张震在《拂晓报》撰文《血战王浅子》

驻扎在柳树湾的陈文甫与副营长张西凡率领一排战士增援，赶到王浅子时，得知二连已经撤退，陈文甫率部正准备撤回柳树湾时，被日军发现，并很快被日军包围。陈文甫从容指挥，命令战士们据村坚守，与敌人展开巷战。在敌人火炮和机枪的猛烈轰击、扫射下，战士们英勇顽强，打退了日军一次又一次冲锋，给敌人以很大的杀伤，血战竟日，最后退守到村子的一处院落。日军恼羞成怒，遂用重炮、机枪向院内疯狂轰炸、扫射，顿时墙倒屋塌，并燃起了大火。陈文甫和战士们临危不惧，奋勇反击，同敌人展开了肉搏。战斗持续到黄昏时分，终因弹尽粮绝，陈文甫及副营长张西凡、排长朱克广等 30 多名指战员壮烈牺牲。

2001 年，陈文甫烈士的英雄事迹被收入《中国共产党革命英烈大典》，其精神流芳千古，彪炳千秋。

（本文由淮北市政协文化文史和学习委员会、中共淮北市委党史和地方志研究室供稿）

烈火中永生的十八勇士

1938年6月前后，豫东被日寇占领。而新黄河以西的西华还没有被日军占领，成了抗日斗争的前沿阵地。5月，豫东特委根据上级指示，组建西华人民抗日自卫军，县长楚博任司令，胡晓初、屈申亭、侯香山任副司令，沈东平任参谋长，王其梅任政治部主任。7月，根据省委指示，西华人民抗日自卫军组成东进支队，分两个梯队挺进睢杞太地区，配合豫东人民抗日游击三支队开展游击战争。7月中旬，第一梯队由特委书记沈东平，西华自卫军副司令胡晓初、侯香山，政治部主任王其梅率领，西华自卫军一、三支队和手枪中队约1500余人；第二梯队1000余人由屈申亭、王学武率领。第一梯队先行出发，冒着酷暑，渡过新黄河，经四五天的长途行军，到达睢太边界。三支队司令吴芝圃带领二大队的四中队（中队长王广文），在太康县的转楼迎接西华自卫军，两支武装会合后欢聚一堂。吴芝圃、沈东平分析敌情后，确定三支队活动在傅集一带，西华自卫军向睢县南部挺进，待机消灭出城骚扰的日伪军。

沈东平率自卫军首先消灭了勾结日军的潮庄土匪武装董尉亭部300余人，旗开得胜，士气大振。随后，部队进驻睢县平岗北部朱庄、孔庄一带。7月27日下午侦悉，驻睢县日军步兵三十三旅团的七八十人押着数辆大车，出城到19公里处的伪据点河堤岭运送弹药、给养。沈东平决定抓住这个机会，在敌必经之路马路口设下埋伏，夺取敌人的辎重。

7月28日晨，沈东平亲自带手枪中队二队30余人和王华山的西华自卫军第一支队二大队三中队的70余人在马路口北边公路两侧的高粱地里埋伏。他将手枪中队二队分成两部分，王华山带一部分在路西，沈东平带十几名战士在路东，三中队配合在后面。战士们情绪高涨，严阵以待。上午9时许，只见县城方向的公路上尘土飞扬，一队日军七八十人，拉着2门炮，扛着4挺机枪，押着数辆大车向马路口缓缓而来。待鬼子进入埋伏圈，沈东平一声令下："打！"霎时机枪、步枪、手榴弹一齐向敌人攻击，十几个鬼子歪歪斜斜地倒在公路上。日军遭到这突如其来的袭击，一时蒙头转向，乱作一团，慌忙趴在路壕里，无目标地胡乱射击。稍停，敌人兵分两路，一部就地抵抗，一部向马路口村迂回抢占有利地形。

沈东平见此情形，遂令三中队在村外阻击日军，自己带着手枪二队的十几名战士，迅速占领了路东马路口村的制高点——黄开进的堂楼。这座堂楼共六间两层，砖木结构，厚厚的墙壁，后面是大街，西边是一个大水坑，东、南都是低矮的宅院，居然是一个固守的小堡垒，敌人很难接近。驻河堤岭的日伪军闻枪声前来增援，将沈东平等团团困于楼上。

王华山带手枪二队部分人员和三中队发起冲锋向沈东平靠拢，鬼子用轻重机枪封锁去马路口的道路，几次猛冲不进，被迫撤退。此时，驻平岗的西华部队得悉沈东平被围，也赶来增援，不料中途受日伪阻击，经反复冲杀，难以接近楼院。而十几名勇士浴血奋战，毫不畏缩，打退敌人多次进攻。日军用钢炮、轻重机枪向堂楼猛烈攻击。沈东平指挥手枪二队的勇士，凭坚固阵地，居高临下，沉着应战。鬼子在楼前墙角、水塘边又倒下10多人。堂楼在枪林弹雨中岿然不动。鬼子不肯罢休，集中火力轰击楼垣，战斗空前激烈，日寇伤亡 40 余人。

据当年亲自参加东进支队的西华自卫军第一支队二大队三中队政治指导员朱传贤在回忆录《难忘的岁月》中回忆，当年有一名幸存的战士目睹了烈士们牺牲的场景。沈东平指挥战士们打退了敌人的一次次进攻，有 5 名战士牺牲。一颗子弹打中了沈东平的左臂，沈东平强忍疼痛指挥大家还击；又一颗子弹打中了沈东平的腿部，鲜血直流。最后只剩下沈东平和 4 名战士，有两名战士流着泪恳求："参谋长，你快突围吧，我俩掩护你！"沈东平摇摇头说："你们还年轻，革命的道路还很长，我掩护你们，假如你们能突围出去，传我的命令，让三中队立即撤退。"4 名战士流着眼泪，谁也不肯挪动一步，沈东平一字一顿地说："执——行——命——令！"边说边用手撑着身子站起来，倚在墙壁上，向敌射击。战士们刚走了几步，突然听到身后"扑通"一声，沈东平倒下了，一颗子弹又击中了他的腹部。战士们转身向沈东平冲来。沈东平用严厉的目光扫了他们一下，吃力地说："快走！"4 名战士含泪冲下楼去，突围途中，又有 3 名战士牺牲，只有 1 名战士突围出来。

下午 2 时许，鬼子见久攻不下，竟残忍地用汽油、柴火放火烧楼。沈东平和 17 名勇士壮烈牺牲在熊熊烈火之中。

马路口战斗结束后，豫东人民抗日游击三支队派特务中队长苗泽生带领群众收殓烈士的遗体，所见烈士们每个人都是多处受伤，沈东平 5 处负伤。接着他们将烈士遗体运往平岗。此时，适逢王学武、屈申亭率西华自卫军第二梯队到达平岗。他们看见沈东平等烈士半边烧焦的尸体，无不悲痛欲绝，泣不成声。翌日，吴芝圃司令员前往平岗对西华自卫军进行慰问，向沈东平等 18 位烈士致哀，群众也纷纷前来悼念。他们将烈士遗骨葬在睢县平岗学校操场北侧，在墓前操场上举行了隆重的追悼会，会上吴芝圃司令讲了话，他号召全体指战员化悲痛为力量，狠狠打击敌人。三支队和西华自卫军互相配合，开创了豫东游击战争的新局面。

2003 年 7 月，18 名勇士的遗骨迁葬于河南省睢杞战役烈士陵园，睢县人民政府为 18 名勇士树碑立传。让我们记住血洒疆场的 18 名勇士的姓名：

沈东平　河南舞阳县太尉乡林庄村人

刘立峰　（有人称刘立明）　河南周口黄桥乡西湖村人

张文彬　河南周口黄桥乡孙堤村人

裴学仁　河南周口黄桥乡裴庄村人

裴金玉　河南周口黄桥乡裴庄村人

肖尚勇　河南周口西夏乡高庄村人

王复礼　河南周口红花镇牛马滩人

郭启云　（有人称郭启众）　河南周口红花镇郭庄村人

李天宇　（有人称李天桐）　河南周口红花镇红花村人

李长兴　河南周口红花镇红花村人

王登科　河南周口红花镇屈庄村人

李应希　河南周口红花镇干河王村人

还有不知籍贯的 6 人：张九龄、陈书然、袁富海、郭文堂、李立洋、郭收。

2009 年 9 月，沈东平入选河南省“60 位为新中国成立做出突出贡献的英雄模范人物”。

（本文由商丘市政协文化和文史委员会、中共商丘市委党史和地方史志研究室供稿）

芒砀忠魂鲁雨亭

鲁雨亭，名鸿逵，永城芒山镇山城集人，1899 年 11 月 18 日生于一个殷实的书香家庭。7 岁入本村小学读书，13 岁毕业于永城县立高等小学，19 岁毕业于河南法政学堂。之后投笔从戎，21 岁毕业于开封宏威军士官学校，先后任河南暂编第二混成旅掌旗官、军法官，建国豫军军法官、军法处长等职。1925 年 11 月，建国豫军谋袭太原，鲁雨亭被委任为武安县长。翌年 1 月，他去职返乡，读书自娱。

1931 年九一八事变后，他奋笔直书《国难中敬告全国当局书》一文发表于天津《大公报》，奉劝当局“立息内战，止戈言和”“牺牲成见，忍痛救国”。此时，经友人劝召，他复出任孙殿英四十一军驻南京办事处处长、军长代表一职，为抗日周旋。1933 年初，他推动孙殿英率部从山西进攻热河，在赤峰与日军血战 7 昼夜，获得全国舆论的好评。1934 年春孙部被消灭，四十一军驻南京办事处亦被关闭。事后，鲁雨亭被国民党政府委任为财政部咨议，他婉谢返乡。

1936 年初，他应河北省保安处处长高树勋的邀请，任该处秘书长。这时，他借整训保安名义，组织民众，成立 8 个地方团队，以为抗战之资。1937 年 11 月，鲁雨亭经徐州第五战区司令长官李宗仁推荐，被委任为永城县长。他踌躇满志，全力支持永城县工委领导的永城县抗日救亡动员委员会，开展抗日救亡运动，并兼任动委会主任委员，拨款开办青训班。1938 年 3 月，根据永城

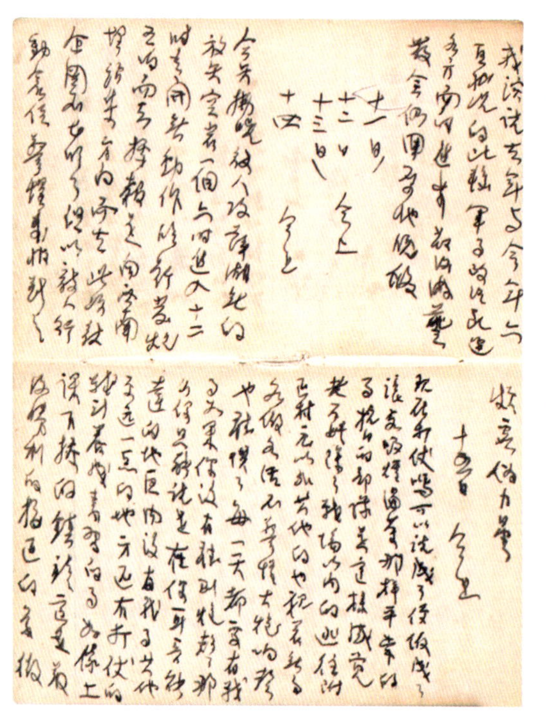

鲁雨亭战时日记

县5个区的建制，把青训班学员分为5个抗日工作团，以王卓然、陈仪如、王更生、盛税堂、刘子玉等任团长，分别奔赴永城各区进行抗日宣传，掀起了全县抗日高潮。此举引起县内国民党顽固分子和土豪劣绅的仇恨。他们联名控告工作团不是宣传抗日，是搞“赤化运动”。国民党河南省党部责令鲁雨亭“克日解散动委会，解散工作团”。鲁雨亭顶住各方面的重压，支持动委会组成百人请愿团赴徐州请愿，得到徐州第五战区司令长官李宗仁的支持。请愿胜利后，鲁利用县长职权果断地决定：委任5个工作团长分任各区区长，108名工作团员分任各乡联保主任和文书。经过接任和反接任的斗争，接收了全县区、乡政权并建立了各区动委会。县城沦陷前夕，他接受中共永城县工委的建议，转移农村发动群众，开展游击战争。1938年5月，日军炮击永城县城，然后用坦克车队进攻南门，被守御官兵奋勇击退后，又转向东门攻入城内，鲁雨亭指挥县大队与敌抗击一阵，即出北门，转移到芒砀山区。永城沦陷，鲁雨亭将家眷送到后方，在豫南筹措抗日经费。9月初，鲁雨亭偕同刘子仁、何叔朗、吕武备等，经汉口、漯河、周口、鹿邑回到永城芒砀山区。11月18日夜，鲁雨亭在王引河畔的郭辛楼小学，主持召开成立游击队的预备会议。20日，在萧永边吕楼村东古庙内召开了

拂曉報

1940 年 4 月 6 日，《拂晓报》（第四版）纪念鲁雨亭总队长专版

成立游击队会议。会上，鲁雨亭正式宣布接受湖西人民抗日义勇军的编制，依序列定名为湖西人民抗日义勇军第二总队第二十九大队，由鲁雨亭任大队长，刘子仁任副大队长，王卓然任政治处主任。他们以八路军为榜样，实行“三大纪律八项注意”，摧毁伪政权，消灭土匪杂八队，袭击日本侵略军。他变卖家产，购买枪支弹药，抚恤遗孤，为国纾难。从大队成立到翌年 8 月归编新四军，先后经过大小战斗 20 余次，队伍由 17 人迅速发展到 966 人，在永城、夏邑、砀山、萧县交界竖起了抗日旗帜。1939 年 1 月，彭雪枫率领新四军游击队司令部及随营学校进驻书案店。鲁雨亭闻讯即派陈建平前往联络，并派 30 多名青年到支队随营学校学习；接纳共产党员到本部发展党组织，开办训练班；协助八路军苏鲁豫支队打击日军。8 月，他亲见支队参谋长张震，请求加入共产党和归编新四军。29 日，其部被正式编为新四军游击支队第一总队，他任总队长。同时，由游击支队参谋长张震、一总队政治部

副主任张先舟介绍，报经中共中央批准，他加入了中国共产党。入党后，他连续给远在四川的父亲鲁紫铭写信，说“今参加共党，得入正途，定要专心致志，努力工作”，表示“在党的工作未能完成以前，不成功便成仁”。

1940年2月下旬，日军率汽车10辆、坦克2辆进犯芒砀山区，被一总队阻击于僖山，击毁敌汽车2辆，毙伤30余人。3月，他指挥部队与日军连续战斗10余次，连获胜利，歼敌300余人。敌人在多次失败后恼羞成怒，疯狂报复。4月1日晨，敌人从永城、夏邑、砀山、萧县、黄口等据点调集数千人分4路向芒砀山围攻一总队，在磨山、僖山、柿园等村展开激战。鲁雨亭率特务连被敌人围困在李黑楼。他高呼：“我们要死守阵地，不让敌人前进一步！李黑楼就是我们的坟墓，我们要与阵地共存亡！”他们竟日血战，反复冲杀，歼敌300余人。正值成功突围之际，担任殿后任务的鲁雨亭不幸身中数弹，壮烈殉国于李黑楼东门外，后葬于芒砀山。

2009年9月，鲁雨亭入选河南省“60位为新中国成立做出突出贡献的英雄模范人物”。2014年，鲁雨亭被国家民政部评为全国首批300名著名抗日英烈之一。

（本文由商丘市政协文化和文史委员会、中共商丘市委党史和地方史志研究室供稿）

抗日民族女英雄喻尊霞

喻尊霞（1920—1940），女，祖籍江西，1920年5月23日出生于今泗洪县青阳镇敞巷街的一个富裕家庭。姊妹排行第三，大家都称她三小姐。祖、父两代均以行医为业。

1931年，喻尊霞入青阳小学读书，成绩优秀。1936年，父亲去世后，转入宿迁宿城镇小学，靠姨母供养读书。1937年，她考入安徽省怀远中学初中部。1938年8月，因日军入侵，学校停办，喻尊霞于悲愤中辍学返乡。不久，日军入侵青阳镇，喻尊霞随家人到重岗北大陈集村外婆家躲避。

喻尊霞雕像

1939年3月，中共皖东北特委成立，皖东北抗日烈火燃烧起来。4月，青阳镇进步青年张经、许朗、程泽华等成立青阳镇青年抗敌协会（简称青抗会），喻尊霞怀着爱国热情参加了青抗会。中共皖东北特委、泗县地下县委派出杨纯、赵敏、江彤等对青抗会工作进行指导，做出具体指示。喻尊霞非常擅长演唱和演讲，只要她一走上舞台，她那声情并茂的话语、誓死不做亡国奴的抗日情怀，总能打动和震撼民众的心扉，是一个抗日救亡、做宣传鼓动群众工作的“好把式”。

1939 年 6 月，泗县地下县委负责人之一的赵敏来到青阳，从青抗会抽出 20 人左右成立泗县政治工作队（简称政工队），喻尊霞加入了政工队。在半城区集训期间，她和其他政工队员一起学习了党的抗日民族统一战线政策，学习了《论持久战》等文章和革命歌曲。喻尊霞在半城受训时加入了中国共产党。

半城集训后，泗县政工队全部编入民运工作团二团。喻尊霞和他们一起身背挎包，在青阳开展活动。他们深入群众中做艰苦细致的发动群众工作，汉奸、恶霸对他们恨之入骨。

1940 年 5 月，喻尊霞和朱碧莎、陈兴吾、夏复兴等同志被调往陈集乡（今重岗乡）的袁集村组织发动群众。同年 5 月 28 日，因恶霸地主袁林告密，泗县的日军倾巢出动，喻尊霞和她的战友不幸被捕。

审讯中，喻尊霞巍然站立，坚贞不屈，鬼子用尽了各种酷刑，但喻尊霞和她的战友毫不动摇，并以顽强的意志，守住了党的秘密。汉奸王仲涛恬不知耻地劝道：“喻家三小姐，我们是乡亲。你年轻有为，是一时糊涂，你要识时务，要为今后的前途和生命着想。共产党是站不住脚的，更成不了气候，只要你说出你们组织的下落，并写一份自首悔过书，皇军定会放过你，并担保你到徐州继续读书深造。”喻尊霞猛地转过头，一口唾沫吐在其脸上：“呸，谁是你的乡亲？你枉披一张人皮，给中国人丢尽了脸。想叫我投降，除非太阳从西边出来！”日军队长又拿来纸笔，答应她只要写一份悔过自首书，就放了她。喻尊霞从容地接过笔，抬手写下“打倒日本帝国主义”8个字。日军队长暴跳如雷，“嗖”地拔出腰刀，残忍地砍下她的4个指头。喻尊霞忍住剧痛，与战友们一道，大义凛然地走向刑场。随后，年仅20岁的喻尊霞和她的战友们被日军活埋，壮烈牺牲。

新中国成立后，她的遗骨迁葬于泗洪县烈士陵园内，她的英雄事迹被选入“乡土教材”课本，并被编成地方戏剧，在县内外公演。1958年，国家农林部副部长刘瑞龙视察泗洪县时，十分动情地说：“喻尊霞同志是淮北刘胡兰式的英雄。”2009年，喻尊霞被评为“50位为新中国做出突出贡献的江苏英雄模范人物”。

（本文由宿迁市政协文化文史和学习委员会、中共泗洪县委党史工委供稿）

身先士卒的“猛张飞”褚雅青

褚雅青塑像

褚雅青（1902—1942），原名褚敬斌，1902年旧历五月二十五日生于滕县八区（现为微山县塘湖乡李阿村）的一个农民家庭。

1919年，年仅18岁的褚雅青毅然离家去寻找救国救民的道路。几经周折，奔波数千里，最后到达福建，加入国民革命军。1926年，参加北伐战争，历任班长、连长，正当北伐节节胜利之际，蒋介石发动了“四一二”政变，他愤然离职。

1927年，褚雅青到徐州学医，两年结业后于1930年到山东枣庄开业行医。在行医过程中，他接近工人群众，关心群众的疾苦。1933年春，他由郭子化介绍，加入了中国共产党，真正投身于革命洪流之中。

创建战地医院

褚雅青在枣庄工委领导下，开了一个广仁医院作为职业掩护，积极地从事地下工作。1936年6月下旬，郭子化在药店被叛徒朱大同发现，当即被捕押往徐州。褚雅青以有利身份，一面继续坚持特委工作，一面托李韶九以枣庄药业公会名义将郭子化保释出狱。在褚雅青的积极努力下，临城、沙沟一带的建党工作开展得十分顺利，于 1934 年间先后发展了褚子方等十几个同志入党，并成立了沙沟、张阿等支部。不久又组建了临沙区委，褚思沛任区委书记。这是微山湖地区较早建立的党组织，为以后组织革命武装力量，建立抗日游击根据地打下了良好的基础。

抗日义勇总队成立后，褚雅青任中队长。褚雅青在战斗中总是身先士卒，猛冲猛打，被同志们誉为“猛张飞”。在消灭顽匪马卫民的战斗中，部队的伤亡很大，伤员急需治疗。经组织研究决定，调褚雅青马上建立医院，接收伤员，医院就设在西集大庙里。他冒着生命危险，潜入广仁医院，偷运出一批药品及医疗器械，这才初步解决了困难。

1939 年秋，义勇队整编为苏鲁支队，张光中任支队长，下设 8 大处，医院改为军医处，褚雅青任军医处处长兼医院院长，当时共有医生、护士十几个人。人员虽扩大，但药品经费仍十分困难。生活也很艰苦，每人每天 2 分钱菜金，还包括烧柴在内，就是这 2 分钱有时还供应不上。为了减轻司令部的负担，他尽量设法自筹经费，经常随同枣庄外出的工人偷偷地回枣庄，从他家的医院带出针药。带回来的药品除医治伤员外，还尽可能给附近群众治病。这样一方面可加强同群众的联系，另一方面也增加了部分收入。这些收入又能解决一些伤病员的实际困难。

开辟微山湖根据地

1939 年 4 月，褚雅青被调去陇海南进纵队任作战参谋兼管军医。

1939 年 10 月，褚雅青调一一五师十四区队任参谋长。1940 年 6 月，他被调到运河支队任作战参谋。同年秋，敌人调集了近万人的兵力，对鲁南运河两岸的根据地发动了大“扫荡”。10 月 11 日，运河支队在运南库山与日军激战终日，残酷的搏斗一直持续到天黑，在夜幕掩护下，部队胜利地突出了敌人的包围圈。

为了扩大根据地，发展抗日武装，保证华南、华中与延安根据地的联系畅通，峄县县委决定派褚雅青回家乡微山湖一带，寻找党的地下组织临沙区委，并建立根据地。他接受任务后，潜回家乡李张阿，与区委书记褚思沛及地下党组织接上了关系。区委对当前形势分析研究后，决定由张学长、褚思均、孙芪沂、郭文斋、张存成、李保文、王万朋等同志跟随褚雅青拉起一支小小的游击队。他们白天隐蔽在微山湖沿岸的芦苇丛里、蒿草棵里，或在渔民的船上，夜晚出来活动。队伍拉起来后，首先镇压了罪大恶极的汉奸潘景香、殷贤斗，收缴了他们抢掠勒索来的枪支、财物，很快建立了一支 40 多人的游击队。这就是后来坚守微山岛时群众口中的县大队“参谋处”。

收复微山岛

1941 年 6 月 22 日，各游击队负责人聚集在小袁庄外的南坝苦姜地里，研究收复微山岛的作战计划。他们分析了岛上的敌情，推举褚雅青为战斗总指挥。6 月 23 日晚，我各游击队在蒋集南坝集合，天黑后分乘几十只小船，悄悄地向微山岛进发。

这一仗打得干净漂亮，整个战斗进行了大约 10 个小时左右，消灭阎团1个大队，除少数漏网外，共毙伤俘伪团副苏海如以下200余人，300多支枪全被缴获。为防止敌人报复，各部队暂回原防地休整。没几天，日军果然从邻县调伪军1个团来微山岛报复，褚雅青带着大队参谋处在简闸给敌人一个伏击，打死打伤好几个伪军，伪军吓得像狗一样夹着尾巴逃跑了。这两次战斗的胜利，大大鼓舞了我根据地的军民。

1942年春，鲁南人民抗日斗争进入了最艰苦最困难的阶段，日军为了确保徐州以北的津浦铁路运输安全，掠夺枣庄煤炭及当地其他物资，集结了青岛、济南、兖州、徐州等处的大批兵力，对我鲁南地区实行惨绝人寰的“三光政策”，妄图一举消灭我鲁南抗日力量。临沙区委遭破坏后，为了保存抗日力量，4月初，峄县县委决定把县大队调到运河南。褚雅青接到县委指示后，迅速把150多人的县大队整编成1个连，先将100多人的2个排送到运河南。为了便于今后重新开展工作，他带着1个排和警卫班40多人留下来，打算安排好地下工作再走。4月23日中午，褚雅青突然收到了敌人要在明天进攻微山岛的情报。面对紧迫的敌情，我驻岛各部队指挥员马上在吕蒙召开联席会议，研究敌情，准备迎战。会上成立了联合作战指挥部，由运支一大队长邵子真任总指挥，县大队的褚雅青、铁道队副大队长王志胜、微湖大队大队长张运海、滕沛边区中队长黄克俭等任副指挥，并分定了防守地段。

战斗非常激烈，最后，褚雅青只身与顽敌战斗，弹尽壮烈牺牲。

（本文由济宁市政协文化文史和学习委员会供稿）

王志成：一门忠烈抗顽敌

王志成于1891年出生在微山县西楼村的一个贫苦的渔民家庭。全家以捕鱼捞虾为生，后来造一只大船，加入了微山湖的卖载帮，专事装载运输，长途贩运。王志成性情刚直，重友情，济贫救危，江湖上尊称他为“王老大”。

1933年6月，荷花刚一鼓嘴，国民党沛县县政府为霸占湖产，强令封湖，并以沛县七区（夏镇区）区长刘皋民的名义布告湖区村庄，禁打莲蕊，禁罱湖草。封湖令激起了湖民、渔民的强烈不满，在夏镇中共党组织创始人张光中的直接领导下，夏镇掀起了声势浩大的反封湖斗争。王志成兄弟协助夏镇党总支书记郑安良具体领导了这场斗争。“行船在舵，雁飞有头。”王志成是这场斗争的头雁。他凭着个人在湖民、渔民中的威望，协助郑安良组织发动群众，联合南庄一带的开明绅士、社会名流，成立了一个反封湖委员会，与反动官府针锋相对地进行斗争。他委派三弟王志美带着船只、架着鸭枪，伏击沛县七区水警队和乡丁的搜查船，迫使区长刘皋民取消了封湖令，夺取了反封湖斗争的胜利。

1933年9月，汛期晚到，大雨狂泻，河水猛涨，大捐河、十字河淤泥积高，挡住了上游常口、汇子湾、沙谷堆下泻的湖水。汇子乡乡长王兆义、袁庄大地主袁某策划开挖大捐河，排水种麦。王、袁征得刘皋民的同意，并经沛县县政府批准，拨下了以工代赈款。如果只挖大捐河，不挖南庄河（庙头河）、十字河，湖水便积到大捐、南庄一带，不仅湖田被淹，还影响高地种麦。南庄、大捐以北，夏镇以南的群众对此不满，地主地多，受害更大，他们也反对挖大捐河。为保护群众利益，以张光中为首的夏镇党组织借此机会领导群众进行反挖大捐河的斗争。这次仍由王志成、王志美兄弟领头，联合汪玉珠、张保钧、傅佑铭等十几户地主，并得到夏镇的名流绅士张世昌的支持，同刘皋民再次展开斗争。大捐河没有挖成。

1937 年底，夏镇战前党员郑一鸣（郑安良）、张新华（张运海）等人，利用国民党沛县七区区长白赤霞在夏镇组织保家自卫团的机会，打入其内部，使自卫团成为我党掌握的抗日群众武装。与此同时，王志成挺身而出，在三孔桥、南庄一带组织了渔湖民抗日自卫团。11 月，王志成加入中国共产党。1938 年 3 月 28 日，夏镇陷落，日军在夏镇大肆掠夺财物、奸淫妇女、屠杀群众，沿湖一带的百姓受尽亡国奴之苦。王志成把全家人召集到一起商议，全家人一致同意，把家中的财产 1 只大粮划、1 只小溜子全卖掉，买枪拉队伍。卖船得了 500 块银圆，从溃退的国民党川军手中买了 5 支汉阳造长枪。高粱还未出穗，便组织了农湖民暴动，一下子拉起了一二百人的队伍，还发了灰军装，臂章蓝底子上写着“沛八”二字。王志成任队长，在国民党军队当过兵、懂点军事的吴广耀（湖西人）任副队长。王志成还动员三弟王志美，3 个儿子王吉善、王吉德、王吉森参加革命队伍（小儿子王吉森这年才 14 岁）。队伍组织起来的当夜，就拉到湖西王楼。第二天在沛县城南一片高粱地里同日军遭遇，打了起来。由于缺乏战斗经验，第一仗就有几个战士负了伤。之后，王志成率领这支队伍转移到沛县以北活动，并和丰县、单县的抗日游击队取得联系。1938年秋，党组织又派王志成回到湖东搞武装，他先在家乡南庄，后又到老家汇子一带进行活动。这年11月中旬，建立了东汇子支部。他还在东汇子一带掀起抗日救国的农民运动，很快在附近各村组织了工、农、青、妇群众组织。当时，欢城一带反动势力非常嚣张，王志成决定组织群众游行示威，杀杀他们的威风。1939年3月，率领南庄、三河口、汇子等村组织起来的民兵武装和各群众团体1000余人，手执长枪短棍，齐集三河口街庙，天一黑就开始出发，一路高呼口号，由欢城到阎村、周村，路经陶阳寺运河浮桥，最后返回三河口。这次示威游行，震慑了反动势力，显示了人民群众的强大力量，为发展革命形势广造了舆论。在这以后的一年中，王志成还几次选派党员到夏镇泰山庙沛滕边县委开办的训练班学习，培养了一批骨干。1940年6月底，王志成遵照县委关于要大力抓好沙河两岸政权建设的指示，以东汇子支部为主，开展了民主建政运动，民主选举了5个保长。7月，县委书记黄天明来傅村乡五圣堂庙召开3个乡的保长会议，专门表扬了这一带政权建设的做法。会后，王志成随黄天明回县委驻地，被任命为沛滕边县委军事部长。

1940年8月，潘复生奉山东分局的指示接任湖西地委书记职务，路经微山湖受阻，便就地领导湖区反顽斗争。此时，沛滕边党政军1500余人被沛（县）、滕（县）、丰（县）、铜（山）、鱼（台）五县顽军压到微山岛附近湖中，形势异常严酷。经山东分局批准，建立了以微山湖为活动中心的湖区五县工作委员会和五县游击大队，同时还成立了以工委书记潘复生为指挥的对敌斗争指挥部，王志成被任命为指挥部领导成员。11 月，微山湖周围地区形势进一步恶化，五县顽军 15000 余人合围微山湖区，对敌斗争指挥部召开紧急会议，决定组织突围，撤离沛滕边区，转移到湖西单县中心区。在西撤的行动中，王志成起了举足轻重的作用，他利用自己在渔民中的威望，同张新华、黄克俭一起，很快组织了 100 多条船，并筹集了物资给养。11 月 24 日中午，突然刮起了东南风，王志成凭着湖上几十年的生活经验，对潘复生说："今天夜里就可以行动，早风不过午，午风到天明，顺风顺水绝没问题。"王志成和黄克俭乘坐大船，摸黑带路，每条船尾挂一盏气死风马灯，以指引航向。由于王志成路熟，水上航行经验丰富，加上顺风，一夜顺利地撤到湖西抗日根据地，为重新开辟沛滕边区保存了革命力量。

1940 年底，丰、沛、鱼三县大队成立，王志成任大队长，郝子香任教导员，主要活动在丰县十字河一带。王志成率队英勇作战，为巩固扩大湖西抗日根据地做出了贡献。1941 年 5 月下旬，丰、沛、鱼三县大队编入主力部队八路军一一五师教导四旅第十团，王志成离开部队，调任湖西专署贸易局局长。

从 1940 年至 1941 年，王志成的三弟王志美在郏马战斗中牺牲，长子王吉善在湖西陈新庄阻击战中牺牲，这对王志成的打击是很大的。

1941 年 3 月，日军开始推行"治安强化"运动，湖西周围的各重要城镇都增加了日军，频繁对我根据地进行"扫荡""蚕食"。国民党地方顽军也加紧了反共活动，不断配合日军对我实行经济封锁和军事进攻。为粉碎敌伪顽的夹击，打破封锁，战胜困难，坚持和保卫抗日根据地，5 月，中共湖西地委决定派王志成带几名同志打入敌占区济宁城，了解敌情，争取伪军，疏通敌占区与我根据地的物资转运渠道。他带 5 人在小闸口之南开办“复兴炭厂”，以做生意为掩护，发展党员，建立组织。后被捕，押至济南，被杀害在白马山。

（本文由济宁市政协文化文史和学习委员会供稿）

汉斯·希伯：血染沂蒙的国际主义战士

在临沂华东革命烈士陵园里，埋葬着国际主义新闻战士、太平洋学会记者、德国共产党员汉斯·希伯。

汉斯·希伯（1897—1941），记者、国际主义战士，出生在原奥匈帝国（现波兰）的克拉科夫，波兰名 Grzyb，后到德国学习、生活，德文名 Heinze Muller（海因兹·莫勒），英文名 Hans Shippe（汉斯·希伯）。第一次世界大战爆发后，他因积极参加反战活动被捕入狱。出狱后，他加入了德国共产党，并弃医从文，成为国际教育和学术组织“太平洋学会”的一名记者，奔波在欧洲大地，曾经到过苏联，见过列宁和斯大林。

希伯通晓英、德、俄、波兰和中国 5 国文字，一直以来就向往有着 5000 年文明史的中国，政治的自觉也让他对中国动荡的局势颇为关心。1925 年，希伯第一次来到中国上海，活跃在采访的第一线。他既有新闻记者敏锐的嗅觉，又有共产党人的悲悯情怀。他支持工人运动，经常深入社会底层，积极报道中国工人受压迫、受剥削的事实。回国后，他把在中国的经历和中国的实际情况用生动的语言写成

汉斯·希伯墓与雕塑

《从广州到上海：1926年—1927年》，并于1928年2月在柏林出版。该书在读者中产生了很大的反响，并吸引了许多人远道奔赴中国，了解中国的实际情况。

自此之后，他曾两次回国，但千万里外那个多灾多难的国度、那些不屈斗争的人民，召唤他一次又一次回到这里，拿起笔与他们一起战斗。1932年秋，希伯告别了新婚的妻子秋迪·卢森堡，再次来到上海。不久，其妻也来到中国，定居上海。希伯在上海期间，与当时在上海的一些国际友人如史沫特莱、马海德、路易·艾黎等人组织了“国际马克思主义学习小组”，共同研究中国的形势。他以笔名“亚细亚人”在美国《太平洋事务》《亚细亚杂志》和德国《世界舞台》等多种报刊上发表了大量关于中国和远东问题的文章，成为世界著名的反法西斯政论家。

1937年抗日战争全面爆发后，希伯毅然加入中华民族抗日斗争的行列，口诛笔伐日本侵略者在中国犯下的滔天罪行。希伯在《太平洋杂志》发表《中国正越战越勇》。他和夫人秋迪曾化装成医生和护士，将筹集到的药品送往敌占区新四军的秘密交通站。1938年，他在武汉八路军办事处的安排和协助下到了延安，他先后采访了毛泽东、周恩来、叶挺、项英、刘少奇、陈毅、粟裕、罗荣桓、朱瑞、黎玉等当时叱咤风云的革命人物，获得了中国共产党领导抗日斗争的详细情况。此后他两次由上海进入新四军驻地采访。1939年春天，在皖南泾县云岭新四军军部驻地，见到了到新四军传达中共六届六中全会精神的周恩来和叶挺将军，听取了周恩来的报告。他的名字也由新四军卫生部长沈其震改为汉斯·希伯。

1941年5月，他以太平洋学会记者身份，和妻子秋迪同行，先后到达苏北盐城、阜宁等地，将采访所得写成《在日本战线后面的新四军》等报道发表在欧、美报刊上。他还写成了《中国团结抗战中的八路军和新四军》书稿，约80万字。

9月，在山东抗战最艰难的时期，他来到了沂蒙山区。希伯是一个外国人，但在生活上却能做到与根据地军民接近或一致。他本来西装革履，来到这里后改穿八路军军装，和沂蒙山区人民一样吃煎饼。村里的老百姓煮面条给他吃，他就说："你们面少，过意不去。"有些同志对他说："你来到山区很艰苦。"他总是笑着说："你们过得去，我就过得去。"由于斗争形势日趋严重，根据地的领导同志们曾多次劝他早日离开，但他每次都说："这正是最需要我的时刻，我要和战士们在一起，把这斗争的神圣事迹报道给全世界反法西斯的人民。"

10月下旬，侵华日军纠集5.3万余众对沂蒙抗日根据地进行空前规模的"铁壁合围"大"扫荡"。希伯随部队反"扫荡"，有时连续行军几百里，一天打几次遭遇战，仍坚持随时将所经历的情况记录下来。在那段艰苦的日子里，希伯写出了《反"扫荡"日记》等大量生动描写八路军反"扫荡"的通讯，向全世界人民真实地报道了中国共产党及其领导下的沂蒙人民用他们的血和肉创造出的无数抗日奇迹。

1941年11月初，罗荣桓政委亲自指挥了"留田突围"（留田，沂南县境内）。5万多分别来自费县、平邑、蒙阴、莒县的日、伪军在平家沟进行了"围剿"，11月5日，一一五师向东突出汉河向西南方向突围。由于指挥得当，八路军一枪未放，无一伤亡，一夜之间就突破敌人3道封锁线，跳出了敌人的包围圈，到达预定地点。希伯立刻在《战士报》上发表了《无声的战斗》，大加赞扬这次突围。

11月下旬，日寇加强了对根据地的“扫荡”步伐，“合围圈”越来越小。面对着日益严峻的形势，大家多次劝希伯早日离开山东，但他坚决不肯，一再表示：“现在正是最需要我奋斗的时刻，我要和你们在一起。”不久，沂蒙抗战史上最悲壮的一次战斗——大青山突围战打响。29日晚上，山东省战工会接到命令，向沂南大青山转移，那里是抗大分校的驻地。

30日晨，希伯所在连队于大青山五道沟下的獾沟子附近与敌遭遇。连队战士与敌展开殊死搏斗，希伯也持枪参加了战斗。由于敌我力量太悬殊，领导当机立断，让连队分3个小分队向西南突围。希伯被安排在第一分队先走，但他不肯。第二分队开始突围时，他又要求战斗到底，领导虽未同意，但他仍坚持拔出手枪，加入最后突围的第三分队。这时，日寇扑了上来，突破口被封锁。指战员们打退了敌人的多次猖狂进攻，但伤亡很大。希伯就从牺牲者身边捡起枪来向敌人射击，不幸中弹。在希伯最后的时刻，他对身旁的翻译方百练说：“我死后，请你帮我把身上的军服脱下来，洗干净，交给秋迪同志。你告诉她，衣服的领口破了，让她给缝一缝……”“我没能兑现我的承诺，叫她要好好保重身体。”希伯说完就闭上了眼睛，壮烈牺牲，血洒沂蒙山，时年44岁。就是这样一位国际友人，为中华民族的解放事业，将生命永远留在了沂蒙山。

1942年，山东军民为了纪念希伯烈士，为希伯建立了一座白色圆锥形纪念碑，碑上刻着罗荣桓等题写的“为国际主义奔走欧亚，为抗击日寇血染沂蒙”的题词。

（本文由临沂市政协文化文史和学习委员会、中共临沂市委党史研究院供稿）

马立训：令敌伪闻风丧胆的“神炮手”

马立训（1920—1945），山东省淄博市人。1940年参加八路军。1944年5月加入中国共产党。参加革命后，历任战士、班长、排长，曾参加大小战斗40余次，完成了19次爆破任务，炸死日、伪军500多人，荣获“特等爆破英雄”“山东爆破大王”等称号。1945年8月，在滕县阎村战斗中壮烈牺牲。马立训入选“100位为新中国成立做出突出贡献的英雄模范人物”。

马立训出生在一个贫苦的矿工家庭，12岁就被迫到煤窑做苦工，尚未成年又被国民党的土顽部队抓去当了兵。1940年1月，他参加了八路军，被编入山东纵队第四支队三营十二连，后来部队被整编为第四支队三团一营一连。在领导和战友们的帮助下，马立训很快成长为一名思想觉悟高、军事技术好、作战机智勇敢的优秀战士，后被任命为机枪班班长。

马立训

1940年10月，为了粉碎敌人对蒙山的封锁，上级决定拔除距离最近、威胁最大的岳家村据点。当时岳家村据点设有5个大碉堡，四周有坚固的围墙，墙外有壕沟、鹿寨等防护设施，可谓坚不可摧。为了拔掉这一据点，团首长号召部队学习研究爆破技术，用炸药摧毁敌人的“乌龟壳”。在煤矿干过掘井工的马立训自告奋勇，和战友一起认真研究、反复试验，用手榴弹引爆法将敌人的鹿寨、围墙、碉堡炸开，全歼守敌100余名。经此一役，马立训成为全团干部战士人人称赞的第一爆破手。

1942年春，部队奉命开辟鲁南根据地。在攻克南大顶、孙徐、石家楼等据点的战斗中，马立训总是手提炸药包，冲在最前头，摧毁了敌人道道鹿寨和许多碉堡。在攻打号称“铜墙铁壁”的孙徐战斗中，他首先用炸药炸开了一个突破口，保证了部队的顺利突击，又接连爆破了敌人4个碉堡，歼灭了60名伪军。凭借在实战中的勇敢机智及不断改进的爆破技术，马立训出色地完成了各个爆破任务，被领导和同志们誉为“开路先锋”。

1943年11月，歼灭惯匪刘黑七（本名刘桂堂）的战斗打响。战斗中，马立训所在的团担负着攻打刘黑七老巢——东柱子村的战斗任务。这是刘匪苦心经营的一个最坚固的堡垒，刘匪的司令部和主力部队都驻在这里。整个村子有两道围墙，每道围墙一丈多高、三尺多厚，围墙四周筑有突起的炮楼，刘黑七自称柱子村是“铜帮铁底”“万无一失”。11月15日晚9点，战斗打响，随着连长一声令下，马立训抱起炸药包跳出掩体，借着夜色冒着雨点般的子弹迅速地向前冲去。他将炸药包竖在选中的爆破点上，并迅速拉开导火线，翻身滚进身边的沟里。一声巨响，碉堡被炸掉了一半，围墙也炸开了一个缺口，部队趁机发起冲锋，迅速突破了第一道围子的防线。经过一场激烈的巷战，刘匪全部退进了第二道围子里。第二道围子的工事比第一道围子还要坚固，刘匪妄图负隅顽抗。马立训又奉命对围子东门实行爆破，他冒着敌人的炮火，迅速将炸药包放置到东门，接着一声巨响，东门被炸开了，趁着硝烟弥漫，部队发起冲锋。这时刘匪在慌乱中纠集了百余名土匪，怪叫着从缺口冲了过来。马立训眼疾手快，立即将随身携带的小炸药包连续投向敌群，炸得土匪鬼哭狼嚎、血肉横飞。刘黑七的老巢乱作一团，溃不成军。刘黑七见势不妙，带着他的护兵仓皇逃命，被击毙，战斗取得胜利。在这次战斗中，马立训炸毁敌人碉堡、围墙，为部队立了大功，被誉为鲁南三团的一门"神炮"。不久，马立训光荣地加入了中国共产党，被提升为一连二排排长。

1944 年 8 月，山东军区召开隆重的英模大会，马立训出席了大会，并在会上介绍了他的英雄事迹。山东军区司令员罗荣桓、政治部主任萧华等首长亲切接见了他，大会授予他"一等战斗英雄"和"山东爆破大王"的光荣称号。

敌人的据点一个个被炸开，"神炮"的传说也越来越神，日、伪军闻之无不胆战心寒。临沂西部的顽军司令王洪九遵照日军命令，到处张贴布告，通缉"神炮"。王洪九还派出密探四处打听，当得知八路军的"神炮"姓马时，便下令各据点把姓马的老百姓都抓起来审查，但枉费心机，没查出一个"神炮"来。王洪九心虚胆怯，又命令各据点加固工事，以对付"神炮"。他把自己盘踞的寿衣庄据点的围墙筑成双层，并且用土坯构筑，墙脚下堆有很厚的积土，形成坚固的斜坡，妄图使爆破难以生效。在攻打寿衣庄据点时，马立训针对敌人的特殊工事，很快想出了"空爆法"，把炸药捆在云梯上，专炸敌人碉堡的上部。他的意见立即得到了领导的支持。为了确保“空爆”成功，营里组织了火力组和投弹组，掩护马立训白天“空爆”。马立训带领同志抬着云梯和炸药，冲到了敌人的炮楼下。他紧紧地握住云梯上的支撑杆，将云梯通向炮楼，接着拉开了由绳子连接的导火线……“轰”的一声，只见尘土飞扬，炮楼却纹丝没动，“空爆”没有成功。原来，由于炸药太重，云梯偏倒了，炸在了炮楼底部的积土上。马立训当机立断，下令撤回阵地，在云梯上增加了两条支撑杆，又一次冲向炮楼。他指挥战友们将云梯牢固地支撑在炮楼上，亲自猛地一拽导火线的拉绳，伴随而来的是一声惊雷，炮楼上便开了一个“天窗”。“空爆”成功了！寿衣庄据点被胜利攻克！

战斗刚刚结束，马立训所在部队又奉命赶到沙沟崖，协助兄弟部队作战。沙沟崖是王洪九的又一个重要据点，兄弟部队攻了两天没有攻克。马立训又带领爆破组再次采取“空爆”，连放三“炮”，便将据点的东南角炸开了，部队迅速突进，赢得了攻克沙沟崖据点的胜利。马立训运用“空爆法”连克王洪九的两个重要据点，从此，“爆破大王”的名声越传越远，威震敌胆。

1945 年，根据山东军区的命令，鲁南军区部队于 6 月初开始向日伪顽军展开了夏季攻势作战。6 月 23 日，第二军分区集中 3 个连的兵力，乘顽军不备，突然攻入和福庄。申宪武率其残部逃到距滕县城西 8 公里的阎村、王庄构筑坚固工事据守，并极力搜罗残兵败将，扩充到 1000 余人，妄图顽抗。8 月 3 日傍晚，鲁南军区第三团、第五团第二营、军区特务营、鲁南第二军分区基干团及 3 个县独立营的兵力长途奔袭，分路进击，于 4 日凌晨 3 时将阎村包围。这次担任爆破任务的重担又自然地落到了马立训和他领导的爆破班身上。攻打阎村的战斗一打响，马立训就带领爆破班冲锋在前，接连炸毁了阎村外围两道壕沟的地堡。但是，由于当时正值酷暑季节，雷雨不断，给突击带来极大不利，战斗一直持续到8月5日，仍未攻克。晚上9点，马立训带领一个爆破组对东南炮楼实行爆破，一举成功，炮楼被炸开了一个缺口。他随即率领二排全体战士向被炸开的炮楼缺口冲去，不幸被敌人的子弹射中胸部，倒在血泊之中。在月光下，他脸色苍白，鲜血染红了上衣。他用激动而微弱的声音断断续续地对战友们说道："碉堡炸开的缺口太小……不能冲锋！"话音刚落就停止了呼吸。

马立训牺牲的消息一传开，全团指战员无不感到悲痛万分，决心为马立训报仇。当日，部队改为坑道作业，3天完成挖坑道任务。8日晨，攻坚战开始。10日早晨6时，攻克阎村。

（本文由枣庄市政协文化文史和学习委员会、中共枣庄市委党史研究院供稿）

陈金合舍身炸碉堡

陈金合（1921—1945），又名陈玉河，山东滕州人。1940 年参加八路军，1942 年加入中国共产党。曾任山东军区第八师二十三团一营二连机枪班班长。1945 年 11 月在柏山战斗中，舍身炸碉堡，壮烈牺牲。华东军区追认他为“战斗英雄”和“津浦前线第一名爆破英雄”。华东野战军司令员陈毅同志在全军大会上高度赞扬了陈金合的献身精神，评价陈金合同志是“实际战争的领导者，彻头彻尾的共产主义英雄”，并号召全军指战员向陈金合学习。

陈金合出生在一个贫苦雇农家庭里。1940 年，饱尝了旧社会辛酸的陈金合参加了八路军，被分配在鲁南军区第三军分区五团一营当战士。在党的培养教育下，陈金合思想觉悟提高得相当快。1942 年，他光荣地加入了中国共产党。不久，又担任了党小组长和党支部委员。

入伍后，陈金合参加过数十次战斗，每次战斗他表现得都十分勇敢顽强，多次受到部队首长的表彰，并被任命为机枪班班长。

1945 年 3 月，陈金合所在的部队在临沂涧沟崖同国民党军队进行了十几天的艰苦战斗。为了扫除前进中的障碍，拔掉钉子，陈金合主动要求承担爆破任务。他坚定而又恳切地对连长说：“无论如何得叫我去。我准备好了，完不成任务不回来！”他克服了重重困难，胜利地完成了任务。同年 7 月，临沂王海子战斗打响后，敌人以强大的火力封锁了突击部队前进的道路。陈金合见此情景，端起机枪，不顾一切地冲进敌人的鹿寨，为突击部队杀开了一条通道。

1945年10月，国民党第九十七军一部进至微山湖地区，并用一个营的兵力占领了柏山，在山上修筑了坚固的防御工事，借以保住临城、夏镇、滕县之间的津浦铁路，掩护国民党军北犯，妄图侵占鲁南解放区。柏山，是微山湖以东方圆数十里的平原上唯一的一座海拔200米的山。它紧紧地控制着临城、夏镇、滕县之间的一段津浦铁路，是津浦线上的一个咽喉要地。为了彻底粉碎敌人的阴谋，必须首先攻占柏山这个战略要地，切断临城、夏镇之间的津浦线，然后全歼夏镇、临城的守敌。因此，鲁南八师第二十三团决心拿下这个制高点。陈金合所在的一营担负了这一光荣任务，奉命迅速向柏山前进。

11月11日深夜，一营出其不意地发起攻击，突破了柏山敌人的防线。经过4个多小时的激战，据守柏山的敌人大部被歼，最后只剩下七八十个残敌，龟缩在山头东北角一个三层大碉堡里，固守待援。

陈金合所在的二连接到了消灭这股敌人的任务。在机枪班的掩护下，二排战士多次攻而不破。经过一夜的激战，炸药包已全部用完，只剩下1颗大型快速手雷（鲁南军区自制，威力巨大，即拉即爆）。

面对这一严重情况，连长经反复考虑后，果断地发出命令："突击排暂时撤回！"可是，就在这时，从临城方向传来了密集的枪炮声，我军阻击敌人增援部队的战斗打响了。

在敌增援部队到来之前，必须攻占柏山。因此，营长命令：

“10分钟内解决战斗。”情况紧急，时间紧迫，连长和战士们的心好像被一团火炙烤着，阵地上一时笼罩着沉寂的气氛。战士们纷纷请求去炸掉碉堡，任务最终落到陈金合头上。陈金合用绳子和绑带系在手雷上，在战友们的掩护下，冒着弹雨冲向碉堡，放好手雷，返回到安全区域，两手扯着绳子使劲一拉，不料，绳子断了，爆破没有成功。

面对敌情，陈金合一个箭步跨到连长身边，坚决地请求说："我再去一趟，不炸掉敌人的碉堡誓不罢休!”说完，一手把帽子从头上抓下来扔在地上，倏地跃出战壕，飞步向敌人碉堡扑去。连长望着陈金合飞奔的背影，大声喊道："陈金合，那是快速手雷!”“我知道!”陈金合边跑边有力地回答。陈金合勇猛地扑上去了。在快要接近敌人碉堡的时候，碉堡里的敌人拼命集中火力扫射，密集的子弹封锁了陈金合前进的道路。陈金合伏在一个土包后面，子弹不停地打在土包上，溅了他满脸泥土。他迅速察看了一下敌人火力扫射情况，瞅了个空子，纵身飞起，穿过火力网，迅速接近敌堡，敏捷地爬上碉堡台阶，抵近碉堡门楼，一眼看到了自己安放的那颗快速手雷。他把手雷用肩膀抵在碉堡门上，回过头，将目光投向连长和战友们。接着，右手将导火线一拉，一道闪电似的火光从他身边射出，随着一声惊雷似的巨响，浓烈的硝烟冲天而起，敌人的碉堡被炸飞了。陈金合与敌人同归于尽，为革命献出了宝贵的生命。

（本文由枣庄市政协文化文史和学习委员会、中共枣庄市委党史研究院供稿）

陈明、辛锐：血洒沂蒙的革命夫妻

在沂蒙革命斗争史上，有10万烈士血洒沂蒙，其中有一对革命夫妻，他们的英雄事迹和坚贞的爱情故事至今在沂蒙大地广为传颂，他们便是陈明、辛锐夫妇。

陈明（1902—1941），字少微，福建龙岩人。1921年，陈明中学毕业后，在家乡白土桐岗小学任教。他怀着极大的革命热忱，与邓子恢等志同道合的进步青年发起组织了“奇山书社”，前后参加者达200余人。他们购买了《共产党宣言》《新青年》《湘江评论》等进步书刊，在青年中传播共产主义思想。1923年夏天，又创办《岩声》报，以“改造旧社会，宣传新文化”为使命，公开向旧世界宣战，传播马克思主义和革命理想。陈明先后担任过该报的编辑和主编，他文笔犀利、激浊扬清，发表过许多政治观点鲜明、充满战斗激情的文章。1924年，陈明加入中国社会主义青年团。翌年春，入上海大学社会系，在共产党人邓中夏、瞿秋白等

陈明、辛锐夫妇

的教育引领下，不久转为中国共产党党员。之后，陈明受党组织的委派，参加了北伐，并出任国民党左派福建省党部宣传部长，主编《福建评论》和《国民日报》。他以鲜明的观点，抨击揭露军阀、列强，讴歌俄国十月革命，报道宣传工农运动和学生运动，表现出无所畏惧的革命胆略和卓越的宣传才能。

1927年春，陈明任中共龙溪中心县委书记，在厦门、龙溪沿海一带从事工农运动。“四一二”反革命政变后，他化装到武汉向党中央汇报情况。7月，任中共中央福建省党务特派员，回福建整顿恢复党组织，重建了中共闽南、闽北两个特委，并担任闽南特委书记。12月，主持成立中共福建临时省委，任书记。此后，他在全省领导恢复了2个市委，建立了5个县委和4个县的特支，并在龙岩、上杭等县发动农民武装暴动，在福州、厦门等市开展工人运动，建立起赤色工会。1928年7月，由于叛徒告密，陈明在漳州被捕，后越狱赴厦门。1929年春，经中央批准，陈明赴苏联在莫斯科东方大学学习。1931年结业回国，任工农红军第一方面军总政治部宣传部宣传科长兼瑞金红军学校教官。1934年10月，随中央红军参加了长征。1936年，任中国工农红军大学高干科教员，1937年改任八路军随营学校政治委员。1938年10月，调八路军第一一五师政治部任宣传部长。1939年春天，陈明随罗荣桓、陈光转战到了山东。自此到1941年底，他先后担任过中共山东分局党校副校长、山东宪政促进会常委、山东分局政府工作部部长、山东省战时工作推行委员会（即山东省人民政府的前身）副首席组长兼秘书长、山东分局政府工作委员会副主任等要职。

辛锐（1918—1941），女，原名辛树荷，山东章丘人。1938

年，她随父亲辛葭舟到沂蒙抗日根据地参加八路军，在部队从事革命文艺工作，同年加入中国共产党。辛锐曾任山东分局秘书、山东省妇联秘书，后到大众日报社沂蒙工作团做地方工作。1938年底，中共山东分局机关报《大众日报》即将创办，辛锐主动为报纸设计、篆刻报头和伟人像，保证了《大众日报》按计划出版。为加强阵地宣传，1941 年 3 月，中共山东分局成立“姊妹剧团”，辛锐任团长，领导剧团演出过大型话剧《雷雨》《李秀成之死》《血路》等。

1941 年 3 月，陈明和辛锐结为终身伴侣。不久，辛锐有了身孕。陈明高兴地偕同她上山摘山东特有的果子——酸枣子吃。陈明没能买点补品，为心爱的人壮壮身体，为此，他感到十分内疚，但他以革命乐观主义精神安慰脸色微黄的妻子：“现在是战争年代，条件差，只好委屈你吃点酸枣子了。”说着，他牵着妻子的手，爬上一个小山冈，兴致勃勃道：“辛锐，等到革命胜利，咱们回龙岩家乡，那里有杏子、枇杷，农家还腌有香喷喷的咸酸菜，味道可好啦!”后来，辛锐怕耽误工作、战斗，主动吞下了80 片奎宁，流了产。她的大公无私精神，使周围的同志深受感动。她的身体受到严重损伤，但这并不影响她的革命热忱，她仍拖着虚弱的身体为党工作。

1941 年 10 月下旬，日军中国派遣军总司令畑俊六指挥 5 万余日伪军，兵分数路对沂蒙抗日根据地实行“铁壁合围”大“扫荡”，妄图一举消灭山东党政军领导机关和驻沂蒙山区的八路军主力部队。

为了粉碎敌人的“扫荡”“围剿”，八路军党政机关和部队把握时机，分散跳出敌人包围圈，在外线寻机歼敌。日军采取“全面包围滚推式”战法，逐步向根据地中心压缩。30日凌晨，陈明率领山东分局、省战工会机关与抗大一分校学员和地方部队1部，同日军1个旅团的兵力在沂南与费县交界处的大青山遭遇，遂展开激战。陈明见敌众我寡，果断命令队伍往西蒙山望海楼方向撤退。由于敌火力凶猛密集，部队伤亡很大，但大家不畏强敌，冒着枪林弹雨，奋勇冲杀。

陈明突围时，他的4名随员牺牲了3名，只剩下十几岁的警卫员吴开玉。当他俩跑到大青山和西蒙山之间的大沙河沟崖上时，遭到敌重机枪火力拦击，陈明双腿负伤，已不能行走。他严厉地命令小吴快往外冲。小吴眼含热泪冲出去。这时，敌人已重重合围上来了。陈明击毙了3名日军后，将最后一颗子弹射向自己，壮烈牺牲，时年39岁。

12月17日，日军突然来搜山，发现了辛锐藏身的山洞，两名医务人员急忙抬着辛锐往外突围。由于山路崎岖，敌人很快就追上来了。辛锐焦急万分，她担心抬担架的同志蒙受伤亡，便坚决命令他们撤离，硬是从担架上滚了下来。无奈之下，两名同志只好放下了仅剩的3枚手榴弹，含泪离开了。辛锐隐藏在3块巨石中间，连续向敌人扔出了3颗手榴弹，吸引敌人的注意，掩护战友们撤退，最后壮烈牺牲，年仅23岁。

辛锐烈士雕塑

陈明和辛锐这一对革命伴侣、抗日英雄，为了中国人民的解放和民族独立，合唱了一曲悲壮的战歌，长眠在了为之战斗的沂蒙山区。1950年，党和人民政府在山东费县梭庄村（今属沂南县双堠镇）建立梭庄烈士陵园（今为大青山烈士陵园），将陈明、辛锐二烈士忠骨移入园内。1986年又搬迁到华东革命烈士陵园。2014年8月，陈明、辛锐被国家民政部公布在“第一批在抗日战争中顽强奋战、为国捐躯的300名著名抗日英烈和英雄群体”名录。

（本文由临沂市政协文化文史和学习委员会、中共临沂市委党史研究院供稿）

罗炳辉：一心追求真理的将军

所悲君短命，失我老战友。
坚誓不负君，自卫退群丑。
难忘君令德，难忘君身手。
难忘君刻苦，士卒同升斗。
——节选自陈毅作《悼罗炳辉将军》诗

罗炳辉

上海电影制片厂拍摄的故事影片《从奴隶到将军》，感染了无数人。该片讲述奴隶出身的罗霄为求生存和复仇参加军阀部队后，逐步认识到反动军队的黑暗本质，接受革命思想，从一名旧民主主义者成长为坚定的共产主义战士，投身于民族解放事业，最终牺牲在战斗前线的故事。主人公罗霄的原型就是中国工农红军和新四军高级将领、军事家罗炳辉。

罗炳辉戎马一生，毛泽东评价他“战争经验丰富，有军事才能，很会打仗”，称赞他是“一心追求真理的将军”。新中国成立后，罗炳辉被评为解放军36位军事家之一。

罗炳辉，1897年生于云南省彝良县一个贫寒家庭，从小过着悲惨的农奴生活。罗炳辉曾回忆说：“我自童年起，对外面的黑暗和不讲理的人，均敢反抗。在10岁时，已知地主豪绅横行霸道的万恶行径。”1915年，罗炳辉成了滇军中的一名炮兵。

1929年7月，罗炳辉秘密加入中国共产党，并率1000余人英勇起义。1930年冬，蒋介石集结10万兵力，向中央革命根据地发起第一次“围剿”。罗炳辉日夜兼程，向敌军发动袭击并迅速撤离。他命令部队故意丢掉行装、武器和文件，制造出丢盔弃甲、仓皇而逃的假象。国民党军心里可乐开了花，一边穷追不舍，一边迫不及待地上报胜利的消息。接下来的9天内，罗炳辉牵着敌军翻山越岭，进入埋伏圈，最后一举消灭敌军9000余人。毛泽东闻讯后诗兴大发，写下著名的《渔家傲·反第一次大围剿》。接下来的第二、第三次反“围剿”中，罗炳辉继续牵着敌人的鼻子打。罗炳辉很快成为中央革命根据地主要军事指挥官之一。蒋介石登报发布悬赏令，以生擒8万元、献首级5万元的代价，要买他的性命。这个出价仅低于毛泽东、朱德和徐向前3人。

抗日战争全面爆发后，罗炳辉到新四军任一支队副司令员（陈毅为司令员），后相继任五支队司令员、江北指挥部副指挥兼五支队司令员。1940年4月，率部3次驱除日军对津浦路东来安县城的侵占，使数千名侵华日军连遭惨败。“罗司令三战来安”的故事在当地广为流传。

从1939年到1940年，罗炳辉率部与日、伪军作战数十次，创建了淮（安）宝（应）地区抗日民主根据地。1941 年“皖南事变”后，罗炳辉改任新四军二师副师长，后改任师长兼淮南军区司令员，指挥部队粉碎了日军妄想打通淮河与运河连通的计划。抗日战争胜利后，罗炳辉率部北上山东。

1946 年 4 月，任新四军第二副军长兼山东军区第二副司令员。“魁梧的身材、巨人般的腰围、浑身铁打般的筋骨”是罗炳辉留给战士们的印象。然而，由于常年艰苦战斗，他患了高血压、肠胃炎等疾病。虽然疾病缠身，但他在生活上同战士一样，从不搞特殊。一位外宾说：“罗将军同战士们在一起，完全看不出是一位将军。”随着病情加重，罗炳辉多次在战场上昏倒。陈毅向中央致电汇报，中央迅速回电，要求他尽快赴苏联治疗。5 月 20 日，毛泽东亲笔写信劝慰他说：“你的身体有病，望多休养。留得青山，是很要紧的。”对于组织的安排，罗炳辉没有接受。

罗炳辉与妻子张明秀、长女罗镇涛、儿子罗新安、幼女罗鲁安在山东临沂合影

1946 年 6 月内战爆发，枣庄前线吃紧。罗炳辉依依不舍地告别了妻子和年幼的儿女，奔赴前线。6 月 7 日，在罗炳辉的指挥下，枣庄战役打响。枣庄之敌主要为王继美部，王继美

抗战时期死心塌地地效忠日本人，他是枣庄煤矿的伪军头目，是一个铁杆汉奸，是鲁南地区妇幼皆知的杀人恶魔，更是山东的重要战犯之一。彻底解决王继美部、攻打枣庄的任务落在了罗炳辉的肩上。

1946年6月9日晚7时，由于时局严峻，罗炳辉仍然带病指挥战斗。他指挥七师第二十旅和二十一旅1部、八师二十三团和第二十二团1个营，在煤矿工人的有力支援下，同时向枣庄的王继美部据点发起攻击。经过一天一夜的激烈战斗，6月10日，枣庄全境获得解放，王继美被击毙。枣庄战役的胜利，给了徐州蠢蠢欲动的国民党军队当头一棒，罪大恶极的王继美部全部被歼，使得枣庄人民重见天日。就在枣庄胜利解放的捷报传来时，罗炳辉却昏倒在前线指挥所。

解放枣庄11天后，一件令人悲痛的事情发生了。6月21日，罗炳辉渐觉病体不支，派人护送他回临沂治疗，途经兰陵时，因突发脑溢血抢救无效，将星陨落，英雄长逝。次日，闻知噩耗的中共中央立即致电华东局、新四军兼山东军区司令部，称“罗炳辉同志的病故，是我党我军与我国人民的重大损失”。这位16岁就参加革命扛枪征战的农家子弟，戎马32载，为人民的解放事业献出了毕生的精力。23日，驻临沂的各界人士沉痛为罗炳辉举行葬礼，将他的遗体葬于城东门外的沂河畔。

（本文由临沂市政协文化文史和学习委员会、中共临沂市委党史研究院供稿）

人民炮兵创始人朱瑞

朱瑞（1905—1948），1905 年 9 月 13 日出生于宿迁县孝义乡朱大兴庄（今宿迁市宿城区龙河镇朱大兴居委会）。10 岁时进入邻村私立小学读书，12 岁入县立高小。1920 年秋，进入徐州培心中学就读。1922 年秋，进入南京钟英中学读高中。

高中毕业后，朱瑞到上海报考国立广东大学。在复习期间，经同学介绍，加入社会主义青年团和国民党。进入广东大学法学院预科后，逐渐确立对马克思主义的信仰，参加了中共领导的新学生社，被选为新学生社的负责人。1925 年冬，莫斯科中山大学到广州招生，朱瑞立即报名并顺利通过考试。在中共粤区学委的推荐下，经国民党中央组织部部长谭平山批准，朱瑞以左派青年的身份，获准第一批去莫斯科中山大学学习。1926 年春，加入苏联共产主义青年团。1927 年 7 月毕业。由于国内需要军事人才，共产国际安排朱瑞进入莫斯科克

朱　瑞

拉辛炮兵学校学习。在克拉辛炮兵学校，朱瑞先后担任班长、副排长、中国连司务长，主持全连的行政管理工作。1928 年 6 月，朱瑞加入苏联共产党（后转为中共党员）。不久，又担任苏共炮校中国连支部书记。

1929 年 7 月，朱瑞在毕业考试和实弹射击中取得第一名，获嘉奖。毕业后，中共中央决定从苏联抽调一批懂军事的人才回国创建革命根据地，经共产国际决定，朱瑞回国。1930 年 1 月，朱瑞从莫斯科回到上海，费尽周折找到秘密设在上海的中共中央机关，被分配任中央军委参谋科参谋。1930 年 5 月 30 日，朱瑞赴鄂豫皖传达红军代表会议精神，用 3 个月时间将当地红军整编为红一军，下辖一、二、三师。1930 年 10 月，朱瑞任中央长江局军委参谋长兼秘书长。1931 年 2 月，回上海任中央军委兵运破坏科科长。在此期间，朱瑞代表党中央和中央军委对国民党第二十六路军地下党的工作进行精心策划和周密部署，使著名的宁都暴动顺利进行，18000 多名白军一夜之间变成红军。

1932 年 1 月 8 日，朱瑞到中央苏区的首都瑞金，先后担任中国工农红军总司令部科长、五军团训练队政委、红军学校教员等。同年春，中央任命左权为红十五军军长，朱瑞为政委，率部转战在天宝、南靖一带，发动群众，打土豪，分田地。1932 年 6 月，朱瑞奉命到五军团任红三军政治委员，不久即参加水口战斗。12 月，朱瑞调红五军团任政治委员。1933 年，在江西瑞金召开的第二次中华全国苏维埃代表大会上，朱瑞当选为临时中央政府执行委员。1933 年 2 月，蒋介石调集 50 万兵力，向中央苏区发动第四次“围剿”。周恩来、朱德立即将围攻南丰的三、五军团撤出，埋伏在乐安到黄宜路上的黄陂一带大山中，只以地方武

朱瑞与妻子、女儿的合影

装与敌周旋，迷惑敌人。2月27日，当陈诚第五军第五十二师和五十九师从乐安出发路过黄陂时，红军突然发起攻击，一举歼灭了蒋介石嫡系的两个师。朱瑞和董振堂是这次战役中右翼部队的最高指挥员。3月21日，朱瑞和董振堂指挥五军团在草岗台配合一、三军团，消灭了敌第十一师和第九师的一个营。经过黄陂、草岗台两次战役，红军粉碎了蒋介石发动的第四次“围剿”。

1934年8月，朱瑞调到一军团担任政治部主任，9月，参加了兴国保卫战。随着兴国保卫战的失利，红一方面军被迫于1934年10月14日撤出中央根据地，开始长征。1935年第一、四方面军会师后，朱瑞任第一方面军政治部主任，到陕北后，参加了东征、西征等战役。1936年12月，任第二方面军政治部主任。

1937年7月抗日战争全面爆发后，朱瑞任中共北方局军委书记。1939年5月，第十八集团军总部为了进一步统一和加强山东敌后抗战力量的领导，决定建立八路军第一纵队，任命徐向前为司令员，朱瑞为政治委员，前往山东统一指挥一一五师和山东纵队。8月9日，中共中央北方局任命朱瑞、徐向前、郭洪涛、罗荣桓、陈光、黎玉为山东军政委员会委员，朱瑞任书记。10月，中共中央山东分局书记郭洪涛赴延安，中央和北方局决定由朱瑞任山东分局书记。此后 4 年，朱瑞作为山东地区的党政军主要负责人，对于山东抗日民主根据地的建设、巩固和发展，做出了重要贡献。从 1939 年至 1940 年，共开辟、扩大了鲁南、鲁中、鲁西、冀鲁边、清河、胶东、滨海等 10 个抗日民主根据地，先后成立了冀鲁边、鲁西、湖西、鲁南、鲁中、清河、胶东 7 个区党委，建立了 79 个县政府、8 个专署，民主选举了 41 个县参议会。

1942 年 3 月，刘少奇受中央委托，在返回延安途中，由苏北到山东检查工作。他首先肯定了山东工作的巨大成绩，也指出了领导工作中存在的严重问题。遵照刘少奇指示，分局负责人开展了批评和自我批评，并开展整风学习。5 月中旬，分局通过了《关于减租减息改善雇工待遇开展群众运动的决定》，抽调 300 多名干部组成工作团，由朱瑞带领，分赴临沭、莒南两县 9 个中心区 30 个村进行减租减息和增资试点工作。试点过程中，朱瑞深入群众，了解情况，及时克服部分干部急躁冒进、不从实际出发、包办代替的错误倾向。其后，在山东地区开展了轰轰烈烈的减租减息运动，广大农民从运动中切身感受到了共产党和抗日政府的好处，因而更加拥护党和民主政权，抗日积极性空前高涨。1943 年 9 月，朱瑞奉命去延安参加党的七大，中共山东分局书记由罗荣桓接任。

1945 年 7 月后，朱瑞被任命为延安炮兵学校代理校长。8 月，中央决定，将延安炮校迁往东北。朱瑞便率领炮校师生，前往东北组建人民炮兵。到达东北后，朱瑞经过调查发现，日本关东军遗弃的武器装备绝大部分还散落在各地。于是，朱瑞做出“分散部队，收集武器，发展部队，建立家业”的指示，组织师生分赴东北各地收集武器。到 1946 年 5 月，共收集各种火炮 700 多门、炮弹50万发、坦克12辆、汽车23辆，以及大批器材、零件。依靠这些装备，迅速组建6个乙种团、4个丙种团、6个炮兵营、20个独立炮兵连，共计80多个炮兵连。还组建了解放军第一个高炮大队、2个坦克队和1个修械所。1946年5月，炮校由通化迁往牡丹江。夏季后，为了培养更多的炮兵骨干，朱瑞请示东北军区后，将延安炮兵学校改名为东北军区炮兵学校。第一期招收学员280名，编成1个重炮队、2个野炮队、2个山炮队。1948年辽沈战役前夕，东北军区炮校共培养2000多名干部。1946年7月，东北军区根据朱瑞的建议，及时成立了炮兵调整处，并任命朱瑞为处长，负责全军炮兵的建设和调整工作。10月，炮兵调整处撤销，成立炮兵领导机构，朱瑞任司令员。到1948年8月，东北炮兵已发展到16个团，共有山炮、重迫击炮等各种火炮4700余门。

1948年7月，朱瑞参加军区讨论关于发动辽沈战役的计划和准备工作。会上，朱瑞表示，要在解放东北的最后决定性战役中，到前方总结炮兵在大规模运动战和攻坚战中的作战经验。8月，他到炮兵的集中地点烟筒山主持召开党委扩大会，向到会同志传达了辽沈战役部署。9月12日，东北野战军首先包围义县。炮兵进入阵地前，朱瑞带领几个炮兵团长到前沿察看地形。

10月1日上午，中国人民解放军发起总攻。随着朱瑞一声令下，1000余门各种口径的火炮发出雷鸣般的怒吼。顷刻之间，义县城墙就被撕开一道40多米宽的裂口。朱瑞果断下令延伸射击，摧毁了国民党军队苦心经营的坚固工事。不到6个小时，就将守敌全歼，活捉师长王世高，拉开了辽沈战役的序幕。朱瑞为了及时了解和总结炮兵开拓突破口的情况和经验，在战斗还没有完全结束的情况下，就从指挥所出来，向突破口跑去，不幸触雷牺牲，时年43岁。中共中央10月3日发出唁电，指出："朱瑞同志在中国人民解放军的炮兵建设中，功勋卓著，今日牺牲，实为中国人民解放事业之巨大损失。"为纪念朱瑞，中共中央批准命名东北军区炮兵学校为朱瑞炮兵学校。

2009年，朱瑞入选"100位为新中国成立做出突出贡献的英雄模范人物"和"50位为新中国成立做出突出贡献的江苏英雄模范人物"。

（本文由宿迁市政协文化文史和学习委员会、中共宿迁市委党史工作办公室供稿）

宋绮云："一门三烈"铸忠魂

我决不能弯下腰，只有怕死才求饶。
人生百年终一死，留得清白上九霄。

——宋绮云

宋绮云是革命早期的共产党员，他为追求革命、争取民族解放和建立新中国奋斗一生。1949 年 9 月 6 日，全国解放前夕，他和妻子徐林侠、年仅 8 岁的小儿子宋振中在重庆渣滓洞监狱惨遭疯狂的国民党反动派杀害。

毅然投身革命事业

宋绮云，字复真，原名元培，1904 年生于邳县杲堂村一个贫苦农民家庭。1920 年，宋绮云考入江苏省立第六师范学校。1926 年 11 月，宋绮云得悉北伐军胜利攻克武汉，毅然投笔从戎，奔赴当时的革命中心——武汉，考入国民党中央军事政治学校武汉分校（黄埔军校第六期）学习。1927 年 3 月，宋绮云光荣地加入中国共产党。5 月，他参加了叶挺指挥的讨伐叛军夏斗寅和杨森的战斗。武汉政府叛变后，宋绮云和石玉如、张风石等被组织派遣到南京从事革命活动。他与南京地下党员康靖人、郭清洁、曹冷泉等秘密成立南京党的临时组织清凉山小组，投身南京市警察局任警察教练所第二中队副队长，以便掌握敌情，掩护斗争。1928

宋绮云

年春，南京党组织遭到破坏，党内出现叛徒，宋绮云得知敌人要逮捕宋日昌的消息，连夜赶到宋日昌的秘密住所通知转移，致使敌人的逮捕计划落空。组织鉴于宋绮云有暴露身份的危险，调他离开南京到邳县工作。

1928 年 5 月，宋绮云回到邳县，参加以李超时为首的中共邳县特别支部的领导工作，为组织干事，公开身份是邳县国民党警备大队二中队长。9 月，他和邳县国民党警备大队大队副徐怀云、第一中队长宋学珍及姜景义等同志（均系共产党员），组成 4 人军事小组。他们团结士兵，在警备大队中发展 40 多名共产党员。由于邳县特支的积极渗透，邳县各中、小学校长均由共产党员担任，县各部门的负责人许多是共产党员，国民党县党部也由共产党员和国民党左派控制，一时呈现“红邳县”的革命局面。这一年，宋绮云与他的战友——中共邳县县委委员、妇女部长徐林侠志同道合，产生革命感情，结为革命伴侣。

邳县革命力量的发展，引起了国民党反动派的恐慌。1929 年 1 月，国民党江苏省党部派监察委员段木桢到邳县坐镇指挥，镇压革命力量。段指使刘峙部于拂晓包围县城，逮捕了教育局部务主任李培南、县立中学校长佟虚吾等人。为了营救被捕同志，宋绮云不顾个人安危，连夜步行150余里，向中心县委书记李超时做了汇报，安排暴露身份的党员隐蔽转移。7月底，邳县党组织遭到破坏，县委委员徐林侠、县教育局局长戴蔚侠等11人被捕。宋绮云昼伏夜出，机智地应付着越来越复杂的局面。

战斗在新闻战线

1929年秋，宋绮云躲开敌人的严密搜捕，离开家乡潜赴北平，等待组织重新分配工作。1929年冬，经党组织批准，宋绮云投奔河南南阳杨虎城部队，担任《宛南日报》主编。1930年11

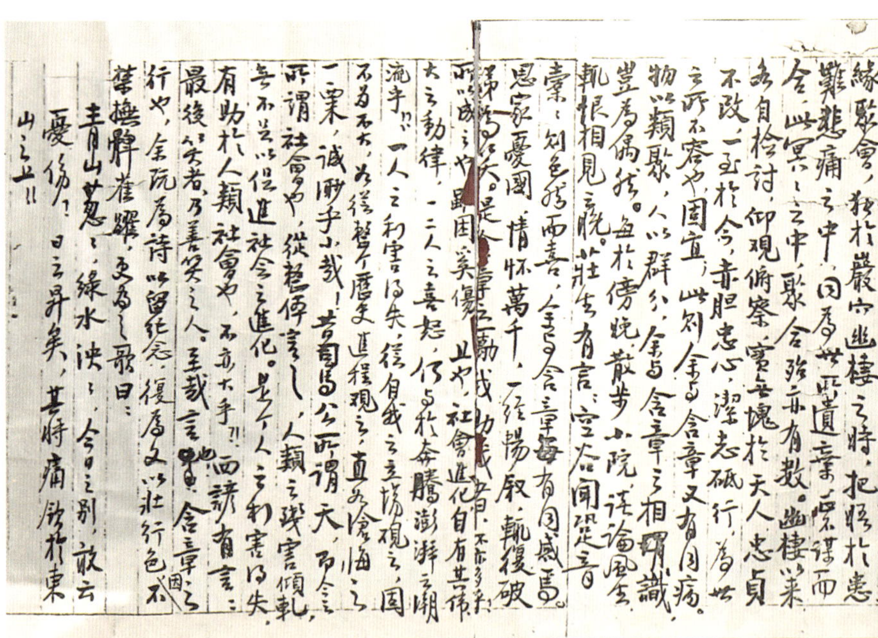

宋绮云手迹《送含章同学赴金陵序》（复制件）

月，杨虎城率师返陕，宋绮云亦随军前往西安，主编《西安日报》。1931 年夏，《西北文化日报》为杨虎城接收，改为第十七路军机关报，任命陈子坚为社长，宋绮云为副社长兼总编辑。陈子坚是十七路军办公厅主任，社长仅是挂名，报社的一切工作实际上由宋绮云负责。宋绮云利用《西北文化日报》这个阵地，按照党中央的方针政策和地下党组织的要求，同国民党反动派进行坚决斗争。1935 年 10 月，蒋介石为“围剿”陕北主力红军到西安视察，各大报纸都在头版头条以特大标题报道了“中央社”的这一消息，《西北文化日报》却按宋绮云的指示把它安排在第二条位置上，并将“蒋”字去掉了草头，标题成了《将委员长飞抵

送含章同学赴金陵序 绮云

人不可离世而独立，于性行端方，才智卓越之士，投閒置散，幽岩穴而不用者，又所在多有；此世之相遗，非所以遗世也。至若志存公忠，睿智英发，能为生民造福利者，其被世之摒斥也，必益剧。古且必欲逐之窜之，弃诸四夷而后快。于虖风有劲草，板荡出英雄；世虽欲遗之，而又乌可得。孔氏所谓“虽欲勿用，山川其舍诸”。余之认识含章，殆以是耶！

含章姓梅氏，又名士珩，浙东天台之望族，幼生长于名山胜水间，秉赋坦率耿直，超然不泥流俗，对人诚恳，对事公忠，而勇往迈进，不计个人利害之精神，尤有足多者。倜傥头角之露，乡里固已交誉，梅氏有子矣。

民十九年，含章方十八岁，由高中毕业，投入军校八期。廿一年受训期满，以成绩优异，留校服务，任区队长职务，越二年，投考训练总监部外语班，受训期满，考准留德。适抗日军兴，德乃日寇之与国，因未成行。对日血战方殷之际，含章转入装甲师团，先任参谋，继调机械化营营长，教创顽寇，书剑以成，耻无闻焉。乃于廿九年考入陆军大学，苦攻三年，卅一年毕业后，分发三十四集团军任装甲兵团副团长，旋又奉召至重庆军令部军训研班，受训三月。方拟束装返胡宗南部工作，因事牵连，幽居[illegible]

西安》。当天的《西北文化日报》很快销售一空，人们争相传阅。一时，蒋委员长丢掉“脑袋”，成为全城争相传说的笑料。为此，国民党陕西省主席邵力子立即召见宋绮云，大加训斥。宋绮云以校对马虎难免出错为由，搪塞过去。由于省府害怕承担责任，未敢大肆声张和追究。

西安事变发生后，《西北文化日报》在宋绮云的领导下，以更加鲜明的旗帜出现在读者的面前。1936 年 12 月 11 日晚，宋绮云参加草拟张、杨抗日救国八项主张等文件，回报社后，连夜赶印出两期号外和传单。12 日上午 9 时，蒋介石被捉，西安军民及时了解到张、杨兵谏的经过和实质，以及八项政治主张的内容。13 日，《西北文化日报》又发表了《昨日张、杨兵谏与八项救国主张》的社论，全面论述了西安事变的起因，评价兵谏的意义和影响，宣传中国共产党抗日民族统一战线政策。这天，《西北文化日报》还发表宋绮云署名的《呼声》诗一首，发出“我们去饮敌人的血”“我们去食敌人的肉”的呼喊。

狱中斗争

西安事变后，宋绮云的处境十分危险，杨虎城曾关心地约他一同出国。但适值卢沟桥事变爆发，他决定留下继续从事抗日斗争。他先后在河北省临时政府任政治处副主任兼组织科长，负责和八路军总部的联络工作。期间，他在晋东南向朱德总司令汇报工作。朱德对他在十七路军的工作充分肯定，并指示他如有条件应继续去那里工作。不久，宋绮云被派到隶属于国民党政府行政院的难民服务团任总干事。同年底，经党组织批准，他又回到杨

宋绮云、徐林侠、宋振中雕塑

虎城旧部第四集团军，任少将参议兼总部干训班政治教官。他向学员讲解抗日救国思想，痛陈国民党反动派的卖国罪行。

1941 年 9 月的一天，宋绮云在第四集团军军部突然接到一份“家中有急事，请速回”的电报。9 月 8 日，当他匆匆赶回已搬至陕西长安县蒲阳村的家中时，被埋伏的特务逮捕。之后，特务机关又诱捕了他的爱人徐林侠和不满周岁的小儿子宋振中（小萝卜头）。国民党先后将宋绮云夫妇和幼子关押于贵州息烽阳朗坝监狱和重庆中美特种技术合作所的“白公馆”“渣滓洞”监狱。

宋绮云被捕后，敌人软硬兼施，妄图动摇其革命立场。军统特务头子戴笠多次要宋绮云和军统合作，允以高官厚禄。宋绮云严正宣布：“本人抗日无邪，除非无条件释放，别无可言。”在长期囚禁生活中，宋绮云完全置自己生死于度外，始终鼓励难友们坚持斗争。他经常从狱中的国民党报纸上找到革命胜利的喜讯，鼓励狱中难友保持革命气节。在关心难友的同时，他时刻不忘党交给的统战任务，凭着自己的机智和勇敢，巧妙地做敌人的分化和争取工作。

1949 年 9 月，广大人民怀着无比喜悦的心情，准备迎接新中国的诞生，宋绮云一家三口同杨虎城和其他难友，被行将灭亡的国民党反动派杀害于重庆歌乐山松林坡，小萝卜头宋振中成为共和国年龄最小的革命烈士。

2009 年，宋绮云入选“50 位为新中国做出突出贡献的江苏英雄模范人物”。

（本文由徐州市政协文化文史委员会、徐州市史志办公室供稿）

祝捷：女儿有志为工农

才辞苏北根据地，又负重任进芒山。
女儿有志为工农，报国哪怕革命难。

——祝捷

祝　捷

祝捷，女，原名祝良瑜，河南省固始县城关镇人。1925 年生，2 岁丧父，3 岁丧母，靠哥嫂抚养成人。7 岁开始跟四姐祝良琰读书识字，11 岁考入固始县新华高等女子学校。卢沟桥事变后，祝捷和许多爱国青年一起，投入了轰轰烈烈的抗日救亡运动。这年秋天，祝捷以优异成绩通过了各科毕业考试，但由于日军入侵，人心浮动，校方连毕业证未发就匆匆散学了。祝捷回到家里满腹惆怅。

1938 年 4 月，由中共党员率领的国民党第五战区抗敌青年军团政治工作队来到固始，各界抗敌救亡协会纷纷建立。祝捷参加了青年抗敌协会，后经省动委会介绍，祝捷考入安徽学生军团，编入干训班第三大队学习。1938 年年底，学生军团结业，组成 2 个政工大队和 1 个话剧团，去皖东开展抗日救亡和战地服务工作。

1940年2月，祝捷和一批进步青年，在新四军江北游击纵队护送下，越过敌伪封锁线，到达淮南抗日根据地。他们被编为青年大队，集中学习。不久，被分配到津浦路东天长县二区任工作队员，参加创建皖东抗日根据地的工作。

1942年12月，党组织根据祝捷的多次要求和实际表现，批准她加入中国共产党。在入党宣誓会上，祝捷激动地说："我从一个剥削阶级家庭出身的小姐，成为一名无产阶级的先锋战士，是党组织培养教育的结果；我每前进一步，都是党组织指引的，为了中华民族的解放，为了共产主义事业，我要战斗到生命的最后一息。"

1944年8月，彭雪枫师长率新四军四师越过津浦路西进，收复原豫皖苏边区抗日根据地。随后华中局和新四军党委决定，从一、二、三师和苏北地区抽调一批军政干部到豫皖苏边区工作，祝捷是其中的一个。10月，祝捷和20名河南籍干部从盐阜地区出发，越过津浦路，到达四师师部所在地永城县山城集。祝捷被留在四师政治部，工作十分出色。师政治部主办的《拂晓报》经常刊登她写的思想评论、工作经验、消息报道以及诗词、歌曲等。不久，她被调任中共永城县雨亭区委组织部部长，为恢复和发展党的组织、调配教育区乡级干部、建立乡村政权做了大量工作。在艰苦的斗争环境和繁重的工作任务面前，祝捷经受了极大的考验，也进一步陶冶了情操。

1945年8月，抗日战争取得胜利。9月，祝捷调任中共雪枫县蒋口区委副书记。她根据党的政策和群众的要求，领导开展反奸清算斗争。区政府在蒋口召开了2000多人参加的公审大会，公开处决了伪区长蒋春华、伪大队长李炳三，群众欢呼胜利，革命热情更加高涨，几天内，参加农民协会的农民就有 3000 多人。祝捷在蒋口区出色的工作成绩，受到县委的表扬。

1946 年 6 月，在华中八地委工作团协助下，雪枫县迅速开展了清算减租和土改运动。祝捷等人走村串户，访贫问苦，宣传贯彻中共中央 5 月 4 日发出的《关于清算减租及土地问题的指示》，夺回被地主霸占的土地和房屋。区委响亮地提出“土地还老家，合理又合法，打倒封建势力，实现耕者有其田”的口号。蒋口区李新楼村恶霸地主李东阁死后，其小老婆李王氏强占土地 1 万多亩，拥有四五个寄庄子，佃户遍布周围 10 多个村庄。广大群众对其无不切齿痛恨，但一向敢怒而不敢言。祝捷等人协助县委在李新楼召开控诉大会，蒋口周围 5 个区的近 3 万群众涌进会场，纷纷控诉李家罪恶，当面斗争李王氏，连续进行了 7 天清算，夺回土地 4000 余亩。世世代代受李家盘剥欺凌的 400 多户佃农、千家贫农第一次申了冤、雪了恨，第一次有了自己的土地，翻身得到了解放。李新楼反霸清算运动初战告捷的消息迅速传遍全县城乡，广大群众拍手称快，县委还将蒋口区反霸清算运动的经验推广至全县，祝捷也因此备受人们的赞扬和爱戴。

1946 年 8 月中旬，国民党重兵沿宿永公路向西北进犯。19 日，其五十八师新十旅、交警二总队及地方保安团强占永城县城。根据上级部署，华中八分区主力奉命外线作战，留下地方武装坚持斗争。领导为了照顾已怀孕的祝捷，让其爱人袁广智（时任团参谋长）动员她随军北撤。没等爱人把话说完，她就诚恳地说：“革命利益大，个人安危小，你我都是共产党员，党的利益高一切。”她谢绝组织的照顾，坚决留下来和敌人进行斗争。

一天，五十八师新十旅与县保安团、还乡团千余人向顺和、蒋口、太丘扑来，祝捷率区干部和区队一个班向北转移，至齐暗楼遭敌包围。祝捷沉着指挥应战，待同志们全部突围后，她由于怀孕已四五个月，加之过度劳累，昏倒在梁楼村西，被敌俘获。

祝捷被押送县城，敌人对她残酷审讯，百般折磨。她铁骨铮铮，英勇不屈，痛斥敌人："你们这伙反动派，要我低头办不到，共产党员是不会叫你们满意的，你们的日子是不会长久的，总有一天你们要受到人民的审判！"凶残的敌人用刀尖把她的脸刺烂数十处，并在刺烂处插进鸡毛，鲜血不停地从她脸上流下来。敌人把她拖到外面游街，她毫不畏惧，昂首挺胸，一路控诉蒋介石挑起内战、祸国殃民的罪行。在1个月的关押、审讯中，祝捷经受了敌人种种非人的折磨。

10月15日深夜，祝捷被押到县城北郊的崇法寺塔旁的荒野上，敌人已经在那里挖好了一个土坑。祝捷神情自若，挺着胸膛，气宇轩昂地走到坑前，怒斥敌人："你们不要以为杀了我一个共产党员就没有共产党了，共产党是杀不完的！"她高呼着"打倒国民党反动派！""中国共产党万岁！"的口号，怀着未出世的孩子跳进土坑，英勇就义，时年21岁。

全国解放后，为了纪念祝捷，中共永城县委、县政府于1951年建立永城烈士纪念馆时，给她立了传记、画了像。2005年，中共永城市委、市政府在祝捷烈士就义处立碑。2009年，祝捷入选河南省"60位为新中国成立做出突出贡献的英雄模范人物"。

（本文由商丘市政协文化和文史委员会、中共商丘市委党史和地方史志研究室供稿）

“一等杀敌英雄”王克勤

王克勤（1920—1947），是为新中国成立做出突出贡献的100位英模人物之一。1947年7月，在定陶战役中壮烈牺牲。

王克勤，1920年生于安徽省阜阳县王冬店村。1939年7月，王克勤被国民党抓壮丁，参加了国民党的军队。在国民党队伍里，王克勤受尽欺负。1945年10月，我军发动邯郸战役，王克勤借机逃离国民党的军队。邯郸解放后，王克勤参加了中国人民解放军，先在晋冀鲁豫野战军第六纵队十八旅五十二团一营一连一排当战士。

王克勤

王克勤善于动脑子，在战场上沉着机智勇敢。1946年7月，刘邓大军第十八旅奉命围歼兰封城（今兰考县），王克勤所在的一营担任主攻。9日下午战斗打响，王克勤勇敢地端着机枪冲在前面，他朝着敌人的火力点猛烈射击，凶狠的火力把敌人的机枪压了下去。突击队胜利地登上了城墙。战后，为表彰他作战勇敢，部队给他记了三等功。1946 年 9 月，王克勤光荣地加入了中国共产党。

1946 年 10 月初，国民党军由徐州、郑州及陇海铁路一线向鲁西南大举进攻，妄图打通济宁至菏泽的公路线，分割解放区。国民党“王牌”十师北犯巨野，第十八旅奉命在巨野龙堌、章逢一带阻击敌人。5 日夜，五十二团到达徐庄，王克勤所在的一营在村南打阻击，二营在村西打阻击。6 日，敌人在强大的炮火掩护下向徐庄进攻，6 架敌机在空中轮番轰炸，顷刻之间，徐庄成了一片火海。这时已被提升为机枪班长的王克勤，带领全班战士凭借着战壕沉着应战，坚守阵地。敌人不靠近，他不打枪；敌人变了进攻方向，他顺着变化换位置，极大地发挥机枪的作用。经过 1 天的激战，一营和二营打退了敌人 5 次冲锋，出色地完成了阻击任务。战斗结束后，旅部给王克勤所在班记了一等功，同时，王克勤被提升为排长，并和其他 5 位战友一起出席了旅部召开的英模大会。在不到 1 年的时间里，王克勤一人就消灭敌人 132 名，俘敌 14 名，缴获步枪 8 支，荣立战功 9 次，获“一等杀敌英雄”“爱兵模范”“互助模范”“爱民模范”等光荣称号。

王克勤根据毛主席的建军思想，通过自己的实践，在部队中创造性地开展了思想互助、生活互助、战斗互助的“三大互助”活动，极大地提高了部队的凝聚力、战斗力，很快在晋鲁豫野战军中被推广为“王克勤运动”。1946 年 12 月 20 日，延安《解放日报》发表题为“普遍开展王克勤运动”的社论，号召解放区军民向王克勤同志学习。社论发表后，“王克勤运动”在全军得到推广。

1946 年 10 月初，在一次战斗空隙中，王克勤发现阵地后的一个村庄烟雾弥漫，他立即带领战士前去查看。进村后，他听到一座燃烧着的屋子里有呼救声，便不顾危险冲了进去，把一位烧伤的妇女背出来，王克勤的头发因此被烧焦了，脸也烧伤了。

1947 年 7 月 10 日，鲁西南战役打响。当时，国民党从江西调来第六十三师一五三旅 4000 人驻守定陶，妄图阻击我军南进。我军计划乘敌立足未稳，将其全歼，一举攻克定陶。在攻克定陶城的战斗中，王克勤所在连担任突击任务。王克勤得悉后，马上代表全排请求承担一线突击任务。下午 7 时，王克勤带领全排战士，每人提着一篮子手榴弹，在城北门的堑壕里隐蔽下来。8 时整，攻城战斗打响了。我军向城头碉堡工事发起猛烈轰击，城墙霎时被烟尘吞没。城墙被炸开一个缺口，王克勤大喊一声“冲啊”，一跃蹿出堑壕，带领一班战士，冒着密集的子弹，跨鹿寨，越战沟，一口气冲到城墙缺口下。趁着浓烟弥漫，王克勤第一个登上云梯。就在这时，敌人射来的一颗榴弹在云梯旁爆炸，弹片炸伤了他的左肋，王克勤从云梯上摔下来。他忍着剧痛，对前来救自己的战友大声喊道：“不要管我，赶快登城!”三班战士登上云梯，冲上了城墙。全排战士奋勇当先，随着嘹亮的冲锋号声，冲进城内。

11 日凌晨，定陶守敌全部被歼。而王克勤却因伤势过重，在被送往医院的途中壮烈牺牲，年仅 27 岁。为了纪念王克勤烈士，晋冀鲁豫军区决定，将王克勤所在的排命名为“王克勤排”。

2009 年，王克勤入选“100 位为新中国成立做出突出贡献的英雄模范人物”。

（本文由菏泽市政协文化文史和学习委员会、中共菏泽市委党史研究院供稿）

巾帼群英：沂蒙大地上的红嫂

20世纪60年代，作家刘知侠创作了短篇小说《红嫂》。《红嫂》自问世起，便在全国引起了巨大的反响。“红嫂”成为革命战争年代出现在山东地区的为革命无私奉献的众多沂蒙妇女的整体形象，并形成党群关系的经典样本“红嫂精神”。

从沂蒙妇女到“沂蒙红嫂”

抗战时期，共产党通过大众教育，唤醒民众，启迪心智，增强信念，提高了沂蒙妇女的文化知识水平，充分调动了妇女们的斗争积极性。1938年，为抗击日本的侵略、挽救民族于危亡，中共山东地方组织及其在抗日武装起义基础上建立起来的抗日武装，开始在沂蒙山区创建抗日根据地，建立抗日民主政权。沂蒙地区党组织创立了识字班、农民夜校、午校等形式与时间灵活、内容由浅入深的学习班，有计划地开展妇女解放、抗日宣传、革命理论教育。在党的耐心领导和精心组织下，妇女的大众教育有声有色地蓬勃发展起来。至1943年，仅莒南县就办了520多个识字班，学员1570人。“识字班”也随之成为沂蒙方言中对年轻未婚女性的代名词。党组织的大众教育为沂蒙妇女走出家庭、心向革命做了知识和信心的铺垫。

随着抗战的深入，党需要越来越多的妇女干部与党员。鉴于此，中共山东分局组织部专门下发《关于组织工作的补充指示》，要求大力培养妇女干部、发展妇女党员，使妇女党员占到党员人数的1/5。为此，沂蒙地区党组织在大众教育和实践锻炼的基础上，选拔优秀基层妇女党员和妇女干部，专门成立旨在培养基层妇女干部的培训班，进一步提高她们的理论知识与思想觉悟。

“沂蒙红嫂”的感人事迹

红嫂祖秀莲 1941年冬天，日军纠集5万余人对沂蒙山区进行“铁壁合围”大“扫荡”。八路军山东纵队决定转移，派侦察员郭伍士去侦察情况。郭伍士途中遭遇日军，不幸中枪。他强忍伤痛跑到桃棵子村附近时昏迷了过去，日军追上来又对他开了两枪、捅了数刀后才离开。郭伍士再次醒来已是下午，他艰难地拖着身体在地上挪动，终于爬到一个草屋边。

祖秀莲

正在这时，屋里走出一个妇女，她就是祖秀莲。祖秀莲看到浑身是血、奄奄一息的郭伍士不禁惊呆了。回过神后，她观察郭伍士的着装打扮，认定是八路军，便把他拖扶到草铺上。郭伍士已无法说话，使尽浑身力气指了指锅台边的壶。祖秀莲立刻明白他要喝水，赶紧往水里加了点盐，让他喝下。谁知，被血块包裹的断牙塞满了郭伍士的嘴，水怎么也喂不进去。祖秀莲心疼地抠出堵在郭伍士喉咙里的血块、断牙，水这才缓缓地流进郭伍士的喉咙里。

眼下对祖秀莲来说，最大的难题是在日军再次“扫荡”前，给郭伍士找个安全的藏身地。此时日军刚“扫荡”过去，村里空无一人，只有身患重病的丈夫和祖秀莲。正当祖秀莲愁眉不展之时，三个侄子来了。祖秀莲让他们先把郭伍士抬到村西北角的柴草屋藏好。等日军回据点后，祖秀莲赶紧去柴草屋看郭伍士，这才发现郭伍士身上没有一块好地方，其中肚子上的伤口还能看到肠子。没有药，祖秀莲只能烧了热水，用盐给郭伍士清洗、包扎。家里病重的丈夫，还有受重伤的郭伍士都需要吃食，祖秀莲便将家里没被日军发现的唯一一只鸡拿去换了粮食，做成糊糊，一点一点地喂郭伍士。

日军三天两头来“扫荡”，村干部让她赶紧把郭伍士藏到村西头卧牛石下面的地洞里。地洞里潮湿阴暗，郭伍士受伤严重，不久伤口便感染了，人也烧到昏迷不醒。祖秀莲天天给郭伍士擦洗身体、包扎伤口，经过 20 天的照顾，郭伍士伤势才开始好转。祖秀莲听村干部说八路军后方医院到了临近的中峪村一带，便连夜给郭伍士收拾衣物、干粮，趁天黑让村干部找来可靠的村民抬着郭伍士去找八路军的后方医院。

后来，郭伍士经后方医院救治，渐渐康复，回到了部队。1947 年，郭伍士因伤病复员，本是山西人的他却向上级申请到沂南县，在那里娶妻安家。后经辗转，郭伍士再次来到桃棵子村，向村干部打听、寻找当年救护他的大娘。哪知村支书就是当年抬过他的张衡军，经村支书带路，郭伍士找到了祖秀莲。随后，郭伍士向领导申请，由沂南县迁入桃棵子村，与祖秀莲同住一村，以母子相称。

祖秀莲在革命战争年代经常救助、掩护伤员，还为八路军掩藏、护送行李、文件等。1976 年经党组织批准，祖秀莲实现了梦寐以求的党员梦。翌年，祖秀莲因病重救治无效去世，享年 86 岁。

《红嫂》原型明德英　明德英 1911 年出生在岸堤村一个贫苦农民家庭。由于天生不能说话，明德英经人介绍嫁给了一个守墓人，夫妻俩在墓林边搭了一个又低又矮的团瓢（沂蒙山一带的一种圆锥状的小屋），墓林边的空地成为明德英一家唯一的粮食来源。

1941 年，八路军队伍来到了明德英家附近的村庄，山东纵队指挥部驻扎在马牧池，山东总动员委员会驻东官庄。这年冬季，日军突然包围了马牧池，八路军山东纵队领导干部被迫转移到鲁寒山上。由于事态紧急，纵队机关的其他人员未能及时撤离，一场包围与反包围的战斗打响了。

激战中，一名八路军战士冲出包围圈，跑到王家河岸上。凶恶的日军也追了上来。这名战士见前面是墓地，有墓碑可暂时躲避枪弹，便冲进墓地。日军也尾随至此。他们在墓碑间搜寻、追击，时隐时现。半个小时过去了，战士最终寡不敌众身中两枪，他强忍着伤痛朝墓地边的树林跑去，希望能隐藏在树林中。

此时，明德英正抱着孩子坐在位于林边的自家团瓢门口，她显然不知道林子里发生了什么，只见一位受伤的战士直奔她而来。她看受伤战士的穿戴，明白了战士的身份与处境，马上一手抱着孩子，一手把战士拉进团瓢，让战士躺在团瓢最里面的床上，给战士蒙上被子，自己重新抱着孩子坐回团瓢门口。日军追过来，看了看淡定的明德英，瞥了一眼明德英身后又矮又黑又小的团瓢，怎么也想不到战士就藏身于此。他们发现明德英是个哑巴，就边比画着战士的打扮边打手势问战士跑到哪去了。明德英故作配合地指着西边的山，日军便朝西山追去。

明德英

明德英眼见日军离开，立刻转身进团瓢查看战士伤情。此时，战士已经因失血过多昏了过去。明德英赶紧为他包扎伤口以尽快止血。性命攸关时刻，明德英来不及为战士生火烧水做饭，毅然决然地将自己的奶水喂给了战士。为了让战士更好地藏身，明德英和丈夫一起找了一个空坟，在坟里铺了厚厚的草，让战士暂时栖身于此。由于环境恶劣，战士伤口包扎不洁，导致伤口感染发炎，脓水不断流出，散发着恶臭。看着战士日渐衰弱的身体，明德英愁眉不展。她与丈夫除了每天为战士用盐水冲洗、包扎伤口外，还杀掉了家中仅有的两只鸡给战士恢复身体。半个多月后，战士伤情逐渐好转，向明德英及其丈夫说了自己的情况及想归队的打算。明德英的丈夫担心战士不认路，便把他送到依汶集上，借钱买了一个锅饼，托付一个与部队后方搞贸易的人带他去找部队。临别时，战士流下了感动与惜别的泪水。

沂蒙母亲王换于 王换于1888年出生在南县圈里村，19岁时嫁到东辛庄于家。生活在旧社会的王换于本没有名字，只是冠夫姓叫作于王氏。1938年，王换于加入共产党，不久被选为村妇救会会长与艾山乡副乡长，为便于工作，起名王换于。此后，王换于这个名字伴随她经历了抗日战争、解放战争，直至20世纪80年代去世。王换于一生中为党为人民做了数不清的贡献，其中包括抚养八路军子女和保存《山东省联合大会会刊》。

1939年夏天，日军“扫荡”的时候，中共山东分局和八路军第一纵队机关首长徐向前、朱瑞等来到了东辛庄。随着部队一同到来的还有20个长征战士的子女。这些孩子大的七八岁，小的还不满月，甚至有刚出生几天的婴儿。初来时，这些孩子由徐向前的爱人照顾。由于革命战争年代女党员忙于抗战，无暇照顾孩子，导致孩子们十分瘦弱。王换于看在眼里疼在心里，心想革命战士是为大家，俺们也要为战士。于是王换于向首长们建议由乡亲们照顾孩子，既可以给孩子更好的照顾，又便于战时掩护。首长接受了这个建议，委

王换于

托王换于具体安排。

此时的王换于已50多岁，有两儿两女的她深知在山里养活孩子得靠奶水，于是四处打听谁家的孩子夭亡了，打听到就赶紧去人家里劝其别回奶，以哺育八路军的孩子。这样一来，20多个孩子全被送到乡亲们家照顾，其中王换于家负责照顾2个孩子。不管到哪个村开展抗战动员工作，她总是去看看寄养在那里的孩子。有一次，到西辛庄看望革命烈士的孩子时，发现抚养孩子的人家没有奶水，山里又缺衣少食，孩子瘦弱不堪。王换于心疼得一把抱起孩子带回自己家里。此时，王换于的二儿媳正在哺乳期，王换于便劝道："把这个孩子拉扯大吧，这是烈士的孩子！咱的孩子死了，你还能生，烈士的孩子死了，就断了烈士的根了。"由于革命战争年代烽火不断，加上山里环境艰苦，王换于二儿媳的头两个孩子都没有养活，而寄养在家的烈士的孩子却十分健康。

从1939年至1945年，王换于先后收养了41名八路军子女，包括罗荣桓的女儿罗琳、陈沂与马楠的女儿陈小聪等，而自己的4个孙儿却全部夭亡。

沂蒙六姐妹 蒙阴县烟庄有6位支前女英模，人称"沂蒙六姐妹"，她们是张玉梅、伊廷珍、杨桂英、伊淑英、冀贞兰、公方莲。

1947年5月，孟良崮战役即将打响。烟庄150多户人家中青壮年男子都到前线了，庄里只剩女人。为躲避敌机轰炸，大家都疏散进山沟里，烟庄就像一个空壳。

当时，人民解放军为围歼国民党军第七十四师，频繁在烟庄一带活动。兵马未动，粮草先行，庄里没有领头人，无法操办区里派下的任务。六姐妹看在眼里，急在心上。眼下前方战事正紧，党是为了百姓，百姓也不能丢下党。她们商量既然没有村委，就成立村委。如此，张玉梅当村长，伊廷珍当副村长，其他人分别担任文书、财粮员、公安员等职务。

沂蒙六姐妹在孟良崮战役50周年合影

待大军到了庄头，她们主动迎上去。面对部队管理员的询问，她们乐观而坚定地说："我们都是村长！要做什么，快说吧！"在六姐妹的努力下，战士们所需的事项都顺顺利利、妥妥当当地准备好了。

听上去简单的事情，在战争年代做起来却是难上加难。5月15日，天还没亮，解放军部队还有担架队伤员就陆续进了庄。正当六姐妹与烟庄妇女们为伤员包扎伤口时，区里连续下了几道紧急通知，急需3批军鞋，总计245双，要求5天内完成。烟庄妇女们在繁重的日常工作下，又默默拿起了针线。

根据《沂蒙红嫂颂》中六姐妹的回忆，冀贞兰是个沉默寡言的姑娘，但她眼明心细，做得一手漂亮的针线活。当时，冀贞兰和姐妹们打鞋壳子、弄鞋帮子、纺线捻麻绳，已经忙活了一整天，夜深了，她又坐在昏暗的油灯下纳鞋底。一只鞋底多达120行，一行至少30针，每针都要锥眼、穿针、走线、拉紧等，每针每线都饱含着沂蒙妇女们的深情。

纳好了鞋底，却没布做鞋面，怎么办？冀贞兰翻箱倒柜都找不到一块布，最后她毫不犹豫地把自己穿在身上的衣服大襟撕下

沂蒙妇女担架队

来。这是她过年时才做的新衣服，一直舍不得穿，才洗了一次。看着自己的衣服，冀贞兰想到了村里最穷的杨化彩。杨化彩家只有她和4岁的儿子两个人相依为命啊。当初接到做鞋的任务时，杨化彩虽然嘴上没说什么，但紧锁的眉头与愁容，还有那家徒四壁的房子，她怎么会不为难呢？想到这里，冀贞兰急忙赶到杨化彩家，她扒着窗棂往里看，只见杨化彩正准备撕自己的大襟。冀贞兰知道，她撕了这件大襟就没衣服穿了，于是赶忙进去制止，并把自己的大襟撕下来给了杨化彩做鞋面。到大家交鞋的时候，杨化彩4岁的儿子穿着盖不过肚脐的小褂，抱着4双鞋走出来，却怎么也不肯放下鞋。大家都知道，这孩子长这么大都还没穿过鞋。

沂蒙妇女就是这样拥护着子弟兵，默默地为革命做贡献，这样感人的故事还有很多。党和人民没有忘记她们的功绩。迟浩田将军曾多次专程到烟庄村看望沂蒙六姐妹。为了展现支前模范“沂蒙六姐妹”的先进事迹，2010年12月，蒙阴县委、县政府兴建沂蒙六姐妹纪念馆，2011年5月竣工，原中央军委副主席迟浩田题写馆名。

（本文由临沂市政协文化文史和学习委员会、中共临沂市委党史研究院供稿）

王杰：用生命践行“一不怕苦、二不怕死”

牢记：在荣誉上不伸手，
在待遇上不伸手，
在物质上不伸手。
——王杰

在江苏邳州市运河街道张楼村境内，有一座翠柏掩映、庄严肃穆的烈士陵园。这里，长眠着伟大的共产主义战士王杰烈士。王杰生前任济南军区某部工兵一连五班班长，1965 年 7 月 14 日，在帮助邳县张楼公社民兵地雷班训练时，爆破装置发生意外爆炸，为保护在场的 11 位民兵和 1 名人武干部，王杰用生命谱写了“一不怕苦、二不怕死”的英雄赞歌。

光荣入伍志向革命

王杰 1961 年 8 月入伍，在原济南军区装甲师某部工兵营服役。王杰不怕苦不怕累，最繁重的工作抢着干，最危险的活毫不畏惧。“一不怕苦、二不怕死”是他的人生誓言，他视死如归，随时为祖国为革命奉献一生。

王杰学习毛主席著作的顽强毅力，出自他革命首先必须改造思想的坚定决心。1961 年 8 月，王杰应征来到部队，正是部队落实军委扩大会议的时候，学风大振。王杰迫不及待地问指导员：

“我穿上军装就成为革命军人，可是命怎么革，人怎么做？”指导员告诉他：“要革命首先要改造思想，要改造思想首先要学好毛主席著作，这是每个革命战士成长的根本道路。”王杰听后，就在自己的日记本上剪贴了毛主席像，抄录了“读毛主席的书，听毛主席的话，按毛主席的指示办事，做毛主席的好战士”这四句话。入伍第二个月，他用第一次领到的津贴买了毛主席著作单行本。单行本学完后，他又写信向他伯父要来《毛泽东选集》一至四卷。三年来，他不仅学完《毛泽东选集》一至四卷，还写下10多万字的心得和日记。

王　杰

不怕苦累冲锋在前

王杰以英雄为榜样，时刻鞭策自己。他在日记本上剪贴了黄继光的画像，抄录了黄继光英勇献身的一段颂歌，表达了向英雄看齐的心声。1963年，他随连队参加麦收，劳动任务相当繁重，每天半夜2点起床，晚上6点收工，来回还得走20多里地，手上磨出血泡，身上晒掉一层皮。但是，他在割麦时坚持割在前头，运麦时别人扛三四捆，他就扛六七捆。每当体力不支时，就想起《愚公移山》，想起黄继光、雷锋的英雄事迹，立即感到一股巨大的精神力量。

“哪里有困难，哪里有危险，哪里就有王杰”是一连战友们的评语。1963 年 8 月，河北省部分地区发生特大洪水，情况危急。8 月 27 日，他和战友们接到上级命令去河北抗洪救灾。一天夜里，上级命令他们到木料场抢运木料，木料场的周边都是洪水，茫茫的洪水情况不明，要完成任务，必须要一个尖兵给大家探出一条安全的路。王杰同志的水性并不太好，却争着抢着要去做这个探路者。他在齐胸的洪水中摸索着前进，好几次掉进没过头顶的深坑中，还呛了几次水，腿上、手上被水下的铁丝、树枝划出道道血痕，他没有顾及自己，不断招呼战友们绕道行走。这种毫无畏惧的精神给身边的战友们做了很好的榜样，连队战友们在他的感染下很快完成任务。在部队冬训时，王杰时常是第一个冲在前面；面对结冰的河水，他不畏寒冷直接跳进去，打桩架桥给后面的战士们开路。在施工中，突然暴发的山洪卷走了物资，他第一个跑去抢救物资。爬高空、钻猫洞进行爆破，他总是抢先去装药、放炮；一旦出现哑炮，仍然是他抢先去处理。

王杰始终用行动践行自己说过的每一句誓言，处处以革命利益为第一生命，事事先为他人着想。在行军和施工中，最渴最累的时候，他总是把自己水壶里的水让给别人喝。冬天，战友们在施工中淋湿了衣服，他忍着一天的劳累，坐在火堆旁一件一件地烘烤，直到深夜 3 点钟全部烤干才休息。他这种深厚的阶级友爱，是通过爱同志来爱自己的战斗集体，更爱革命事业。他在日记中写道：“一个战士的力量是有限的，可是千百个战士团结在一起，就成为坚不可摧的力量。”由于王杰在工作中表现突出，很快就被提拔为副班长、班长。王杰苦练军事技能，仅两年时间就达到工兵五大专业技术“满堂红”，连续3年被评为“五好战士”，两次荣立三等功，被授予“模范共青团员”和“一级技术能手”称号。

敢于担当舍己救人

1965年6月，王杰所在部队拉练到邳县，驻扎在张楼公社进行游泳训练。应张楼公社和邳县人武部的请求，帮助指导民兵地雷班训练爆破技术。王杰因军事素质过硬，又是一级爆破技术能手，被连队安排担任民兵地雷班的教练员。从7月1日起，王杰每天很早起床，5点钟准时到民兵集训地给民兵上课，8点再回部队参加游泳训练。王杰认真、细致、缜密，每组织一次训练爆破科目，都要翻阅很多参考资料认真准备。张楼民兵地雷班经过十几天的训练，学会了子母雷、天女散花雷、连环雷等各种地雷排布训练技术。7月14日，王杰给民兵上课的内容是“绊发式防步兵应用地雷”实爆演习。这种地雷不加导火索，要求瞬间爆炸达到消灭敌人步兵的目的。在此前，他自己已经成功演练了两次。试爆作业开始，民兵们围在周围，像往常一样，王杰拿出炸药包，用熟练的手法捆好，边捆边给民兵们讲解导火索、雷管、拉火管和炸药包的操作。按照正常的操作流程，将拉火管的拉火栓一拉地雷就会引爆。在操作现场，并没有人去动拉火管的拉火栓，火线却突然自己开始燃烧。王杰立即意识到地雷在一瞬间就要爆炸，义无反顾地扑向炸点，同时大喊道：“闪开!”民兵们看到一个身影张开双臂，扑向面前的地雷，用身躯压住了炸点。瞬间，炸点周围洒满了王杰 23 岁青春迸发的血雨，但他周围的 11 位民兵和 1 位人武干部全部获救。

英雄壮举传颂千古

王杰舍身救人的英雄事迹在人民群众中广为传颂。他用生命践行了自己的豪迈誓言："我要一不怕苦、二不怕死，做一个大无畏的人!" 1965 年 9 月 16 日，济南军区为王杰召开隆重的追悼大会，参加这次追悼会的有济南军区和来自山东、江苏的干部群众和战士以及王杰亲属共 7000 多人。装甲兵司令员许光达、政治委员黄志勇敬献了挽联："毫不利己实一心服务人民，临危不惧真人民英雄本色。"周恩来、朱德等国家领导人先后为王杰题词。1965 年 11 月 27 日，王杰生前所在班被国防部命名为"王杰班"。《人民日报》《解放军报》和中央人民广播电台分别刊登和播发了王杰日记摘抄，新华社记者和《解放军报》记者联合发表了长篇通讯《革命青春的赞歌》。王杰留下 352 篇共 10 万多字的日记，真实记录着王杰在部队成长的心路历程，其中三不伸手："在荣誉上不伸手，在待遇上不伸手，在物质上不伸手。"人生三问："什么是理想，革命到底就是理想；什么是前途，革命事业就是前途；什么是幸福，为人民服务就是幸福。"一篇篇日记折射出英雄的崇高品质，展现出他的血性胆气，彰显出他对党和人民的无限忠诚。

王杰生前所在部队驻地江苏徐州、王杰的家乡山东金乡，以英雄命名的"王杰中学""王杰派出所""王杰广场""王杰纪念

王杰雕塑

馆”等单位、场所已有近百个，王杰精神就像一座永不熄灭的灯塔绽放出绚丽的光芒。2015 年 2 月 28 日，王杰生前所在连被原南京军区授予“弘扬‘两不怕’精神模范连”荣誉称号。至今，连队每天晚点名时，第一个名字还是“王杰”，全连官兵齐声答“到”。

2017 年 12 月 13 日，中共中央总书记、国家主席、中央军委主席习近平来到王杰生前所在部队视察，亲切看望了王杰生前所在连官兵，站在王杰生前所在连荣誉室，深有感触地说：“王杰‘在荣誉上不伸手，在待遇上不伸手，在物质上不伸手’，这‘三不伸手’是一面镜子，共产党员都要好好照照这面镜子。”习近平强调：“王杰精神过去是、现在是、将来永远是我们的宝贵精神财富，要学习践行王杰精神，让王杰精神绽放新的时代光芒。”

2009 年，王杰光荣入选为“100 位新中国成立以来感动中国人物”；2019 年，王杰被评选为新中国“最美奋斗者”。在中国共产党建党 100 周年之际，王杰精神成为第一批中国共产党人精神谱系之一，激励着广大人民和官兵在实现中华民族伟大复兴的“强国梦”“强军梦”征途上阔步前进。

（本文由徐州市政协文化文史委员会、徐州市史志办公室、济宁市政协文化文史和学习委员会供稿）

红 / 色 / 淮 / 海

HONG SE HUAI HAI

淮海历史文化丛书

红色淮海

下

淮海历史文化丛书编委会 编

中国文史出版社

红歌唱响

一路征程一路歌

百年党史，岁月如歌。在波澜壮阔的革命年代，幅员辽阔的淮海大地，诞生流传着一曲曲激情澎湃、昂扬进取的红色歌谣，承载着时代烙印和乡土气息，曾是凝聚士气、激励战斗的进行曲，至今仍响彻于青山绿水之间，传颂在人民群众的心中，成为淮海地区革命精神的不朽赞歌。

淮海地区红色歌谣作为革命文化的载体和组成部分，蕴含着革命文化的精髓，具有穿透时空的艺术魅力。记录这些红色歌曲和民谣背后的故事，不仅是为了引导广大人民群众学习传唱红色歌谣，也是为了从中汲取强大精神力量，奋力谱写新时代团结奋斗的红色乐章。

本篇收录了30余篇红色歌谣背后鲜为人知的传奇故事，记述了创作的时代背景、形成过程和产生的影响等。这些歌谣包括激情豪迈的《徐州是英雄的故乡》，催人奋进的《湖西军歌》，战歌嘹亮的《山东纵队进行曲》，慷慨激昂的《跟着共产党走》，气势雄壮的《团结就是力量》，在反“扫荡”中诞生的《沂蒙山小调》，在小车推出来的胜利中诞生的《淮海战役组歌》等。这些歌谣在曲调上汲取了河南梆子、山东琴书、徐州柳琴戏、淮北大鼓等多种地方戏曲营养，具有高亢、豪放、雄浑的特质，表达了淮海地区人民对中国共产党的衷心拥护和爱戴，展现了军民血肉相连、鱼水相依的深厚情感。

淮海地区早期的红色校歌

王大勤

20世纪二三十年代淮海地区所建的学校，几乎都有自己的校歌。歌曲立足现实，唤起师生昂扬的斗志，号召大家勤奋学习、立志报国，具有鼓舞人心的力量。

正心女子中学校歌

正心女子中学的前身是美籍女传教士陶美丽于1910年创办的桃李女学堂。1913年更名为正心女子学校。1921年改称正心女子中学。其校歌歌词是：

巍巍正心，建设彭城，带黄河对云龙。西抱苏堤，东环重峰，楼阁参差层层。施行党化，教育兴隆，栽培些女英雄。促进社会，领导民众，为国家争光荣。

铜山县立师范校歌

铜山县立师范的前身是杨懋卿于1914年创办的甲种师范讲习所，1923年改称铜山县立师范。其校歌歌词是：

铜山师范彭城东，圣殿堂皇泮水通，共同生活，共同研究，一堂气融融。

责任在吾辈，教育基础在吾功，奋勇向前冲，做一个社会的先锋。先锋！先锋！吾校何光荣！

徐州中学校歌

徐州中学的前身是江苏省立第十中学，成立于 1917 年。1928 年初，省立第十中学与省立第七师范合并，改称第四中山大学区立徐州中学，同年 8 月又改为中央大学区立徐州中学。废“大学区制”后，1929 年 8 月改称江苏省立徐州中学。其校歌歌词是：

巍巍我徐中，泱泱乎大风。校舍虎踞灵秀城，山河环绕势如龙。此是吾侪之宝筏，此是吾辈之明灯，声明文物开先路，济济多士尽髦英。最所愿人才辈出，校誉蒸蒸，如松柏之长茂，如日月之恒升。巍巍我徐中，泱泱乎大风，巍巍我徐中，泱泱乎大风！

苏鲁豫边疆中学代校歌

苏鲁豫边疆中学，是砀山县教育史上的第一所中学。为了给中共党员寻找职业掩护，并为我党积蓄力量、培养干部，1928 年春，中共砀山县委书记蒋嘉宾奉中共江苏省委和徐海蚌特委的指示，决定在砀山筹办一所中学。经过两年的精心筹备，于 1930 年春在砀山城北创办了苏鲁豫边疆中学。其办学宗旨是：“以隆其德，以广其智，以健其体，树立为劳苦大众谋福利之大志。”学校以“五一”劳动歌作为代校歌，其校歌歌词是：

> 说什么东西南北中，说什么黄白绿棕红，贩夫走卒豪杰英雄，四海人民皆弟兄。唱自由歌，听自由钟，做牛做马不做寄生虫，共同的生活，乐融融。

江苏省立女子师范学校校歌

江苏省立女子师范学校的前身，是1921年创立的江苏省立第三女子师范学校，后来改为徐州女子中学。1932年，江苏省政府通令取消中学、师范合一制，徐州女子中学又改名为江苏省立女子师范学校。其校歌歌词是：

> 坡公馆舍兮戏马台，巍巍我校何辉煌！勤诚俭朴校风发扬，精神美好，体格求强，钻研学术，启发新思想。家庭、社会、国家，种种义务与男儿共担当；政治、经济、教育，种种权利与男儿共分享。促进新文化，责任在我侪。

培正中学校歌

培正中学是由培心中学和正心女中于1932年合并，取两校校名第一个字而命名的一所中学。20世纪二三十年代，中国开展了一场“收回教育权”的运动。而当时领导徐州基督教会的洋教徒坚持认为，培心中学和正心女中是基督教会在中国土地上办的美国学校，断然不能接受中国政府的管理。1932 年 6 月，培心中学和正心女中即将停办。为使学生能够继续求学，以徐州籍牧师王恒心为首的教牧人员顶住种种压力，克服重重困难，将学校继续开办下去。其校歌歌词是：

同协力，众志成城，培正建设我大彭。努力奋斗教育宏，披荆棘惨淡经营。教育宏大莫于今，教学做精益求精。莘莘学子奋英声，为我祖国争光荣。

培真中学校歌

培真中学的前身是培正中学，“培真”只不过是“培正”的谐音而已。1938 年徐州沦陷后，培正中学校舍沦为日军的兵营。为使学生有继续求学的机会，校长王恒心带领师生克服重重困难，重新办了一所新的教会学校——培真中学。其校歌歌词是：

培真培真，信仰纯真，同仁乐道不忧贫。培真培真，云龙在旁，戏马毗邻，清流萦绕不染尘。培真培真，思想求新，服务群伦荣耀神。

徐州农民生活学校校歌

徐州农民生活学校的前身，是徐州绅士苏企陆出资，省立徐州民众教育馆馆长赵光涛帮助，于 1933 年建立起来的一所私立农业中学。后因经费困难，转而由民众教育馆接办，并更名为徐州农民生活学校。学生既学文化，又下田劳作，还进行军事训练。其校歌歌词是：

津浦纵横，众山嶙峋，自古著称彭城郡。白云山下，槐柳成荫，大哉我校傍山林。凡我同学，紧把握生活南针。身穿军装，手扶犁把，心念学问。到明朝，自教教人，自养养人，自卫卫人，对国家对社会献此身。凡我同学，准备把社会推进。农民出身，科学头脑，革命精神。须记取来自农村，回到农村，复兴农村，为国家为民族图生存。白云山下，槐柳成荫，大哉我校傍山林。载耕载读，师友相亲，愿同志携手迈进。

徐州昕昕中学校歌

徐州昕昕中学的前身最早可以追溯到光绪三十四年（1908年）天主教会所办的要理学。宣统二年（1910年）改名为类思公学，民国二十一年（1932年）改为类思中学，民国二十五年（1936年）更名为昕昕中学。其校歌歌词是：

壮哉徐州，仰戏马，枕云龙。津陇交轨，胡越联空。美哉吾校，背楼阁，面园亭，青山外绕，白水东横。我们有胜地美校，我们有名师良朋。我们要沉毅艰苦，修德立诚。我们要激昂奋发，讲艺植能，为青年模范，作国家干诚！

淮海区立第五中学校歌

淮海区立第五中学的前身，是1938年创办的宿迁中学分校。分校校址设在堰头乡，共有3个班、200多名学生。后来又在棋盘区筛子村建立宿北中学，淮海专区正式命名宿北中学为淮海区立第五中学。其校歌歌词是：

淮海平原上，繁荣的农庄，不怕敌人封锁扫荡，我们安下战时的课堂。在战斗中学习，在学习中工作，在工作中成长。劳动、民主、纪律，我们是青年的榜样。

淮海平原上，可爱的家乡，新中国已曙光在望，我们要有革命理想。在战斗中学习，在学习中工作，在工作中成长。劳动、民主、纪律，我们是青年的榜样。

砀山中学校歌

1938年6月，砀城沦陷，各类学校被迫停办。为满足青少年的求知需要，国民党砀山县县长窦瑞生指派教育科长李荫苓具体筹办学校事宜。1940年，李荫苓在砀山与丰县交界的小孟庄办起了初中实习团，第二年正式定名为砀山县立初级中学。其校歌歌词是：

皖北大地，故黄河畔，万顷果林环抱着美丽的校园。沧桑岁月，薪火相传，弦歌永不断，弦歌永不断。

人才辈出，桃李烂漫，华章赋新篇。啊，砀中！啊，砀中！我们在这里启航扬帆，扬帆。

育才隆德，广智健体，校训铭心间，校训铭心间。团结文明，求实创新，校风代代传。啊，砀中！啊，砀中！我们在这里启航扬帆，扬帆。

江苏省立徐州师范学校校歌

江苏省立徐州师范学校的前身是江苏省立徐州中学师范部，抗战胜利后师范部与省立第二、第四、第五临时师范及第三简易师范合并，校名为江苏省立徐州师范学校。其校歌歌词是：

徐州，首都的大门，今古的战场。九里山炎汉扬武，台儿庄倭寇胆丧。这是胜利的前奏，我胜敌降。看！建国重任放在我们的肩上。德修学讲，日就月将，体美与群，相得益彰。我们愿做现代无名英雄，我们愿做下一代的优良师长。教育第一，民族至上，使人人爱国家，使人人受教养，这是师范生的职责，这是国民导师的志向。谁使华夏重光，谁使祖国富强，我们当仁不让。

津浦车站扶轮学校校歌

20世纪20年代初，津浦铁路通车后，铁道部在徐州津浦车站白云山下建立了扶轮学校，后改为部立徐州第一扶轮小学；陇海铁路通车后，又在陇海车站南增设部立徐州第二扶轮小学。其校歌歌词是：

扶轮，扶轮，前进飞奔。凭依着磅礴悠久的古城，好从中古文明的废墟，另辟划时代的新途径。

起来啊！千万的推轮者，扶着历史的车轮前进。前进，飞奔！我们的扶轮。

邳县官湖小学校歌

官湖小学的前身是震东小学堂，创办于1904年。该校校歌由校长邹允乾作词，教导主任陈昆峦作曲。其校歌歌词是：

巍峨官小，建在县中，东临沂河，西望艾洪。校舍嵯峨，假山秀雄，荷池台榭，交立辉映。施行宪政，教育兴隆，培养些小英雄。师生切磋，乐在其中，为国家增光荣。

萧县圣泉乡营子小学校歌

萧县圣泉乡营子小学的前身是一所私塾，1922年改建为营子小学。方圆十多里的农家子弟都到这里读书，为国家培养出一批又一批栋梁之材，解放军陆军少将黄培义和享受国务院特殊津贴的著名小麦专家李啸洪便是其中的代表。如今该校院内仍生长着一棵明代古槐，枝繁叶茂，成为远近闻名的一景。其校歌歌词是：

烂石山后，黄河堤前，营子小学居其间，环境优美，管理完善。复即来学，济济一堂，如切如磋，如琢如磨。教师同学，相爱相亲敬，这是我们的乐园——第二家庭。站在潮流尖头，改造乡村社会，一心一意负起建国的重大责任。

江苏省立徐州女子师范附属小学校歌

江苏省立女子师范附属小学原名为江苏省立第三女子师范附属小学，始建于 1923 年。1927 年，改名为国立第四中心大学徐州女子中学实验小学。1929 年，改称江苏省立徐州女子中学实验小学。1932 年 7 月，改称江苏省立徐州女子师范附属小学，今鼓楼区鼓楼小学。其校歌歌词是：

可爱的徐女师小，气象堂皇！旧学宫前，霸王楼旁，子房山为邻，云龙山在望，高高峻峻，郁郁苍苍！大池塘，长回廊，映波光；游息场，大礼堂，都宏敞。校园芳美百花香，我校规模真雄壮！我校环境真优良！师友共聚一堂，游息相谐，学问相商，和乐又欢畅。我们来组织小公民会，团结合作，精神好，意志强。愿我们共同努力，前进无疆，前进无疆，前进无疆，为邦家争荣光！

萧县实验小学校歌

萧县实验小学的前身是龙城书院，1902 年书院改成龙城小学堂。1912 年龙城小学堂改成萧县第一高等小学，1928 年又与萧县第一女子小学合并，建立了萧县实验小学。该校是萧县新思想新文化的摇篮，一大批爱国师生投笔从戎，献身革命，彭笑千、李忠道、纵翰民、张作荫等就是其中的代表，还培养出著名雕塑家刘开渠、书画家朱德群等栋梁之材。其校歌歌词是：

凤岭葱葱，岱湖清清，湖山环抱我龙城。萧县实小，萧县实小，山作围屏，水作明镜，宽敞的规模，优美的环境，一、二两园，济济盈盈。哥哥、弟弟、姐姐、妹妹，教师、工友相爱相亲敬。这是我们的乐园——第二家庭。大家努力吧！读书勿忘革命。愿我兄弟姐妹，奋勉亲爱精诚。前进！走向我们的光明路程。

铜山县柳新乡三教堂小学校歌

三教堂小学位于徐州城北柳新镇的办家村。明朝末年，村里建儒释道三教堂，民国初年在庙里设私塾，教本村和周围村庄的孩子识字。20 世纪 30 年代初，私塾改为三教堂小学。为激励学生奋发向上的精神，校长张铁生请当时徐州有名的秀才王雪樵为学校创作了一首校歌。其校歌歌词是：

三教圣贤古今尊，徐北巍然庙貌存。值此多难危机秋，改立学校诲召民。学子聚莘莘，切磋日夜勤。任重以致远，由浅而入深。抗日血旧痕，永久印脑筋。振兴国威再修身。青年负起救国责，艰难我独任。行看三教堂中客，日新又日新。

（作者系原徐州市人大常委会副秘书长）

《八月桂花遍地开》背后的故事

胡尊远　孙　戎

“八月桂花遍地开，鲜红的旗帜竖呀竖起来，张灯又结彩呀，张灯又结彩呀，光辉灿烂闪出新世界……”这首《八月桂花遍地开》是20世纪20年代诞生于大别山区的革命歌曲，最初是为了庆祝苏维埃成立而创作的。由于曲调优美、歌词生动，这首歌很快就在豫东南革命根据地传开了。后来，伴随着红军的足迹传遍了大江南北。它是以大别山民歌《八段锦》为曲调、依曲填词而成的，词作者是罗银青。

罗银青（1894—1952），安徽省金寨县（原属河南省商城县）南部斑竹园镇沙堰大西冲人。罗银青自幼聪明好学，甚得师长喜爱，后随叔父罗师源攻读私塾十余载。1926年，他到武汉与从事工运的共产党员李梯云一起，鼓动工人罢工。1927年春，他进入武昌中央农民运动讲习所学习，同年加入中国共产党，夏秋之际结业后回乡参加农运工作，并在沙堰洪觉庵大庙办起了改良私塾，以教书为掩护开展革命工作。1928年冬，党组织安排他在小河王氏祠办学，他一面教书，一面在校内外发展党员，壮大当地党的队伍。1929年5月，立夏节起义胜利后，为了兴盛苏区教育，党组织指派他到果子园佛堂坳模范小学任校长。他擅长写诗作歌，出口成章，是当地群众眼中的大才子。

1929年的农历八月，金寨西部地区的区乡苏维埃政权纷纷建立，人民群众欢欣鼓舞，张灯结彩，热烈庆祝自己的政府诞生。

为了更好地宣传教育和引导群众，表达劳苦群众翻身得解放和庆祝苏维埃成立时的喜悦心情，时任商城县委领导班子成员、红三十二师党委书记李梯云和红三十二师政治部主任漆禹源、县委委员漆先棣等人研究决定，创作一首歌唱苏维埃和红军的歌，在第一区苏维埃政府成立大会上演唱。后来，创作歌曲的任务交给了少共县委书记徐乾。徐乾与少共县委组织部长漆先棣、宣传部长漆先平商量，让佛堂坳模范小学校长、共产党员罗银青编写。

罗银青接到任务时，正好刚刚参加了乡苏维埃成立庆祝大会。当时，正值金秋时节，到处桂花盛开，香气四溢，沁人心脾，乡苏维埃成立大会上人民群众的欢乐情景仍在脑海中浮现，罗银青触景生情，心潮澎湃，才思涌动，哼着当地民歌《八段锦》的曲调，填写了名为《八月桂花遍地开》的歌词。写好后他立即送交给李梯云审阅。定稿后，由模范小学女教师陈觉民负责教唱并编舞，教16名学生以打花棍的形式表演。

在斑竹园长岭岗举行的第一区苏维埃成立大会上，《八月桂花遍地开》的歌舞表演十分成功，赢得观众的热烈掌声。李梯云当场对模范小学进行了嘉奖，并把教唱这首歌作为大会的一项内容。罗银青把提前油印好的歌单分发给参会人员，并当场进行了教唱。会后，少共县委将歌单发给各团支部、各乡苏维埃，让大家一起学唱。自此，这首革命歌曲便在豫东南革命根据地流传开来。

1931年2月，随着根据地巩固和革命发展的需要，罗银青被调到赤南县苏维埃所在地、中共豫东南道委驻地汤家汇镇，同何复舟同志一起，共办赤南县《红日报》和石印馆，罗银青先后担任报社编辑主任和石印馆的誊写主任等职。这期间，罗银青的名声越来越大，成了鄂豫皖革命根据地的著名文人。

1932年9月，鄂豫皖根据地第四次反“围剿”失利，国民党陈继承等部向汤家汇发动进攻。当时，身负重伤的罗银青正在汤家汇医院治疗养伤。随着战斗越来越激烈，伤病员日益增加，医院无力帮伤员转移。罗银青在心里告诉自己：宁愿身死荒山野谷，也不能落入敌手。于是，在一个漆黑的夜晚，他忍着伤痛，拖着病体离开医院，躲进深山，藏在一个隐蔽的石洞里。后来，幸遇一位蔡姓老人相助，才幸免一死。

敌人知道罗银青在党内的威望，到处张贴布告，悬赏500大洋捉拿他。时隔不久，因伪保长罗宗胜向敌人告密，罗银青被捕。在狱中，敌人对罗银青严刑拷问，要他交出党的地下组织人员名单，并要他写出“自白书”。但任凭敌人使出各种伎俩，罗银青始终宁死不屈、大义凛然，写下了气壮山河的《敢死文》，表白了自己的为人和志向：“针邪戒恶，笔下无情，今日敢作刀尖鬼；信守道义，固行共产，永世难将心性移……”恼羞成怒的敌人咬牙切齿地放出狠话：“罗银青这个共产党员非杀不可！”

当地老百姓和进步人士听说敌人要杀害罗银青，纷纷想办法营救，后由乡保长出面保出了罗银青。罗银青出狱后，有些“好心人”纷纷来劝他：“红军大部队已经走了，你现在是孤掌难鸣，以后最好慢开口、少动笔……”罗银青听后笑着回答：“宁填沟壑，不辱斯文！”

因在狱中备受敌人摧残，罗银青身体孱弱，后以教私塾蒙馆为生。但他从未向苦难低头，也从未放下手中的笔。他的革命意志始终没有消退，革命之火始终在他心头燃烧。在各个历史时期，他都撰写了大量的歌颂党、歌颂人民、歌颂革命的诗文，以此与反动势力抗争，抒发自己祈盼光明的心情。除了《八月桂花遍地开》外，罗银青还创作了《兵变歌》《穷人调》《小放牛》《妇女歌》等数十首歌词，大都配以民间曲调，在当地广为流传。

1952年，罗银青身患重病，时任华北空军政治委员的漆远渥自北京回故乡探亲，得知老师罗银青病重，想去看望，可假期只剩一天，路程遥远，交通不便，只好写信慰问："银卿先生：先生该健康，家中人均致意！我近来自北京回故乡省亲，因为时间很短，不能亲来拜望先生，深感抱歉，特来函问好……"信写好后，漆远渥特请家人步行送到罗银青家中，并随信带去30元钱。罗银青看到过去的学生、现为人民解放军高级将领的漆远渥写给自己的信，眼含热泪，十分激动，在病榻上写道：

老迈徒悲志力衰，频年愤愤总徘徊。
身处污泥防自染，腹藏攸思盼云开。
山河改貌歌千曲，书信传来笑满腮。
英才济济党陶铸，桃李春风亦快哉。

不久后，病痛夺走了罗银青的生命。他虽然未能看到"山河改貌歌千曲"的社会主义光辉前景，但他对党的赤胆忠心、对革命事业的矢志不渝，连同他的《八月桂花遍地开》，激励着一代又一代革命人为共产主义伟大事业不懈奋斗。

（本文原载2019年9月6日《中国纪检监察报》第7版）

麦新和《大刀进行曲》的诞生

董会朝　王向辉

大刀向鬼子们的头上砍去，
全国武装的弟兄们，
抗战的一天来到了，
……

每当人们高歌这首《大刀进行曲》时，就仿佛置身于同侵略者厮杀的战场，积压在心头的怒火犹若火山般喷发。作为抗日救亡歌曲的典范，这首歌吹响了全民抗战的号角，鼓舞了全国军民的抗战热情。刚劲昂扬的旋律，脍炙人口的歌词，深沉真挚的爱国热情，让这首歌成为经久不衰的经典，至今广为传唱。

为抗战而歌的音乐家

这首歌曲的作者是麦新。麦新（1914- 1947），原名孙培元，曾用名孙默心、铁克，上海浦东人，1938 年加入中国共产党。九一八事变后，年轻的麦新投入到了如火如荼的抗战洪流，加入了中国左翼戏剧家联盟领导的上海抗日救亡团体“民众歌咏会”，并决心创作抗日歌曲。

1936 年，麦新参加了由著名音乐家吕骥、冼星海创办的歌曲研究会和中国歌曲作者协会。他在与孟波一起编辑出版的《大众歌声》第一集前记中写道："把救亡歌声传送到中国每一个角落——街头、农村、工厂、学校、商店和军队里。"为躲避反动派的追捕，他在这本歌曲集里第一次用了"麦新"这个名字。

在此后12年中，他先后谱曲《向前冲》《马儿真正好》等60余首，创作《九一八纪念歌》《牺牲已到最后关头》等歌词20余首。《大刀进行曲》是麦新一生歌曲创作的高峰，也是他人生中的一个重要新起点。在创作这首名曲之后他奔赴抗日前线，把《大刀进行曲》带到前线，带向全国。1940年，经周恩来、叶剑英介绍，他来到延安鲁迅艺术学院音乐系工作。这个时期，他的主要作品有《春耕小曲》《保卫边区》《毛泽东歌》《红五月》《志丹陵》等。其间，他还担任延安作曲者协会干事、边区音乐界抗敌协会执委、聂耳创作奖金评选委员会的评委，成为一名有影响的革命音乐家。1945年8月，他随陈毅到华东工作，1946至1947年任开鲁县委组织部部长、宣传部部长等职。1947年6月，麦新突遭土匪袭击，壮烈牺牲，年仅33岁。

"大刀精神"催生时代战歌

1933年3月5日，日军进犯华北一线，担负喜峰口阵地防御任务的国民革命军第二十九军顽强抵抗。军长宋哲元鉴于当时有兵无枪、有枪缺弹的情况，提出了建立大刀队，自造大刀，全军习武，并聘请北平武术名家李尧臣为教练，为二十九军编了一套实战性很强的"无极刀法"。

面对日军的疯狂侵略和烧杀抢掠的罪恶行径，二十九军全军将士怒发冲冠。3月11日夜，二十九军组织500人的大刀队，分左右两翼突袭日军。左翼大刀队经松树胡同、走马哨，出潘家口至兰旗地、蔡子峪一带，袭击后杖子、喜峰口以北的日军步兵和骑兵宿营地；右翼大刀队出铁门关，经炮岭、闯王台至白台子、刺峪一带，袭击日军炮兵阵地。

身背大刀的勇士们攀垣越墙，分头摸进各村敌营。骄狂的日军都在呼呼大睡，大刀队的勇士们抡起大刀横砍直劈，杀得鬼子尸横遍野。大刀队在与日军展开白刃格斗时，战士们高喊着："大刀大刀！雪舞风飘！杀敌头颅！壮我英豪！"二十九军大刀队的英雄事迹传遍全国，极大地鼓舞了全国军民的抗日热情。

1937 年七七事变爆发后，大刀队在保卫卢沟桥的战斗中再显神威，英雄事迹再次传遍各地。二十九军大刀队抗战的捷报感染了在上海的麦新，为大刀队创作、为抗日将士创作的欲望难以遏制。他到处收集和采访有关二十九军的抗战事迹，尤其是大刀队的英雄壮举，开始酝酿如何用歌曲反映"大刀精神"。

一天清晨，一直沉浸于创作激情中的麦新突然喊出了"抗战的一天来到了"，他的思想从民众的抗战热情中升华，终于奏出了时代的最强音。他兴奋地把喊变成唱，心灵的火花在碰撞，真挚的感情在迸发……一首流畅自然、热情奔放的曲调脱口而出，而且越唱越有力量。他习惯性地挥起右臂，做了一个指挥歌咏队的姿势，哼着、唱着、指挥着。他的思绪越过万水千山，飞到了抗日前线，仿佛看到了将士们正挥舞大刀砍向敌群，他挥舞的右臂似乎也变成了寒光闪闪的大刀。这首反映"大刀精神"的经典歌曲就这样诞生了。

音乐成为抗战刀枪

歌曲写成后，麦新在上海浦东大厦亲自指挥首次演唱，引起强烈反响。1937 年 8 月 8 日，国民救亡歌咏协会在上海文庙成立，自发而来的几千名群众高唱《大刀进行曲》，越唱越激动。麦新的指挥棒被挥断了，他就攥起拳头指挥。群众唱到激情处，竟不自觉地把原曲的第一句唱得有所变调，结果却显得更加勇猛、更加刚劲有力了。麦新说："还是群众唱得对，一开始用切分音符，这个节奏更能表现出对敌人的无比仇恨。"根据群众意见，麦新对歌词做了改动，并拿掉了"献给二十九军大刀队"副标题，使歌曲更具有广泛性。第二、第七句"二十九军的弟兄们""咱们二十九军不是孤军"，改为"全国武装的弟兄们""中国军队勇敢前进"（新中国成立后歌词又有少许改动）。后来这首歌发表在《大众歌声》第二集，田汉通过百代唱片公司录制成唱片。

《大刀进行曲》在中国人民最需要的时候出现，激发了中华儿女的爱国豪情。成千上万青年唱着这支歌参军入伍，走向抗日前线。上海沦陷后，手无寸铁的学生面对日本宪兵，高唱"大刀向鬼子们的头上砍去"，走向街头发起募捐，为前方将士赶制大刀。在台儿庄硝烟弥漫的战场上也不时传来《大刀进行曲》的雄壮歌声。这首歌伴随了中国人民的抗战岁月，奠定了抗日歌曲特有的凝聚苦难与力量的雄浑风格，成为经典的时代强音和民族精神的象征。

《大刀进行曲》还唱出了国门。歌曲诞生不久，世界反法西斯阵线的 42 个国家在巴黎举行反法西斯大会，我国音乐家任光指挥旅欧华侨在会上演唱了《大刀进行曲》等救亡歌曲。激越澎湃的旋律引起各国代表的强烈共鸣，他们说："中国的现代歌声蕴藏着中国的无限希望，也增强了世界反法西斯的必胜信心。"

（本文原载 2020 年《共产党员》第 8 期）

《中国人民解放军军歌》诞生记

徐　平

向前！向前！向前！
我们的队伍向太阳……

这是中国人最熟悉的歌之一，它就是《中国人民解放军军歌》。

惊世音乐名作的诞生

抗日战争时期，延安是革命圣地，是进步青年向往的地方。1939年，两个文艺青年公木和郑律成在陕北的窑洞里，共同创作了不朽的音乐之作。

当时，公木和郑律成都在抗大政治部宣传科，住的窑洞是隔壁。

1939年四五月间，郑律成提出搞个“八路军大合唱”，约公木写词。郑律成还说，什么叫大合唱，就是多搞几首歌嘛。此时，冼星海与光未然也提出搞“黄河大合唱”。“大合唱”这名称就是这样来的。说干就干，那时郑律成才25岁，公木29岁。

公木首先写了《八路军军歌》和《八路军进行曲》，接着又写了《骑兵歌》《炮兵歌》等。8月份，“八路军大合唱”的歌词全部写完。该组曲包括《八路军进行曲》《八路军军歌》《快乐的八路军》《骑兵歌》《炮兵歌》《军民一家》《八路军和新四军》7首，加上之前的《子夜岗兵颂》共8首歌曲，选择8首是为了突出“八路军”的“八”字。

创作过程中，每当公木写成一篇词，郑律成便拿去作曲。延安的条件是很艰苦的，公木后来回忆郑律成的创作过程时说：“没有钢琴，连手风琴也没有，只是摇头晃脑地哼着，打着手势，有时还绕着屋当中摆的一张白木茬桌子踏步转悠……”有的老战友说郑律成是在窑洞里敲着盆、拍着腿完成作曲的。9月份，曲还没作完，郑律成就调到“鲁艺”（鲁迅艺术学院）音乐系去了。鲁艺音乐系的条件好一点，有乐器。10月份，郑律成作曲完毕。

1939年冬，鲁艺音乐系将该作品油印成册，并在杨家岭中共中央大礼堂由郑律成指挥进行了演出，引起了轰动。

“八路军大合唱”的全部歌曲印成油印小册子，传遍全延安，传遍全军，掀起了唱歌高潮，前方后方都唱。1940年5月，《八路军军歌》和《八路军进行曲》两支歌刊登在由毛泽东、王稼祥、萧劲光、郭化若、肖向荣为编委的《八路军军政杂志》上。总政宣传部部长肖向荣还专门请公木和郑律成去吃饭，说了很多鼓励他们的话。

1940年，“八路军大合唱”以“献给八路军的军歌合唱集”为名，在延安荣获“五四”青年节征文音乐类甲等奖。

《八路军进行曲》一鸣惊人

“八路军大合唱”8首歌曲首首经典，要说最有感染力的当首推《八路军进行曲》。这首歌的歌词和旋律激昂、奋进，富有战斗性，它的影响甚至超过了《八路军军歌》。这首歌的歌词采用了非方整的长短句结构，据说这是郑律成特意向公木要求的。正是这种长短句结构的歌词使郑律成创作出了不同凡响、动人心魄的旋律。郑律成的女儿郑小提在《“军歌之父”用音乐激励抗日将士》一文中讲道：谈及《八路军进行曲》的创作，父亲曾说自己是受到《大刀进行曲》的启发，但这里已不是“大刀”的形象，而是千军万马、一往无前的挺进场面。歌曲以英勇雄壮的气势、铿锵有力的进行曲风格，歌颂和塑造了八路军朝气蓬勃、勇往直前的革命精神和英雄形象。

抗日战争胜利后，《八路军进行曲》作为广大官兵最喜爱的歌曲继续传唱，曲谱一直保留原样，但各部队根据当时的形势和任务，对歌词先后做了多处修改，并更名为《人民解放军进行曲》。

《人民解放军进行曲》成为开国大典阅兵式主旋律

开国阅兵应该奏什么样的军乐呢？1949 年 9 月中旬的一天，在受阅部队的联席会议上，军乐团总指挥罗浪提出了这个问题。

自 8 月份全面铺开阅兵训练以来，军乐团就参加了步兵方队的分列式训练，罗浪选了一些曲目试验，可撒开腿急行军惯了的步兵怎么也踏不到音乐的节拍上。

罗浪说：“不确定下曲目，军乐团没法训练。”

会上主要有三种意见。有人提出用世界流行的德国曲目，也有人提出用苏联曲目。

罗浪的意见是：“华北军政大学曾在石家庄搞过一次阅兵式，

诗人、词作家公木

音乐家郑律成

用的是我军自己的军乐。这套曲子以解放区流行歌曲作为陪衬，以《人民解放军进行曲》为主旋律，中间穿插了《骑兵进行曲》《炮兵进行曲》。晋察冀军区几次阅兵式都是用这组军乐联奏，我主张用它。”

主持会议的阅兵指挥所主任杨成武让罗浪把自己的方案写成文字，列出阅兵时拟演奏的乐曲名称及群众游行的乐曲名称，一并呈送阅兵指挥部，上报中央军委。罗浪熬了一个晚上，把人民解放军现有的进行曲串在一起，搞出了一份阅兵曲目方案，于次日早晨交到了杨成武的手上。

50年后，罗浪回忆说：“三种意见相持不下，最后还是那哼唱了多年的熟悉的旋律，征服了中央领导的心。”

于是，一套以解放区流行歌曲作为陪衬，以《东方红》《义勇军进行曲》《人民解放军进行曲》为主旋律的开国大典乐曲诞生了；而开国大典阅兵式则是以《人民解放军进行曲》为主，穿插《三大纪律八项注意》《骑兵进行曲》《炮兵进行曲》《战车进行曲》等曲目。开国大典阅兵式确立了《人民解放军进行曲》在新中国军乐的地位，也为日后成为中国人民解放军军歌奠定了基础。

1951 年，中国人民解放军总政治部统一修订了歌词，刊于同年 8 月由总政文化部编印出版的《部队歌曲选集》第一辑。如将原歌词“直到把蒋伪军消灭干净”改为“直到把反动派消灭干净”，把“全中国人民彻底解放”改为“毛泽东的旗帜高高飘扬”，把“争取民主自由，争取民族解放”改为“向最后的胜利，向全国的解放”。其中，有些改动在新中国成立前后已经完成，即 1949 年下半年。

1951 年 2 月 1 日，中央人民政府人民革命军事委员会总参谋部命令颁布的《中国人民解放军内务条令（草案）》的附录二，曾以《人民解放军军歌》之名刊登了该曲。1953 年 5 月 1 日颁布新的《中国人民解放军内务条令（草案）》，附录二重新以《人民解放军进行曲》之名刊登了这首歌。

1965 年，《人民解放军进行曲》更名为《中国人民解放军进行曲》。这期间，一些报刊书籍曾将这首歌作为“军歌”加以论述介绍。实际上，这首歌以前并未正式确定为军歌。但是几十年来，这首歌激昂的旋律总是在人民解放军的重要活动如阅兵式上奏响；八一电影制片厂的开头曲，伴随着八一军徽出现的也是那振奋人心的旋律。《中国人民解放军进行曲》已成为军旗、军徽之外的我军的重要标志之一。

正式定名为《中国人民解放军军歌》

1988 年 7 月 25 日，经中共中央批准，中央军委决定将《中国人民解放军进行曲》定为中国人民解放军军歌。同日，总参、总政为正式颁布军歌联合发出《关于颁布〈中国人民解放军军歌〉的通知》和奏唱的暂行规定。

《中国人民解放军军歌》形象鲜明，旋律流畅，音调坚实，节拍规整，集中表现了人民军队豪迈雄壮的军威，具有一往无前的战斗风格和摧枯拉朽的强大力量。

2018 年 5 月 1 日起施行的《中国人民解放军内务条令（试行）》，其中第十四章“国旗、军旗、军徽的使用管理和国歌、军歌的奏唱”，专门列有一节，对军歌的性质、军歌奏唱的时机和场合做出规定。

（本文原载 2021 年 6 月 18 日《中国军网》）

在炮火中诞生的《新四军军歌》

梁庆云　周　敏　周雪琳

光荣北伐武昌城下，
血染着我们的姓名，
浴血奋战在罗霄山上……
东进东进东进，
我们是铁的新四军。

这首威武雄壮的《新四军军歌》诞生于1939年。在安徽省档案馆珍藏着1939年10月11日《抗敌报》刊登的《新四军军歌》档案，熟悉的旋律一下子就把我们带进那个烽火连天的岁月。

《新四军军歌》的由来

抗日战争全面爆发后的1937年10月，中国共产党将南方8省（湖南、湖北、江西、福建、浙江、广东、河南、安徽）14个地区的红军游击队改编为新四军，由叶挺、项英领导。1938年4月，新四军第一、二、三支队奉命由南方各地陆续开赴岩寺（原属歙县，现在是徽州区政府所在地）集中完毕。第四支队也从鄂豫皖边区到达皖中舒城东、西港冲集中。5月初，根据中共中央的指示，军部机关及直属部队离开岩寺，陆续进驻泾县云岭。从

1938年7月1日新四军军部进驻泾县云岭地区，至1941年1月4日撤离，叶挺、项英、曾山等老一辈革命家与新四军军部9000余人在云岭战斗生活了3年之久。这支忠于人民的军队转战大江南北，威震敌胆，血染江淮。在无数次的浴血战斗中，抗击日本侵略军，为争取民族解放立下了赫赫战功。

说起《新四军军歌》的由来，就要从1939年说起。1939年2月，中共中央军委副主席周恩来以国民政府军事委员会政治部副部长的身份，来到泾县云岭新四军军部视察。为了动员广大官兵贯彻执行中共中央关于抗日民族统一战线和新四军作战方针的指导，配合部队进行革命传统教育，鼓舞士气，新四军军部首长提议创作一首新四军军歌。

集体创作《新四军军歌》歌词

“扬子江头淮河之滨，任我们纵横地驰骋。深入敌后百战百胜，汹涌着杀敌的呼声。要英勇冲锋，歼灭敌寇……”这首《新四军军歌》的歌词用词精练、气势恢宏。你知道这首雄壮有力、脍炙人口的歌词是怎么来的吗？

为了征集歌词，新四军军部还在《抗敌报》上专门刊登了征稿启事。在安徽省档案馆珍藏的《抗敌报》档案中，有“征集歌词”“希望全军同志踊跃应征”的记载。征稿启事这样写道：“凡关于巩固部队，提高战斗力，胜利的战斗记录，建军的各方面成绩、报道等等，对建军作战有意义的歌词，我们极端欢迎。但作品应短小精悍，生动活泼，富于宣传鼓动性者为佳。来稿请直寄军政治部宣教部第三科收。一经采用，当致薄酬。这是一个开展全军歌咏运动、配合建军战斗的工作，希望同志们热烈应征。”

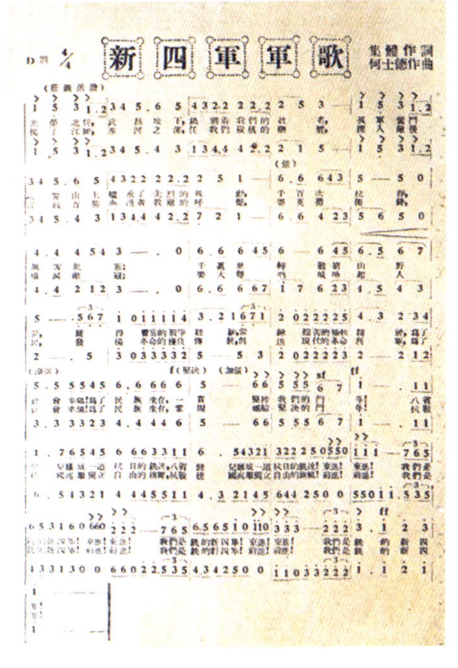

那么《新四军军歌》的歌词是谁创作的呢？安徽省档案馆珍藏着1939年10月11日《抗敌报》刊登的《新四军军歌》档案中明确记载着“集体作词，何士德作曲”。

其实新四军成立后，吸引了全国各地立志报国的爱国人士，其中包括一批文化人。文化人的加入，提高了部队的整体素质，使得部队文化生活更加丰富多彩。当时新四军中有不少人提交了创作的歌词，歌词都不同程度地体现了新四军的光荣历史和优良传统，并且催人奋进。彼时，任新四军军事委员会副书记兼第一支队司令员的陈毅于1939年3月30日创作了叙事诗《十年》，该诗概括了参加北伐战争的国民革命军第四军、工农红军第四军和坚持南方三年游击战争的红色健儿被编为新四军的光荣历史和光荣传统，以及新四军开展抗日斗争和建立新中国的奋斗目标。他也将该诗提交到新四军军部。

经过大家的讨论，并听取各方意见，博采众长，歌词经过几轮修改后，形成了今天广为传唱的《新四军军歌》。

嘹亮军歌回响在抗日战场上

歌词有了，那么找谁来谱曲呢？大家一致推荐由何士德来谱曲。因为虽然何士德当时只有29岁，但已是知名的音乐家，被新四军的将士们称作“我们自己的音乐家”。

1939 年 2 月，何士德来到云岭新四军军部工作。上海新华艺术专科学校音乐系毕业的何士德一到云岭，就被这里火热的抗敌氛围感染。当何士德拿到新四军军歌歌词后，很快就谱出了第一稿。在大家试听后，经过深思熟虑，何士德重新谱写了第二稿。

该稿运用了适合行军作战的进行曲调，昂扬有力，鼓舞人心，充满艺术感染力和号召力。旋律由四个不断展开的段落组成：首段旋律庄重浑厚，体现了正义之师的泱泱雄风。第二段旋律舒展激越，是对过去艰苦岁月、光荣征程的自豪回顾。进入第三段，旋律变得顿挫有力，象征着新四军以坚实的步伐，向着新的目标挺进。结束段落以两个转折性的乐句推出“东进！东进！我们是铁的新四军!”，具有“铁军真如铁”“关山度若飞”的气势。

1939 年 7 月 1 日，在云岭附近的新村文化队礼堂，何士德指挥军部文化队试唱《新四军军歌》。随着何士德指挥棒一挥，铿锵有力的节奏、简洁明朗的旋律，把威武之师所向披靡的气势表现得淋漓尽致。高昂的歌声震荡云岭，试唱一举成功。军部首长宣布：《新四军军歌》正式诞生，在全军教唱。

从此后，这首诞生在炮火和硝烟中的军歌，成为鼓舞战士们冲锋陷阵、英勇杀敌的力量源泉。

（本文原载 2020 年 10 月 30 日《合肥晚报》）

郭影秋创作的《湖西军歌》

刘厚珉

2021年9月，诞生于80年前湖西区抗战时期的“抗日进行曲”《湖西军歌》走进山东卫视《寻声记》，重新嘹亮传唱，再现抗战岁月。

《单县志》记载，湖西区因其大部位于南阳、独山、昭阳、微山湖以西，故称湖西区，包括今江苏徐州，山东菏泽、济宁、枣庄，安徽宿州、亳州及河南商丘等部分地区。

湖西区成立于1937年11月，1953年8月撤销，是早期与冀鲁豫区、豫皖苏区齐名的抗日根据地。单县是湖西区的中心区，也是湖西地委、专署所在地。

1940年至1943年，郭影秋先后任湖西军分区副司令员、湖西专署专员。这三年是湖西抗日根据地最艰难、最困苦的时期。郭影秋不仅要配合主力部队与日、伪、顽作战，还要与湖西区群众一起开展生产自救，并编演歌曲、戏剧，鼓舞军民抗日斗志。

“湖西的抗战是我们坚持，湖西的种子是我们栽培。湖西的人民都在仰望着我们，湖西的危难还待我们排除。打伤了就抬！打死了就埋！冻僵了迎风跳跳，饿急了紧紧裤带。我们是党的队伍铁的心，一切困难都在我们面前滚开。我们咬紧牙关熬过这黑夜，炽热的太阳明朝定升上来……”《湖西军歌》就是在1942年创作而成的。

《湖西军歌》歌词雄浑有力、催人奋进，突出体现了我抗日

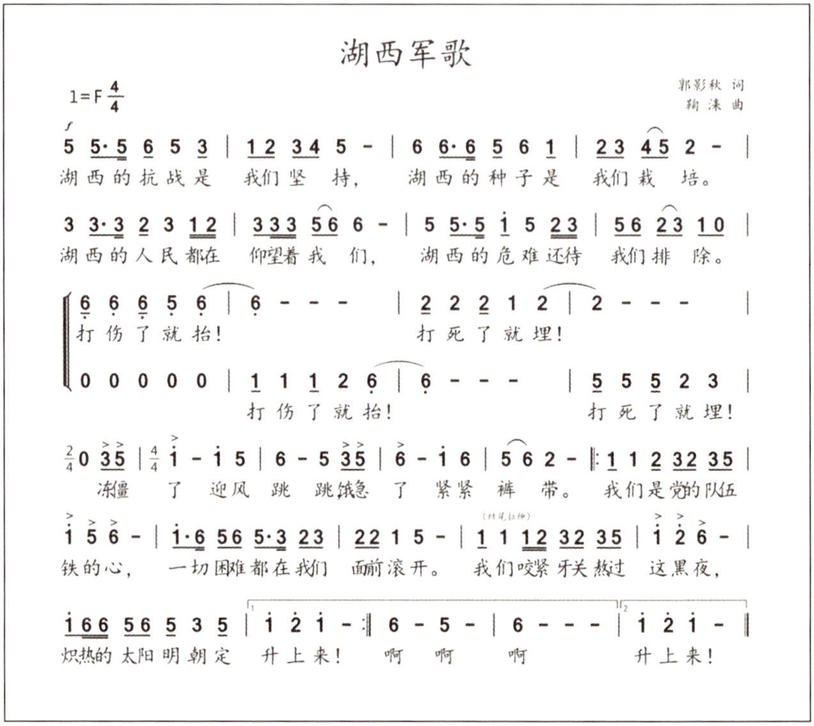

湖西军歌

1=F 4/4

郭影秋 词
鞠 涑 曲

湖西的抗战是 我们坚持， 湖西的种子是 我们栽培。
湖西的人民都在 仰望着我们， 湖西的危难还待 我们排除。
打伤了就抬！ 打死了就埋！
打伤了就抬！ 打死了就埋！
冻僵了 迎风跳 跳饿急了 紧紧裤带。 我们是党的队伍
铁的心， 一切困难都在我们 面前滚开。 我们咬紧牙关熬过 这黑夜，
炽热的太阳明朝定 升上来！ 啊 啊 啊 升上来！

队伍斗志顽强、视死如归的英雄气概及为党为国为人民勇于斗争、敢于牺牲的奉献精神。

2011 年 6 月，笔者曾在“山东省红色文化特色村”张寨村采访时年 82 岁的张进老人。这位湖西抗战中的 13 岁的儿童团“小歌手”，与郭影秋、高文甫、张了敬、梁步庭等湖西区党政军领导干部一道宣传抗日，传唱《湖西军歌》《千万不能打呼噜》等抗日歌曲。

张进老人回忆说，《湖西军歌》由郭影秋独自创作歌词，首先在专署领导中切磋交流、口口相传，最终形成统一的风格和基调，随后在驻守张寨村的抗日战士中传唱开来，响彻湖西非凡时

期，激荡红色年代，成为激发军民抗战的精神原动力，被认为是一部反映湖西抗日运动的音乐史诗。

抗战胜利后，《湖西军歌》渐渐沉寂于历史长河中，成为红色经典文化遗产。

2018 年，在庆祝湖西抗日根据地创立 80 周年之际，单县宣传文化部门组织音乐工作者对《湖西军歌》重新谱曲，并在“我和我的祖国”音乐会上首次公开演唱，成为弘扬湖西精神、倡树时代新风的又一部“红色教材”。

（本文原载 2019 年 10 月 25 日《菏泽晚报》）

《山东纵队进行曲》诞生记

于岸青

日寇侵入了山东，投降派便挂上了免战牌。

投降派逃跑了，我们便从地下站起来。

徂徕山，举义旗，誓死守土我们不离开！

土生土长，在农村，在民间。

虽然是赤手空拳，但是有三千八百万人民和我们血肉相连。

虽然是无中生有，但是有中国共产党领导着我们迈步向前！

虽然是年青的党军，但是也进行过无数的血战：

我们用土炮打下过飞机、击沉过兵舰，

在雷神庙、魏家堡、杨家横、刘家井、五井、孙祖、大柏山、青驼寺……

曾用我们的热血写下了辉煌的战史。

看吧！看吧！敌人正在我们面前发抖，只要我们战斗，战斗啊！

不断地战斗！胜利就在我们的前头！

抗战时期，《山东纵队进行曲》在齐鲁大地广为传唱，这正是在战斗中发展、在发展中战斗的山东子弟兵浴血奋战的真实写照。

歌曲词作者是刘子超，广东兴宁人。1926 年春，他在兴宁县立中学就读时，加入中国共产党。回到家乡主持成立兴宁县鲤湖乡农会，国民党兴宁县政府把他定为“危险分子”，他数度履险，被迫前往上海继续从事革命活动。抗日战争爆发后，他在河南新乡与朱瑞同志接上了组织关系，1939 年 6 月，随朱瑞一起到山东根据地，担任了山东纵队政治部宣传部部长。1941 年冬在山东根据地最为惨烈的反“铁壁合围”大“扫荡”最后一战中壮烈牺牲，年仅 35 岁。

作为山东纵队的宣传部长，刘子超主导了山东纵队机关报《前卫报》的创办。当时，驻在沂水县（现沂南县）青驼寺北面吉拉子村的山东纵队政治部，正参加山纵的第三次整军。通过有计划地培训部队各级干部，提高各级指挥员的政治素质和军事素质，于 1940 年 11 月 7 日正式创刊的《前卫报》成为这次整军的成果之一。每周一期的《前卫报》发行到连队，成为连队最主要的精神食粮，战士们亲切地称它为“不见面的指导员”，连队为此建立了专门的读报制度，成为政治课的有力补充。

1941 年春天，刘子超开始“策划”山东纵队成立 3 周年的庆贺活动——他写了一首歌词，向全纵队征集配曲。山纵直属特务团的郭莘是从宣传部调走的，宣传部的同志都知道他会谱曲，在来稿截止最后一天，恰好郭莘来宣传部办事，宣传部的同志跟他说：“正好，正好，预定明天演唱评比，现已收到 6 个曲谱，你也赶快写一个吧，参加评比拿奖。”并马上抄了歌词给他。郭莘说：“时间来不及了，我现在必须返回团里。”宣传部的同志说：“我们派通信员跟你回去，你边走边写，写好让通信员捎回来。”

郭莘在返回团部的路上，边走边读歌词：“日寇侵入了山东，投降派便挂上了免战牌。投降派逃跑了，我们便从地下站起来……”

郭莘读得心潮澎湃，在路上就灵感迸发，形成腹稿，到驻地后没顾上吃饭，立即将曲谱写出，反复修改几次，便把曲谱交给了通信员。曲谱拿回后，宣传大队的同志们连夜突击学唱，第二天正式参加评比。结果，久鸣同志的谱曲和郭莘的谱曲同时被评为一等奖。评比的结果和所有 7 首歌曲都发表在《前卫报》上，不久就在部队里广为传唱。歌曲征集虽然是此次庆贺活动的唯一内容，但效果奇佳，山东纵队政治部决定将原歌名《山东纵队 3 周年纪念歌》改为《山东纵队进行曲》，一直到抗战胜利后，山东的一部分部队到了东北还在唱这支歌。

（本文原载于 2019 年 7 月 13 日《大众日报》）

冼星海与《徐州是英雄的故乡》

张翔兮

人民音乐家冼星海用毕生精力践行着音乐为人民的宗旨，他创作的以《黄河大合唱》为代表的音乐史诗传遍全国，成为抗战的号角。

1937 年 8 月 30 日，著名戏剧家洪深先生带领上海救亡剧团二队来到徐州，开展抗日救国宣传工作，队员中就有冼星海。

当时省立徐州民众教育馆教务主任是中共地下党员郭影秋，他邀请冼星海到馆给师生教唱抗战歌曲。

“枪口对外，齐步向前……”室内响起了歌声。冼星海的歌喉虽不怎么响亮，但却充满着激情。他在教唱过程中还在推敲修改，如“维护中华民族，永做自由人”。

冼星海

在徐州期间，冼星海看望了徐州驻军和民众抗日团体，感受着徐州军民热血澎湃的抗日激情，联想起徐州历来是兵家必争之地，五省通衢要道，必有一场大战，为鼓舞士气、激发斗志，必须创作一首具有徐州地方特色的战地歌曲来提振士气。

情之所起，兴之所至，

冼星海写下了《徐州是英雄的故乡》这首歌，并亲自谱曲。歌词是：

> 徐州是古来的战场，英雄的故乡。挺起胸拿起枪，冲锋前上。日本帝国主义一定灭亡！血泪洒成河，国旗放光芒，中华民族永存世界上。

1937年9月14日，冼星海在郭影秋主任陪同下，再次来到徐州民众教育馆。在大操场上，面对全馆数百名师生和社会青年，教唱来徐州后新创作的这首歌。

《徐州是英雄的故乡》这首歌全长约22秒，时间很短，但结构完整，歌词铿锵有力，简洁上口，人人皆可传唱，极大地鼓舞了抗战士气。

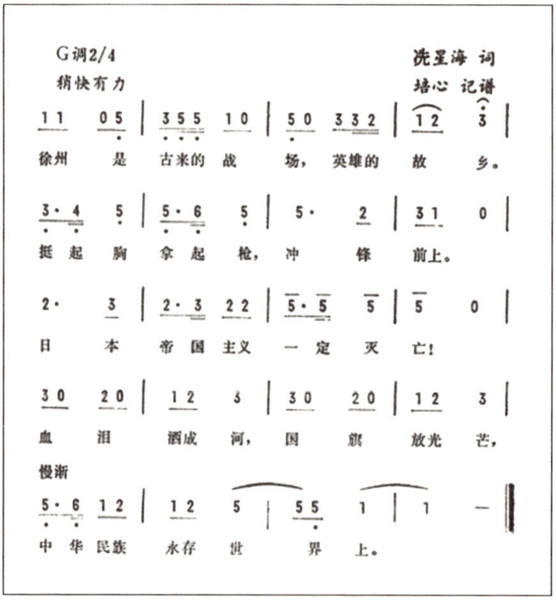

G调2/4 稍快有力

冼星海 词
培心 记谱

11 05 | 355 10 | 50 332 | 12 3 |
徐州 是 古来的 战 场，英雄的 故 乡。

3·4 5 | 5·6 5 | 5· 2 | 31 0 |
挺 起 胸 拿 起 枪，冲 锋 前上。

2· 3 | 2·3 22 | 5·5 5 | 5 0 |
日 本 帝 国 主义 一 定 灭 亡！

30 20 | 12 3 | 30 20 | 12 3 |
血 泪 洒成 河，国 旗 放光 芒，

慢渐
5·6 12 | 12 5 | 55 1 | 1 — ‖
中 华 民族 永存 世 界 上。

《徐州是英雄的故乡》

冼星海在徐州期间，还到当地剧团、学校、乡村去教唱，有的单位在冼星海的指导下成立了歌咏队，许多学会唱歌的人又去教别人唱。一时间，徐州城乡到处响起嘹亮的抗战歌声。

冼星海创作《徐州是英雄的故乡》时，正值日寇叫嚣“三个月灭亡中国”的紧要关头。这首歌不仅激励了徐州军民，更激发了全民族抗战到底的决心。冼星海是作曲家，这首歌的词曲皆为他创作，这在他的作品中极其罕见。

这首歌极大鼓舞着徐州军队和民众的抗日热情。此后，中国共产党相继在徐州地区建立了湖西、邳睢铜、鲁南、沭宿海、萧宿铜等抗日根据地，如同歌曲中唱的“挺起胸拿起枪，冲锋前上”，顽强地抗击日寇，直至取得抗日战争的伟大胜利。

（作者单位：徐州工程学院马克思主义学院）

《到敌人后方去》：点燃抗日救亡的燎原星火

梁天韵

1938年底，22岁的左翼音乐家周巍峙，率西北战地服务团赴晋察冀敌后抗日根据地工作。在他的回忆里，根据地到处可以听到“到敌人后方去，把鬼子赶出境”的歌声。

《到敌人后方去》由赵启海作词、冼星海谱曲，于1938年9月在武汉完成。在艰难岁月里，《到敌人后方去》曾激励无数游击战士英勇作战、保家卫国，引领无数仁人志士投身抗日救亡的伟大事业。

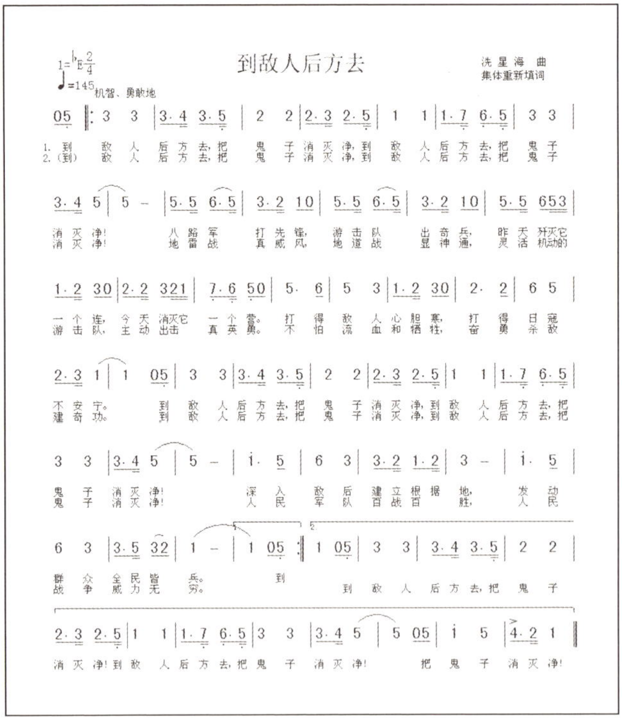

1937年7月，抗日战争全面爆发。北平师范大学学生赵启海与一些进步青年组织了“北平学生流亡剧团”，南下进行抗日救亡歌咏宣传。在上海，从苏联回国的音乐家冼星海，参加了由中共上海地下党组织领导、进步文艺工作者组成的救亡演剧队，巡回各地进行抗日宣传。

1937年秋天，八路军奔赴华北敌占区，担负开辟敌后战场、建立敌后根据地的战略任务。将士们广泛发动、组织和武装群众，扩大抗日队伍，开展游击战争，把敌人统治的后方，变成了抗日的前线。

1938 年初，赵启海和冼星海在武汉结识并开始合作。1938 年 9 月，周恩来到武汉视察抗战宣传工作，在为所属演剧队通报当前局势时，重点阐述了毛泽东《论持久战》的战略思想，强调要挺进敌人后方开展群众运动，独立自主进行游击战争。

这场报告启发和鼓舞了在场的赵启海和冼星海。“为了响应党的号召，他们创作了一系列以敌后抗日为主题的歌曲，《到敌人后方去》是其中传唱度最高的作品之一。”中国艺术研究院研究员向延生说。

“到敌人后方去，把鬼子赶出境。不怕雨，不怕风；抄后路，出奇兵；今天攻下来一个村，明天夺回来一座城。叫鬼子顾西不顾东，叫鬼子军力不集中。”

通俗易懂的语言，朗朗上口的旋律，这首刻画豪迈勇敢的游击战士、波澜壮阔的人民战争的《到敌人后方去》，很快就从武汉三镇传到了全国，鼓舞广大人民群众抗战到底的决心和勇气。

（本文原载 2015 年 8 月 9 日新华网）

《游击队歌》问世始末

孟　红

斗志昂扬、激越奔放的《游击队歌》，出自我国著名音乐家贺绿汀之手。

诞生在抗日战场

1903 年，贺绿汀出生在湖南邵阳的一个农民家庭。从小就喜欢音乐的他于 1931 年考入上海国立音乐专科学校。1934 年的春夏之交，贺绿汀创作的两首钢琴小品《牧童短笛》《摇篮曲》分别获国立音乐专科学校和苏联著名钢琴家齐尔品联合举办的中国风格作品比赛头等奖、二等奖。后来这两首乐曲在苏联和欧美各国广为传播，深受国外听众的欢迎。贺绿汀也由此在中国乐坛崭露头角。

1937 年“八一三”淞沪抗战爆发后，中国共产党领导上海民众掀起了抗日救国的新高潮。上海文化界组织救亡演剧队，准备奔赴内地和华北前线，投入抗日宣传活动。贺绿汀也毅然离开安乐的小家庭，于 8 月 21 日跟随救亡演剧队第一队，从上海西站坐火车出发去南京，数日后又乘船到达武汉。演剧队在武汉街头演出后，又辗转开封、郑州、洛阳、西安等地。这年冬季，贺绿汀一行到达山西临汾。在为阎锡山的部队演出时，打听到八路军办事处此时也迁到临汾西郊刘庄，于是，队员们一致要求到八路军

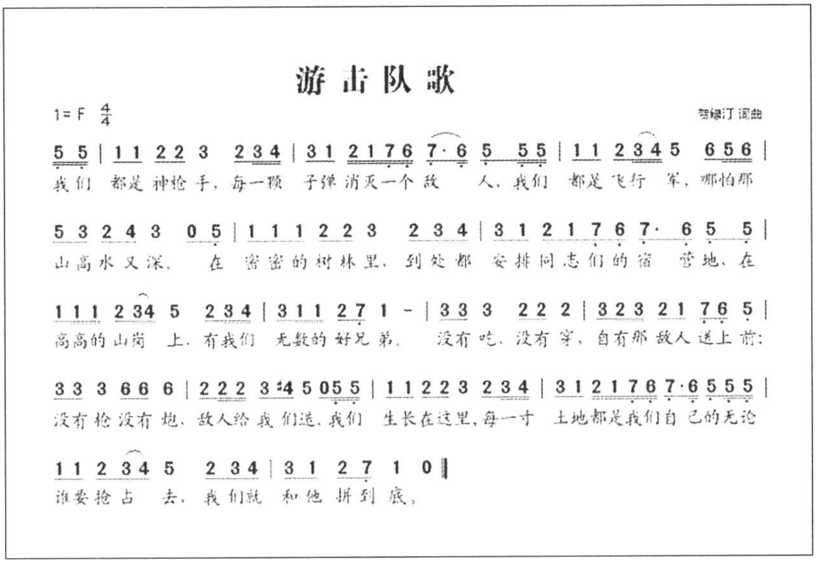

游击队歌

1=F 4/4 贺绿汀 词曲

5 5 | 1 1 2 2 3 2 3 4 | 3 1 2 1 7 6 7·6 5 5 5 | 1 1 2 3 4 5 6 5 6 |
我们 都是神枪手，每一颗 子弹消灭一个敌 人，我们 都是飞行 军，哪怕那

5 3 2 4 3 0 5 | 1 1 1 2 2 3 2 3 4 | 3 1 2 1 7 6 7· 6 5 5 |
山高水又深， 在 密密的树林里，到处都 安排同志们的宿 营地，在

1 1 1 2 3 4 5 2 3 4 | 3 1 1 2 7 1 - | 3 3 3 2 2 2 | 3 2 3 2 1 7 6 5 |
高高的山岗 上，有我们 无数的好兄弟， 没有吃，没有穿，自有那敌人送上前；

3 3 3 6 6 6 | 2 2 2 3 #4 5 0 5 5 | 1 1 2 2 3 2 3 4 | 3 1 2 1 7 6 7·6 5 5 5 |
没有枪没有炮，敌人给我们造，我们 生长在这里，每一寸 土地都是我们自己的无论

1 1 2 3 4 5 2 3 4 | 3 1 2 7 1 0 ‖
谁要抢占 去，我们就 和他拼到底。

办事处，为八路军战士演出，并接受党的教育。

贺绿汀和队员们到达八路军办事处时，办事处主任彭雪枫亲自接待了他们，向他们介绍了许多八路军抗战的情况，组织他们听报告、参加政治学习，还给他们送来有关开展游击战的文件资料。贺绿汀参加过广州起义，对战场并不完全陌生，但对八路军运用游击战打败日军猖狂进攻的事迹还是第一次听到，觉得十分新鲜。

当时，演剧队与战士们同甘共苦，既为他们演出，也从指战员那里汲取创作素材。贺绿汀被游击队战士的精神深深打动。尤其是八路军炮兵的神勇，深深吸引了意气风发的贺绿汀。他兴致勃勃地去八路军总部新成立的炮兵团访问。指战员们告诉他，部队从陕西出发时还没有炮兵，是通过俘获日军的炮和收集阎锡山部队南逃时丢弃的炮装备成立的……

贺绿汀脑中犹如电光一闪，眼前顿时浮现出八路军在炮火轰鸣中抗击顽敌显神威的景象，一串串铿锵激越的音乐旋律刹那间飞腾在心田：“没有枪，没有炮，敌人给我们造！”在防空洞里听到敌机扫射的“嗒嗒嗒”的机关枪声，又一串音乐旋律在脑海中浮现出来：“我们都是神枪手，每一颗子弹消灭一个敌人。”一队队八路军健儿，穿着单衣，蹬着草鞋，踏着寒冬腊月的冰霜，从他的眼前闪过。10 年前撤出广州朝海陆丰进军的情景也一一浮现脑际，“我们都是飞行军，哪怕那山高水又深”，枪声、人影化成了旋律，感情的潮水融为跳荡的音符。

回到在临汾城郊刘庄的住处，贺绿汀情绪激动，心潮难平，创作的灵感喷薄而出，汹涌在胸。炕上油灯里的油干了，灯草也快烧尽了，他的激情却一泻千里。最终，连词带曲，一气呵成：

> 我们都是神枪手，每一颗子弹消灭一个敌人；我们都是飞行军，哪怕那山高水又深。在密密的树林里，到处都安排同志们的宿营地；在高高的山岗上，有我们无数的好兄弟。没有吃、没有穿，自有那敌人送上前；没有枪、没有炮，敌人给我们造。我们生长在这里，每一寸土地都是我们自己的，无论谁要抢占去，我们就和他拚到底！

贺绿汀将这首凝聚自己热情、心血与智慧的作品取名为《游击队歌》，献给英勇可敬的八路军将士。

这是一首风格明快、反映抗日游击队战斗生活的歌曲，作品融入了作曲家对抗日将士的真挚情感、对敌军的愤懑与藐视、对革命必胜的乐观主义精神。战斗性的内容、群众性的语言、朝气蓬勃的音调，无论是合唱抑或独唱，无论是演唱者还是欣赏者，都会被歌曲的乐观情绪所感染，都能感受到革命与集体的无穷力量，从而信心倍增，奋勇杀敌。

传唱于抗战军民之间

《游击队歌》刚刚创作完成时，贺绿汀心里并没有底。1938年春，八路军总司令部在刘庄召开高级干部会议，上海文化界救亡演剧队第一队在晚会上首次为八路军将士演唱这首歌。当时没有乐器伴奏，也不是后来的四声部混合大合唱，只有欧阳山尊吹着优美响亮的口哨充当伴奏。贺绿汀有力地挥动双臂打着拍子，全体演剧员和着拍子满怀激情地齐声高唱。激昂的旋律感染了全场观众，会场上爆发出雷鸣般的掌声。贺绿汀的目光落到前排观众席上，那儿坐着任弼时还有卫立煌，他们都在用力鼓掌。看着他们脸上荡起的笑容，贺绿汀心里也踏实了许多，脸上露出了笑意。

演唱一结束，总司令就走上前来紧握着贺绿汀的手，赞扬这首歌“写得好”。将领们都说战士们需要这样的歌，要求演剧队抓紧到部队教唱这首歌。

这首歌传开后，有的部队还派人骑马跑几十里路来抄谱子。在平型关战役中打了胜仗来到这里休整的六八五团团长杨得志，即将率部队开赴前线，他热切地邀请贺绿汀和演剧队到他的部队去，一个连一个连地教唱这首歌。杨得志说：“唱会了这首歌就出发。”部队出发那天，雪花漫天飘舞，战士们一边放声高唱

《游击队歌》，一边雄赳赳气昂昂地迈着整齐的步伐向前行进，贺绿汀和演剧队全体队员伫立高歌为他们送行。

《游击队歌》在全国城乡广为传唱后，贺绿汀把创作时的原稿小心翼翼地珍藏起来，又随救亡演剧队去了武汉。在武汉，各个群众歌咏大会都把这首歌作为保留节目。有人找到贺绿汀，要他把歌词改一下，把“蒋委员长领导抗战”放到歌词里去。对此，贺绿汀毫不犹豫地一口回绝。他说：“这首歌已经在军队、民众中流传开了，再改词不合适。”贺绿汀认为这首歌是他对共产党所领导的八路军游击队的颂歌，蒋介石对游击战一窍不通，不能硬凑到一起。

1943 年，贺绿汀带着《游击队歌》的原稿，历尽千难万险，辗转数万里，终于到达他日夜思念的革命圣地延安。在王家坪八路军总部礼堂举行的文艺晚会上，毛主席亲切接见了他，非常高兴地赞扬他说：“你的《游击队歌》写得很好啊，你为人民做了好事，人民是不会忘记你的。”

原稿归属于博物馆

1949 年，全国即将解放，贺绿汀从北平坐火车返回他阔别整整 12 年的上海母校。火车途经昆山时，遭到飞机的轰炸，他带的衣物、乐谱全部散失，可是《游击队歌》原稿被他贴身牢牢珍藏着，幸运地躲过了劫难。

此时，他的母校已改名为中央音乐学院华东分院（现为上海音乐学院）。贺绿汀担任了新中国成立后该校第一任校长。1961 年，中国共产党成立 40 周年之际，上海革命历史博物馆筹备处发出征集有关革命文物的通告，贺绿汀便把这份原稿作为庆祝党的生日的礼物，郑重地捐给了上海革命历史博物馆。原稿是薄薄的两页纸，纸质已泛黄，长 38 厘米，宽 27 厘米，用钢笔书写。

（本文原载 2009 年《文史月刊》第 2 期）

马可创作的《南泥湾》《咱们工人有力量》

张翔兮

徐州这片红色的土地上孕育了许多杰出的文艺工作者，如音乐家马可。

1935年，马可从家乡徐州考入河南大学后，在冼星海的感召下，加入了怒吼歌咏队宣传抗战，致力于用音乐作为武器投入抗战。

卢沟桥事变爆发后，马可为徐州父老乡亲们创作了热血战歌《保卫徐州》《徐州青年战歌》等作品。

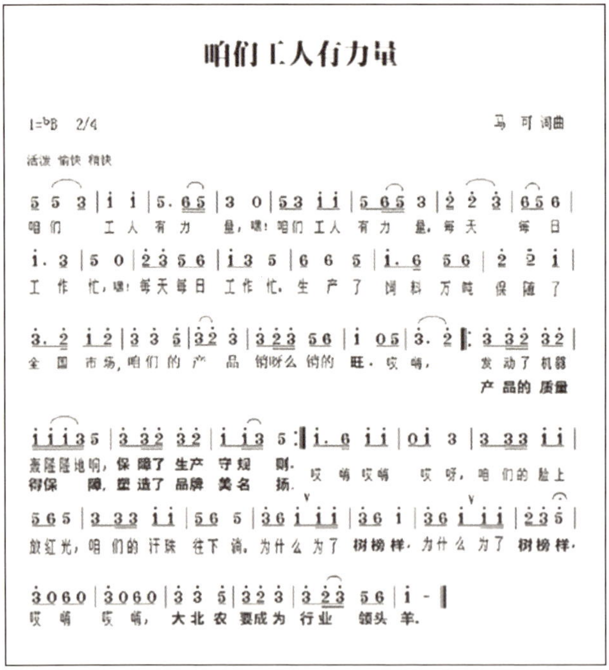

咱们工人有力量

1=♭B 2/4　　马 可 词曲

活泼 愉快 稍快

咱们工人有力量，嘿！咱们工人有力量，每天每日
工作忙，嘿！每天每日工作忙，生产了饲料万吨保障了
全国市场，咱们的产品销呀么销的旺。哎嗨，发动了机器
产品的质量
轰隆隆地响，保障了生产守规则。
得保障，塑造了品牌美名扬。哎嗨哎嗨 哎呀，咱们的脸上
放红光，咱们的汗珠往下淌。为什么为了树榜样，为什么为了树榜样。
哎嗨 哎嗨，大北农要成为行业领头羊。

写于1938年4月27日的《保卫徐州》，通过五段歌词把徐州的历史和特产概括出来，体现了徐州人的有情有义，为徐州的抗战宣传增添了强大的力量。

1939年底，马可到达革命圣地延安，考入“鲁艺”音乐系，先后创作了《白毛女》《南泥湾》《我们是民主青年》《咱们工人有力量》这些大家耳熟能详的音乐作品。其中的《南泥湾》创作于抗日战争相持阶段。此时的日伪军加紧了对敌后根据地的军事包围和经济封锁，对此，毛泽东发出“自己动手，丰衣足食”的号召，在广大根据地掀起了大生产运动。

1942 年《在延安文艺座谈会上的讲话》发表后，根据地作曲家深入乡间、深入群众，向民间学习。

1943 年元宵节后，马可、贺敬之随鲁艺秧歌队来到南泥湾，为战士们做慰问演出。劳动号子一响，大家热火朝天地挖水田、垦荒、纺线，劳动的景象给贺敬之和马可很大的震撼。随后，贺敬之一气呵成写出了歌词，马可连夜谱曲，应用在慰问演出秧歌舞《挑花篮》中。这首歌备受战士们的欢迎，也是马可创作民族音乐的开始。

由马可作词、作曲的《咱们工人有力量》，诞生于炮火连天的东北解放战场。

1947 年 5 月，马可来到佳木斯发电厂内体验生活，与工人一起在机器轰鸣的生产现场劳动，切身感受工人为全中国解放夜以继日工作的辛苦与忙碌、快乐与激情。

当晚在团部的排练室，马可用二胡拉起《工人四季歌》的曲调，一边拉琴一边思索，一晚上就完成了以东北民间秧歌调和号子为节奏的《咱们工人有力量》初稿。

在徐州地区一直流传着夯歌，人们在打麦或者打夯时，喜欢用“哎嗨哎嗨哟嗬”等衬词。在《咱们工人有力量》这首歌中，马可把号子的功能实用性和表现性结合在一起，“咱们工人有力量”“嘿，咱们工人有力量”一领众和，富有劳作的律动感，让人们真切感受到劳动的力量。

湖西“小延安”的抗日歌谣

尹 勇

单县朱集镇张寨村，是单县农村第一个党支部、第一届中共单县县委、中共鲁西南工委、中共苏鲁豫特委、湖西专署、湖西军分区和全县第一支抗日武装——抗日自卫团联队诞生地，享有“小延安”的美誉。在单县这片红色土地上，口口相传着几个脍炙人口的抗日故事。

最受队员喜爱的抗日歌谣

1938 年 3 月，中共单县县委从张寨、张花园、王岗等十几个村的抗日自卫团中，抽调骨干力量 80 余人，组成了张寨抗日自卫团联队。为鼓舞士气，教育群众，联队主张大唱抗日革命歌曲，并号召人人创作鼓动性强、教育作用大、易记易唱易理解的抗日歌谣。为此，队员们都怀着满腔热情，铆着劲儿自编试唱。不长时间，就编出了几十首。他们从中评选出 10 首优秀歌谣，其中米风海自编的一首《千万不能打呼噜》最受联队队员喜爱。后经队友们集体修改，这首歌谣更富感召力：

日本鬼子打进东三省哟，我们还在打呼噜（即不觉醒）。日本鬼子打进山海关哟，人们还在打呼噜。哎哟，日本鬼子打到卢沟桥哟，我们才睡醒。同胞们醒来吧，鬼子打进了济南府。兄弟们醒来吧，鬼子打到了家门口。我们不做亡国奴，敢与鬼子刀见红。同胞们，扛起枪拿起刀，对准鬼子头。同胞们，千万不能打呼噜……

一场扬眉吐气的阻击战

1938 年 7 月 2 日，刚刚被编为湖西抗日义勇队第二总队第八大队的张寨抗日自卫团联队，获知日军吉谷师团 1000 余人从砀山沿单砀大路向单县进犯。在教导员高文甫的率领下，抗日自卫团联队火速赶往马良集附近阻击。一名掉队的矮个日军刚钻进路边的高粱地应急，就被当地一位锄地的农民盯上，冷不防来了个饿虎扑食，将日军掀翻在地，先是一通拳脚猛揍，接着抡起铁锄，把日军砸了个满面开花，蹬蹬腿便一命呜呼。待耀武扬威、不可一世的日军队伍刚进入我军的伏击圈时，高文甫一声令下，长枪短炮齐鸣，直把日军打得晕头转向、乱作一团，当即死伤 40 余人。等日军哇哇怪叫着回过神来的时候，机智的勇士们已失踪影。气急败坏的日军向可疑的方向好一阵猛烈扫射，我方埋伏在安全之处的勇士们掩嘴窃喜，连骂日军该死。遭此伏击的日军风声鹤唳，后来，龟缩在单县城内极少出动……

那位缴获一杆三八大盖、机智果敢处死日军、外号“大老黑”的中年农民，战后受到了抗日自卫团联队的隆重表彰。

农家院里编印抗日小报

1939 年 2 月，中共苏鲁豫特委针对当时抗日形势的需要，根据共产党的方针政策，为广泛团结各群众团体和各阶层人士，建立抗日民族统一战线，决定创办《团结日报》，由魏钦公（新中国成立后曾任河南省委党校校长、省政协副主席）负责并担任主编。报社设在与张寨相邻的张花园张昌学家。开始是油印，后来党组织从敌占区搞来了一台印刷机，每期印数由几百份增至6000份。报纸发至各村抗日自卫团、党政机关，党组织还通过地下秘密渠道，将报纸散发到湖西区周边的江苏丰县、安徽砀山、河南虞城县城等敌占区。再后来，社址迁到张寨村，报名改为《哨兵》。这张诞生并茁壮成长在“小延安”农家院里的报纸，当时曾发挥了广泛的宣传教育作用。通过感召、启蒙，有的国民党匪首率部起义，弃暗投明；不少开明的地主豪绅纷纷献枪献马、捐钱捐粮，支援抗日战争；大批进步群众及热血青年纷纷投入到党的怀抱，积极开展抗战工作。

（本文原载2020年12月15日《教育新观察》）

《联合大会会歌》：抗日民族政权的赞歌

秦丕山　刘　洁

20世纪30年代末期，在中共中央山东分局的领导下，抗日烽火燃遍沂蒙大地。到1940年，在蒙山前、沂河畔，伴随着嘹亮而雄壮的《联合大会会歌》，发生了一个伟大的事件——山东省联合大会召开，选举成立了中国共产党领导下的第一个省级抗日民主政权——山东省战时工作推行委员会。

1940年2月5日，根据中共山东分局指示，由山东各界救国联合会负责人范铭枢、彭畏三和鲁南总动员委员会负责人李澄之等，会同五战区工会和苏鲁青年救国联合会在沂水举行座谈会。会议决定，筹备召开山东各界救亡团体代表大会。经过半年的认真筹备，在各地普遍建立职工会的基础上，1940年7月26日至8月26日，山东省各界救亡团体代

联合大会会歌

1=G 4/4　　佚名 词曲

5 1 7 1 5 | 5 3. 2 3 1 | 1 3. 4 5 4. 3 |
蜿 蜒的 沂 水，巍 峨 的 蒙 山，前 进 的 战 士 们

2. 3 2 5 - | 5 5 5 3 5 5 1 1 | 2 2 2 1 2 2 3 3 |
盛 会 空 前。我们在 抗战中 成 长，我们在 烽火中 锻 炼，

5. 5 6 5 5 4 5. 3 | 1 2 0 6 6 6 | 4 4. 4 3 3 0 |
三 千 八百万[①]人 民 的 意 志，已 铸成 钢 铁 的 巨拳。

1. 1 5 3. 2 | 1 2 0 5. 1 | 3. 2 1 3 5 5 0 |
粉 碎 投 降 的 危 险，挣 脱 奴 隶 的 铁 链。

3 3 0 3 5 3 3 1 2 | 3/4 3. 3 2 3 0 | X X X X. | X X X X. |
听啊 全 山东的 人民 一 齐 高呼：团结 到 底！抗战 到 底！

4/4 2 2 0 5 3. 3 | 4 3 0 3 3 4. 3 | 2 2 0 2 2. 2 |
看啊 自 由 的 光 芒 在 晨 读 中 辉耀，解 放 的

4 4 0 3 3 3. 3 | 3 4 5 - | 5 1 7 1 5 | 5 3. 2 3 1 |
旗帜 在 黎 明 中 招 展，蜿 蜒的 沂 水，巍 峨 的 蒙 山，

1 3. 4 5 4. 3 | 2. 3 2. 7 1 - ‖
前 进 的 战 士 们 盛 会 空 前。

① 三千八百万：当时山东的人口是3800万人。

表大会在临费沂边联县青驼寺（今属沂南县）召开。参会代表300多人。大会主席团由范明枢、朱瑞、黎玉、李澄之等27人组成。

山东省各界救亡团体代表大会，也称山东省各界代表联合大会，包括山东省国大代表复选大会、山东省临时参议会成立大会、山东省民众总动员成立大会、山东各界救国联合总会，和工人、农民、青年、妇女、文化界代表大会，简称“联合大会”。

1940年8月1日，山东省临时参议会成立，选举范明枢、亓养斋等81人为山东省临时参议会议员，推举范明枢为参议长，马保三、刘民生为副参议长，正式成立了全省统一的民意机关。同日，山东省战时工作推行委员会（简称“省战工会”）成立，张经武、李澄之、黎玉、罗舜初等23人当选为委员，黎玉为首席组长。至此，有了全省统一的行政权力机关。8月6日，山东省各群众团体分别成立，从此，实现了全省抗日群众组织的统一领导。8月7日，省临时参议会通过了《山东战时施政纲领》。8月16日，临沂、费县、蒙阴等据点的日伪军1500余人袭击青驼寺，大会会址转移到孙祖（今属沂南县）。8月26日，联合大会在孙祖铁峪胜利闭幕。会议召开前，由文艺工作者集体创作了《联合大会会歌》，其歌词是：

蜿蜒的沂水，巍峨的蒙山，
前进的战士们盛会空前。
我们在抗战中成长，我们在烽火中锻炼，
三千八百万人民的意志，已铸成钢铁的巨拳。
粉碎投降的危险，挣脱奴隶的铁链。

听啊全山东的人民一齐高呼：团结到底！抗战到底！

看啊自由的光芒在晨读中辉耀，解放的旗帜在黎明中招展。

蜿蜒的沂水，巍峨的蒙山，

前进的战士们盛会空前。

（本文原载中国文化艺术出版社 2011 年版《沂蒙红歌集》）

《临郯青年救国团团歌》的前世今生

杜沂蒙

在沂蒙大地，曾有这样一群青年在革命老区留下浓墨重彩的一笔，他们是谁，又有怎样的故事？从《临郯青年救国团团歌》的“前世今生”，或许可以了解一二。

临郯青年救国团成立

1935 年 12 月，中共中央政治局在陕北瓦窑堡召开扩大会议，明确提出建立广泛的抗日民族统一战线的方针政策。共青团中央积极响应党的主张，发表《为抗日救国告全国各校学生和各界青年同胞宣言》，提出共青团要成为民族解放性质的抗日救国青年团。

1938 年 2 月，临郯抗日民族解放促进会与抗日民族解放先锋队合并为第五战区临郯青年救国团。

1938 年 3 月，中国共产党党员丁梦孙受中共山东省委派遣，从济南来到三重村、丁庄一带，宣传、发动群众组织起来开展抗日救国斗争。同年 4 月，临郯地区成立的数十个抗日民族解放先锋队和抗日民族解放促进委员会改名为临郯青年救国团各分团组织。5 月，临郯青年救国团县团部成立，下设 10 个分团，丁梦孙任县团部常务委员，孙明光任组织部部长，刘觉亭任宣传部部长。

山东省郯城县党史资料征集委员会原主任宋保武介绍，当时成立临郯青年救国团之前，中共苏鲁豫皖边区特委派了5名干部到临郯开展工作，其中就有后来的《临郯青年救国团团歌》曲作者沈淇生和他的爱人。临郯青年救国团成立的时候，有37个分团，总团在今临沂，其中7个在今郯城县。鲁南重镇马头镇就有2个，分别是7团和22团。

抗日工作如火如荼开展

临郯青年救国团是由中国共产党直接领导，以先进青年为主体，包括工人、农民、妇女、少年儿童在内的抗日群众团体。

临郯青年救国团县团部成立后，为提高团员的理论水平和思想觉悟，充分发挥他们在抗日救国中的骨干作用，根据临郯县委指示精神，县团部开办了临郯抗日军政干部训练班，对各分团的团员分期分批进行培训。

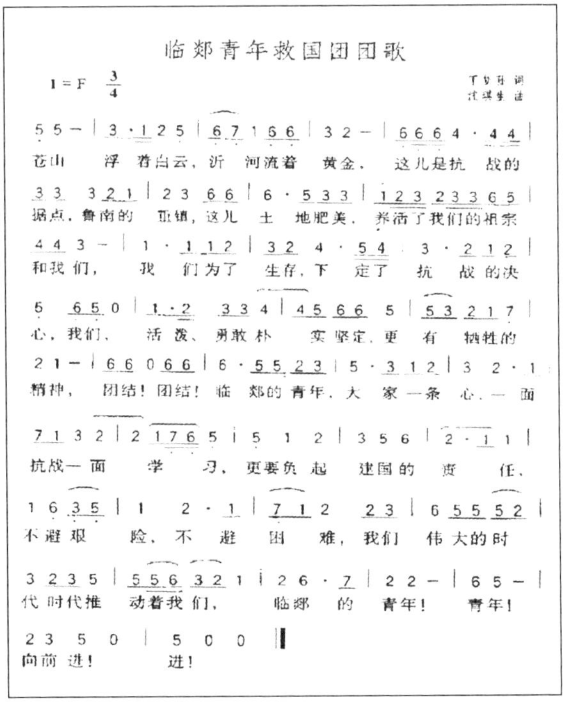

当时，丁梦孙开展工作的条件十分艰难。临郯青年救国团成立之初，丁梦孙继续以货郎身份走村串巷开展工作，晚上住在徐奎元家。

徐奎元家是当时前黄山村（今罗庄区黄山镇）的大户人家，

临郯青年救国团团歌

1＝F $\frac{3}{4}$

丁梦孙 词
沈淇生 曲

5 5 — | 3 · 1 2 5 | 6 7 1 6 6 | 3 2 — | 6 6 6 4 · 4 4 |
苍山 浮 着白云，沂 河流着 黄金， 这儿是抗 战的

3 3 3 2 1 | 2 3 6 6 | 6 · 5 3 3 | 1 2 3 2 3 3 6 5 |
据点，鲁南的 重镇，这儿 土 地肥美， 养活了我们的祖宗

4 4 3 — | 1 · 1 1 2 | 3 2 4 · 5 4 3 · 2 1 2 |
和我们， 我 们为了 生存，下 定了 抗 战的决

5 6 5 0 | 1 · 2 3 3 4 | 4 5 6 6 5 | 5 3 2 1 7 |
心，我们、 活 泼、勇敢朴 实坚定，更 有 牺牲的

2 1 — | 6 6 0 6 6 | 6 · 5 5 2 3 | 5 · 3 1 2 | 3 2 · 1
精神， 团结！团结！临 郯的青年，大 家一条 心，一 面

7 1 3 2 | 2 1 7 6 5 | 5 1 2 | 3 5 6 | 2 · 1 1 |
抗战一面 学 习，更要负起 建国的 责 任，

1 6 3 5 | 1 2 · 1 | 7 1 2 2 3 | 6 5 5 5 2 |
不避艰 险，不 避 困 难，我们 伟大的时

3 2 3 5 | 5 5 6 3 2 1 | 2 6 · 7 | 2 2 — | 6 5 — |
代时代推 动着我们， 临郯 的 青年！ 青年！

2 3 5 0 | 5 0 0 ‖
向前 进！ 进！

当家的徐奎元身兼黄山乡乡长、联庄会会长等职，手握着李庄、黄山等多地的土地账簿册。

当丁梦孙向徐奎元表明来意后，徐奎元不仅答应支持革命，为了做好掩护，还认丁梦孙做了义子。

随着临郯青年救国团队伍的壮大，徐奎元为抗日主动献出了土地账簿册，很好地解决了这支抗日队伍的后勤保障问题。

不仅如此，徐奎元还介绍丁梦孙到其亲家所在的庄坞（今属兰陵县）开展工作。其间，丁梦孙曾邀请徐奎元在临郯青年救国团内担任领导职务，徐奎元考虑到各个方面因素，虽婉言谢绝，但引荐了自己的儿子徐洪恂、侄子徐洪贵两位热血青年参加临郯青年救国团。

徐奎元自己虽未直接参加，但作为联庄会会长，他积极组织抗日，在各村主动搜集并及时汇报日军“扫荡”动向，便于村民及时转移。他还向临郯青年救国团输送优秀人才。

宋保武介绍，1939 年 2 月，丁梦孙创作了《临郯青年救国团团歌》的歌词。当时住在马头镇知识分子高姓人家的沈淇生擅长音律，在高家负责教授高家孩子读书唱歌，他看到丁梦孙写的歌词后，就谱成了曲。《临郯青年救国团团歌》由此诞生。这也是抗战时期山东鲁南地区最早诞生、广为流传的一首青年抗战歌曲，激励着当地广大青年积极参加抗战。

苍山浮着白云，沂河流着黄金……我们为了生存，下定了抗战的决心。我们活泼勇敢、朴实坚定，更有牺牲的精神。团结！团结！临郯的青年，大家一条心……

在《临郯青年救国团团歌》的鼓舞下，青救团的抗日工作如火如荼地开展。

一曲红歌传唱至今

1939 年 11 月，八路军一一五师东进支队解放马头镇。1940 年 10 月，马头镇成为鲁南抗日根据地的中心。“此歌曲后来更是在鲁南地区 37 个分团纷纷唱响。”宋保武说。这对鲁南军民抗战起到了极大的鼓舞作用，振奋人心。

虽然宋保武不会唱这首歌，但是他多次听到曾在团郯城县委工作过的抗战老八路秦保华老人唱。“他经常到当时的研究室交流党史研究工作，也唱过这首歌，歌曲很好听，也很振奋人心。”宋保武说。

后来，山东省派马头镇乡村振兴服务队进驻马头镇，注重深挖马头镇的红色文化基因，《临郯青年救国团团歌》诞生于马头镇就是其中的一处重大发现。

（本文原载 2020 年 3 月 24 日《中国青年报》）

抗战红歌《沂蒙山小调》

徐希冕

《沂蒙山小调》诞生地

《沂蒙山小调》是被联合国教科文组织认定为中国最具代表性的两首民歌之一，蜚声海内外。

这首歌曲诞生于抗战时期硝烟弥漫的沂蒙山区，穿越历史的烽火，一直传唱至今，是红色沂蒙的底蕴与标志，是抗大第一分校挺进沂蒙的创作成果。

中国人民抗日军事政治大学（简称“抗大”）于 1936 年 6 月正式成立。1938 年 12 月 25 日，抗大第一分校在陕西延长县成立，后迁至晋东南古县、岗上一带办学。为适应抗战形势的需求，更好地坚持敌后游击战争，巩固和发展山东抗日根据地，中央和八路军总部命令抗大一分校到山东敌后办学，就地培养山东军政干部。同时，任命周纯全为抗大一分校校长，李培南为政治委员兼政治部主任，韦国清为副校长兼训练部部长。1939 年 11 月，抗大一分校 1370 余人从山西省壶关县神郊村出发，一行出山西，进冀南，跨鲁西，横穿平汉、津浦铁路，历时 40 余天，行程 3000 余里，于 1940 年 1 月 5 日到达沂南县孙祖、东高庄一带。

抗大一分校到达沂蒙后，根据地面临着“扫荡”与反“扫荡”、“清剿”与反“清剿”、“封锁”与反“封锁”、“蚕食”与反“蚕食”、“伪化”与反“伪化”、“摩擦”与反“摩擦”的多重斗争，敌我顽斗争尖锐紧张，战斗激烈频繁，环境非常艰苦，局势复杂而严峻。为适应这种特殊环境，抗大一分校采取教学编组与军事编组相结合的措施，既是教学单位，又担负战斗职责，参加沂蒙抗日根据地的军事斗争，直到 1945 年 10 月，抗大一分校离开沂蒙北上东北。抗大一分校在沂蒙抗日根据地办学近 6 年，培养训练 1.4 万余名党政军干部，为沂蒙抗日根据地的巩固、扩大和发展，发挥了骨干作用。

1940 年初，抗大一分校文工团驻费北白石屋村。该村位于蒙山第三高峰望海楼东侧山谷中，虽然贫穷、偏僻，但群众基础好，且隐蔽、安全，是革命老区的堡垒村。文工团学员就在村周围山坡中工作、学习。

为了扑灭这一带的抗日烈火，日军、汉奸、国民党顽固派联合袭扰破坏抗日根据地，并利用当地反动会道门组织黄沙会不断散布谣言，诋毁共产党领导的抗日军民，阻挠群众参战。为了扫除障碍，党组织和抗日民主政府对黄沙会会首及其骨干分子做了大量艰苦细致的工作，均未奏效，迫不得已，决定以武力解决。为配合这一行动，抗大一分校文工团以文艺宣传为武器，一面到前线开展政治攻势，一面深入到黄沙会最盛行的沙沟峪、马头崖进行调查研究和宣传教育，同时搜集创作素材。

为了揭露国民党反动派的阴谋和黄沙会的罪行，教育受蒙骗的群众，抗大一分校文工团员阮若珊经过精心的构思，在白石屋的一间民房里编写了《反对黄沙会》一歌，歌词为：

人人（那个）都说（哎）沂蒙山好，沂蒙（那个）山上（哎）好风光。青山（那个）绿水（哎）多好看，风吹（那个）草低（哎）见牛羊。自从（那个）起了（哎）黄沙会，大家（那个）户户（哎）遭了殃。牛角（那个）一吹（哎）嘟嘟响，拿起（那个）刀枪（哎）上山岗。硬说俺那肉身子（哎）能挡枪炮，谁知（那个）子弹穿过见阎王。装神（那个）弄鬼（哎）把人害，烧香（那个）磕头（哎）骗钱财。八路（那个）神兵（哎）从天降，要把（那个）害人虫（哎）消灭光。沂蒙山的人民（哎）得解放，男女（那个）老少（哎）喜洋洋。

李林根据山东逃荒到东北的卖唱人所唱的曲调，即源于沂蒙山区的花鼓调，加工作曲。同年 8 月，李林和阮若珊对《反对黄沙会》进行了修改，将反对黄沙会的内容改为抗日的内容，易名《沂蒙小调》。

歌曲一经传出，很快传遍了鲁中、鲁南、滨海、胶东等山东抗日根据地，受到了广大军民的普遍喜爱。新中国成立前后，经不断加工修改，保留了原作的前两段歌词：“人人都说沂蒙山好，沂蒙山上好风光。青山绿水多好看，风吹草低见牛羊。”

1953 年秋天，山东军区文工团李广宗、李锐云、王印泉 3 人重新改编，在已有两段歌词的基础上又补写了下面两段歌词：“高粱红来豆花香，万担谷子堆满仓。咱们的共产党领导得好，沂蒙山的人民喜洋洋。”在新词里注入了新时代的音符，形成了现在这首脍炙人口、充满诗情画意、赞颂沂蒙山区秀丽风光和沂蒙人民幸福生活的革命历史民歌。至此，《沂蒙山小调》最终定型，被收入山东人民出版社 1957 年 6 月出版的《山东民间歌曲集》。1964 年，歌唱家韦友琴在华东地区民歌会演上演唱了《沂蒙山小调》，受到陈毅和其他中央首长的称赞。1980 年，山东歌手王世慧 3 次进中南海汇报演出，赢得国家领导人的赞誉。《沂蒙山小调》唱响中国，唱遍世界，经久不衰，成为沂蒙大地的主题形象。2003 年 2 月，《沂蒙山小调》被定为临沂市市歌。

（作者单位：中共临沂市委党史研究院）

经典红歌《跟着共产党走》的由来

徐希冕

《跟着共产党走》奏响开国大典，又在庆祝中国共产党成立100周年文艺演出《伟大征程》被深情唱起。《跟着共产党走》，又名《你是灯塔》，是沙洪、王久鸣1940年在沂蒙山区抗日根据地创作的著名赞歌。

随着抗战形势的发展，沂蒙人民在中国共产党的领导下，抗日热情日渐高涨，沂蒙抗日根据地不断发展壮大。1940年6月，为迎接中国共产党成立19周年，抗大一分校准备“七一”在东高庄召开党代会，要求文工团表演节目、教唱新歌。文工团主任袁成隆、支部书记史屏和副主任王久鸣商议，准备写一首新歌向建党19周年和抗大一分校党代会献礼。他们商定由抗大一分校政治部宣传科干事沙洪写歌词，文工团副主任王久鸣谱曲。

建国初期的歌本

王久鸣接受创作任务时当即表态说：“只要有人把歌词写出来，我就竭尽全力进行创作！”他还进

沙洪（右三）与王久鸣（右二）在研究电视音乐专题片

一步爽快地表示："如果有人能在10分钟内写出歌词，那么我10分钟也能把它谱成歌曲。"听到王久鸣的话后，擅长诗歌创作、刚满20岁的校政治部宣传科宣传干事沙洪立即起身爽快地说："他能在10分钟内谱成曲，我也一定能在10分钟内作完词。"文工团领导听罢，认为这是促进创作、互相学习的好机会，于是用出"激将法"，立即询问王久鸣："敢不敢和沙洪来个比赛？"王久鸣毫不犹豫地一口答应下来："赛就赛，沙洪写词用多长时间，我谱曲就用多长时间。"

于是，两位才华横溢的文艺战士即刻开始了创作。只见沙洪在树林里席地而坐，稍加思索，立刻在膝盖上铺开纸笔写了起来。他没有食言，10分钟内果真完成了创作，把歌词交给了王久鸣。王久鸣看了这首歌词，心中迅即燃起了音乐创作的火花。他一边琢磨一边哼唱起来，经过几分钟的哼唱后，便下笔如飞，迅速完成了曲谱，时间也正好用了10分钟。就这样，《你是灯塔》

在这两位热血青年以饱满的抗战热情和跟着共产党走的坚定信念的激烈碰撞下，在前后短短20分钟时间内诞生了。歌词为：

你是灯塔，照耀着黎明前的海洋；
你是舵手，掌握着航行的方向。
年轻的中国共产党，你就是核心，你就是方向。
我们永远跟着你走，人类一定解放！
我们永远跟着你走，人类一定解放！

歌曲为通谱体，主题富有动力，旋律慷慨激越，具有鲜明的时代特色。歌词将中国共产党喻为革命的灯塔和舵手，表达了广大军民对中国共产党的衷心拥护和热爱之情，让人们坚信只要跟着共产党，就能取得革命的最后胜利。

歌曲创作出来后，根据地各级领导非常满意，文工团马上试唱，并在抗大一分校党代会和建党19周年纪念会上正式演出。王久鸣还向出席会议的全体同志教唱了这首歌，受到广大师生的欢迎和好评。

歌曲很快就传遍了山东各个抗日根据地，后来又传到了苏皖等根据地，并通过共产党的地下工作者传到了敌占区和敌伪占领的多个大城市，在当时的南京、上海、北平都有人唱这支歌。新中国成立后，歌曲名字由《你是灯塔》改为《跟着共产党走》。

1949年10月1日，在中华人民共和国开国大典上，军乐队奏响了《跟着共产党走》，万千群众齐声高唱，其中一句歌词由"年轻的中国共产党"改为"伟大的中国共产党"。

（作者单位：中共临沂市委党史研究院）

牧虹、卢肃与《团结就是力量》

张翔兮

《团结就是力量》的词作者牧虹、曲作者卢肃都是江苏徐州人。抗战时期，他们一起到延安，又一起从延安穿过敌人的封锁线，到达晋察冀边区，分别担任华北联合大学文艺学院文学系和音乐系的老师。

歌剧《团结就是力量》是 1943 年为庆祝平山县减租减息运动顺利开展和县参议员选举胜利闭幕而排演的。在排练过程中，大家都觉得歌剧结束得有些突然，缺乏终止感。综合大家建议，由牧虹作词、卢肃谱曲，增加了一首幕终曲。

因为词曲作者都是徐州人，有着相同的经历和感受，二人配合默契。趴在老乡家的平顶上，牧虹用 20 多分钟就把歌词写出来了。歌词交给卢肃后，他用十几分钟就谱出了曲子，成为音乐界的一段佳话。

歌剧《团结就是力量》第一次在北庄村演出后，与歌剧同名的幕终曲《团结就是力量》不胫而走，从解放区传到作者的家乡徐州，传遍全中国。

《团结就是力量》每小节里两拍的强弱关系循环交替贯穿全曲，就像人们大踏步地走路一样，让整首歌曲充满铿锵有力的进行曲节奏，给人一种脚踏实地非常坚定的感觉。这也体现了抗日战争时期，八路军和老百姓团结一致，奋勇抵抗日寇侵略的决心。

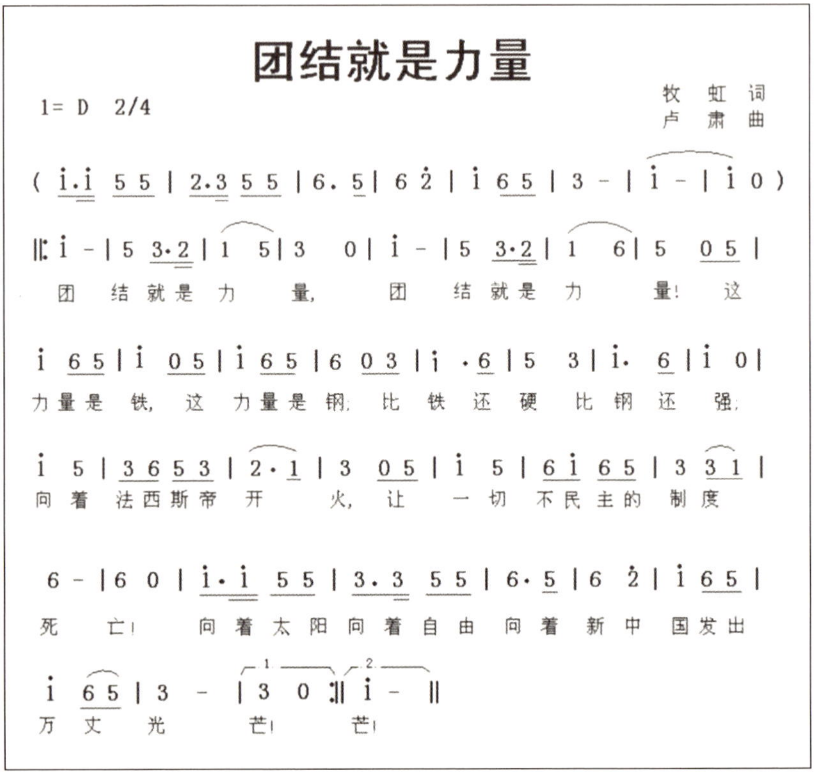

团结就是力量

1= D 2/4

牧 虹 词
卢 肃 曲

(i.i 5 5 | 2.3 5 5 | 6. 5 | 6 2 | i 6 5 | 3 - | i - | i 0)

‖: i - | 5 3.2 | 1 5 | 3 0 | i - | 5 3.2 | 1 6 | 5 0 5 |
团 结 就 是 力 量， 团 结 就 是 力 量！ 这

i 6 5 | i 0 5 | i 6 5 | 6 0 3 | i .6 | 5 3 | i. 6 | i 0 |
力 量 是 铁， 这 力 量 是 钢， 比 铁 还 硬 比 钢 还 强；

i 5 | 3 6 5 3 | 2 . 1 | 3 0 5 | i 5 | 6 i 6 5 | 3 3 1 |
向 着 法 西 斯 蒂 开 火， 让 一 切 不 民 主 的 制 度

6 - | 6 0 | i . i 5 5 | 3 . 3 5 5 | 6 . 5 | 6 2 | i 6 5 |
死 亡！ 向 着 太 阳 向 着 自 由 向 着 新 中 国 发 出

i 6 5 | 3 - | 3 0 :‖ i - ‖
万 丈 光 芒！ 芒！

作品开篇第一句“团结就是力量”直奔主题，而且第一个音“团”以“高音 do”开始。一般歌曲从 do、mi、sol、la 这些低一些的音开始的偏多，张口直接从这么高的音开始的歌曲大多是抗战歌曲，如“大刀向鬼子们的头上砍去”。这种处理方式有一种“唤醒”的作用，呼应了那个时代的需求。

此时已进入 1943 年，实现团结是新形势的时代呼声。谱曲中连续的跳进，很好地表达出了人们对团结的渴望和追求，唱出了人们的心声。歌曲后面“向着太阳、向着自由、向着新中国发出万丈光芒”的排比句，增强了语言的气势，旋律上两个八分的连

续“加急叙说”给排比句的气势又加了几分，把人的情绪带向了高潮。

毛泽东同志曾说，一首抗日歌曲抵得上两个师。《团结就是力量》就是这样一首有力量的抗日歌曲。当年，一批批有志青年高唱着《团结就是力量》，参加了抗战的队伍，投身到反侵略战斗中。新中国成立以后，《团结就是力量》更是成为中国人民团结奋斗、拼搏进取、建设国家的号角。

《烈火燃烧在沂蒙山上》溯源

苗得雨

在抗战时期的1940年到1945年，一曲《烈火燃烧在沂蒙山上》，男女老少无不唱得激奋、昂扬，这是那时流传最广，也最动人心的一首歌。

前几年，老家要拍电影《浴血渊子崖》，故事讲的是莒南渊子崖村全体村民血战前来包围的日本军，村民牺牲100多人，也杀死日军100多人。准备给这部影片当顾问的老友王滨，主张主题歌用《烈火燃烧在沂蒙山上》，而不是剧本定的另外一首歌。我非常赞同，我说："就地取材好！若再加一段抒情歌曲，可以唱《石榴开花胭脂红》……"

王滨说，他一时还没有找到《烈火燃烧在沂蒙山上》的资料。我根据回忆，列出一份。我又求教于当年的老师和老领导，一位是在河南省工作的抗日小学时的老师邱为奎，他忆出一份；一位是老音乐家，中国作协文讲所的徐刚，他也忆出一份。他说："这是当年华北的一首歌，名字就叫《烈火燃烧在太行山上》，传到我们山东，改成的《烈火燃烧在沂蒙山上》。"作者就是大名鼎鼎的李伟。

李伟，1914年生，河北省沧县人，上清华大学时，参加过"一二·九"学生运动，加入了该校的海燕歌咏团；1938年赴山西，参加八路军总部炮兵团；1941年随团调往延安，历任炮团的宣传科长、宣传部长。抗战时期创作的歌曲有《炮兵歌》《炮兵进行曲》《朱德将军》《毛泽东之歌》《生产四部曲》等；解放战争时期创作的有《东北民主联军之歌》《坦克进行曲》。新中国成立后任解放军总政文化部副部长、副秘书长、宣传部长，此时的作品有《抗美援朝进行曲》《人民战士进行曲》以及大合唱《英雄战黄河》等。他的作品还有《割麦谣》《行军小唱》《南泥湾好地方》，以及《反摩擦小调》和《空舍清野》。

兹将《烈火燃烧在沂蒙山上》抄录如下（原歌中不同句列括号内）：

> 烈火燃烧在沂蒙山上（太行山上），愤怒充满了我们的胸膛，鬼子们（强盗们）各路进攻来扫荡，杀人放火奸淫又抢粮（又抢掠）。展开游击战争，打到敌人后方，山川震惊，林木震荡，到处有革命的队伍（到处有救国的热情），到处有抗日的武装。兄牵弟，儿别娘，前拥后护上战场，齐心合力打东洋！拆桥破路，攻城夺粮，造成犬牙交错的战场，向鬼子们（向侵略者）来一个反扫荡！

创作在太行山上的歌曲，流行在沂蒙山。当时山东也属华北，日军对抗日根据地的“扫荡”，也是在两地轮番进行，夏天是冀中“五一大扫荡”，秋天是沂蒙山的“铁壁合围大扫荡”。鬼子那个华北总司令冈村宁次，在华北被“地道战”弄得晕头转向、一筹莫展，这家伙鬼点子多，在沂蒙山的“拉网扫荡”中实施“梳篦战术”，占了点便宜。但自从1943年起，局势转向有利于我们，日军只有处处等着挨打了。

这首歌在当年的抗日斗争中，对广大军民起了很大的鼓舞作用。

（本文原载 2013 年 7 月 4 日《齐鲁晚报》）

流传于徐州一带的抗日之歌

王大勤

国难当头，群情激奋，杀敌救国，保卫家园，成为那个年代徐州人民的共同呐喊，抗日之歌响彻徐州城乡。

《少年之魂》

1930 年，郭子化用当时流行歌曲《小麻雀》的曲调，给学生创作《少年之魂》歌曲，意在张扬青年们的革命志气。歌词是：

少年之英魂，革命先锋军。
悲壮，深沉，造福音。
泪血洗尽人间污痕。
漫漫长夜，曙光破晨。
开自由花，朵朵新，香满红尘。
功烈永存，英魂万春。

《民众之歌》

为激励家乡人民的抗日热情，徐州民众教育馆馆长赵光涛专门创作了一首《民众之歌》。其歌词是：

我是民众，我是主人，我负救国的责任。挣开我们的枷锁，打倒强暴的日本。繁荣我们的农村，解决大家的贫困。探求我们的知识，做大时代的新民。

《新年快乐歌》

这是赵光涛创作的又一首抗日歌曲。其歌词是：

要想真快乐，打倒小日本，收复旧山河，那才真快乐。

《苏鲁豫进行曲》

传唱于沛县抗战游击区的这首歌曲，一直鼓舞着游击区人民全力杀敌保家园。其歌词是：

太阳照红了东方，东风吹荡着麦浪，我们自由地走、纵情地唱，在这广大的平原上。西从冀鲁豫，跨过微山湖、津浦路，怒吼着，武装抗日的民众千百万，千百万，游击战，到处打得敌胆寒。敌人从哪里进攻，就立即消灭他在哪边。太阳照红了东方，东风吹荡着麦浪，我们自由地走、纵情地唱，在这广大的平原上。

《保卫邳睢铜》

这是抗战期间流行在邳睢铜一带的歌曲。其歌词是：

邳睢铜是我们生长的地方，邳睢铜是我们的家乡，我们热爱着邳睢铜边区，我们永远保卫家乡。家乡运河岸上、黄河两旁，我们的军马浩荡，这铜壁铁墙，这儿是祖国的自由土地，我们自由地走动，轻轻地唱。一、二、三、四！

《叫老乡》

这首歌是邳睢一带抗战期间的流行歌曲。其歌词是：

叫老乡，快到战场上，快去把兵当。莫到日本鬼子来到咱家乡，老婆孩子遭殃时，才去把兵当。

你别说，日本鬼子他难找我，咱就想快乐。你不出钱我不拿枪想着法儿躲，无人打仗忘了国家，你看怎么活？

你别想，谁家来了给谁家儿粮，完粮自救亡。日本鬼子奸淫烧杀还要抢掠，一家大小都杀个光，我的老乡来！

《拿起刀枪干一场》

这首歌歌词浅显，朗朗上口，后来被选编到解放区小学的语文课本中。其歌词是：

河里水，黄又黄，日本鬼子太猖狂。昨天炸了王家寨，今天又烧李家庄。逼着青年当炮灰，逼着老人送军粮。炮灰打死填土坑，运粮打死倒路旁。这样活着有何用，拿起刀枪干一场。

《挖路好》

抗战期间，为了有效打击敌人，丰县人民开展了地道战，同时采取挖路破桥等多种办法，阻止日寇的进攻。《挖路好》就是在这种情况下创作的。其歌词是：

挖路好，挖路好，鬼子来了跑不了，我们的性命才能保。保性命，还是挖路好。

挖路好，挖路好，鬼子的汽车来不了，我们的家乡才能保。保家乡，还是挖路好。

挖路好，挖路好，涝天庄稼淹不了，农田生产才能保。防旱涝，还是挖路好。

挖路好，挖路好，打得鬼子无处逃，咱们的战斗胜利了。想胜利，还是挖路好。

《鱼儿离不开水》

这是一首写军民鱼水情的抗战军歌，流行于邳睢铜地区。其歌词是：

同志们呀个个要听真，咱为了救中国参加了八路军。在家里咱们本来都是老百姓，抗日的战士不能忘本。

同志们呀我要问问你，咱吃的穿的都是哪来的？吃和穿咱都靠穷苦的老百姓，咱离开老百姓就像离水的鱼。

鱼儿离水活呀活不成，咱离开老百姓就不能打胜仗。军和民一条心，打垮那小日本，最后的胜利属于我们。

《打得好》

这首歌曲是驻邳睢铜地区的新四军文艺战士集体创作的，歌词简短有力，简单易学。其歌词是：

打得好来，打得好来打得好，四边八方传捷报来传捷报。到处都能打胜仗，咳！捷报如同雪花飘来雪花飘。

雪花飘来，雪花飘来雪花飘，抗日的大军立功劳来立功劳！赶走东洋小日本，咳！人民江山牢又牢。

红色歌谣中的微山湖

侯仰军

抗战时期，微山湖区产生了大量抗日军民随口吟诵的抗战歌谣。湖区的百姓大多不识字，抗战歌谣随编随唱，没有形成文字，流传下来、保存至今的真正意义上的抗战歌谣实在少之又少。

微山湖位于苏鲁交界地带，湖面广阔，南到徐州，北通济宁，东连沂蒙山区，西接鲁西南，战略位置十分重要。由山东、华中抗日根据地通往延安的微山湖上交通线，在抗日战争中发挥了巨大作用，刘少奇、陈毅、朱瑞、萧华等领导同志都是由湖上交通线安全到达鲁西和延安的。抗日武装风起云涌，微山湖区成为著名的抗日根据地。

抗战初期，微山湖区流传着大量的抗战歌曲，如《全国总动员》《救亡进行曲》《洪波曲》，极大地鼓舞了人民的斗志，对于战胜日寇起到了巨大的作用。这些歌曲，对于微山湖区抗战歌谣的产生起到了标杆作用。

当时，微山湖区民间曲艺（民间说唱）活动十分活跃，农闲季节，听、唱民间曲艺是广大农、湖、渔民娱乐的主要方式，对于抗战歌谣的产生起到了潜移默化的作用。

大体说来，微山湖区的抗战歌谣按照内容可以分为以下几类。

一、歌颂共产党、八路军

台儿庄战役后，国民党军队节节败退，日军占领微山湖区，共产党领导的人民武装深入敌后，通过一系列战斗，给日伪军以重创，在人民群众中树立了很高的威望。广大人民群众盼望共产党、相信八路军，这在歌谣里有很好的体现。如：

一月里是新年，冯政委率队去鲁西南，哎哎呀，看到了“老十团”！战士喜得拍手笑，“旱鸭”“水鸭”“麻机关”，哎哎呀，我们真喜欢。

说的是1943年春节前，湖东县委为保存革命力量、提高士气、增强战斗力，由县委书记兼大队政委冯起带一中队去湖西教导四旅受训，在那里受到了“老十团”指战员的热情接待。春节后一中队归来，面貌一新，为此大家编了一首歌谣，在队员们中间传唱。

冯起率队在鲁西南受训的时候，大队长张文桐接到侦察员的情报，马坡、圈里、师家庄、石里、薄梁等5个据点的日伪军突然撤走了，张文桐立即集合队伍，于当晚兵分两路，火烧炮楼，一夜之间将敌人构筑的5处炮楼烧毁，在群众中产生很大影响。人们又编唱了这样一首歌谣：

二月里来草芽生，张大队长率队在湖东，把据点都烧平，哎哎呀，老乡喜盈盈。夜间来了老八路，顺着大路向西行，哎哎呀，攻打兖州城。

随着湖东县武装力量的发展壮大，驻鲁桥的伪中队长越来越惊恐不安。他不敢再死守碉堡，白天驻鲁桥，夜间则率部驻师庄。为此群众编了一首歌谣唱起来：

汉奸队，土匪帮，抢我们的东西吃我们粮。白天鲁桥转一转，晚上就回师家庄。有朝一日八路到，就把你们消灭光。

这些歌谣，针对一人一事抒发感想，表达了人们对日伪军的痛恨和对共产党、八路军的热爱、盼望之情，在抗战歌谣里很有代表性。

二、灵活机动打日军

抗战初期，兵荒马乱，广大人民群众迫切希望赶走日军，过上太平日子。国民党政府和军队在日军大举进攻面前一败再败，又不能有效地发动群众，人民在他们那里看不到希望，只有共产党、八路军深入敌后，奋勇杀敌，才给他们带来胜利的曙光。

1940 年 2 月，刚成立的沛滕边县警卫营一连驻扎在夏镇附近的纸坊村，夏镇维持会会长刘效良获悉后，于 2 月 14 日（农历正月初七）率保安队 150 余人、日军 30 余人前往偷袭。警卫营长张新华命指导员高凯带领二排战士在薛河涯上阻击敌人，连长朱恒先带三排埋伏在左侧，突击大队长陈世俊带队抄敌人后路，并组织周围村庄的民兵前来参战。中午 12 点左右，日伪军进入包围圈，张新华一声令下，战士们一齐开火。由于地形对我军有利，又有民兵配合，虽然是新兵上阵第一仗，却旗开得胜，打垮了伪保安队，击毙日军传达长李根，打伤日军 5 名，缴获战马 9 匹、步枪 30 余支、驳壳枪 4 支。刘效良带着日军、汉奸蹚河逃跑时，又闯入我军打埋伏的郑安良部，刘效良跪地求饶。群众为庆祝我军首战得胜，编成歌谣到处传唱：

二月初七天晴朗，鬼子扫荡到纸坊。薛河两岸摆战场，毛家路打死鬼子传达长。刘效良带着鬼子把河蹚，顶头遇见打增援的郑安良。刘效良跪在地上把头磕：安良哥，要打你把我来打，千万别把鬼子伤，打死鬼子不要紧，特别区里遭了殃……

三、军民团结

抗日战争中，中国共产党之所以不断发展壮大、越战越强，就是由于动员起了广大民众。在微山湖区抗战歌谣中，对于军民团结和民兵的贡献都有反映，如《民兵杀敌》：

秋水清，秋月明，秋夜到处出民兵。配合主力去摸营，脚轻手灵眼睛明，勇敢沉着显才能。你拿刀，我拿枪，摸进敌营杀敌人，摸进敌营杀敌人。……

1942年秋，鲁南地区大旱，微山湖水位下降，湖田大量扩种。1943年春，湖麦长势良好，估计沛滕边县一个县麦季收粮可超过山区10个县的产量。日军为达到其“以战养战”的目的，早就下令大量征粮。国民党滕、沛、铜山县的地方武装也打起了湖区麦子的主意。为保卫农民的胜利果实，鲁南区党委和鲁南军区于1943年5月中旬发出保卫麦收的命令，要求鲁南军区武工队、铁道大队、微湖大队将沿湖一带的伪乡、保长，全部押送山里受训。一夜之间，将伪乡长、伪保长112人“请”到山里。一个月后，待麦收结束，群众坚壁清野完毕，才把他们放回。由于伪乡、保长都被“请”到山里去了，没有人替日军出面征粮，一个麦季日军基本上没有征到粮食。广大农民、湖民既保住了丰收果实，更积极上缴公粮，支援八路军，表现在歌谣里，如《割麦小调》：

> 高粱青又青，麦子黄又黄，男女老少割麦忙，一家大小喜洋洋，割罢麦子呀，有呀有食粮。你呀你割麦，我呀我打场，一面做工一面唱，麦子粒粒像金黄，有呀有粮食呀，不呀不饥荒！
>
> 你呀你割麦，我呀我打仗，军民合作武装收粮，割了麦子送公粮，军粮充足呀，抗战有保障。麦子黄又黄，收好快埋藏，不让鬼子来烧抢，大家起来反“扫荡”，打走鬼子呀，保呀保家乡。

四、揭露敌人暴行，表达对日军的痛恨

日军、汉奸所到之处，烧杀抢掠，无恶不作，其罪行令人发

指，罄竹难书，如《杀敌救国保家乡》中唱道：

房子烧了，东西没啦，只剩下一片焦土几片瓦，还有那满地的骨头渣。我们的父母兄弟谁杀啦？我们的姐妹谁抢去啦？可恨那日本鬼说杀就杀。走！走！走！上战场，抗战把敌杀。来！来！来！上战场，救国保家乡。

五、妻子送郎上战场

由于共产党、八路军深得人心，加上动员广泛，广大人民群众积极参军参战，出现了“母亲叫儿打东洋，妻子送郎上战场”的动人景象。1944 年春节期间，沛滕边县各村各户门前都挂上了光荣灯、光荣牌，有的挂两三个。1945 年初，八路军在这里一次扩编了一个团，不久，又新成立了一个团。据统计，1944 年到 1948 年，沛滕边县有 1 万多人参军。歌谣《劝郎当兵》就是生动的一例：

一更里来月儿照正东，现如今妇救会就要反攻。这会员真年轻，劝俺丈夫去当兵，今夜晚直劝到鸡叫两三声。……

六、妇女解放

中国共产党一直关注并致力于妇女的解放运动，积极发动妇女放脚、识字，抗战爆发后，在各地成立妇救会，动员广大妇女参军参战、保卫家乡、参与社会事务，使妇女真正翻身得解放。微山湖区的抗战歌谣《梁大嫂翻身》就生动地表现了共产党、八路军到来前后一位童养媳社会地位、精神面貌的巨大变化。这首歌谣较长，从多个角度反映了梁大嫂翻身前经受的苦难，而在那个年代，她同千千万万被压迫、受欺凌的劳动妇女一样，无处倾诉，只好认命。共产党、八路军来到后，“男女讲平等，妇女把身翻”，梁大嫂才真正“得了安然”。

弹指一挥间，70 年过去了，但这些反映老百姓心声的抗战歌谣会永远在历史的长河中回响。

（本文原载 2015 年 9 月 7 日《中国艺术报》）

红歌《困难是炬火》的故事

于岸青

抗日战争最艰苦的时期，在沂蒙山区和根据地干部中流传着一首红歌。曾亲身经历过抗日战争的大众日报社原总编辑辛冠洁将这首歌称为“能代表《大众日报》精神的一首歌”，极大鼓舞了军民的士气。但辛老和大众日报社同志只知道歌曲的片段，不知道完整的歌词和曲谱，连歌名和作者都不知道。辛老在《大众日报》报史馆馆长于岸青的文章中看到歌词片段，勾起深情回忆，就委托于岸青发掘这首歌。直到于岸青找到沂南的秦丕山老师，这首歌才在历史的烟尘中再度展现出清晰、完整的容颜。这首歌就是《困难是炬火》。

秦丕山在沂南县教育体育局从事音乐调研工作。2008 年，他还是沂南二中的音乐教师。一次活动中，他和时任该县县委宣传部副部长杨桂柱交流时，杨桂柱嘱托道，在沂蒙这片红色土地上，还有许多革命歌曲深藏于民间，如果能把它们挖掘、整理出来，是一笔宝贵的精神财富。一语惊醒梦中人，秦丕山夫妇从此走上寻访之路。

2009 年，经人介绍，他听说沂南县砖埠镇孙家黄疃村有一位老人特别会唱歌。于是，秦丕山和妻子刘洁赶紧骑上摩托车，带上一部能摄像的手机，前往村子拜访这位孙元吉老人。这位老人当时 84 岁，当过八路军儿童团团长，由奶奶抚养长大，奶奶会唱不少红歌。

“当时，老人已卧病在床，但听说我们来的目的，动情地说，自己从那个年代过来，会的红歌可多了，一直想着谁要是能把这些老歌记下来，那该多好啊，今天终于等到人了。”秦丕山说。

这次拜访，老人因身体原因，只唱了四五首革命歌曲。第二年再来拜访时，老人身体好了很多，就是这次，老人唱起了《困难是炬火》：“困难是炬火，把我们锻炼，我们是坚钢，越炼越坚强……”

回来后他还原了完整的歌词和曲谱。三年时间，秦丕山夫妇几乎走遍了沂南的村落巷陌，收集了100多首红歌，编成了一本书。2011年7月，《沂蒙红歌集》面世，里面就有《困难是炬火》的词曲，却不知道词曲作者是谁。

后来，于岸青联系到省文联名誉主席苗得雨，秦丕山也将书递给苗老。看到书后，苗老查阅史料发现，这首歌曲创作于1941年11月，当时日寇“扫荡”沂蒙山根据地，进行残酷的“铁壁合围”，正是根据地最艰苦时期。这首歌诞生于沂南布袋峪，词作者刘知侠，曲作者艾力。歌曲广泛流传，激励着人们熬过艰苦斗争的岁月，挺进最终的胜利。

而刘知侠正是当年《大众日报》著名通讯员，从1940年3月起，发表了不少战地新闻，一步步成长为作家，也是红色经典《铁道游击队》《红嫂》的作者。

《困难是炬火》的核心歌词是：

困难是炬火，把我们锻炼，
我们是坚钢，越炼越坚强。
困难是我们的，

胜利也是我们的，
谁能熬过这艰苦斗争的锻炼，
谁就能达到胜利的明天。
……

（本文原载2018年12月4日大众网）

抗日民歌《八路军拉大栓》

张翔兮

在山东临沂，上至耄耋老人，下至垂髫孩童，都能随口唱上几句《八路军拉大栓》。

《八路军拉大栓》又名《山东小调》，也叫《抗日小唱》，它讲述的是山东人民顽强抵抗日寇侵略的故事。1964 年山东省话剧团的一个小分队到临沂演出，话剧团的同志演唱了这首歌，后被整理成曲，收录在《山东民歌选》《中国民歌集成 · 山东卷》中。近年来又被电视连续剧《地下交通站》《小兵张嘎》分别收为片头曲和片尾曲。2009 年中央电视台音乐频道《民歌中国》录制播放，入选中国民歌博物馆。

歌曲以叙事的语调歌唱，歌词质朴真实、朗朗上口，句末的语气词表达情感恰到好处，旋律轻快活泼、有感染力。

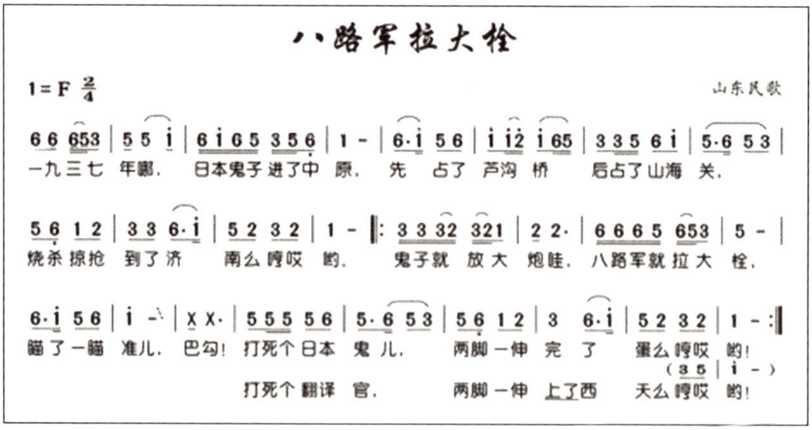

八路军拉大栓

1=F 2/4 山东民歌

66 653 | 55 i | 6i65 356 | 1 - | 6·i 56 | i i2 i65 | 335 6i | 5·6 53 |
一九三七 年哪，日本鬼子进了中 原，先 占了 芦沟 桥 后占了山海 关，

56 12 | 33 6·i | 52 32 | 1 - |: 3332 321 | 2 2· | 6665 653 | 5 - |
烧杀掠抢 到了济 南么哼哎 哟。鬼子就 放大 炮哇，八路军就拉大 栓，

6·i 56 | i - | X X· | 55556 | 5·6 53 | 56 12 | 3 6·i | 52 32 | 1 - :|
瞄了一瞄 准儿，巴勾！打死个日本 鬼 儿，两脚一伸 完 了 蛋么哼哎 哟！
(35 | i -)
打死个 翻译 官，两脚一伸 上了西 天么哼哎 哟！

歌词先交代了时间、背景，从地理方位展开叙述，层层深入，将画面拉到战场，用简洁轻快的语言唱出了战争双方的情况。通俗易懂的歌词表达出八路军胜利的喜悦，对比出侵略者的可耻与叛国贼的可恶，通过对敌我双方形象的描述，进一步展现出我方作为正义之师，对犯我中华者的深恶痛绝，也表达出人民众志成城抗战的决心。这是抗战时期人民大众的真实写照，也是沂蒙儿女保家卫国的满腔热血。

电视剧《地下交通站》《小兵张嘎》中使用了这首歌曲，歌词中唱道“鬼子就放大炮哇，八路军就拉大栓”。抗战时的日本已经经过明治维新完成了工业化，装备水平高于当时的中国军队，飞机、坦克、大炮样样都有，所以唱道“鬼子就放大炮哇”。那什么是拉大栓呢？第二次世界大战是世界轻武器大发展的时期，以机枪、冲锋枪为代表的全自动化枪械开始普及使用。但由于旧中国的落后和国民党的无能，中国当时没能赶上世界轻武器的发展潮流。中国军队在抗日期间装备的轻武器主要是以半自动枪械为主，如中正式步枪、汉阳造步枪、三八大盖等等。在敌后作战的八路军的装备水平比国民党军还要差，半自动步枪基本就是最好的装备了。半自动步枪的一大特点就是每次射击前必须要拉动枪栓上弹，无法实现连续射击。《八路军拉大栓》中的“拉大栓”指的就是开枪射击前拉动枪栓的动作，这也是当时八路军战士必须学会的技能。

歌曲贯穿着山东人民淳厚、粗犷的特点，以卢沟桥事变开头，表达了丧失家园的激昂民愤。用质朴、诙谐、风趣的语言，将人们对敌人和汉奸的憎恶、爱国情怀、愿意英勇奋斗的决心表达得淋漓尽致。从中我们也能感受到山东人民耿直、憨厚的性格。

《解放区的天》与刘西林

孟 红

解放区的天是明朗的天，
解放区的人民好喜欢，
民主政府爱人民呀，
共产党的恩情说不完。
……

这首朗朗上口、热烈欢快的歌曲名为《解放区的天》（又名《边区的天是明朗的天》），创作于1943年，是刘西林用河北沧县南部和盐山一带的传统民歌《十二月》的曲调填词而成，当年作为晋绥边区战斗剧社创作演出的小秧歌剧《逃难》中的主题歌问世。

词作者刘西林，河北沧县（沧州）人。1936年参加革命。1937年，18岁的刘西林参加八路军，1938年初被分配到贺龙领导的八路军第一二〇师战斗剧社，成为一名抗战文艺战士，深入到冀中发动和宣传群众对敌斗争。他在战斗剧社干过各种行当，主要从事一些民歌的记谱和配歌工作。1942年，刘西林被派往延安鲁艺学习。1943年春，在毛泽东《在延安文艺座谈会上的讲话》精神指导下，刘西林随战斗剧社到晋绥边区开展大秧歌运动。

1943前后，国内形势复杂。八路军进一步恢复和扩大抗日根据地，积极开展大生产及拥政爱民运动。而汪伪集团与日本联合，发表《共同作战联合宣言》。河南又发生遍及全省的饥荒，百姓被迫纷纷外逃。

为了配合当时的形势和任务，刘西林在晋绥边区大秧歌运动中，创编了一个简单的秧歌剧《逃难》，描述河南国统区一家三口为躲避水灾、旱灾、蝗灾以及汤恩伯“四害”之苦，逃难到了共产党领导的晋绥边区，在边区政府和人民的热情关怀和帮助下，幸福地安下了家，过上了较为安定的好生活。

因剧情需要，刘西林根据自己从小耳熟能详的流行于家乡沧南和盐山一带的传统民歌《十二月》的曲调，未做任何加工和修改，填配新词改编成《边区的天是明朗的天》，作为《逃难》的主题歌。

刘西林曾经这样介绍自己的创作过程：“这首歌的曲调是地道的民间传统曲调《十二月》，内容是数唱十二个月的，流行于我的家乡沧县南部和盐山一带，历史很悠久。我童年时代，就曾见到父辈们每年春节踏着这个曲调的节奏，边舞边唱《十二月》，表达广大农民渴望太平生活的心情。我十几岁时，亲身参加了这些活动，所以事隔多年，对这首歌曲仍然记忆犹新，‘正月里来正月正，家家户户挂红灯’以及‘呀呼咳呼咳……’的旋律经常在耳边回响。”当年秧歌剧《逃难》的导演董小吾回忆说：“1943年春，我们战斗剧社带着‘秧歌运动’的精神，在返回晋绥边区的途中及以后的一段日子里，创作演出了一大批深受群众欢迎的秧歌剧，《逃难》就是其中的一个。作为该剧主题歌的《边区的天是明朗的天》即是在这样的背景下创作和演唱出来的，地点是山西兴县，词作者是刘西林，曲调是刘西林记忆中的河北民歌。

我作为这个戏的导演，在处理该剧时深受这支歌曲的启发，因而戏剧情绪比较活跃。”

这一主题歌词虽然寥寥数语仅有36个字，却生动地反映了受苦难的人民逃到晋绥边区，受到党和政府关照以后感激和欢乐的心情，表达了他们对共产党的支持和拥戴、对太平生活的渴望，并且有力地歌颂了共产党的领导，热烈、直白、痛快地表达出人民对“解放”的欢欣鼓舞。

这首歌在战火纷飞的抗战后期，随秧歌剧的演出而声名大振，备受欢迎，继而在各解放区广为传唱，鼓舞着广大人民群众投入到共产党领导的抗日洪流中去，成为一首家喻户晓的红色歌曲，深受人们的喜爱与青睐。

（本文原载2017年《党史文苑》第3期）

英雄赞歌：《我们的连长何万祥》

马云恒

《我们的连长何万祥》由艾分作词、向民作曲，是一首在沂蒙抗日根据地广为传唱的英雄赞歌。歌词是：

我们记得在西北高原上，你离别了你的牛羊，

走进毛泽东队伍，从此一生在战场。

革命是你的家，党把你养成了英雄榜样，你百战百胜钢铁强。

我们的连长啊何万祥，我们的连长啊何万祥！

还记得黄河激流里，你射击在小船上。

穿过千军万马般波涛，虎一样地冲到吕梁山岗。

战斗是你的生活，十三年天天不分昼夜，你时刻进攻打敌人。

我们的连长啊何万祥，我们的连长啊何万祥！

谁不知道每次突击队，你总是领导向前闯，

哪里敌人最难打，你就打到哪一方。

战火迷不了你，封锁线困不住你的刀枪，你沿着火线快如飞。

我们的连长啊何万祥，我们的连长啊何万祥！

……

何万祥，1915 年生，甘肃宁县人。出身贫农，1931 年参加工农红军。原姓朱，名字不详，何万祥的名字是红军党代表给起的。后来何万祥被编入红一军团，东渡黄河时，被评为“渡黄英雄”。1936 年加入中国共产党。“七七事变”后，何万祥所在的部队改编为八路军一一五师晋西独立支队。1940 年秋，晋西独立支队挺进山东，进入滨海区。10 月，何万祥被编入八路军一一五师教导二旅四团任八连连长。

1941 年 1 月，临近旧历年关，何万祥受命率八连攻克陇海路北侧一个名叫桥町的敌人据点，打死日军翻译 1 名，全部俘获驻守的伪军，并缴获敌人勒索百姓的 500 头准备外运的肥猪。此后，入部队干部训练队学习。结业后，被分配到六团二连任连长。同年，山东军区授予他“战斗英雄”称号。

1943 年 1 月，教导二旅受命攻打郯城。何万祥的二连奉命在城西阻击码头镇敌人的援军。1 月 19 日夜，他带领 53 名勇士坚守阵地，与敌激烈交火。子弹打尽，继之以肉搏，打退敌人 4 次进攻，保证了大部队胜利攻克郯城。3 月，何万祥的连队改属滨海军区。

11 月 19 日，军区组织攻打赣榆城，何万祥的二连担任“奋勇队”，率先到达县城附近。当我方化装成农民的侦察员和在伪军中的地下工作人员撞开城门后，何万祥率奋勇队迅速冲入城内，与敌展开激烈的巷战，为大部队入城开辟了道路。翌日下午 3 时，战斗胜利结束，全歼伪和平建国军第七十一旅，生俘伪旅长李亚藩，受到省军区的通令嘉奖。战后，滨海军区设宴慰劳以何万祥为代表的战斗英雄，47 位英雄中，何万祥连就占 26 位。

1944 年春，鲁中军区集结万余兵力，发动了第三次讨伐“铁杆汉奸”吴化文的战役。滨海军区派六团一营前往配合作战。3月25日夜，何万祥率领战士到达大泉庄虎山东侧，截断敌团部与虎山守敌的电话线，又带领战士勇猛地冲到土围子跟前，看清地形后，他指挥第二连一名机枪手和第三连部分战士迂回到围子后面牵制敌人，自己率领第二连、第三连全部战士突入围墙内，经过10多分钟激战，占领了各地堡及壕沟，俘敌20余名，缴枪数十支。这时，敌人炮楼内重机枪又开始疯狂射击，第三连第二排排长高英忠中弹牺牲。何万祥率领战士箭一般地冲进炮楼，敌人已退到炮楼最上层，何万祥摸出两颗手榴弹，顺着阶梯带头往上冲，到第二层时，头部中弹，壮烈牺牲，年仅29岁。

何万祥在部队13年，参加战斗400余次，曾5次负伤，屡立战功。抗日战争7周年纪念日的时候，滨海军区发布命令，授予原由何万祥任连长的六团一营二连“战斗突击队”的荣誉称号，山东军区文工团编写了歌曲《我们的连长何万祥》。2014年9月，何万祥入选国家第一批著名抗日英烈和英雄群体名录。

（作者单位：中共临沂市委党史研究院）

沂蒙“识字班”与《识字班歌》

马云恒

抗战时期，沂蒙革命根据地广为传唱着一首《妇女解放歌》，又称《识字班歌》。歌词为：

过去社会老封建，妇女受罪真可怜。
打小爷娘看不起，咬着牙根儿把脚缠，把脚缠。
大门不出二门不迈，好像哑巴吃黄连。
买卖婚姻不自由，公婆面前抬不起头。
丈夫打来婆婆骂，还有小姑子做冤家。
这好比受气包，又把那日子真难熬。
越说越想越难受，几时才能得自由。
来了中国共产党，领导着妇女求解放。
不挨打不挨骂，兴咱妇女来说话。
咱们妇女快快组织起来把身翻。
老年参加妇救会，青年参加识字班。
勤学习多奉献，谁也不敢瞧不起咱。

这首歌不禁让我们回到战火纷飞的革命战争年代，一群英姿飒爽、梳着黝黑长辫子的沂蒙姑娘正在努力学习求解放，她们就是沂蒙“识字班”。

“识字班”最初是中国共产党领导建立的根据地扫盲运动的

一种有效形式。1939 年，山东抗日根据地开始试点识字班运动。沂蒙是山东抗日根据地的核心区，当时沂蒙人民祖祖辈辈很少有读书识字的，文盲占 90% 以上。要动员广大农民积极投身抗战，宣传党的政策、方针、法令，改变农民低下的文化水平和政治觉悟就成为当务之急。由于旧社会老百姓贫穷，生活困难，不上学已成习惯。特别是在落后愚昧的农村，受封建思想影响，对女孩入学普遍想不通，阻力十分强大。

沂蒙识字班在学习

山东抗日根据地实行“教育为长期抗战服务，教育与生产劳动相结合”的教育方针，为妇女识字班的迅速发展提供了有力的政策依据。1941 年 2 月，省战工会制定《1941 年度文教宣传工作计划大纲》，规定：已建立民主政权的地区，要有半数以上的村居成立俱乐部，并应一律成立识字班或夜校。同年 3 月，山东省妇联在“三八”国际妇女节宣传大纲中发出“要加强组织妇女识字班、识字组，建立女子小学、妇女训练组”的号召。

识字班一般在农忙后的中午上课，学习内容有文化课与政治课。文化课主要教人们学会看信写信、记账、打算盘、看路条、认钞票。政治课学习内容非常广泛，包括经济、军事、历史、哲学等多方面，有毛主席著作，政府战时法令，战时纪律，征粮新办法以及民兵、游击小组站岗、放哨、爆炸、打游击的常识等。

识字班的大姐们向八路军拜年

“学文化、求翻身”成为战争年代根据地广大妇女热爱识字班的共同心声。她们摒弃以往的封建规矩，走出庭院，走进识字班，积极参加文化学习。老师教过的字都挤时间反复进行复习。下田劳动利用休息时间在地上画，回家做饭在灶前练，房前门后、四面墙壁写满了字。参加识字班学习的农村妇女，不仅接受着文化教育，还接受着民主教育和革命教育，她们每天在劳动中边识字学习边唱革命歌曲。她们放脚剪发，追求婚姻自主、男女平等，家庭地位和思想觉悟都得到了很大提高，识字班就像雨后春笋般地在根据地农村发展起来。

参加识字班学习的广大妇女以空前的热情投入到自身解放和民族解放中。她们既要顾及自己的小家，干农活、忙家务，又要带领妇女缝军衣、做军鞋、碾米磨面、烙煎饼、收军粮、筹粮草、送弹药，开展拥军支前活动。很多妇女通过学习，积累了一定的文化知识与革命经验，开始走上闹革命、求解放的新路，挑起了站岗放哨、查路条、捉汉奸、动员参军、支前、维持治安的重担。随着战争形势的发展，战事日趋激烈，战役规模不断扩大，沂蒙根据地大批青壮年或直接参军或参加支前队，都上了前线，有的村庄几乎成了“女儿国”，从村长、党支部书记到民兵队长、农救会长、青救会长、公安员全都由妇女担任，她们成为革命队伍中不可或缺的坚强力量。

最初的识字班不按年龄、性别分班，不仅有女青年，还有男青年，不仅有十几岁的姑娘，还有七八十岁的老年妇女。由于女青年班坚持得最好，成绩最突出，最后能够坚持参加识字班学习的就只剩下了年轻的女孩，而且主要是未婚的姑娘，所以“识字班”就慢慢地演变成了年轻姑娘的代名词。后来，随着教育事业的发展，20世纪80年代，扫盲运动早已宣告结束，而“识字班”这个对未婚姑娘的专称，由于其形象生动且深入人心，成了沂蒙老区未婚姑娘们的代名词。

（作者单位：中共临沂市委党史研究院）

华中鲁艺与《中华民族好儿女》

冯　玲　马婧妍　胡钥清

一座烈火笼罩下的艺术摇篮，孕育出振聋发聩的时代之声，锻造出不屈不挠的铮铮铁骨！

一首催人奋进的歌曲，是一位青年烈士的挽歌，更是无数文艺战士奋起抗战的宣言！

揭开尘封的历史，华中鲁艺青年师生们火热生活和英勇抗敌的往事仍历历在目……

文艺堡垒育翘楚

陕北有个延安，延安有个“鲁艺”；苏北有个盐城，盐城有个“华中鲁艺”。1941 年 1 月皖南事变之后，新四军在盐城重建

华中鲁艺成立（石刻版画）

军部，盐阜地区成为华中敌后抗日战争的军事、政治及文化中心。鲁迅艺术学院华中分院（简称“华中鲁艺”）正是在这样山河破碎、抗敌救国的背景下，经过数月的筹备，于1941年2月8日正式举行开学典礼。在中国共产党的号召下，全国各地许多名人大师、有才之士，怀揣报国之志，从四面八方奔赴盐城。他们以艺术为武器，抗击日寇，鼓舞抗战斗志，凝聚革命力量，一座新四军的艺术摇篮、华中抗日根据地的文化堡垒应运而生。

鲁艺女兵教战士们唱歌

新四军军部领导下的华中鲁艺，由刘少奇（兼）任院长、丘东平任教导主任。共设文学、戏剧、音乐、美术4个系，后又增设1个普通班。学院还创办了院刊。虽然办学条件差，学院生活艰苦，但磨不掉师生们抗日的热情。短短两年的办学时间里，师生们经常深入各地农村边帮干农活，边开展抗战宣传，积极创作反投降、反“扫荡”、减租减息、参军报国、统一战线等内容的版画、漫画、标语、口号，教唱歌曲宣传抗战必胜的信念，动员了近2000名农民参加自卫队或新四军，充分彰显了共产党领导下文艺释放的蓬勃力量，积淀了丰富而独特的革命文艺精神。

在华中鲁艺这个大家庭，汇集了丘东平、许晴、许幸之、邵惟、何士德、章枚、孟波、贺绿汀、庄五洲等诸多名师，他们用炽热的艺术情感，不惧硝烟，不畏艰辛，为盐阜抗日根据地的文化建设培养了众多艺术人才，留下了众多感人至深的文艺作品。这其中，尤以通俗易懂、便于传唱的抗战歌曲打造出的盐阜区抗战史上的一道风景线最为亮丽。《中华民族好儿女》便是优秀的歌曲代表之一。歌词为：

春天的太阳放彩光，
胜利的歌声响四方，
我们是中华民族好儿女，
千锤百炼已成钢，
从不怕千难和万险，
坚持抗战在敌后方。
敌后方，敌后方，
前门有虎后有狼，
派进攻要打退，
鬼子来了要反扫荡，
进攻扫荡都不怕，
我们在战斗中成长。
……

战火淬炼好儿女

由许晴作词、孟波作曲的《中华民族好儿女》正是创作于盐阜地区抗日最为艰苦的反“扫荡”战役的背景下。

1941 年夏，日军对盐阜地区发动大“扫荡”。7 月 23 日，鲁艺全院师生奉命分成两个队撤出盐城，由丘东平、许晴、孟波负责带领二队的音乐系、戏剧系等师生转移。在硝烟弥漫、炮声隆隆的紧急撤离途中，戏剧部主任许晴写下了这首《中华民族好儿女》歌词。7 月 23 日晚，鲁艺二队师生经湖垛转移到北秦庄，翌日凌晨，突然遭遇 200 余名配备重武器的日伪军袭击，战斗中，丘东平、许晴为掩护战友，同 30 多位师生壮烈牺牲。这首歌词后由著名音乐家孟波谱曲传唱至今。歌曲以昂扬的旋律，记载了新四军第一、第三师在盐城、阜宁、东台、泰县等地区，英勇反击日伪军和国民党顽军的历史，极大鼓舞了根据地军民的抗日斗志，产生了深远影响，同时也激励了许许多多的热血青年投身抗日，继续走上革命道路。

“北秦庄惨案”过后，华中鲁艺改组为军鲁工团和三师鲁工团，跟随部队继续为抗战服务，直至 1942 年底解散。为纪念华中鲁艺烈士的抗战贡献，当年的北秦庄改名为“东平村”，战斗的小桥被命名为“东平桥”。1984 年，建湖县庆丰镇东平村修建了一座华中鲁迅艺术学院殉难烈士纪念碑。

“山河破碎寰宇暗，共赴国难气概长！碧血丹心酬壮志，盐阜大地多英才！”鲁艺师生们用青春和艺术铸就了铁军的精神大厦，用热血谱写了一首荡气回肠的生命之歌。

（本文选自南京艺术学院流行音乐学院 2022 年 7 月《课程思政·乐说党史》）

李淦与红歌《别让他遭灾害》

李庆平

山上的荒地是什么人来开？地里的鲜花是什么人来栽？什么花儿开放呀结出了自由的果？什么花儿开放呀幸福来？快快来看好花果林呀，要他好好长起来，别让他遭灾害！

这首《别让他遭灾害》的歌曲诞生在炮火连天的解放战争岁月里，广泛传唱于淮海大地，一直传唱到国民党统治区，是由著名音乐家李淦和他的夫人蒙莎共同创作的红色经典歌曲。词曲优美激昂，形式新颖，揭露了蒋介石假和平真备战的阴谋，深受解放区干部战士喜爱，受到陈毅等首长的充分肯定。

李淦

中国音乐家协会理事、山东省原音乐家协会主席、济南军区原文化部长李淦同志在革命战争年代随八路军、新四军长期工作战斗在烽火连天的淮海大地，他深入生活，深入群众，以笔做武器，用歌曲教育唤醒民众，创作了一首首充满战斗激情的红色革命歌曲，为新中国的解放做出了突出贡献，曾受到周恩来总理和陈毅元帅的高度评价。因工作成绩突出，华东军区给他荣记一等功。

李淦，曾用名李骥秋，笔名金水。1918 年 6 月出生于山东省济宁市区一个知识分子家庭中。1931 年，李淦小学毕业考入省立济宁第七中学。1934 年，他以优异成绩考入济南省立第一师范，课余专攻音乐和文艺，并参加山东各界抗敌救亡协会、山东文艺界抗敌救亡协会，积极参加学校组织的抗日救亡宣传活动。

1937 年 7 月，李淦师范毕业，时逢抗日战争爆发，便返回家乡济宁。济宁的抗日救亡运动风起云涌，李淦参加了由狄庆楼、李光贻等爱国青年组织的济宁县学生抗敌后援会，编辑出版《抗战新闻》小报，开展街头演讲和演出，进行抗日宣传和募捐活动。是年 9 月，李淦到城东南贾村小学当教员。在这里，他结识了同校执教的中共地下党员万明礼（即万里同志）。万里秘密将《解放周报》《英勇奋斗的十五年》等小册子给李淦阅读，使李淦对中国共产党有了进一步的认识。在万里领导下，他们组织孩子剧社，创作编排话剧《三江好》《放下你的鞭子》，演唱《我的家在东北松花江上》等救亡歌曲。1937 年底，日军侵占济南，济宁即将沦陷。经地下党员刘清禄等人介绍，李淦带着两个弟弟（李鉴、李圭），于 1938 年 1 月与当地一批爱国青年一道奔赴延安。

李淦来延安后，参加“鲁艺”第二期音乐系学习，1938 年 11 月由刘清禄、韦虹介绍加入中国共产党。12 月，学习结业，被分配到八路军一一五师工作。李淦到师部工作不久，部队便挺进山东敌后。到 1945 年秋，他先后担任过宣传队（战士剧社）的音乐教员、政治指导员、宣传队长、旅部宣传科干事、文工团音乐股长等职。

1946 年初，战士剧社改为山东军区兼新四军文工团，李淦任政治教导员。他在繁忙的工作间隙，创作了大量战斗性很强、艺术性较高的歌曲。这年 2 月，新四军军长兼山东军区司令员陈毅在临沂给军区直属机关的同志们做了一次形势报告，揭露蒋介石假和平真备战的阴谋。报告会后，李淦与蒙莎很快合写了《别让他遭灾害》的歌曲。歌曲前半部分用一问一答的形式，表现出人们通过浴血奋战赢得胜利的自豪、喜悦和盼望民主、自由、和平、幸福的心情。曲调采用了民谣式的优美、自由、舒畅的旋律。歌曲后半部分用提示的口吻，语重心长地告诫人们要珍惜胜利果实，保卫胜利果实。曲调则采用了急切、顿挫、重复、跳跃的旋律。这支歌一经演唱，深得广大指战员和人民群众的欢迎和喜爱，流传甚广，一直传唱到国民党统治区。解放后，上海广播电台播放并灌制了唱片。陈毅同志听到了这支歌以后很高兴，专门给李淦写了 3 张毛头纸的信，赞扬这支歌抓住了形势特点，反映了党中央的意图，配合了形势教育，认为歌曲在民族化、大众化方面，也做了较好的体现。李淦还创作了《和平的鲜花朵朵红》、《不要假停战》、《扛枪拿锄都一样》（王杰词）、《中国的小主人》、《大家的事大家办》等歌曲。这些歌配合了形势教育，为解放区练兵、减租、生产三大中心工作的开展起到了宣传鼓动作用。

（本文由济宁市政协文化文史和学习委员会供稿）

诞生在战火中的《淮海战役组歌》

姚冰阳

1948 年 11 月初，淮海战役正式打响。为鼓舞士气，华东野战军文工团的文艺工作者们随野战部队一起开赴淮海前线。

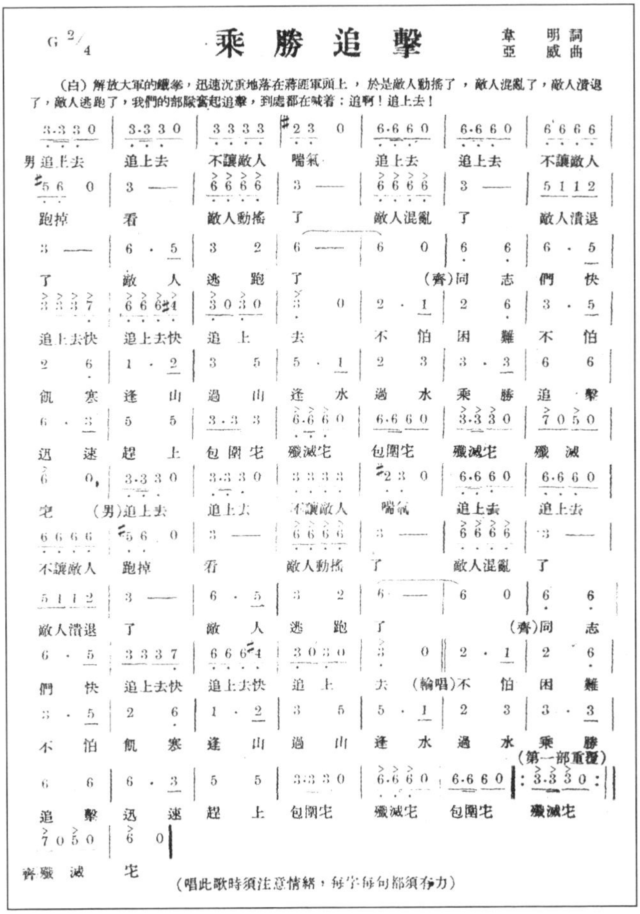

在淮海战役的第一阶段，华野部队沿着徐州以东地区的陇海线两侧，对从新安镇撤出的国民党军黄百韬兵团展开追击。国民党军队为了避免覆灭的命运，拼命向西逃跑，人民解放军则极速追击，很多部队急行军中不起灶做饭，有的部队战士们一天只吃一顿饭，且是边走边吃。部队在强行军中，大多数时间每天要走 130 至 150 华里。战士们在“敌人跑到哪里，我们追到哪里，就把他们歼灭在哪里”的口号鼓舞下紧紧咬住黄百韬兵团，最终将其包围在碾庄地区。文工团团员韦明被这一

乘勝追擊

G 2/4

韋明詞　亞威曲

（白）解放大軍的鐵拳，迅速沉重地落在蔣匪軍頭上，於是敵人動搖了，敵人混亂了，敵人潰退了，敵人逃跑了，我們的部隊奮起追擊，到處都在喊着：追啊！追上去！

男 追上去 追上去 不讓敵人 喘氣 追上去 追上去 不讓敵人
跑掉 看 敵人動搖 了 敵人混亂 了 敵人潰退
了 敵 人 逃 跑 了 （齊）同 志 們 快
追上去快 追上去快 追 上 去 不 怕 困 難 不 怕
飢 寒 逢 山 過 山 逢 水 過 水 乘 勝 追 擊
迅 速 趕 上 包圍宅 殲滅宅 包圍宅 殲滅宅 殲 滅
宅 （男）追上去 追上去 不讓敵人 喘氣 追上去 追上去
不讓敵人 跑掉 看 敵人動搖 了 敵人混亂 了
敵人潰退 了 敵 人 逃 跑 了 （齊）同 志
們 快 追上去快 追上去快 追 上 去 （輪唱）不 怕 困 難
不 怕 飢 寒 逢 山 過 山 逢 水 過 水 乘 勝
（第一部重覆）
追 擊 迅 速 趕 上 包圍宅 殲滅宅 包圍宅 殲滅宅
齊殲 滅 宅

（唱此歌時須注意情緒，每字每句都須有力）

个个追击的场面深深地震撼了，他激动得无法入眠，在油灯下，伏身在门板上写下了《乘胜追击》的歌词：

> 追上去！追上去！不让敌人喘气！
> 追上去！追上去！不让敌人跑掉……

这首节奏明快、催人奋进的歌词深深打动了时任华野文工团团长沈亚威，他立即动笔，充满激情地谱写了曲子，并且边行军边教战士们演唱。就在部队到达下一个宿营地的时候，淮海战场上的第一首歌曲已经在部队中传唱开了，后来这首歌成为《淮海战役组歌》中的第一首歌曲。

G 2/4　爭取更大勝利

在抢占运河铁桥的战斗中，解放军战士们冒着国民党军疯狂的机枪扫射和密集的手榴弹，一次次地抱起炸药包冲向敌人碉堡，前面的战士倒下了，后面的战士抱起炸药包继续前进，最终攻克了敌人据点。他们大无畏的精神深深打动着文艺工作者们。时任华野文工团音乐股长的陈大荧，怀着对英雄的崇敬，含着热泪创作完成了歌曲《抢渡运河铁桥》，后来此曲成为《淮海战役组歌》中的第二首歌。

1948年11月23日，在黄百韬兵团被歼灭后，一位骑兵通信兵骑着奔驰的战马呼喊着："捷报，捷报……全歼黄百韬！"被这种胜利的喜悦气氛深深感染的沈亚威，仅用2个小时就创作出了《捷报，捷报，歼灭了黄百韬》。

在淮海战役进行的过程中，随着胜利的捷报不断传来，文艺工作者们情绪高涨，陆续创作出《挖工事》《狠狠地打》《歌颂淮海胜利》等40余首充满激情和喜悦的战斗歌曲，平均不到两天就诞生一首新歌。战后，经沈亚威等同志集体研究，筛选出10首最能代表淮海战役各个阶段特点的歌曲，组成《淮海战役组歌》，配上朗诵词，连成一组反映淮海战役全过程的联唱，这就是响彻全中国的《淮海战役组歌》。

（本文原载2018年6月16日《人民政协报》）

淮海战役支前民工的歌谣

华支委

在淮海战役轰轰烈烈的支前立功运动中，支前民工、民兵编出了许许多多的诗歌、快板和歌谣。

立功真光荣

渤海四分区担架团全体民工一致提出在淮海战役中立功，有的营连还提出立集体功。各营连提出了立功竞赛。六营一连杨丙信班，全班讨论出了和全营竞赛的挑战书，贴到营部的门口，他们的挑战书是：

前方不怕火线，后方不怕流汗，分开执行任务，更能单独去干。

真金不怕火炼，好货不怕试验，担架队的同志们，谁敢来挑战！

没等到下午，营部的门口就贴满了各连的应战书。二连提出了“五不怕”，就是：

不怕出山东，不怕延期，不怕上火线，不怕困难，不怕天冷。

淮海战役支前民工

接着连与连、班与班，全营掀起了热烈的立功竞赛。

鲁中南临沭担架团民工高佃三，在从郯城往新安镇行军时，把立功的内容编成了顺口溜，民工都跟着他唱了一路：

担架团真英勇，顺着公路往南行，压着膀子别嫌累，
一气赶到徐州城，消灭黄维杜邱李，立下功劳多光荣。

民工都说："走路唱着顺口溜，连累都忘了。"

渤海四分区担架一团，刚出来济南就解放了，民工都懊悔地说："上级为什么不叫咱早早来呢？人家在济南战役中都立了功，就是咱没捞着！"纷纷要求南下解放徐州。在随军南进时，他们自己编出了歌谣：

济南不给咱，咱往徐州赶，
遇上敌人就消灭，不立大功不复员。

渤海一分区担架团特等功臣李省三，在开展立功运动时，编了一个立功秧歌，教育大家支前立功：

民工同志你要听，咱们支前立大功，
立功计划有条件，一条一条要记清：
第一吃苦能耐劳，不怕困难工作好；
第二教育各同志，不讲怪话情绪高；
第三纪律守得好，服从指挥听领导；
第四支前若不通，经过教育转变好；
第五逃亡要发现，说服教育能转变；
第六坏蛋来造谣，把他抓住不容宽；
第七下层有意见，实际情况要反映；
第八公物爱护好，爱护公物最为高；
第九团结和友爱，互助精神要比赛；
第十讲话和开会，讨论问题发言快。
以上十项做得全，支前大功咱占先。

渤海四分区担架团，淮海战役时到了复员期，有的民工要复员，这时文娱委员会就领导大家配合行政教育，开展了“担架诗”运动。有的民工在担架上写着：

犁不到头不卸牛，不立功劳不家走。

有的写着：

吃饭吃个饱，干活干个了，
支前支到底，才能立功劳。

民工高清淅还特别找了块红纸，他说着，叫别人写好贴在担架上。他写的是：

淮海战役不打完，我是坚决不复员，
消灭蒋贼立下功，老婆孩子都喜欢。

渤海一分区担架团特等功臣李省三，在完成任务复员时，他编了一个支前功劳歌：

一、渤海区，担架团，一年支前真勇敢，
　　同志们，咱谈谈，一团五营第四连，
　　不逃亡，不减员，功劳事迹说不完。
二、打济南，称模范，日夜转运不得闲，
　　五营四连真英勇，火线抢救背伤员，
　　不怕飞机和大炮，“模范四连”旗一面。
三、宁阳休整帮群众，模范三连来响应，
　　帮助群众来生产，锄地拔草把地耕，
　　同志个个不落后，模范大旗群众送。

四、淮海战役称英雄，三天四夜忙不停，
　　跨大山，过大岭，抬着伤员往后送，
　　不怕风吹和寒冷，电台表扬第五营。
五、再把一连谈一谈，阻击五军特务团，
　　帮助军队挖战壕，火线抢救背伤员，
　　不怕敌人炮火猛，完成任务是好汉。
六、民工弟兄爱伤员，买东西用了四五万，
　　买冰糖，买香烟，各种东西买得全，
　　帮助伤员大小便，被子染血俺不嫌。
七、北风吹，雪花飘，夏天单衣变棉袄，
　　节约菜金买棉花，自己缝来自己套，
　　同志个个不叫苦，完成任务立功劳。

为了叫大家评功评得好，他们就提出了一些生动的口号：

淮海战役立下功，祖祖辈辈都光荣。
评功就是评进步，互相学习要团结。
评功要评好，对功要负责，对事不对人。

鲁中南沂中担架团，在淮海战役中出现了不少的功臣，为了祝贺功臣，民工就编了个庆祝功臣歌：

一祝功臣们功绩如山，千里遥远来支前，为了支援淮海战，跋山涉水黑白干，不怕天冷和饥寒。

二祝功臣们真呀真模范，执行任务多坚决，舍己不顾爱伤员，不怕血沾天寒冷，棉衣被子盖上边。

三祝功臣们遵守纪律严，房东工作做得好，帮助劳动又宣传，互助友爱团结好，大家好像铁一般。

四祝功臣们真呀真光荣，淮海战役立大功，为的全国老百姓，家中老少都欢喜，人人见了都尊敬。

鲁中南沂中担架团十二连，从丁家楼往铁佛寺转运伤员时，正遇一道大沂河拦住了去路，大家正在发愁，民工李常荣、刘学盛发现河边一只小木船，他们高兴地向大家说："同志们放心吧，俺两个保证把大家运过去！"他二人来回渡了二十余趟，并未说一句怪话。以后大家即把这件事编成"武老二"登在墙报上表扬他们。编的是：

十一月初一那一天，深夜明月天怪寒，
团部下了行军令，快到前方抬伤员。
铁佛寺到丁家楼，一道沂河在中间，
水深水凉无法过，常荣同志开了言：
"只要有我和学武，咱们渡河不困难！"
河边正有船一只，一气渡完两个连，
来回总有二十趟，从没说累发怨言，
这次班里来报功，一齐说他是模范。

鲁中南蒙阴县挑工第五连连长宋树安，对待民工如同亲兄弟一样，深得全体民工的爱戴和拥护。九班民工就集体编了个《连长宋树安》的歌子来表扬他：

一、城子区集合一个连，连长本是宋树安，带领大家来支前，爱护民工称模范。

二、争模范，不费难，教育民工好好干，多挑米，多担面，群众纪律别违犯。

三、宋连长，领导好，叫声民工你听着：来了飞机快卧倒，隐蔽目标最重要。

四、说他好，他真好，他的好处俺表表：不怕吃苦和耐劳，哪个累了替他挑。

五、这批民工没丢松，回到后方来评功，评来评去半月整，模范人物他有名。

人民热爱子弟兵

解放军同志为了人民的解放不惜流血牺牲，人民也至诚拥护爱戴自己的军队。在伟大的淮海战役中，民工对伤员的爱护真是做到无微不至，正如一个伤员同志所说："比亲兄弟还强！"民工也到处编了诗歌，鼓励大家爱护伤员。这伟大的军民之间的阶级友爱，是在长久年月里同反动统治阶级千百万次斗争中巩固起来的。

渤海一分区担架团特等功臣李省三，在每次接受任务时，他总是要编出这类的歌子来教育大家。他编了一个爱护伤员的小调：

一、我们民工同志，好好爱护伤员，伤员为咱流血，咱为伤员流汗。为国为民，流血流汗，伤员为咱，咱为伤员。

二、抬放伤员小心，遇事耐心沉着，倘有飞机来扰，且莫惊慌乱跑。沉着隐蔽，安置要好，听从指挥，服从领导。

三、养成艰苦作风，不怕吃苦耐劳，不分黑白冷热，不论饥饿疲劳。爱护伤员，听从领导，完成任务，立下功劳。

在转运伤员时，又提出：

走得快，走得稳，走起路来不摔人；
伤员受伤不能动，咱们耐心来侍奉；
帮助伤员大小便，不嫌脏来不嫌烦；
伤员喝水和吃饭，不怕辛苦要照管；
以上事情做得全，头等功劳不费难。

胶东北海民工在担架床上制备了一些附属装备，如草帘、席子、草枕头、担架上的席棚等，并在各种工具上写或刻上各种漫画、快板、口号。如在一副担架边上刻着非常精致的小对联：

快如飞，稳如山；
伤员喜，民工欢。
提高思想，支援前线；
立下功劳，争取模范。

草帘上、小席上也同样贴着和写着生动的小快板：

小草帘，亮光光，祝伤员，早健康。
我的草帘平又平，伤员铺着伤不痛。
小席不算强，表表热心肠。
我编草席你打仗，争取全国早解放。

有时民工还你一句我一句地集体编出些歌谣来，提高大家的情绪，有一次他们编了一个担架歌谣：

担架床，长又方，
柳木框，麻绳网。
跟着民工去支前，
运输伤员真便当。

还编了一个饭瓢的歌谣：

小饭瓢，滴溜圆，
它随民工来支前。
能喝水，能吃饭，
有时也帮伤员大小便。
民工同志不嫌脏，
同志流血为了俺。

（本文原载1949年11月华东支前总前委员会编《人民的歌声》，选自中共党史资料出版社1988年版《中国共产党历史资料丛书·淮海战役》第三册）

《弹起我心爱的土琵琶》与《铁道游击队》

张翔兮

《弹起我心爱的土琵琶》是1956年上海电影制片厂拍摄的电影《铁道游击队》的插曲，作词芦芒、何彬，作曲吕其明。曲作者运用山东民歌中富有典型意义的音调，创作了这首具有浓厚地方色彩的歌曲，从“西边的太阳快要落山了”的抒情慢板，跳入“爬上飞快的火车”的铿锵快板，表现出游击队员在艰苦环境中的坚强意志和乐观精神，具有极强的艺术感染力。

《铁道游击队》讲述了抗日战争时期，山东临城枣庄的一支铁道游击队在大队长刘洪、政委李正的带领下，活跃在铁路线上，与日本侵略者展开斗争的故事。该片取材于抗战时期鲁南铁路沿线发生的真人真事，主要人物都有原型，所有战斗故事也都确有其事。该片是一部具有传奇色彩的影片，情节曲折惊险，险象环生，紧扣观众心弦，同时也有相当强的抒情性，表现了战士们的革命乐观主义精神。

《弹起我心爱的土琵琶》这首歌是电影中的插曲，铁路上独特的抗战形势，深刻表现了中国人的抗战精神、民族精神。正是这样的精神在人们心中埋下了爱国的种子和特别的情愫，也给歌曲插上了飞翔的翅膀，历久弥新。

1945年10月，在枣庄和临城的1000多日军向一支不足百人的抗日游击武装投降，这是有史以来的军事受降中十分罕见的一幕。而这支由铁路工人、小摊贩、矿工和流浪者组成的非正规部

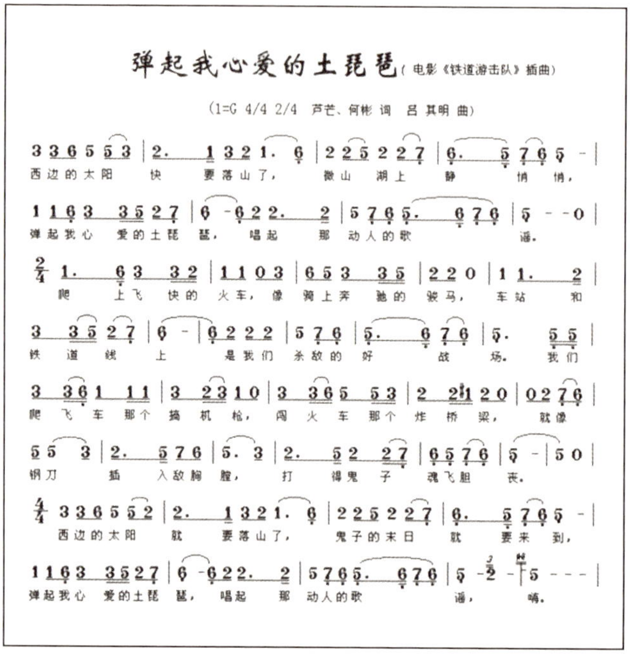

弹起我心爱的土琵琶（电影《铁道游击队》插曲）

（1=G 4/4 2/4 芦芒、何彬 词 吕其明 曲）

西边的太阳快要落山了，微山湖上静悄悄，
弹起我心爱的土琵琶，唱起那动人的歌谣。
爬上飞快的火车，像骑上奔驰的骏马，车站和
铁道线上是我们杀敌的好战场。我们
爬飞车那个搞机枪，闯火车那个炸桥梁，就像
钢刀插入敌胸膛，打得鬼子魂飞胆丧。
西边的太阳就要落山了，鬼子的末日就要来到，
弹起我心爱的土琵琶，唱起那动人的歌谣，嗨。

队，舍生忘死，在铁路线上与日军周旋了 7 年之久，是日寇侵华的心腹之患。这支队伍就是著名的“铁道游击队”。

铁道游击队是抗日战争时期活跃在山东枣庄微山湖一带的抗日武装。这支游击队成立于 1940 年 1 月 25 日，由八路军苏鲁支队命令成立，成立时称“鲁南铁道队”，人员最多时达 300 余人。铁道游击队由苏鲁支队任命洪振海为队长，杜季伟为政委，王志胜为副队长。他们挥戈于百里铁道线上，截列车、打洋行、毁铁路、炸桥梁，与日伪展开殊死搏斗，令日伪闻风丧胆。还成功护送刘少奇、陈毅、罗荣桓等领导人以及千余名抗日将士过境，被萧华将军誉为“怀中利剑，袖中匕首”。

1956 年，26 岁的吕其明开始为电影《铁道游击队》作曲，正是抗日根据地的生活给了吕其明创作的灵感和激情：“因为在抗日战争时期、解放战争时期，我一直都在山东，所以对刘知侠的小说《铁道游击队》非常喜欢，被里面铁道游击队员的那种革命英雄主义的形象深深打动。”

追溯《铁道游击队》的小说和剧本，都没有单独的歌曲部分，吕其明主动向导演提出，电影从头到尾都非常惊险刺激，表现革命英雄主义已非常充分，但表现革命乐观主义不足，是否增加一首插曲，用在最高潮：游击队员已经被敌人打到微山湖上，一天战斗结束，黄昏的时候，游击队员弹起了土琵琶，表现他们在被敌人包围的复杂斗争形势中，保持了非常乐观的心境。这一建议很快得到了导演的赞同。吕其明旋即请上海诗人芦芒、何彬两位创作了歌词。当时，有人建议写圆舞曲或抒情歌曲，吕其明则建议，歌曲要符合游击队员的身份、情感和性格："当时，不少游击队员半军半民，在考虑这首歌的时候，我首先想到，这些游击队员的口中，唱不出那种洋腔洋调的东西，应该是非常淳朴的，带有山东民间音乐风格的曲调。"吕其明说，在写作中，脑海里浮现出过去他见过的身穿便衣、扎着子弹带、手拿套筒枪或大刀的游击队员的形象，遂采用山东民歌中富有典型意义的调式落音、音调，创作了这首具有浓郁山东地方风格的通俗、淳朴的歌曲，展示了游击队员的革命英雄主义和革命乐观主义精神。

一曲《弹起我心爱的土琵琶》让铁道游击队的抗日英雄事迹名扬四海，流传至今。即使没看过《铁道游击队》电影，也一定听过洋溢着民歌韵味的《弹起我心爱的土琵琶》。毫不夸张地说，许多人了解微山湖，也是从"西边的太阳快要落山了，微山湖上静悄悄，弹起我心爱的土琵琶，唱起那动人的歌谣"开始的。

《红日》主题曲——《谁不说俺家乡好》

张翔兮

《谁不说俺家乡好》是1961年拍摄的电影《红日》中的插曲，歌词、故事背景是1947年发生在山东临沂地区的孟良崮战役。歌曲取材于山东民歌《王二小赶集》，旋律音调具有典型山东民歌的风格，被认为是一首山东新民歌，头音和尾音的上扬与下滑悠扬婉转，朗朗上口的旋律带着藏不住的欢欣喜悦。切分音、附点等非方整性节奏型的使用，为歌曲增添了活泼的气氛。歌词也使用了地道的山东民歌中常见衬词“嘚儿哟咿儿哟”，生动地表现了沂蒙地区大好风光和军民鱼水之情。

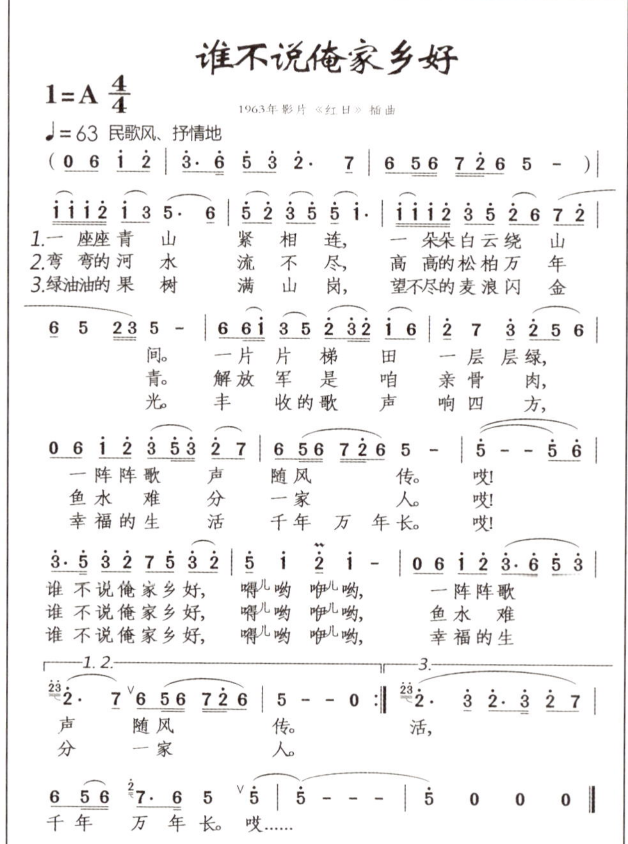

孟良崮战役战斗异常激烈，在这场战役到来之前，应该有一首歌来渲染解放军战士爱家乡、爱部队、决心保卫胜利果实的情感。于是吕其明带着杨庶正、肖培珩

两位年轻人组成一个插曲创作组，到山东孟良崮战场体验生活。来到山东，他们沿着当年战争的线路，体验生活，搜集、学习山东民歌。一天，到了烟台，登上了著名的栖霞英灵山。他们放眼四望，青山葱绿，小河流淌，一层一层的梯田尽收眼底，空气中弥漫着青草和泥土的芳香，随风飘来的还有老乡的山歌。三人坐在山顶豪情澎湃，你一句我一句，一边说一边写很快就有了三段歌词。词定稿后，三人商量同时动笔，推选其中一首作为基础，再共同进行修改。三人的曲谱都写好后经过比较，大家觉得杨庶正吸收山东民歌《王二小赶集》的曲调写成的初稿有山东特色，曲调优美，符合电影的场景，于是以杨庶正的初稿为基础修改完成了这部作品，也为电影起到了画龙点睛的作用。

日本投降后近一年的时间里，各解放区采取措施医治战争创伤，使工农业生产得到恢复和发展，人民生活得到改善，解放区日趋巩固。但随着全面内战爆发，一些新解放区尤其是一些边沿地区，人民政权刚建立，社会秩序尚不稳定，群众尚未被充分发动和组织起来，土匪暴乱时有发生。为此，中共中央按照“必须做持久打算”“一切依靠自力更生，立于不败之地”的方针，大力加强解放区建设。

各解放区广泛发动农民群众，进行土地制度的改革运动。到 1947 年 2 月，各解放区约有三分之二的地区解决了土地问题，实现了“耕者有其田”。许多解放区出现了大丰收，正像歌里唱的“一片片梯田一层层绿”，农业生产增长，农民生活改善。翻身农民纷纷加入解放军，许多地方出现了父母送子、妻子送郎的踊跃参军景象。

《谁不说俺家乡好》的歌词朗朗上口，曲调优美又不失灵动，唱出了陈毅司令员说过的“六十万敌军是山东老百姓用小车把他们推垮的”军民鱼水情，抒发了山东解放区人民热爱家乡、热爱子弟兵、保卫胜利果实的真挚情感。全歌虽然仅有一个乐段，但极富民歌特色的音调，加之巧妙运用的衬字撇腔，显得风味十足，给听众以至深的艺术感受。

2007年中国成功发射的“嫦娥一号”卫星，搭载的30首歌曲，第一首就是这支歌。2009年，该曲入选中共中央宣传部推荐的100首爱国歌曲。

《王杰的枪我们扛》在徐州永久传唱

李龙伊

王杰的枪我们扛，
王杰的歌我们唱。
一不怕苦，
二不怕死，
一心为革命，
永远跟着党。
王杰的枪我们打，
王杰是咱好榜样。
你学王杰我学王杰，
革命良种，
到处能成长。
王杰的枪我们扛，
王杰的歌永远唱。
胸怀祖国，
放眼世界，
跟着毛主席，
永远向前方！

这首名叫《王杰的枪我们扛》的歌曲，在徐州大地经久传唱，诉说着广大军民对王杰的崇敬和缅怀。

在徐州，王杰的故事家喻户晓。58 年前，原装甲兵某部工兵一连班长王杰，在组织民兵训练时突遇炸药意外爆炸。危急关头，他奋不顾身扑向炸点，保护了在场 11 名民兵和 1 名人武干部的安全，生命定格在了 23 岁。王杰为了人民的利益敢于牺牲自己，用生命诠释了“一不怕苦、二不怕死”的革命精神。

精神的力量穿越时空，历久弥新。2017 年 12 月 13 日，习近平主席视察第七十一集团军某旅时深刻指出：“王杰精神过去是、现在是、将来永远是我们的宝贵精神财富，要学习践行王杰精神，让王杰精神绽放新的时代光芒。”

如今，王杰精神早已融入徐州人民的基因。王杰社区、王杰派出所、王杰小学、王杰中学、王杰储蓄所……在徐州这片英雄热土上，许多爱国拥军单位和场所都以英雄王杰的名字命名，处处可见王杰精神的延续。徐州人民怀念英雄王杰、尊崇人民子弟兵，驻地官兵像王杰老班长一样一心为民、服务群众，爱民拥军之花在徐州大地绚烂绽放。

“我们不能忘了王杰，我们要永远纪念他”

盛夏时节，第七十一集团军某旅营区内，许多市民顶着烈日，慕名前来参观王杰事迹陈列馆，学习王杰精神。馆墙上，王杰日记中的句句话语感人至深：

“什么是理想？革命到底就是理想。什么是前途？革命事业就是前途。什么是幸福？为人民服务就是幸福”“我们要一不怕苦、二不怕死，做一个大无畏的人”“在荣誉上不伸手，在待遇上不伸手，在物质上不伸手”……

当兵4年间，王杰写下了300多篇、总计超10万字的心得日记。这些日记真实记录了英雄成长的心路历程，写满了他对党和人民的忠诚。

“徐州人民从小就学习王杰的事迹，王杰是大家心目中的英雄。日记里的每一行字，都感人至深。我从中看到的，是一名人民子弟兵高尚的精神境界。”一名参观者在留言簿上写道。

“王杰老班长是拥政爱民的楷模。”来自“王杰班”的讲解员徐彬介绍，王杰生前一直要求自己向张思德、雷锋学习，“把有限的生命投入到无限的为人民服务中去”。在沂蒙山施工时，王杰曾写下“不怕工作苦和累，愿把青春献人民”的诗句，这首诗后来还被周恩来总理亲手抄录，作为给王杰的题词。

“执行任务时，山洪暴发卷走物资，王杰第一个奔去抢救；爆破作业中，他总是冒着风险抢先装药、放炮，有时发生哑炮，他争着冲上前去排除。正如他所说，‘为了党，我不怕进刀山入火海；为了党，哪怕粉身碎骨我也甘心情愿’。”徐彬讲到这里，现场已有参观者眼眶湿润。

一个人感动了一座城，这座城始终传承着他的精神。“那天我永远不会忘记，王杰精神时刻鼓励着我前进。”在王杰牺牲地，80多岁高龄的李彦清老人一边轻轻擦拭着纪念碑，一边回忆着这段刻骨铭心的历史。他正是王杰用生命护下的人之一。

王杰舍己为人的一扑，让李彦清的思想受到极大震动。此后，他把王杰作为一个标杆，认真践行王杰精神。1973年5月，李彦清在带领戴庄民兵进行地雷实爆演习时，为了救护一名女民兵，他毅然独自排除哑雷，结果意外发生，李彦清双目失明。他像当年的王杰一样，用生命守护生命。

当年得到王杰保护的 12 个人，如今在世的都已经七八十岁。看护王杰牺牲地纪念碑的工作人员说：“年年清明都有老人过来。有的老人去世了，或者行动不方便了，老人的儿孙也要前来扫墓。他们说‘我们不能忘了王杰，我们要永远纪念他’。”

徐州人民缅怀王杰，也将拥军情怀寄托在王杰生前所在部队。50 多年来，市民习惯把第七十一集团军某旅称为“王杰部队”。该部队营区门前，有一条车水马龙的交通主干道，这条大道被市政府命名为“王杰路”。“多年过去，王杰路乃至整座城市的面貌都发生了很大变化，但大家对王杰精神的传承却从未改变。”徐州市云龙区退役军人事务局局长王芬感慨。

“我们最锐利的武器，就是像王杰一样的坚定信念”

王杰小学校园门前，“全国国防教育示范学校”“王杰部队基层营连双拥共建结对单位”等金色荣誉牌在阳光下熠熠生辉。操场一侧矗立的铜像，雕刻着王杰扑向炸药的场景。每周升旗仪式后，学生们都会在铜像前庄严宣誓。

在教学楼里，每个班级门口都写着这个班的名称：“王杰班”“钱学森班”……老师们告诉记者，学校现有 24 个班，每个班级都以英模名字命名，每名学生都有自己崇敬的英模人物。

“我们以王杰精神培育学生，聘请部队‘王杰班’班长担任校外辅导员，聘请 24 名优秀士兵为学校 24 个班定期授课，开展国防教育和军事训练。”该校副校长唐怀栋说，“英雄的时代离我们虽已过去多年，但王杰精神潜移默化地影响着一茬又一茬的孩子，滋养着他们顽强拼搏、勇于超越、甘于奉献的品质。”

蓬生麻中，不扶而直。唐怀栋之前在中学工作时，来自王杰小学的孩子们身上的宝贵品质给他留下了深刻印象。“上了中学以后，王杰精神还在激励着他们。遇到困难时，他们表现得十分坚韧，学习也刻苦认真。”望着操场上孩子们活泼的身影，唐怀栋感慨。

王杰班战士在某海训场进行战术训练

半个多世纪过去了，王杰精神依然鼓舞着广大军民不懈奋斗、勇往直前。

在第七十一集团军某旅“王杰班”宿舍里，至今保存着王杰老班长的床铺和书桌。木质的上下铺被岁月刻满皱纹，但床上的被褥依然叠得整齐。每天晚上，战士们都会将王杰的被子轻轻铺好，早上再将被子叠成“豆腐块”。

“王杰班”所在连队晚上点名时，呼点的第一个名字永远是“王杰”。每个静谧的夜里，100多名血气方刚的年轻军人齐声答“到”，声音震天动地、撼人心扉。

“对大家来说，这既是一种纪念和景仰，也是一种传承和激励。”班长黄龙告诉记者，“这些传统一直延续，时刻提醒我们，老班长从未离开战友们，要赓续好他的精神。久而久之，官兵对王杰老班长的怀念，已经化为人生的信念。”

时光荏苒，一批批“王杰班”战士弘扬王杰精神，不断苦练本领、勇创佳绩。“至今，‘王杰班’已经培养出287名战士、32任班长。这些战士中，有95人入党，37人提干、进军校，个个都是好样的。”第七十一集团军某旅政治工作部副主任董朝武说。

在这个不断取得突破和荣誉的集体中，每个人手掌上都有厚厚的老茧和斑斑伤痕，那是他们矢志提高保护人民群众能力的见证。“我们身后，是千万个幸福家庭。保护人民平安，我们最锐利的武器，就是像王杰一样的坚定信念。”“王杰班”副班长杨子干说。

“徐州人民的双拥情怀，从革命战争年代起就一直赓续”

淮海战役纪念馆里，“人民的胜利”几个烫金大字格外醒目。一辆陈旧的小推车前，不少参观者驻足观看。这是淮海战役中群众支援前线时使用的小推车。

“淮海战役的胜利，是靠老百姓用小车推出来的。”讲解员介绍，淮海战役中，543万父老乡亲前赴后继踊跃支前，共动员大小车辆40多万辆。支前民工用小推车为解放军运送粮食、弹药、伤员，有力推动了战役取得胜利。

回顾历史，徐州市退役军人事务局局长赵忠德深有感触地说：“徐州是一座红色之城，这片土地不仅孕育了王杰精神，更浸润着淮海战役烈士的报国热血。徐州人民的双拥情怀，从革命战争年代起就一直赓续。”

徐州驻军部队较多，如何解决好部队和官兵的急难愁盼，是当地双拥部门一直在思考的问题。徐州市双拥办负责人牛庆怀表示：“近年来，我们努力做好空军机场迁建、部队营房改建、训练场地新建等工作，同时认真解决官兵‘三后’问题，办好聚民心、暖人心、稳军心的大事要事。”

2020 年 7 月，海军徐州舰声呐兵傅莉辉经过两年半的学习和考核，获得徐州工程学院专科学历，同年又报考了专升本。如今，实现学历升级的他，已经成长为专业骨干。

徐州工程学院校长张农回忆，2016 年初，学校与徐州舰签订官兵协议，探索“智力拥军，送学上舰”继续教育办学模式。徐州舰官兵来自全国各地，但是按照江苏省成人教育相关规定，报考者首先要有江苏户籍。后来，徐州市人大常委会通过决议，授予徐州舰全体官兵“徐州市荣誉市民”称号，让户籍难题迎刃而解。

徐州舰经常出海执行训练任务。在录制课程视频之外，每当舰船回港，老师们都会争分夺秒，上舰为官兵们送去知识。“这几年，我们精准聚焦战位需求，为官兵开设计算机、机械等专业课程，以专业知识帮助他们提高打赢能力。”该校继续教育学院院长唐翔说。

徐州舰曾 3 次圆满完成亚丁湾护航任务，荣立过一等功。在徐州采访时，记者感受到，许多市民为徐州舰的成绩感到自豪。一城一舰，见证着徐州人民与部队官兵的深厚感情。爱国拥军情怀，早已根植在徐州人民的心中。

听到过这样一个暖心的拥军故事：30 多年前，曹迎军、倪振娥夫妇遭遇车祸，被路过的子弟兵营救，夫妇俩从此走上数十年如一日的拥军之路。20 世纪 90 年代，倪振娥从事客运业，开业第一天便挂起“拥军车”的牌子，现役军人、退役军人乘坐一律免费。后来，夫妻俩被评为“全国爱国拥军模范”。

他们的拥军情，带动了全家人。女儿曹恒先是参军入伍，退役后和父母一样开展拥军活动、走访慰问部队。后来，曹恒的哥哥、嫂子、侄子也加入拥军行列，他们家成了远近闻名的拥军家庭。

从历史走来，阔步新时代，军爱民、民拥军的光荣传统，在徐州大地薪火相传、谱写新篇。

（本文原载 2023 年 6 月 25 日《人民日报》，作者为人民日报社记者）

精神永续

革命理想高于天

“人无精神则不立，国无精神则不强。”淮海地区是革命老区，在中国革命历史进程中，熔铸了沂蒙精神、王杰精神等一系列革命精神，是淮海地区人民最宝贵的精神财富，是中国共产党人精神谱系中特色鲜明的“淮海符号”，历久弥新，熠熠生辉。

翻开风云激荡的红色篇章，淮海地区形成的革命精神一直光芒万丈，照耀着淮海大地，滋养着淮海地区人民。这些革命精神不仅彰显了不怕牺牲、敢于斗争的可贵品质，还体现了一切依靠人民、一切为了人民的宗旨意识，具有鲜明的地域特征和穿越时空的永恒价值，是中国共产党人践行初心使命的生动写照，是淮海地区红色文化资源的突出代表，具有强大的吸引力、感召力和影响力。

本篇收录了20余篇党史专家学者撰写的研究探讨类学术成果，其中既有对沂蒙精神、王杰精神等中国共产党人精神谱系的研究阐释，也有对淮海战役革命精神、新四军铁军精神等课题的深入探究，是鼓舞激励广大党员干部群众传承革命精神的重要启示，是更好弘扬革命光荣传统、赓续红色血脉、推动淮海经济区高质量协同发展的精神力量。

伟大建党精神的深刻内涵与时代价值

刘晓东

习近平总书记在庆祝中国共产党成立一百周年大会上的讲话中指出："一百年前，中国共产党的先驱们创建了中国共产党，形成了坚持真理、坚守理想，践行初心、担当使命，不怕牺牲、英勇斗争，对党忠诚、不负人民的伟大建党精神，这是中国共产党的精神之源。"伟大建党精神融入一代又一代中国共产党人的血脉和灵魂，在党的百年奋斗史中得以铸造和弘扬，一百年来，中国共产党弘扬伟大建党精神，在长期奋斗中构建起中国共产党人的精神谱系，锤炼出鲜明的政治品格。我们要深入学习领会习近平总书记关于伟大建党精神的重要论述，深刻认识和把握伟大建党精神的深邃内涵，继续弘扬光荣传统、赓续红色血脉，永远把伟大建党精神继承下去、发扬光大。

一

精神是一个民族赖以长久生存的灵魂，唯有精神上达到一定的高度，这个民族才能在历史的洪流中屹立不倒、奋勇向前。伟大建党精神，承载党的初心和使命，彰显党的性质和宗旨，凝聚着中国共产党人的信仰信念、风骨品质。

坚持真理、坚守理想，集中体现了中国共产党对马克思主义科学真理的坚定信仰和对社会主义、共产主义的坚定信念。中华民族创造了灿烂的中华文明，为人类进步做出了卓越贡献。鸦片战争以后，中国逐步沦为半殖民地半封建社会。国家蒙辱、人民蒙难、文明蒙尘，中华民族遭受了前所未有的劫难。为了改变中国人民和中华民族的悲惨命运，近代以来，无数仁人志士奋斗牺牲、前赴后继，探索救国救民真理、探寻救亡图存出路。中国产生了共产党，这是开天辟地的大事变，深刻改变了近代以后中华民族发展的方向和进程，深刻改变了中国人民和中华民族的前途和命运，深刻改变了世界发展的趋势和格局。中国共产党从诞生之日起，就把马克思主义鲜明地庄严地写在自己的旗帜上，就把实现共产主义作为党的最高理想和最终目标。中国共产党把马克思主义基本原理同中国具体实际相结合，团结带领中国人民取得了革命、建设、改革的辉煌成就，使中国这个古老的东方大国发生了前所未有的历史巨变，创造了人类历史上前所未有的发展奇迹，也不断丰富和发展了马克思主义中国化的理论和实践。

践行初心、担当使命，集中体现了中国共产党始终秉承为人民谋幸福、为民族谋复兴的初心使命。为了实现中华民族伟大复兴，我们党始终坚守初心和使命，在极端困境中发展壮大，在濒临绝境中突出重围，在困顿逆境中毅然奋起，团结带领中国人民浴血奋战、百折不挠，创造了新民主主义革命的伟大成就；自力更生、发愤图强，创造了社会主义革命和建设的伟大成就；解放思想、锐意进取，创造了改革开放和社会主义现代化建设的伟大成就；自信自强、守正创新，统揽伟大斗争、伟大工程、伟大事业、伟大梦想，创造了新时代中国特色社会主义的伟大成就。百年风雨兼程，百年铸就辉煌。中华民族迎来了从站起来、富起来到强起来的伟大飞跃，中华民族正以不可阻挡的步伐迈向伟大复兴。

不怕牺牲、英勇斗争，集中体现了中国共产党人不畏强敌、不惧风险的大无畏精神和敢于斗争、敢于胜利的英雄气概。“为有牺牲多壮志，敢教日月换新天。”世界上没有哪个党像我们党这样，遭遇过如此多的艰难险阻，经历过如此多的生死考验，付出过如此多的惨烈牺牲。百年峥嵘岁月，百年风雷激荡。在应对各种困难挑战中，中国共产党人始终英勇地站在革命的最前线、斗争的最前沿。在一百年的非凡奋斗历程中，中国人民和中华民族勇于为改变自己的命运而奋斗牺牲，一代代中国共产党人浴血奋战、顽强拼搏，以“越是艰险越向前”的豪情壮志，以“狭路相逢勇者胜”的英雄气概，以“杀出一条血路来”的血性胆魄，一次次在绝境中凤凰涅槃、浴火重生，锤炼了不畏强敌、不惧风险、敢于斗争、勇于胜利的风骨和品质，书写了无愧于时代、无愧于人民、无愧于历史的璀璨华章。

对党忠诚、不负人民，集中体现了中国共产党人鲜明崇高的政治品质和坚守人民立场、以人民为中心的价值追求与执政理念。习近平总书记深刻指出：“对党忠诚，是共产党人首要的政治品质。我们党一路走来，经历了无数艰险和磨难，但任何困难都没有压垮我们，任何敌人都没能打倒我们，靠的就是千千万万党员的忠诚。对党忠诚，必须一心一意、一以贯之，必须表里如一、知行合一，任何时候任何情况下都不改其心、不移其志、不毁其节。”面对敌人的威逼利诱和种种酷刑，“我邓中夏就是化成了灰，也还是个共产党员”，这是邓中夏永不叛党的忠诚誓言；“竹签子是竹子做的，共产党员的意志是钢铁”，这是江竹筠坚贞不屈的忠诚坚守。为了实现“让全体中国人民都过上更好的日子”这个宏伟而朴素的目标，一代代中国共产党人以为民造福的实际行动诠释了“我将无我、不负人民”的崇高情怀和赤诚之心。

二

党的百年奋斗锻造了走在时代前列的中国共产党。《中共中央关于党的百年奋斗重大成就和历史经验的决议》指出：“一百年来，党坚持性质宗旨，坚持理想信念，坚守初心使命，勇于自我革命，在生死斗争和艰苦奋斗中经受住各种风险考验、付出巨大牺牲，锤炼出鲜明政治品格，形成了以伟大建党精神为源头的精神谱系。”中国共产党在不同历史时期铸就的一系列伟大精神，蕴含着伟大建党精神的基本内涵，充分表明伟大建党精神既在创建中国共产党的实践中形成，又在党的百年光辉历史中发扬光大。中国共产党人的精神谱系的内容构成反映了党在不同时期、不同领域、不同环境的精神状态、精神力量。

江苏是中国共产党最早建立组织并开展革命活动的地区之一。“在党的初创时期和大革命时期，江苏是我们党活动的重要区域。周恩来、瞿秋白、张太雷、恽代英等出生在江苏，陈延年、赵世炎、邓中夏、陈毅、粟裕等曾在江苏从事革命活动，新四军东进北上建立抗日根据地、淮海战役、渡江战役等重大事件都与江苏密切相关。”在社会主义革命和建设时期，党领导江苏人民自力更生、艰苦奋斗，探索社会主义建设道路，创造了许多新中国“历史上的第一”，为江苏发展腾飞奠定坚实基础。在改革开放和社会主义现代化建设新时期，党领导江苏人民解放思想、开拓创新，敢闯敢试、敢为人先，积极探索出有全国共性和江苏特点的改革开放发展道路。进入中国特色社会主义新时代，党领导江苏人民锐意进取、埋头苦干，认真贯彻习近平总书记对江苏的重要讲话指示精神，全面建设小康社会取得重大历史性成就，中国特色社会主义在江苏大地焕发蓬勃生机。中国共产党在江苏百年光辉历程，是中国共产党人践行初心担当使命、创造历史伟业的生动缩影。在百年奋斗历程中，一代代江苏共产党人前赴后继、英勇奋斗，铸就了一系列中国共产党人精神谱系的“江苏符号”。

周恩来同志的崇高精神、高尚品德、伟大风范是中国共产党人和中国人民学习的光辉榜样。周恩来同志是近代以来中华民族的一颗璀璨巨星，是中国共产党人的一面不朽旗帜。周恩来同志是“不忘初心、坚守信仰的杰出楷模；对党忠诚、维护大局的杰出楷模；热爱人民、勤政为民的杰出楷模；自我革命、永远奋斗的杰出楷模；勇于担当、鞠躬尽瘁的杰出楷模；严于律己、清正廉洁的杰出楷模”。周恩来同志的崇高精神，是历史的，也是时代的，是我们奋勇前进的强大精神力量。

雨花英烈的事迹展示了共产党人的崇高理想信念、高尚道德情操、为民牺牲的大无畏精神。在新民主主义革命时期，从 1927 年至 1949 年，南京雨花台是中国共产党人和爱国志士最集中的殉难地。习近平总书记在视察江苏时指出：“在雨花台留下姓名的烈士就有 1519 名。他们的事迹展示了共产党人的崇高理想信念、高尚道德情操、为民牺牲的大无畏精神。”这一段历史是中共党史长卷中极其英勇悲壮的光辉篇章。

新四军在抗日烽火中淬炼铸就坚不可摧、高度忠诚、听党指挥、报国为民、令行禁止、秋毫无犯的铁军精神。在艰苦卓绝的抗日战争中，新四军坚持华中抗战，驰骋江淮，屡建功勋，用热血筑起“华中人民的长城”，谱写了惊天地、泣鬼神的雄壮史诗，为赢得全国抗战胜利做出了不可磨灭的历史贡献。在战火硝烟中，新四军将士用鲜血和生命淬炼铸就的革命精神，体现了人民军队“铁一般信仰”“铁一般信念”“铁一般纪律”“铁一般担当”，是激励中国人民克服一切艰难险阻、为实现中华民族伟大复兴而奋斗的强大精神动力。

淮海战役凝聚了“听党指挥、依靠人民、团结协同、决战决胜”的伟大精神。淮海战役是中国人民解放战争中具有决定意义、关系中国革命前途和命运的战略大决战。淮海战役的胜利是“靠有革命英雄主义精神的一大批将帅之才和战斗英雄，更靠人民的支持和奉献，淮海战役就是小推车推出来的胜利”。战役所彰显的革命精神，是中国革命史上一座不朽的丰碑。

王杰精神，过去是、现在是、将来永远是我们的宝贵精神财富。习近平总书记指出：“王杰‘在荣誉上不伸手，在待遇上不伸手，在物质上不伸手’，这‘三不伸手’是一面镜子，共产党员都要好好照照这面镜子。一不怕苦、二不怕死是血性胆魄的生动写照，要成为革命军人的座右铭。王杰精神过去是、现在是、将来永远是我们的宝贵精神财富，要学习践行王杰精神，让王杰精神绽放新的时代光芒。”

三

党的十九届六中全会指出：“大力弘扬伟大建党精神，勿忘昨天的苦难辉煌，无愧今天的使命担当，不负明天的伟大梦想，以史为鉴、开创未来，埋头苦干、勇毅前行。”新征程上，弘扬伟大建党精神，对于新时代推进党的建设新的伟大工程、坚持和发展中国特色社会主义伟大事业，具有重大现实意义和深远历史意义。

弘扬伟大建党精神，始终坚定马克思主义信仰和共产主义理想，不断推进马克思主义中国化时代化。习近平总书记强调：“对马克思主义的信仰，对社会主义和共产主义的信念，是共产党人的政治灵魂，是共产党人经受住任何考验的精神支柱。”中国共产党为什么能，中国特色社会主义为什么好，归根到底是因为马克思主义行！新的征程上，我们党必须坚持马克思列宁主义、毛泽东思想、邓小平理论、“三个代表”重要思想、科学发展观，全面贯彻新时代中国特色社会主义思想，不断推进马克思主义中国化时代化，用马克思主义观察时代、把握时代、引领时代，继续发展当代中国马克思主义、21 世纪马克思主义。

弘扬伟大建党精神，始终不忘初心，牢记使命，接续奋斗，不断创造更加幸福美好的生活。习近平总书记强调：“我们党的一百年，是矢志践行初心使命的一百年，是筚路蓝缕奠基立业的一百年，是创造辉煌开辟未来的一百年。”“经过全党全国各族人民持续奋斗，我们实现了第一个百年奋斗目标，在中华大地上全面建成了小康社会，历史性地解决了绝对贫困问题。”实现中华民族伟大复兴，凝聚着几代中国人的夙愿，凝结着无数仁人志士的不懈努力、拼搏奉献，承载着中华儿女的共同心愿和热切期盼。中国共产党一路披荆斩棘、凯歌前行，实现国家富强、民族振兴、人民幸福，光荣而伟大的事业正展现出光明和灿烂的前景。百年征程波澜壮阔，百年初心历久弥新。新的征程上，新时代的共产党员，要始终做到初心如磐、使命在肩，继续向着实现中华民族伟大复兴的光辉目标进发，在奋发有为中践行初心使命，在攻坚克难中焕发新的气象，为全面建设社会主义现代化国家、实现第二个百年奋斗目标披坚执锐、再立新功。

弘扬伟大建党精神，始终坚持斗争精神，提高斗争本领，不断夺取伟大斗争新胜利。习近平总书记强调："敢于斗争、敢于胜利，是中国共产党不可战胜的强大精神力量。"中国共产党和中国人民是在斗争中成长和壮大起来的，斗争精神贯穿于中国革命、建设、改革各个时期。我们党历经千锤百炼始终站在时代潮流最前列、站在攻坚克难最前沿。新的征程上，应对新矛盾新挑战，我们要敢于斗争、善于斗争，永葆"过去革命战争时期的那么一股劲、那么一股革命热情、那么一种拼命精神"，勇挑重担、勇斗风险；永葆"不怕牺牲、排除万难，去争取胜利"的必胜信念，勇克难关、勇往直前；永葆"革命人永远是年轻"的蓬勃朝气，勇立潮头、勇担使命，把新时代中国特色社会主义伟大事业不断推向前进。

弘扬伟大建党精神，始终坚持全心全意为人民服务的根本宗旨，不断推动人的全面发展，实现全体人民共同富裕。习近平总书记指出："江山就是人民、人民就是江山，打江山、守江山，守的是人民的心。"中国共产党根基在人民、血脉在人民、力量在人民。中国共产党始终代表最广大人民根本利益，与人民休戚与共、生死相依，没有任何自己特殊的利益，从来不代表任何利益集团、任何权势团体、任何特权阶层的利益。新的征程上，我们要更加紧密地团结在以习近平同志为核心的党中央周围，坚持以习近平新时代中国特色社会主义思想为指导，始终忠诚于党、忠诚于人民、忠诚于马克思主义。永远保持同人民群众的血肉联系，始终同人民想在一起、干在一起，风雨同舟、同甘共苦。

（本文原载2023年《党史资料与研究》第3期。作者单位：中共江苏省委党史工作办公室）

徐州红色基因的梳理提炼与传承发展研究

黄　慧

红色基因体现了革命先辈的理想与信念，凝聚了中国共产党的优良传统和革命精神。习近平总书记多次强调，要传承红色基因，永远不可迷失了方向和道路。徐州城市发展站在历史新方位，只有通过红色基因世代相传，发挥凝聚、传播和教育功能，凝聚力量与共识，才能使革命精神一代一代地传承下去，使红色基因成为激励徐州人民建设“强富美高”新徐州的精神支柱。

徐州红色文化资源特征及概况

（一）起步较早。1919 年，在五四运动影响下，徐州城内及旧徐州府所属八县（丰县、沛县、萧县、砀山、邳县、睢宁、铜山、宿迁）学界反响强烈，他们以各种方式声援、支持北京学生，掀起了反帝爱国浪潮。在徐州成立八县学生联合会，有组织、有步骤地进行学生罢课、工人罢工、商人罢市等各种反帝爱国活动。1920 年 3 月，徐州省立第七师范的学生秘密成立了徐州第一个马克思学说研究小组，传播马克思主义。1921 年春，又成立了公开组织“赤潮社”，创办石印刊物《赤潮》旬刊，这是徐州第一个公开宣传马克思主义的刊物。1922 年春，江苏省第一个党组织——陇海铁路徐州（铜山）站支部诞生。1923 年 8 月，共产党员吴亚鲁到徐州开展革命工作，先后创建了徐州社会主义青年团、中共徐州支部，点燃了徐州地区的革命之火。

（二）分布较广。徐州红色文化资源分布地域广泛，共 146 处，分布于城区、乡镇及农村。其中徐州市区 12 处、丰县 33 处、沛县 17 处、邳州市 13 处、睢宁县 23 处、新沂市 23 处、铜山区 16 处、贾汪区 9 处。

（三）资源丰富。徐州地区曾发生举世闻名的淮海战役，培养了伟大的共产主义战士王杰，分布着“八号门事件”遗址、渡江战役总前委旧址、运河支队抗日纪念馆、小萝卜头纪念馆、国共和谈军事三人小组在徐州活动旧址等数量众多的珍贵红色文化资源。

（四）影响巨大。以徐州地区为中心的淮海战役取得辉煌胜利，在军事上使蒋介石在南线的精锐主力尤其是嫡系部队中的骨干损失殆尽，长江中下游以北的广大地区获得解放，为解放军渡江作战、解放全中国打下了坚实基础。

徐州红色基因的内涵分析

徐州地区丰富的红色文化资源蕴含了“信念坚定、对党忠诚；为民靠民、团结一心；善谋善战、果敢担当；舍生取义、砥砺前行”的红色基因，是中华优秀文化的重要组成部分，是革命先辈追求真理、舍生取义、为民谋福的具体体现，是实现中华民族伟大复兴的精神引领。

（一）信念坚定、对党忠诚是基石。在淮海战役正面战场，华东、中原两大野战军组织纪律严明，服从指挥、闻令而动、步调一致，彰显了对党的绝对忠诚；广大军民信念坚定，夯实了战役胜利的基石。在战役中的隐蔽战线，更是对共产主义信仰、对党的忠诚的极端考验：以郭汝瑰、张克侠为代表的诸多地下工作者志坚如铁、忍辱负重、与敌周旋，面对敌人的高官厚禄、牢狱酷刑、威逼利诱，意志如坚、真心不动，在历史决战的关键时刻，利用其特殊的身份为党的决策提供了可靠的情报，贡献了力量。反观国民党军队，从上至下各怀鬼胎，多以保守自身利益为前提，所以，每到国共双方交战的关键时刻，总是共产党能赢得最后的胜利。

（二）为民靠民、团结一心是根本。淮海战役规模空前，数百万民众保障战役后勤供给，倾家荡产支援前线；解放军各部队迎难而上，全力支持友军行动，有力保证了战略战役部署的实施。台儿庄战役期间，徐州支前民工响应中共苏鲁豫皖边区特委号召，在后勤供应、战场鼓动等各方面配合大战，为台儿庄大捷提供了重要保障。这些都集中体现了只有依靠人民、团结人民，才能赢得革命战争最终胜利。

（三）善谋善战、果敢担当是关键。淮海战役的胜利得益于党中央和中央军委领导人科学运筹与果敢决断，是前线指挥员周密谋划与勇于担当、是参战部队团结协作与善谋善战的综合成果。党中央和中央军委统帅部高瞻远瞩，提早科学谋划淮海战役，毛泽东同志结合实际，提出十项军事原则，为淮海战役作战方案的制定提供了科学指导。中央军委精准把握战机，体现了战略布局的主动性，与国民党军队意见不一的指挥系统、反复改变的作战方案形成鲜明对比。淮海战役最前线，粟裕七天七夜不眠，面对装备精良、负隅顽抗的国民党主力，指挥英勇的人民解放军在战场上浴血奋战，彰显了共产党人的伟大气魄。

（四）舍生取义、砥砺前行是方向。宋绮云（中共邳县第一任县委书记）、其革命伴侣徐林侠（邳州县委妇女会会长），以及他们8个月大的幼子宋振中（小萝卜头）被国民党军统特务逮捕，8年的牢狱生涯使他们遭受了非人的折磨，“我决不能弯下腰，只有怕死才求饶。人生百年终一死，留得清白上九霄”，最终，宋绮云一家被国民党军统特务残忍杀害，被誉为“一门三烈”。淮海战役小宋庄战斗中，小宋庄守敌由事先估计的1个连变为1个装备精良的突击营。此时，二梯队成立了由8名党员组成的“党员突击队”，突击队以牺牲3名党员的代价，摧毁了敌火力点，全歼了守敌，为后续部队打通了关键通路。革命建设时期，王杰奋不顾身，以青春之躯换取了12个人的宝贵生命，再次彰显了共产党人无畏牺牲、舍生取义的精神。

传承徐州红色基因的时代意义

以史鉴今，可明未来。徐州的今天是昨天的发展，徐州的未来在于今天的拼搏。梳理提炼徐州红色基因，努力传承与发展红色基因，对资政治世、明理育人、鼓舞斗志、激励精神，不断开创徐州城市发展新篇章有着积极的推动作用。站在历史新方位，徐州要施展新作为，必须弘扬“信念坚定、对党忠诚；为民靠民、团结一心；善谋善战、果敢担当；舍生取义、砥砺前行”的宝贵精神，以昂扬的斗志推动徐州高质量发展。

（一）传承红色基因，是当代精神追求的时代观照。红色基因的内涵意蕴与新时代的精神追求、价值观念内涵一致。每一个红色文化遗存都是革命先辈不懈努力的历史见证，都会使处在新时代的我们身心受到一次洗礼，这是红色基因的当代价值的具体体现。传承红色基因，能够为引导人们树立正确的国家观、民族观、历史观、文化观提供有力支撑，促进培育和践行社会主义核心价值观。

（二）传承红色基因，是筑牢初心根基的政治保障。新中国成立七十年来，我国综合国力不断提升，但信息的多元化导致人们的价值观念也日渐多元化，意识形态和精神文明领域的“红色”一度被一些西方敌对国家丑化，时有历史虚无主义者攻击诋毁英雄人物，很多革命时期党的优秀传统和作风被淡化，一些党员干部信念被弱化、文化被西化、精神被矮化甚至有普遍化的趋势；一些青少年缺乏奋斗精神，追崇拜金主义与佛系生活，对革命先烈追求民主自由的艰辛历程逐渐淡忘。传承红色基因，能够使广大党员和干部不忘初心，在传承中升华思想、培养正气；使青年学生进一步了解党史国史，形成价值认同并内化于心，提升道德素养，培育文化自信。

（三）传承红色基因，是激发使命担当的力量源泉。迈入新时代，徐州面临诸多新任务、新挑战，建设淮海经济区中心城市，实现产业转型、生态转型、城市转型，主动摆脱“地级市思维”，突破传统的“苏北意识”，卸下老工业基地“包袱”，更要传承红色基因，牢记使命，勇于担当，以“信念坚定、果敢担当、砥砺前行”的气魄，立足新方位，找准新坐标，成就新作为，思想再解放，改革再创新，以大格局、宽视角、高层次实现跨越式发展。

（四）传承红色基因，是坚守人民立场的精神沃土。马克思主义认为，人民群众是历史的创造者、社会物质财富和精神财富的创造者以及社会变革的决定性力量。“为民靠民、团结一心”的徐州红色基因是在长期的革命斗争中形成的，是中国共产党人带领徐州人民在救亡图存的革命斗争中形成的，有着深厚的历史积淀，与人民群众有着强烈的精神共鸣。应以史为鉴，始终坚持发展依靠人民、发展为了人民、发展成果人民共享，一以贯之地紧紧依靠人民，坚持从人民立场分析问题、解决问题，这是我们党取得革命胜利的关键，也是徐州下一阶段发展取得成功的关键，更是传承红色基因的重点。

（五）传承红色基因，是提升城市品质的不竭动力。徐州正处于城市提档升级的关键期，高起点规划，高标准转型，高质量发展，高水平升级，南望长三角，北接京津冀，强化特色发展，增强集聚功能，强化辐射能力，凝聚发展合力，已经成为新徐州发展为中心节点城市的必由之路。挖掘遍布徐州城乡、跨越近现代的红色遗迹、红色记忆，借助于深厚的历史文化底蕴充分彰显红色文化的时代价值，面向世界，面向未来，是打造徐州文化品牌的应有之义，是率先建立具有鲜明文化特色城市的重要举措。同时，不断挖掘、提升红色革命文化内涵，利用徐州丰富的红色革命文化资源，讲好徐州红色文化的“人”与“事”，将红色基因注入城市血脉、融进城市发展灵魂，转化为拼搏奋斗、勇创一流的工作作风，能够为加快建设“强富美高”新徐州注入不竭动力。

传承发展徐州红色基因的路径

（一）建立“红色档案”。建设市级层面的大数据库，加强资源普查，对红色遗址遗迹分级建档立卡，做好修缮保护方案；制作资源分布图、全景图、路线图，系统挖掘、修缮保护。运用“政府+社会”模式开展“红色资源”的收集、抢救和保护工程，协调动员政府及社会各方力量，抢救整理涉及徐州红色文化的图片、音像、文字、报刊等文献资料以及历史价值的实物；成立市级、县级红色收藏家协会，发挥民间组织积极的推动作用。深入挖掘红色资源档案价值并有效利用，以红色档案为载体，利用丰富的红色档案资源，建设各类爱国主义教育基地；举办“红色的徐州”展、“徐州红色文脉”展等，引导地方镇村干部大力推介本地红色文化，把英烈精神普及开来。

（二）开发“红色产业”。在科学合理做好红色文化遗迹保护的同时，将红色文化遗迹与乡村旅游、革命文化旅游、自然风光旅游等有机结合，推动农旅融合，助力乡村振兴，使徐州的红色文化与庄严的历史遗迹、秀丽的山水草木、精美的雕塑建筑、美丽的乡村风情等相辅相成，让游客在旅游过程中，能“听红色故事、唱红色歌曲、看红色电影、学红色党课、吃支前饭、开展红色宣誓、瞻仰红色人物、参与支前体验”，打造独特的红色文化旅游线路。利用红色资源开发文化主题产业，政府统筹设计，市场运作开发，大众体验受益；开发 VR 展示资源及设备，场景再现，互动体验；建设徐州红色文化微信公众平台，开发设计尊重历史、注重体验、积极健康的“红色”游戏或微视频，打造全天候“红色产业”，筑牢“红色堡垒”，拓宽“红色外延”，让红色文化通过红色产业开发的形式使更多人知晓、更多人熟悉、更多人敬慕。

（三）深化“红色记忆”。将重要遗址列入各级政府、单位实地教学点，同时作为各级学校教育实践基地，坚持每年在全市范围内开展以“弘扬革命精神，传承红色基因”为主题的爱国主义教育；以淮海干部学院为依托，深入挖掘徐州红色基因的深刻内涵，将徐州红色文化资源转化为有效的多形式教学资源；组织退役军人创办红色教育军事特训营、组建志愿宣讲服务队，“退役不褪志”，通过现代信息技术对这些珍贵红色记忆永久留存；将徐州红色记忆进行有形化建设，以革命事件、英雄人物命名镇村、道路、广场及纪念设施，建立红色镇村标识。改造升级红色展陈场所，通过声、光、电等现代技术和新兴传媒优势，将传统的平面展示向半景、全景式展示转变，增强现场感，提升传播效果。

（四）编纂“红色族谱”。修订编写《徐州红色文化史料》《徐州革命英雄传》《漫画说“徐州红色故事”》等反映徐州地区红色文化的可读性较强的书籍，邀请著名作家撰写反映徐州地区红色文化的革命著作；发掘革命先辈英勇事迹并编写成报告材料，组建由烈士遗属、老红军、专家教授等人士组成的“徐州红色文化传承志愿宣讲队”，让红色故事更加深入人心；积极挖掘革命后代红色家风背后的经典故事，提高青少年的参与兴趣；编印红色印记系列口袋书，挖掘文物背后的精神力量。增加在线式、互动式和体验式红色文化传承活动，引导广大群众以亲身体验的方式，直观形象地触摸历史，升华思想，传承基因。注重内容和形式上的创新，解读方式要向新媒体平台发展，传播内容要使青少年乐于接受。

（五）传承“红色精神”。将徐州独特的红色基因融入学校的思想政治教育与德育课程，讲述徐州地区革命故事、英雄传说、名人逸事。成立“红色基因传承与发展”研究会（协会），通过编排红色话剧、制作红色文化宣传片、建设网上展馆等多种形式，引导广大学生情感认同、思想认同、理论认同、政治认同；组织学生参观革命遗址等红色资源教育基地，拉近历史和现实的距离，让青少年在直观感性的认识中了解、接受红色资源中所承载的革命精神、爱国情感和高尚品格，坚定理想信念，强化价值养成，在爱国奉献中成长成才。优化改进传统灌输式教学，将理论教育和实践教育相结合，既符合教学发展规律，又遵从青少年成长规律；通过讲座、研讨会等有效形式，层层推进，组织校园内红色经典诵读、感悟征文活动，助推学思践悟，使校园飘起“中国红”。发挥互联网优势，通过视频直播、微博互动、微信推送等方式，构建红色基因教育培训工程，为青少年打下坚实的思想底色。

（本文原载2020年《太原城市职业技术学院学报》第12期。作者单位：徐州工程学院）

新时代湖西红色文化传承与发展创新研究

王　莹

湖西红色文化形成于中国共产党领导的艰苦卓绝的革命战争年代，是在马克思主义思潮的影响下，融合中国革命和社会主义建设、改革开放的思想创造，是立足于湖西革命老区地域文化特色而形成的文化形态。湖西红色文化是宝贵的精神财富，是开展革命传统教育、爱国主义教育、公民道德教育的经典教材。

湖西红色文化是传承红色基因的宝贵资源

（一）湖西革命根据地的发展历程。

以山东省单县为中心的湖西革命老区是中国共产党创建的早期革命根据地，位于苏鲁豫皖四省结合部，因其在南四湖（南阳湖、独山湖、昭阳湖、微山湖）以西，故称湖西地区。早在1921年底，湖西地区就有共产党员在播撒革命火种。1937年11月，鲁西南工委派工委委员孙衷文来单县了解党的活动情况，开展党的工作。

1937年12月底，鲁西南工委迁驻单县张寨，在单县、金乡开展工作，后来扩大到曹县、成武、菏泽、郓城、巨野、鱼台等十几个县。在鲁西南工委的领导下，所属各县积极发展壮大党的队伍，发动群众建立抗日武装，开展抗日救亡运动，抗日烽火迅速燃遍鲁西南大地。1938年5月，鲁西南工委改称鲁西南特委，仍驻单县张寨。1938年7月，中共苏鲁豫皖边区省委（后改为山东分局）决定，将徐（州）西北工委和鲁西南特委合并，成立中共苏鲁豫特委，活动范围扩展到苏鲁豫皖毗邻的20多个县。1939年5月，中共山东分局决定，将苏鲁豫特委扩建为苏鲁豫区党委，又名山东分局第五区党委，亦称湖西区党委，下辖鲁西南地委、湖边地委、金嘉巨中心县委、沛县中心县委、萧县中心县委和单县、丰县、砀山3个直属县委，共计22个县级单位。当时，除县城和铁路沿线附近为敌占区外，方圆近400公里的广袤土地均为八路军和地方抗日武装纵横驰骋的抗日根据地。

1940年7月，成立湖西专区，最初隶属于鲁西区，1942年10月划归冀鲁豫边区，1944年8月改为冀鲁豫第十一专区，1946年2月改称冀鲁豫湖西专区。1949年8月，冀鲁豫边区政府撤销并设平原省，湖西专区划归平原省。1952年11月，撤销平原省，原属山东的湖西专区及其所辖七县重新划入山东省。1953年7月，湖西专区撤销。

（二）湖西红色文化的形成与发展。

波澜壮阔的湖西革命历史是湖西红色文化的来源。在抗日战争时期，湖西革命老区数十万儿女参军参战，对敌作战3000余次，消灭日伪军4.5万余人，抗日武装发展到近2万人，民兵5.5万人，为民族独立做出了重大贡献。在解放战争时期，湖西人民用血肉之躯筑起了一道道“铜墙铁壁”，湖西大地走出了5个师的人民解放军主力，湖西人民付出了2万多名儿女鲜活的生命。在即将迎来全国解放的1949年，广大湖西干部响应党中央解放全中国的号召，由战斗队转变为工作队，1000多名干部抛家舍业，从菏泽晁八寨出发，千里跋涉，接管赣东北、云南、贵州，为解放大西南做出了重大贡献。

党的十八大以来，以山东省单县为代表的湖西革命老区十分重视湖西红色文化资源的开发。单县县委、县政府积极梳理红色文化资源，通过联系红色故事知情者、亲历者，实施“红动湖西——寻找红色记忆”工程。以“民心托起根据地”为主题，建设红色湖西教育基地，重现马良集抗日战斗、生死支前、干部南下等历史场景，直观形象地展现了湖西波澜壮阔的历史。推出精品红色旅游线路，对平原省革命历史纪念馆、湖西烈士陵园、张寨“小延安”等红色景点进行升级改造。挖掘红色文化资源，精心打造大型舞台剧《红色湖西》，讲述湖西革命英烈的感人故事，展现波澜壮阔的湖西抗战史。通过挖掘整理红色文化资源，使湖西红色文化在新时代得到了新的诠释和传承。

湖西红色文化的精神内涵

湖西红色文化起步较早、资源丰富、影响深远，具有“爱党爱国、敢于担当、百折不挠、无私奉献”的精神内涵，上承伟大建党精神，汇聚于共产党人精神谱系之中，是中华民族优秀传统文化的重要组成部分。

（一）“爱党爱国”是湖西人民坚定不移的政治立场，是湖西红色文化的灵魂。

湖西革命根据地一直是党领导的红色革命根据地，因边区革命斗争的需要而成立，因党的领导而发展，随党的政策而调整。爱党爱国是湖西人民深入骨髓的淳朴情感、是湖西人民一直秉承的行动自觉，具体表现为听党话、跟党走。听党话就是党叫干啥就干啥而不走样变通，这是湖西人民经过血与火的战争洗礼而固化的政治品格；跟党走就是以党的方向为方向而不迷失沉沦，这是湖西人民经过不断实践的历史积淀而形成的政治信仰。听党话、跟党走充分体现了历史发展进程中党的主导作用和人民的主体作用的有机统一。湖西人民用“听党话、跟党走”表明了坚定不移的政治立场，从 1921 年湖西地区有党员活动，到 1936 年春建立辛羊区张寨党支部，再到 1937 年 11 月鲁西南工委进驻单县张寨，湖西区党组织不断发展壮大。抗日战争时期，党员人数由抗战初期的千人左右猛增到近万人，开辟了湖西抗日根据地。在解放战争即将取得全国胜利的时刻，湖西区 1000 多人积极响应党和国家的号召，毅然决然向大西南进发，为建设新中国奉献青春和热血。

（二）“敢于担当”是湖西人民矢志不移的豪迈情怀，是湖西红色文化的主题。

湖西区党委是党领导湖西人民为夺取革命胜利而率先成立的革命组织，承担区域性革命斗争策应革命全局的神圣使命，也是湖西人民响应党的号召、担当时代使命的具体体现。自从湖西区 1925 年建立第一个党支部后，越来越多的老区人民加入到革命队伍中来，即使遇到困难，也矢志不移地坚持革命斗争。1938 年 5 月徐州失陷后，湖西革命根据地全面沦陷，湖西区党组织积极响应上级号召，深入农村发动抗日武装起义，民众抗日救国积极性高涨。鲁西南工委驻地单县张寨村于 1938 年 2 月就举办了抗日青年训练班，组建了自卫团，在全区第一个竖起了抗日武装斗争的旗帜。江苏丰县、沛县，安徽萧县、砀山，河南虞城等地纷纷效仿，组建了自卫团，掀起了武装斗争的高潮。相较于全国其他抗日根据地多数是由八路军或新四军开辟，湖西抗日根据地的特别之处得以彰显，湖西人民的担当精神由此显现。

（三）“百折不挠”是湖西人民接续奋斗的精神禀赋，是湖西红色文化的精髓。

从日本帝国主义侵略者的铁蹄踏进中国之日起，湖西人民就开始了抗击外来侵略者的伟大斗争。当时，湖西区的形势非常复杂，刘少奇同志曾指出：“此地日、伪、顽、会、匪‘五鬼’闹湖西，你们没有被敌人挤垮赶走，这是很大的成绩。”尤其在1947年7月以后的500天里，中原野战军和华北野战军主力先后与国民党十几万军队逐鹿湖西，湖西处处是战场、天天有战斗，发生大小战斗1500余次，平均每天3次以上，其战斗频繁和惨烈程度罕见。而当时，由于未从根本上否定湖西“肃托”事件，致使大批湖西干部长期带着处分、背着“包袱”工作，很多人不能得到公平公正的对待。艰苦的条件阻挡不住湖西干部为党和国家工作的脚步，艰苦的战斗也从未动摇湖西人民守护家园、光复山河的信念。他们坚持抗战、持久抗战，取得了一个又一个胜利，体现了湖西人民接续奋斗的精神禀赋和百折不挠的品格。

（四）“无私奉献”是湖西人民至高无上的价值追求，是湖西红色文化的核心。

在湖西革命根据地非凡的奋斗历程中，无私奉献的精神无处不在。1938年张寨自卫团联队成立后，党组织动员社会各界捐献枪支，共产党员左守善带头捐献10余支，铁匠宋之品起早贪黑打造40把鬼头大刀，武装了抗日自卫团。抗日战争期间，湖西军民奋勇作战，抗击日伪军14万人。解放战争时期，湖西处于对敌斗争的最前线，也是黄河以南敌我双方角逐的主战场，湖西区党组织发动广大军民参军支前，有力地支援了淮海、渡江战役。湖西人民的奉献受到了刘伯承、陈毅等领导人的高度赞扬，陈毅同志评价说，冀鲁豫人民在支前工作中，热情很高，干劲很大，很值得钦佩。

推进湖西红色文化传承与发展的对策

湖西红色文化资源丰富，是激励和引领广大党员干部、群众、学生更好地弘扬革命精神、传承红色基因、发扬革命传统的生动教材。但是，在湖西红色文化传承与发展过程中，也存在着宣介不足、深度挖掘不够、专业人才缺乏以及创新发展滞后等问题，因此，需要采取更加有力的措施，让红色基因在新时代薪火相传。

（一）创新传播形式，拓展认同范围。

一是充分挖掘革命文物和历史资料内涵，分众开展宣传教育。针对老年人，可采取较为传统的电视、广播、报纸等方式，让他们在休闲娱乐中自然而然地了解和接受红色文化，在忆苦思甜中自觉为社会发展贡献余热。

二是充分利用新媒体平台，拓宽红色文化传播途径。新时代，在传承发展湖西红色文化过程中，利用新媒体传播红色文化成为一种必然。当地政府应该充分利用政府官网、广播电视平台，设置相关链接版块，开设英雄人物谱、名人逸事、红色湖西故事专栏等，方便群众了解湖西红色文化；整合县域内党员干部群众关注较高的微信公众号、微博、抖音等平台，发挥党史研究中心、党校等部门优势，将经典红色故事进行规整编排，以图片、声音、影像等形式展示出来；改造升级红色展馆场所，通过声光电等现代技术及新兴媒体，将平面、直观展示向半景、全景式转变，多考虑增加一些体验项目，以此提升红色文化的吸引力和传播力。

三是精准开展文化文艺活动，提高参与热情。当地政府可以利用重大节日、重要事件纪念日，开展湖西红色文化专题讲座、书画展、演讲比赛、书写红色湖西故事等文化活动；邀请专家学者对红色文化传承发展出谋划策；邀请亲历者及先烈后人讲述红色湖西故事、优良家风等。通过开展一系列活动，以群众喜闻乐见的方式传播湖西红色文化，提高党员干部和群众参与湖西红色文化传承发展的积极性和主动性，营造赓续红色血脉、传承红色基因的浓厚氛围。

（二）加强资源整合，实现最大价值。

一是整合红色资源，形成育人矩阵。按照“抢救第一、保护为主”的原则，当地政府应组织党史、文物等部门定期对区域内革命遗址开展普查，分级建档立卡，做出修缮保护方案。通过积极争取上级专项资金，发动重点企业、爱心人士及先烈后人广泛参与等方式，建立专项资金，组建工作专班，广泛征集相关资源，抢救性保护大量珍贵文物。发挥好现有陈列馆、烈士陵园等爱国主义教育基地的作用，通过开展红歌比赛、集体重温入党誓词、听老党员讲过去的事情等形式多样的文化活动，持续扩大湖西红色文化的影响力。

二是集合多方力量，形成育人合力。在湖西红色文化的传承发展中，涉及城市应加强区域经济文化等方面的沟通协作，做好湖西红色文化的整体规划，积极推进红色记忆“有形化”建设，在开发利用方面共商共建共发展。对现有的红色文化资源，相关部门应制订红色旅游发展规划，做出湖西红色文化资源分布图、全景图、红色旅游路线图，打造精品展；可以以革命事件、英雄人物命名城市道路、广场、纪念设施、镇村等，将湖西红色文化浸润至城市建设的方方面面，共享红色文化资源，共传红色基因。继续举办“红动湖西”红色故事讲解大赛，推出一批感人至深的湖西红色故事，激励新一代湖西人珍惜当下，奋勇前行。

三是紧扣时代脉搏，挖掘红色资源。宣传部门应联合知名期刊社，邀请著名作家、诗人开展采风活动，继续挖掘革命先辈的英勇事迹，创作反映湖西红色文化的作品，编印红色湖西印记口袋书。组建由烈士遗属、老红军等组成的“红色湖西志愿宣讲小分队”，走进机关、企业、学校、村居、医院开展宣传活动，让红色文化深入人心。策划湖西红色文化长廊和湖西红色课堂，利用 VR、AR 和 360 度全息投影等新技术手段，模拟战争年代地道开会、开展游击战等系列场景，增强大众的互动性和体验感，打造全新的爱国主义教育平台。

（三）加大扶持力度，形成专业人才队伍。

一是积极培育专门人才，提高人才素养。采取“请进来”“走出去”等方式，拓宽视野，活跃思路，加强自主培养。通过合理制订红色文化中长期发展规划，不仅要把区域内引进的高层次人才培养作为重点，还要有意识地发现和培养更多爱好红色文化、具有发展潜力的党员干部及专业研究者。尤其要注重青年人才的培养，支持青年人才挑起湖西红色文化传承发展的重任，建设一支高素质的人才队伍。

二是柔性引进专门人才，优化人才结构。加强与驻地高校、科研院所的交流合作，进一步完善人才引进政策，多渠道、多方式引进专业人才，聚天下英才而用之。对从事湖西红色文化研究的项目加大扶持力度，在相关审批手续上继续做“减法”，在项目质量上持续做“加法”，千方百计帮助提升研究项目的质量，促使其发挥最大效用。

三是合理激励专门人才，发挥人才活力。激发民间文化学者研究湖西红色文化的积极性，给予民间文化学者相应的经费支持，鼓励他们积极进行红色文化研究创作，不断丰富湖西红色文化内涵。支持他们搜集整理湖西区不同历史时期革命先烈、英雄模范、先进典型的感人事迹，组织开展系列征集活动，梳理湖西革命烈士图谱，分时段研究湖西区革命历程，进而形成清晰的脉络体系。适时举办湖西红色文化研究成果研讨会、红色湖西大讲堂等观众听得懂、看得到的文化活动，邀请相关专家、学者参与其中，进一步营造浓厚的文化研究氛围，着力提升研究水平。

（四）创优文化品牌，彰显地方特色。

一是发展红色旅游。依托苏鲁豫边区革命旧址单县“小延安”张寨村、湖西革命烈士陵园、平原省湖西革命烈士纪念馆、新时代文明实践中心红色湖西教育基地等重点湖西红色文化旅游资源，高起点谋划旅游路线，完善相关基础设施，积极融入民俗文化元素，增加互动性，让游客在旅游中能听到红色湖西故事、看到红色遗址旧址、开展红色宣誓、体验到当年的生活，使他们受到教育和触动，激发他们坚定立足本职岗位、继续奋勇前行的信心。发展红色旅游，还应充分利用互联网、人工智能等建设智慧场馆，通过做好智能讲解、体验互动和数字导览等服务，更好地服务大众旅游。

二是开发红色产业。依托众多的湖西红色文化景点和良好的生态环境，大力发展湖西红色文化旅游产业，不断提升湖西红色文化品牌的影响力。通过将湖西红色文化符号与现代科技、非物质文化遗产等融合，推出一批游客喜爱的文创产品，在菏泽国际牡丹花会、中国林产品交易会等大型展会中增设文创产品窗口，提升湖西红色文化的知名度。通过打造湖西红色文化微信公众平台，邀请相关企业、专家开发设计一些积极健康、简单易学的小游戏或微视频，打造并发展红色产业，提高湖西红色文化的知名度和影响力，实现产业良性循环。

三是推动乡村振兴。湖西红色文化所在的区域大多经济文化相对落后，在国家大力推动乡村振兴的背景下，湖西红色文化传承发展应与乡村振兴有机融合，以红色文化引领乡村发展。湖西红色革命旧址江苏省丰县首羡镇张后屯村，近年来依托红色文化资源优势，大力发展乡村生态产业，着力促进当地农民增收致富，已成为徐州市首批特色田园乡村及江苏省特色田园乡村。山东省单县朱集镇以张寨村红色革命旧址为载体，在“乡村夜话”“孝善敬老饺子宴”等群众喜爱的文化活动中宣传湖西红色文化，积极引导社会各界群众参与新时代文明实践，在湖西红色文化的传承发展中有效促进了乡村振兴。

（本文原载2022年《菏泽学院学报》第4期。作者单位：山东省菏泽市卫生健康事业发展中心）

从抗日山感悟澎湃激昂的抗日山精神

张小艳

抗日山是抗战时期中国唯一以“抗日”命名的山，安葬1800余位烈士忠骨，碑刻3576位烈士英名。从1941年至1944年间，八路军一一五师、山东滨海军民冒着枪林弹雨4次兴工为死难烈士树碑建碣，兴建抗日山烈士陵园，创造了敌后抗战史上的一大奇迹。抗日山用它那伟岸的身躯和气壮山河的气概，为我们中华民族凝结和沉淀了一个坚固无比的精神魂魄。

抗日山精神是红心向党、固守忠诚的坚定信仰

抗日烈士纪念堂是抗日山最早的标志性建筑之一，它建于1942年，是仿延安窑洞式建筑。纪念堂内有26位国家领导人和将军的碑刻，他们都是曾在赣榆战斗过、生活过的老领导，其中军队干部均是在1955年至1965年期间被授予少将以上军衔的老首长，包括刘少奇、罗荣桓、陈毅、萧华、谷牧、陈士榘等革命先辈。

抗日烈士纪念堂之所以仿延安窑洞式建筑，与符竹庭将军的经历有关。1936年6月，符竹庭进入陕北瓦窑堡抗日红军大学第一期高干科学习，当时的一科负责培训红军的军、师两级指挥员。6月21日，国民党军队突然袭击瓦窑堡，红军大学主动撤离，于7月3日来到保安县城（今志丹县），并在城东南的半山

坡几十孔破烂的窑洞中开始建设新校舍，正是在窑洞里，符竹庭与战友在这里传承了马列主义、毛泽东思想。

1938 年，毛泽东在党的六届六中全会上向全党提出了“马克思主义中国化”的著名论断，推动全党掀起了学习马列主义的高潮，为中国革命指明了方向。

修建抗日山烈士纪念堂出自符竹庭的构想。虽然抗日山与延安千里之隔，但窑洞已是符竹庭将军心中的不变信仰，而他通过仿建延安窑洞式建筑，就是想表达当时军民虽远离延安但心向党的革命情怀。1942 年，符竹庭将军以身殉国，用自己的戎马一生在抗日山留下千古英名。

习近平总书记强调，坚定理想信念，坚守共产党人精神追求，始终是共产党人安身立命的根本。对马克思主义的信仰，对社会主义和共产主义的信念，是共产党人的政治灵魂，是共产党人经受住任何考验的精神支柱。弘扬抗日山精神，就是要把对党的忠诚、坚定的信仰融入中国特色的建设事业中去，始终做中国特色社会主义共同理想的信仰者与践行者，为中华民族的伟大复兴而奋斗终生。

抗日山精神是艰苦奋斗、勤俭节约的优良传统

有人可能以为建筑抗日山纪念塔会耗资百万，但事实恰恰相反，既没有耗资百万，也没有占用民力，是八路军与人民群众紧密结合，一手拿枪，一手拿镐，共同创造了人间奇迹。

据曾承建烈士陵园的负责人刘宗璞回忆，修建抗日山烈士陵园是符竹庭将军的主张，经费来源为军区指战员每人每天节约一

两粮食。1941 年，成立了山东省滨海军区抗日烈士纪念塔工程处。

“工程处设在刘沿庄村东，施工紧张时住工地，常驻部队约 1 个排，共有 100 多名劳动力，生活标准是每天 3 钱油、3 钱盐（16 两制），菜金为 3 分或 5 分，高粱未能吃饱。”纪念塔自 1941 年 7 月 7 日开工，1942 年 7 月 7 日落成，共投资 4000 元（法币）。

符竹庭将军牺牲后，滨海军民遵照他生前的嘱咐，为他建立了精致、庄重的六角形墓亭。参加施工的军民被抗日山烈士的事迹所鼓舞，以极大的热情投入施工。一一五师二旅轮训队在大雨滂沱中修路，石工顶着凛冽的寒风磨石。当时，施工没有机械，全靠人力。工兵连 50 名干部战士 10 天运土 1250 吨。海赣独立营政委谢奉山率领干部战士运石料，为了节省衣服、鞋袜，光着上身赤脚驮石。他们一手拿枪，一手拿镐，创造了敌后抗战史上的一大奇迹，被群众誉为“驮山虎”。施工进度很快，1944 年 7 月 7 日竣工，偏僻荒凉的抗日山成为粗具规模的抗日山烈士陵园。正是在中国共产党艰苦奋斗、勤俭节约思想的激励下，滨海军民克服了一个又一个困难，用双手和烈士的血肉一起铸就了一座永恒的丰碑。

习近平总书记强调：“不论我们国家发展到什么水平，不论人民生活改善到什么地步，艰苦奋斗、勤俭节约的思想永远不能丢。艰苦奋斗、勤俭节约，不仅是我们一路走来、发展壮大的重要保证，也是我们继往开来、再创辉煌的重要保证。”作为新时代党员干部，弘扬抗日山精神，就是要弘扬越是艰苦越向前、越是富裕越节约的优良传统，增强艰苦奋斗意识，汇聚艰苦奋斗伟力，抵制奢靡浪费之风，在行动上走在前、做表率。

抗日山精神是视死如归、捐躯赴难的忠勇气概

在抗日山纪念塔上有一个响亮的群体——十八勇士，他们以血肉之躯抵御外辱，不畏强暴的精神影响了一代又一代。1941 年 3 月，八路军一一五师攻克青口战役打响，在完成战役计划后，大部队主动撤离青口，六团一营一连原飞有班长、孙洪泰、孟兆阁等 18 名战士掩护主力撤退时被从新浦赶来增援的日军包围，两次突围均未成功，退进火叉巷固守阻击，顽强的十八勇士与日伪军血战一天一夜，10 人在战斗中英勇牺牲，8 人不幸被俘。日军对我 8 名勇士严刑拷打，狼狗咬，炭火烧，铁棍敲打，一连六天六夜，8 名勇士英勇不屈、视死如归，最后只有 1 人生还。青口战役胜利后，八路军与山东军区将十八勇士所在的一一五师教导二旅六团一连命名为“青口十八勇士连”，并授予荣誉战旗。2015 年 9 月 3 日，在纪念中国人民抗日战争暨世界反法西斯战争胜利 70 周年的阅兵式上，第一方阵旗手高擎“青口十八勇士”荣誉战旗，意气风发斗志昂扬通过天安门广场，接受了党和人民的检阅。天地英雄气，千秋尚凛然。

抗日山纪念塔建成后，抗日山也曾经历腥风血雨。守卫战士用血肉之躯守卫心中的精神圣地。1947 年 4 月，国民党整编四十八师 1 个团的兵力包围了抗日山，当时我军只有 1 个排，敌我力量悬殊，增援部队还未赶到。来自城头镇大淘头村的战士王锦铎一颗手榴弹把敌人的机枪炸哑了。敌人嗷嗷叫着冲了上来。在马鞍石附近，王锦铎一手抓住一个敌人，用牙齿拉响绑在胸前的手榴弹，与敌人同归于尽。

抗日山上，3576位烈士用鲜血铸就了抗日山的精神丰碑。弘扬抗日山精神，就是要以自强不息的精神动力，继续朝着中华民族伟大复兴的中国梦奋勇前进，不断以坚持和发展中国特色社会主义的新成就告慰我们的前辈和英烈！

抗日山精神是众志成城、精诚团结的协作意识

在抗日山第二坡段革命烈士纪念馆内，既展示中共抗日将领的英勇事迹，同时又展示了国民党将领的抗日壮举，其中最突出的有国民党爱国县长朱爱周烈士。

1937年12月，南京失守后，赣榆县城遭日机轰炸，县长弃职潜逃，全县一片混乱。1938年1月，朱爱周出任国民党赣榆县县长，号召全县人民团结抗日，共赴国难，并一再表示："要当个爱国县长。"朱爱周积极开展抗日动员与组织工作，各阶层人民有钱出钱、有枪出枪、有人出人，建立了2个常备大队、3个民众自卫大队的抗日武装力量，形成了全县人民共同抗日的局面。他非常重视同共产党的合作，学习宣传中共统战政策和游击战争思想，甚至在国民党掀起反共高潮、派人监视他时，仍坚持国共合作，使中共在赣榆的抗战工作未受影响。

在革命烈士纪念馆内，还复制有一辆董力生董大姐的支前小推车。滨海根据地军民团结，老百姓宁愿自己饿着肚子也要让战士们吃饱打鬼子，"最后一碗米送去做军粮，最后一尺布送去做军装，最后一件老棉袄盖在担架上，最后一个亲骨肉送去上战场"。没有亿万民众的后勤支援，就没有抗战胜利和新中国建立。所以陈毅元帅曾感叹："淮海战役的胜利是解放区人民用小推车

推出来的!”

习近平总书记强调:“要发扬军爱民、民拥军光荣传统,巩固和发展军政军民团结,汇聚强国兴军强大力量。”当前我国正处于爬坡过坎、转型升级的关键时期,国际竞争日趋激烈,国际形势也日益严峻。弘扬抗日山精神,就是要不断巩固坚如磐石的军政军民关系,擘画军政军民团结奋进、双拥工作协调发展新蓝图,为实现中国梦、强军梦凝聚强大力量。

抗日山精神是凝聚共识、汇聚力量的大局视野

统一战线、武装斗争、党的建设是中国革命的三大法宝。而在抗战时期的统一战线工作中还有“小三大法宝”,即国内统一战线、国际统一战线和日本反战同盟。在一致抗日上,中国共产党打破常规,广泛凝聚人心,建立统一战线,汇聚起无穷的革命力量。

在抗日山第四坡段有两座纪念国际友人的特别造型纪念碑。东侧子弹形纪念碑上镌刻着八路军山东军区司令员、政委罗荣桓,副政委黎玉,政治部主任萧华的联名题词:“为国际主义奔走欧亚,为抗击日寇血染沂蒙。”纪念的是德国著名反战记者、作家和政论家,伟大的国际主义战士,牺牲在滨海山区的汉斯·希伯。为支援中国抗战,希伯不远万里三次来华,用手中的笔热情赞扬中国的抗战军民,并将文章刊登到海外,唤起国际舆论的同情与支持。1941 年 11 月,日军在山东沂南发动“大扫荡”,希伯随第一一五师的一个梯队活动,部队在大青山和日军遭遇,希伯不肯先行撤退,坚持与八路军战士一起投入战斗,后不幸中弹

牺牲，时年 44 岁。他是第一个穿上八路军的军装、拿起枪来同法西斯强盗战斗而死的欧洲人。

西侧手榴弹形的巨石纪念碑上镌刻着“日本国友人金野博同志纪念碑”。金野博原是侵华日军，1939 年应征来华，在山东被俘后经我方说服教育，逐渐认清日本帝国主义发动侵华战争的反动本质，毅然参加八路军，任反战同盟鲁中支部支部长，从事反战活动。1944 年春被日伪军逮捕，后被秘密杀害于青岛。1991 年 4 月，赣榆区人民政府为其在这里建立了纪念碑。德国友人汉斯·希伯和日本友人金野博用鲜血和生命支持了中国人民神圣的民族解放战争，是中国人民真正的朋友。正如毛泽东主席在《纪念白求恩》文中所写：“一个外国人，毫无利己的动机，把中国人民的解放事业当作他自己的事业，这是什么精神?”传承和弘扬抗日山精神，就是要坚持最广泛的团结，坚定不移用“四个意识”促进全党大团结、用“四个自信”促进全社会大团结、用中国梦促进海内外中华儿女大团结、用人类命运共同体理念促进全世界正义友好力量大团结，为夺取新时代中国特色社会主义伟大胜利汇聚起强大合力。

抗日山精神是百折不挠、坚忍不拔的钢铁意志

抗日战争时期，滨海军民以百折不挠的自强精神、坚忍不拔的必胜信念，以坚强的意志和非凡的毅力，同侵略者战斗到底。

一一五师到来前，朱瑞、黎玉等人领导下的山东地方抗日力量在艰苦卓绝的条件下，采用地雷战、麻雀战、破坏战等方法，扒铁路、打游击，扰敌袭敌同时，不断地壮大自己，“下定决心，

不怕牺牲，排除万难去争取胜利”。

1939 年 2 月，赣榆沦陷。当时缺吃缺穿，即便如此，滨海军民也没有被困难吓倒，以坚强的意志和信心，遵照党中央“自己动手，丰衣足食”的伟大号召，掀起了热火朝天的大生产运动，靠山吃山、靠海吃海，向荒山要粮、向纺织要衣、向大海要盐，攻克了一个又一个困难。后期不论是少奇同志在黑林大树村搞的减租减息运动，还是一一五师教导二旅攻克青口，智取赣榆县城，夺取战略物资，解放安东卫，夺取出海口岸，都是为了发展生产，自力更生，艰苦奋斗，自强自救坚持持久战，创造条件不断壮大革命力量。

正是这种面对困难永不言弃的坚韧意志，使山东军区在滨海 8 年持久战斗争中，成为全国最重要的实力最强的根据地，为以后 10 万干部出山海关支援东北战场，率先解放东三省，改变国共力量对比与战略态势奠定了坚实基础。必胜信念是照亮艰苦漫长抗战岁月的明灯，坚韧不拔的自强精神指引着曲折历史过程中前进的方向。弘扬抗日山精神，就是要面对困境不退缩，以“功成不必在我，功成必定有我”的精神，为谱写全面建设社会主义现代化新篇章做出更大贡献。

（作者单位：江苏省连云港市城头高级中学）

新四军铁军精神的传承与弘扬

李　源

革命战争年代，新四军在党的领导下，坚持用铁军精神锻造部队，历经长达九年零四个月的征战，从一支以农民为主要成分的地方武装，发展成为抗日战争和解放战争的主力。新四军铁军精神是民族精神的升华，是共产党人革命精神的熔铸，更是实现“两个一百年”奋斗目标和“建成世界一流人民军队”必不可少的宝贵精神资源，它具有强大的动力和生命力，能够催人拼搏，不断奋进。

新四军铁军精神的形成过程

铁军精神是新四军这支百战之师的灵魂、核心，它既有我军革命精神的共同本质，也有其威震敌胆的独特之处。从铁军精神的历史传承来看，其精神的形成和发展经历了北伐战争、三年游击战争、皖南事变重建军部和抗日战争四个不同的历史时期。在这一脉相承的过程中，铁军精神从起源、孕育、新生，最后走向成熟。

（一）铁军精神源起于“北伐先锋”叶挺独立团。

当年北伐战争中国民革命军第四军奔驰数千里，转战湘鄂赣，战绩显赫，功勋卓著，被誉为“铁军”。叶挺当年是第四军独立团的团长，在他的带领下，独立团英勇善战，其中著名的攻打汀泗桥、贺胜桥战役更是体现了顽强的战斗作风。随着国民革命军挥师武汉，攻打南昌，该团又再立新功，率先攻入武昌城。国民革命军第四军之所以有如此强大的战斗力和顽强的战斗精神，并荣获“铁军”这一称号，与叶挺独立团在战斗中的突出作用和重大贡献是密不可分的。而新四军军长又是叶挺，这两支部队都非常英勇善战，且都为共产党人所掌握，都由叶挺所领导，这种历史渊源关系对新四军铁军精神的发展成长无疑具有重要的引导作用。这里不得不提到由朱德和毛泽东井冈山会师合编之后的中国工农革命军第四军（后又按中央要求改称红四军），其中朱德率领的部队是以北伐先锋叶挺独立团为基础组建起来的。由此可见，红四军实际上起着承上启下的作用，上承北伐先锋叶挺独立团（国民革命军第四军），下启抗日战争时期的新四军。可以说从北伐叶挺独立团到井冈山红四军，再到新四军，是一脉相承的。

（二）南方八省三年游击战争孕育了铁军精神。

新四军铁军精神与所有生命的诞生一样，有一个孕育期，而三年的游击战争可以看作是铁军精神孕育的重要时期。在第五次反“围剿”失利后，中央主力红军被迫转移，其中约3万人因种种原因不能转移，留下来的这些人分布在江西、福建、广东、湖南、湖北、河南、浙江、安徽等八省就地坚持斗争，在极其恶劣的条件下，坚持了三年游击战争，并逐步形成14个游击区。三年游击战争，敌人采取大抄山、大烧山、大砍山的办法和“梳篦式”“围剿”，所到之处皆成废墟，其环境之险恶、斗争之激烈、生活之艰辛，绝非常人所能经受。在这种残酷斗争的环境下，各个游击区采取高度灵活的游击战术，利用边界有利地形，以山地为依托，开展对敌斗争。正是弘扬了这种不怕牺牲的大无畏精神，才保存了革命的火种，为华中抗日事业注入生机与活力。所以南方三年游击战争，不仅为新四军的建立打下了坚实的基础，而且孕育出强大的战斗精神。这种精神为新四军铁军精神的形成和发展奠定了坚实的基础。

（三）皖南事变军部重建使铁军精神获得新生。

1941 年 1 月 4 日，发生了震惊中外的皖南事变。新四军指战员浴血奋战，奋勇突围，但因寡不敌众，弹尽粮绝，除 2000 多人先后突出重围外，其余大部壮烈牺牲或被俘。皖南事变后，中共中央揭露了国民党当局制造皖南事变的滔天罪行，决心重建新四军军部。1 月 25 日，新四军军部在苏北盐城宣告成立，陈毅为新四军代军长，刘少奇为政治委员。经过皖南事变，新四军彻底摆脱了国民党反动政府的控制，真正成为中国共产党的军队，独立自主地肩负起华中敌后抗战的重任。为了加强新四军党的建设，陈毅提出“要保证共产党对军队的绝对领导，要有高度的军事素养和坚强的战斗力，要有模范的军事纪律和群众纪律，要有统一的编制制度和科学的组织分工，有充满革命热情、富有朝气的工作作风和先声夺人的革命气概”，号召华中全党全军为把新四军建成正规化的军队而奋斗。由此可见，皖南事变和重建军部后，新四军重获新生，整个部队的领导和指挥更加统一、高效，铁军精神也进入了全新的发展阶段。

（四）抗日战争的胜利标志铁军精神走向成熟。

1944 年，新四军各部队开始对日寇进行局部反攻作战，此时华中抗日根据地不断巩固和扩大，实行全面反攻的时间越来越近。在这种情况下，新四军上下开展整风整训、大生产运动、拥政爱民，增强了官兵团结和战斗力；粉碎敌方的经济封锁，改善了军民生活，为战略反攻准备了充足资源；华中各根据地党政、军民之间的关系更加融洽，共产党的集中统一领导得到加强，地方党政机关从各方面大力支援抗战和建军工作，从思想上、组织上、物质上积极做好对日反攻作战的准备工作。1945 年 8 月 9 日，中共中央主席毛泽东发出了《对日寇的最后一战》的声明。10 日，朱德总司令向解放区所有武装部队发布向日寇全面反攻的命令。新四军各部积极贯彻中共中央、中央军委的战略部署，在大江南北、淮河两岸、东海之滨、中原大地、津浦沿线的广大地区，对日伪军积极进攻、勇猛作战，战后初步实现将苏中苏北、淮南淮北连成一片，为抗日战争的最后胜利做出了重要贡献。这时的新四军以崭新的面貌屹立在华中大地，铁军精神也走向了成熟。

新四军铁军精神的时代作用

在中国革命斗争时期，新四军在艰苦的革命斗争中创立的难不倒、拖不垮、打不败的铁军精神，是推翻反动势力统治、夺取战争胜利的重要精神支撑；在社会主义建设时期，铁军精神是勤俭建国的不竭精神动力；在中国特色社会主义进入了新时代的今天，铁军精神更是全面建成小康社会、实现中华民族伟大复兴中国梦的强大精神力量。

（一）铁军精神是革命斗争时期的重要精神支撑。

新四军是在全国抗日战争进入相持阶段后，才正式创建和发展起来的一支年轻的人民武装。在腥风血雨的战争年代，新四军孤悬敌后，独立作战，长期处于日伪的夹击之中。在群敌环伺的艰苦环境里，他们靠的就是铁军精神的支撑，始终坚持铁心向党，坚定理想信念，不断弘扬勇当先锋、一往无前的斗争精神，历尽磨难从不屈服，屡受挫折却越战越勇，从而打败了侵略者和反动派。在历经了长达九年零四个月的征战后，新四军已成为拥有主力部队 21 万余人、地方武装 9.7 万余人、民兵自卫队 96 万余人的强大人民武装力量，根据地也发展到跨苏、浙、皖、豫、鄂、湘、赣七省的苏南、苏中、苏北、淮南、淮北、鄂豫皖湘赣、皖江和浙东的八块抗日根据地，收复国土 25.3 万多平方公里，解放人口 3420 余万。为保卫延安，支援华东、华中、东北各战场的作战做出了重大贡献，为抗日战争的胜利立下了不朽的功勋。

（二）铁军精神是社会主义建设时期的不竭精神动力。

铁军精神是社会主义建设时期党和人民团结一致、攻坚克难、披荆斩棘的精神动力。新中国成立之初，整个国家处于百废待兴的艰苦创业时期，我们党带领人民以铁军精神为动力，白手起家建设社会主义，不断克服各种艰难险阻，使社会主义事业蓬勃发展。与此同时，铁军精神在社会主义建设的不同时期、不同领域、不同行业中得以丰富和发展，不断焕发着强大的生机和活力。像“南京路上好八连”“铁人精神”“雷锋精神”“抗洪精神”等等，我们党就是凭着这些精神，带领全国人民战胜了三年困难时期，取得了抗美援朝、对越自卫还击战、九八抗洪斗争等重大事件的决定性胜利。新中国成立七十年来，党带领全国各族人民战胜了重重困难，取得了改革开放和经济社会发展的伟大成就。这些成绩的取得既是党领导全国人民艰苦奋斗的结果，亦是铁军精神传承和弘扬的结果。

（三）铁军精神是实现中华民族伟大复兴的强大精神力量。

习近平总书记在党的十九大报告中，提出了决胜全面建成小康社会、奋力夺取新时代中国特色社会主义伟大胜利、实现中华民族伟大复兴中国梦的宏伟目标。革命战争年代，新四军以英勇顽强的铁军精神，冲破日伪顽三股势力的疯狂围堵，战胜了各种艰难险阻，赢得了胜利。新四军铁军精神是一种意志和精神的体现，迸发着强大的精神力量，有了这种意志和精神就没有战胜不了的困难。如今在新的征程中，我们虽然没有像新四军一样经历战火硝烟，但却面临经济、政治、文化、意识形态、改革发展等风险考验。因此，想要解决当前发展面临的各种问题，就需要我们传承和弘扬新四军的光荣革命传统，开拓铁军精神的新境界，以习近平新时代中国特色社会主义思想为引领，结合时代特点来分析现实问题，实现铁军精神的理论创新，让铁军精神这强大精神力量助推全面建成小康社会，实现伟大的中国梦。

新时代传承和弘扬新四军铁军精神

新时代传承和弘扬新四军铁军精神，要深刻把握习近平新时代中国特色社会主义思想，不断开拓创新，与时俱进，让铁军精神在新时代再放光芒。

（一）传承红色基因，担负起强军兴军的新使命。

党的十九大报告指出，要加强军队党的建设，开展“传承红色基因、担当强军重任”主题教育，推进军人荣誉体系建设，培养有灵魂、有本事、有血性、有品德的新时代革命军人，永葆人民军队性质、宗旨、本色。红色基因是我军在长期革命实践中形成的先进特质，其主要内容就是习近平在古田会议上提出的我军政治工作“十一个坚持”优良传统，它承载的是精神的谱系、信仰的种子、制胜的密码、作风的底色，是我军保持本色、赢得战争、推动改革的“根”和“魂”，是我们情感的依附、精神的归宿、前行的动力、胜利的保证。

新四军这支部队之所以命名为国民革命军新编第四军，意在延续叶挺独立团在北伐时期敢打敢拼的战斗作风和战斗意志，同时也随着历史的演变、时代的发展，赋予了其新的内涵，形成了新四军的铁军基因，在继承传统的基础之上，形成了独特的新四军铁军精神。如今进入了新时代，我军担负的使命任务更加繁重，面对的形势更加复杂。在新的征程上，只有矢志不渝传承好红色基因，赓续革命血脉，弘扬铁军精神，才能凝聚起强大的精神力量，闯关夺隘，实现党在新时代的强军目标，把人民军队全面建成世界一流军队。

（二）弘扬红色文化，加深对铁军文化的新认识。

红色文化是滋养心灵的精神食粮，是传承信仰的精神高地，是献身使命的精神旗帜。党的十八大以来，习近平总书记多次强调：“传承红色文化，保持理想信念，用红色精神点燃信仰之火。”2017 年 10 月 31 日，党的十九大闭幕仅一周，习近平总书记带领中共中央政治局常委专程从北京前往上海和浙江嘉兴，瞻仰上海中共一大会址和浙江嘉兴南湖红船，回首革命历程，重温入党誓词，表现出中央领导集体不忘初心、传承红色血脉、勇于奋斗的积极面貌，给党和人民上了一次生动的红色文化教育课，体现出红色文化的重要价值以及党中央对红色文化的高度重视。新四军是一支有文化的部队，其文化建设的开展，得益于新四军领导人的高度重视和众多文化建设人才的积聚。新四军内有许多文化人，他们担负起为抗战服务的文化工作任务，推进新四军内部的文化发展，把握住了新四军文化的特性，形成了特有的铁军文化，铸就和弘扬了新四军铁军精神，在部队建设、根据地发展和抗日斗争中起了重大作用。

习近平在视察陆军第七十一集团军时强调："要把红色基因融入官兵血脉，让红色基因代代相传。"红色基因就是人民军队的文化基因，经过沉淀，凝练出我军最宝贵的革命情怀。而新四军铁军精神就是融入人民军队血脉的文化基因中最具有代表性的文化符号，是让官兵产生归属感的重要因素。强化铁军文化认同，传承铁军文化基因，通过汲取其文化精髓，传承其文化血脉，深扎其文化之根，对于培育官兵品格、增长官兵智慧、推进军队发展具有强大的支撑作用。习近平总书记的重要讲话精神，为我们传承和弘扬新四军革命传统、保护和利用铁军文化指明了努力方向、提供了基本遵循。因此，要想传承好红色基因，需要深刻理解红色文化。文化内涵是红色基因的灵魂，只有深挖红色文化的精髓要义、揭示时代价值，红色基因才会释放更大的凝聚力和感召力。新时代的中国，机遇、挑战并存，传承新四军铁军文化的必要性更为凸显，只有突出铁军文化，弘扬铁军精神，才能唱好主旋律。

（三）发扬红色精神，激发聚力前行的新动力。

精神是一个民族得以生存的根本，唯有全民族在精神上达到高度一致，这个民族才能在历史的洪流和天灾人祸面前屹立不倒。红色精神是激发中国共产党人对理想信念执着追求的力量之源，是中国共产党得到人民拥护的根本原因。新四军铁军精神作为中国共产党领导的人民军队精神体系中的重要组成部分，是中国共产党革命精神体系中的重要一环，同样也是红色精神体系的重要内容。当年，华中抗日根据地的新四军坚持中国共产党的坚强领导，通过铁军精神的指引，正确执行抗日民族统一战线，团结一致，众志成城，开辟了敌后游击战场，力克日伪顽，扩大了革命根据地，逐步构建了华中抗日的新格局。毛泽东感慨，新四军“已经成了华中人民的长城，成了华中人民血肉不可分离的一部分”。铁军精神既是人民群众创造历史、改变命运的重要法宝，也是开辟美好生活、建设和谐社会的强大动力。

传承新四军铁军精神，就是要传承旗帜鲜明、铁心向党的理想信念，传承敢打敢拼的战斗作风，传承热爱人民、救国救民的宗旨目标，传承团结一致、众志成城的革命气节。在中国特色社会主义新时代，我们更需要弘扬新四军的优良传统，在中国共产党的坚强领导下，用铁军精神举旗铸魂，坚定信念，凝聚起民族的力量，担负起改革的重任，为实现中华民族伟大复兴的中国梦聚力前行。

（本文原载 2019 年《中共南昌市委党校学报》第 6 期。作者单位：中国人民解放军国防大学政治学院）

传承红色基因　坚守党报风范

——《拂晓报》历史发展探究

谢文东

1938年9月29日，《拂晓报》在新四军游击支队从河南竹沟出发东征的前夜创刊，迄今已走过85年风雨历程。这份报纸一经面世，就以其鲜明的立场、真实的报道、生动的文字和新颖的版面，深受根据地广大军民的欢迎。1942年元旦，《拂晓报》和中共淮北区党委机关报《人民报》合并，成为中共淮北区党委的机关报。新中国成立后，《拂晓报》先后成为中共安徽省宿县地委和蚌埠地委机关报。1950年4月和1972年7月曾两次停刊。1981年1月1日复刊，是中共宿县地委机关报。中共宿州市委成立后，《拂晓报》成为中共宿州市委机关报出版至今。85年来，一代又一代拂晓报人为了这张报纸殚精竭虑、呕心沥血，形成了自己的优良传统，铸就了红色基因，成为弥足珍贵的精神财富。

从战火中走来的《拂晓报》

1938年秋，抗日烽火遍燃中原大地，中共中央决定由彭雪枫率新四军游击支队挺进豫东，创建抗日根据地。同年9月29日，游击支队誓师东征，就在那天，《拂晓报》诞生了。彭雪枫亲自题写报名，并撰写了《拂晓报——我们的良友》发刊词：“‘拂晓’代表着朝气、希望、革命、勇敢、进取、迈进、有为、胜利到来的意思。军人们在拂晓要出发，要进攻敌人了。志士们在拂晓要奋起，要闻鸡起舞了。拂晓催我们斗争，拂晓引来了光明。”

《拂晓报》创办之初，由于敌人的疯狂“扫荡”、封锁，各种物资奇缺，两支铁笔、两块钢板、两盒油墨、一把油刷、一块木板和半筒“高乐牌”蜡纸，便是全部家当。同志们身背大包，带着设备，随军转战在黄淮平原上。在穿越封锁线时，常常会夜行百里。只要一宿营，同志们便不顾劳累，认真仔细地做着编辑出版工作。

战火纷飞中，《拂晓报》不断传递出胜利的希望。从誓师东征、挺进豫东敌后，到开辟豫皖苏抗日根据地，到3个月反顽斗争，再到粉碎日顽的33天“扫荡”进攻，再到回师收复豫皖苏边区，伴随着抗战烽火，《拂晓报》坚持出版，不断改进，传播党的声音，宣传党的主张，极大地鼓舞了军民士气和革命热情。1939年12月，《拂晓报》第100期纪念专刊上，刊发了毛泽东亲笔题词：“坚持游击战争。”

《拂晓报》尊重新闻规律，讲真话，说实话，一切以人民为中心，与群众同甘共苦，让群众和战士唱主角，赢得了淮北抗日根据地军民的信任和拥护。群众也把这份报纸当作良友，一起行军，一起战斗，十分珍视和爱护。她因此被誉为“人民的喉舌”“战斗的武器”“叫破五更的报晓鸡”。当时，一位重庆读者给《拂晓报》编辑庄方来信说：“《拂晓报》简直像天外来鸿，读了报道，感动得热泪滚滚。”

《拂晓报》如同漫漫长夜里一束信念之光，在宣传抗日民族统一战线、鼓舞抗日军民斗志、打击敌人嚣张气焰、推动根据地文化事业建设等方面发挥了重要作用，进一步鼓起了人们战斗的勇气，坚定了人们胜利的信心。

革命年代，通过宋庆龄创办的保卫中国同盟等组织，《拂晓报》作为敌后创办的优秀油印抗战报纸，被寄送到纽约、巴黎、伦敦等地展览，赢得广泛的国际赞誉。没有人会想到，那是在铁蹄蹂躏下的中国，一群战士一手拿枪一手拿笔，在日寇“扫荡”的芦苇荡和“蒙船”上，借助简单的钢板、铁笔、蜡纸和石版，靠着热血和信念，出版了一期又一期《拂晓报》。那一时期，拂晓报社先后有 15 名烈士血洒疆场，年龄最小的只有 17 岁。

彭雪枫和《拂晓报》的情缘

彭雪枫在其短暂而光辉的一生中，和《拂晓报》有着不解之缘。他对新闻事业充满了热爱，曾说：“将来革命胜利了，我去当一名新闻记者。”孰料，他却倒在了拂晓的前夜——1944 年 9 月，在指挥河南夏邑八里庄战役时，不幸中流弹牺牲，时年 37 岁。

作为《拂晓报》的创始人，彭雪枫像治军一样精心指导办报。他认为：“一支笔胜过两千支毛瑟枪。”并告诫报社的同志们，精神食粮比吃饭更重要，无论遇到多大困难，一定要坚持报纸出版。不论是在艰苦卓绝的行军路上，或是在硝烟弥漫的战场，彭雪枫都亲自为《拂晓报》撰写社论、评论等文章。他时常给报社传达党的政策，分析斗争形势，同大家一起研究宣传方针、报道策略和版面安排，乃至精细到标题、装饰。他撰写的《巩固团结，停止摩擦》《五四运动的继承者，新民主主义的实行家》等多篇文章脍炙人口，深受欢迎。

1939年秋，《拂晓报》创刊一周年之际，彭雪枫写了纪念文章《拂晓报的产生和壮大及今后的方针》，提出“报纸的最终目的应当是，把宣传鼓动变成革命的实践”。在谈到《拂晓报》今后的任务时，文章说，要“努力宣传党的方针政策”“不放弃任何一个机会去采访，写出有血有肉的报道”。工作中，彭雪枫有一个习惯：每一期《拂晓报》印出后，他总是当第一读者。他用红蓝铅笔在上面圈圈点点，打记号，做眉批，记下优缺点。积累几期后，再带到报社来，结合新闻工作理论和实践，向同志们讲解。这是当时报社同志受到的最实际、最直接的教育和培训。

彭雪枫十分重视报纸的文风，给报社同志定下“文字公约十条”，强调报纸不写草字、不写错字、不写怪字、不写简字，必须有血有肉有内容、入情入理入人心。在彭雪枫的指导下，《拂晓报》坚持面向中下层读者，采用白话文写作，力求简明朴实、通俗易懂；同时将由知识分子写作转变为工农通讯员写作为主，文章短小精悍、生动活泼，广泛反映部队官兵和当地百姓的真实生活。

1944年9月，彭雪枫牺牲后，时任《拂晓报》记者张景华和十几名战士把彭雪枫的遗体从夏邑县转移到泗洪县半城镇。在整理其遗物时，发现一份完整的《拂晓报》合订本，封面上是彭雪枫手写的“心血的结晶”。

与时代同行的《拂晓报》

合着时代节拍，《拂晓报》一路开拓创新，探索前行。《拂晓报》不断探索，跟进媒体融合步伐，旗下报刊、网站、手机报、阅报屏、i-suzhou 免费 Wi-Fi、“两微一端”已形成多平台、交互式的“全媒体矩阵”；同时建成历史报纸数字化系统，对《拂晓报》12 万个报纸版面进行全信息数字化处理。《拂晓报》不仅在传播手段、方式、渠道方面进行大胆尝试，还在报道手法、版面布局、栏目设置、标题制作等细节上有所作为，受到读者的欢迎，发行量逐年递增。通过持续改革创新，《拂晓报》实现了“融”出精气神，“改”出生产力。

围绕中心、服务大局，是党的新闻舆论工作的基本原则。《拂晓报》牢牢把握正确的政治方向和舆论导向，坚持围绕中心、服务大局，唱响主旋律、壮大正能量，始终做记录时代风云、推动社会进步、守护公平正义的记录者和传播者。从风起云涌的创新实践到波澜壮阔的改革攻坚，从综合实力实现大赶超到民生福祉得到大改善，从全国文明城市首创首成到三大攻坚战连战连捷，从全面实现小康社会到加快建设现代化新宿州，《拂晓报》以饱蘸理性与激情之笔，为改革摇旗，为开放擂鼓，为发展呐喊。

开门办报是《拂晓报》的优良传统。创办人彭雪枫对报社的同志说，《拂晓报》是党报，同时也是人民的报纸。报纸不光是报社的同志办，要发动全党全民来办。一直以来，《拂晓报》坚持“请进来、走出去”的办报方针。“请进来”，就是在市直机关、县、乡（镇）、村及各类企业聘任通讯员和特约摄影，每年通过召开新闻通气会、举办培训班、开展一线练兵等活动，把他们请进来，谈感受、说体会、提意见，推荐来自一线的新闻线索，反映人民群众的呼声和诉求，反映基层读者的愿望和想法；同时对通讯员、特约摄影提供的新闻稿件优先采用、稿费从优，并适时评选优秀通讯员、特约摄影和好新闻，进行表彰奖励。“走出去”，就是规定记者每周、编辑每月至少到基层跑一趟，扎根群众生活，践行“走转改”，与老百姓同吃同住同劳动，锤炼过硬的脚力、眼力、脑力和笔力，采编出“三贴近”的精品力作。《拂晓报》的新闻工作者扎根宿州人民火热的实践，不断增强脚力、眼力、脑力、笔力，脚下有泥土，心中有真情，把自己的新闻理想融入伟大的时代洪流中。

（作者单位：安徽省宿州市拂晓报社）

南下干部的历史贡献与南下精神的时代意义

唐传喜

> 2001 年 6 月 6 日，习近平同志为山东南下干部所致贺信中写道：山东南下干部扎根第二故乡，与福建人民风雨同舟，并肩战斗，无私地奉献出宝贵的青春年华，为福建的革命和建设事业做出了重要贡献……山东南下福建干部为我们留下了宝贵的革命经验和优良的革命传统，我们要继承和发扬山东南下干部的优良传统和精神，而且要代代传承下去。

南下是解放战争时期中共中央做出的一项重大战略部署，与南下紧密相伴的一个历史现象是南下干部群体的出现。南下干部特指解放战争时期和建国初期随军南下的北方老解放区干部。历史证明，南下迅速解决了江南新解放区的干部缺乏问题，推进了人民革命事业的顺利发展，对解放初期的广大江南地区恢复国民经济、顺利实施第一个五年计划发挥了重要作用。南下干部在发动群众、剿匪锄霸、土地改革、发展生产、筹粮支前、民主建政等方面都做出了巨大贡献。南下及南下干部是中国共产党宝贵的政治资源，对于当下我们全面推进中国特色社会主义事业，实现中华民族新的伟大复兴，极具时代价值和现实意义。

南下战略的历史定位

解放战争时期，随着中国革命形势的迅速发展，1947 年下半年，中共中央提出新的战略设想，决定派华东野战军主力带领一批地方干部，于 1948 年上半年渡江南下，到国民党大后方去开辟新解放区，为中国人民解放军全面转入反攻做好干部准备。辽沈、淮海、平津三大战役的胜利结束，标志着国民党反动派主要军事力量基本被消灭。国民党反动派在政治中心南京、经济中心上海以及武汉等地的统治大势已去，全国革命处于胜利的前夜。在此情势下，中共中央和华东局决定，从山东解放区抽调大批干部随军南下，接管政权。南下是中国共产党夺取政权后巩固政权的一项战略部署，解决了从革命到执政的过渡时期所急需的大批干部的来源问题，堪称中国共产党历史上罕见的干部队伍大调动、大迁移，它完全可以与土地革命时期的红军二万五千里长征相媲美。

第一，从南下和长征在中国革命中的历史地位看，长征是中国共产党和中国革命事业从挫折走向胜利的转折点，而南下则是中国由新民主主义革命走向新民主主义建设的转折点。长征的胜利粉碎了蒋介石扼杀中国革命的企图，保存了革命的火种，使中国革命转危为安，开创了中国革命事业的新篇章；南下则粉碎了蒋介石以长江为界把中国一分为二的企图，将革命的胜利势如破竹地推向了全国。南下干部在江南新解放区的成立、新生政权的巩固、经济的恢复发展等方面发挥了不可替代的重要作用，使长江以南地区实现了由半殖民地半封建社会向新民主主义社会的根本性转折。

第二，从南下的基本内涵看，南下精神是民族精神的体现和升华，是中华民族精神家园的宝贵财富。南下精神同井冈山精神、长征精神、延安精神是一脉相承的，都是我们党和国家的宝贵精神财富，是民族精神的体现和升华；同时，南下精神又有着与之不完全相同的科学内涵。南下精神最为核心的价值在于：信念坚定，勇于担当，团结奋战，艰苦创业。

坚定的理想信念是南下精神之魂，贯穿于南下过程的始终。南下是一部艰苦创业史，南下干部的功勋永垂千秋。南下干部是在北方战事已经基本结束、胜利果实就在眼前的时候，按照党中央的指示，打起背包重新踏上了征程，而南下就意味着放弃已经拥有的相对稳定的生活，并且要远离父母妻儿，远离故土家园，到南方那片陌生的土地继续去战斗，这对于他们无疑是一个巨大的考验。令人感佩不已的是，南下干部以其高度的觉悟和执行力，坚决服从党中央的指示，没有丝毫的犹豫和迟疑，也不讲任何条件和困难，迅速启程，奔赴江南接管新解放区。他们不畏艰险，无惧牺牲，夜以继日地奋战在新解放区接管的各条战线上，不计代价，不求回报，无怨无悔，艰苦奋斗，把江南新解放区的发展史写成了一部南下干部的创业史。他们以“舍小家，顾大家”的实际行动诠释了共产党人的思想境界、宗旨意识、博大胸怀和奉献精神，体现了“以家为家，以乡为乡，以国为国，以天下为天下”的高尚情怀。

南下干部的历史贡献

南下干部是一个杰出的英雄群体，是新社会的伟大奠基者。

历史已经证明，没有数十万干部随军南下，就不可能有江南新解放区的建立和巩固，就难以取得整个解放战争的全部、彻底的胜利。南下干部做出的历史贡献和立下的不朽功勋，党和人民永远不会忘记。

（一）建立和巩固新解放区人民政权。

能否迅速地接收、管理好新解放区，以安定民心、稳定社会，对于有着丰富农村武装斗争经验而缺少建设经验的南下干部来说，是一个崭新的课题。

在接管城市过程中，南下干部以严明的纪律，坚决贯彻落实党中央的各项政策。每到一个城市，南下干部首先成立军事管制委员会，遵循“各按系统、自上而下、原封不动、先接后分”的接管政策实行军事管制，同时联系群众，团结各界人士，建立各界代表会和工青妇等群众组织和团体，争取各界各阶层人士的支持。事实证明，这种接收城市的方法完全正确。为了巩固新生政权，南下干部通过动参支前、剿匪肃特、土改反霸等措施稳定了社会秩序。在这一过程中，他们以军事斗争的胜利保障政权建设的顺利进行，同时又以政权建设的顺利进行巩固和推动了军事斗争的胜利。值得充分肯定的是，南下干部认识到南方新解放区和北方老解放区的区别，制定了不同于以前的全新的新区工作方针和策略，依靠群众，稳定了社会秩序，巩固了新生政权。

（二）恢复和发展新解放区经济战线各项工作。

随着解放战争的全面胜利，党的工作重心由农村转移到城市，南下干部立足实际经营管理城市，改善人民群众的生活成为当务之急。在接管上海、南京、杭州这些南方经济发达城市的过程中，南下干部面临的是百废待兴的局面——物资匮乏、资金短缺、工厂倒闭、商业凋零、工人失业……稳定金融、恢复生产成为工作的燃眉之急和重中之重。在稳定金融、恢复生产过程中，南下干部同样做出了不朽的历史贡献。归纳起来，一是果断没收交通、邮电、金融、煤矿、电力等官僚资本，掌握经济命脉；二是通过推广人民币、打击金融投机倒把、解决民生问题等稳定了经济秩序；三是正确处理劳资关系，保护工商业。正是由于南下干部采取正确的对策迅速实现了城市经济的恢复和发展，才使得国民党反动派信誓旦旦宣称的“共产党管不了城市”“共产党进得了上海，却治理不了上海，他们将在第二个‘上海战役’中惨败而归”的谣言不攻自破，从而向全世界证明、展示了共产党人在管理城市、发展经济上的韬略和才干。

在广大农村，南下干部带领广大群众开展了大规模的土地改革运动。江南新解放区开展的土改运动的胜利完成，标志着封建剥削制度已在全国范围内被彻底摧毁，宣告了中国农民数千年来得到土地这一梦寐以求的奋斗目标的真正实现，使农民真正从经济上翻身做了主人。可以说，土改运动最直接、最广泛地调动了农民群众的革命和建设积极性，使农业生产力获得了极大的解放。土地改革还确立了贫雇农在农村中的优势地位，巩固了工农联盟，为引导亿万农民走上集体化的道路创造了条件。与此同时，依靠土改中形成的有觉悟有组织的骨干力量所建立起的新中国农村基层政权，为整个中国社会走向进步与稳定奠定了坚实的基础。

（三）传播先进文化理念，引领新解放区文化建设。

南下是优秀文化的传播过程。南下干部队伍组建之初，对文化建设就非常重视。各个批次的南下干部都有自己的文艺团体，这些组织在宣传鼓动南下干部自身的同时，也向社会各界提供生动形象的文艺作品，起到了宣传队的作用，传播了革命文化。各个批次中的各位干部，都以其自身的行动感染和影响着在他们南下之前、南下途中以及南下到达新区后所接触的每一个人，从这个意义上讲，每个南下干部都是宣传员，都是文化使者。同时，数十万南下干部下江南，是干部队伍的大迁移，是我党“四面八方”“五湖四海”政策的具体践行，促成了南北方文化、革命文化、齐鲁文化的相互融合。

南北方人在性格、饮食、语言、艺术上存在明显的差异。南下干部带去了北方人的热情、豪爽、宽厚、质朴，带去了北方的语言和艺术，带去了北方的生活方式和生活习惯，带去了南下干部所在地的地方文化。南下干部在江南工作和生活，时刻受到南方文化、新解放区地方文化的熏染和影响，因而成为南北方文化和不同地域文化融合的使者。齐鲁文化中强调的忠孝思想以及“立德、立功、立言”的人生目标，与革命文化中倡导的共产主义理想、革命英雄主义等相结合，转化成一种强大的精神力量。

南下干部高奏凯歌、一路前行，将革命文化、齐鲁文化带到江南新解放区，为新区带去一股清新之风、一股追求民族解放与自由之风、一股“天下兴亡，匹夫有责”的勇于担当之风，从而感染着新解放区的人民，在新区建设、政权巩固中发挥了思想感召和催化的积极作用。

（四）培养锻炼了一支干事创业的干部队伍。

南下也是干部培养、使用、锻炼和充分发挥各自作用的一个过程，既包括南下干部的自身成长和作用发挥，也包括对当地干部的重视培养和作用发挥。

南下干部队伍中的绝大部分是拥有坚定的理想信念、勇于担当、艰苦创业的，但不容否认，其中也有极少数的人是被动加入进来的，甚至是被革命浪潮“一脚踢进”南下队伍里来的。在这个“大熔炉”“大学校”中经过一段时间的陶冶、锤炼，他们思想中的尘埃被荡涤一空，心灵得到净化和升华，从而很快就成长为优秀干部群体中的一员并融入集体发挥出重要的作用。南下干部队伍构建主要表现为两个方面的客观情况：一是抽调原则上的“整建制”。就是按照区、地、县的建制搭配好班子，然后整套抽调，这样的形式有利于在行军时管理组织庞大的干部队伍，也有利于迅速开展接管、建政工作。二是群体组成上的“多方面军”。这一群体来自长江以北的不同解放区，来自不同的层级、不同的领域和行业，文化水平、年龄结构亦有很大的不同。在中共中央的组织政策保障和对干部教育的高度重视下，南下干部在严酷的环境中磨炼了意志，在繁重的任务中练就了一身才干，实现了南下干部化蛹成蝶式的自我蜕变。

弘扬南下精神，实现中华民族新的伟大复兴

南下精神作为中国共产党人崇高信仰的载体和呈现，历经岁月淘洗却从不褪色，历尽千难万险却从不动摇，其意义已不能仅仅局限于当时的历史时代，而已经凝练、熔铸成一种跨时代、超时空的伟大力量。

（一）弘扬南下精神，进一步坚定马克思主义的信仰。

南下精神从根本上反映了对马克思主义和社会主义的信仰追求，弘扬南下精神，就要进一步树立马克思主义的信仰，对马克

思主义中国化的最新成果特别是科学发展观所追求的价值取向深信不疑，并下定决心、排除万难去实践它。“如果我们选择了最能为人类而工作的职业，那么，重担就不能把我们压倒，因为这是为大家做出的牺牲；那时我们所享受的就不是可怜的、有限的、自私的乐趣，我们的幸福将属于千百万人，我们的事业将悄然无声地存在下去，但是它会永远发挥作用，而面对我们的骨灰，高尚的人们将洒下热泪。”这也是南下精神的精神实质所在。

（二）弘扬南下精神，进一步坚定中国特色社会主义的信念。

共同信仰的旗帜引领前进的方向，共同信仰的旗帜铸就必胜的信念。坚定中国特色社会主义的信念，我们才能在全面推进社会主义伟大事业中立场坚定、旗帜鲜明，才能牢记“两个务必”和当代共产党人的神圣使命，从而坚定不移地沿着中国特色社会主义道路奋勇前进。新时期弘扬南下精神，要求全党全民族必须用中国特色社会主义共同理想凝聚力量，着力克服“精神懈怠”的危险，牢固确立和不断强化中国特色社会主义的信念，无论遇到什么困难，都要满怀豪情地始终朝着既定的目标奋进，积极推动党的伟大事业向前发展，创造出党和人民伟大事业的一个又一个新的奇迹。

（三）弘扬南下精神，进一步增强改革开放和现代化建设的信心。

南下精神所展现的信仰比铁还硬、比钢还强，它激励和支撑着我们在最危险的情形下和最严重的困难面前增强信心、同舟共济、共克时艰。改革开放以来的伟大实践所取得的辉煌成就，充分证明了我们走改革开放和现代化建设之路的正确性。这项伟业是在一个人口众多、经济和科学文化相对落后的东方大国实现社会主义现代化，在社会主义的基础上实现中华民族的伟大复兴，因此，前进的道路上必然要经历种种艰难险阻。但是，我们有中国共产党的坚强领导，有广大人民群众的拥护支持和以高涨的主动性积极性投身社会主义现代化建设伟大实践的极大热情，这是我们对伟大事业前途充满信心的源泉和动力所在，也是南下精神所展现的希望和信心所在。

（四）弘扬南下精神，进一步密切党和人民群众的血肉联系。

只有拥有共同的信仰，才会建立密切的联系和牢固的互信。弘扬南下精神，就要进一步贯彻党的群众路线，始终坚持“以人为本、执政为民是我们党的性质和全心全意为人民服务根本宗旨的集中体现，是指引、评价、检验我们党一切执政活动的最高标准。全党同志必须牢记，密切联系群众是我们党的最大政治优势，脱离群众是我们党执政后的最大危险”，把实现好、维护好、发展好最广大人民的根本利益作为一切工作的出发点和落脚点，做到权为民所用、情为民所系、利为民所谋，使我们的工作获得最广泛最可靠最牢固的群众基础和力量源泉，只有这样，我们才能永远立于不败之地。

（本文原载2012年《理论学刊》第8期。作者单位：山东省档案局）

淮海地区红色歌谣及其时代价值

张翔兮

淮海地区是一片英雄辈出、具有光荣革命历史的红色热土，不仅红色遗址遗迹广布，而且流传着许多红色歌谣。淮海地区的红色歌谣产生于火热的革命岁月，传唱于激昂的奋斗年代。一首首红色歌谣，仿佛一阵阵冲锋号，激荡着革命情绪，鼓舞着革命群众，让人热血沸腾，是我们取之不尽的精神财富。

淮海地区丰富多样的红色歌谣

“心之忧矣，我歌且谣。”在古代以合乐为歌，徒歌为谣。红色歌谣是伴随着革命运动产生的。将红色内容和情感加入民间原有的劳动歌、仪式歌、情歌、儿歌中，便成了红色歌谣，其语言通俗、情感真挚、表达直接、易于传播，是中国共产党人开展革命宣传的一种有效手段，也是活态的口头民间文学。

诞生于新民主主义革命时期的淮海地区红色歌谣，借鉴和发展了传统歌谣的艺术形式。目前搜集到的200余首淮海地区的红色歌谣（从1921年至1949年），记录了民众的苦难生活，描写了八路军、新四军、解放军在淮海地区的经典战斗场面，歌颂了党和革命军队以及军民鱼水情，是淮海地区人民宝贵的精神资源。淮海地区红色歌谣具有以下特性：

（一）政治性与生活性相结合。淮海地区红色歌谣是中国共产党红色文化在淮海地区的生动实践，对淮海地区军民的政治动员和宣传教育发挥了重要鼓动作用，对党领导淮海地区人民取得新民主主义革命胜利发挥了重要推动作用。

淮海地区红色歌谣将具有鲜明革命特征的政治话语融入其中，有效宣传了党的革命理论。同时这些歌谣也是淮海地区人民生活实际的真实缩影，有效表现出淮海地区人民群众的日常生活状态和乐观豁达、真实淳朴的性格。一方面，淮海地区红色歌谣的文字具有叙事抒情的特征，在朗朗上口的节奏、叙事性极强的歌词基础之上重现淮海地区人民的生活状态，有效表达了淮海地区人民对美好生活的殷切期盼；另一方面，在这些歌谣中使用了很多地道的当地方言俗语，浓缩着淮海地区特有的风土人情，因而呈现出鲜明的地域色彩。如鼻化音韵母使用较多，方言具有“侉调侉腔”的鲜明特征，音调跨度较大。这些都与淮海地区人民的语言特点密不可分。以这种当地民众最为熟悉的方式，将中国共产党的政治理论、纪律规范、方针政策等进行当地方言的话语建构，便形成了易懂、易记、易传的淮海地区红色歌谣。

（二）思想性与艺术性相结合。马克思在《〈黑格尔法哲学批判〉导言》中指出：“理论一经群众掌握，也会变成物质力量。”淮海地区红色歌谣是中国共产党向淮海地区广大民众传播革命思想的有效方式。

淮海地区红色歌谣汲取了地方戏曲、曲艺中的养分，多首歌谣中均出现上行小六、小七度的音程的大跳，一字多音，形成了一种风格鲜明的拖腔，听起来与河南梆子、山东琴书、徐州柳琴戏、淮北大鼓中的典型唱腔标志极为相似，更容易被淮海地区人民记住，而且易于传播。这些红色歌谣不仅旋律优美、情感真挚，而且蕴含着丰富的思想内涵。在红色歌谣中植入生动形象的革命语汇，把抽象革命理论转化为百姓日常生活表达，以独特艺术形式实现了革命话语与大众话语的成功对接，为红色歌谣赋予了独特的思想性。

（三）豪迈性与细腻性相结合。淮海地区地处苏鲁豫皖交界，这一地区的人民兼具北方人的豪迈大气与南方人的灵秀细腻。淮海地区红色歌谣紧紧扎根于民众的日常生活，在百姓的生存、生活、生命、情感、情绪、情理中融入强烈的主体性意识和革命斗争意识。这些红色歌谣的感情抒发有坚实的物质基础做支撑，表现出乐观开朗的精神与感人肺腑的情意，准确表达了淮海地区百姓对中国共产党的衷心拥护和爱戴，与八路军、新四军以及解放军在日常生活中积累的血肉相连、鱼水相依的深厚情感。这些细腻的情感和琐碎的日常在红色歌谣中从侧面反映了中国共产党带领淮海地区民众进行波澜壮阔伟大斗争的历史画面，也深刻体现了淮海地区民众对中国共产党坚定的拥护和支持。

淮海地区红色歌谣的重要作用和影响

（一）红色歌谣对军队战斗力的提升作用。

革命战争年代，红色歌谣在激励将士行军、鼓动士兵战斗、策反敌方士兵、动员民众拥军、团结兄弟部队等宣传动员中发挥了重要功用。淮海战役中，有一支非常特殊而又神奇的部队，就是华野文工团。他们的秘密武器就是诞生于淮海战役战火硝烟中的《淮海战役组歌》。在淮海战役中，华野文工团的团员们用音符记录战争进程，在阵地上、在行军途中、在我军筑成的坚固包围圈中创作的《淮海战役组歌》，反映了部队的生活面貌，歌颂了战斗中涌现的英雄人物，用以鼓舞斗志，为争取淮海战役的胜利贡献了力量，毛泽东对其给予了高度评价。

（二）红色歌谣对革命胜利的激励作用。

徐州是英雄的故乡，这片红色的土地上孕育了很多杰出的文艺工作者，如音乐家马可、牧虹、卢肃等。人民音乐家马可是徐州人。卢沟桥事变爆发后，他专门为徐州的父老乡亲们写了热血战歌《保卫徐州》《徐州青年战歌》等。1938 年 4 月 27 日写的《保卫徐州》，通过五段歌词把徐州的历史和特产如数家珍，展现了徐州的历史和文化，体现着徐州人的有情有义，为徐州的抗日宣传增添了强大的力量。作为一名革命战士，故乡徐州给予了马可力量和勇气，他以音乐为武器，积极投身抗战，深情讴歌生活，作品中总是蕴藏着强大的能量。

《团结就是力量》的词作者牧虹、曲作者卢肃都是徐州人。他们有着相同的情感、相同的经历和相同的感受，彼此配合默契，创作出了《团结就是力量》。在团结抗战的时代背景下，这首歌不胫而走，从解放区传到作者的家乡徐州，传遍全中国。毛泽东同志曾说，一首抗日歌曲抵得上两个师。《团结就是力量》就是这样一首有力量的抗日歌曲。当年，一批批有志青年高唱着《团结就是力量》，参加了抗日的队伍，投身到反侵略战斗中。新中国成立后，《团结就是力量》更是成为中国人民团结奋斗、拼搏进取、建设国家的号角。

人民音乐家冼星海 1937 年在徐州期间，感受着徐州军民热血澎湃的抗日激情，联想起徐州历来是兵家必争之地，五省通衢要道，必有一场大战，为鼓舞士气、激发斗志，必须创作一首具有徐州地方特色的战地歌曲来提振士气。于是写下了《徐州是英雄的故乡》，并亲自谱曲。歌词铿锵有力，简洁上口，人人皆可传唱，极大地鼓舞了徐州军民的抗日热情。此后，中国共产党相继在徐州地区建立了湖西、邳睢铜、鲁南、沭宿海、萧宿铜等抗日根据地，如同歌曲中唱道："挺起胸拿起枪，冲锋上前！"顽强地抗击日寇，直至取得抗日战争的伟大胜利。

（三）淮海地区红色歌谣被广为收录和传唱。

在淮海地区创作、产生的大量歌谣，许多被收录于经典歌曲集中，成为红色经典歌曲，广为传唱。如《八路军拉大栓》被电视剧《地下交通站》《小兵张嘎》分别收为片头曲和片尾曲，2009 年入藏中国民歌博物馆；《沂蒙山小调》被联合国教科文组织评定为中国优秀民歌；2009 年，《谁不说俺家乡好》《咱们工人有力量》入选中国共产党中央委员会宣传部推荐的 100 首爱国歌曲；2021 年，在庆祝中国共产党成立 100 周年大会上，几千名共青团员和青少年组成的合唱团在天安门广场高唱《团结就是力量》。

淮海地区红色歌谣的时代价值

（一）深厚的革命历史价值。

歌谣是社会和时代的产物。红色歌谣是研究我党革命历史的原始素材。以史为鉴，可知兴替，通过对原汁原味红色歌谣的深入研究，能从中找到我们党取得胜利的革命真理和历史规律。

抗战期间，淮宝地区作为淮南、淮北、苏中、苏北四块抗日根据地的结合部，是华中抗战的一个重要敌后战场。在党的领导下，淮宝军民对日伪军进行了艰苦卓绝的斗争，涌现出了许多可歌可泣的故事。例如发生在 1943 年的“刘老庄战斗”，其指导员是徐州人李云鹏。音乐是历史和文化的一种表达。新四军十八旅五十二团黄苇创作的《淮宝战歌》凝练了刘老庄连 82 位烈士的壮举，镌刻着车桥战役血与泪的光辉历史。黄苇所在的五十二团休整会有歌，整训有歌，政治教育也有歌，如《练兵进行曲》《整训歌》等 70 多首，为我们考证新四军抗战历史提供了宝贵的资料和依据，为当今的文化生活带来了思考与启示，具有重要的历史价值和时代价值。

（二）激情澎湃的文学艺术价值。

淮海地区的红色歌谣朗朗上口，老百姓喜闻乐见。比如在豫东就流传着这样一首《葵花总是向太阳》：“葵花总是向太阳，穷人全靠共产党。”运用了歌谣的传统手法赋比兴。淮海地区红色歌谣在形式上也丰富多彩：既有传统与民间相结合的，如借用传统古典诗词的押韵和对仗；又有借用当地流行的曲牌、曲调进行编唱的，如安徽的“泗州调”，还有“秋香调”“地灯调”“对口唱”等；还有将各地的民间歌谣带入当地，既有本土的歌谣特点，又有其他地区的歌谣风格。苏北地区的抗日歌曲《联合起来打东洋》借用了流行于山东、河南的民间小调《王大娘钉缸》，后来作曲家赵季平在为电视剧《水浒传》配乐时，运用了其中的音乐动机发展成为《好汉歌》中的“路见不平一声吼啊，该出手时就出手啊，风风火火闯九州啊”。

徐州地理位置重要，历来为兵家必争之地，应运而生的红色民谣也非常丰富。古代有“九里山前古战场，牧童拾得旧刀枪”，抗战时期有《国恨家仇不能忘》、解放战争时期有《解放军扛大炮》等带有鲜明的徐州印迹的红色歌谣。淮海地区红色歌谣具有很强的文学性和艺术性，活灵活现，有声有色，有情有理。

（三）鲜活的红色文旅价值。

许多人知道沂蒙山，是从《沂蒙山小调》开始的。《沂蒙山小调》唱出了水乳交融、生死与共的沂蒙精神。联合国教科文组织认定《沂蒙山小调》是中国最具代表性的民歌。《沂蒙山小调》的诞生地成为知名的红色旅游“打卡地”。《沂蒙山小调》成为老区发展经济、开拓进取的强大动力。

很多人了解微山湖，是从《弹起我心爱的土琵琶》开始的。1956 年，26 岁的吕其明为电影《铁道游击队》配乐时创作了这首歌，让铁道游击队的抗日英雄事迹名扬四海、流传至今，也让更多的人知道了微山湖。看红剧、唱红歌、观红展，微山湖成了游客们争相前往的红色旅游“打卡地”。文化是旅游的灵魂，旅游是文化的载体。淮海地区红色歌谣不仅是宝贵的精神财富和历史文化资源，也推进了当地文化旅游深度融合。

（四）生动有效的教育价值。

红色歌谣是宝贵的革命资源，也是中华民族优秀的精神资源。1940 年，为向党的 19 岁生日献礼，抗大一分校文工团王久鸣、沙洪在沂南县创作的《跟着共产党走》很快在山东根据地传唱开，唱响了全中国。在中华人民共和国开国大典上，军乐队奏响了《跟着共产党走》。在庆祝中国共产党成立 100 周年文艺演出《伟大征程》中，开场曲《跟着共产党走》唱出了人民的心声。

“一首歌”坚定理想信念，汇聚成一种强大的精神力量，在团结人民、教育人民、打击敌人的斗争中起到了很重要的作用，是波澜壮阔斗争历史画卷的真实写照，体现了极为光荣的革命传统，蕴含了乐观向上的革命精神。淮海地区红色歌谣用通俗的语言、真挚的情感，展示了淮海地区革命先辈英勇奋战的斗争精神，以独特的文化内涵传递革命力量，是学习党史鲜活而生动的教材。一首首红色歌谣，讲述了一个又一个红色故事。了解淮海地区红色歌谣，可以更加坚定跟党走的信念，做新时代的奋进者。

一方水土养一方人，一方水土孕育一方文化。淮海大地是一方革命的热土，作为苏鲁豫皖交界的军事重镇和淮海经济区中心城市，红色文化在徐州不断释放强大的精神动力，为中国式现代化道路提供不竭的动力源泉和澎湃的精神力量。

（作者单位：徐州工程学院）

基于沂蒙红歌弘扬沂蒙精神的路径研究

高 杨

党的十八大之后，习近平总书记多次强调要树立文化自信，文化自信是一个国家、一个民族发展中更基本、更深沉、更持久的力量。文化自信是中华民族的精神烙印，彰显着中华民族独一无二的精神风貌。通过沂蒙红歌的传唱，可以促进沂蒙精神的弘扬，为沂蒙人民在新的时代背景下积极投身沂蒙家乡建设提供不竭的精神动力。

沂蒙精神是沂蒙红歌的内核

沂蒙精神的本质是一种先进文化、优秀文化，而文化来源于劳动人民的社会实践，沂蒙精神正是在沂蒙人民抗击侵略、保家卫国的伟大实践中诞生的。与之相应的，沂蒙人民在沂蒙精神的指引下创作出沂蒙红歌，而沂蒙人民的劳动实践则为沂蒙红歌的创作提供了丰富的素材。沂蒙人民和文艺创作者以这些素材为养料，通过艺术升华的方式创作出反映人民群众社会实践、展现沂蒙人民伟大精神的歌曲。通过这些歌曲的传唱，不仅可以重现沂蒙人民与中国共产党人共同奋斗的艰苦岁月，而且可以感受到党和人民的水乳交融，进而理解伟大的沂蒙精神。

（一）沂蒙红歌是沂蒙地区党和人民艰苦奋斗、不畏牺牲的写照。

沂蒙精神是沂蒙红歌的本质与内核，沂蒙精神的实质是党领导人民，党依靠人民，从群众中来，到群众中去。因此，共产党人和沂蒙人民便成为沂蒙红歌的两个重要角色。如果脱离了人民群众，沂蒙地区共产党人就是无源之水、无本之木，共产党人正是紧紧依靠人民，无微不至地开展群众工作，才能取得抗战的最终胜利。沂蒙红歌最初的作用之一就是拉近党和人民之间的关系，帮助党员干部开展群众工作，以一种通俗易懂、喜闻乐见的方式宣传党的政策和抗日方针。同时，在实际的群众工作之中，沂蒙红歌获得了沂蒙人民的一致认可，也受到沂蒙地区各级党组织、文工宣传队伍的一致重视。

沂蒙红歌蕴含了党的群众工作的政策主张。现在流传最广泛的沂蒙红歌当属《沂蒙山小调》，《沂蒙山小调》的创作初衷就是为了宣传党的政策主张。1940年春夏之交，沂蒙地区抗大第一分校文工团成员阮若珊、李林等文艺工作者结合沂蒙地区的实际情况以及党提出的斗争策略，历经十数个日夜的辛勤工作，创作出《沂蒙山小调》的原型《反对黄沙会》。创作《反对黄沙会》最初的目的便是为了满足政治宣传的需求，揭露国民党及黄沙会的恶劣行径。后来随着形势的变化，文艺创作者将抗日元素加入歌曲，对歌曲内容进行反复修改，形成了《沂蒙山小调》的雏形，在抗日战争时期发挥了重要的宣传作用。改革开放后，沂蒙地区既是革命老区，又是传统的农业区，也进行了土地制度改革，实行家庭联产承包责任制。因此，《沂蒙山小调》中加入了改革开放的元素，其内容从抗击外来侵略转变为传承红色精神，歌颂改革开放，传唱人民群众对美好生活的向往。现在的《沂蒙山小调》有多个版本，其中一个版本便有“红色精神是承诺”“改革开放新的篇章，哎人人都说它好”这样的歌词，展现了人民群众对红色精神的传承和对改革开放的支持。沂蒙红歌取材于现实，同时又结合不同的时代形势，展现出沂蒙人民的不同追求，通过对沂蒙红歌的鉴赏，可以一窥党领导人民进行艰苦斗争和社会主义建设的政策主张。

沂蒙红歌展现了共产党人不忘初心、为人民谋福祉的使命担当。人民的利益便是中国共产党的利益，人民的诉求便是中国共产党的诉求，中国共产党始终选择与人民站在一起，以维护广大人民的根本利益为一切工作的出发点。从新民主主义革命时期开始，中国共产党就同沂蒙人民一同抢秋收、扒铁道、烧炮楼。中国共产党和沂蒙人民一起与日寇战斗达4000余次，其中不乏许多年轻战士为了保护人民群众利益而奉献自己的生命，也不乏沂蒙人民为了掩护八路军部队撤退而壮烈牺牲。沂蒙红歌中的《打蒙阴城小调》和《孙祖战斗》便展现了党和人民荣辱与共的鱼水之情，也展现了共产党人不忘初心、为民谋利的责任担当。沂蒙红歌同样展现了共产党人谋求妇女解放的政治担当。在新民主主义革命时期，中国处于半殖民地半封建社会，妇女地位低下，而在中国共产党领导下的沂蒙地区，妇女不仅可以跟男子一样参与生产劳动，也可以参与政治生活，与男子一同拿起武器抗击外来侵略。中国共产党领导下的沂蒙地区虽然经济落后，却出现了妇救会、识字班等一系列妇女解放组织。与这些妇女解放组织相关的歌曲也涌现出来，包括《放脚歌》《识字班模范》等等，极大地激发了妇女同志参与抗日斗争和生产活动的热情，真正展示出了“妇女能顶半边天”的精神面貌。

（二）沂蒙红歌展现了沂蒙人民坚定跟党走的信念和决心。

沂蒙红歌展现了沂蒙人民坚定跟党走的决心。1940年6月，沂蒙地区的文工团根据沂蒙根据地的实际情况和人民群众对党的真实情感创作了《跟着共产党走》这一优秀作品。这一作品一经传唱便引起了沂蒙人民的广泛认可，尤其是歌词“你是灯塔，照耀着黎明前的海洋”更是真实展现了党和人民的关系，既表达了沂蒙人民跟随党的步伐前进的信心，又表达了沂蒙人民对党的忠诚与热爱。

沂蒙红歌展现了沂蒙人民拥军支前的精神。沂蒙根据地自成立后，经过12年的发展，成为北方著名的抗日根据地，这离不开沂蒙地区乡亲父老的大力支持。在沂蒙根据地的发展过程中，沂蒙人民出粮出枪、出人出钱，为革命事业的胜利提供了有力支撑。《参加主力兵团》《做军鞋》《劝丈夫抗战》等沂蒙红歌深切表达了沂蒙人民对革命事业的支持，尤其是沂蒙妇女对人民军队的拥护；而《恨丈夫当伪军》这一红歌则展现了沂蒙妇女知荣辱、懂进退的民族大义。

沂蒙红歌展现了沂蒙人民对英雄人物的赞美。在革命斗争中，沂蒙人民和八路军战士中涌现出许多不畏牺牲、敢于抗争的英雄，而文工团结合这些英雄人物创作了相应的红歌，充分展现了沂蒙精神。如歌曲《歌唱于大娘》《歌唱模范青年高洪安》等就展现了沂蒙人民对英雄人物不畏牺牲的赞美。这些歌曲中的人物形象都采编于真实事件，通过艺术加工使这些人物特点鲜明、形象生动，起到了学习宣传模范的作用。

沂蒙红歌是沂蒙精神传承与发展的主要途径

（一）沂蒙红歌为沂蒙精神的传承与发展提供了载体。

沂蒙精神的实质是党和群众水乳交融的关系，是党扎根人民、依靠人民、维护人民的集中体现。这种精神只有通过一定的方式传播开来，才能感染更多的人，才能在新的时代背景下发挥应有的作用。显而易见，通过红歌传唱可以使沂蒙精神获得更为广泛的传播，沂蒙红歌作为沂蒙精神的重要载体，自然在沂蒙精神的传承与弘扬中发挥了巨大的作用，相较于其他的传播方式，沂蒙红歌具有独特的传播优势。

沂蒙红歌取材于沂蒙人民的劳动实践，歌词内容通俗易懂，主要包括军民齐心协力艰苦斗争的内容，也包含一些广为流传的英雄故事，这样使歌曲更加贴近人民、靠近群众。沂蒙红歌的歌词具有明显的口语化特征，不包含高深难懂的内容，而且引入特定的方言词汇，上至耄耋老人，下至稚嫩孩童，都能通过红歌了解歌词描述的英雄事迹，感受歌词中包含的沂蒙精神。例如《烈火燃烧在沂蒙山上》中的“兄扯弟，儿别娘，前呼后拥上战场，同心协力打东洋”以及《老百姓拥护共产党》中的“葵花儿开放朝太阳，老百姓拥护共产党”，均通过通俗易懂的歌词传达了沂蒙精神。

相较于专业艺术家创作的艺术歌曲，沂蒙红歌的曲调大多来自民间，所以加入了一些沂蒙方言作为语气助词。如在《沂蒙山小调》中，“沂蒙那个山上哎好风光”，其中的“那”字读作“nei”，同“内”音。沂蒙红歌凭借宛转悠扬的曲调引起听者的情感共鸣，为沂蒙精神的传播提供了有利条件。

（二）沂蒙红歌促进了沂蒙精神的发展。

沂蒙红歌并非一成不变，而是跟随着时代的步伐呈现出变化发展的态势。许多文艺创作者在保留沂蒙红歌曲调的基础上对歌词内容进行了修改，并且赋予其不同的时代内涵。如《沂蒙山小调》涉及反对国民党黑暗统治、抗日战争、社会主义建设和改革开放四个阶段，在不同的发展阶段有不同版本的《沂蒙山小调》，虽然在形式上各有不同，但其本质上都包含了“水乳交融、生死与共”的沂蒙精神。因此，沂蒙红歌的发展也促进了沂蒙精神的发展，使沂蒙精神在保持其本质的基础上随着时代变化而不断发展。在新的时代背景下，沂蒙精神也必然会在沂蒙红歌中获得新的展现。

苏联教育家苏霍姆林斯基指出，在语言无法表达的时候，音乐会发挥其独特的魅力，那些无法用语言传达的内容，可以通过音乐的形式来诉说。红歌也是一种音乐类型，红歌可以让沂蒙人民感受美的同时，也体会到“红”的特点。例如芭蕾舞剧《沂蒙颂》展现了沂蒙精神的艺术美，以舞蹈刻画出明辨是非、爱恨分明的英嫂形象。由此可见，沂蒙红歌在发展的过程中可以与其他艺术形式相结合，使沂蒙精神的展现更具有张力，更能够让人们感受到沂蒙精神的“红”和美。

基于沂蒙红歌弘扬沂蒙精神的路径

（一）将沂蒙红歌融入党性教育。

《乐记》有云：“乐者，德之华也。”音乐是道德品质的外显，具有道德教育、锤炼心性的重要作用，而红歌的内容也可以作为传播真善美、传播正能量的素材。共产党员必须进行党性教育才能够在未来的工作实践中保持崇高的党性，坚守党性原则，积极为人民谋福祉。因此，有必要将沂蒙红歌与党性教育结合起来，创新沂蒙红歌传唱形式，将其作为党性教育的重要补充。

做好党性教育教学资源的开发。从现代教育理论的角度出发，教学资源是教育教学活动开展的重要支撑。沂蒙红歌与党性教育相结合，可以提升教育教学效果。然而，由于城市化、工业化的快速推进，许多曾经流传于村头巷尾的沂蒙红歌濒临失传。因此，相关部门需要做好沂蒙红歌的搜集、整理和创新。一方面，相关部门应当派工作人员深入沂蒙农村地区，了解当地的沂蒙红歌资源，做好沂蒙红歌的采编记录，并将沂蒙红歌以音频、视频的形式记录下来；另一方面，当地的文化部门要做好沂蒙红歌文化内涵的开发，做好对沂蒙红歌的历史解读，使沂蒙红歌重展魅力。

做好党性教育活动的创新。在沂蒙红歌融入党性教育的过程中，相关单位要做好教育活动的创新，鼓励全体成员，不论是党员还是非党员，都要积极参与进来。这样不仅对党员能够起到较好的教育作用，而且让非党员也接受了党性光辉的照耀。在开展教育活动的过程中，相关单位可以编排各式各样的活动，包括文艺晚会、红歌献礼等，鼓励工作人员积极上台表演节目，也可以组织工作人员共同参与红歌传唱活动，通过多样化的党性教育活动促进沂蒙红歌在党性教育中的应用。同时，各相关单位也要将红歌中的具体精神提炼出来，通过标语、座右铭等方式提醒党员时刻保持党性，积极服务群众，做好群众工作，将革命和建设年代形成的沂蒙精神传承下去。

开设党性教育主题课程。相关单位可以开设与沂蒙红歌相关的党性教育主题课程，通过灵活多样的方式，明确党性教育课程主题。此类主题课程课时短，具有灵活的形式与较强的互动性，深受党员干部们的喜爱。同时，沂蒙红歌作为党性教育“大课”

的补充，让党员干部在欣赏、练习歌曲的过程中感受其蕴含的精神，对沂蒙精神形成新的理解和体验，从而使沂蒙精神沁入每一位共产党员的内心。

（二）推进沂蒙红歌融入中小学教育活动。

沂蒙红歌的宣传应当从学生抓起，发挥学生在传唱沂蒙红歌、弘扬沂蒙精神中的关键作用。“发扬光荣传统，当好红色传人”既是习近平总书记对革命精神传承的要求，也表达了习近平总书记对红色精神融入中小学教育、促进中小学生成长的殷切期望。

推进沂蒙红歌融入思政教育。思政教育是中小学教育的重要组成部分，要实现用沂蒙红歌唱响沂蒙精神，就要做到将沂蒙红歌融入中小学思政教育，使得沂蒙精神的传承实现从娃娃抓起。现阶段山东省委宣传部已经委托相关单位开展沂蒙精神教材建设，针对中小学各阶段学生的特点编排了相应的教材。具有代表性的《沂蒙山小调》《跟着共产党走》等红歌被选入教材。沂蒙红歌教材不仅包含沂蒙地区的红歌，也有一些其他地区的红歌，内容丰富多彩。

推动沂蒙红歌教育常态化。沂蒙红歌教育应是一项系统化、常态化的教育工程，需要融入学生的日常学习和生活。应当持续推进红歌进校园、进课堂、进教材，借助沂蒙红歌开展丰富多彩的文艺活动，挖掘沂蒙红歌中的英雄形象，对学生起到良好的教育和引导作用。沂蒙红歌教育的常态化开展，可以在潜移默化中使红歌影响学生价值观念和道德品质的养成，从而达到沂蒙红歌进校园的预期效果。

推动新时代沂蒙红歌创作。用沂蒙红歌唱响沂蒙精神，就是要在坚守沂蒙红歌本质的基础上，对沂蒙红歌进行符合时代的创作，从而使沂蒙红歌和沂蒙精神保持强劲的生命力，进而推动沂蒙精神在新时代的传承与发展。例如，中小学音乐教师、语文教师和历史教师可以齐心协力，明确沂蒙精神的实质，通过多种形式将其融入音乐、语文、历史等课堂教学活动之中。

（本文原载 2023 年《赤峰学院学报》第 5 期。作者单位：齐鲁师范学院）

开辟发扬光大沂蒙精神的新境界

孙临平

沂蒙精神是沂蒙文化的魂魄，是党和国家的宝贵精神财富。作为具有鲜明地域特色的革命精神图腾、红色历史象征和文化软实力，沂蒙精神穿越中国革命、建设和改革的各个历史时期，走出了沂蒙革命老区和山东大地，深刻地影响着我们的党、国家和军队。认真学习、深刻领会、贯彻落实好习近平总书记视察山东时的重要指示，不断结合新的时代条件发扬光大沂蒙精神，忠实践行党的群众路线，是一项重大的全局性战略任务，沂蒙党政军民负有特殊的光荣使命。

清醒认识党和国家建设发展面临的考验和危险
增强发扬光大沂蒙精神的政治责任感和紧迫感

以史为鉴，可知兴替。发扬光大沂蒙精神，是历史对时代的昭示，更是时代对历史的呼唤，具有极其强烈的现实针对性。党的十八大以后，在以习近平同志为核心的党中央领导下，党和国家的事业站在了新起点上，开启了新征程。中国从来没有像今天这样靠近世界舞台的中心，也从来没有像今天这样接近民族复兴的目标。同时，我们正在进行的具有许多新的历史特点的伟大斗争，也使我们面临的考验和危险前所未有。这种考验和危险，来自意识形态领域的尖锐斗争，来自国家安全环境的严峻复杂，来自经济社会发展转型的矛盾困难，来自敌对势力的蓄意破坏，更来自我们党自身建设目前存在的一些突出问题。一些党员干部经受不住挑战、考验，在糖衣炮弹面前打了败仗，有的甚至堕落为腐败分子；有的丢掉了党的优良传统和作风，热衷于搞形式主义、官僚主义、享乐主义和奢靡之风，严重脱离人民群众。执政的考验、改革开放的考验、市场经济的考验和外部环境的考验，精神懈怠的危险、能力不足的危险、脱离群众的危险和消极腐败的危险，极其严重地摆在我们面前。从根本上看，“四大考验”考的是党、国家和军队的性质宗旨变没变的问题，“四大危险”危及的是党与人民群众的血肉联系——党的执政基础牢不牢的问题。站在这样的高度上，党的十八大以来，党中央在对外纵横捭阖、创造有利外部环境，对内开拓奋进、全面深化改革战略决策的同时，做出了在全党开展党的群众路线教育实践活动、整肃党纪党风的重大战略部署。站在这样的高度上，习近平同志担任总书记后再到西柏坡，向全党郑重重申毛泽东同志当年提出的“两个务必”，突出强调“两个务必”包含着对我国几千年历史治乱规律的深刻借鉴，包含着对我们党艰苦卓绝奋斗历程的深刻总结，包含着对胜利了的政党永葆先进性和纯洁性、对即将诞生的人民政权实现长治久安的深刻忧思，包含着对我们党坚持全心全意为人民服务根本宗旨的深刻认识。还是站在这样的高度上，习总书记在群众路线教育实践活动深入开展之际，首次视察山东就赶赴临沂看望沂蒙革命老区人民，深情重温沂蒙精神，高度评价沂蒙精神，深刻诠释沂蒙精神，突出强调“山东是革命老区，有着光荣传统，军民水乳交融、生死与共铸就的沂蒙精神，对我们今天抓党的建设仍然具有十分重要的启示作用”。“沂蒙精神与延安精神、井冈山精神、西柏坡精神一样，是党和国家的宝贵精神财富，要不断结合新的时代条件发扬光大。”这一切，集中反映了习总书记对党、对国家、对军队、对人民前途命运负责担当的大胸怀、大抱负，对革命老区、革命历史和革命传统与生俱来、血浓于水的真挚情感，对发扬光大沂蒙精神、推进群众路线教育实践活动的深思熟虑和宏观统筹。当前，学习贯彻习总书记重要指示的第一位任务，就是要以这样的马克思主义立场，这样的共产党人情怀，这样强烈的忧患意识、危机意识和使命意识，从现实的考验中进一步认清党和国家建设发展面临的严峻考验和危险，从历史的经验中进一步认清沂蒙精神对贯彻党的群众路线的伟大历史价值和现实意义，从对政党兴衰、国家存亡、军队胜败规律的深刻认识和把握上，进一步发扬光大沂蒙精神、践履笃行党的群众路线，始终保持党同人民群众血肉联系的政治责任感、紧迫感和自觉性。

总结升华学习、研究和宣传形成的新成果
体现发扬光大沂蒙精神的时代感和全面性

习近平总书记关于大力弘扬沂蒙精神的重要指示，从历史与现实、理论与实践、党的群众路线与党的自身建设的紧密结合上，全面而深刻地揭示了沂蒙精神的鲜明特色、精神实质、基本内涵、历史价值和现实意义，以新的角度、新的思想和新的观点，把发扬光大沂蒙精神提升到了新的高度，为我们适应新的形势任务学习、研究和宣传沂蒙精神，在实践中发扬光大沂蒙精神，进一步明确了方向。

全面准确地把握沂蒙精神的培育主体。沂蒙精神是历史和逻辑的统一，既有沂蒙人民群众创造历史伟业的雄厚基础，更有党和政府的坚强领导、人民军队的奋斗牺牲、马克思主义的真理照耀。

党是沂蒙精神的引领者、主导者和组织创造者。总体来说，沂蒙精神是在中国共产党的正确领导下，在中国化马克思主义的指引下，沂蒙地区党政军民在长期献身中国革命、建设和改革的不懈奋斗中共同培育的伟大精神，是沂蒙革命老区的文化魂魄，是党和国家的宝贵精神财富。

全面准确地把握沂蒙精神的精神实质。学习、体悟习总书记的重要指示，一方面，要看到沂蒙精神与延安精神、井冈山精神、西柏坡精神一样，是党和国家的宝贵精神财富；另一方面，还要看到沂蒙精神是沂蒙革命老区自己的产物，有着自己特殊的质的规定性。它在沂蒙山这块热血浇灌的土地上孕育形成，创新发展，感天动地，气壮山河。沂蒙党政军民最美好、最珍贵、最历久弥新的风骨精髓都在沂蒙精神的精神实质里。沂蒙精神的这种精神实质就是：人民的党、政府和军队与人民群众水乳交融、生死与共。可以说，沂蒙精神中蕴含的这种党群血肉相连，军民鱼水相依，党政军民肝胆相照、生死与共的精神实质，是中国共产党人的胜利之本、力量之源、执政之基，亦是我们全面准确地把握沂蒙精神的思想之宗、始终不渝地坚持党的群众路线的实践之道。

全面准确地把握沂蒙精神的基本内涵。从在中国共产党的领导下沂蒙精神于抗日烽火中孕育产生，到 20 世纪 90 年代沂蒙精神概念的提出，沂蒙精神的发展完善和对沂蒙精神的认识把握，是个生生不息、相辅相成的统一过程。不断地总结概括和升华，使我们对沂蒙精神的认识和把握越来越全面准确。学习体悟习总书记的重要指示，对沂蒙精神基本内涵的概括还应在“爱党爱军、开拓奋进、艰苦创业、无私奉献”的基础上，进一步融入党、政府和军队“为国为民”的重要内容。正如《沂蒙山小调》所唱的：“咱们的共产党哎领导好，沂蒙山的人民哎喜洋洋。”从原初意义上，沂蒙精神是我党我军为国为民虽万死而不辞，与沂蒙人民爱党爱军虽千险无反顾的生动写照。我们党“为国为民”具有与时俱进的内涵，在革命年代是“救国救民”，在建设和改革时期是“强国富民”。正因为党和军队为人民争解放抛头颅、洒热血，为人民谋幸福、搞建设、兴改革，才使沂蒙人民在实实在在的美好生活中激发了爱党爱军无反顾、舍生忘死跟党走的坚定决心。

全面准确地把握沂蒙精神的文化根脉。沂蒙是根，文化是本；沂蒙文厚，精神方大。沂蒙文化是沂蒙精神的渊源，沂蒙精神是沂蒙文化的灵魂。沂蒙地区是中国传统文化的重要发祥地、中国革命的重要根据地和中国改革开放的重要领先地。传统文化，于斯为宗；革命文化，于斯为盛；时代文化，于斯为先。伟大的沂蒙精神，就是在中华民族的优秀传统文化、我党我军的革命传统文化、改革开放的时代文化基础上孕育形成的。沂蒙文化养育的精神是革命的精神、建设的精神、改革开放的时代精神。传统文化为其根，革命文化为其魂，时代文化为其神。而秉厚朴、性耿直、尚名节、重情义、知报恩、常为新的沂蒙人民，则是沂蒙文化和沂蒙精神的崇高人格魅力。一方水土一方人，一方文化一方魂。积厚流光的沂蒙文化，是我们全面准确地理解和把握沂蒙精神的总根脉和总钥匙。

持续深入开展群众路线教育实践活动 不断开辟发扬光大沂蒙精神的新境界

群众路线是党的生命线和根本工作路线，是党团结带领人民群众在不同历史时期不断夺取胜利的重要法宝。沂蒙地区党组织长期依靠群众，组织带领群众共同创造的沂蒙精神，是我们党贯彻群众路线的成功典范。学习贯彻习近平总书记的重要指示，当前很重要的就是学好用好沂蒙精神这部生动教材，推动群众路线教育实践活动持续深入发展，不断开辟发扬光大沂蒙精神的新境界。

兴于学。打牢弘扬沂蒙精神、践行群众路线的思想基础。弘扬沂蒙精神和践行群众路线，说到底是要树立马克思主义的立场观点和方法。当前一些党员干部说“雷语”、办“雷事”、搞“四风”甚至变腐败，根子也是“我是谁、为了谁、服务谁”的问题没解决好。教育实践活动必须高度重视理论武装，下决心纠正以往一些单位“搞教育不学习、联系实际没理论”的倾向。要像当年沂蒙党政军办抗大、办党校、办“识字班”和“庄户学”那样，在党员干部中来一场群众性的马克思主义学习教育运动。通过认真学习中国特色社会主义理论体系，学习习近平总书记系列重要讲话精神，切实使马克思主义唯物史观和群众观在党员干部的心中扎下根。永远牢记人民是父母，我们是儿女；永远牢记人民是主人，我们是公仆；永远牢记权为民所赋，权为民所用；永远牢记全心全意为人民服务，和中国最广大人民群众在一起；永远牢记人民对美好生活的向往，就是我们的奋斗目标；永远牢记人民是创造历史的主体，紧紧依靠人民群众实现强国梦和强军梦。真正把弘扬沂蒙精神践行群众路线的思想基础打牢固。

立于行。树立弘扬沂蒙精神、践行群众路线的良好形象。沂蒙精神靠实践，群众路线靠行动，“喊破嗓子不如甩开膀子”。当年沂蒙党政军为人民说得到做得到，铸牢了沂蒙人民爱党爱军、无私奉献的坚定立场，激发了沂蒙人民开拓奋进、艰苦创业的壮志豪情。今天要保证群众路线教育实践活动不虚、不空、不走过场，依然要秉持行胜于言，努力做到立言立行、言行一致。要始终坚持问题导向，通过严把学习教育关、对照检查关、民主生活会关、解决问题关，步步为营抓落实，稳扎稳打求深入，切实把党中央解决“四风”的目标任务和四句话的“总要求”落细、落小、落到实，使党员干部按照习总书记提出的“三严三实”标准，树立起为党立命、为民立心、为中国特色社会主义事业立担当的形象。以看得见、摸得着、得实惠的教育实践活动成效，取信于对党寄予厚望的人民群众。

成于制。推进弘扬沂蒙精神、践行群众路线的制度创新。邓小平指出：“制度好可以使坏人无法任意横行，制度不好可以使好人无法充分做好事，甚至会走向反面。”群众路线教育实践活动对加强党的建设、推动改革发展、转变社会风气所产生的强大作用，已经为实践所证明。在教育实践活动深入开展中，要进一步推进方法、制度、标准和机制创新，保证践行群众路线的渠道载体经常化、制度体系规范化、要求准则长期化。形成党风廉政建设中不敢腐的惩戒机制、不能腐的防范机制和不易腐的保障机制；形成党和国家跳出“人亡政息”的历史周期律、让人民来监督政府的民主新机制，真正使沂蒙精神和群众路线内化于心、固化于制、实化于行，真正把习近平总书记发扬光大沂蒙精神的重要指示要求落到实处。

（本文原载2014年9月《弘扬沂蒙精神与践行群众路线理论研究》论文集。作者单位：解放军报社）

沂蒙精神的当代启示

李志勇

我们党的百年历史，就是一部践行党的初心使命的历史，就是一部党与人民心连心、同呼吸、共命运的历史。军民水乳交融、生死与共铸就的沂蒙精神，是党和国家的宝贵精神财富。从抗日战争到解放战争、从社会主义建设到改革开放，沂蒙精神始终是我们的制胜法宝。我们要结合新的时代条件把沂蒙精神发扬光大。

始终把人民放在心中最高位置

“过去的一切运动都是少数人的，或者为少数人谋利益的运动。无产阶级的运动是绝大多数人的，为绝大多数人谋利益的独立的运动。”我们党是马克思主义政党，全心全意为人民服务，“真心实意地为群众谋利益，解决群众的生产和生活的问题，盐的问题，米的问题，房子的问题，衣的问题，生小孩子的问题，解决群众的一切问题”。这就是我们党能得到人民的拥护，带领人民创造历史伟业的根本原因。

在沂蒙人民遭受日寇铁蹄蹂躏的危难时刻，国民党军队节节败退，党领导的人民军队来到蒙山沂水，用生命和鲜血守护人民的家园。在党的领导下，自下而上成立各级抗日民主政权，颁布《人权条例》，人民群众第一次尝到了真正当家做主的滋味；开展“减租减息”运动，实行土地改革，人民群众第一次真正拥有了自己的土地；开办各种夜校、识字班，启迪民智，人民群众受到了文化启蒙。中国共产党高举抗日救亡和团结抗日的大旗，使沂蒙人民经济上翻身解放、政治上当家做主、思想上摆脱桎梏，正因如此，沂蒙人民毫不犹豫地做出了自己的选择，坚定跟党走，站在历史正确的一边。

人民对美好生活的向往就是我们的奋斗目标。我们党的一切奋斗、一切努力，归根结底就是为了满足人民需要，让人民生活更加美好。百年历史长河中，党领导人民迎来了从站起来、富起来到强起来的伟大飞跃。党领导人民全面建成小康社会，历史性地解决了绝对贫困问题，人民生活水平发生巨变。党的十九届五中全会进一步明确了到 2035 年人均 GDP 达到中等发达国家水平，基本实现社会主义现代化的远景目标。我们决不能有停一停、歇一歇的想法，应结合新的发展阶段的实际，努力构建新发展格局，推动高质量发展。进一步解决发展不平衡不充分问题，推动改革发展成果更多更公平地惠及全体人民，推动共同富裕取得更为明显的实质性进展，不断增强人民群众获得感、幸福感、安全感，把 14 亿中国人民凝聚成推动中华民族伟大复兴的磅礴力量。

依靠人民创造历史伟业

我们党来自人民、植根人民、服务人民，党的根基在人民、血脉在人民、力量在人民。党之所以能够发展壮大，中国特色社会主义之所以能够不断前进，正是因为依靠了人民。正如毛泽东所指出的：“依靠民众则一切困难能够克服，任何强敌能够战胜，离开民众则将一事无成。”

"共产党基本的一条，就是直接依靠广大革命人民群众。"人民群众中蕴藏着无穷的力量，革命战争的胜利得益于人民群众的无私奉献。"最后一碗米送去做军粮，最后一块布送去做军装，最后一个娃送去上战场"，这些事迹和做法可歌可泣、感人至深。陈毅深情地说："我就是躺在棺材里也忘不了沂蒙山人。他们用小米供养了革命，用小车把革命推过了长江！"迟浩田说："从某种意义上讲，我们的胜利，是老区人民特别是沂蒙山区人民用小米喂出来的，用担架抬出来的。我永远也忘不了沂蒙老姐姐们的恩情。"

"历史是人民书写的，一切成就归功于人民。只要我们深深扎根人民、紧紧依靠人民，就可以获得无穷的力量，风雨无阻，奋勇向前。"在新时代，把中国特色社会主义事业推向前进，依然要依靠人民。要坚持人民主体地位，充分调动人民积极性，激发社会活力，推动经济社会发展；在乡村振兴、社会治理、疫情防控等工作中，更多地组织动员群众参与，尊重群众首创精神，依靠亿万人民的实践和智慧，推动认识和实践的突破和发展；自觉拜人民为师，向能者求教，向智者问策，从人民中汲取智慧和力量，充分调动人民在国家治理中的积极性、主动性、创造性，依靠人民创造历史伟业。

把党的正确主张变为群众的自觉行动

不论过去、现在和将来，我们都要坚持一切为了群众，一切依靠群众，从群众中来，到群众中去，把党的正确主张变为群众的自觉行动，把群众路线贯彻到治国理政全部活动之中。

解放战争时期，面对军队人数是我们的数倍、装备比我们优良，而且掌握着国家政权和经济的蒋介石集团，我们何以做到以少胜多、以弱胜强？就是靠我们党实行的人民战争的方针，靠人民对党的信任和拥护，靠我们掌握了根据地人民群众的力量。我们党通过减租减息把人民群众组织起来，实行政权建设和文化建设，改变了农村政治结构和组织基础，推动农民自我发展。这就是群众工作方法，就是毛泽东所强调的“动员群众的方式，不应该是官僚主义的”。

今天，我们依然离不开这样的“传家宝”。近年来，我们的发展成效很显著，人民群众物质文化生活水平不断提高，对美好生活的向往更加强烈。在新时代，我们要继续牢固树立马克思主义群众观点，进一步加强与人民群众的联系，正确处理好党群干群关系，提高和群众打交道的本领，从人民群众实践创造和发展要求中获得前进动力，充分激发蕴藏在人民群众中的创造伟力，注重广察民情、广纳民意、广聚民智，维护好、实现好、发展好广大人民群众的根本利益。

历史充分证明，江山就是人民，人民就是江山，人心向背关系党的生死存亡。赢得人民信任，得到人民支持，党就能够克服任何困难，就能够无往而不胜。沂蒙精神，源远流长，历久弥新。它提醒我们始终坚持以人民为中心的发展思想，把增进人民福祉、促进人的全面发展、朝着共同富裕方向稳步前进作为我们一切工作的出发点和落脚点。这一点，我们任何时候都不能忘记，部署工作、制定政策、推动发展，都必须牢牢坚持这个根本立场。

（本文原载 2021 年 3 月 17 日《光明日报》。作者单位：中共中央党校科学社会主义教研部）

深刻体悟沂蒙精神基本内涵

韩延明

2013 年 11 月，习近平总书记在视察山东时对沂蒙精神进行了深刻论述和科学定位。他深情指出："山东是革命老区，有着光荣传统。军民水乳交融、生死与共铸就的沂蒙精神，对我们今天抓党的建设仍然具有十分重要的启示作用。"他明确定位："沂蒙精神与延安精神、井冈山精神、西柏坡精神一样，是党和国家的宝贵精神财富，要不断结合新的时代条件发扬光大。"这一重要论述，从马克思主义群众观和新时代党的建设的高度，深刻揭示了沂蒙精神的特质和内在机理，为我们研究和弘扬沂蒙精神提供了历史思维和根本遵循，为进一步丰富、完善和升华沂蒙精神内涵确定了新理念、新视域、新阐释和新境界。

2021 年 9 月，中央宣传部公布了党中央批准的"中国共产党人精神谱系第一批伟大精神"，其中"沂蒙精神"位居前列。这是以习近平同志为核心的党中央对山东老区人民为中国革命胜利和社会主义建设做出重大牺牲和贡献的历史褒奖和时代彰扬。2022 年 5 月 28 日，山东省第十二次党代会报告要求"大力弘扬党群同心、军民情深、水乳交融、生死与共的沂蒙精神"。在习近平总书记重要指示批示要求和中央部署审定下确认的沂蒙精神基本内涵，站位高远，思想深邃，内蕴宏富，催人奋进，饱含着丰厚的政治分量、理论含量、精神能量和实践力量。这一基本内涵，从实践层面上体现了沂蒙精神的创造主体及其相互关系，从理论层面上揭示了沂蒙精神的内在机理与生成逻辑，同时也充分体现了沂蒙精神孕育生成的时代特征、沂蒙精神创造主体的双向互动、沂蒙精神知情意行的内在机理和沂蒙精神传承弘扬的永恒价值。沂蒙精神基本内涵的明晰和确定，是沂蒙精神内涵演进史、理论研究史和精神弘扬史上一个重要里程碑，具有重大的历史意义和独特的时代价值。

从实践层面深刻把握沂蒙精神的创造主体及其相互关系

“党群同心、军民情深”，具体体现了革命战争年代山东根据地和解放区党政军民之间的密切交往关系与革命实践路径，是一种由表及里、由浅入深的以心换心、同向同行。这个层面充分映照了沂蒙精神的政治品格和生动实践。党和人民军队“爱民为民”与老区人民群众“爱党爱军”双向互动、共生共荣。中国共产党和人民群众由初心使命、忠诚担当而内生的默契是“同心”，即志同道合、心心相印，同呼吸共命运；人民军队和人民群众由抗日救国、无私奉献而外显的表征是“情深”，即情同手足、同舟共济，同甘苦共生死。这两句内涵表述，会令人情不自禁地联想到抗日战争和解放战争时期那些视死如归的大义壮举和荡气回肠的大爱情怀。我们说，一种精神，只有真正内化于心、外化于行时，才能最大限度地彰显其社会价值和奋进动能。在这方面，与时偕行的沂蒙精神堪称典范与丰碑。

首先，“党群同心”作为沂蒙精神基本内涵的核心和基点，是伟大沂蒙精神的本质特征和政治根基所在，贯穿了马克思主义群众观和党的群众路线，彰显了中国共产党“亲民、爱民、为民”的根本宗旨和人民群众“听党话、感党恩、跟党走”的忠诚担当，是一种由表及里的渗透和交融。这种“党心为民、民心向党”的互通共融，是中国共产党理想信念、初心使命、宗旨意识、群众路线、优良作风、党的建设的根本体现，是沂蒙精神的本源和根脉。提起“党群同心”，自然使我们联想起沂蒙第一个党支部、莱芜中共山东省工委、徂徕山抗日武装起义等十大起义、沂蒙母亲王换于，以及山东根据地的减租减息、“三三制”民主政权、《人权保障条例》、大生产运动、识字班、庄户学、土地改革等。

其次，“军民情深”作为沂蒙精神基本内涵的表征和亮点，是伟大沂蒙精神的动力之源和胜利之本，是党群同心的生动展现和鲜明标识，体现了人民军队为人民安危而苌弘碧血、出生入死的牺牲精神和人民群众为拥军支前而毁家纾难、参军参战的奉献精神，是一种由知到情的陶冶和化育。这种“军爱民、民拥军”的同频共振，铸就了“军民团结如一人”的钢铁长城，是沂蒙精神的主体和砥柱。提起“军民情深”，自然使我们联想起第一一五师的《八路军拥政爱民公约》、喊出“谁第一个报名参军我就嫁给谁”的梁怀玉、“朝阳官庄彭大娘”、“菩萨司令”廖容标，以及渊子崖自卫战、大青山突围战、孟良崮战役、淮海战役、南下干部等。

沂蒙精神的创造主体是革命战争年代形成的山东党政军民命运共同体，是山东根据地“党政军”和“人民群众”这个双重主体双向互动的结果。在革命战争年代，党组织、党指挥的军队，党领导的政府（政权组织）是浑然一体的。这是当时的管理体制、组织系统和革命斗争需要所决定的。习近平总书记 2013 年

11 月视察沂蒙革命老区时，语重心长地说："我们的革命政权来之不易，主要是党和人民水乳交融、心心相印，党把人民利益放在第一位，为人民谋解放而领导人民展开革命斗争；人民群众真正跟党走，相信我们的党，在党的领导下为人民解放事业无私奉献。"所以，我们不能把沂蒙精神单纯地看成是一种源于老区、生于基层、长于群众的地域性原生态的"草根"精神、"地气"精神、"平民"精神。实质上，从发生学、系统论的本原角度追根溯源，沂蒙老区人民那种诚朴的爱党忠心、爱军情怀和奉献精神，也是在中国共产党的直接领导、感召、培育、影响和引领下逐步产生与发展起来的，是党的先进性、正确性、群众性和服务性，是人民军队为民族独立和解放而杀敌护民的英雄壮举和牺牲精神，唤醒了沂蒙人民的政治觉悟，赢得了沂蒙人民的衷心拥戴，由此而从根本上激发、催生和坚定了沂蒙人民对党、对人民军队的誓死捍卫和真诚热爱，从而使党群、干群、军民成为"同心""情深"、团结一致的坚固整体。

从理论层面深刻把握沂蒙精神的内在机理与生成逻辑

习近平总书记明确指出，沂蒙精神是由山东革命老区"军民水乳交融、生死与共铸就"的。"水乳交融、生死与共"，充分体现了在马克思主义群众观引领下山东党政军民形成的那种融合共生的格局，构筑了融洽的党群关系、干群关系、军民关系凝结而成的命运共同体。在沂蒙精神中，不仅蕴藏着共产党人"从哪里来"的精神密码，而且树起了共产党人"到哪里去"的精神路标，这就是矢志不渝地坚持党的群众路线，恪守"人民至上"的党性原则和“全心全意为人民服务”的根本宗旨，构筑牢不可破的党群、干群、军民关系。这既是沂蒙精神的创生之根、发展之本、文化之魂，也是习近平新时代中国特色社会主义思想的重要组成部分。

“水乳交融、生死与共”，是沂蒙精神基本内涵的特质和支点，凸显了山东党政军民同呼吸共命运、同甘苦共生死的一体化融合状态。这种“党群鱼水相融、军民生死相依”的人民主体思想和党的群众路线，是沂蒙精神的内在动能和生成逻辑。提起“水乳交融”，自然使我们联想起沂蒙红嫂明德英、张淑贞、祖秀莲、方兰亭和胶东乳娘、战地托儿所等；提起“生死与共”，自然使我们联想起根据地反“扫荡”、马石山十勇士、何万祥英雄连、沂蒙六姐妹、陈毅担架队、“一门三烈刘永良”等。同时，在“水乳交融、生死与共”中，还隐含着一条中国共产党贯穿百年的红线，这就是“加强党的建设”。在党的建设伟大工程中，核心之点就是体现“党群干群关系”的“党的群众路线”，这也是中国革命之所以最终取得完全胜利的关键所在、命脉所系。

回首历史，沂蒙精神孕育生长之初就深深烙上了党和人民军队的红色基因：其一，山东党组织最早的创立者与领导者、中共一大代表王尽美曾回家乡沂蒙宣传马克思主义，培养和发展进步青年，涌现出刘晓浦、刘一梦、李清漪、李清潍、刘鸣銮等一批共产党人，由此而开启了沂蒙精神的破题之笔。其二，曾经在山东根据地和解放区任职的党政军高级领导干部，如徐向前、罗荣桓、陈毅、粟裕、朱瑞、郭洪涛、陈光、张经武、萧华等，都是由中共中央从延安派到山东工作的久经考验的杰出红军高级将领；而驻扎在沂蒙的八路军一一五师，也是由优秀红军指战员组成的一支精锐部队，传承了中国工农红军井冈山斗争、苏区反“围剿”和万里长征的革命精神与优良传统。其三，革命战争年代的山东根据地直接接受延安中共中央和中央军委的指挥，毛泽东、朱德等给山东党政军领导人拍发的电报达 110 多封。其四，受党中央委派，刘少奇 1942 年亲赴山东根据地检查指导工作，言传身教、率先垂范，带来了弥足珍贵、影响深远的群众工作经验和群众路线观念。就此而言，沂蒙精神的成长和结晶，从一开始就注入了共产党人的先进思想和人民军队的红色基因，汲取了马克思主义中国化的革命实践和理论创新。

沂蒙精神与延安精神、井冈山精神、西柏坡精神等伟大革命精神同根同源、一脉相承。在血火岁月中铸就的沂蒙精神，蕴含了坚定的理想信念、坚强的党性修养、坚韧的革命意志和坚实的使命担当。时代变迁，精神永恒。作为中国共产党人精神谱系的重要组成部分，作为一个历史符号、一座精神高峰、一篇英雄史诗，伟大的沂蒙精神迄今依然绽放着耀眼的思想光辉和时代光芒。

（本文原载 2022 年 7 月 19 日《大众日报》。作者单位：中共山东省委党史研究院）

沂蒙精神是伟大建党精神的赓续与传承

李洪彦

习近平总书记在庆祝中国共产党成立100周年大会上发表的重要讲话中，首次提出和概括了伟大建党精神。要求全党要继续弘扬光荣传统、赓续红色血脉，永远把伟大建党精神继承下去、发扬光大。沂蒙精神是对伟大建党精神的赓续和传承。在山东革命老区，继承和发扬伟大建党精神，就要进一步传承和弘扬沂蒙精神。

伟大建党精神是沂蒙精神之源

习近平总书记指出："一百年前，中国共产党的先驱们创建了中国共产党，形成了坚持真理、坚守理想，践行初心、担当使命，不怕牺牲、英勇斗争，对党忠诚、不负人民的伟大建党精神，这是中国共产党的精神之源。"习近平总书记的这一重要论述，对伟大建党精神进行了深刻诠释，鲜明地指出了伟大建党精神是中国共产党人精神谱系的起始一环，是中国共产党的精神之源。

中国共产党是在中国人民和中华民族的伟大觉醒中，在马克思列宁主义同中国工人运动的紧密结合中，应运而生的伟大、光荣、正确的党。在中国共产党早期建党的实践中，始终坚定理想信念，把为中国人民谋幸福、为中华民族谋复兴作为自己的初心使命，英勇斗争，铸就了伟大建党精神，成为中国共产党的精神之源。在接下来的百年奋斗征程中，中国共产党又淬炼出了井冈山精神、长征精神、延安精神、西柏坡精神等中国共产党人的革命精神，成为伟大建党精神在不同时期的表现形式，又都是伟大建党精神这一红色血脉的赓续和发展，既一脉相承，又不断丰富发展。

沂蒙精神作为中国共产党在以沂蒙山区为中心的山东革命根据地铸就的革命精神，正如习近平总书记所指出的："沂蒙精神同延安精神、井冈山精神、西柏坡精神一样，是党和国家的宝贵精神财富，要不断结合新的时代条件发扬光大。"由此可见，沂蒙精神作为中国共产党人精神谱系的一环，同延安精神、井冈山精神、西柏坡精神一样，与伟大建党精神也是一脉相承，伟大建党精神同样也是沂蒙精神的源头。沂蒙精神是在伟大建党精神的旗帜指引下，由山东党政军民"水乳交融、生死与共"铸就形成的，是中国共产党红色血脉在山东革命根据地的赓续和传承。

沂蒙精神是伟大建党精神在山东革命根据地的生动实践

伟大建党精神是早期共产党人在创建政党的过程中形成的宝贵精神财富，集中体现了早期共产党人在建党实践中彰显的政治品格、价值追求和精神风范。伟大建党精神一经产生，就成为我们党不忘初心使命、从胜利走向胜利的强大动力和制胜法宝。

山东是中国共产党建党的重要发源地之一。党的一大代表王尽美、邓恩铭直接参与了中国共产党的创建，以其光辉的一生在山东传播了建党精神，生动实践了建党精神。之后，山东党组织历经大革命、土地改革战争的风雨磨难，几经破坏，几经重建，打不垮，摧不倒。山东的共产党人在白色恐怖面前，秉承建党精神，百折不挠，勇往直前。特别是在抗日战争和解放战争时期，党领导创建了以沂蒙山区为中心的山东革命根据地，成为全国唯一一个以省为建制的革命根据地，为全国抗日战争和解放战争的胜利做出了山东人民的巨大奉献和牺牲。毛泽东曾经指出："山东的棋下活了，全国的棋也就活了。只有山东是我们完整的、最重要的战略基地，北上南下都主要依靠山东。"

在党领导开辟以沂蒙山区为中心的山东革命根据地的过程中，始终秉持伟大建党精神，坚守初心使命，坚持群众路线，不负人民，创造了闻名全国的沂蒙精神。习近平总书记在山东视察时指出："山东是革命老区，有着光荣传统，军民水乳交融、生死与共铸就的沂蒙精神，对今天我们抓党的建设仍然具有十分重要的启示作用。"这是总书记对山东老区、山东人民的高度评价，也是对山东的殷切期望。

山东革命根据地为什么能产生被习近平总书记充分肯定、多次论述的沂蒙精神？这是有着深刻的历史原因和基础条件的。第一，山东是建党最早的地区之一，党的一大代表王尽美、邓恩铭的建党实践，从一开始就给山东带来了伟大建党精神的深刻影响。第二，山东革命根据地的建立和发展始终是在中共中央和毛泽东的直接领导和谋划下进行的。从抗日战争开始后党中央多次从延安和北方局派干部来山东，派第一一五师主力部队到山东，派刘少奇到山东，到解放战争时期派出大批干部到山东，成立华东局、华东军区、华东野战军，山东革命根据地的许多大政方针都是由党中央、毛泽东直接部署决策的。有着党中央、毛泽东的直接领导，有一大批像罗荣桓、徐向前、刘少奇、陈毅、粟裕、谭震林等党的杰出领导人在山东工作战斗，保证了山东革命斗争从胜利走向胜利。第三，党在山东革命根据地始终坚持真理，践行初心使命，坚持人民至上，走群众路线，实行了一系列亲民、为民、爱民的政策，极大地激发了山东人民的革命热情和斗争精神，党和人民群众建立起“水乳交融、生死与共”的血肉联系和鱼水关系，践行了伟大建党精神，形成了具有鲜明特色的沂蒙精神。

回顾山东革命历史，学习习近平总书记“七一”重要讲话精神，我们不难发现，在山东革命根据地，正是有一大批坚持真理、坚守理想，践行初心、担当使命，不怕牺牲、英勇斗争，对党忠诚、不负人民的共产党人，有一大批对党忠诚、坚定信念，拥军支前、无私奉献，坚定不移跟党走的人民群众，他们同心同向，心心相印，水乳交融，生死与共，共同铸就了沂蒙精神。沂蒙精神也正是伟大建党精神在山东革命根据地的具体实践和生动体现。

新时代要把弘扬伟大建党精神与传承沂蒙精神结合起来

伟大建党精神全面展现了中国共产党的梦想和追求、情怀和担当、牺牲和奉献，是中国共产党人的安身之魂、立命之本。沂蒙精神是伟大建党精神的传承和赓续，对新时代抓好党的建设仍然具有重要的启示作用。在新时代赓续红色血脉，就要把继承和发扬建党精神与传承弘扬沂蒙精神结合起来。

一是要把学习贯彻习近平总书记对伟大建党精神的重要论述

与贯彻落实习近平总书记对沂蒙精神的重要论述结合起来。习近平总书记在“七一”重要讲话中对伟大建党精神进行了深刻阐述，阐明了传承建党精神的历史意义和时代价值。习近平总书记在山东视察时对沂蒙精神多次做出重要论述，提出沂蒙精神对抓好党的建设具有十分重要的启示作用，要求我们要不断结合新的时代条件发扬光大沂蒙精神。在学习习近平总书记在庆祝中国共产党成立100周年大会上重要讲话精神的过程中，我们一定要把传承伟大建党精神与弘扬沂蒙精神结合起来，牢记习近平总书记“要继续弘扬光荣传统、赓续红色血脉，永远把伟大建党精神继承下去、发扬光大”的谆谆教诲，用党的光荣传统和优良作风坚定信念、凝聚力量，用党的实践创造和历史经验启迪智慧、砥砺品格，激励广大共产党员永葆政治本色，在新征程上继续斗志昂扬、奋勇前进。

二是践行伟大建党精神和沂蒙精神，走好第二个一百年赶考之路。习近平总书记再次强调：“江山就是人民，人民就是江山。”伟大建党精神和沂蒙精神都深刻揭示了“党的根基在人民，血脉在人民，力量在人民”的真理。不忘本来，才能开辟未来。在新征程上，我们要始终不忘初心，牢记使命，坚持人民至上，不负人民，把党和人民“水乳交融、生死与共”铸就的沂蒙精神一代一代地传承下去，永远保持同人民群众的血肉联系和鱼水深情，以永不懈怠的精神状态和一往无前的奋斗姿态走好第二个一百年赶考之路。

三是学习研究宣传好伟大建党精神和沂蒙精神，建设好中国共产党人的精神家园。建党精神、沂蒙精神都是党和国家的宝贵精神财富。学习贯彻习近平总书记“七一”重要讲话精神，落实好习近平总书记“弘扬光荣传统、赓续红色血脉”的重要指示，就要进一步挖掘、研究好建党精神、沂蒙精神，尤其是要揭示好沂蒙精神与建党精神的传承关系。要充分发挥山东沂蒙精神研究会和社科理论研究部门、党性教育基地的智库作用，推动山东省建党精神和沂蒙精神的研究、宣传走深、走实，使其在赓续红色血脉、传承红色基因中发挥更大的作用。

（本文原载2021年《山东党史》第8期。作者单位：中共临沂市委党史研究院）

沂蒙红嫂精神的时代价值

杨 瑛

沂蒙红嫂精神是革命战争年代沂蒙女性群体的典型特征，是在中国共产党的领导和培育下沂蒙女性积极参与革命斗争形成的崇高品格和伟大风范，是夺取革命胜利和推动社会发展的重要支撑力量。红嫂精神蕴含着爱党拥军、顾全大局、忠诚博爱、公而忘私、自强奉献、淳朴善良、坚强勇敢、艰苦奋斗等思想内涵，集中体现了沂蒙精神的本质特征，是中华民族精神的优秀代表，是中国女性的宝贵精神财富。沂蒙红嫂精神根植于沂蒙大地，诞生于革命战争年代，成长发展于社会主义建设时期，并随着改革开放和中国特色社会主义伟大实践的推进而不断地丰富和发展，在新的时代条件下仍然具有重要价值，对于弘扬中华优秀传统文化、践行社会主义核心价值观、推动经济社会又好又快发展具有十分重要的意义。

沂蒙红嫂精神是中国革命精神的优秀代表

沂蒙红嫂精神是沂蒙山区广大妇女拥军支前的光辉形象，是革命战争年代沂蒙女性的群体形象，它历经革命环境下血与火的考验，锤炼着坚强不屈的意志品格，以其特殊的质的规定性进一步深化了中国革命精神的内涵。

在那斗争形势极为残酷艰辛、物质条件极端缺乏的革命战争时期，为了民族独立、革命胜利，广大沂蒙妇女在党的领导下，抛家舍业、投身革命、浴血奋战、舍生忘死，开展了艰苦卓绝的斗争，付出了巨大的牺牲，做出了不可磨灭的巨大贡献。广大青年妇女提出了“宁为抗日阵亡将士遗妇，不做怕死懦夫娇妻”“宁为死难者孤女，不做活汉奸掌珠”的口号，老年妇女也发出了“宁愿儿孙当兵为国尽忠，不叫儿孙逃兵役膝下承孝”的誓言，沂蒙根据地呈现出“父母送儿上战场，妻子送郎打东洋”的感人场面。她们缝军衣、做军鞋、烙煎饼、救伤员、传情报、抬担架……用青春和热血谱写了一首首可歌可泣的英雄主义赞歌。沂蒙妇女们听党话、跟党走，与战士们同仇敌忾、共御外侮，表现出坚定的政治方向；面对侵略压迫不畏强暴、奋起反抗、保卫家园，表现出浩然的革命正气；对待革命同志倾其所有、不计得失、不图回报，表现出崇高的思想境界；面对艰苦环境不屈不挠、战天斗地，表现出巨大的人格力量。沂蒙红嫂精神不仅充分彰显了中国革命精神的共性特征，还有着自己独特的风貌，它以一种女性特有的韧性和坚强，为刚健的革命精神注入了独特的气韵，极大地丰富和提升了中国革命精神的思想特质。沂蒙红嫂精神和井冈山精神、延安精神、长征精神、红岩精神一样，必定作为中国革命精神的优秀代表彪炳史册、光耀千秋。

革命精神薪火相传。沂蒙红嫂精神充分表明了沂蒙女性群体敢于战胜任何艰难险阻的强大生命力，具有坚定的革命理想信念和革命乐观主义精神，对于激励广大党员干部群众在新的历史条件下始终保持昂扬向上的精神状态，在任何困难和压力面前都百折不挠、顽强进取，奋力开拓中国特色社会主义道路，具有十分重要的推动作用。

沂蒙红嫂精神是中华优秀传统文化的时代结晶

沂蒙红嫂精神的生成和发展不是偶然的，也不是孤立的，它诞生于沂蒙文化与中华优秀传统文化这片肥沃土壤，与中华优秀传统文化有着浓厚的血缘关系，是中华民族传统美德在沂蒙女性中的最集中体现。沂蒙文化、中华优秀传统文化是沂蒙红嫂精神形成和发展的文化渊源和精神支撑，进一步提升了沂蒙红嫂精神的本质内涵，使红嫂精神得以有效传承、弘扬和升华。

沂蒙大地有着博大精深、源远流长的传统文化积淀，这些文化深深地渗透在广大沂蒙女性的精神世界之中，沂蒙红嫂们始终遵循中华传统美德和道德规范，用热血和赤诚抒写了大忠、大爱、大义、大勇，展现了淳朴善良、仁义忠厚的优秀人格。沂蒙红嫂对党忠诚、对革命忠实，真心诚意、尽心竭力地贡献自己的全部力量，正是传统伦理道德中忠于国、忠于事、忠于公、忠于善等忠诚思想和“言必信，行必果”“民无信不立”等诚信思想的体现。用乳汁喂养伤员、创办战时托儿所、抚养革命后代的大德大爱，是“天地之大德曰生”“不独亲其亲，不独子其子”等兼爱思想的最好写照；送子上战场、舍小家顾大家、革命胜利后没有任何奢求的义举，是重义轻利、好让不争优良传统思想的革命化真实演绎；爱憎分明、勇于反抗、坚忍不拔、任劳任怨、矢志不渝的风骨，是“天行健，君子以自强不息”精神的深刻诠释。可以说，沂蒙红嫂精神是中华优秀传统文化与现代革命思想完美结合的集中体现，进一步丰富和深化了中华民族精神的内涵和意蕴。

当前，传承和弘扬中华优秀传统文化，就要把弘扬和传承沂蒙红嫂精神和弘扬中华优秀传统文化结合起来，深入挖掘沂蒙红嫂精神的美德品格和道德规范，不断完善和丰富红嫂精神的内涵。要用沂蒙红嫂精神引领时代新风，使沂蒙红嫂精神成为社会各界都能遵循的价值标准，培育良好社会公德，引导人们向往和追求讲道德、尊道德、守道德的生活，形成向上、向善的力量。

弘扬沂蒙红嫂精神与践行社会主义核心价值观的一致性

沂蒙红嫂精神作为沂蒙精神的重要组成部分，体现了崇高无私的价值取向，反映了社会主义核心价值观的本质特征和根本要求，并不断丰富、充实着社会主义核心价值观的基本内容。践行社会主义核心价值观，可以从弘扬沂蒙红嫂精神的具体行动中得到深化和提升，可见，沂蒙红嫂精神与社会主义核心价值观具有外在价值和内在价值的同一性，弘扬沂蒙红嫂精神，就是践行社会主义核心价值观。

社会主义核心价值观有国家、社会、个人三个层面的具体要求，每一方面的要求都与沂蒙红嫂精神相对应、相一致。从国家层面来看，沂蒙红嫂们为中华民族的解放和中国革命的胜利甘洒热血、牺牲一切、无怨无悔。为了国家富强、民族振兴、家园幸福，她们积极响应党的号召，吃苦耐劳、顽强创业、敢为人先、追求卓越，以浓厚的家国情怀，诠释着跟党走、追求文明和谐幸福的坚定信念。从社会层面来看，沂蒙红嫂们作为思想解放、民族解放的先驱者，为争取平等、自由、公平的权利，以极大的热情义无反顾地投入到革命斗争中，同时随着时代发展不断解放思想、更新观念，自觉抛弃一切僵化的、封闭的、停滞的观念和做法，积极主动地投身经济社会发展主战场，有力发挥了“半边天”作用，实现了自身价值，这与自由、平等、公正、法治的社会主义核心价值观具有本质上的一致性。从个人层面来看，不论是在革命战争年代还是在和平建设时期，沂蒙红嫂们都做到顾全大局、为国分忧、公而忘私、勇于奉献、自我牺牲，特别是在新时期建设美丽富饶的“大临沂、新临沂”中展示出沂蒙女性文明诚信、自立自强、勤劳俭朴、敬业奉献的良好精神风貌，这都充分体现了爱国、敬业、诚信、友善的社会主义核心价值观要求。在践行社会主义核心价值观的过程中，我们要大力传承和弘扬沂蒙红嫂精神，用沂蒙红嫂精神的强大力量，引领广大党员干部和人民群众更好地践行社会主义核心价值观。

沂蒙红嫂精神是推动经济社会发展的强大思想力量

沂蒙红嫂精神历经革命、建设、改革发展的不同时期，始终保持了旺盛的生命力和强大的凝聚力。特别是在改革开放和社会主义现代化建设时期，沂蒙红嫂精神得到进一步传承弘扬，有力地发挥了塑造人、培育人、影响人的独特功能。沂蒙红嫂精神不论过去、现在还是将来都具有普遍指导意义，就在于它扎根人民群众和社会实践，始终站在时代发展和社会进步的前列，并随着时代的发展而不断与时俱进，赋予了新的内涵。

沂蒙红嫂精神是在沂蒙革命老区培育形成的特定符号，但它不单是代表一个女性群体，也不能仅仅将沂蒙红嫂精神理解为沂蒙人或沂蒙老区的精神。它的内涵丰富博大，既有精神层面又有物质层面，既有深邃思想又有实际行动，是沂蒙人民典型特质的集中体现，内含着沂蒙精神的全部要素，可以复制和辐射到全社会各个层面，有力地推动整个经济社会健康快速发展。当前，我国改革进入攻坚期和深水区，形势复杂多变，改革发展稳定任务之重前所未有，矛盾风险挑战之多前所未有，迫切需要一种强大的精神力量来凝心聚力、统一思想、振奋精神、推动发展。沂蒙红嫂精神历经血与火的洗礼、战天斗地的风雨历练和改革开放的考验，已经成为激励人们昂扬奋进、拼搏进取的强大精神动力，显示出不可替代的重要价值和作用。作为一面精神旗帜，沂蒙红嫂精神必将以其政治信念上的坚定性、思想意识上的开放性、精神品格上的时代性，引领千万沂蒙人民不断坚定走中国特色社会主义道路，投身经济社会发展实践。同时，沂蒙红嫂精神还以英雄女性的特质，不断激励人们超越性别界限，自觉地把个人命运和国家命运结合起来，把个人理想和民族振兴结合起来，把个人追求和社会需求结合起来，像红嫂们那样敢于面对各种压力挑战，敢于战胜各种艰难困苦，奋发图强，勇创佳绩。今后，在推进全面深化改革，实现中华民族伟大复兴的中国梦的过程中，我们应该在全社会大力传承和弘扬沂蒙红嫂精神，不断提升沂蒙红嫂精神的感召力和向心力，使红嫂精神始终成为推动改革发展的强大动力支撑。

（作者单位：山东省社会科学联合会）

淮海战役的历史贡献及其宝贵精神

王相坤

2017 年 12 月，习近平总书记在参观淮海战役纪念馆时强调："淮海战役深刻启示我们，决定战争胜负的未必一定是武器和兵力，军队的战略战术运用、将士们的信心和勇气、人民的支持和帮助，往往是更为重要的因素。"我们缅怀革命先烈，为的是继承他们的遗志，发扬他们的精神，不忘初心，牢记使命，在他们用生命和鲜血开辟的道路上不懈奋斗、永远奋斗。淮海战役是一座光彩夺目的历史丰碑，在中国革命史上、在现代战争史上都占有重要的地位。笔者拟从党史角度对淮海战役在中国革命史上的重要地位和作用、淮海战役的宝贵革命精神及其当代启示等谈几点思考。

淮海战役在中国革命史上的重要地位和作用

第一，淮海战役的胜利使国民党在长江以北的精锐部队基本被歼灭，为解放全中国奠定了胜利基础。淮海战役开始之初，国共两党两军最高统帅部都认识到此战关系甚大。1948 年 11 月 16 日，毛泽东致电总前委说，此战胜利，不但长江以北局面大定，即全国局面亦可基本上解决。此前，蒋介石也致函黄百韬说，此次徐淮会战，实为我革命成败国家存亡最大之关键，务希严督所部，切实训导，同心一德，团结苦斗，期在必胜，完成重大之使命，是为至要。我军参战的华东、中原两支野战军和华东、中原两军区，以及晋冀鲁豫军区的部分部队共约60万人，对阵约80万国民党军队的主力和精锐部队。经过60多天的鏖战，消灭了国民党军在南线的精锐兵团，解放了长江以北的豫皖苏广大地区，造成了“饮马长江、解放全国”的有利态势，蒋介石被迫宣告“引退”，南京国民党政权随之处于风雨飘摇之中。同时，淮海战役的胜利，有力地配合了平津战役，加速了平津战役的胜利进程。淮海战役以其辉煌的战绩，同辽沈、平津战役一起，被誉为中国人民解放战争史上具有决定意义的三大战役，决定了中国革命取得根本性的胜利。

第二，淮海战役的胜利加剧了美国和国民党统治内部对蒋政权的不满，从根本上动摇了国民党的反动统治。随着国民党军队的节节败退，在淮海战役前，蒋介石就已经受到美国和国民党统治集团内部的压力。淮海战役开始不久，蒋介石就致函美国总统杜鲁门，要求美国增加援助和公开发表一个支持国民党政府的声明。杜鲁门婉拒后，蒋介石又派其夫人宋美龄赴美乞援，也处处碰壁。美国驻华大使司徒雷登给马歇尔的报告说：“除去蒋委员长的直属亲信人员和某些高级军官而外，没有多少中国人继续心悦诚服地支持他了……并且愈来愈众叛亲离了。”在国民党统治集团内部，部分地方军阀纷纷要求蒋介石下野。一些民主党派、人民团体和无党派人士纷纷站到革命队伍里来，抵达解放区的民主人士指出：“淮海大捷，使京沪彻底动摇。”

第三，淮海战役的胜利创造了我军战争史上规模最大的以少胜多的奇迹，推动了我军战役理论的新发展。淮海战役发起时，我军并不占优势。在华东和中原战场，国民党军有刘峙、白崇禧两个重兵集团，总兵力超过解放军。在武器装备和兵力上处于劣势的情况下，中央军委在坚持对战役集中统一领导的前提下，注重发挥各级指挥员的聪明才智，尊重一线指挥员的创造。1948 年 9 月 24 日，粟裕在给中央军委和华东局、中原局的电报中指出："为更好地改善中原战局，孤立津浦线，并迫使敌人退守（至少要加强）江边及津浦沿线以减少其机动兵力，与便于我恢复江边工作，为将来渡江创造有利条件，以及便于尔后华野全军进入陇海路以南作战，能得到交通运输供应的方便，和争取华中人力、物力对战争的支持，建议即进行淮海战役。"次日，毛泽东就对这一建议表示赞成。后来战场形势发生了有利于我军的变化，粟裕又与张震联名向中央军委提出新的建议，使"小淮海战役"变成了"大淮海战役"。集中优势兵力，各个歼灭敌人，是我军的传统战法，这一战法在淮海战役中得到进一步发展。在淮海战役中，我军创造了集中优势兵力各个歼灭敌人的新战法：一是对敌人重兵集团在合围的同时实行分割，为分阶段集中优势兵力各个歼灭敌人创造条件；二是在一个时期内，确立主要作战方向只有一个的指导思想和作战部署，并集中尽可能多的兵力于一个战场，防止兵力分散；三是采取有效手段阻止和破坏敌人集中兵力，不让国民党军从别的战场调兵增援决战的战场。遵循战争规律，从实战需要出发创造和运用的新战法取得了奇效。经过三个阶段的作战，我军消灭了国民党军共 55 万余人。正如毛泽东所比喻的，淮海战役好比一锅夹生饭，还没有完全煮熟，硬被你们一口一口吃下去了。斯大林称赞说：60 万战胜 80 万，奇迹，真是奇迹！

淮海战役蕴含着宝贵的革命精神

第一，淮海战役蕴含着科学运筹、果敢决断的担当精神。淮海战役的胜利，突出展示了我最高统帅部的科学运筹和果敢决断。1947 年 12 月 25 日，毛泽东在《目前形势和我们的任务》一文中提出了 10 项军事原则，强调："（1）先打分散和孤立之敌，后打集中和强大之敌。（2）先取小城市、中等城市和广大乡村，后取大城市。（3）以歼灭敌人有生力量为主要目标，不以保守或夺取城市和地方为主要目标……（4）每战集中绝对优势兵力（两倍、三倍、四倍，有时甚至是五倍或六倍于敌之兵力），四面包围敌人，力求全歼，不使漏网……"这些军事原则为此后制定淮海战役作战方案提供了理论指导。粟裕 1983 年回忆说："在济南战役以前，我就考虑攻下济南后的行动方向。当时军委赋予我们的歼灭整编第五军的任务还没有完成，我预期在攻济打援中将该军歼灭，然后再遵军委指示实现渡江。我还反复思考，认为济南战役结束后，还是兵出徐蚌线以东为宜。"而济南战役的结局印证了粟裕此前做出的判断，他向中央军委提出了举行淮海战役的建议。毛泽东迅速复电粟裕做"最后的斟酌"，第二天即复电："我们认为举行淮海战役，甚为必要。"并于 10 月 11 日提出了淮海战役的作战方针。这就是作为大战略家的气魄，既周密运筹，又善于决断。张震后来评论道："毛主席高瞻远瞩，制定了淮海战役的作战方针，又博采众长，使这个方针得到补充和进一步完善。……在总的战略意图下，最高统帅部和前线指挥员之间经过酝酿磋商，使战役的具体部署更加缜密。"这是被视为"南线战略决战”的淮海战役能够如此有条不紊地顺利推进的重要原因。

第二，淮海战役蕴含着听党指挥、忠诚可靠的看齐意识。淮海战役是一场规模空前的大会战，两个野战军首次联合作战，参战部队多，隶属不同指挥机构，要使部队密切协同，关键是要树立全局意识，做到步调一致，一切行动听指挥。而令行禁止的根本前提，就是对党绝对忠诚，执行党的指示不打折扣。淮海战役中，在总前委的统一指挥调度下，中原、华东两大野战军密切协同、联合作战，充分发扬各自的特点和优势，表现出高度的组织性和纪律性，形成了整体作战的强大威力。在战役第一阶段，中野攻击的主要目标是宿县，切断津浦线，目的是配合华野作战。邓小平指出，为了取得淮海战役的胜利，“只要歼灭了敌人南线主力，中野就是打光了，全国各路解放军还可以取得全国胜利，这个代价是值得的”，充分体现出听党指挥、顾全大局的政治担当和无私无畏的革命豪情。在战役第二阶段，由于中原野战军从大别山走出时丢掉了重型武器，围歼黄维兵团出现困难，于是中央军委就指示华野派兵协助。粟裕、陈士榘、张震迅即复电：“完全同意刘邓陈指示，抽出 4—5 个纵队，必要时还可增加 3 个纵队，协助中野歼击黄维、李延年。”粟裕晚年回忆说：“淮海战役中最紧张的是第二阶段，我曾经连续七昼夜没有睡觉……带病指挥。战役结束以后，这个病大发作起来了，连七届二中全会也没有能参加。”参加淮海战役的我军各部队坚决听党指挥，坚决执行中央军委的统一部署，发扬不怕牺牲、连续作战精神，这种忠诚可靠、团结奉献的革命精神，对战役胜利起到了决定性作用。

第三，淮海战役蕴含着一往无前、英勇善战的战斗精神。在淮海战役中，面对兵力和武器都处于优势的国民党军，我军广大指战员凭着一往无前的勇气，与敌人比意志，比智慧，挑战极限，与时间赛跑。在阻止邱清泉和李弥兵团解围黄百韬兵团的作战中，第十纵队用2个师抵挡了敌人6个师的3路多批次进攻。第八十二团第一营官兵抱定“人在阵地在，坚决与敌人寸土必争。只要还有一个人，只要还有一口气，就不能丢了阵地”的信念。三连打得只剩下十几个人，坚守阵地一整天，毙伤敌军600余人，阻挡了敌军援军的步伐。在武器装备处于劣势的情况下，我军通过创新战法增强战斗力，成功地运用了阵地战、运动战等多种方式相结合的战法，打破敌军精心铸造的防御体系。广大指战员一往无前、英勇善战，弥补了在人数、武器方面的不足，化不利为有利，化劣势为优势，化被动为主动，为整个战役的胜利创造了条件。

第四，淮海战役蕴含着依靠群众、相信群众的支前精神。一说到淮海战役，很多人会想到陈毅说过的一句话：华东战场上的国民党反动派是老百姓用独轮车把他推倒的。这句话之所以在很多场合一再被引用，就是因为这是用铁一般的事实铭记着人民群众在淮海战役中的英雄业绩。淮海战役中不断涌现人民群众的支前场面，组成了一幅幅波澜壮阔的雄伟画卷。军队打到哪里，人民群众就支援到哪里，据统计，为支援淮海战役，动员起来的民工累计达543万人，向前线运送1460多万吨弹药、9.6亿斤粮食等军需物资。淮海战役的胜利，充分体现了党领导下的人民群众所拥有的无穷无尽的力量，只有人民，才是革命战争胜利的源泉。

新时代弘扬淮海战役宝贵精神的几点思考

首先，必须对党绝对忠诚，牢固树立全局意识，坚决维护党中央权威和集中统一领导。淮海战役的胜利，是坚决执行中央军委战略方针的胜利，是参战各部队团结协作的胜利，是广大指战员不怕牺牲、英勇战斗的胜利。反观国民党军队，各战区、各兵团甚至各兵团内部，多以保守自身利益为中心，置友军生死于不顾。今天，我们正在进行具有许多新的历史特点的伟大斗争，比以往任何时候都更加需要党员干部对党忠诚，以坚定的信仰和正确的政治立场，紧密团结在以习近平同志为核心的党中央周围，牢固树立政治意识、大局意识、核心意识、看齐意识，坚决维护党中央权威和集中统一领导。

其次，必须加强理论武装，提高马克思主义水平，锻造适应新时代中国特色社会主义发展要求的过硬本领。越是深刻的实践，越需要强大理论的支撑；越是伟大的实践，越需要伟大理论的指引。淮海战役的胜利，既是毛泽东军事思想的胜利，又是战争实践的胜利。淮海战役中体现的我军军事理论的运用与创新，只是我们党90多年理论探索史一个缩影。我们要在历史、现在和未来的时空坐标中，系统把握工作的基本属性、基本规律和基本特征，科学制定开展工作的目标、措施、策略、方法，以更大的理论自觉、理论自信，推动实践朝着更加深入、更加广阔、更加符合人民日益增长的对美好生活需要的境界持续前进。

再次，牢记人民群众是我们的力量源泉和胜利之本，不忘初心，牢记使命，敢于担当，为党和人民的事业无私奉献、艰苦奋斗。正是广大人民群众以高度的政治热情和自觉行动，从人力、物力、精神等方面全力支持战争，才有了淮海战役的伟大胜利。淮海战役的胜利进一步印证了人民群众是历史的创造者，是物质财富和精神财富的创造者，是推动社会历史前进的决定力量这一真理。我们党遵循这一基本原理，深深地植根于人民群众之中，在长期革命实践中形成了密切联系群众的最大优势，从而获得了取之不尽、用之不竭的力量源泉。在新时代，人民群众是实现中华民族伟大复兴的中国梦的主力军。我们只有密切联系群众，坚持以人民为中心的发展导向，把人民对美好生活的向往作为我们的奋斗目标，才能团结和带领亿万人民，把党的路线方针政策变成人民群众的自觉行动，不断把中国特色社会主义伟大事业推向前进。

（本文原载 2018 年 7 月 4 日《光明日报》。作者单位：原中央党史研究室第一研究部）

淮海战役的精神价值及其当代启示

淮北市委党史研究课题组

淮海战役是中国人民解放战争进入战略决战阶段的一次关键性战役。在中共中央、中央军委的领导下，60万人民解放军和地方武装在广大人民群众的全力支援下，打败了80万国民党军，歼敌55.5万余人。战役历时之长、规模之大、歼敌之多，都是世所罕见的。淮海战役连同辽沈、平津战役的胜利，从根本上动摇了国民党的反动统治，为人民解放军横渡长江、解放全中国奠定了基础。

历史是最好的教科书。淮海战役的胜利过程，积累了许多宝贵经验，蕴含着许多革命精神，是党和人民宝贵的财富。这些经验、精神对于当前进一步加强党的建设，促进经济社会发展，实现中华民族伟大复兴中国梦，都具有重要意义。

淮海战役中蕴含着宝贵的革命精神

(一) 淮海战役革命精神体现在党的英明指挥、科学决策。

早在1948年10月，中央军委就根据当时革命形势，及时抓住决战时机，制定了《关于淮海战役的作战方针》。随后，又对战役准备和组织进行了周密的研究分析和具体部署。11月16日，毛泽东为中央军委起草了关于成立淮海战役总前委的电报，指出："此战胜利，不但长江以北局面大定，即全国局面亦可基本上解决。望从这个观点出发，统筹一切。统筹的领导，由刘、陈、邓、粟、谭五同志组成一个总前委，可能时开五人会议讨论重要问题，经常由刘、陈、邓三人为常委临机处置一切，小平同志为总前委书记。”总前委的成立，对及时贯彻中央军委的战略意图，协调华东、中原两大野战军的作战行动，统筹战区军民全力支前，争取淮海战役的全胜，从组织上提供了保证。

淮海战役的胜利过程，充分体现了党领导下的高度集中统一的政治优势。在淮海战役的各阶段，以毛泽东为主席的中央军委审时度势，根据前线指挥员的建议，果敢决断，及时明确作战目标、作战任务、作战原则。淮海战役总前委坚决贯彻中央军委的决策部署，并根据战场形势的变化，创造性地组织实施，卓有成效地发挥作战艺术，保证了战役的胜利。华东野战军、中原野战军等全体参战部队坚决执行中央军委、总前委的指示、命令，英勇作战，坚决完成作战任务，是淮海战役取得胜利的重要原因。

（二）淮海战役革命精神体现在一往无前、英勇善战。

淮海战役国共双方参战的兵力，人民解放军华东野战军、中原野战军和地方部队 60 万人，而国民党军队有 7 个兵团、2 个“绥靖”区，总兵力达 80 万人。解放军在武器装备方面也落后于国民党军，基本上是“小米加步枪”，而国民党军则是美式武器装备，配有大量飞机、坦克，其中不少是精锐部队。如果从人员数量、武器装备来看，我军处于劣势。面对困境，邓小平告诫部队，只要歼灭了国民党军南线主力，中野就是打光了，各路野战军还可以取得全国胜利，这个代价是值得的。为了阻击黄维兵团北上，在黄家阻击战中，中原野战军一纵二旅四团团长晋士林和政委郑鲁相继牺牲，可见战斗惨烈程度。在整个淮海战役过程中，人民解放军广大指战员及地方武装，就是靠着这种革命和拼命精神，敢于斗争和自我牺牲，前仆后继，视死如归，才取得了战役的胜利。

淮海战役是三大战役中战斗最激烈、双方伤亡最重、弹药损耗最大的战略大决战。据有关资料统计，淮海战役中，国民党军伤亡 17.11 万人，比辽沈、平津两大战役之和的 8.7 万人多近 1 倍；解放军伤亡 13 万余人，比辽沈、平津战役伤亡人数总和（10.8 万余人）还多。炮弹、子弹、炸药的损耗数，分别比辽沈、平津战役之和多 1 倍、0.7 倍、5000 余斤。正是依靠革命先烈们不怕苦、不怕死的英勇斗争精神，才夺取了淮海战役的胜利。正如毛泽东在一次谈话中所说的："淮海战役打得好，好比一锅夹生饭，还没有完全煮熟，硬被你们一口一口吃下去了。"

（三）淮海战役革命精神体现在团结协作、众志成城。

淮海战役是在中央军委的领导下，华东野战军、中原野战军和广大地方武装及民兵共同进行的一次大规模的协同作战。正如毛泽东所说："两个野战军联合在一起，就不是增加一倍力量，而是增加几倍力量。"在淮海战役发起时，国民党军总兵力超过人民解放军。在兵力和武器装备处于劣势的情况下，中央军委在坚持集中统一领导的前提下，注重发挥各级指挥员的聪明才智，尊重一线指挥员的创造。我军成功地运用了阵地战、运动战等多种战法，化劣势为优势，化被动为主动，打破了敌军精心打造的防御体系，为整个战役的胜利创造了有利条件。

淮海战役第二阶段，两大野战军在战役配合上，特别是在歼灭黄维兵团的战斗中，体现出高度的顾全大局、团结协作。由于中原野战军缺乏重型武器，围歼黄维兵团出现困难，中央军委遂指示华东野战军派兵协助。粟裕、陈士榘、张震迅即复电："完全同意刘邓陈指示，抽出4—5个纵队，必要时还可增加3个纵队，协助中野歼击黄维、李延年。"最终，我军参加围歼黄维兵团的兵力达12个纵队，其中中原野战军7个纵队、华东野战军5个纵队及一些地方部队。历时23天，全歼黄维兵团12万人，取得辉煌胜利，充分显示了两军联合作战的巨大威力。在中央军委、淮海战役总前委的领导和指挥下，参战部队的全体指战员、地方武装及广大人民群众团结一致，发挥优势，压倒了装备精良的敌人，夺取了这一战略决战的全面胜利。就像中共中央电贺淮海战役胜利所指出的那样："凡此巨大战绩，皆我人民解放军指挥员与战斗员、人民解放军与人民群众，前后方党政军团结一致、艰苦奋斗所获的结果。"

（四）淮海战役革命精神体现在发动群众、依靠群众。

毛泽东在《论持久战》中说："战争的伟力之最深厚的根源，存在于民众之中。""革命战争是群众的战争，只有动员群众才能进行战争，只有依靠群众才能进行战争。"发动群众，依靠群众，实行人民战争，是党领导下的人民军队进行革命战争的优良传统。淮海战役开始前，我军在兵力、武器装备、经济等方面均处于劣势，如果得不到人民群众支持，没有强有力的后勤支援保障，要取得淮海战役的胜利是非常困难的。淮海战役所在区域内，我军没有系统的后勤保障系统和组织，各类军需物资匮乏。战役规模空前，后勤保障任务较重。

由于人民解放军代表着中国最广大的人民群众的利益，得到了人民的支持。广大支前群众把"解放军打到哪里，我们就支援到哪里"作为自己行为的准则，冒着枪林弹雨，不顾风雪寒冷，夜以继日地运送粮草、弹药，抢救和转运伤员。胶东特等支前功臣唐和恩，带了一根小竹棍，每到一地就刻上地名，支前结束时竹棍上刻满了山东、江苏、安徽3省88个城镇和乡村的名字，成为百万民工战斗历程的象征。

淮海战役革命精神的当代启示

在革命战争年代，淮海战役精神指引着共产党人带领人民战胜了人数众多、装备精良的国民党军队，取得了以少胜多的战争奇迹。在新时代，传承好红色革命基因，把淮海战役精神发扬光大，对于全面建设社会主义现代化强国、推进高质量发展、奋力打赢新时代“淮海战役”具有重要意义。今天，我们发扬淮海战役的革命精神，就是要守好党的初心，牢记时代使命，握紧历史接力棒。从历史中汲取精神力量，从而转化为建设现代化强国的实际行动。

一是始终坚持党的领导，坚决维护党中央权威和集中统一领导。淮海战役的胜利，是人民群众和人民军队在党的正确领导下取得的胜利。历史反复证明，中国共产党是领导中国革命和建设走向胜利的坚强领导核心。中国共产党之所以能够在斗争中不断壮大，在挫折中顽强崛起，最根本的就是始终坚持与时俱进、不断加强自身建设。新时代，党团结带领人民进行具有许多新的历史特点的斗争，能否取得胜利，很大程度上取决于党的领导核心作用的发挥。我们要在以习近平同志为核心的党中央坚强领导下，在习近平新时代中国特色社会主义思想指引下，坚持和加强党的全面领导，坚决维护党中央权威和集中统一领导，不断增强党组织的凝聚力、战斗力和号召力，不断增强各级党组织把握方向、谋划全局、促进发展的能力，确保各级党组织和全体党员干部始终站在时代前列，勇立历史潮头，出色地完成党和人民赋予的重任。

二是必须坚定理想信念，毫不动摇走中国特色社会主义道路。淮海战役能够取得胜利，广大指战员的信心和勇气是重要原因之一。这种信心和勇气，来源于胸怀坚定的理想信念，坚信正义事业必然胜利。当前，我国发展正处在改革开放的攻坚期，经济运行稳中有变，面临一些新问题新挑战，外部环境发生明显变化。保持经济社会大局稳定，全面建设社会主义现代化强国，推动高质量发展，任务艰巨繁重。我们要自觉把践行中国特色社会主义共同理想和坚定共产主义远大理想统一起来，坚定中国特色社会主义的道路自信、理论自信、制度自信，保持定力，提升格局，不忘初心，牢记使命，继续奋斗，不断夺取经济社会发展新胜利。

三是践行党的群众路线，始终坚持以人民为中心的发展思想。淮海战役之所以取得伟大胜利，根本原因在于党和军队赢得了民心。当年人民群众响应党的号召，不顾生命危险，英勇支援前线，与人民军队一起浴血奋战，创造了战争史上的奇迹。这是党领导人民、坚持走群众路线的生动体现。历史和实践都表明，始终坚持人民至上，始终同人民风雨同舟、生死与共，是党能够在严峻挑战下做出正确抉择的根本前提，是党能够凝聚起不断创造历史伟业磅礴力量的重要根源。今天，我们仍然要牢记全心全意为人民服务的宗旨，以人为本，心系百姓，维护群众的根本利益，强化党群的血肉联系。继续发扬革命传统，倾听群众呼声，关心群众疾苦，着力解决好人民群众最关心、最直接、最现实的问题，从而凝聚人心，让我们的事业始终立于不败之地。落实到具体实际上，就是要解决好群众普遍关心的问题，不断提高人民群众的满意感和幸福感；要妥善处理涉及群众切身利益的问题，切实增加社会和谐因素，保障社会和谐稳定。

四是不断汲取斗争力量，打赢新时期的“淮海战役”。淮海战役时，决战双方的兵力对比悬殊。要想打败强大的敌人，困难可以想象，但人民解放军和广大群众通过顽强的拼搏、不懈的斗争，取得了最终的胜利。当前，国家各项建设正如火如荼地进行，但同时也存在许多困难，正处于爬坡上坎的关键时期。要想取得事业的成功，就要发挥勇往直前、敢于胜利的斗争精神，战胜这些困难。我们一定要始终保持锲而不舍的韧劲，以顽强的意志和拼搏的精神，咬定认准的目标和事情不放松，在创业的道路上乘胜前进，努力完成实现中华民族伟大复兴中国梦的历史任务，创造出经得起实践、人民、历史检验的新业绩。

（中共淮北市委党史研究室供稿）

论淮海战役革命精神的内涵及其时代意蕴

王为良

70 年多前的淮海战役是人类战争史上规模空前的一场战略决战，也是人民解放军以劣势兵力以弱胜强的光辉范例。中国共产党能够决胜淮海战役，源于非凡的战略决策、高超的战役指挥艺术、深入进行政治动员和广泛发动民众等，其中所蕴含的淮海战役革命精神是中国共产党的宝贵精神财富。人无精神则不立，国无精神则不强。总结和弘扬淮海战役革命精神，对于激励我们走好新时代的长征路，奋力实现民族复兴的中国梦具有重要时代价值。

坚持党的集中统一领导、上下同心、团结协作、顾全大局的精神

坚持和加强党的集中统一领导是人民解放军取得战役胜利的根本保证。淮海战役实施前，中共中央采取了多项措施以加强党对各野战军作战的集中统一指挥和领导。从 1946 年到 1948 年，经过两年解放战争，人民解放军先后粉碎国民党军发动的全面军事进攻和重点军事进攻，并由战略防御转入战略反攻。这时，许多解放区已经连成一片，许多城市已经解放或者即将解放，人民解放军和人民解放战争的正规性程度大为提高，进行大兵团作战的条件逐步成熟。在这一关键时刻，必须加强党中央、中央军委

对全局的把握和对各地区、野战军的指导，必须迅速克服存在于党内和军队内的任何无纪律无政府状态，把一切必须和可能集中的权力集中于中央。为此，中共中央在1948年1月7日发布《关于建立报告制度》的指示，要求“各野战军首长和军区首长，除作战方针必须随时报告和请示，并且照过去规定，每月做一次战绩报告、损耗报告和实力报告外，从今年起，每两个月要做一次政策性的综合报告和请示”。为完善党的领导制度，1948年9月20日，中共中央又做出了《关于健全党委制》的决定。在1948年10月10日《中共中央关于九月会议的通知》中，中共中央又一次强调指出：“目前的形势，要求我党用最大的努力克服这些无纪律状态和无政府状态，克服地方主义和游击主义，将一切可能和必须集中的权力集中于中央和中央代表机关手里，使战争由游击战争的形式过渡到正规战争的形式。”

中共中央和中央军委加强对各野战军作战指挥的集中统一领导，对战略决战的胜利进行发挥了关键作用。在1948年9月24日济南战役结束的当天，华东野战军副司令员粟裕向中央军委提出下一步行动进行淮海战役的建议，即由华东野战军在徐州以东的苏北地区进行歼敌作战，这一建议被称为“小淮海战役”。中央军委赞同粟裕建议，并于1948年10月11日提出《关于淮海战役的作战方针》。此后伴随形势发展，刘邓中原野战军以极小代价占领郑州、开封，对淮海战役的部署产生了重大影响。中央军委从全局出发随即命令刘邓中原野战军主力东进徐州、蚌埠地区，下定决心将原来设想的由华东野战军独立进行的“小淮海战役”发展为华东、中原两大野战军共同配合的“大淮海战役”，即战略决战。

在淮海战役中，为了实现将敌人主力歼灭于长江以北的战略目的，中共中央、中央军委既坚持总揽全局和对战役部署的集中统一领导，又对两大野战军指挥员的各项建议从谏如流、充分信任，体现了中央领导与野战军指挥员上下同心的良好关系。为更加有利于两大野战军协调作战，加强对战役的前置指挥和临机处置，党中央决定成立由刘伯承、陈毅、邓小平、粟裕、谭震林 5 人组成的淮海战役总前委，以邓小平为总前委书记，统筹华东、中原及冀鲁豫地区前后方一切事宜。同时，华东与中原两大野战军又进行了非常紧密的战役配合，充分展现了两大野战军顾全大局、勇挑重担的精神与风范。由于刘伯承、邓小平率领的中原野战军在前期曾经千里跃进大别山开展无后方外线作战，导致作战兵力和武器装备都比较薄弱，参加淮海战役的总兵力只有 7 个纵队，而武器装备比较好的华东野战军却拥有 16 个纵队，并具有较强攻坚能力。为便于两军协同作战，华东野战军代司令员兼政治委员粟裕主动向中央建议由陈毅、邓小平统一指挥淮海战役，体现了人民军队高级指挥员淡泊名利、不计个人得失、顾全大局的高尚品德。而且在整个战役进程中，粟裕率领的华东野战军主动承担了歼灭黄百韬兵团和杜聿明集团的艰巨任务。而中原野战军虽然兵力薄弱，却敢打硬仗，在华东野战军支援下全部围歼了从华中赶来增援的黄维兵团，并有效阻击了北上增援的李延年、刘汝明兵团。在中共中央、中央军委和淮海战役总前委的集中统一领导下，两大野战军以及地方部队顾全大局、精诚团结、勇挑重担、紧密配合、互相支援，成为夺取淮海战役胜利的重要因素。坚持党的集中统一领导、上下同心、团结协作、顾全大局，是中国共产党领导的淮海战役战略大决战所蕴含的宝贵精神财富。

不忘初心，坚守理想信念，为民族独立和人民解放而战的精神

早在解放战争爆发初期，面对气势汹汹、不可一世的蒋介石国民党发动的军事进攻，毛泽东就鲜明指出，我们必须打败蒋介石，是因为蒋介石发动的战争是在美帝支持下反对中国民族独立和人民解放的反革命战争，如果不敢以革命战争打败它，中国就将成为美国的附庸国，我们民族的前途就将被葬送。从而进一步明确了全党全军在解放战争中所肩负的使命和任务。

为提高广大官兵的政治思想觉悟和为使命任务而战斗的自觉性，1947 年冬至 1948 年初，人民解放军各部在解放区土改和整党运动基础上，普遍利用战争间隙，在部队各级党委领导下，先后进行了类似地方整党工作的新式整军运动。通过学习党的各项政策，进行诉苦“三查”（查阶级、查工作、查斗志）的阶级教育，发扬人民军队政治、经济、军事三大民主，激发群众性练兵运动，使人民解放军提高了政治、军事素质，极大地增强了战斗力。在淮海战役中，广大指战员利用一切间隙和形式，通过火线宣誓、火线庆功、战地诉苦、文艺演出等形式，进一步教育部队，提高官兵阶级觉悟，增强官兵为实现民族独立、人民解放而冲锋陷阵、奋勇杀敌的自觉性和战斗意志。

正是基于中国共产党及其领导的人民军队深入细致的思想政治工作和坚定的理想信念，在淮海战役中，无论部队官兵、共产党员，还是地方干部、支前群众，他们深刻明白为什么而战和为谁而战、为谁牺牲和为谁工作，从而焕发出极大的战斗热情和工

作热情。无论在前方还是在后方，他们冲锋陷阵，不怕牺牲，前赴后继，忘我工作，涌现出一批批战斗英雄、优秀党员、支前模范，有3万多革命先烈献出了宝贵生命。正是这种不忘初心、坚守理想信念、为民族独立和人民解放而战斗的精神，汇聚成人民军队战胜拥有精良美式武器装备的强敌的排山倒海的力量，摧枯拉朽，横扫千军如卷席，取得淮海战役歼敌5个兵团和1个绥靖区部队共55万多人的巨大胜利，极大加速了解放战争胜利进程。

不为强敌和困难所阻，敢于挑战和战胜一切强敌与困难的大无畏精神

人民解放军发起的三大战役中，淮海战役是唯一参战兵力处于劣势的大决战，无论在军队员额还是在武器装备方面，淮海战役都堪称是一场以弱胜强的硬仗。战前，国民党四大兵团和三个绥靖区共60万大军以徐州“剿总”总司令刘峙为首，以徐州为中心，集结于徐州以南津浦线和砀山以东陇海路周围，形成“一点两线”态势，加上后来从华中赶来增援的黄维兵团等，国民党军的总兵力达到80万。这一部署的特点是一点两线、重兵密集、便于机动、增援迅速，阻止人民解放军南下以屏障南京。国民党军五大兵团拥有飞机、大炮、坦克等现代化作战武器，还有全副美式武器装备的第五军、第十八军两大王牌军。人民解放军参战的部队只有华野16个纵队、中野7个纵队，加上华东、中原军区和华北军区所属冀鲁豫军区的地方武装，总计60余万人。人民解放军华东、中原两大野战军虽有攻克济南、郑州、开封的作战经历，但在武器装备和兵员数量上则处于绝对劣势。战力远超解放

军、武器装备精良、重兵密集部署的国民党军，能不能战、敢不敢战是对解放军统帅和全体将士的严峻考验。中共中央、中央军委和两大野战军将士不为强敌与困难所阻，以敢于挑战与战胜一切强敌的大无畏精神发起淮海战役大决战，表现出了非凡的胆略气魄和巨大革命勇气。曾经担任华东野战军参谋长的张震说，毛泽东同志曾指出，淮海战役打得好，好比一锅夹生饭，还没有完全煮熟，硬是被你们一口一口吃掉了。

人民解放军在淮海战役中所表现出的敢于挑战和战胜一切强敌与困难的大无畏精神，源自于解放战争的正义性质，源自于中国共产党领导的人民军队的特殊本质，源自于人民军队所担负的使命任务，源自于人民军队高超的战略战术。

早在解放战争爆发初期，毛泽东在与美国记者安娜·路易斯·斯特朗谈话时就明确指出："一切反动派都是纸老虎。看起来，反动派的样子是可怕的，但实际上没有什么了不起的力量。从长远的观点看问题，真正强大的力量不是属于反动派，而是属于人民。""反动派总有一天要失败，我们总有一天要胜利。这原因不是别的，就在于反动派代表反动，而我们代表进步。"在1947年人民解放军转入战略反攻后，毛泽东再次强调不要惧怕蒋介石军事力量的暂时优势，他指出："蒋介石军事力量的优势，只是暂时的现象，只是临时起作用的因素；美国帝国主义的援助，也只是临时起作用的因素；蒋介石战争的反人民性质，人心向背，则是经常起作用的因素；在这方面，人民解放军则占着优势。人民解放军的战争所具有的爱国的正义的革命的性质，必然要获得全国人民的拥护。"毛泽东的这些论述，穿透事物的现象揭示了战争的性质与规律，体现了在战略层面对美蒋反动势力的藐视和敢于战而胜之的宏大气魄。

人民解放军作为正义之师，在中央军委和总前委集中统一指挥下，两大野战军紧密配合、互相支援、不计局部得失、勇挑重担、顾全大局，发挥了两军联合作战一加一大于二的巨大威力。同时，人民解放军在每一阶段的作战中始终坚持集中优势兵力打歼灭战的原则，集中数倍于敌人的力量，对敌人进行分割包围，在阻敌增援的情况下专打其一部，形成了战役战场的局部力量优势。

淮海战役中，人民解放军广大官兵不畏强敌、不怕牺牲、不怕疲劳、连续作战、奋勇杀敌、前赴后继，表现出大无畏的革命英雄主义气概。在阻止邱清泉和李弥兵团解围黄百韬兵团的作战中，解放军指战员抱定"人在阵地在"的信念，以劣势兵力顽强抗击了数倍敌人一波又一波的攻击。在激烈战斗中，营长牺牲了由连长指挥，连长牺牲了由排长指挥，排长牺牲了由战士顶上，许多部队的营、连、排级干部换了一茬又一茬。为夺取围歼黄百韬兵团作战的胜利，解放军战士发扬一不怕苦、二不怕死的战斗精神，奋不顾身跳入冰冷刺骨的河流，用血肉之躯搭起部队渡河作战的浮桥。

一切为了人民、紧紧依靠人民的"以人民为中心"的精神

解放军是人民的子弟兵，全心全意为人民服务是中国共产党和人民军队的根本宗旨。中国共产党及其领导的人民军队所做的一切工作都是为人民谋利益，因而，在长期的革命斗争中形成了生死相依的军民鱼水关系。中国共产党及其领导的人民军队之所

以能够由小到大、以弱胜强，就是因为始终坚持密切联系人民群众的路线。一切为了人民，一切依靠人民，是中国共产党和人民军队的最大政治优势与力量源泉。这种生死相依的军民鱼水关系在整个解放战争特别是在淮海战役中得到了充分体现。

农民是近代中国社会的主要组成部分，土地则是广大农民的根本利益；一切为了人民群众，首先就要满足广大农民对获得土地的迫切愿望。在国民党挑起全面内战前的1946年5月，中共中央就果断发出了《关于清算减租及土地问题的指示》（即《五四指示》），决定将抗日战争以来实行的减租减息政策，改变为实现“耕者有其田”的政策，揭开了解放区轰轰烈烈的土地改革运动的序幕。1947年10月，中共中央又公布《中国土地法大纲》，补充规定“没收地主的一切土地和财产，征收富农的多余土地和财产，按人口平均分配”，同时还规定“保护工商业者的财产及其合法的经营不受侵犯”，这些都赢得了广大农民的积极拥护。

为了切实维护群众利益和密切军民关系，1947年10月10日，由毛泽东起草发布的《中国人民解放军宣言》强调指出：“本军是中国人民的军队，一切以中国人民的意志为意志。”“必须提高纪律性，坚决执行命令，执行政策，执行三大纪律八项注意，军民一致，军政一致，官兵一致，全军一致，不允许任何破坏纪律的现象存在。”同日，中国人民解放军总部发布了《关于重行颁布三大纪律八项注意的训令》。在淮海战役中，无论中原野战军还是华东野战军，广大指战员都严格遵守铁的纪律，不拿群众“一针一线”，战士们每到一地，都要深入农家问寒问暖，主动帮助群众打扫院落、挑水、治病、维修房屋等，时时处处为人民着想，切实维护群众利益。

只要心中装着人民，人民就会在心中记着你、热爱你、支持你。获得翻身解放的广大人民群众，为了保卫革命胜利果实，踊跃参军支前。淮海战役期间，广大人民把支前当成自己的事业，家家户户齐动员，男女老少忙支前。他们或者积极送子弟、丈夫参军，或者踊跃为解放军带路、传递情报，或者在极其艰苦的条件下，克服困难，昼夜不停地为前方加工军粮、赶做军鞋、生产军需物资，一切为了前线，一切为了胜利。

在淮海战役中，共有来自鲁、苏、豫、皖、冀 5 省 225 万民工加入支前大军，军队和民工的比例达到一兵一民、一兵二民，甚至一兵三民。百万民工日夜奋战在千里支前运输线上，他（她）们推着小车，赶着骡马，将解放军急需的粮食、弹药、衣物等物资源源不断地送往前线，他（她）们像对待自己的亲人一样日夜救助转运伤员。陈毅元帅曾深有感触地说，淮海战役的胜利，是人民群众用小车推出来的。

淮海战役的胜利是人民的胜利，是中国共产党群众路线的胜利。始终坚持一切为了人民、紧紧依靠人民的“以人民为中心”的信念与精神，就无往而不胜，这是淮海战役留给我们的重要启示和宝贵精神财富。

（本文原载 2019 年 3 月《江苏师范大学学报（哲学社会科学版）》第 45 卷第 2 期。作者单位：江苏师范大学马克思主义学院）

“小推车精神”的内涵及其当代价值

郜　快

在淮海战役中，广大人民群众在中国共产党的领导下，全面动员、全民动员、全力以赴支援淮海战役，孕育形成了伟大的“小推车精神”。“小推车精神”是党的群众路线在淮海战役中的生动实践，是党的宗旨主张与人民群众的期盼要求高度统一的智慧结晶，是推动革命取得胜利的强大动力。“小推车精神”是中国共产党在新民主主义革命时期，领导人民群众创造的革命精神的重要组成部分，在革命历史时期发挥了重要作用，在中国特色社会主义新时代仍然具有重要的现实价值。

“小推车精神”产生的背景

由于国民党政府及其领导下的军队代表的是大地主、大资产阶级的利益，极力维护本阶级的私利，以致民不聊生，丧失了人民的支持。而中国共产党及其领导下的军队代表中国广大劳动人民群众的利益，因而得到了广大人民群众的大力支持。特别是解放区广大人民群众在共产党的领导下进行土地改革，初步尝到了胜利果实，农民分得了土地和财产，工农业生产得到了恢复，人民生活蒸蒸日上，政治上也翻了身，当家做了主人。在这种情况下，他们不愿意已经到手的胜利果实再被夺去，不愿意再遭受国民党军队的暴行，迫切希望解放军能打赢这场战争。

人民群众清楚地知道：没有战争的胜利，也就没有自己的一切；战争胜利了，不光有房子粮食，日子还会越过越好。由于战争的正义性，军民团结一心，以忘我的热情、团结一致的步调与敌人展开斗争，争取战争的胜利。他们把自己的命运和战争的胜负紧紧连在一起，用实际行动全力支持战争。这是淮海战役能得到广大人民群众支持的最重要原因。

“小推车精神”的内涵

在党领导人民的淮海战役支前实践中，不断孕育形成了伟大的“小推车精神”。由于“小推车精神”内涵丰富，可以有多种表述，目前还没有完全定论。根据我们多年的研究，现尝试着将其内涵概括为：勇往直前、信念坚定的革命精神，顾全大局、服务胜利的奉献精神，排除万难、舍生忘死的牺牲精神。

（一）勇往直前、信念坚定的革命精神。淮海战役期间，淮北地区人民在党的领导下组织担架队，始终跟随部队抢救伤员。担架队员视伤员如亲人，冒枪林弹雨，顶风雪严寒，奔波在转运线上。宿西县（即今淮北市濉溪县）雁鸣区担架队随中原野战军第三纵队某团火线转运伤员，随时补充队员和担架，始终保持93副执行任务，直到战役结束，受到嘉奖。宿怀县两县区（现为淮北市濉溪县双堆集镇）60多副担架在谢子言的带领下，跟随豫皖苏军区独立旅活动，从阻击刘汝明兵团到歼灭黄维兵团，多次遭敌机、敌炮轰炸，无所畏惧。双堆集歼灭战大王庄之战，部队伤亡严重，队员们从废墟中救出伤员，抬到渡口及时送往后方医院。白天敌机对渡口封锁严密，在渡口上空来回盘旋扔炸弹，队员们冒着生命危险，利用敌机转弯的片刻空隙，穿梭往返渡口百余次，终于完成任务。

为了及时把粮面、军衣、军鞋送到前方，淮北人民还掀起了送物资热潮。在前线因牛、马车目标大，不好照看，就用手推小车和人力背运。是年天下大雪，车辆难行，就发动群众挑、扛、抬，赶送军粮，日日夜夜，风雨无阻。送粮队伍中有的民工的鞋湿结冰，有的磨掉了鞋底，就光穿袜子在雪地上行走，有的干脆把棉裤筒卷起来，用带子扎上赤脚走，脚被冰碴扎烂直流血。在运粮路上经常可以看见洒在冰雪上一滴一滴殷红的鲜血。千万双脚踏出来的雪地上，形成了一条条斩不断的“钢铁运输线”。

（二）顾全大局、服务胜利的奉献精神。淮海战役是由中原和华东两个野战军和华东、中原、华北地方武装共同进行的一次大规模协同作战。它是三大战役中唯一一次以少胜多的战役。要取得战役的胜利，必须实行人民战争，取得人民群众的支持。在浩浩荡荡的支前人流里，有着各种打扮、讲着各种乡音的人们推着小车、驾着牛车、赶着毛驴，按照战役的需求组成了一支强大的支前队伍。后方的人民群众将解放军看作是自己的子弟兵，节衣缩食支援前线。有的无偿提供车辆参加支前；有的把自己的银圆借给政府；有的自动把房子拆了，把横梁、门板送给部队做工事；有的把很少的一点点存粮，甚至是仅有的一点谷种拿来供部队食用。

淮海战役第二、第三阶段，由于部队的调动、参战人员的剧增、战场的移动和扩大，山东、华中等地区所筹集的粮食，距离需要位置很远，一时接应不上。鉴于以上情况，11 月 22 日，总前委立即命令豫皖苏分局就地筹集 1 亿至 1.5 亿斤粮食供应作战部队和民工。豫皖苏人民迅速行动起来，全区筹粮达3亿余斤，超额完成了1倍以上；并组织担架10万多副、小车1.8万多辆，出动民工200万人以上。1949年1月1日《中原日报》载文称赞："豫皖苏人民贡献宏伟。"

刚解放不久的萧宿县（后撤销，现大部分属淮北市）仅有人口21万，在短短的20天中，就筹面粉25万斤、杂粮15万斤、油料8万斤、柴草50万斤、棺木1000口，出动担架2600副、大小车2500辆、人力18200人、牲口1500头，10人中就有1人上前方。为了把伤员及时转运到后方医院，淮北地区共设立20多处转运站和五六个临时医院。转运站的工作人员对伤员也同样关怀备至，热情照顾。宿蒙县白沙（现属淮北市濉溪县五沟镇）转运站22名服务人员，每天接收、转运伤员百余人。他们热情服务，为伤员端茶喂饭、擦洗伤口，收到50多封表扬信。转运伤员经过的沿途村庄都设有服务点，群众捧茶送饭、热情慰问，充分体现了淮北人民对人民解放军的深情厚谊。人民群众的顾全大局、无私奉献，是淮海战役胜利的根本保证。

（三）排除万难、舍生忘死的牺牲精神。在前线抢救伤员时，民工们冒着敌军的枪林弹雨和敌机的轰炸扫射，快抢快运，涌现出很多英雄人物和可歌可泣的事迹。宿怀县两县区农民董万仲参加了担架队，临出发前一天，母亲不幸病逝，领导让他留下，办理丧事。他却表示："母亲丧事是小事，支前才是革命大事；没有共产党就没有咱们穷人的今天，我一定得上前线！"当晚他草草掩埋了母亲，毅然奔赴前线。此后，他率领担架队共赴战壕1201次，抢救伤员856人，抢运牺牲战士355人。为此，他受到中共宿怀县委的通报表扬，在火线上光荣地加入了中国共产党。

在双堆集战场小马庄火线，因双方炮火猛烈，担架队员站立就会中弹。白沙区担架队队长祝永宽带着80副担架，队员们匍匐前进，把伤员轻驮在背上，再爬回离前沿1里多路的团指挥所，往返多次救出全部伤员。转运中，队员们把棉衣脱给伤员盖。有的担架队员在敌机空袭时，奋不顾身，扑在伤员身上掩护伤员，献出了自己的生命。宿西县小张庄担架队舍生忘死抢救伤员，有3人牺牲。据不完全统计，仅豫皖苏三分区就有100余名民工牺牲在战场上。在党的领导和人民群众的全力支援下，60万人民解放军和地方武装，经过66天的浴血奋战，打败了国民党80万正规军，歼敌55.5万人，创造了世界军事史上的奇迹。

“小推车精神”的历史启示

2017年12月，习近平总书记在参观徐州淮海战役纪念馆时深有感触地说：“革命胜利来之不易，靠有革命英雄主义精神的一大批将帅之才和战斗英雄，更靠人民的支持和奉献。淮海战役就是小推车推出来的胜利。我们要好好回报人民，让人民过上幸福美好的生活。”2020年8月19日，习近平总书记视察安徽期间参观渡江战役纪念馆时，指出：“淮海战役的胜利是靠老百姓用小车推出来的，渡江战役的胜利是靠老百姓用小船划出来的。任何时候我们都要不忘初心、牢记使命，都不能忘了人民这个根，永远做忠诚的人民服务员。”重温“小推车精神”，可以使我们得到许多有益的启示。

第一，坚定信念跟党走，就能取得胜利。淮海战役的胜利，是坚决执行中央军委战略方针的胜利，是参战各部队团结协作的胜利，是广大指战员不怕牺牲、英勇战斗的胜利，也是人民群众支援前线的胜利。广大人民群众在党的号召领导下，不惜一切奋勇支前，党指挥到哪里，小推车就推到哪里。新时期要紧密团结在以习近平同志为核心的党中央周围，坚决维护党中央权威和集中统一领导，不忘初心，牢记使命，敢于担当，为党和人民的事业无私奉献、艰苦奋斗。

第二，民心向背决定着战争的胜负。据国民党十八军军长杨伯涛回忆，他在被俘后押往后方的路上，惊讶地发现好像到了另一个世界：以前经过这些地方时，门户紧闭，村镇静寂，现在却是车水马龙，熙熙攘攘。更让他不可思议的是，一辆辆大车满载猪肉，而他前不久通过这里时却连一头猪都没看到。他说："十八军的失败，非战之罪，是因为反共反人民，在人民群众的大海里淹没了。"在人民群众的支援下，我前线部队吃得饱，穿得暖。与我军相比，国民党军的处境却极其悲惨。在双堆集空投场上，国民党官兵如饿犬争食，自相残杀，为了争一包食物，饿急的国民党军持枪争夺。国民党军士兵士气低落，整排整连地投降我军。

第三，人民群众是我们的力量源泉和胜利之本。正是广大人民群众以高度的政治热情和自觉行动，从人力、物力、精神等方面全力支持，才有了淮海战役的伟大胜利。淮海战役的胜利进一步印证了人民群众是历史的创造者，是物质财富和精神财富的创造者，是推动社会历史前进的决定力量这一真理。我们党遵循这一基本原理，深深地植根于人民群众之中，在长期革命实践中形成了密切联系群众的最大优势，从而获得了取之不尽、用之不竭的力量源泉。在新时代，人民群众是实现中华民族伟大复兴的主力军。我们只有密切联系群众，坚持以人民为中心的发展导向，把人民对美好生活的向往作为我们的奋斗目标，才能团结和带领亿万人民，把党的路线方针政策变成人民群众的自觉行动，不断把中国特色社会主义伟大事业推向前进。

第四，紧紧依靠群众，才能取得事业的成功。在70多年前这场关系中国前途命运的大决战中，能否做好后勤保障工作，是夺取胜利的一个至关重要的问题。淮海战场相邻的地区，很多是刚刚解放的新区，交通工具简陋，要完成几千万吨物资的运送和伤员的救护，任务是何等艰巨。当时的战勤机关、各级的党组织坚定地相信群众，紧紧依靠群众，迅速组织起500多万人的支前大军，用小推车推出了淮海战役的伟大胜利。历史反复证明，“从群众中来，到群众中去”的群众路线过去是、现在是、将来仍然是我们共产党人最基本的工作方法。只要我们坚定地相信群众，紧紧地依靠群众，尊重群众的首创精神，发挥群众的积极性、主动性，不论什么困难都能克服、什么敌人都能战胜。

新时代如何弘扬“小推车精神”

在中国特色社会主义新时代，“小推车精神”仍然具有重要的现实价值。坚持弘扬“小推车精神”，是中国共产党人不忘初心、牢记使命，永葆党的先进性、纯洁性的本质需要，是践行党的群众路线，团结带领广大人民群众不断开创中国特色社会主义事业新局面，实现中华民族伟大复兴的时代要求。弘扬“小推车精神”，对于唤起广大群众的历史自豪感，凝聚人民群众的智慧力量，奋力推进中华民族伟大复兴的中国梦，都具有十分重要的历史和现实意义。

第一，弘扬“小推车精神”，就是要始终践行党的初心、使命。“小推车精神”生成的过程，也是中国共产党践行初心和使命的奋斗历程。回顾其生成过程可以看出，一方面广大人民对党和人民军队的深情厚谊铸就了辉煌历史；另一方面为什么广大人民坚定地跟党走，无私奉献，最根本的就是党始终把人民利益放在第一位，为人民谋幸福。中国共产党和党领导下的人民军队，始终恪守全心全意为人民服务的根本宗旨，一切为了人民，一切依靠人民，一切服务于人民，与人民群众一道缔造了唇齿相依的党群关系和鱼水情深的军民关系，共同熔铸了“小推车精神”。身体力行，始终践行党的初心和使命，就是对“小推车精神”最好的传承和弘扬，也是让“小推车精神”焕发活力、助力新时代中国特色社会主义建设的根本路径。

第二，弘扬“小推车精神”，就是要弘扬无私奉献的精神。无私奉献的精神，概括了人民顾全大局、公而忘私、自我牺牲、勇于奉献的价值取向，这是“小推车精神”的核心。战争年代，广大人民为了建立新中国，不怕牺牲，留下了彪炳千秋的英雄事迹。新的历史时期，弘扬“小推车精神”，就是要弘扬无私奉献的精神。广大党员干部要努力提高自身素质，树立无私奉献观念，树立正确的权力观、地位观、利益观，把个人理想追求同建设社会主义现代化强国的伟大事业紧密结合起来，时刻把群众的利益放在心上，想群众之所想，急群众之所急。

第三，弘扬“小推车精神”，就是要始终保持与人民群众的血肉联系。在淮海战役中，党关爱群众，群众跟党走，党心民心紧紧相连，化作无穷力量，赢得了战役胜利。党的根基在人民、血脉在人民、力量在人民，党和群众时刻不可分离、不能割裂。新时代坚持和发展中国特色社会主义，必然要坚持群众路线，每个共产党员必须始终牢记人民公仆身份，把实现好、维护好、发展好最广大人民的根本利益作为一切工作的出发点和落脚点，全心全意服务群众，把群众的安危冷暖时刻放在心上，始终密切党与人民群众的血肉联系，唯有如此，党的执政地位和基础才能不断巩固，党领导的事业才能攻坚克难，无往而不胜。

第四，弘扬“小推车精神”，就是要维护、实现好广大人民群众的根本利益。新时代，我国社会的主要矛盾已经转化为人民日益增长的美好生活需要和不平衡不充分的发展之间的矛盾。人民群众期盼有更好的教育、更稳定的工作、更满意的收入、更可靠的社会保障、更高水平的医疗卫生服务、更舒适的居住条件、更优美的环境、更丰富的精神文化生活。习近平总书记指出：“人民对美好生活的向往，就是我们的奋斗目标。”顺应人民对美好生活的向往，就要紧紧抓住并着力解决好这个主要矛盾，从人民群众最关心、最直接、最现实的利益权益问题入手，真心实意为群众谋利益，扎扎实实为群众办实事、办好事，使人民获得感、幸福感、安全感更加充实、更有保障、更可持续。

（原载中国文史出版社2022年版《小推车推出来的胜利——淮海战役支前纪实》。作者单位：安徽省淮北市委党史和地方志研究室）

从民心到民力：淮海战役人民支前的启示

贾　萍

淮海战役战场跨越苏鲁豫皖四省，运输线长数千公里，作战时间历经秋冬两季66天，两大野战军跨战区联合作战，战役规模巨大，参战部队加上民工人数最多时达150万人，支前任务艰巨而复杂。如何统筹各地支前工作，组织动员人民群众支援前线？历史表明：淮海战役的胜利取决于凝聚民力、赢得民心。

尊重人民主体地位，凝聚民力

人民群众的全力支援，是淮海战役取得胜利的根本保证。战前，华东、华北、中原三大解放区所属八大行政区纷纷建立健全支前后勤机构，颁发紧急动员令，号召人民群众全力以赴支援前线。根据参战部队高度集中、战区辽阔、地形复杂、物资消耗巨大、伤员转运任务繁重、运输工具落后等情况，分析了可能出现的情况，就民力动员、粮草筹集、弹药储备、伤病员转运等做出具体部署。战役发起后，党中央、毛主席指示，华东、华北、中原三方面应用全力保证我军的供给。参战兵力快速增长，补给线迅速延长，各级支前机构及时采取措施，加大全民动员力度，调整供应部署，紧急调拨物资，抢修交通干线，延伸运输路线，增设兵站、粮站、民站和转运站，增调民工。

广大解放区人民在“一切为了前线，一切为了胜利”的精神指导下，积极响应党的号召，竭尽全力，支援前线。大规模的群众性支前运动，在东起黄海、西至豫西、北自渤海、南达长江北岸，纵横两三千公里、9000 多万人口的广大地区轰轰烈烈地展开。据不完全统计，淮海战役中，共组织支前民工 543 万、大小车 88.1 万辆、担架 20.6 万副、挑子 30.5 万副，完成筹集粮食 9.6 亿斤、运输物资数百万吨、转送伤员近 10 万人的艰巨任务，创造了世界战勤史上以分散、落后的农村经济支援大规模战略决战的奇迹，显示了人民战争的巨大伟力。

淮海战役的胜利是人民的胜利，它充分证明：人民是创造历史的决定力量，是实践活动的主体，必须尊重人民的主体地位，充分调动人民群众的积极性，从思想深处解决“依靠谁”的问题。

秉承群众利益至上，赢得民心

淮海战役时，战事再紧急、经费再紧张，各级党组织始终以群众利益为最大利益，切实保护群众切身利益，用心用情用力为群众办实事。

战前，解放区进行了土地改革运动，广大贫雇农获得了相当于平均水平的土地和其他生产、生活资料。山东解放区 2000 多万贫苦农民分得了近 3000 万亩土地，革命积极性和生产热情空前高涨，迎来了 1948 年秋季大丰收，为支援淮海战役奠定了坚实的物质基础和民心基础。各级党组织紧紧围绕完成支前任务和解决群众实际问题，制定了一系列兼顾支前和生产、保障部队作战和群众切身利益的制度和措施。明确规定了转送伤员、运输物资、医院看护、洗血衣等的支付标准。运输物资中，不仅按定人定畜定运量的方法给以报酬，超额完成部分还按比例予以奖励。同时，实行“耕战互助”方针，开展代耕代种活动，解决民工出工后的土地耕种问题；建立民站制度，保障民工行进途中的食宿、医疗救治和工具维修；设立托儿所，妥善看护外出民工子女；组织前后方写信活动，抚慰民工心理，巩固民工队伍。

在保障群众物质利益的同时，我们党始终坚持“一面战争，一面建设”的方针，建立健全政治教育机构，强化群众政治工作。淮海战役适应新的形势要求，特别强调与重视民工中的政治工作，提出“把民工队当成学校办”的口号，开展了自上而下有组织有计划的领导。民工政治工作主要包括：政治教育。教育内容极其丰富，学习读本从《目前形势和我们的任务》《论共产党员的修养》《支部工作六讲》等政治读本，到怎样抬担架、怎样烧大米饭和常见病的预防等业务读本，到《淮海民工故事》等先进事迹材料，涵盖了思想、业务、文化、生活和精神的各方面。教育形式也多种多样，主要是组织学习、制发口号、宣传报道和组织写信等。党的建设。建立健全民工连队的支部组织，在支部周围成立评功、锄保、生活、文娱等群众组织，大力培养积极分子、发展党员、培养干部。开展教育活动。颁布支前奖惩条例，依据民工队具体情况制定立功条件，开展评功检过和奖功庆功活动；开展“军爱民、民拥军”的拥军爱民运动，巩固军民关系，提高新区人民对党的认识，开创新区工作的新局面；开展文娱活动，成立民工俱乐部，把党的政治教育和号召编成快板、顺口溜、担架诗等，运用民工喜闻乐见的娱乐形式开展教育。群众拥护并自编歌谣传唱道：“土地回家乐洋洋，有田有屋又有粮，翻身不忘共产党，领导穷人把家当，当家得把学来上，好叫眼睛开开光。”“提高文化是正道，彻底翻身有保证。”在群众看来，共产党人带领他们走的是正道，正道上的先进力量吸引着他们紧紧相随。

水乳交融，与群众同甘苦共命运

群众看党好不好，一看党的政策好不好，二看身边的党员好不好。淮海战役时，广大党员干部扎根群众，调研了解群众想法，收集群众意见，制定了一系列科学、合理、务实的制度和规定。淮海战役时，除三大纪律八项注意外，制定了规范干部工作职责、经费使用、评先奖惩、提拔任用等制度。强化制度建设，确保党员干部的良好形象和先进性、纯洁性。

民力负担制度中明确了“干部党员同样要负担战勤”，对于工作繁重的干部，要“经群众民主评议后，可免除战勤负担”，“干部、党员，应起模范带头作用，如有发现干部、党员中，为包庇亲戚好友而使战勤负担分配不公，给予严格的批评与纠正”，干部中“非脱离生产者，其待遇与常备民工共同”。粮食征收中，对军、工、烈属，鳏、寡、孤、独者，对出租的土地，人不在解放区、地在解放区，对受灾、歉收等各种可能出现的情况做出了详细的规定，甚至还针对土地肥沃程度制定了相应的征收标准。办公经费中对墨水、纸张、油灯、火柴等的使用数量进行了详细规定。评功论奖时，区分干部和一般支前群众的立功标准，奖惩条例中将能否带领团结群众、不徇私情、认真执行制度、按时公开账目以及工作是否能够创新列为干部立功标准。对干部的提拔和使用，强调培养和提拔相结合，规定要“通过立功运动，发现积极分子，有计划地经民选到各种组织领导中去，在工作过程中提高其觉悟与能力，培养成为基层干部”。有了这些制度和规定，群众对干部的工作职责和权力等一目了然，利于监督。支前过程中，党员干部坚持宗旨，严守制度规定。领导干部和群众同吃同住同劳动，随时听取群众意见，军民干群一家亲、党心民心水乳交融的情景十分动人。如豫西军区支前司令部政委李一清所说：“尽管群众生活很苦，但是他们看到共产党和共产党领导的军队、党政干部和他们一样，同甘苦，共命运，因此，大家的革命意志是最坚强的，斗争情绪是高昂的。”

人民支援淮海战役的伟大壮举已被载入史册。战争年代，广大党员干部坚持理想信念，用心用情用力赢得群众的支持，并带领群众完成民族解放大业，这是历史留给我们的宝贵财富。今天，我们要深入学习和发扬革命先辈的优良传统和工作作风，创新群众工作的方法，切实走好新时代的群众路线，为实现中华民族伟大复兴而不懈奋斗。

（本文原载2021年《群众》第18期。作者单位：淮海战役烈士纪念塔管理中心）

一种不同寻常的精神境界

——王杰精神述评

赵秋丽　章　文

50多年前的那个夏日，江苏省徐州市邳县（今邳州市）张楼公社的一声巨响，年轻的战士王杰毅然扑向意外爆炸的炸药包，以血肉之躯护住了在场的11名民兵和1名人武干部，献出了自己23岁的宝贵生命。根据他生前愿望，所在部队党委追认他为中国共产党党员。

人们在整理这位年轻士兵的遗物时，发现了10多万字的日记——“我们要一不怕苦、二不怕死，做一个大无畏的人”“为了党，我不怕进刀山入火海；为了党，哪怕粉身碎骨也甘心情愿”……日记中记录的每一行字，都在诉说着他那不同寻常的精神境界——“一心为革命”的理想信念、“两不怕”的革命精神、“三不伸手”的高尚情操和“四个自问”的人生境界。

2017年12月13日，习近平总书记在看望陆军第七十一集团军某旅王杰生前所在连队官兵时强调：“王杰精神过去是、现在是、将来永远是我们的宝贵精神财富，要学习践行王杰精神，让王杰精神绽放新的时代光芒。”

根植于中华大地优秀传统文化的热土，在毛泽东思想哺育下，在社会主义建设的革命实践中形成的王杰精神，自诞生以来，一直闪耀着理想信念的光辉，进入新时代，仍彰显着强大的精神力量。

“一心为革命”，把一切献给祖国

> 一个人生活在世界上，活要活得有意义，死要死得有价值。活在世上不能碌碌无为、虚度年华，要像黄继光、董存瑞、雷锋、钱正康那样，把自己的一切甚至生命献给祖国，献给人类最壮丽的事业——共产主义。
>
> ——王杰日记

王杰的一生是短暂的，然而直到今天，人们仍震撼于王杰那舍己为人的钢铁意志。中华民族“舍生取义”的精神传承，在王杰身上得到了充分体现和升华。

王杰是“生在旧社会，长在红旗下”的一代，从小爱看英雄画册，听老一辈讲“黄继光堵枪眼”和“罗盛教冰窟窿里救朝鲜儿童”等英雄故事，内心充满了从军的向往。

教过王杰的老师回忆，在一次初中毕业班会上，王杰曾这样谈及自己的理想：“革命的需要就是我的志愿，服从祖国的需要是我最大的快乐。”

1961 年，当王杰看到美蒋叫嚣反攻大陆的消息后，内心久久不能平静。这年 8 月，王杰放弃了读高中的机会，应征入伍，被分配到当时的济南军区装甲师某部工兵营一连六班。

来到连队，戴上崭新的帽徽领章，王杰高兴地问指导员：“我现在是个革命战士了吧？”指导员说：“外表上是像了，但要成为一个真正的革命战士必须好好改造思想，学好毛主席著作。”这为王杰的思想提升打开了一扇大门。

政治坚定源于理论清醒。第一次领到津贴费后，王杰立即就去买了毛主席著作，夜以继日地学习。在训练和劳动的间歇，战友们经常看到的一个场景就是王杰拿着书静静地读着。

“王杰生前始终坚持用党的理论武装头脑，如饥似渴学习毛主席著作，这是他‘一心为革命’理想信念的思想基石。”国防科技大学文理学院教授刘祖爱说。对于一名解放军战士来说，最锐利的武器不是钢枪，而是铁一般的信念和意志。

时代所需要的英雄，不仅是那些成就惊天伟业之人，还包括那些怀抱崇高信仰，默默无闻为人民谋幸福、为民族谋复兴而奋斗终生的人。

进入新时代，“一心为革命”的理想信念仍然熠熠生辉——“王杰精神像一座灯塔照耀着我们的心灵。”“我们要时刻以王杰为榜样，追逐王杰的足迹，坚定信念跟党走。”2012 年 12 月，江苏徐州云龙公安分局铜山派出所正式更名为“王杰派出所”，这是全国第一家以英雄名字命名的派出所。

薪火相传，历久弥新。如今，在全国各地，王杰广场、王杰中学、王杰示范岗、王杰式先进人物如雨后春笋涌现，处处可见王杰精神的延续。

“一不怕苦、二不怕死”，传承弘扬战斗精神

我们要一不怕苦、二不怕死，做一个大无畏的人。为了党，我不怕进刀山入火海；为了党，哪怕粉身碎骨我也甘心情愿。

——王杰日记

在50多年前的一次军事斗争准备中，王杰纵身一跃，保护了在场的民兵和人武干部，定格了一份不朽的精神财富。当年在听取关于王杰事迹的汇报后，毛泽东主席指出：我赞成这样的提法，叫作“一不怕苦、二不怕死”。就这样，“一不怕苦、二不怕死”成为王杰精神的高度概括。

如今，王杰同志生前所在连队门前广场上，矗立着王杰半身铜像，毛泽东主席题写的“一不怕苦、二不怕死”8个红色大字熠熠生辉。王杰是伟大的共产主义战士。他用生命践行的“一不怕苦、二不怕死”精神早已深深烙印在一代代官兵的灵魂深处。

1965年11月27日，王杰牺牲4个多月后，他生前所在班被国防部命名为“王杰班”；2015年，王杰牺牲50周年之际，他生前所在连队被原南京军区授予“弘扬‘两不怕’精神模范连”荣誉称号。

英雄离开了这个集体，可他的精神从未离开过。多年来，这样的场景从未中断：连队每天晚点名都第一个呼点“王杰”，每周都安排一天作为“学习王杰日”。

进入新时代，习近平总书记指出，敢于斗争、敢于胜利，一不怕苦、二不怕死，是人民军队血性胆魄的生动写照。官兵们深入贯彻落实习近平新时代中国特色社会主义思想和习近平强军思想，始终把弘扬优良传统、当好王杰传人作为军旅人生的必修课。

在祖国最需要的地方，总有王杰式英雄。

年逾八旬的中国工程院院士、陆军工程大学教授钱七虎，亲身参与并见证了我国防护工程研究与建设的全过程，把一生献给了“顶住敌人来犯的风险和压力，保卫祖国的每一寸土地”这项伟大的事业，为国家铸就了“地下钢铁长城”。

“飞行不仅是勇敢者的事业，更是我的使命所系、价值所在！”海军某舰载航空兵部队原一级飞行员张超，在2016年进行一次飞行训练时，战机突发电传故障，危急关头，为尽最大可能保住战机，他不幸壮烈牺牲。

“王杰精神将助力中华儿女在中华民族伟大复兴的路上一往无前，义无反顾，砥砺前行。”国防大学政治学院教授陈岸然表示，时值实现中华民族伟大复兴的关键时期，面对外部势力的阻挠、干预，没有“一不怕苦、二不怕死”的精神，是不可能完成民族复兴这样的壮举的。

“三不伸手”，将无私奉献融入人生底色

牢记：在荣誉上不伸手，在待遇上不伸手，在物质上不伸手。学好人好事，做好人好事。

——王杰日记

在山东省金乡县王杰村王杰纪念馆，一座苍松翠柏环绕的院落内，一尊3米多高的白色人物雕塑肃穆矗立。雕塑后的展厅内，安放着雕塑原型——王杰的照片、日记、生活用品等遗物。据纪念馆工作人员介绍，王杰在物质生活方面非常俭朴，每月津贴仅花1元。王杰牺牲后，战友们从他的遗物中找到了一个小口袋，里面装满了牙膏皮，他生前收集这些废品，换成钱给连队买理论学习书籍。

无论时代怎样变迁，王杰的“三不伸手”精神始终闪闪发

光。习近平总书记在王杰生前所在连队视察时指出："王杰'在荣誉上不伸手，在待遇上不伸手，在物质上不伸手'，这'三不伸手'是一面镜子，共产党员都要好好照照这面镜子。"

"王杰的言行和品质是共产党员学习的楷模，'三不伸手'集中体现了共产党人的格局和境界，彰显了共产党人永葆本色、不断奉献的精神。"刘祖爱表示，王杰"三不伸手"精神，过去是、现在是、将来永远是我们必须牢记并传承的宝贵精神财富。

模范共产党员、援藏干部孔繁森生前为扶贫济困倾尽全力，将工资中的大部分用来帮助有困难的群众，一家人生活十分清贫。他因车祸殉职后，人们在他的遗体上找到的现金只有 8.6 元钱。云南省丽江华坪女子高级中学校长张桂梅扎根贫困地区 40 余年，拖着病体忘我工作，为教育事业奉献一切，创办了全国第一所全免费女子高中，帮助 1800 多名贫困山区女孩圆梦大学。老英雄张富清在祖国需要时冲锋陷阵、九死一生，但在和平时期他选择深藏功名、默默奉献，对子女只字不提自己的英雄事迹，即使生活过得并不宽裕，他也从没向组织提过任何要求。

在和平建设的新时代，我们党面临长期执政考验、改革开放考验、市场经济考验和外部环境考验，广大党员只有传承王杰"三不伸手"精神，才能永葆全心全意为人民服务的政治本色，才能凝心聚力，向着第二个百年奋斗目标奋勇前进。

"人生四问"，在平凡岗位追寻不平凡

什么是理想？革命到底就是理想。什么是前途？革命事业就是前途。什么是幸福？为人民服务就是幸福。

什么是痛苦？失去人民的信任和为人民工作的机会就是最大的痛苦。

——王杰日记

王杰是一名普通的战士，是时代的英雄。他在平凡的岗位上追寻不平凡，其“人生四问”尤为可贵。

著名剧作家曹禺在读了王杰日记后甚为感慨：“他那沸腾的革命感情，坚定质朴的语言，纯洁无私的思想，使我激动，使我感奋。我放不下它，读到深夜，不能入睡。”

在王杰烈士纪念馆，王杰生前日记中的一些话语被摘抄下来，做成海报张贴在纪念馆的墙壁上供后人瞻仰。在王杰的日记里，多次表达了做人民的勤务员、革命的“老黄牛”的心愿——“比享受，使人意志衰退；比贡献，使人奋发图强”“我一定全心全意为人民服务，做一个人民的勤务员”“今后在工作中，任何人有了困难，我一定尽力帮助，只要能帮助别人做一点点事情，我都感到高兴、自豪”。

循着过往的记录，一幕幕动人的场景仿佛在眼前呈现：在行军路上，王杰把自带的水让给战友喝，全班3天的口粮，他抢着背；冬雪的夜晚，王杰通宵达旦烘烤战士们被风雪打湿的棉衣；工作之余，王杰帮助连队养猪……每当领导和同志们表扬他时，他一定会说：“比雷锋差远了！”

王杰时时处处以雷锋的优秀思想品德鞭策自己，在其日记中就有33处提到雷锋。王杰精神不只是舍生取义的瞬间壮举，更是无数个平凡日夜的努力付出，历经心灵的千锤百炼所铸就。周恩来总理曾抄录了王杰在沂蒙山施工时写的诗：“座座高山耸入云，我们施工为人民，不怕工作苦和累，愿把青春献人民。”

“王杰的‘四个自问’是我们今天需要继续做好的‘答卷’。”陈岸然说，虽然我们面临的环境、任务与王杰所处的年代发生了很大变化，但作为党员干部，全心全意为人民服务的宗旨不能变。

2019年，习近平总书记给陆军第七十一集团军某旅“王杰班”全体战士回信，勉励他们好好学习、坚定信念、苦练本领、再创佳绩，努力做新时代的好战士，在人民军队的大熔炉中书写火热的青春篇章。

“王杰的枪我们扛，王杰的歌我们唱，一不怕苦、二不怕死，一心为革命，永远跟着党……”从军营、机关、社区到学校，《王杰的枪我们扛》这首雄壮嘹亮的歌曲已传唱50多年，今后还将永远地唱下去。

（本文原载2021年11月26日《光明日报》。作者单位：光明日报社）

让王杰精神绽放新的时代光芒

刘光明

历史的天空，总有英雄的精神感召人心，总有英雄的光辉照亮前程。1965 年 7 月 14 日，济南军区驻江苏徐州某部工兵一连五班班长王杰，在组织民兵实爆地雷训练时，炸药包意外发生爆炸，王杰奋不顾身扑向炸点，保护了现场 11 名民兵和 1 名人武干部，献出了年仅 23 岁的宝贵生命。自那以来，王杰精神穿越时空、历久弥新，成为引领人们砥砺奋进的精神航标。2017 年 12 月 13 日，习近平主席来到王杰生前所在部队，和官兵一起重温王杰的英雄事迹，追忆王杰的高尚品格，感怀王杰的雄魂胆魄，深刻指出“王杰精神过去是、现在是、将来永远是我们的宝贵精神财富”，勉励大家“学习践行王杰精神，让王杰精神绽放新的时代光芒”。

火热年代哺育出的革命精神

20 世纪五六十年代，全党全军全国人民以一往无前的战斗姿态投身社会主义革命和建设，迸发出无比强大的历史创造力和革命热情。王杰精神就是在这个时期涌现出来的系列光辉精神之一，是那个火热年代革命军人精神风貌的鲜明体现。

在党的光辉思想指引下孕育。1961 年 8 月 8 日，王杰积极响应党和国家的号召参军入伍，成为一名光荣的革命战士。当时，学习毛主席著作的活动在全国轰轰烈烈地展开，全军兴起学习毛泽东思想的新高潮，“读毛主席的书，听毛主席的话，照毛主席的指示办事，做毛主席的好战士”在军营蔚成风气。入伍之初的王杰，一开始就经受高强度的训练和施工，有些吃不消，切身体验到当工兵真是苦。就在他情绪趋于低落时，从身边老兵们身上看到了一种不一样的精神力量。他们白天投身高强度的训练和劳作，晚上围着煤油灯聚精会神捧读毛主席著作，如饥似渴地吮吸精神营养。在这样的氛围中，王杰也深受感染，千方百计利用一切可用的时间学习毛主席著作，边学边做边改，逐渐学会了用毛泽东思想分析问题、解决问题，甚至能灵活运用毛泽东思想鼓舞士气、开导身边的战友和群众，成长为一名伟大的共产主义战士。

在思想政治教育的启迪下形成。王杰入伍后，新兵连大力开展“两忆三查”（忆阶级苦、忆民族苦，查立场、查斗志、查工作）教育活动。与王杰同期入伍的战士们，父辈大都是贫下中农，在旧社会受尽剥削和压榨。他们倾诉父母亲人的血泪史，控诉阶级敌人的凶狠残暴，说者动容，听者走心，教育的效果立竿见影。战士们的话也戳到了王杰内心的痛处。1942 年 10 月，日本侵略军向山东金乡“扫荡”，王杰的母亲在逃难途中生下了他。王杰自幼过继给其伯父王汝堂，然而王汝堂却在 1947 年秋被国民党军队强征入伍。后来，“还乡团”入村，王杰家被抢掠一空，村庄被烧光。1948 年秋，金乡被彻底解放。这样的身世加上“两忆三查”教育的引导，让王杰把内心深处积累的阶级仇恨倾泻出来，把长期压抑的正义情感抒发出来，提高了思想觉悟。他含泪写下《诉苦》这首诗，决心“永远不忘阶级恨，练好本领杀敌人”。

在艰苦奋斗的实践历练中升华。马克思主义认识论告诉我们，对真理的认知和信仰并非天生的本能，而是求之而后得，践之而更信。王杰精神就是在部队这所大学校和艰苦训练、劳作的实践大熔炉中淬炼而成的，每一束精神的光华背后都凝结着实践中的感悟。在入伍后学习训练的实践中，王杰悟到了“人为什么活着、为谁活着、怎样活着”这个人生根本问题的答案，在吃大苦耐大劳中感受到别样的幸福，切身体会到“能使大多数人得到幸福的人，他本身也是最幸福的”。他吃苦受累不是与自己拧着劲，而是甘心情愿，以苦为乐，“感到愉快”。在成长锻炼中，王杰加入了中国共产主义青年团，连续三年被评为五好战士，两次荣立三等功，多次受奖，还被评为模范共青团员，后提任为副班长、班长。这些进步是王杰真信真行后获得的正向回馈，进一步激励着他提纯灵魂、净化思想。

共产党人和革命军人的本色彰显

任何时候党的革命本色不能丢，共产党人的革命精神不能变。王杰是一名地道的革命者，王杰精神是纯粹的革命精神。他“一心为革命”的纯真追求、“两不怕”的血性胆魄、“三不伸手”的无私奉献、“四个自问”的自我革命，把共产党人的革命精神诠释得淋漓尽致。

“一心为革命”的纯真追求。王杰牺牲后，人们在整理他的遗物时发现了10多万字的日记，这些日记真实记录下英雄成长的心路历程。如果用一句话来概括王杰日记的精髓，那就是“一心为革命”。在入伍前初中毕业班会上，王杰谈到自己的理想：“革命的需要就是我的志愿，服从祖国的需要是我最大的快乐。”入伍后，王杰通过学习毛主席著作，懂得了革命的本质内涵，用宝贵的生命践行着他“一心为革命”的铿锵誓言。他以听党指挥为魂，始终坚持自己“是一个革命者”，“要做一个革命的良种，党和国家把我撒到哪里，我就在哪里生根、开花、结果”，“不管任何工作，党指向哪里就冲向哪里，就是需要献上青春也没怨言”。只要是组织交给的任务，他就不辞千辛万苦，坚决完成好。

“两不怕”的血性胆魄。“一不怕苦、二不怕死”，是王杰牺牲后，毛泽东等党和国家领导人为其题词的核心内容。习主席在看望王杰生前所在连时指出，官兵一不怕苦、二不怕死是血性胆魄的生动写照，要成为革命军人的座右铭。王杰入伍后，经过艰苦磨砺，树立了正确的苦乐观和生死观。他“宁肯自己辛苦，换来别人幸福”，“为了受苦难的人民，就是死了我也甘心情愿”，“就是需要生命我也乐意献上”。初到连队，王杰每天举着 10 多斤的大锤打钎，几天下来手磨破了，肩练肿了，甚至攥不起拳，伸不直手指头，但他坚持不懈，打锤技术日渐提高，被连队评为打锤标兵。一连战友对王杰做出这样的评价：“哪里有困难，哪里最危险，哪里就有王杰。”从洪水中抢运木材，王杰的身上被水下铁丝网划开道道伤痕；寒夜里，他带头跳进刺骨的结冰水里打桩架桥；施工任务中，他总是抢着到最危险的地方作业；在排哑炮的危险时刻，王杰也冲在最前面……他在牺牲前的那一瞬间勇当逆行者，不是一时头脑发热，而是平时深厚修养支撑下的必然抉择。

“三不伸手”的无私奉献。王杰在日记中写道“牢记：在荣誉上不伸手、在待遇上不伸手、在物质上不伸手”，充分展示了共产党人的崇高风范。习近平主席强调，这“三不伸手”是一面镜子，共产党员都要好好照照这面镜子。初到部队时，王杰害怕分到物质条件艰苦、“没有前途”的工兵连队，希望当“威风凛凛”的坦克兵，但他很快克服了“个人主义”的苗头，主动申请分配到工兵连接受锻炼。他反复学习毛主席《为人民服务》《纪念白求恩》这两篇文章，下定决心“干什么工作都要不折不扣，不讲条件，不说怪话”，为革命奉献全部力量。经过思想的洗礼，王杰能以高风亮节对待个人的进退得失等利益问题，一再推迟婚期、推让假期。1965 年 5 月，王杰母亲的心脏病复发，在连长的预先安排下，一心扑在工作上的王杰无法再推让，实现了与父母分别 7 年后的第一次团聚，这次相聚也是王杰与父母的永别。

“四个自问”的自我革命。王杰身上始终散发着自我革命精神的光辉。他时时刻刻用“四个自问”警醒和鞭策自己：“什么是理想，革命到底就是理想；什么是前途，革命事业就是前途；什么是幸福，为人民服务就是幸福；什么是痛苦，失去人民的信任和为人民工作的机会就是最大的痛苦。”这“四个自问”是一名革命者的反躬自省，是高尚的人的扪心自问，容不得自己的心灵世界有任何的灰尘和病毒。他要求自己“每天睡觉前要回想一天的工作，哪些做得对，哪些做得不对，以后怎样去做，每周每月也要检查一次。这种制度一定要坚持下去，只有坚持下去对工作才有利，才能把工作做好”。正是因为经常打扫和洗涤自己的内心，严守着思想的防线，王杰的精神境界越来越高，行动上也越来越显现出革命者的风范。服役期满时，他毫不犹豫选择超期服役；部队缺少生活用品时，他自掏腰包为集体购买；负伤住院时，他坚持“一只手还能工作，就要发挥一只手的作用”……

做新时代王杰式的好战士

2017 年 12 月，习近平主席同“王杰班”全体战士谈话时，鼓励大家再接再厉，带头做新时代王杰式的好战士。2019年新春佳节来临之际，习近平主席给“王杰班”全体战士回信，再次激励他们努力做新时代的好战士，在人民军队的大熔炉中书写火热的青春篇章。今天，作为新时代的革命军人，要让王杰精神绽放新的时代光芒，就必须牢记习近平主席的谆谆教诲，像王杰那样坚毅前行，投身于新时代强军兴军的壮丽事业中。

像王杰那样做一个有灵魂的好战士。有灵魂就是要信念坚定、听党指挥。王杰能成长为一名伟大的共产主义战士，根本在于他勇毅践行“为了党，我不怕进刀山入火海；为了党，哪怕粉身碎骨我也甘心情愿”的铮铮誓言。新时代，面对意识形态领域的“上甘岭战役”和“政治转基因”的侵蚀，面对“政治生态恶化”“血脉基因异化”“革命本色蜕化”的潜在危险，全军官兵要坚持用习近平新时代中国特色社会主义思想特别是习近平强军思想武装头脑，浇灌信仰之树，深扎军魂之根，补足精神之钙，铸就意志之钢，坚决维护党中央、中央军委和习近平主席的权威，一切行动听从党中央、中央军委和习近平主席指挥，始终做到绝对忠诚、绝对纯洁、绝对可靠。

像王杰那样做一个有本事的好战士。有本事就是要素质过硬、能打胜仗。王杰能够在那么艰苦的条件下立足本职岗位办实事、解难事、做好事，凭借的是一身硬功夫。新时代，面对“两个差距很大”“两个能力不够”的突出矛盾问题，我们要始终牢记我军的根本职能和宗旨，把打仗作为主业、专业和事业，强化本领恐慌，补齐素质短板，练就精武强能，坚定能力自信，发奋学习成才，在血与火的洗礼、生与死的考验、险与难的磨炼中铸就过硬本领，在履行党和人民赋予的使命任务中担当重任，确保招之即来、来之能战、战之必胜，共同铸塑起安邦定国的“压舱石”。

像王杰那样做一个有血性的好战士。有血性就是要英勇顽强、不怕牺牲。王杰能够在各种艰难环境中迎难而上，特别是在生死关头决绝赴死，根本在于有血性、大无畏。新时代，面对中国梦强军梦的时代召唤，面对忘战懈怠这个最大危险，全军官兵要保持高度警醒，凝聚起勇于担当的英气、横刀立马的豪气、敢打必胜的底气、舍我其谁的勇气、赴汤蹈火的胆气、一往无前的士气、所向披靡的锐气、宁死不屈的骨气，担起铁肩道义，在血与火、苦与累的历练中强化精气神，在中国特色强军之路上奋勇前行，有力应对和化解国家由大向强“关键一跃”面临的严峻挑战和巨大风险，确保人民军队为实现中华民族伟大复兴提供坚强战略支撑。

像王杰那样做一个有高尚品德的好战士。高尚品德就是要情趣高尚、品行端正。王杰精神能够超越时空、感召人心，源于他高尚的情怀和高洁的品格。新时代，面对义与利、苦与乐、得与失等形形色色的考验，我们要始终筑牢不出格、不越轨的道德底线，严格遵守法规制度和道德准绳，同时又从政治高度设定军人道德标尺的刻度，自觉与更高的道德指标对标，坚持眼睛向内改造思想，以整风精神革弊鼎新，切实清除思想之垢、作风之弊，扎紧“思想篱笆”，筑牢作风防线，净化道德情操，修炼革命军人的“金刚不坏之身”。

（本文原载2022年8月25日党建网。作者单位：中国人民解放军国防大学习近平新时代中国特色社会主义思想研究中心）

弘扬王杰精神 践行“三严三实”

王 强

1965年7月14日，济南军区驻江苏徐州某部工兵一连五班班长王杰，在江苏省邳县张楼公社张楼村（现江苏省邳州市运河街道张楼村）组织民兵实爆地雷训练时，炸药包发生意外即将爆炸，危急瞬间，他毅然扑向炸点，保护了现场11名民兵和1名人武干部，献出了23岁的宝贵生命。王杰生前在日记中写道：“我们要一不怕苦、二不怕死，做一个大无畏的人。”王杰“两不怕”精神在那一刻壮丽升华。党的历届领导人都对王杰精神给予高度评价。习近平总书记指出：“无论什么时候，‘一不怕苦、二不怕死’的战斗精神，千万不能丢。”当前，全党正在按照习近平总书记提出的全面从严治党要求，践行“三严三实”，进一步转变作风，为实现“两个一百年”的目标而努力奋斗。50年来，一代又一代邳州人传承和弘扬王杰精神，勇猛精进，开拓创新，加快建设经济强、百姓富、环境美、社会文明程度高的新邳州。

学习王杰“一心为革命”的理想信念，坚定践行“三严三实”的根本方向

习近平总书记指出：“理想信念就是共产党人精神上的‘钙’，没有理想信念，理想信念不坚定，精神上就会‘缺钙’，就会得‘软骨病’。”王杰同志以宝贵的生命，实现了他“一心为

革命”的铿锵誓言。新时期坚持“一心为革命”，就要忠诚于党，严守政治纪律和政治规矩，做到严以修身；就要忠诚于事业，尊重规律与法治，尊重实际与民意，做到严以用权；就要忠诚于人民，牢记手中一切权力都是人民赋予的，绝不能谋私利，做到严于律己。从 20 世纪 80 年代开始，根据土壤条件和群众要求，邳州广泛种植银杏，如今形成 30 多万亩的浩瀚林海，既圆了百姓小康梦，又建起了绿色生态家园。正是在“一心为革命”崇高理想信念的引领下，邳州历届领导班子和广大党员干部，团结带领百万邳州人民，艰苦创业，奋力拼搏，硬是把昔日的苏北贫困县建设成了今天的全国百强县、全国工业百强县、全国文明城市提名城市。

弘扬王杰“两不怕”的战斗精神，铸造践行“三严三实”的思想灵魂

“一不怕苦、二不怕死”的战斗精神，充分体现了共产党人应有的担当。不怕苦，不单是工作上、生活上不怕苦，更要在学习上、思考上自觉刻苦；不怕死，不仅在关键时刻要勇于为党的事业奉献生命，更多的是勇于负责、敢于担当。“两不怕”精神是谋事要实、创业要实、做人要实的生动诠释。党的事业是铁打的营盘，党员干部是流水的兵。当历史的接力棒传到我们手中，每位党员干部都要深入思考，要做什么事、怎么去做、如何做成。弘扬“两不怕”精神，就要秉持对历史、对人民、对事业负责的精神，以“功成不必在我”的境界，实现谋事、创业、做人要实的要求。前几年，我们在上海发现一家正在孵化的研发企业

正为产品工业化生产奔波。该企业主要产品光刻胶系列，是集成电路产业核心光刻技术的源头材料，被纳入国家“863计划”“十五”及“十一五”规划重大专项计划，其技术领先水平和市场前景很是被看好。于是，我们创造有利条件，积极动员他们落户邳州，成立了徐州博康信息化学品有限公司。博康公司联合中国科学院微电子研究所、国家重大专项“光刻设备研制与产业化”项目团队，研发制造出国内首台高速双台面激光直接成像设备，打破了国外封锁，填补了国内空白，为形成邳州独具特色的集成电路产业奠定了坚实基础。近年来，我们始终坚持产业链、创新链、价值链“三链并延”，以踏石留印、抓铁有痕的韧劲抓招商，成功引进了8家世界500强、6家国内500强等大企业，让美国考伯斯、日本新日铁、中国台湾大同等高新技术企业“把根留住”，推动邳州工业“破茧成蝶”。

培养王杰“三不伸手”的高尚情操，筑牢践行“三严三实”的坚固堤坝

王杰在日记中写道“牢记：在荣誉上不伸手、在待遇上不伸手、在物质上不伸手”，充分展示了共产党人的崇高人格。今天我们弘扬王杰精神，践行“三严三实”，一方面不向组织伸手谋私，严格执行中央“八项规定”和各项规章制度，每个人都不能向组织要官要权要待遇。每年清明节，我们都组织新任科级干部到王杰烈士墓前集中宣誓，重温入党誓词，提醒全体党员干部时刻做到“心中有戒”，扣好人生第一粒扣子；在全市基层党组织中开展以“讲规矩、重品行，讲规范、重实效，讲规则、重制

约”为核心的教育活动，不断提升广大党员干部拒腐防变能力，筑牢人生第一道防线。另一方面，还要多为百姓出手解难，以民心所向定标，心中永远装着人民，培养人生第一腔情怀。邳州西部城区原来是老工业区，在繁荣时期，聚集着37家国有企业，好多职工为邳州发展奉献了毕生心血，现在多数人一家三代仍蜗居在简易平房里。前年，我们组织党员干部冒雨走访棚户区群众，所见所闻给每位同志上了一堂生动的党性教育课。对比群众，我们的生活办公条件太好了，应当多知足；走进群众，我们肩上的担子更重了，还要多出力。大家最终形成一致意见，全面启动棚户区改造三年行动计划。一期85万平方米新楼房于2015年10月交付使用，棚户区居民的生活居住条件被彻底改变。

追求王杰“四个自问”的人生境界，强化践行“三严三实”的行动准则

“百姓谁不爱好官？把泪焦桐成雨”的兰考泡桐树，莽莽大漠中的“左公柳”，之所以被百姓永远铭记，根本原因就是为官者心中想着百姓、做事为了百姓。王杰同志的英雄壮举，在他的日记中可以找到答案。他写道：“什么是理想，革命到底就是理想；什么是前途，革命事业就是前途；什么是幸福，为人民服务就是幸福；什么是痛苦，失去人民的信任和为人民工作的机会就是最大的痛苦。”弘扬王杰精神，践行“三严三实”，就要把理想、前途、幸福、痛苦几个关键词搞清楚、摆正确，把好人生的“总开关”，按照习近平总书记强调的，切实做到“人民对美好生活的向往，就是我们的奋斗目标”。2012年，针对邳州农村教室

D 级危房较多的情况，我们实施了校舍安全工程三年攻坚行动，累计投入 10 多亿元，新建了 60 余万平方米教学楼。现在，走进邳州农村就会看到，最美丽的地方是校园，最安全的建筑是教室，最动人的表情是孩子们的笑脸。

岁月无痕，丰碑永存。五十年风雨，半世纪沧桑，王杰精神依然闪烁着时代的光芒，激励着我们践行“三严三实”，忠诚干净担当。

（本文原载 2015 年 7 月 14 日《新华日报》。作者系江苏省徐州市政协主席，时任中共邳州市委书记、邳州市人大常委会主任）

王杰精神：一不怕苦、二不怕死的血性胆魄

李佑新

> 一不怕苦、二不怕死是血性胆魄的生动写照，要成为革命军人的座右铭。王杰精神过去是、现在是、将来永远是我们的宝贵精神财富，要学习践行王杰精神，让王杰精神绽放新的时代光芒。
>
> ——2017 年 12 月 13 日习近平总书记在视察第七十一集团军时指出

伟大时代呼唤伟大的英雄，伟大时代造就伟大的精神。1965 年 7 月，在即将引爆的炸药包前纵身一跃光荣牺牲后，王杰的英雄事迹在神州大地广为传颂，成为那个年代人们心中一座永恒丰碑。半个多世纪以来，王杰精神穿越时空，历久弥新。

王杰精神在铮铮誓言中诞生

王杰 1942 年 10 月出生在山东省金乡县一个普通农民家庭，生在旧社会，长在红旗下。他从小爱看英雄画册，听老一辈讲金乡人民斗日寇和罗盛教冰窟窿里救朝鲜儿童等英雄故事，英雄情结在他幼小的心灵中扎下了根，孕育了他的勇敢与真诚。

1961 年 8 月，他积极响应党和国家的号召，成为一名光荣的解放军战士。入伍后，他严格要求自己，刻苦训练，连续三年被

评为“五好战士”，两次荣立三等功。1965 年 7 月 14 日，王杰在江苏省邳县张楼公社组织民兵实爆地雷训练时，因炸药包发生意外爆炸，为保护在场的 11 名民兵和 1 名人武干部，他毅然扑向炸点，献出了年仅 23 岁的宝贵生命。王杰用舍生忘死的胆魄和舍己救人的壮举，践行了“要一不怕苦、二不怕死，做一个大无畏的人”的铮铮誓言。

王杰牺牲后，在当地政府和驻地群众的一再请求下，部队决定把王杰安葬在他光荣牺牲的地方。1965 年 11 月，时任中国人民解放军总参谋长罗瑞卿询问王杰的有关情况，指示要像宣传雷锋一样宣传王杰。1965 年 11 月 6 日，总政治部发文号召向王杰同志学习，正式向全军提出发扬“一不怕苦、二不怕死”的革命精神的要求。周恩来、朱德、董必武等也都给予了王杰高度评价。周恩来总理为王杰题词：“一定要学习王杰同志一不怕苦、二不怕死的革命精神！”同时他还抄录了王杰在沂蒙山区施工时写的诗：“座座高山耸入云，我们施工为人民，不怕工作苦和累，愿把青春献人民。”中央和地方媒体纷纷报道王杰事迹，公布王杰日记摘抄。王杰响亮的名字像春风一样吹遍中华大地，学习英雄王杰的热潮在全国上下蓬蓬勃勃地开展起来。

英雄和英雄精神不会因时间的流逝而被遗忘，王杰精神在不同历史时期都焕发出了璀璨的光芒。王杰先后被选入“100 位新中国成立后为国防和军队建设做出重大贡献、具有重大影响的先进模范人物”和“100 位新中国成立以来感动中国人物”。

2017 年 12 月 13 日，习近平总书记看望了王杰生前所在连官兵，在详细了解王杰的事迹后，他感慨地说：“我小时候就知道王杰的故事，王杰是我心目中的英雄！”习近平总书记指出：“一不怕苦、二不怕死是血性胆魄的生动写照，要成为革命军人的座右铭。”他还特别强调：“王杰精神过去是、现在是、将来永远是我们的宝贵精神财富，要学习践行王杰精神，让王杰精神绽放新的时代光芒。”2019 年春节前夕，习近平总书记在给“王杰班”的回信中说：“得知你们认真学习贯彻新时代党的强军思想，弘扬王杰精神，努力拼搏奋斗，取得了新的优异成绩，我为你们感到高兴。”他勉励战士们“好好学习、坚定信念、苦练本领、再创佳绩，努力做新时代的好战士”。在 2020 年的新年贺词中，习近平主席又一次提到了“王杰班”的来信。习近平总书记的高度重视，充分表明了王杰精神的时代价值。

王杰精神的深刻内涵

王杰精神有着深刻的内涵，体现为“一个不变”的理想信念、“两个不怕”的血性胆魄、“三不伸手”的高尚情操和“四个自问”的人生境界。

“一个不变”的理想信念。自入伍后，王杰为革命事业奋斗的决心始终不变。王杰牺牲后，留下了 10 多万字的日记，这些日记真实记录了英雄成长的心路历程。读过王杰日记的人，都有一个共同的感觉，如果把 10 多万字凝结成一句话，那就是“一心为革命”。王杰懂得革命的本质内涵，并用宝贵的生命去践行。他以听党指挥为魂，始终把自己看作“一个革命的良种，党和国家把我撒到哪里，我就在哪里生根、开花、结果”。只要是组织交给的任务，他就不辞千辛万苦，坚决完成好。

“两个不怕”的血性胆魄。“一不怕苦、二不怕死”，是王杰精神的核心内容。王杰在部队经过锤炼，树立了正确的苦乐观和生死观。他在日记中说，“宁肯自己辛苦，换来别人幸福”“为了受苦受难的人民就是死了我也甘心情愿，就是上刀山入火海也永不变心”“就是需要生命我也乐意献上”。言犹如此，行更胜之。王杰在洪水里抢运木材，身上被铁丝网划开条条血口；在寒冷的冬夜里，跳进刺骨的冰水打桩架桥；在日常任务中，总是抢着到最危险的地方作业；在排哑炮的危险时刻，也总是冲在最前面……战友们都说，哪里有困难，哪里最危险，哪里就有王杰。王杰在牺牲前那一瞬间的舍生取义，不是一时心血来潮，而是出自平日深厚修养的本能反应。

“三不伸手”的高尚情操。王杰在日记中写道：“牢记：在荣誉上不伸手，在待遇上不伸手，在物质上不伸手。”充分展示了共产党人的崇高风范。初到部队，在可能被分到“没有前途”的工兵连队，不能当“威风凛凛”的坦克兵时，王杰也曾忐忑和不理解，但他很快克服了“个人主义”苗头，主动到最艰苦的地方去。他反复学习毛主席的《为人民服务》《纪念白求恩》这两篇文章，下定决心“干什么工作都要不折不扣，不讲价钱，不说怪话”。经过思想洗礼，王杰总能高风亮节对待个人的进退得失等利益问题，为了革命事业一再推迟婚期；为了让战友们能回家，他也总是推让假期……

“四个自问”的人生境界。生活中，他时刻警醒和鞭策自己，自问：“什么是理想，革命到底就是理想；什么是前途，革命事业就是前途；什么是幸福，为人民服务就是幸福；什么是痛苦，失去人民的信任和为人民工作的机会就是最大的痛苦。”这是一名革命战士的反躬自省，是高尚革命者的扪心自问。王杰在内心深处容不得自己有半点儿思想偏差和精神懈怠，他在日记中说："我要照毛主席的话去做，每天睡觉前要回想一天的工作，哪些做得对，哪些做得不对，以后怎样去做，每周每月也要检查一次。"正是因为严守思想防线，王杰的精神境界越来越高，行动上也越来越表现出高尚风范。

王杰精神绽放新的时代光芒

进入新时代，王杰精神仍然焕发着强大的生机活力。我们要将学习和弘扬王杰精神融入实现中华民族伟大复兴的历史进程，激发出全党全军全社会团结奋进的强大力量。

要树立坚定的理想信念。理想信念是共产党人安身立命的根本。王杰用自己年轻的生命，诠释了为党、为国、为民的坚定信仰和党性初心。今天学习王杰精神，就是要坚守对马克思主义的信仰、对社会主义和共产主义的信念；就是要不断提高自身修养，坚定克服困难和挫折的意志和决心，立足当前，脚踏实地，把人民对美好生活的向往化为干事创业的强大动力，全心全意为人民服务。

要秉承敢于斗争的精神。敢于斗争是共产党人鲜明的政治品格。我们要学习践行王杰"一不怕苦、二不怕死"的精神，努力做到干事创业有担当。在实现中华民族伟大复兴的关键时期，我们正在进行具有许多新的历史特点的伟大斗争，必须要有迎难而上、挺身而出的斗争精神，在机遇面前主动出击，不犹豫、不观望，在困难面前迎难而上，不推诿、不逃避，在风险面前积极应对，不畏缩、不躲闪，依靠主动斗争打开事业发展新天地。

要发扬甘于奉献的品格。王杰是共产党员学习的楷模，他的“三不伸手”彰显了共产党人甘于奉献的精神。习近平总书记在视察王杰生前所在连队时指出，王杰“在荣誉上不伸手，在待遇上不伸手，在物质上不伸手”，这“三不伸手”是一面镜子，共产党员都要好好照照这面镜子。今天，学习王杰精神，就是要用“三不伸手”这面镜子，帮我们立身正己，在荣誉、待遇、物质利益面前约束自己的言行。我们已经踏上全面建设社会主义现代化国家新征程，要实现我们的战略目标，就必须发扬奋斗在前、享受在后的风格，切实做到不为浮名遮望眼、敢对利益“断舍离”，坚持严以修身，始终慎独慎微，不计小我成就大我，为谱写新时代中国特色社会主义新篇章贡献力量。

要保持自我革命的定力。勇于自我革命是我们党最鲜明的品格。王杰将自己置身考验面前，敢于扪心自问，时时拂去心灵的灰尘，做到了精神养成在平时，关键时刻冲上去。“四个自问”正是我们今天需要继续做好的“答卷”。当前，世界百年未有之大变局加速演进，世界之变、时代之变、历史之变的特征更加明显，我们党要把握先机，永远立于不败之地，就必须不断推进自我革命，从思想上正本清源、固本培元，增强拒腐防变和抵御风险能力，时刻保持共产党人的政治本色。唯有如此，才能牢牢攥紧跳出治乱兴衰的历史周期律的第二把钥匙，以伟大自我革命引领伟大社会革命，团结带领人民创造一个又一个彪炳史册的人间奇迹。

穿越历史的时空，英雄王杰的名字在人们心中依然清晰，王杰精神早已成为中国共产党革命精神的重要组成部分。一个响亮的口号，一种永恒的精神，激励着全党、全军和全国人民投身历史伟业，在新时代新征程上阔步前进。

（本文原载2023年8月5日《中国教育报》。作者单位：湘潭大学中国共产党革命精神与文化资源研究中心）

王杰精神的历史地位与时代价值

济宁干部政德教育学院课题组

2017年12月13日，习近平总书记在徐州视察王杰生前所在连时指出：“王杰精神过去是、现在是、将来永远是我们的宝贵精神财富，要学习践行王杰精神，让王杰精神绽放新的时代光芒。”这句话深刻地揭示了王杰精神的历史地位和时代价值。王杰精神历经半个多世纪，依然具有宝贵的时代价值，成为一座跨越时代的精神灯塔。如今，中国特色社会主义进入了新时代，伟大的时代需要伟大的精神支撑，伟大的征程需要伟大的榜样引领。而王杰是永远的榜样，王杰精神是时代的航标。

王杰精神的基本内涵

王杰精神是对王杰言行和事迹中所表现出的思想道德和崇高理想的高度概括，是以王杰名字命名并且在实践中不断丰富和发展的中国共产党革命精神的一部分。其核心内涵可以高度概括为三大方面，具体包括：无限忠诚、为党为民的“一心为革命”精神；血性担当、无畏牺牲的“两不怕”精神；干净无私、永葆本色的“三不伸手”精神。王杰精神内涵丰富、意蕴深刻，已深深地融入了中华民族的血脉基因，成为中华儿女共有的精神财富。

王杰精神的“一心为革命”就是对党的无限忠诚。“一心为革命”是王杰最可贵的品格，是他的英雄行为的基础。王杰从小就热爱祖国，热爱党，热爱人民。为革命，他处处以英雄人物为榜样，如饥似渴地学习革命英雄的崇高品德，以革命英雄为镜子，对照自己，鞭策自己积极上进。为革命，党叫干啥就干啥，党指到哪里就冲向哪里，踏踏实实，埋头苦干，个人利益无条件服从于革命利益。为革命，他毫不利己，专门利人，以深厚的无产阶级感情对待同志、对待人民，把爱护、关心、帮助别人当作最大的幸福，把舍己救人当作最大的光荣。当兵四年，王杰始终初心不改，矢志不渝，秉承着“一心为革命”的理想信念，把自己的命运与党和人民的事业紧密联系在一起，自觉成为共产主义远大理想的坚定信仰者和忠实践行者。

王杰精神的“两不怕”就是勇于吃苦、敢于牺牲的血性担当。王杰在日记中写道：“为革命胜利勇于牺牲”“做革命军人岂能管个人安危”“为了党，我不怕进刀山入火海；为了党，哪怕粉身碎骨我也甘心情愿”。在工作中，王杰总是抢着干最苦的事情，争着挑最重的担子，吃大苦，耐大劳，充分发扬了为革命不怕苦的精神。冬季训练架桥，是他带头跳进寒冷刺骨的水里打桩；山洪暴发，卷走了施工器材，又是他第一个奔去抢救。他努力学习董存瑞、黄继光、邱少云“视死如归、不怕牺牲”的战斗精神，在生与死的危急关头，临危不惧，英勇献身，用自己的纵身一扑挽救了11名民兵和1名人民武装干部，用生命践行了自己“一不怕苦、二不怕死”的铮铮誓言。王杰同志面对困难毫不退缩，面对挑战毫不畏惧，在危险面前敢于挺身而出，在艰难困苦中接受党性锤炼和思想洗礼，时时处处体现着共产党人勇于担当、不怕牺牲的政治品格。

王杰精神的“三不伸手”就是干净无私、永葆本色的高尚情操。1964年3月3日，王杰在日记中郑重写下："牢记：在荣誉上不伸手，在待遇上不伸手，在物质上不伸手。"这"三不伸手"不仅体现了王杰的价值追求，更折射出英雄崇高的思想境界。面对荣誉，王杰淡泊名利，始终保持清醒的头脑、谦虚的态度。他善于自省，敢于说不，在荣誉面前不伸手。面对待遇，王杰从不计较个人得失，总是吃苦在前，享受在后，克己奉公，无私奉献，在待遇面前不伸手。面对物质，王杰严格要求自己，始终保持艰苦朴素、勤俭节约的优良作风，坚持党和人民的利益高于一切，个人利益永远服从党和人民的利益，在物质上不伸手。"三不伸手"彰显了共产党人干净无私、永葆本色的奉献精神。

王杰精神是广大党员干部涵养政德的价值标杆

王杰的一生虽然短暂，但他终生树立远大理想，始终站稳政治立场，坚持长葆革命本色，始终坚守为人民服务的初心，成为跨越时代的楷模和永远的精神丰碑，为我们树立了修身立德的价值标杆。

（一）王杰胸怀革命理想，对党忠诚，是党员干部明大德、讲党性的典范。明大德、讲党性是每一个共产党人应该具有、应该秉持的品格。广大党员干部要做到明大德，就必须像王杰一样胸怀共产主义远大理想，保证政治方向不偏航。王杰胸怀革命理想，勤勤恳恳，任劳任怨，甘做革命"老黄牛"，只要是对党和人民有利的事情就全力以赴，把个人的精力全部放在党和人民的事业上，直到生命的最后一刻。在部队期间，他在修路期间的雪夜里主动为战友烤棉衣，在沂蒙山区国防施工期间"轻伤不下火线”，在誓师大会上刺破中指第一个血书请战，时时处处体现了他对党和人民的赤诚之心。时代在发展，使命在召唤，广大党员干部要处处以王杰为楷模，树立远大理想，时时处处注意发挥良好的模范带头作用，始终做到心中有党、心中有民、心中有责、心中有戒，在干事创业中砥砺对党的忠诚，以自己的实际行动赢得人民群众的信赖，向党和人民交一份满意的答卷。

（二）王杰不怕艰难困苦，敢于担当，是党员干部守公德、讲奉献的楷模。王杰就是敢于担当的楷模，是党员干部励志进取的一把标尺。面对艰难困苦，王杰总是迎难而上，在吃苦中锻炼自己的意志。在部队训练中，王杰苦练实战本领，首创了坦克道埋地雷；入伍两年就考取了工兵五大专业技术“满堂红”，被军区表彰为“郭兴福式”教练员；沂蒙山施工高空作业危险，施工中遇到哑炮和险石，他第一个抢着上、争着干。王杰大无畏的担当精神为我们提供了干事创业不竭的力量源泉。新时代的党员干部能不能守住公德、心中有责、敢于担当，就要看他面对风险挑战能否挺身而出，特别是在急难险重的任务面前能否不退缩、打头阵、挑重担、当先锋。面对新长征路上的雄关漫道，广大党员干部要像王杰一样心中有责任、肩上有担当，以壮士断腕的勇气和刮骨疗毒的气魄向各种问题顽疾亮剑，关键时刻能冲得出、豁得上、打得赢，真正成为攻坚克难、敢为人先的时代典范。

（三）王杰正确对待名利，干净做人，是党员干部严私德、守底线的榜样。王杰的一生光明磊落，他的一言一行都闪耀着党性的光辉。他吃苦在前，享受在后，每次训练结束后不顾自己劳累，主动去帮助炊事员打水刷盆，每天早早起床帮战士打好洗脸水，把节省下的绝大部分津贴给战友们买了学习资料。在日常生活中，他节约每一滴油、每一个螺丝钉，见到牙膏皮总是收集起来交给废品收购站，用实际行动践行着勤俭节约的优良传统。无论什么时候，广大党员干部都需要像王杰一样坚守“三不伸手”的清廉底色，淡泊名利，自省律己；要时刻牢记入党就是吃苦奉献，就应该多为党尽责、少向党伸手，就应该无私奉献、忠诚为民；要始终分清公私边界，严守为政底线，坚持严以修身、克己奉公，时刻保持一心为民的公仆本色，立足岗位成就伟大事业。

王杰精神是实现中华民族伟大复兴的精神动力

中华民族能够在几千年的历史长河中生生不息、薪火相传，一个重要的原因就在于中华民族有着一脉相承的精神追求、精神特质、精神脉络。在中国精神的宝库中，王杰精神熠熠生辉，始终散发着人性和党性的光辉。它不仅是中华优秀传统文化和民族精神的继承和升华，更是民族精神和革命精神的时代结晶。今天，中国特色社会主义已进入新时代，弘扬和传承王杰精神必将为实现中华民族伟大复兴注入强劲的精神动力。

（一）用王杰精神坚定信念、砥砺前行。王杰“一心为革命”的精神就是对党的无限忠诚，就是坚定的理想信念。“为了党，我不怕进刀山入火海；为了党，哪怕粉身碎骨我也甘心情愿。”为了革命工作，王杰三次推迟婚期，四次让出探亲假。王杰入伍后坚持不懈地进行思想改造，先后 14 次递交入党申请书，2 次荣立个人三等功，3 次被评为“五好战士”，但是因为中农的家庭成分，始终没能入党。但他经过短暂的思想波动后，没有消极沉沦、自暴自弃，反而躬身自省，更加坚定了一心向党、永远为党的信念。王杰是坚定理想信念的典范，弘扬与传承王杰“一心为革命”的精神，有助于人们牢固树立对共产主义的信仰、对中国特色社会主义的信念，筑牢全体人民共同的思想基础和精神纽带，有助于人们增强政治认同，坚定“四个自信”，紧密团结在中国共产党周围，坚定信念跟党走，高举中国特色社会主义伟大旗帜，心无旁骛、同心同德、锐意进取、埋头苦干，矢志不渝地为实现中华民族伟大复兴的中国梦而奋斗。

（二）用王杰精神纯正思想、无私奉献。全面建设社会主义现代化国家不是空中建楼阁，而是需要每个人脚踏实地、真诚付出、甘于奉献、艰苦奋斗。王杰就是一个克己奉公、忘我奉献的人。在生活中，他为素不相识的老大娘买车票；“请假”外出，他帮助吃力地拉着碎石平板车的老大爷推车；修路期间，他在风雪夜里为20多名战友烤棉衣，熬夜到凌晨3点多。在困难危险面前，王杰总是冲在最前面，脏活累活抢着干。抗美援越动员会后，王杰第一个刺破中指，写下请战血书；千钧一发之际他扑向炸点，英勇献身。不论是日常的小事还是关键时刻的壮举，无不体现了王杰的克己奉公与责任担当。弘扬与传承王杰式的奉献精神，有助于提升人们的思想境界，使我们胸怀大局、心有大我，敢于担当、勇于负责，坚持为党为人民矢志奋斗，形成人人想奉献、人人愿奉献、人人乐奉献的思想氛围，以实实在在的业绩助力民族复兴的航船行稳致远。

（三）用王杰精神守正创新、开拓进取。王杰是一个富有创新精神、敢为人先的创造者。在业务上，他是技术能手，凡事爱琢磨，研究能力强，创造性地革新制作训练器材，利用旧器材研发制作了信号雷和各种应用教练雷，在邳县组织民兵训练时所用的绊发防步兵应用地雷就是王杰发明的；他还创造性地解决了训练中面临的一些技术难题，比如攻克了夜战中如何精确测量夜间道路坡度的问题，创造了在坚硬的坦克道上埋地雷的实战练兵典型案例。因此，王杰成了当时连队里有名的革新家。他的这些革新创造对军队的训练水平和战斗力提升发挥了很大作用。站在新的历史起点上，面对中华民族伟大复兴的艰巨任务，我们在发展理念、制度体制、核心技术、评价体系、高质量发展等各个领域、各个方面都需要创新突破，都需要奋发图强的创新精神。弘扬与传承王杰敢闯敢试、锐意创新的精神，有助于人们放开视野谋划新思路，放开手脚追求新突破，以理念创新、制度创新、技术创新、流程再造、环境优化等创新成果，不断开创各项工作新局面。

（四）用王杰精神昂扬士气、敢于斗争。王杰是从普通的士兵成长起来的伟大的共产主义战士，他平常不怕苦和累，关键时刻冲上去，以实际行动阐释了革命英雄主义精神的真谛，铸就了无畏困难、勇往直前的“两不怕”精神。这种“两不怕”精神是中华民族勤劳勇敢、舍生取义精神的折射，更是中国共产党勇于斗争、不怕牺牲、甘于奉献精神的传承。弘扬和传承王杰式的英雄精神，能够鼓舞、鞭策我们不断拼搏进取，在困难矛盾面前敢于迎难而上，在危机挑战面前敢于挺身而出，时刻保持“明知山有虎，偏向虎山行”的斗争姿态，勇立潮头，奋勇搏击，在斗争中推进工作、开创新局，在平凡岗位上履职尽责、干事创业，众志成城守护和创造美好生活。

（本文原载齐鲁书社 2021 年 6 月版《王杰精神的时代价值》）

红色丰碑

战地黄花分外香

在波澜壮阔的革命岁月中，无数革命先驱和英烈在淮海地区战斗、工作、生活，留下了大量弥足珍贵的革命旧址、遗迹、活动地等，这些红色资源及其所蕴含的革命精神，构成了一个完整的红色资源体系，承载着革命先辈在长期革命斗争中的丰功伟绩，镌刻着无数英雄儿女为民族解放前赴后继的壮丽篇章。

新中国建立后，淮海地区人民为了缅怀革命先辈的丰功伟业，先后在淮海大地上修建了华东革命烈士陵园、湖西革命烈士陵园、宿州烈士陵园、冀鲁豫革命纪念馆、连云港市革命纪念馆等纪念场馆，在梁山战斗、宿南战役、宿北战役、鲁南战役、淮海战役等重要战斗地修建了烈士纪念塔、纪念馆、纪念园。这些纪念场馆承载着催人奋进的红色传统和红色基因，是传承红色文化的重要载体，是激发爱国热情、凝聚人民力量、培育民族精神的重要场所。

本篇收录了30余个革命纪念场馆的情况介绍，主要是帮助广大党员干部群众全面了解和充分用好淮海经济区红色资源，知史爱党，知史爱国，丰富精神家园，加强文化自信，勇于当好担当民族复兴大任的时代新人。

江苏省第一个党支部史料陈列馆

江苏省第一个党支部史料陈列馆位于江苏省徐州市鼓楼区环城街道徐州西站货场内。

1921 年 11 月，陇海铁路机务工人大罢工胜利后，中共中央局根据北方劳动书记组合部的建议，于 1922 年 2 月，派中共劳动组合书记部干事、共产党员李震瀛到陇海铁路指导工人运动，负

江苏省第一个党支部史料陈列馆

责筹建党团组织。在铜山站发展了姚佐唐等人入党，建立了中共陇海铁路徐州（铜山）站支部，由姚佐唐任书记，直属中共北京地委领导。这是江苏省（现辖区）境内建立最早的中共党组织。

史料陈列馆占地面积为 700 平方米，保护范围面积为 12000 平方米。院内矗立着一块镌刻“八号门事件旧址”的纪念碑，展馆内展出“八号门事件”相关图片 300 余张，陈列“八号门”旧址物品 10 余件。通过大量珍贵的历史照片、文物以及场景复原、多媒体演示等现代手段，多角度、全方位地展示了中国共产党领导工人运动、初显身手的伟大历史。

1985 年，江苏省第一个党支部史料陈列馆被列为徐州市文物保护单位。

吴亚鲁革命活动旧址

吴亚鲁革命活动旧址位于江苏省徐州市彭城北路1号。

1923年8月，吴亚鲁从南京高等师范学校毕业后受组织的派遣，到徐州开展革命活动。他以江苏省立第三女子师范教员兼班主任的身份，发动三女师及各中学思想进步的学生组成“徐州青年互助社”，并在徐州各中等学校积极开展建团工作。1924年6月1日，吴亚鲁创建徐州社会主义青年团，直辖于江浙皖区。徐州是继上海、南京之后，江苏省第三个建团的城市。吴亚鲁在发

吴亚鲁革命活动旧址

展团组织的同时，十分注意党组织的发展。1925 年 6 月，创建中共徐州支部，并担任支部书记。

吴亚鲁革命活动旧址属砖瓦木结构，共 12 间、120 平方米。1998 年，徐州市人民政府对其原样进行维修。2019 年 11 月，徐州市鼓楼区区委、区政府拨专款专门修缮，并在原址立碑及吴亚鲁雕像，重新布展，再现吴亚鲁在徐州创建党团组织的经过。

1985 年，吴亚鲁革命活动旧址被列为徐州市文物保护单位。

华东革命烈士陵园

华东革命烈士陵园位于山东省临沂市兰山区陵园前街4号。

1949年2月，由中共华东中央局提议，山东省政府决定在临沂建立革命烈士陵园，定名为临沂革命烈士陵园。1950年，革命烈士纪念塔和革命烈士纪念堂等主体建筑相继落成。1987年10月，国务院公布更名为华东革命烈士陵园。纪念建筑群共包括塔、堂、亭、馆、廊、墓等18处大型纪念建筑物，占地21万平方米，是全国最大的综合性烈士陵园之一，是全国大型纪念园林。毛泽东、朱德、刘少奇、周恩来、任弼时、邓小平、江泽民等30余位党和国家领导人为陵园题词。

华东革命烈士陵园的主体建筑——革命烈士纪念塔、革命烈士纪念堂和南北大门坐落在陵园的中轴线上，其他建筑对称布列两侧。纪念塔位于陵园中央，高45米，为五角亭柱式建筑，塔身正面“革命烈士纪念塔”7个镏金大字为毛泽东题字，四周石壁上刻有浮雕和领导人题词。革命烈士纪念堂为双层古宫殿式建筑，堂内巨大石质联碑上镌刻着62576位烈士的英名。纪念塔前广场两侧对称建有新四军副军长兼山东军区副司令员罗炳辉，德国共产党员、太平洋学会记者汉斯·希伯，山东军区第八师师长兼政委王麓水，华东野战军副参谋长张元寿，新四军一师政委刘炎，山东省战工会副主任陈明、山东姊妹剧团团长辛锐夫妇等8座烈士陵墓。

1986年，华东革命烈士陵园被国务院列为第一批全国重点烈

华东革命烈士陵园

华东烈士纪念塔

士纪念建筑物保护单位。1995 年以来，先后被命名为全国爱国主义教育基地、全国爱国主义教育示范基地、全国青少年教育基地和首批国家国防教育示范基地。2002 年，被评为山东省优秀历史建筑群。2005 年，被中共中央办公厅、国务院办公厅列为 30 条红色旅游精品线路和 100 处红色旅游经典景区。2006 年，被列为国家 AAA 级旅游景区。2014 年，被国务院命名为第一批国家级抗战纪念设施、遗址。

连云港市革命纪念馆

连云港市革命纪念馆始建于 1987 年 6 月，原址为建于 1925 年的陇海公寓。陇海公寓是原国务院副总理谷牧等老一辈无产阶级革命家早期在连云港地区从事革命斗争的秘密基地。连云港市革命纪念馆新馆于 2011 年 7 月 1 日正式建成，位于连云港市海州区朝阳东路 70 号。新馆馆区占地面积 37.5 亩，建筑面积 15000 平方米，展陈面积 6000 平方米，包括基本陈列展、“陇海公寓”复原、国防园、各类专题展览、老电影欣赏、红色旅游文化展示中心等。其中基本陈列分为五四运动、土地革命、抗日战争、解放战争及社会主义建设时期的连云港等 5 个展厅。以图片和实物为基础，辅以油画、雕塑、复原景观、3D 电影等展示手段，生动

连云港市革命纪念馆

再现连云港宏伟壮丽的革命斗争历史和社会主义建设史，重点展示“连云港保卫战”“赣榆战役”“小沙东海战”“黄安舰事件”“伞兵三团起义”等革命事件和刘少奇、陈毅、罗荣桓、谷牧、李超时、符竹庭、刘瑞龙等革命前辈的战斗事迹，讴歌连云港人民保卫家园、争取解放、英勇奋战的大无畏精神，表现连云港从一穷二白、百废待兴走向欣欣向荣、繁荣富强的发展历程。

连云港市革命纪念馆是国内规模较大的市级综合类革命纪念馆，是国家AAAA级旅游景区、江苏省爱国主义教育基地、江苏省德育教育基地、江苏省国防教育基地、江苏省社科普及示范基地、江苏省党史教育基地。

宿州烈士陵园

宿州烈士陵园位于安徽省宿州市老城区东北角。

为缅怀杰出的无产阶级革命家、军事家，功勋卓著的抗日民族英雄彭雪枫将军，以及自新民主主义革命以来宿州市牺牲的革命烈士，经中共安徽省委、省人民政府批准，宿州烈士陵园于1951年开始兴建，1959年建成对外开放，是宿州修建最早的纪念

宿州烈士陵园（雪枫公园）

宿州烈士陵园纪念墙

性公园，占地 12.19 万平方米。陵园内现有革命英雄纪念碑、彭雪枫纪念馆、彭雪枫塑像、烈士墓园等重点烈士纪念建筑设施。

宿州烈士陵园是国家级重点烈士纪念建筑物保护单位、全国百家爱国主义教育基地、第二批国家级抗战纪念设施、安徽省重点烈士纪念建筑物保护单位、安徽省爱国主义教育基地、安徽省党员干部党史教育基地、安徽省红色旅游经典景区。

湖西革命烈士陵园

湖西革命烈士陵园位于山东省菏泽市单县老城区南部。

湖西革命烈士陵园始建于 1945 年 11 月，原名为湖西区抗战烈士陵园，是原湖西地委、专署、军分区为安葬和悼念在抗日战争中牺牲在湖西大地上的革命烈士而修建。1946 年陵园遭到国民党军队严重破坏，1952 年重修陵园，并更名为湖西革命烈士陵园。后经 1984 年、1992 年、2008 年 3 次改扩建，陵园规划面积扩大到 420 亩，现安葬烈士 2649 名。

湖西革命烈士纪念塔坐落于古琴台旧址，原名湖西区抗战烈

湖西革命烈士纪念塔

英雄阁（原湖西革命烈士纪念堂）

士纪念塔。建于1945年11月，1984年5月重建，1986年3月竣工。建筑面积1200平方米，塔为3层平台，青石结构。纪念塔第三层平台正面镌刻有中共中央原总书记胡耀邦同志的题词："湖西革命烈士纪念塔。"

英雄阁（原湖西革命烈士纪念堂）建于2009年，为仿古式两层建筑。阁内运用声、光、电等现代技术和传统表现手法沙盘、雕塑、油画、图片、文字以及枪炮等实物展示了湖西区抗日战争时期、解放战争时期波澜壮阔的革命史。

1988年，湖西革命烈士陵园被列为全省重点烈士纪念建筑物保护单位。1996年，被命名为山东省国防教育基地。1998年，被命名为山东省爱国主义教育基地。2001年，被国务院列为全国重点烈士纪念建筑物保护单位。2015 年，被命名为山东省党史教育基地。2020 年，被国务院列入第三批国家级抗战纪念设施、遗址名录。

菏泽市抗日纪念馆

菏泽市抗日纪念馆坐落于山东省菏泽市牡丹区吴店镇刘寨村北。

菏泽市抗日纪念馆始建于1970年，2011年3月新建搬迁于菏泽市牡丹区吴店镇刘寨村。纪念馆园区建成区分为瞻仰、休闲、烈士墓区，建有菏泽市抗日纪念馆、纪念碑、纪念亭、战斗连廊、著名烈士铸铜像、个性化雕塑、烈士群雕等纪念设施。

2015年，纪念馆进行凸显鲁西南特色的全新布展，展陈信仰

菏泽市抗日纪念馆

之火、信仰之血、信仰之战、信仰之路、信仰之魂、信仰的长征6个部分，以声、光、电、油画、雕塑、场景、视频等立体化形式展示感人至深的烈士事迹，讲述动人心魄的英烈故事，诠释中国共产党与人民群众血肉相连的关系。

菏泽市抗日纪念馆是国家级重点烈士纪念设施保护单位、山东省国防教育基地、山东省爱国拥军模范单位、菏泽市爱国主义教育基地。

尼山区红色教育基地

尼山区红色教育基地位于山东省济宁市邹城市城前镇渠家庄村东南。

尼山区红色教育基地2015年建成布展。主要包括尼山区抗日纪念碑、尼山区抗日纪念馆、尼山区场景恢复区、尼山区抗日英烈园、红色体验区、红色广场及游客中心等。基地有实物展品400件，其中有缴获的日本人军刀、抗日英雄用的大刀、炮弹皮、

尼山区红色教育基地

尼山区抗日烈士纪念碑

弹壳、军帽、冲锋号、电报机等各种红色革命文物，利用实物展示、情景再现、雕塑、图片、多媒体、声光电等多种手段展示尼山区军民抗日战争的光辉历程。

纪念碑坐北面南，为一座上锐下丰的四方形石灰岩雕琢而成。碑座正面镌刻着时任鲁南参议长彭畏三所书“尼山区抗日烈士纪念碑”。碑文记述了鲁南尼山地区党政军民抗日斗争的光辉历史。

1985 年，尼山区红色教育基地被济宁市列入重点文物保护单位。2015 年，被列为省级文物保护单位。2015 年，被文化部华夏文化遗产保护中心命名为中国红色文化遗产保护基地。

八路军抱犊崮抗日纪念园

八路军抱犊崮抗日纪念园位于山东省枣庄市山亭区北庄镇。

八路军抱犊崮抗日纪念园于 2011 年立项建设，2014 年 8 月 1 日开园。纪念园共有 13 个展室，展现当年八路军在抱犊崮山区艰苦抗战的真情实貌。分为两大主题区域：一是历史展陈区域。建有八路军第一一五师纪念馆、一一五师政治部、一一五师司令

八路军抱犊崮抗日纪念园

八路军抱犊崮抗日纪念碑

部、王麓水纪念馆、鲁南区党委、鲁南行署、鲁南军区等 7 个历史展馆，及抱犊崮剧社、八路军抗日夜校、八路军被服厂、枪械所、八路军食堂、八路军军粮作坊等 6 个功能性场馆，再现八路军第一一五师在鲁南的光辉历程和鲁南军民的抗日革命历史。二是纪念教育区域。建设抱犊崮抗日根据地纪念碑、打靶场和练兵场。纪念碑碑高 19.39 米，寓意一一五师于 1939 年进驻抱犊崮山区。碑体中间正面镶嵌“八路军抱犊崮抗日纪念碑”，背面镶嵌“人民英雄永垂不朽”红色大字，碑体顶端缀有红色五星，寓意八路军和鲁南人民的革命精神永远照耀在抱犊崮山区。

八路军抱犊崮抗日纪念园是国家 AAA 级旅游景区、全国红色旅游百家经典景区、全国科普教育基地、全国第二批抗战旧址、山东省国防教育基地、山东行政学院教学研基地和枣庄市党员干部“三同”教育实践基地、山东省爱国主义教育基地、山东省党史教育基地。

铁道游击队纪念场馆

铁道游击队是一支由中国共产党领导的抗日武装力量，隶属于八路军第一一五师苏鲁支队。该队以薛城为中心，挥戈于百里铁道线上，出没于万顷微山湖中，依靠群众，开展游击战，使鲁南抗日根据地得以不断巩固和扩展。他们开辟了华中、山东赴延安的通道，护送刘少奇、陈毅、罗荣桓、萧华等领导人和千余名指战员安全过境到达延安，为抗日战争的胜利做出了重要贡献。为纪念铁道游击队的历史贡献，济宁市和枣庄市分别在微山县微山岛和薛城区临山兴建铁道游击队纪念园。

枣庄铁道游击队纪念园

枣庄铁道游击队纪念园

枣庄铁道游击队纪念园坐落于山东省枣庄市薛城区临山上。

枣庄铁道游击队纪念园是一座集爱国主义教育、观光游览、休闲娱乐、影视拍摄为一体的主题公园。纪念园以临山为依托，由纪念广场、甬道、纪念碑、碑廊、八大亭、“三雄墓”（刘金山、王志胜、赵明伟）、铁道游击队影视城、临山阁等20多个景点组成，形成以“战争文化”品牌为特点的红色旅游精品景点。“铁道游击队纪念园”由迟浩田亲笔题写。巍峨的铁道游击队纪念碑上镌刻由杨尚昆亲笔题写的“铁道游击队纪念碑”8个金箔大字。园中铁道游击队纪念馆2018年9月破土动工，2019年7月1日建成，由中国工程院院士崔愷规划设计，中国美术馆馆长吴为山为纪念馆创作大型浮雕。纪念馆共由序厅、火车主题大厅等6部分展厅组成，全面展示铁道游击队在中国共产党领导下，英勇不屈、浴血抗战的传奇历史。

枣庄铁道游击队纪念园是全国30条红色旅游精品路线、100个重点建设的红色经典景区、国家AAA级景区和全国第三批爱国主义教育示范基地，入选第一批国家级抗战纪念设施、遗址名录。

微山岛铁道游击队纪念园

微山岛铁道游击队纪念园位于山东省济宁市微山县微山岛镇姚村与谢楼村交界处。

微山岛铁道游击队纪念园

微山岛铁道游击队纪念园主要由大型群雕、铁道游击队纪念馆（东西两馆）和纪念碑3部分组成。该园由微山县政府筹资兴建，1994年3月奠基，1995年4月完成主体工程。1995年8月6日，值纪念世界反法西斯战争和中国人民抗日战争胜利50周年之际，举行了盛大的落成揭幕仪式。

微山岛铁道游击队纪念园暨铁道游击队纪念馆先后命名为山东省国防教育基地和山东省党史教育基地、济宁市党性教育基地。

运河支队抗日纪念馆

运河支队抗日纪念馆位于江苏省徐州市贾汪区卧龙泉生态观光园内。

八路军一一五师运河支队抗日烈士纪念碑

运河支队抗日纪念馆

纪念馆筹建于2009年，2011年初扩建，建筑面积为2600平方米。展陈分7个部分。纪念馆的西侧广场上矗立着运河支队400座烈士碑，碑座为红色岩石，寓意着烈士们的鲜血染红了这片土地。

运河支队抗日纪念馆开馆后，接待社会各界游客百余万人次，现为开展爱国主义教育的重要场所。

鲁南抗日民主政权建设纪念园

鲁南抗日民主政权建设纪念园位于山东省枣庄市山亭区凫城镇王家湾村。

纪念园包括 6 大板块，分别是：峄县抗日民主政府旧址保护及恢复区、中国红色政权建设展示教育区、生态景观休闲区、游

鲁南抗日民主政权建设纪念园标志性建筑——鲁南灯塔

鲁南抗日民主政权建设纪念馆

客服务中心、民俗体验及科普教育区和祈福文化区。园内复原了诸多抗战遗迹，如朱道南故居、武装科、民政科、财政科、教育科、实业科、爱国青年演讲台、支前茶棚等。

纪念园内建有鲁南抗日民主政权建设纪念馆，展馆共分为6大板块，分别是：抵御外敌、团结抗战；联合各界、民主建政；统一战线、民主施政；众志成城、共度时艰；乘胜前进、夺取胜利；宣传文化教育事业。

鲁南抗日民主政权建设纪念园为国家AAA级旅游景区、山东省党性教育基地、山东省科普教育基地。

中共滕县县委、
滕县抗日民主政府旧址纪念馆

中共滕县县委、滕县抗日民主政府旧址纪念馆位于山东省枣庄市滕州市羊庄镇庄里村。

纪念馆建于2013年，共分2个仿古院落，分6个展厅，分别为序厅、党史厅、抗战厅、解放厅、辉煌厅、文史羊庄厅，占地面积1466.55平方米，布展面积1200平方米，展示照片1500余幅、文物实物120余件、文献书刊资料600余册。纪念馆通过文字、照片、场景再现等形式，以时间为主线，重点展示了中共滕县党组织的建立、发展、壮大的革命历程，展示了滕州人民在党的领导下勇往直前、奋力拼搏所取得的辉煌成就。

中共滕县县委、滕县抗日民主政府旧址纪念馆

中共滕县县委、滕县抗日民主政府旧址纪念馆是鲁南地区第一家县级党史馆，先后被列为国家 AA 级景区、省级重点文物保护单位，被命名为省级党史教育基地、枣庄市爱国主义教育基地、枣庄市党史教育基地。

台儿庄战史陈列馆

台儿庄战史陈列馆位于山东省枣庄市台儿庄区文化路中段。

1951 年，原兰陵县人民政府为纪念在抗日战争、解放战争、和平建设年代中英勇献身的革命烈士，在台儿庄兴建了革命烈士陵园。烈士陵园经 1972 年、1996 年和 2002 年 3 次改建，扩建了英雄广场，新建了革命烈士纪念堂、纪念碑、牌坊式大门、国防教育园和壮国园。2008 年，经山东省民政厅批准，台儿庄革命烈士陵园改建为台儿庄战史陈列馆。

台儿庄革命烈士陵园

台儿庄战史陈列馆

广场中央矗立着革命烈士纪念碑，碑高 31.8 米，碑正面“革命烈士永垂不朽”8 个大字采用毛泽东同志手写体，背面刻有中央军委原副主席张震将军撰写的碑文。

台儿庄战史陈列馆目前是鲁南苏北地区建筑规模较大、陈展内容较为丰富、设施较为完备的爱国主义教育、革命传统教育和国防教育基地。2001 年，被列为山东省烈士纪念建筑物保护单位。2005 年，被命名为山东省爱国主义教育基地。2006 年，被命名为山东省党员教育基地。2007 年，被命名为山东省党员教育基地。

抗日军政大学四分校旧址

抗日军政大学四分校旧址

抗日军政大学四分校旧址位于河南省商丘市永城市李寨乡麻家集村。

抗大四分校是抗大总校在新四军中创办最早、历时最长的一所学校，在永城一年多的时间共举办2期，为豫皖苏根据地培养抗日军政干部近2000名，被誉为豫皖苏革命青年的摇篮。1941年5月，随新四军四师转移到津浦路东，之后在路东继续招生，一直坚持到抗战胜利。

抗大四分校的教室和会堂旧址在麻家集北街路东，原为清末时期的泰山庙大殿。大殿坐北面南，面阔、进深各3间，抬梁式构架，硬山灰瓦顶，前檐置廊。殿内东、西山墙上至今完整保留着当时四分校的老师用土红颜料书写的美术字标语和宣传栏。旧址东北1公里曾楼村后，有一棵千年树龄的银杏树，至今枝繁叶茂，树下是当年四分校学员露天学习、军训、聚会、议事的场所。

1963年，抗日军政大学四分校旧址被河南省人民委员会列为第一批省级文物保护单位。2008年，被命名为河南省爱国主义教育基地。

刘少奇在山东纪念馆

刘少奇在山东纪念馆位于山东省临沂市临沭县城东北苍马山前的滨海红色文化纪念园内。

1942 年，山东抗战面临严重困难局面。中央政治局候补委员、新四军政委、华中局书记刘少奇受中共中央和毛泽东委托，赴山东帮助解决了事关抗战大局的一系列问题。2009 年，中共临沭县委、县政府规划建设刘少奇在山东纪念馆。2011 年 6 月，纪念馆开馆。

纪念馆占地 35 亩，建筑面积 3300 平方米，建筑风格为清末民初仿古式四合院，以 1942 年刘少奇在临沂的主要居住地——临沭县朱樊村王家大花园当时的建筑格局为蓝本设计建造。展馆除一般图片、实物和影像展览以外，特别突出通过报纸为主线来展

刘少奇在山东纪念馆

刘少奇在山东纪念馆前的刘少奇半身铜塑像

陈历史的办法，以《大众日报》等有关文献资料展示了当年减租减息以及多场战斗的历史。

刘少奇在山东纪念馆是全国爱国主义教育基地、国家级抗战设施保护单位、山东省党史教育基地、山东省国防教育基地。

彭雪枫纪念场馆

彭雪枫将军是中国工农红军和新四军杰出的指挥员，1988年，被中央军委列为中国33位军事家之一，是我国现代革命史上具有重要影响的历史人物。为了纪念彭雪枫，在河南省镇平县、夏邑县，安徽省宿州市、蒙城县，江苏省宿迁市等地均建有彭雪枫纪念馆，或以雪枫命名的公园或学校。2009年，彭雪枫被评为“100位为新中国成立做出突出贡献的英雄模范人物”。

雪枫公园

雪枫公园位于江苏省宿迁市宿城区黄河北路288号，2007年建成并对外开放。彭雪枫将军自1925年献身革命至壮烈牺牲的20年革命历程有四分之一的时间在宿迁大地上战斗生活，牺牲后又安葬在宿迁。彭雪枫纪念馆位于宿迁市雪枫公园景区最高处，建筑造型雄伟大方，是整个公园的核心。分为展览馆、将军馆、拂晓影院、报告厅4部分。馆内共展出有关彭雪枫的珍贵照片200余幅，历史资料和文物100多件，国画8幅，油画4幅，雕塑4组，场景复原1处，采用多种艺术手法，全方位再现彭雪枫将军的戎马一生和文武兼备的才华。

雪枫公园是国家AAAA级旅游景区、全国红色旅游经典景区、宿迁市爱国主义教育基地。

雪枫公园

彭雪枫将军纪念馆

彭雪枫将军纪念馆

彭雪枫将军纪念馆位于河南省商丘市夏邑县孔庄乡八里庄村。

1982 年，中共夏邑县委、县政府在彭雪枫将军殉国处修建彭雪枫将军纪念馆。1985 年，纪念馆落成。2004 年，中共夏邑县委、县政府对纪念馆进行了整修。纪念馆坐北面南，大门外有宽敞的雪枫广场，占地 8000 余平方米，广场正中间有彭雪枫将军骑马雕塑。大门内右侧有彭雪枫将军殉难处纪念碑，纪念碑镌刻着张震将军题写的“彭雪枫将军殉国处”碑名。

纪念馆的主体部分是正对着大门的坐落于纪念馆后半部的彭雪枫将军事迹展览室。

1986 年，彭雪枫将军纪念馆被河南省政府列为第二批河南省文物保护单位。2004 年，被命名为河南省爱国主义教育示范基地。2008 年，被命名为全国爱国主义教育示范基地。

彭雪枫纪念馆

彭雪枫纪念馆位于安徽省宿州市雪枫路宿州烈士陵园内，是一处具有浓厚的徽派建筑风格的仿古建筑群，建筑面积 1100 多平方米，馆名为张爱萍将军题写。纪念馆分为 3 个展厅，中厅为雪枫同志生平业绩陈列馆，展出数百幅珍贵的历史图片和各种文物资料，全面客观地介绍了彭雪枫同志光辉战斗的一生。东厅为淮海战役纪念厅，西厅为宿州市自新民主主义革命以来牺牲的革命

彭雪枫将军纪念厅

烈士事迹展厅。

1959 年建成彭雪枫将军汉白玉雕像，由著名雕塑家邹佩珠女士主持雕塑。在雪枫塑像和纪念馆的中点耸立着革命烈士纪念碑，上面镌刻着陈毅元帅题写的“革命先烈永垂不朽”8 个大字。

山东省政府和八路军一一五师司令部旧址

山东省政府和八路军一一五师司令部旧址位于山东省临沂市莒南县大店镇。

1943 年 3 月至 1945 年 9 月，山东分局、八路军 115 师司令部、山东省临时参议会、山东省战时工作推行委员会等领导机关及后勤机关驻扎在莒南，在此举行许多重要会议，做出许多重大决策。1945 年 8 月 12 日，为迎接抗日战争的最后胜利，出席延安解放区人民代表会议的 38 名山东代表在莒南集合，联名要求成

山东省政府和八路军一一五师司令部旧址

山东省政府旧址鸟瞰图

立山东省政府，并经山东省参议会和山东省政府政委会第二十次会议通过，将山东省战时行政委员会改为山东省政府。山东省政府是中国共产党领导下的第一个省政府。

为庆祝山东省政府成立60周年，中共莒南县委、县政府2005年对山东省政府旧址和一一五师司令部旧址进行全面修复，新建省政府成立纪念馆和八路军一一五师司令部纪念馆，恢复省政府成立时设立的7个厅局办公场所，以馆藏文物390余件、珍贵图片1000余张等资料和实物，生动再现了八路军一一五师的丰功伟绩和山东省政府诞生的光辉历程。

1996 年，被国务院列为全国重点文物保护单位。2005 年，被中宣部命名为全国爱国主义教育示范基地，被国务院列入第二批国家级抗战纪念设施、遗址名录。2011 年，被列入全国红色旅游经典景区名录。

沂蒙革命纪念馆

沂蒙革命纪念馆位于山东省临沂市兰山区，东邻华东革命烈士陵园。

纪念馆是经中共中央办公厅、国务院办公厅批准建设的大型综合场馆，占地面积 3.4 万平方米，总建筑面积为 2 万多平方米。沂蒙革命纪念馆主体建筑外方内圆，建筑形式简洁朴实，体现质

沂蒙革命纪念馆

朴高尚的沂蒙精神。

展馆设有沂蒙精神展、党的群众路线主题教育展览等 5 个主题展厅。其中，二楼为沂蒙精神展厅，共分“红色沂蒙、革命热土”“浴血抗战、生死与共”“巩固政权、夯实根基”“众志成城、走向胜利”“水乳交融、无私奉献”“沂蒙精神、永放光芒”5 个部分，全面展示了沂蒙精神的内涵特质，揭示了沂蒙精神形成发展和传承弘扬的历史进程，是全国重要的爱国主义教育基地和国防教育基地。

沂蒙红嫂纪念馆

沂蒙红嫂纪念馆位于山东省临沂市沂南县马牧池乡常山庄。

红嫂是一个独特的群体，是沂蒙妇女在战争年代拥军爱军的一个典范，是沂蒙精神的一个缩影。

沂蒙红嫂纪念馆以沂蒙红嫂的感人事迹展现了以“最后一口

沂蒙红嫂纪念馆

沂蒙红嫂群体雕像

粮当军粮，最后一块布做军装，最后一个儿子送战场”为核心内容的红嫂精神。

纪念馆由主馆展区、情景再现展区、红色遗迹展区 3 个功能区组成。主馆展区由红色沂蒙山展室、红嫂原型明德英展室、沂蒙母亲王换于展室、沂蒙大姐李桂芳展室、拥军妈妈胡玉萍展室、沂蒙红嫂群体展室、将星耀沂蒙展室、跟着共产党走展室、拥军支前体验馆等 10 个展室组成。

纪念馆被中央和国家部委、省、市、县等 100 多个部门和单位确立为爱国主义教育基地、革命传统教育基地和廉政建设教育基地。

淮北抗日民主根据地纪念馆

淮北抗日民主根据地纪念馆位于江苏省宿迁市泗洪县城团结河路与体育南路交会处。

纪念馆于 2009 年动工、2011 年建成，是一座全面反映淮北抗日民主根据地党政军民团结抗战历史的专题纪念馆。纪念馆由中科院院士、东南大学建筑研究所所长齐康教授主持设计，建筑外观呈五角星形状，象征着共产主义精神永放光芒。纪念馆共展出历史图片 580 幅、雕塑 10 座、珍贵文物 50 余件，其中二级文物 2 件。以历史图片和实物为主，辅以景观、油画、雕塑、幻影成像、影视片等现代展示技术，突出表现淮北党政军民团结一

淮北抗日民主根据地纪念馆

心、奋力抵抗日本帝国主义侵略的光辉历史。

纪念馆建有3.8万平方米的广场，由主题广场和市民休闲广场两部分组成。主题广场入口花坛处的泰山景观石，象征先烈坚贞不屈、忠诚于革命的高尚情操；18根和平之声柱阵和纪念馆相结合，象征抗日战争期间全国19个抗日民主根据地。2012年12月，江泽民同志为纪念馆题写馆名。

2017年，纪念馆被命名为江苏省社会科学普及示范基地。2018年，被江苏省委组织部批准为党员教育实境课堂示范点。

冀鲁豫边区革命纪念馆

冀鲁豫边区是中国重要的革命根据地之一。抗日战争时期，八路军一一五师、一二九师广大指战员深入敌后，创建了冀鲁豫边区。边区东缘津浦、西临平汉、南跨陇海、北接德石，辖河北、山东、河南67县，是全国平原最大的抗日根据地。1997年7月，由河北、山东、河南三省省委、省政府联署报经中共中央和国务院批准，在山东省菏泽市中心赵王河畔建设冀鲁豫边区革命纪念馆。纪念馆于1998年4月奠基，2000年5月建成开馆。

冀鲁豫边区革命纪念馆

冀鲁豫边区革命纪念馆占地面积13.2万平方米，主体建筑面积1.17万平方米。时任中共中央总书记江泽民亲笔为纪念馆题写了馆名。纪念馆坐北朝南，从丹阳路向北形成景区中轴线，环岛花坛、双曲拱桥、旗杆花圃、巨型卧碑、青石广场、主体建筑、下沉广场贯通相连。

纪念馆主体建筑外观为战船形，建在长100米、宽50米、高1.5米的平台上，象征当年冀鲁豫边区人民在党的领导下，乘风破浪，驶上新的征程。纪念馆分为序厅、星星之火、浴血抗日、平原逐鹿、革命儿女5个展厅和郓城攻坚战全景画馆。

2005年，被中宣部命名为全国爱国主义教育示范基地、全国青少年教育基地，被列入国家AAA级旅游景区。

中共华东中央局旧址

中共华东中央局旧址位于山东省临沂市兰山区。

抗战胜利后，中共中央在各大解放区党的领导机构上做出重大调整。1945 年 10 月，中共中央华中局与新四军军部由苏中北移进驻临沂城，华中局与山东分局合并组成中共华东中央局。12 月，中共华东中央局在临沂正式成立，统一领导华中和山东的全盘工作，临沂城成为华东地区党、政、军指挥中心和战略总后方。

2020 年，华东局旧址在临沂市兰山区恢复重建。旧址占地

中共华东中央局旧址

5.6 亩，建筑面积 4100 平方米。2021 年 8 月 1 日建成对外开放。原中央军委副主席、国务委员兼国防部部长迟浩田为旧址题词。

展馆展示图片 440 幅、文献资料 205 件、图表 120 个、实物 223 件、多媒体 10 处、场景 7 处，运用现代科技手段，全方位、多层次展示华东局对党的绝对忠诚，坚决贯彻执行党中央和毛泽东的决策部署，领导华东党政军民粉碎国民党的军事进攻，为解放全中国做出的巨大贡献。

鲁西南战役纪念场馆

为实现千里跃进大别山，经略中原，把战争引向国统区的反攻战略意图，刘邓大军于1947年6至7月，在山东省西南部的广大地区，对国民党军队发动了一次大规模的鲁西南战役，歼灭国民党正规军9个半旅及4个整编师师部，共5.6万余人。此次战役的胜利，揭开了中国人民解放军从战略防御转入战略进攻的序幕。为了纪念鲁西南战役中数千名革命烈士，山东省济宁市金乡县、菏泽市郓城县分别建成鲁西南战役纪念馆、鲁西南战役指挥部旧址纪念馆。

鲁西南战役纪念馆

鲁西南战役纪念馆位于山东省济宁市金乡县羊山烈士陵园内。

鲁西南战役纪念馆占地123亩，总建筑面积6000余平方米，分为鲁西南战役陈列馆和鲁西南战役全景画馆两个部分。鲁西南战役陈列馆，内部陈列着2000余件珍贵的历史照片、电文、书信等革命文物，其中有毛主席给刘、邓首长的亲笔电文，刘伯承、邓小平同志过黄河后的合影，挺进大别山途中的照片和参加过鲁西南战役的陈锡联、陈再道、李德生等50余位老将军、老领导的亲笔题词以及记述鲁西南战役的书籍、军战史、影集、录音、录像等历史资料，再现了当年鲁西南战役殊死搏杀、惊心动魄的场

鲁西南战役纪念馆

面，展示了军民戮力同心、浴血奋战的场景。新建的全景画馆，高 19.47 米，寓意战役发生在 1947 年，以声、光、电等现代先进技术，再现当年刘邓大军强渡黄河到羊山战役胜利结束的全过程。

鲁西南战役纪念馆是全国爱国主义教育基地、国家国防教育示范基地、全国红色旅游经典景区、山东省党史教育基地。

鲁西南战役指挥部旧址纪念馆

鲁西南战役指挥部旧址纪念馆位于山东省菏泽市郓城县城东。

鲁西南战役指挥部旧址纪念馆于 2007 年开工建设，总建筑面

鲁西南战役指挥部旧址

积 6928.8 平方米分前大厅、8 个结构和面积相同的分展厅、2500 平方米的中央大厅。以中国人民解放战争中著名的鲁西南战役为历史背景，采用声、光、电现代电子技术，以全景沙盘、群雕、立体电影、战场图片、人物相片、战争遗物等多种艺术形式，再现了炮火连天的战斗场景，展示了刘邓大军不畏艰险、不怕牺牲、奋勇作战的英雄气概和壮丽画卷。

2009 年，鲁西南战役指挥部旧址纪念馆被中宣部命名为国家级爱国主义教育基地。2011 年，被国家发改委、旅游局命名为第二批全国红色旅游经典景区。

宿北大战纪念场馆

宿北大战是解放战争防御阶段，华东野战军在陈毅、粟裕、谭震林等指挥下，遵照毛泽东同志关于“集中优势兵力，各个歼灭敌人”的军事原则，于苏北宿迁县城以北、沭阳县以西、新安镇（现属新沂市）以南地区进行的一场空前的运动歼灭战。宿北大战开创了解放战争初期全歼国民党整编师的范例，沉重地打击了国民党的嚣张气焰，极大地鼓舞了华东军民的胜利信心，对整个华东战场乃至全国战局都产生深远的影响。新中国建立后，在

宿北大战纪念馆

江苏省宿迁市市区及新沂市马陵山分别建设了宿北大战纪念馆和宿北大战前沿指挥所旧址纪念碑亭，纪念宿北大战胜利，缅怀革命先烈，发扬革命传统。

宿北大战纪念馆

宿北大战纪念馆地处江苏省宿迁市城区幸福路中心广场北端。

宿北大战纪念馆始建于1954年春，前身为宿迁市烈士陵园，占地167亩。内有陈毅元帅亲笔题名的“宿北大战马陵山革命烈士纪念塔”，塔高33.12米，基层坪台占地面积5500平方米，于1963年4月落成。1978年，建成总面积1920平方米的宿北大战纪念馆陈列馆，分为序厅、战争厅、支前厅、胜利厅和英烈厅5个部分9个单元，展陈反映宿北大战的图片、油画、实物，综合运用现代科技手段真实再现了宿北大战波澜壮阔的历史场景。

1987年，被江苏省人民政府列为省级重点纪念建筑物保护单位。1997年，被江苏省委宣传部命名为江苏省爱国主义教育基地。1998年，被江苏省国防教育委员会命名为江苏省全民国防教育基地。2021年，宿北大战纪念馆（含纪念塔）被中宣部命名为全国爱国主义教育示范基地。

宿北大战前沿指挥所旧址——三仙洞

宿北大战前沿指挥所旧址三仙洞位于江苏省徐州市新沂市马陵山镇马陵山主峰五华顶西南脚下。

马陵山主峰五华顶矗立的宿北大战纪念碑亭

宿北大战前沿指挥所旧址——三仙洞

1946年12月16日，陈毅率华野前指从阴平西小叶庄来到马陵山五华顶，将指挥所搬至马陵山中的三仙洞内在这里指挥宿北大战。宿北大战是解放战争初期山东野战军和华中野战军会合后的第一仗，战役的胜利对华东战场乃至全国战局产生重大影响。1995年，中共新沂市委、市政府为纪念宿北战役胜利，在三仙洞南200米的一座山头上，建成宿北大战纪念碑亭。亭内立碑，镌刻张震题写的“宿北大战纪念碑”，碑背镌刻新沂市人民政府所撰碑文。碑亭前下方立有陈毅雕像，雕像右侧不远处立有陈毅“宿北大捷”诗碑。

宿北大战前沿指挥所旧址三仙洞，是江苏省重点文物保护单位、宿迁市爱国主义教育基地。

华东野战军前委济南战役曲阜会议旧址

华东野战军前委济南战役曲阜会议旧址位于山东省济宁市曲阜市孔府内。

1948年8月25日至29日，中共华东野战军前线委员会（简称华野前委）济南战役作战计划会议在曲阜孔府召开。会后，陈毅司令员、谭震林副政委等野战军首长亲自到参战部队做战前动员。9月16日，解放济南战斗打响。激战8天，全歼守敌11万

华东野战军前委济南战役曲阜会议旧址——孔府大堂

人，活捉济南守敌司令长官王耀武，山东省会济南宣告解放。

1961 年，华东野战军前委济南战役曲阜会议旧址所在的孔府被国务院列为第一批全国重点文物保护单位。1994 年，被联合国教科文组织列入世界文化遗产名录。1997 年，被中宣部命名为全国百个爱国主义教育基地之一。

淮海战役纪念场馆

淮海战役是解放战争时期，中国人民解放军与国民党军在军事上进行战略决战的三大战役之一。1948 年 11 月 6 日至 1949 年 1 月 10 日，在以徐州为中心、东起海州、西迄商丘、北起临城（现名薛城）、南达淮河的广大地区进行。人民解放军华东野战军、中原野战军及地方武装共 60 余万人参加了此次战役。整个战役共分 3 个阶段，人民解放军经过 65 天的浴血奋战，共歼灭国民党军 1 个“剿总”前进指挥部、5 个兵团部、1 个绥靖区司令部、22 个军、56 个师，共计 55. 5 万余人。基本上解放了长江以北的华东、中原广大地区，为解放全中国奠定了胜利的基础。

新中国成立后，为纪念在淮海战役中英勇战斗、壮烈牺牲的烈士，在淮海大地上先后兴建了淮海战役烈士纪念塔园林、碾庄战斗纪念馆、双堆集烈士陵园、陈官庄歼灭战烈士陵园等纪念场馆，弘扬革命精神，缅怀革命先辈。

淮海战役烈士纪念塔

1959 年 4 月 4 日，国务院决定在徐州兴建淮海战役烈士纪念塔，并成立了由苏、鲁、豫、皖四省和南京、济南军区负责同志组成的建塔委员会，选定徐州市南郊凤凰山东麓为纪念塔址。1960 年 4 月 5 日，举行奠基典礼大会。经过 5 年多的建设，纪念塔于 1965 年 10 月 1 日建成，同年 11 月 6 日正式对外开放。

纪念塔高38.15米，面东朝阳，依山而建，巍峨挺拔，气势雄伟。塔体正面镶嵌着1964年11月毛泽东主席亲笔题写的“淮海战役烈士纪念塔”9个遒劲有力的镏金大字。每个字的平均高度为1.88米，光彩夺目，熠熠生辉。塔座正面的镏金隶字碑文，由陈毅元帅亲自审定，短短767字，高度概括了淮海战役3个阶段的发展过程及胜利的伟大意义。

塔座南北两侧各有一幅大型浮雕，浮雕画面高2.6米，总长度34.5米，共塑造了55个人物形象。南侧浮雕栩栩如生地再现了人民解放军冒枪林弹雨、耐风雪饥寒，架人桥、闯火阵，出生入死、克敌制胜的英雄壮举；北侧浮雕生动细腻地刻画了广大人民群众不畏艰险，随军转战，家家户户齐动员，男女老少支前忙的感人场面。

纪念塔南北西三面的回廊为146米，南北回廊2米多高的白色大理石上对称地镶刻党和国家领导人对淮海战役烈士的题词以及淮海战役烈士英名录。回廊西面装贴着巨型陶瓷壁画《决战》，壁面长45米，高2.9米，由2210块陶瓷拼装而成，刻画出173个神态各异的人物形象，展示了一幅波澜壮阔、威武雄壮的战争画卷。

淮海战役纪念馆

淮海战役纪念馆位于江苏省徐州市解放南路2号淮海战役烈士纪念塔园林内。

1959年4月，国务院决定兴建淮海战役烈士纪念塔，同时兴建淮海战役纪念馆。2002年，因纪念馆展厅面积小，设施老化，

淮海战役烈士纪念塔景区航拍图

淮海战役烈士纪念塔

淮海战役纪念馆新馆

无法满足日益增加的观众的参观需求，中共徐州市委、市政府决定对淮海战役纪念馆进行改扩建。2003 年 5 月，中共中央办公厅正式批准在淮海战役纪念馆南侧兴建淮海战役纪念馆新馆。2004 年 11 月，淮海战役纪念馆改扩建工程举行奠基仪式。2007 年 7 月，新馆建成开放。2020—2021 年，新馆基本陈列实施改造升级。2021 年 7 月 1 日，“人民的胜利——淮海战役历史展览”正式对外开放。展览以“人民的胜利”为主题，设序厅、传承厅和“两种前途 命运决战”“逐鹿淮海 决战决胜”“人民战争 深厚伟力”“革命英烈 永垂不朽”四部分内容。展出文物 2000 余件、档案 1000 余份、照片 1000 余张和艺术场景 20 余处，具有较强的政治性、思想性、艺术性和互动性，全面展示了淮海战役的胜利进程、历史内涵和革命精神。展览荣获第 19 届（2021 年度）全国博物馆十大陈列展览精品推介特别奖。

淮海战役碾庄圩战斗纪念馆

淮海战役碾庄圩战斗纪念馆位于江苏省徐州市邳州市碾庄镇镇区。

碾庄圩战斗发生在淮海战役第一阶段。1948 年 11 月 11 日，华东野战军将黄百韬兵团包围在碾庄圩地区，12 日发起总攻。激战至 22 日黄昏，全歼黄百韬兵团，夺取战役第一阶段的胜利。

淮海战役碾庄圩战斗纪念馆始建于 1958 年，1960 年竣工。2014 年 6 月，中共邳州市委、市政府对纪念馆进行提档升级改造，2016 年 10 月建成开放。纪念馆新馆占地面积 11.4 万平方米，建筑面积 6517.74 平方米，布展面积 4500 平方米。“淮海战役碾庄圩战斗纪念馆”馆名为张爱萍将军题写。展陈以“人民的

淮海战役碾庄圩战斗纪念馆

淮海战役碾庄圩战斗纪念碑

胜利”为主题，利用大量珍贵的影像图片、文物史料，综合运用雕塑场景艺术及多媒体手段，再现人民解放军一往无前和广大人民群众奋勇支前的辉煌史实。

纪念馆旁有纪念碑、碑林、粟裕广场、烈士公墓区、英烈湖、兵器广场等。淮海战役碾庄圩烈士纪念碑位于景区正中，碑高 18.5 米，碑身正面是刘少奇同志题写的四个鎏金大字“浩气长存”，左面是刘伯承同志的题词“淮海战役先烈的革命精神永垂不朽”，右面是陈毅同志的题词“淮海战役牺牲将士永垂不朽”，背面是中共邳县县委、邳县人民委员会撰写的碑文。碑体四面上方各镶一枚红色五角星，碑座四周分别镌刻着支前、战斗、冲锋、胜利等四幅浮雕。纪念碑广场东侧林荫路上排列着百米碑林，碑上镌刻着老一辈革命家、参加过淮海战役的将士等著名人物的题词。

1982 年，淮海战役碾庄圩战斗纪念馆被江苏省人民政府列为省级文物保护单位。1987 年，被江苏省人民政府列为省重点烈士纪念建筑物保护单位。2014 年，被列为国家 AAA 级旅游景区。2016 年，被列为第六批国家级烈士纪念设施。

淮海战役双堆集歼灭战纪念馆

淮海战役双堆集歼灭战纪念馆位于安徽省淮北市濉溪县双堆集镇。

双堆集地区歼灭战发生在淮海战役第二阶段。1948 年 11 月

淮海战役双堆集歼灭战纪念馆

淮海战役双堆集烈士纪念碑

25 日，中原野战军将黄维兵团包围在双堆集地区。12 月 6 日，中原野战军在华东野战军的密切配合下，对黄维兵团发起总攻，激战至 12 月 15 日，全歼黄维兵团，夺取战役第二阶段的胜利。

淮海战役双堆集歼灭战纪念馆于 1988 年 10 月建成，2013 年重建。该馆展陈面积约 1860 平方米，展厅分为形势厅、血战双堆集厅、支前厅、英烈厅 4 个部分，共有珍贵的历史照片 300 余幅、历史文物 100 多件，全面反映了双堆集歼灭战的历史进程，展示了淮海战役第二阶段这一伟大历史事件的原貌。

1995 年，淮海战役双堆集歼灭战纪念馆被列为安徽省首批爱国主义教育示范基地。2000 年，被列为安徽省省级重点烈士纪念建筑物保护单位。

淮海战役陈官庄歼灭战烈士陵园

淮海战役陈官庄地区歼灭战烈士陵园坐落在河南省商丘市永城市陈官庄乡。

淮海战役陈官庄地区歼灭战是淮海战役最后一个阶段的重要战斗，在围歼黄维兵团于双堆集后，敌徐州主力南窜受挫，于1948年11月30日倾巢西逃，华东野战军勇猛追击，12月4日将敌包围在永城东北陈官庄地区。从12月16日起对敌暂停攻击，展开强大的政治攻势，敌投降万余人。1949年1月6日，我军发起总攻，激战至10日，全歼杜聿明集团，淮海战役胜利结束。

1963年，开始修建淮海战役陈官庄烈士陵园。1974年，开始修建部分纪念馆。1976年，建成陈列馆。1978年，陵园正式落成，园内有烈士纪念碑、烈士纪念馆、烈士史迹陈列馆、烈士公墓和全国解放战争时期最大的单身烈士墓群。雄伟的烈士纪念碑上有周恩来总理“淮海英雄永垂千古”的亲笔题词。2007年，陵园进行改扩建，改建后的淮海战役陈官庄烈士陵园烈士公墓包括标志碑、烈士遗骨地宫、岩书石卷名录墙和烈士雕像4个部分，地上地下总建筑面积5246平方米。

淮海战役陈官庄歼灭战烈士陵园

淮海战役陈官庄地区歼灭战纪念馆新馆

公墓上方为新建的无名烈士纪念碑，碑体正面镌刻着毛泽东题写的“为国牺牲，永垂不朽”8个金光闪闪的大字。

2011年11月6日，淮海战役陈官庄歼灭战纪念馆新馆建成并对外开放。迟浩田将军题写馆名。新馆建筑面积9162平方米，陈展面积4000平方米，包括序厅、大决战前夜展厅、战役实施厅、战役胜利厅、人民支前厅、缅怀烈士厅等展区，全方位、多视角展示了陈官庄地区歼灭战规模宏大、战场辽阔、战斗激烈、人民支前规模空前的画卷。

1997年，淮海战役陈官庄歼灭战纪念馆被命名为第一批河南省爱国主义教育示范基地。1999年，被国务院列为国家级重点纪念馆。2009年，被中宣部命名为全国爱国主义教育示范基地。2011年，被列入全国红色旅游经典景区。2012年，被命名为国家国防教育示范基地。2014年，被国家旅游局评为国家AAAA级旅游景区。

淮海战役及渡江战役总前委旧址纪念场馆

1948 年 11 月，淮海战役打响后，在歼灭黄维兵团后，淮海战役总前委刘伯承、陈毅、邓小平、粟裕、谭震林等先后在安徽省淮北市濉溪县临涣镇、萧县丁里镇蔡洼，河南省商丘市睢阳区张菜园，江苏省徐州市铜山县汉王镇大北望村等地，召开淮海战役及渡江作战总前委会议，研究淮海战役和渡江战役部署及部队整改方案，为淮海战役和渡江战役的胜利奠定了坚实的基础，留下了许多红色的足迹。分布各地的纪念场馆已成为爱国主义教育和革命传统教育的红色基地。

淮海战役总前委旧址——文昌宫

淮海战役总前委旧址文昌宫位于安徽省淮北市濉溪县临涣镇文昌街、淮海路交叉口。

淮海战役期间，总前委曾在文昌宫多次召开军事及后勤保障工作会议。1988 年，临涣文昌宫修缮一新后对社会开放。其后，经过多次整修扩展。2013 年对维修后的旧址进行布展。2021 年再次改造提升展陈陈列。

文昌宫旧址共有三进庭院，其中南院是总前委的作战处、参谋处、机要室、通讯处等，北院为总前委首长刘伯承、陈毅、邓小平住宿兼办公的场所。纪念馆展陈面积约 1200 平方米，展出实物展品 77 件、图片 182 幅。基本陈列共 2 个：南院“人民的胜

淮海战役总前委旧址

利”淮海战役资料展览和北院“峥嵘岁月”总前委旧址原状陈列展览。其中“人民的胜利”淮海战役资料展览，陈列了淮海战役总前委、战前形势、实施过程、后勤保障、淮海英烈等内容，重点突出总前委的成立对淮海战役的作用和意义，使用多媒体技术展现了淮海战役波澜壮阔的战斗场面，运用传统泥塑技术复原了人民群众支援前线的情景；“峥嵘岁月”总前委旧址原状陈列展览，还原了淮海战役时期总前委指挥部会议室、秘书处、机要室，以及刘伯承、陈毅、邓小平 3 位首长的住处和办公室，展出当时总前委首长们用过的办公和生活用品。

1980 年，淮海战役总前委旧址临涣文昌宫被列为安徽省重点文物保护单位。2005 年，被列为全国红色旅游经典景区。2006

淮海战役总前委旧址文昌宫一角

年，被国务院列为全国重点文物保护单位。2009 年，被国家文物局列为国家三级博物馆。

淮海战役总前委旧址——小李家

淮海战役总前委旧址小李家纪念馆位于安徽省淮北市濉溪县韩村镇淮海村小李家，建筑面积 1107 平方米，原名小李家红色博物馆，建成于 2017 年 3 月。2020 年，改名为淮海战役小李家纪念馆，并进行了改陈提升。

淮海战役总前委旧址小李家纪念馆

纪念馆陈展内容以“运筹小李家 决胜大淮海”为主线，按照淮海战役发生的时间顺序为线索，重点展现淮海战役总前委驻小李家38天里的军事指挥过程和战役成果，内容包括淮海硝烟起、决战38天、人民的胜利和今日小李家4大部分，以及序厅、尾厅和临展区、办公区等功能空间。通过浮雕、沙盘、实物、图片、地图等形式，运用声光电、影视展播、现场讲解等手段，再现了淮海战役期间的战斗场面以及战争背后的故事。

淮海战役总前委旧址——小李家

1980 年，淮海战役总前委旧址——小李家被列为省级重点文物保护单位。现为安徽省美丽乡村示范村、爱国主义教育基地、AAA 景区。

淮海战役总前委会议暨华东野战军指挥部旧址——蔡洼村

淮海战役总前委旧址（淮海战役总前委会议暨华东野战军指挥部旧址）坐落在安徽省宿州市萧县丁里镇蔡洼风景区内，是淮海战役期间总前委召开的唯一一次会议旧址。旧址的主体建筑位于蔡洼村中心的杨家台子，为清末古建筑群落。旧址内现有杨家台子主体 56 间房屋、院落，2000 平方米的誓师广场，淮海战役纪念园、纪念馆和总前委五同志雕像等纪念设施。

淮海战役总前委会议暨华东野战军指挥部旧址是全国重点文

淮海战役总前委会议旧址全貌图

淮海战役总前委会议暨华东野战军指挥部旧址

物保护单位、全国红色旅游经典景区、安徽省爱国主义教育基地。2010 年,被列为全国红色旅游重点景区。

淮海战役总前委、中野司令部和渡江战役总前委旧址——张菜园

淮海战役总前委、中野司令部和渡江战役总前委旧址位于河南省商丘市睢阳区阎集镇张菜园村。

1948 年 12 月 31 日，淮海战役总前委和中野指挥部从安徽省濉溪县临涣集小李家迁移到河南省商丘县（现睢阳区）张菜园村。1949 年 1 月 29 日至 2 月 1 日，在商丘古城圣公会礼拜堂，邓小平主持召开了中原局高级干部会议。2 月 8 日，召开了由淮海

淮海战役总前委、中野司令部和渡江战役总前委旧址鸟瞰图

战役总前委及中原局、华东局负责人参加的淮海战役总前委扩大会议（又称渡江作战会议）。此后，淮海战役总前委过渡为渡江战役总前委。渡江战役总前委圆满完成了原定3月底4月初渡江作战的战略谋划和战役战术的部署安排。

旧址现存东、西并列的2个清代四合院。室内布置有淮海战役图片展览。

1963年，淮海战役总前委、中原野战军司令部和渡江战役总前委旧址被河南省政府列为河南省第一批文物保护单位。2013年，被列入全国重点文物保护单位。

商丘淮海战役总前委旧址纪念馆大门

渡江战役总前委旧址——郝家大院

渡江战役总前委旧址——郝家大院，位于江苏省徐州市铜山区汉王镇大北望村。郝家大院建于清代中期，距今已有 200 余年历史。

1949 年 1 月 15 日至 1949 年 3 月 21 日期间，渡江战役总前委、中共中央华东局、华东军区和中国人民解放军第三野战军司令部的联合指挥机关在郝家大院设立指挥部，在 2 个多月里，分 5 期将第三野战军部队整编完毕，酝酿打过长江、解放宁沪杭的军事战略，为渡江战役做了思想上、组织上、军事上、后勤保障上的准备。

2019 年 4 月，经江苏省文物局批准，开展修缮保护和环境整

渡江战役总前委旧址——郝家大院

治工作。2021 年 3 月，开始设计展陈，7 月 1 日基本完成展陈工作。新馆占地约 2274 平方米，建筑面积约 1195. 15 平方米，共有房屋 22 栋，收藏展品 172 件。陈列分为序、渡江战役缘起、渡江战役筹划、渡江战役进军、渡江战役胜利等 5 个部分，多形态展示了总前委在北望期间运筹帷幄、谋划起草《京沪杭战役实施纲要》等重要文件的历史意义。

渡江战役总前委旧址——郝家大院，现被列为江苏省省级文物保护单位、徐州市爱国主义教育基地、国家 AAA 级景区。

中国人民解放军第三野战军成立旧址

中国人民解放军第三野战军成立旧址位于江苏省徐州市贾汪区团结路 10 号团结小学院内。

淮海战役结束以后，华东野战军迅速集结在贾汪地区进行休整。1949 年 1 月 15 日，中央军委下达了《关于野战军番号改按序数排列的决定》，将原华东野战军改编为第三野战军。1 月 19

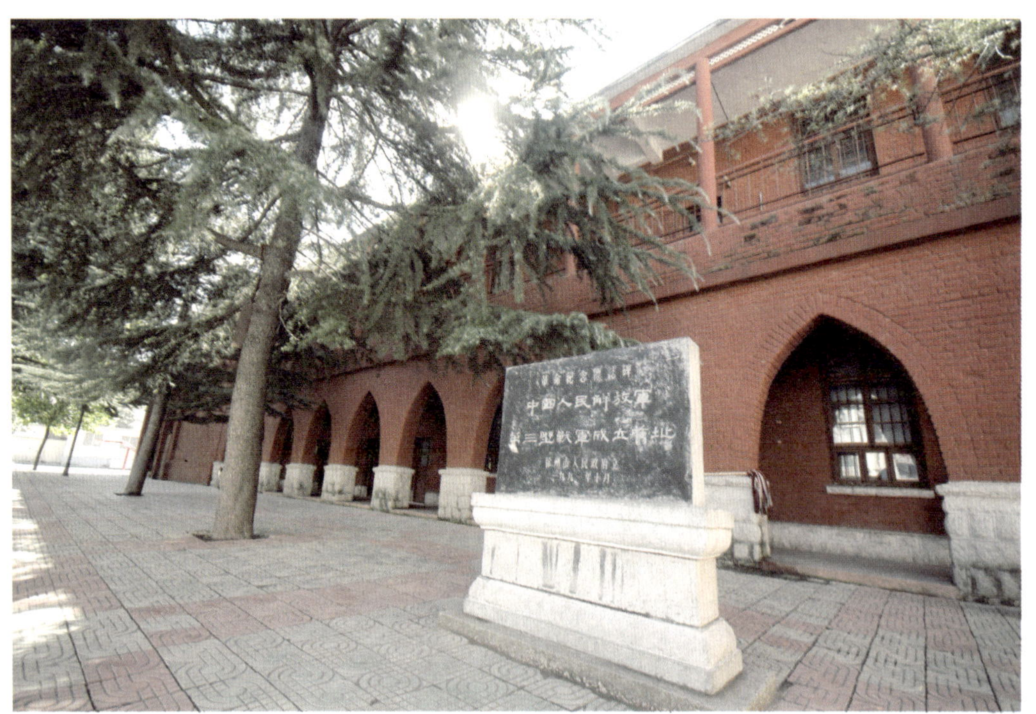

中国人民解放军第三野战军成立旧址

日至26日，华野前委召开师以上干部参加的前委扩大会议（即第一次贾汪会议），会议通过了《关于拥护中央1月8日政治局会议对目前形势与党在1949年的任务决议的决议》。会上宣布华东野战军改编为中国人民解放军第三野战军，陈毅任司令员兼政治委员，粟裕任副司令员兼第二副政治委员，谭震林任第一副政治委员，张震任参谋长，唐亮任政治部主任。2月9日，华野代司令、代政委粟裕发布公布第三野战军兵团、军、师、团编制序列番号的命令。

徐州市人民政府于1991年10月在原址立碑纪念。1993年，被列入徐州市文物保护单位。2011年，被列入江苏省文物保护单位。

湖西人民会议厅旧址

湖西人民会议厅旧址位于山东省菏泽市单县湖西路与胜利路交会处三元广场。

1949 年 8 月，平原省成立并设立了平原省湖西区，单县是湖西地委驻地。1950 年春，湖西地委建设了湖西人民会议厅，又称湖西礼堂，大门上方有毛主席专门慰问老区人民题写的“发扬革命传统，争取更大光荣”。

2011 年，单县县委、县政府将湖西人民会议厅旧址修缮。该馆共分烽火岁月红色湖西、新生政权光辉业绩、群星灿烂功照千秋、百年党史湖西新貌 4 个部分，通过声光影视、历史图片、场景雕刻等多种形式全面展示了湖西革命精神，再现了湖西区从革

湖西人民会议厅旧址

命战争年代到新中国成立时期的光辉历程和取得的伟大成就。

2015 年，湖西人民会议厅旧址被山东省人民政府列为山东省重点文物保护单位。2016 年，被中共山东省委宣传部、山东省社会科学界联合会命名为山东省社会科学普及教育基地。

王杰纪念场馆

王杰是一名伟大的共产主义战士。1965 年 7 月，王杰在组织民兵开展地雷实爆训练时突遇意外，在危急关头毅然扑向炸点，挽救了 11 名民兵和 1 名人武干部的生命，用年轻的生命践行了“一不怕苦、二不怕死”的铮铮誓言。为了纪念这位英雄，王杰烈士生活和战斗过的地方相继兴建王杰烈士陵园、纪念馆、纪念广场等纪念场馆。分布在各地的王杰烈士纪念场馆已成为广大党员干部、部队官兵和青少年缅怀王杰烈士、学习弘扬王杰精神、进行革命传统教育和爱国主义教育的重要阵地。2009 年，王杰入选“100 位新中国成立以来感动中国人物”；2021 年，“王杰精神”被列入中国共产党人精神谱系。

王杰烈士陵园

王杰烈士陵园位于江苏省徐州市邳州市运河街道张楼社区。

1967 年，开始兴建王杰烈士陵园，1975 年落成。2009 年以来，先后进行 2 次改扩建及景观提升。2014 年 3 月，完成改造，重新对外开放。王杰烈士陵园占地面积 49 亩，其中，王杰纪念馆建筑面积 3300 平方米。

王杰烈士陵园纪念设施有王杰烈士墓、王杰烈士事迹陈列馆、王杰烈士牺牲纪念亭、王杰纪念广场及党和国家领导人题词等。

王杰烈士陵园

王杰烈士墓

"王杰烈士之墓"碑文由邳州知名书法家刘慕朴先生书写。烈士墓正前方是毛泽东主席在党的九届一中全会上对"两不怕"精神的高度评价："我赞成这样的口号，叫作一不怕苦、二不怕死。"烈士墓西侧为周恩来录王杰诗："座座高山耸入云，我们施工为人民，不怕工作苦和累，愿把青春献人民。"东侧为朱德题词："学习王杰同志不怕苦、不怕死的革命精神。"

1987年，王杰烈士陵园被江苏省列为重点烈士纪念建筑保护单位。1997年，被列为江苏省爱国主义教育示范基地。2009年，被列为第五批国家重点烈士纪念建筑保护单位，被命名为江苏省国防教育基地。2021年，被中宣部命名为全国爱国主义教育示范基地。现被列为国家AAA级红色旅游景区。

王杰纪念馆

王杰纪念馆包括新旧两馆，新馆位于山东省济宁市金乡县羊山镇，旧馆位于金乡县城北王杰村东。

金乡县王杰的家乡人民为纪念王杰，将其故里华堌村更名为"王杰村"。1968年，在村东侧修建了王杰纪念馆。纪念馆坐北朝南，占地面积3015平方米，迎门刻有"山东省重点烈士建筑物保护单位"石碑。纪念馆建筑呈"工"字形，馆标"王杰纪念馆"为镏金大字。中间大厅里，陈放着王杰烈士的半身石膏塑像，高2.5米。大厅东西墙壁上镌刻着毛主席"为人民而死，虽死犹荣"和"人民英雄永垂不朽"的语录。大厅东间，有毛主席"我赞成这样的口号，叫作一不怕苦、二不怕死"的语录，有周

王杰纪念园

恩来、朱德、董必武等老一辈革命家的题词。整个展览分3部分，有100多幅画面和王杰牺牲时被炸碎的衬衣、钢笔等实物。

为传承弘扬王杰精神，中共金乡县委、金乡县政府于2009年初做出决定：新建王杰纪念馆。2009年8月，王杰纪念馆新馆动工兴建，2010年10月建成。该馆规模宏大，占地66亩，主体建筑面积3000平方米，建筑总高度16.8米，长84米。馆名由原中共中央政治局委员、中央军委副主席张万年亲笔题写。主体建筑是由48根支柱支撑，寓意横空出世，象征着英雄王杰扑向炸药包英勇牺牲的瞬间。馆前有一座用汉白玉雕刻而成的王杰全身雕像。

王杰纪念馆新馆

1988 年，王杰纪念馆被山东省人民政府列为第一批省级重点烈士纪念建筑物保护单位。2013 年，被山东省人民政府列为第四批省级重点文物保护单位。

王杰烈士事迹陈列馆

王杰烈士事迹陈列馆位于王杰生前所在部队驻徐某部的营院内。陈列馆门厅正中央伫立着王杰飞身扑向炸药包的铜塑雕像，一幅幅图片和一件件实物忠实记录着王杰从出生到成长、从入伍到牺牲的故事，浓缩王杰短暂而英勇的一生。其中，一面镌刻着中国共产党人精神谱系的墙面熠熠生辉，王杰精神位列其间。

2017 年 12 月 13 日，习近平总书记在参观王杰生前所在连队荣誉室时，深有感触地说："王杰'在荣誉上不伸手，在待遇上不伸手，在物质上不伸手'，这'三不伸手'是一面镜子，共产党员都要好好照照这面镜子。""'一不怕苦、二不怕死'是血性

王杰烈士事迹陈列馆

王杰烈士事迹陈列馆展厅

胆魄的生动写照，要成为革命军人的座右铭。”同时还强调：“王杰精神过去是、现在是、将来永远是我们的宝贵精神财富，要学习践行王杰精神，让王杰精神绽放新的时代光芒。”

后記

2023年4月，淮北、菏泽、济宁、临沂、连云港、商丘、宿迁、宿州、徐州、枣庄10市政协在徐州召开了文化文史工作协同合作座谈会，建立政协文化文史工作协同合作机制，围绕编纂历史文化丛书、开办高层次文化论坛、举办文化文史成果展等深化协同合作，一年聚焦一个主题，一年出版一部精品，合力打造体现时代特征、具有政协特点、彰显区域特色的文化文史工作品牌，不断增进文化认同、加强协同协作、服务区域发展，为谱写淮海经济区现代化建设新篇章做出政协新贡献。

《红色淮海》是“淮海历史文化丛书”的开篇之作，由淮海经济区10市政协联合征编出版，旨在深入学习贯彻习近平文化思想，深化落实淮海经济区10市政协文化文史工作协同合作机制，以图文并茂的形式展现淮海经济区各市丰富的红色文化资源，突出反映淮海经济区波澜壮阔的革命斗争、彪炳史册的革命业绩、光照千秋的革命精神，为读者提供珍贵的学习研究资料。

在淮海经济区各市党委的关心支持下，10市政协联合成立了编审委员会，加强对编撰工作的组织领导和工作指导。根据工作需要，徐州市政协牵头成立了编撰工作专班，加强工作调度，研究编撰事宜，落实计划措施，扎实做好策划、协调、统稿、总纂、校对、出版等一系列工作，推动编撰工作有序开展。各市政协文化文史委积极协调党史、档案等部门单位及有关专家学者，认真开展史料征集和文稿编写工作，保证了征编工作质量。

本书分为上下两册，包括前言、革命风云、英烈千秋、红歌唱响、精神永续、红色丰碑等篇章。为方便读者阅读，编者在每篇前增加了导语，在相关文章中添加了图表。对于文章中出现的方言、俚语和其他语言表达习惯等，在编写中均予以保留。部分文章未能联系到作者与家属，望读到本书后及时联系我们，当奉寄样书及薄酬以敬谢。

本书在编撰过程中得到了淮海经济区各市党史、党校、档案等部门单位和红色场馆的支持帮助，为编撰工作奠定了坚实基础。借本书付梓之际，谨向有关资料的编撰者、提供者和相关单位、专家学者表示衷心感谢！

由于编者水平有限，书中难免有疏漏或不当之处，敬请专家和读者批评指正。

编　者

2023 年 12 月